Arnolds/Heege/Tussing · Materialwirtschaft und Einkauf

HANS ARNOLDS/
FRANZ HEEGE/
WERNER TUSSING

Materialwirtschaft

und Einkauf

Praxisorientiertes Lehrbuch

10., durchgesehene Auflage

Die Deutsche Bibliothek – CIP-Einheitsaufnahme

Ein Titeldatensatz für diese Publikation ist bei
Der Deutschen Bibliothek erhältlich.

1. Auflage 1978	7. Auflage 1990
2. Auflage 1980	8. Auflage 1993
3. Auflage 1982	9. Auflage 1996
4. Auflage 1985	10. Auflage 1998
5. Auflage 1986	10. Auflage, Nachdruck Januar 2001
6. Auflage 1988	

Alle Rechte vorbehalten
© Betriebswirtschaftlicher Verlag Dr. Th. Gabler GmbH, Wiesbaden 1998
Lektorat: Jutta Hauser-Fahr

Der Gabler Verlag ist ein Unternehmen der Fachverlagsgruppe BertelsmannSpringer.

www.gabler.de

Die Wiedergabe von Gebrauchsnamen, Handelsnamen, Warenbezeichnungen usw. in diesem Werk berechtigt auch ohne besondere Kennzeichnung nicht zu der Annahme, daß solche Namen im Sinne der Warenzeichen- und Markenschutz-Gesetzgebung als frei zu betrachten wären und daher von jedermann benutzt werden dürften.

Höchste inhaltliche und technische Qualität unserer Produkte ist unser Ziel. Bei der Produktion und Verbreitung unserer Bücher wollen wir die Umwelt schonen: Dieses Buch ist auf säurefreiem und chlorfrei gebleichtem Papier gedruckt. Die Einschweißfolie besteht aus Polyäthylen und damit aus organischen Grundstoffen, die weder bei der Herstellung noch bei der Verbrennung Schadstoffe freisetzen.

Umschlaggestaltung: Schrimpf und Partner, Wiesbaden
Satz: Fotosatz L. Huhn, Maintal
Druck und buchbinderische Verarbeitung: Wilhelm & Adam, Heusenstamm

Printed in Germany

ISBN 3-409-35160-4

Vorwort zur zehnten Auflage

Der Text der zehnten Auflage und das Literaturverzeichnis wurden vollständig durchgesehen und – soweit erforderlich – korrigiert bzw. ergänzt.

Für Hinweise und Anregungen zur Verbesserung dieses Werkes sind wir dankbar.

Hans Arnolds
Franz Heege
Werner Tussing

Vorwort zur neunten Auflage

Die vorliegende neunte Auflage ist um zwei neue Kapitel ergänzt worden. So erfährt erstens das wichtige Entscheidungsproblem Make or Buy eine eingehende Analyse (elftes Kapitel). Weiterhin werden im siebzehnten Kapitel zwei Besonderheiten der Beschaffung behandelt, nämlich der Investitionsgütereinkauf und der Einkauf in Handelsbetrieben. Damit erfährt die klassische Materialwirtschaft der Industriebetriebe eine wertvolle Ergänzung.

Die übrigen Kapitel wurden gründlich überarbeitet bzw. völlig neu geschrieben. Ansonsten wurde die bewährte Konzeption des Lehrbuches beibehalten. Das betrifft insbesondere die Übungsfragen und -aufgaben am Schluß eines jeden Kapitels. Die Abbildungs-, Tabellen- und Sachverzeichnisse wurden entsprechend korrigiert.

Auf kapitelweise Literaturangaben wird wegen zu häufiger Überschneidungen erstmalig verzichtet. Dafür findet der Leser gestraffte Literaturhinweise am Ende des Lehrbuches.

Wir danken allen, die uns bei der Neugestaltung tatkräftig unterstützt haben.

Anregungen und Verbesserungsvorschlägen sehen wir weiterhin gerne entgegen.

Hans Arnolds
Franz Heege
Werner Tussing

Vorwort zur vierten bis achten Auflage

Die vierte Auflage unterscheidet sich von den ersten drei Auflagen durch wesentliche Änderungen und Erweiterungen. Sie betreffen vor allem den Themenbereich der Materialdisposition, der um zwei zusätzliche Kapitel erweitert worden ist. Vermehrte Aufmerksamkeit wurde seit der vierten Auflage auch dem zunehmenden Einsatz der EDV in der Materialwirtschaft und seinen Auswirkungen geschenkt.

Neu aufgenommen wurden ferner der partielle Preisvergleich, die Darstellung verschiedener Scoring-Modelle im Rahmen des Angebotsvergleichs und der Themenkomplex der betrieblichen Abfallwirtschaft. Das Problem der Qualitätssicherung von Zulieferungen ist noch eingehender als bisher erörtert worden, und bei der Behandlung logistischer Fragen wurde zusätzlich kurz auf den Schienen- und Straßengütertransport eingegangen.

Dem Lehrbuchcharakter des vorliegenden Werkes entsprechend sind alle Kapitel mit Übungsfragen und -aufgaben versehen, welche die Erarbeitung des Stoffes erleichtern und die Selbstkontrolle ermöglichen sollen.

In der nun vorliegenden achten Auflage wurden einige kleinere Überarbeitungen und Erweiterungen vorgenommen und Literaturhinweise ergänzt. Sie betreffen im wesentlichen das zweite und dritte Kapitel.

Vor dem Hintergrund der gewachsenen Bedeutung der Logistik in Wissenschaft und Praxis ist das elfte Kapitel einschließlich der Übungsfragen und -aufgaben und des Literaturhinweises völlig neu geschrieben worden.

Kritik und Anregungen nehmen wir auch weiterhin gerne entgegen.

Hans Arnolds
Franz Heege
Werner Tussing

Inhalt

Erstes Kapitel
Aufgaben und Bedeutung der Versorgungsfunktion

Zweites Kapitel
Disposition, Planung, Budgetierung

Drittes Kapitel
Bestellmengen-Modelle

Viertes Kapitel
Programmorientierte Disposition

Fünftes Kapitel
Verbrauchsorientierte Disposition

Sechstes Kapitel
Beschaffungsmarktforschung

Siebentes Kapitel
Preisstrukturanalyse

Achtes Kapitel
Wertanalyse

Neuntes Kapitel
Bestellvorgang

Zehntes Kapitel
Lieferantenpolitik

Elftes Kapitel
Entscheidungen im Bereich Eigenfertigung/Fremdbezug

Zwölftes Kapitel
Logistische Fragen

Dreizehntes Kapitel
Qualitätsmanagement der Zulieferungen

Vierzehntes Kapitel
Betriebliche Abfallwirtschaft

Fünfzehntes Kapitel
Aufbau- und ablauforganisatorische Fragen

Sechzehntes Kapitel
Controlling im Versorgungsbereich

Siebzehntes Kapitel
Sonderprobleme der Beschaffung

Abbildungsverzeichnis

Tabellenverzeichnis

Erstes Kapitel
Aufgaben und Bedeutung der Versorgungsfunktion

1.1 Begriffsbestimmung

Die Versorgung der Unternehmen mit den benötigten Erzeugnis- und Betriebsstoffen, Anlagen und Dienstleistungen wird in Literatur und Praxis mit unterschiedlichen Begriffen bezeichnet: Einkauf, moderner Einkauf, Materialwirtschaft, integrierte Materialwirtschaft, Beschaffungsmarketing, Supply Management und Logistik seien beispielhaft genannt.

Diese Begriffsvielfalt macht die verschiedenen Standpunkte deutlich, unter denen die Versorgungs- und auch die Entsorgungsfunktion betrachtet werden können. Die verschiedenen Begriffe zielen darauf ab, die beachtlichen Entwicklungen bezüglich

– Funktionspalette,
– Zeitaspekt,
– Entscheidungsspielraum,
– Organisation,
– Verhaltens- und Denkweise
deutlich zu machen.

Im Bereich der zu *bewältigenden Aufgaben* gewinnen die dem Bestellvorgang vorgelagerten Tätigkeiten wie Wert- und Preisstrukturanalyse, Auslandsmarktforschung und Vergabeverhandlung an Bedeutung. Die reine Abwicklung wird zunehmend EDV-unterstützt durchgeführt oder von anderen Unternehmensbereichen erledigt. Vielfach sind die Einkäufer auch mit Entsorgungsaufgaben befaßt, da sowohl bei der Auswahl der Materialien ökologische Aspekte berücksichtigt als auch die Mitwirkung der Lieferanten bei Entsorgungs- und Recyclingstrategien gesichert werden müssen.

Zu den nach wie vor wichtigen operativen Lösungsansätzen gesellt sich verstärkt eine *strategische Komponente*. Der Einsatz von Alternativmaterialien, der Aufbau von Entwicklungs- und Logistikpartnerschaften, Maßnahmen der Qualitätssicherung und die Entwicklung durchdachter Beschaffungsstrategien sind nur über einen längeren Zeitraum zu realisieren.

Das früher vorherrschende Preisdenken wird zumindest bei Schlüssel- und Engpaßprodukten sowie bei Investitionsgütern durch *Entscheidungsprozesse* abgelöst, an denen die Versorgungsfunktion maßgeblich beteiligt ist. In Projektgruppen, Entwicklungs- und Wertanalyseteams und in Buying-centers liefern ihre Aufgabenträger wichtige Beiträge zur Entscheidungsfindung. Sie führen Beschlüsse dieser

Gremien nicht mehr nur aus, sondern machen im Vorfeld auf beschaffungsmarktrelevante Tatbestände aufmerksam.

Diese Zusammenarbeit mit allen bedarfsbestimmenden Unternehmensbereichen führt zu erheblichen *organisatorischen Veränderungen.* Die Zusammenfassung aller Input-Aktivitäten in einem Verantwortungsbereich, ihre gleichrangige Eingliederung in Hinblick auf andere Instanzen und die Installierung leistungsfähiger EDV-Systeme sind das Ergebnis dieser Veränderungen.

Das alles führt zu einem *veränderten Anforderungsprofil* der im Versorgungssektor tätigen Aufgabenträger in Bezug auf

– technisches Wissen,
– Marketingdenken,
– Teamfähigkeit,
– Kreativität,
– Durchsetzungsvermögen.

Vor diesem Hintergrund ist eine exakte Begriffsbestimmung schwer möglich, zumal in den Unternehmen produkt- und marktbedingt mehrere der skizzierten Lösungsansätze gleichzeitig zur Anwendung kommen. Auch pflegt die Praxis einen anderen Sprachgebrauch als die Theorie. Die nachfolgende kurze Darstellung wesentlicher Begriffsinhalte soll dazu beitragen, Mißverständnisse zu vermeiden und die mit der Begriffswahl angedeutete Standortbestimmung zu verdeutlichen.

1.1.1 Einkauf

Der Begriff Einkauf wird häufig verwendet, wenn man die *operativen* Tätigkeiten hervorheben will. Einkäufer, Einkaufspraxis, Einkaufsbedingungen, Einkaufsgenossenschaften und Einkaufsstatistik mögen beispielhaft seine vielfältige Verwendung belegen. Allerdings vollzieht sich eine Differenzierung zwischen der reinen Bestelltätigkeit eines *verwaltenden/alten* Einkaufs und dem *gestaltenden/modernen* Einkauf. Letzterer versucht, zu einer Optimierung des Preis-/Leistungsverhältnisses zu gelangen und das reine Preisdenken zu überwinden. Um dieses Ziel zu erreichen, sind seine Hauptaktivitäten die Beschaffungsmarktforschung, der qualifizierte Angebotsvergleich und die Vergabeverhandlung, während die Bestellabwicklung in den Hintergrund tritt. Auf den Gebieten der qualitativen und quantitativen Bedarfsfestlegung, der Wertanalyse, der Qualitätssicherung, der Logistik und der Beschaffungspolitik ist sein Einfluß geringer.

1.1.2 Beschaffung, Beschaffungsmarketing

Die Beschaffung strebt eine sichere und kostengünstige Versorgung an. Insofern liegt eine enge Verwandtschaft zum gestaltenden Einkauf vor, wobei jedoch vermehrt der Sicherheitsaspekt berücksichtigt wird. Hierdurch gewinnt die *strategische Komponente* an Bedeutung. Begriffe wie Beschaffungspolitik, Beschaffungsweg, Beschaffungsmarketing, Beschaffungsprogramm und Anlagenbeschaffung wollen darauf aufmerksam machen, daß nicht nur innerbetriebliche Erfordernisse den Versorgungsprozeß bestimmen, sondern auch die jeweilige Marktverfassung, die sich aus der Marktform, der Konjunkturlage und dem Leistungspotential des einzelnen Lieferanten ergibt. Beschaffungsmärkte und innerbetriebliche Bedarfsträger sollen einander nähergebracht werden, um die Nachfragemacht des Unternehmens bzw. das Ausschöpfungspotential günstiger Angebotssituationen zu nutzen. Auch ist es notwendig, daß jegliche Marktveränderungen innerbetrieblich frühzeitig bekannt werden, um sich bietende Chancen infolge technischen Fortschritts oder regionaler Erweiterung zu nutzen. Damit ist häufig eine Einbindung der Versorgungsfunktion in Entwicklungs- und Projektteams verbunden, was zu einem Aufstieg in der Unternehmenshierarchie führt.

1.1.3 Materialwirtschaft, Supply Management

Literatur und Wirtschaftspraxis verwenden diese Begriffe häufig, wenn als Objektumfang die Erzeugnisstoffe bzw. Materialien des periodischen Bedarfs betrachtet werden. Deren Bereitstellung soll unter „wirtschaftlichen" Aspekten erfolgen, was eine auf integrierte Planungsmodelle gestützte, kostenorientierte Vorgehensweise nahelegt.

Die Begriffe integrierte Materialwirtschaft und Supply Management betonen außerdem den Managementcharakter der Versorgungsfunktion. Als Querschnittsfunktion soll durch eine bereichsübergreifende Betrachtungsweise eine Optimierung der materialwirtschaftlichen Gesamtkosten erreicht werden. Hierbei ist auch die Mitwirkung bei der Realisierung von Total Quality und Time Based Management Konzepten gefordert, da diese in erheblichem Umfang von einer engen Zusammenarbeit mit leistungsstarken Zulieferern abhängen.

1.1.4 Logistik

An diese Gedanken knüpft der Begriff Logistik an, der in Zusammenhang mit der physischen Versorgung benutzt wird. Hierbei stehen Untersuchungen von Transport-, Lager- und Umschlagsvorgängen im Vordergrund. Aber auch die damit eng zusammenhängenden Probleme des Handlings sowie Fragen der transport-, lager-

und umschlagsgerechten Verpackung müssen zum Begriff der Logistik gerechnet werden bis hin zur Auswahl der jeweils geeigneten Logistikdienstleister.

Insofern bedeutet Logistik die systematische Betrachtung aller materialflußbezogenen Fragen, wobei die bereichsübergreifende Denkweise innerbetrieblich bewußt gefördert wird. Aber auch die Einbeziehung der Lieferanten und Frachtführer in die Versorgungskette ist ein wichtiges Element zur Senkung der Lager- und Bestellabwicklungskosten.

Ohne eine enge EDV-gestützte Vernetzung zwischen Inputdeskription und Inputbereitstellung sind die Kostensenkungspotentiale und Wettbewerbsvorteile gegenüber Mitkonkurrenten auf den Absatzmärkten kaum zu erreichen. Deshalb erfordert der logistische Lösungsansatz den Aufbau derartiger EDV-Programme und die ständige Pflege der hierbei verwendeten Bewegungsdaten. Außerdem ist es erstrebenswert, wenn alle in die Versorgungskette eingebundenen externen Stellen (Lieferanten/Frachtführer) gleiche EDV-Systeme, Programme und Artikelbezeichnungen verwenden, um die Integrationsfähigkeit sicherzustellen (Rechnerverbund).

1.1.5   Zusammenfassung

Die unterschiedlichen Betrachtungsweisen machen deutlich, in welchem Umfang betriebliche und marktseitige Kräfte auf die Versorgungsfunktion einwirken und den Grad ihrer erfolgreichen Erledigung bestimmen. Innerbetrieblich seien das Beschaffungsvolumen, das Beschaffungsprogramm und die Unternehmenspolitik, von seiten der Beschaffungsmärkte die Marktform, die Konjunktur und der einzelne Lieferant genannt.

Daraus ergibt sich eine Vielzahl von Vorgehensweisen. Der Begriff Materialwirtschaft dürfte am ehesten alle Denkansätze und Ordnungskriterien in sich vereinigen, aber auch die anderen Bezeichnungen eignen sich gut, spezielle Ausrichtungen der Versorgungsfunktion zu verdeutlichen. Deshalb führen eine übersteigerte Verfeinerung einzelner Begriffe und Versuche ihrer Unter- und Überordnung nicht weiter. Sie stiften schlimmstenfalls nur Verwirrung und beeinträchtigen die gedankliche Auseinandersetzung mit auftretenden Sachfragen.

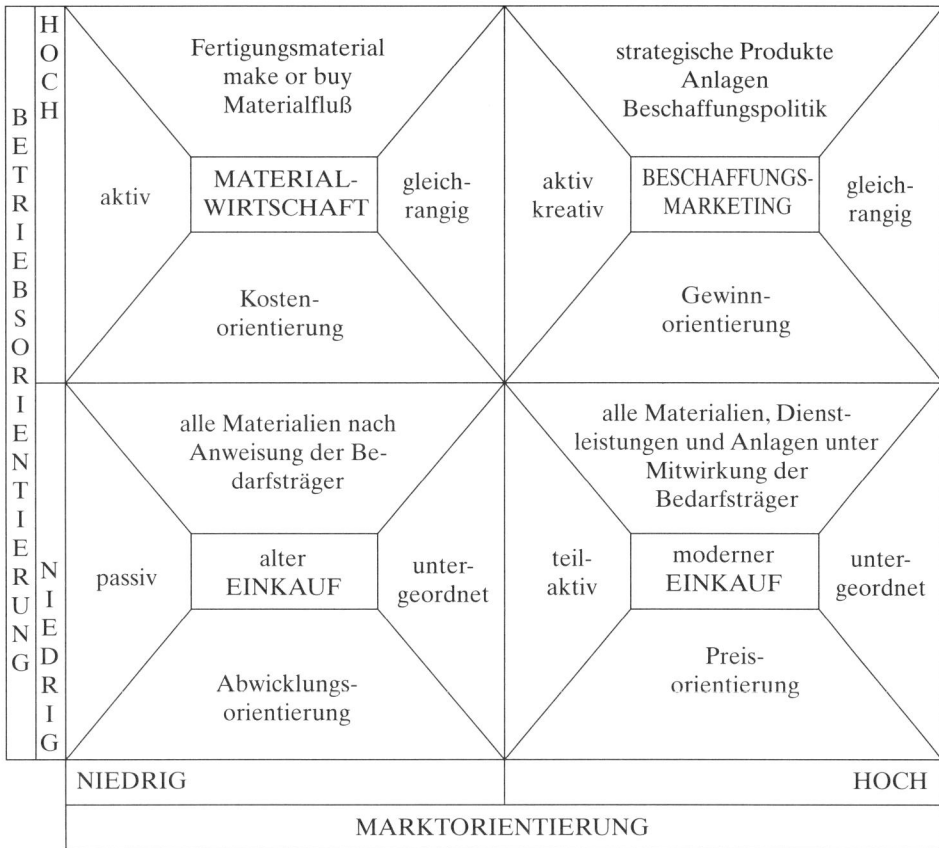

Abbildung 1.1: Übersicht über Merkmalsausprägungen

1.2 Aufgabenstellung

Der Versorgungsfunktion erwachsen im Rahmen der Unternehmensgesamtaufgabe drei Teilaufgaben, die sich mit Kostenoptimierung, Versorgungssicherung und Unterstützung anderer Unternehmensbereiche umschreiben lassen. Während die Kostenoptimierung vornehmlich durch operatives Handeln erreicht werden kann, erfordern die beiden anderen Teilaufgaben überwiegend längerfristige strategische Konzepte.

1.2.1   Kostengünstige Versorgung

Kurzfristig gesehen besteht die Aufgabe der Versorgungsfunktion darin, alle benötigten Erzeugnis- und Betriebsstoffe, Anlagen und Dienstleistungen bereitzustellen und Entsorgungsaufgaben zu übernehmen. Hierbei sind in bezug auf die technisch-qualitative Bestimmung der Betriebsbedarfe weitgehend die Vorgaben anderer Unternehmensbereiche zu beachten. Deshalb liegt das Schwergewicht auf den betriebswirtschaftlichen Zielvorgaben, wobei

- der terminlich richtige Anlieferungszeitpunkt,
- die auf den Betriebsbedarf abgestimmte Menge,
- das geforderte Qualitätsniveau und
- ein günstiger Einstandspreis
zu realisieren sind.

Häufig sollen auch noch andere Nebenbedingungen beachtet werden. Hierzu zählen eine schnelle Abwicklung, der Wunsch, das eigene Absatzpotential durch den Abschluß von Gegengeschäften zu erhöhen, sowie die Forderung, Konzernbetriebe bei der Auftragsvergabe genügend zu berücksichtigen.

Die gleichzeitige Berücksichtigung preislicher, terminlicher, qualitätsmäßiger und einkaufspolitischer Gesichtspunkte ist sehr schwierig, da sie sich oft widersprechen und zu Zielkonflikten führen. Auch entziehen sich die Zielvorgaben bis auf den Einstandspreis einer exakten, rechnerischen Kostenzuordnung, so daß Zahlenwerte durch Schätzungen und Prognosen mit den ihnen innewohnenden Unsicherheiten ersetzt werden müssen. Trotz dieser Schwierigkeiten darf das reine Preisdenken bei der Erfüllung der Versorgungsaufgabe nicht dominieren. Der Weg dazu führt über eine verbesserte Auflösung aller Zielvorgaben in die vier Kostenkategorien:

- Anschaffungskosten,
- Bestellabwicklungskosten,
- Lagerhaltungskosten,
- Fehlmengenkosten.

Die Zusammenhänge zwischen Zielvorgaben und Kostenkategorien verdeutlicht nachstehende Übersicht (Tabelle 1.1):

Die *Anschaffungskosten* ergeben sich aus der Multiplikation der eingekauften Menge mit dem Einstandspreis. Der Faktor Einstandspreis macht den Einfluß aller Preisnebenbedingungen deutlich und verhilft dem Einkäufer dazu, die verschiedenen Angebotspreise seiner Lieferanten auf eine vergleichbare Basis zu stellen. Er vermeidet hierdurch, Aufträge auf Grund günstiger Angebotspreise, jedoch mit ungünstigen Preisnebenbedingungen, zu erteilen. Solche Nebenbedingungen beziehen sich auf die Abnahmemenge (Mengenrabatte, Mindermengenzuschläge), auf die Abnahmemodalitäten (Verpackung, Transport- und Versicherungskosten)

Tabelle 1.1: Auflösung einzelner Bestimmungsfaktoren der Versorgungsfunktion in Kostenarten

Bestimmungsfaktoren	Realisierung	Kostenwirkung
Menge	richtig	Kostenoptimum
	zu hoch	überhöhte Lagerhaltungskosten
	zu niedrig	Fehlmengenkosten Mindermengenzuschläge überhöhte Bestellabwicklungskosten
Zeit	richtig	Kostenoptimum
	zu früh	überhöhte Lagerhaltungskosten
	zu spät	Fehlmengenkosten Preisaufschläge überhöhte Bestellabwicklungskosten
Qualität	richtig	Kostenoptimum
	zu hoch	überhöhte Anschaffungskosten
	zu niedrig	Fehlmengenkosten Umarbeitungskosten überhöhte Bestellabwicklungskosten
Preis	richtig	Kostenoptimum
	zu hoch	überhöhte Anschaffungskosten
	zu niedrig	Fehlmengenkosten

und auf die Zahlungsweise (Skonto), aber auch auf andere vom Lieferanten benutzte Mittel der Absatzförderung (Treuerabatte, Funktionsrabatte). So kann die Umrechnung von Angebotspreisen auf Einstandspreise als erster, wenn auch bescheidener Schritt in Richtung auf eine differenzierte Preisbearbeitung im Einkauf angesehen werden, die sich nach folgendem Schema vollzieht:

Angebotspreis
+ Zuschläge
– Rabatte und Boni
bereinigter Einkaufspreis
– Skonto
+ Fracht, Verpackung, Versicherung
Einstandspreis

Eine zweite Kostenkategorie, die bei dem Kostenoptimierungsprozeß eine Rolle spielt, sind die *Bestellabwicklungskosten,* auch Kosten der Eigenleistung zum Zweck der Beschaffung genannt. Hierunter fallen die Personal- und Sachkosten der Einkaufsabteilung, der Wareneingangs-, Qualitäts- und Rechnungsprüfung sowie in letzter Zeit in steigendem Umfang anteilige Kosten einer EDV-Organisation. Es ist unverkennbar, daß die Bestellabwicklungskosten in den letzten Jahren infolge der verbreiterten Funktionspalette der Materialwirtschaft und durch den Einsatz der EDV gestiegen sind und oft über 100 DM pro Bestellung liegen. Sie hängen aber auch in erheblichem Maße von der Bestellpolitik des Einkäufers ab, da eine Politik der Kleinbestellungen zu einem Anstieg dieser Kosten in ihrer Gesamtheit führt und darüber hinaus wesentliche Aktivitäten in erfolgsneutralen Bestelltätigkeiten bindet (Prozeßkosten).

Werden jedoch zum Zweck der Senkung der Bestellabwicklungskosten und auch zur Verbesserung der Einstandspreise große Bestellmengen aufgegeben, so führt dies zu einer Erhöhung der dritten Komponente der Gesamtkosten der Materialwirtschaft: der Lagerhaltungs- und Materialflußkosten.

Die *Lagerhaltungskosten* kann man aufteilen in Kosten der reinen Lagerhaltung, auch Lagerkosten genannt, und Kosten aus den Lagerbeständen, wozu hauptsächlich Zins- und Versicherungskosten zählen.

Zu den Lagerkosten gehören die Raumkosten und Kosten der Lagereinrichtungen, wie Miete bzw. Abschreibung, Beleuchtung, Heizung, Instandhaltung und die Personalkosten für die Leitung und Verwaltung der Läger. Hierhin gehören auch die Kosten für die Betreuung der Lagerware (wie Materialflußkosten, Wartungskosten einschließlich der Kosten qualitativer und quantitativer Prüfung). Die zweite Komponente der Lagerhaltungskosten ergibt sich aus dem wertmäßigen Aspekt der gelagerten Gegenstände. Hier ist in erster Linie an die Verzinsung und Versicherung des im Lager gebundenen Vermögens zu denken, aber auch an Kostenbelastungen aus Schwund, Verderb und Veralterung. Aus diesen Überlegungen heraus wäre es vielleicht sinnvoll, eine möglichst geringe Lagerhaltung bei den Bestellentscheidungen anzustreben, was jedoch einmal der Erzielung günstiger Einstandspreise und einer Senkung der Bestellabwicklungskosten zuwiderlaufen kann, zum anderen nicht dem durch die Lagerung verbundenen Streben nach einer gesicherten Materialversorgung entspricht, d.h. zu Fehlmengenkosten führen kann.

Unter *Fehlmengenkosten* versteht man alle Gewinnschmälerungen, die dadurch entstehen, daß Erzeugnisstoffe zum Bedarfszeitpunkt effektiv fehlen (direkte Fehlmengenkosten) sowie alle Aufwendungen, die zur Verhinderung eines drohenden Zusammenbruchs der Materialbereitstellung getätigt werden (indirekte Fehlmengenkosten).

Die gefährdete Materialbereitstellung gibt häufig Anlaß zu außergewöhnlichen Anstrengungen, um die Versorgung aufrecht zu erhalten. So werden teurere Transportmittel eingesetzt, Preiszuschläge für sofort verfügbare Ware gezahlt oder fehlerhafte Lieferungen nachgebessert, um die Produktion weiterlaufen zu lassen. Die Fehlmengenkostenproblematik stellt sich nicht in allen Unternehmen gleich dar. Sie ist gravierend bei Fließbandfertigung und im Bereich der Markenartikelindustrie, während sie bei Unternehmen mit flexibler Fertigungssteuerung abnimmt.

Es wurde bereits angedeutet, daß sich einzelne Kostenarten der Materialbereitstellung nur unzureichend quantifizieren lassen. Bei den Anschaffungskosten ist dies noch am ehesten möglich, bei den Bestellabwicklungs- und Lagerhaltungskosten treten Schwierigkeiten auf, da der gebräuchliche Betriebsabrechnungsbogen nach anderen Gesichtspunkten erstellt und nur nach zahlreichen Umrechnungen nutzbar ist. Die Fehlmengenkosten lassen sich teilweise mittels Schätzung ermitteln, da die Auswirkungen eines Produktionsstillstandes auf das Betriebsergebnis nicht exakt zurechenbar, vor allem aber seine absatzwirtschaftlichen Folgewirkungen kaum erfaßbar sind.

Es ist deshalb nicht erforderlich, bei dieser Gesamtkostenbetrachtung den höchsten Genauigkeitsgrad zu erreichen. Vielmehr sollte das Hauptaugenmerk darauf gelegt werden, alle vier Kostenarten gebührend bei den Entscheidungen zu berücksichtigen.

Bisher sind in Theorie und Praxis nur folgende Beziehungen eingehend, aber isoliert, untersucht worden:

– Bestellmenge und Einstandspreis,
– Lagerhaltungskosten und Bestellabwicklungskosten in der Andler-Formel,
– Fehlmengen- und Lagerhaltungskosten im Sicherheitsbestand,
– Fehlmengenkosten und Qualität der Produkte in der statistischen Qualitätskontrolle.

Was jedoch große Schwierigkeiten bereitet, ist die Zusammenführung aller Einzelbetrachtungen bei der Bestellentscheidung. Hierzu bietet sich als wertvolle Hilfe der qualifizierte Angebotsvergleich an, der alle oben beschriebenen Kosten in den Vergleichsfaktoren berücksichtigt.

Zusammenfassend kann festgehalten werden, daß die kostengünstige Versorgung des Unternehmens

– weitreichende Aktivitäten zur Informationsgewinnung erfordert (Beschaffungsmarktforschung, Bedarfsermittlung, Wert- und Preisstrukturanalyse);

– nur in einem qualifizierten Entscheidungsprozeß hinsichtlich der vielfältigen, teils gegenläufigen Kostenarten erreicht werden kann;

– eine Abkehr vom reinen Preisvergleich gebietet, da die Berücksichtigung lediglich einer Kostenart mit Sicherheit das materialwirtschaftliche Optimum verfehlt.

In jüngster Zeit gewinnen Bestrebungen an Bedeutung, durch gezielte und langfristige Kooperationen Kostensenkung und Qualitätsverbesserung in der Versorgung zu erreichen, die über das materialwirtschaftliche Optimum hinausgehen. Durch den Aufbau von Systemlieferanten, den Abschluß von Partnerschaftsverträgen, die Übertragung bestimmter Beschaffungsteilfunktionen auf Lieferanten und vermehrten Fremdbezug wird eine positive Beeinflussung nicht nur der gesamten Materialkosten, sondern auch von Kostenarten angestrebt, die in anderen Unternehmensbereichen anfallen. Beispielhaft sei die Senkung von Entwicklungs- und Forschungskosten, Wartungskosten und Kosten des Werkzeugbaus genannt.

1.2.2 Sichere Versorgung

Neben der kostengünstigen gewinnt die sichere Versorgung eine immer größere Bedeutung. Aus Gründen der Produkthaftung und der Gefahr einer Beeinträchtigung des Verkaufserfolges durch fehlerhafte Fertigprodukte wird der Qualitätssicherung hohe Priorität verliehen. Nicht von ungefähr enthalten die *DIN-ISO-Vorschriften* 9000 bis 9004 umfangreiche *Kriterien* über die Ausgestaltung der Beschaffung einer Unternehmung. Infolge vermehrten Fremdbezugs wird die Qualität der Fertigprodukte u.a. durch die Exaktheit von Spezifikationen, Zeichnungen und Einkaufsverfahren, Auswahl qualifizierter Lieferanten und Pläne/Durchführung von Eingangsprüfungen wesentlich beeinflußt. Deshalb ist der Beschaffung ein umfangreiches Kapitel in diesen Regelwerken gewidmet. Aber auch vielfältige Vorkehrungen bei der Lieferantenauswahl und Vertragsgestaltung sowie beschaffungspolitische Maßnahmen sollen die Lieferanten dazu anhalten, 100 % fehlerfreie Materialien zu produzieren und anzuliefern.

Das gleiche gilt auch bezüglich der Einhaltung vereinbarter Liefertermine, obwohl dieses Ziel wegen der besseren Transparenz leichter zu realisieren ist.

Die langfristige Versorgungssicherheit insbesondere bei Rohstoffen setzt die Installierung von Frühwarnsystemen voraus, die Gefahren für die Versorgung durch Erschöpfung von Rohstoffquellen, Existenzgefährdung wichtiger Zulieferer, Monopolisierung ganzer Zulieferbranchen, Streiks und politische Entwicklungen frühzeitig erkennen. Um derartigen Gefahren wirksam zu begegnen, müssen geeignete Maßnahmen ergriffen werden, die von der Verwendung von Alternativmaterialien, dem Aufbau einer Eigenfertigung bis zur Kapitalbeteiligung an leistungsfähigen Lieferanten reichen.

Derartige Maßnahmen gehen weit über das Tagesgeschäft hinaus und erfordern wegen ihrer weitreichenden Konsequenzen neben einer beschaffungsseitig sorgfältigen Vorbereitung stets die Mitwirkung der übrigen Funktionsbereiche einer Unternehmung.

1.2.3 Beratung der übrigen Unternehmensbereiche

Dieser Informationsaustausch ist auch bei der Entwicklung bzw. Veränderung von Fertigprodukten vorteilhaft. Zum einen können durch Hinweise auf Substitutionsmaterialien, DIN- und Normteile sowie durch Vermeidung von Überqualitäten die

Materialkosten gesenkt werden, da der zukünftige Bedarf beschaffungsmarktgerecht festgelegt und damit günstig gedeckt werden kann.

Durch die Einbindung leistungsfähiger Lieferanten mit deren Spezialwissen in derartige Entwicklungsvorhaben wird u.U. eine erhebliche Abkürzung der Entwicklungsdauer erreicht. Diese unter dem Schlagwort Simultaneous Engineering vermehrt angewandten Aktivitäten erhöhen die Wettbewerbskraft der eigenen Unternehmung, da der Zeitfaktor bei sinkenden Produktlebenszyklen eine wachsende Bedeutung gewinnt.

Aber auch beim laufenden Betriebsbedarf sind Information und Beratung anderer Unternehmensbereiche notwendig, da die Beschaffungsmärkte in ständiger Bewegung sind.

Es sei auf konjunkturelle Entwicklungen hingewiesen, die eine ständige Aktualisierung der Meldebestände erfordern, um schwankenden Lieferzeiten zu begegnen. Das gilt auch für Schwankungen des Betriebsbedarfs. Bei Einzelfertigung mit langen Durchlaufzeiten ist eine Information über Lieferzeiten bestimmter Baugruppen erforderlich, um die Produktionsplanung und die Lieferzusagen an die Kunden abzusichern.

Beim Auftreten neuer leistungsfähiger Lieferanten oder Problemlösungsmöglichkeiten muß die Technik unterrichtet werden, um derartige Chancen zu nutzen. Bei einer Monopolisierung bestimmter Beschaffungsmärkte oder akuten Beschaffungsschwierigkeiten können die Bedarfsträger beschaffungsseitige Gegenreaktionen wirksam unterstützen.

Es können noch viele Gebiete aufgezeigt werden, auf denen dieser Informationsaustausch erforderlich ist, um das Spannungsfeld zwischen markt- und betriebsorientierter Denkweise zum Zweck einer optimalen Versorgung zu entschärfen. Realisiert wird dieser Gedankenaustausch in den entsprechenden Gremien (Vorstand, Wertanalyseteams, Projektgruppen usw.), was Teamfähigkeit aller Beteiligten und gegenseitige Akzeptanz voraussetzt. Letztere wird durch die wachsende Bedeutung der Versorgungsfunktion gefördert.

1.3 Die Bedeutung für das Betriebsergebnis

Wie schon immer in den Betrieben des Groß- und Einzelhandels wird auch in Industrie und Handwerk der Einfluß der Versorgungsfunktion erkannt. Dies ist zurückzuführen auf

– den wachsenden Anteil der Materialkosten an den Herstellkosten bzw. am Umsatz durch die Reduzierung der Fertigungstiefe,

– die hohe Kapitalbindung von Sicherheitsbeständen und Anlagen,

– die Wechselwirkungen zwischen Absatz- und Beschaffungsstrategien einer Unternehmung.

1.3.1   Anteil der Materialkosten am Umsatz

Wenn man bedenkt, daß heute ca. 50 % bis 60 % der Verkaufserlöse durch Kosten des materialwirtschaftlichen Sektors absorbiert werden, dann läßt sich leicht erkennen, welch durchschlagenden Einfluß Kostensenkungen in der Materialwirtschaft auf das Betriebsergebnis haben.

Geht man beispielsweise davon aus, daß ein Unternehmen einen Jahresumsatz von 100 Mio. DM bei einer Umsatzrendite von 6 % (6 Mio. DM) hat und der Anteil der Aufwendungen für Erzeugnis- und Betriebsstoffe 50 % (50 Mio. DM) vom Umsatz beträgt, so würde eine Senkung des Materialkostenblocks um 4 % zu einer Erhöhung des Betriebsergebnisses um 2 Mio. DM auf 8 Mio. DM führen. Dies entspricht einer Steigerung um 33 1/3 %.

Wollte das gleiche Unternehmen durch einen erhöhten Absatz eine gleiche Gewinnverbesserung anstreben, müßte es seinen Umsatz um ein Drittel erhöhen, was in der heutigen Zeit erheblich schwieriger sein dürfte als eine Senkung der Materialkosten um 4 %. Dieser Gewinnbeitrag der Materialwirtschaft kann somit als Ausgleich für nicht realisierbare Umsatzsteigerungen interpretiert werden und in folgende allgemein gültige Formel gebracht werden:

$$GB_M = \frac{Mk \times E}{R}$$

Mk   = Materialkosten-Anteil in % vom Umsatz
E   = Reduzierung der Materialkosten in % der Materialkosten
R   = Umsatzrentabilität
GB_M = Gewinnbeitrag der Materialwirtschaft, ausgewiesen als adäquate Umsatzsteigerung

Man kann dieses Beispiel auch auf Unternehmen anwenden, die durch Kostensteigerungen im Personal-, Verwaltungs- und Anlagensektor zur Erhaltung der bisherigen Ertragskraft eigentlich zu Preiserhöhungen gezwungen wären, diese aber auf den Absatzmärkten nicht durchsetzen können. Hier bietet sich eine Reduzierung der Kosten für Erzeugnis- und Betriebsstoffe, der Lagerhaltungs- und Materialflußkosten als erfolgversprechender Weg an, in der Gewinnzone zu verbleiben.

Man spricht dann gerne von der Materialwirtschaft als Gewinnquelle und nicht mehr als unproduktivem Ausgabenbereich; im angelsächsischen Bereich kommt dies in der Sentenz „Purchasing is a profit making job" zum Ausdruck.

In der Literatur wird die Auswirkung von Einsparungen im materialwirtschaftlichen Bereich auf die Unternehmungsrentabilität häufig mittels der „Return on Investment-Methode" (ROI) verdeutlicht (vgl. Abbildung 1.2).

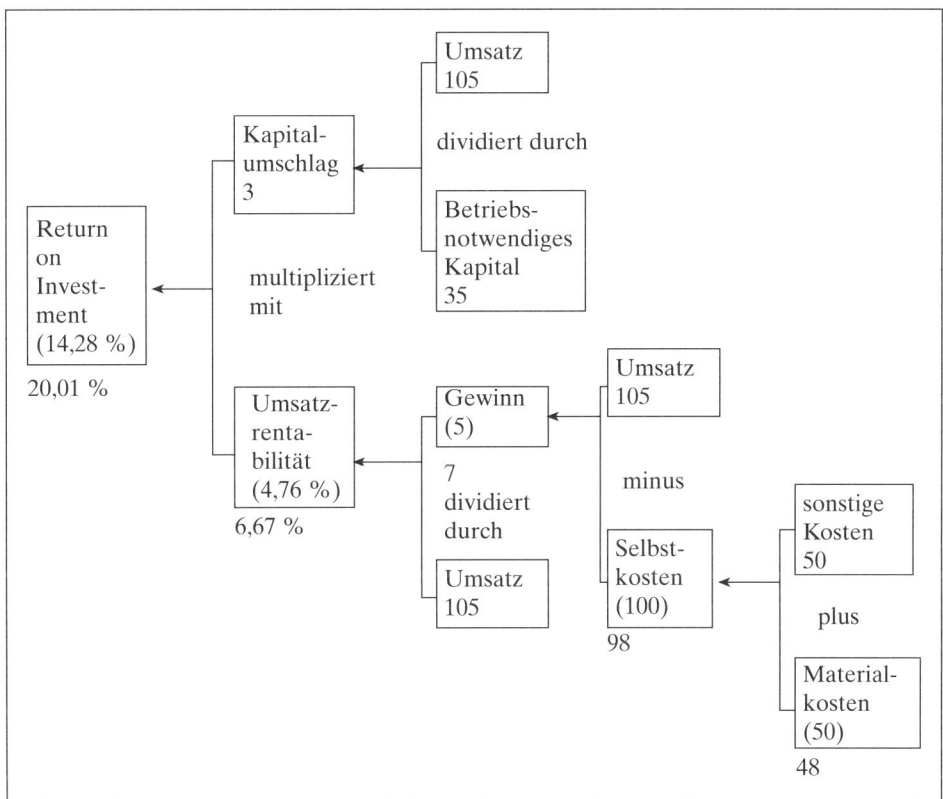

Abbildung 1.2: Beispiel für die Auswirkung einer 4 %igen Kostensenkung im materialwirtschaftlichen Bereich (Angaben in Mio. DM)

Das Schaubild ist von rechts nach links zu lesen. Es geht von dem in der Praxis vielfach anzutreffenden Fall aus, daß 50 % der Selbstkosten durch Zukauf von Erzeugnisstoffen verursacht werden. Gelingt es, diesen Kostenblock um 4 % von 50 auf 48 Mio. DM zu senken, so erhöht sich der Gewinn von 5 auf 7 Mio. DM. Die Umsatzrentabilität steigt von 4,76 % auf 6,67 %. Bei einem 3-maligen Kapitalumschlag verbessert sich die Verzinsung des eingesetzten Kapitals von 14,28 % auf etwa 20 %. Dieser Anstieg um 5,72 % Prozentpunkte bedeutet eine Steigerung der Unternehmensrentabilität um 40 %, ausgelöst durch eine 4 %ige Senkung der Kosten im materialwirtschaftlichen Bereich.

1.3.2   Hohe Kapitalbindung durch Warenbestände

Einer der wesentlichen Gründe, die zu dem hohen Anteil der Materialkosten an den Selbstkosten geführt haben, ist der vermehrte Übergang von der Eigenfertigung zum Fremdbezug. Darin wird längerfristig die Auswirkung von Arbeitsteilung und Spezialisierung der modernen Industrie sichtbar. In Zeiten der Hochkonjunktur wird der vermehrte Fremdbezug kurzfristig dazu genutzt, das Absatzpotential ohne beträchtliche Investititonen im Anlagen- und Personalsektor zu erhöhen. Je mehr sich jedoch die Materialbereitstellung von Rohmaterialien auf Halbfabrikate verlagert, desto größer wird die Abhängigkeit von einer reibungslosen Versorgung, da Engpässe in der Belieferung nur *eines* Halbfabrikats die gesamte Produktion – sprich Montage – stillegen können und kurzfristige Improvisationsmöglichkeiten im eigenen Unternehmen wegen des Fehlens geeigneter Fertigungsanlagen kaum gegeben sind.

Dieses aus dem Übergang von Eigenfertigung zu Fremdbezug erwachsende erhöhte Risiko der Materialbereitstellung kann nur durch zwei Maßnahmen abgedeckt werden:

– durch eine erhebliche Ausweitung der Sicherheitsbestände;
– durch eine leistungsfähige Materialwirtschaft, die durch andere Maßnahmen eine reibungslose Versorgung garantiert.

Wer den Anteil der Erzeugnis- und Betriebsstoffe am Umlaufvermögen deutscher Aktiengesellschaften verfolgt hat, weiß, daß die deutsche Industrie überwiegend den ersten Weg gegangen ist, um die Versorgung abzusichern.

Dies hatte zur Folge, daß das betriebsnotwendige Kapital durch die hohen Sicherheitsbestände aufgebläht bzw. der Kapitalumschlag vermindert wurde. Aus Abbildung 1.2 kann der negative Effekt einer solchen Verminderung schnell nachvollzogen werden. Somit beeinflußt die Materialwirtschaft die Rentabilität in *zweifacher* Weise. Einmal durch die Senkung der Herstellkosten und zum anderen durch die Erhöhung der Kapitalumschlagshäufigkeit infolge einer Senkung der Lagerbestände. Letzteres hat auch noch einen positiven Einfluß auf die Liquidität der Unternehmen.

In den letzten Jahren kann man feststellen, daß erhebliche Fortschritte bei der Senkung der Lagerbestände erreicht wurden. Dazu hat in großem Umfang der *Einsatz der EDV* im materialwirtschaftlichen Bereich beigetragen. Aber auch der systematische Aufbau einer leistungsfähigen Versorgungsfunktion und die Entwicklung eines breit gefächerten *materialwirtschaftlichen Instrumentariums* haben die kostenträchtigen Sicherheitsbestände bei der Sicherung der Versorgung weitgehend überflüssig gemacht.

1.3.3   Steigerung der Wettbewerbsfähigkeit

Der große Einfluß auf das Betriebsergebnis und die Wettbewerbsverschärfung auf vielen Absatzmärkten lassen die Versorgungsfunktion auch als bedeutendes Instrument zur Wettbewerbssteigerung erscheinen.

Zunächst ermöglicht eine kostengünstige Materialversorgung niedrige Verkaufspreise, was sich in gesättigten Märkten positiv auf den Absatzerfolg auswirkt.

Das Eingehen auf Sonderwünsche der Kunden und deren rasche Befriedigung haben sich ebenfalls als verkaufsfördernd erwiesen, da der Faktor Zeit für Abnehmer eine hohe Priorität besitzt. Bei Großserienfertigung werden über Lieferantenauswahl, Vertragsgestaltung und eine leistungsfähige Versorgungslogistik kurze Beschaffungszeiten trotz steigender Variantenzahl ermöglicht. Bei Einzelfertigung und im Entwicklungsstadium neuer Serienerzeugnisse wird durch Zusammenarbeit mit leistungsfähigen Lieferanten eine frühe Marktreife erreicht, die immer einen Wettbewerbsvorsprung mit sich bringt.

Für Kunden spielt außerdem die garantierte Funktionserfüllung der Fertigerzeugnisse eine wichtige – wenn nicht ausschlaggebende – Rolle bei der Kaufentscheidung. Auch hier kann die Materialwirtschaft durch ein ganzes Maßnahmenbündel zu einer Absicherung des Qualitätsniveaus der Erzeugnisstoffe und damit auch der Fertigerzeugnisse beitragen, während sie durch ein ausgeprägtes Preisdenken das Gegenteil erreicht. Kundenzufriedenheit ist Basis aller Strategien, die eine langfristige Absatzsicherung anstreben. Time Based Management und Total Quality Management sind Eckpfeiler dieser Zielrichtung, zu denen die Versorgungsfunktion in vielfältiger Weise einen wichtigen Beitrag leisten kann.

1.4   Auswirkungen des Bedeutungsanstiegs

Die aufgezeigten Ursachen und ihre Auswirkungen auf das Betriebsergebnis führten zu

– Veränderungen im Aufgabeninhalt:
  Von der Bestellabwicklungsstelle über die Einkaufsabteilung zum Materialmanagement,

– Veränderungen in der Denkweise:
  Von der Preisminimierung über die Gesamtkostenminimierung zum Gewinnbeitrag,

– Veränderungen im organisatorischen Status:
  Vom Befehlsempfänger über den Berater zum Entscheidungsträger.

Viele Unternehmen ziehen hieraus Konsequenzen und etablieren die Materialwirtschaft als gleichrangige Grundfunktion. Es entsteht ein eigener Verantwortungsbereich, in dem alle Inputaktivitäten zusammengefaßt sind, um die Fremdbestimmung des materialwirtschaftlichen Bereichs zu überwinden.

Die in der Materialwirtschaft Tätigen müssen sich den erhöhten Anforderungen, die mit diesem Aufstieg verbunden sind, stellen. Es kommt zu einem neuen Anforderungsprofil, nicht nur was die zu erfüllenden Aufgaben betrifft, sondern auch was die geistige Grundhaltung angeht. Vor diesem Hintergrund sind auch die vielfältigen Weiterbildungsmaßnahmen der Wirtschaft und Studienprogramme von Universitäten und Fachhochschulen in den letzten Jahren zu sehen.

1.4.1   Aufstieg der Materialwirtschaft in der Unternehmenshierarchie

Das in diesem Zusammenhang anzustrebende Ziel kann mit den Adjektiven
zentral
und
gleichrangig
umschrieben werden. Jeder betriebliche Funktionsbereich hat seine eigenen Zielvorstellungen, wie beispielsweise

Absatz: Vergrößerung des Marktanteils, Realisierung gewinnbringender Erlöse, möglichst breite Produktpalette, Einsatz von Gegengeschäften.

Produktion: Termingerechte Ablieferung, niedrige Stückkosten, möglichst schmale Produktpalette mit großen Stückzahlen zwecks guter Auslastung der Fertigungsanlagen.

Finanzen: Geringe Kapitalbindung, Ausnutzung steuerlicher Vergünstigungen, hohe Liquidität.

Materialwirtschaft: Ausnutzung der Chancen antizyklischer Lagerpolitik, niedrige Einkaufspreise, ständige Vergrößerung des Fremdbezugsanteils.

Es ist eine unbestrittene Tatsache, daß die Realisierung solcher Teiloptima durch die einzelnen Unternehmensbereiche keinesfalls zum erstrebten Gewinnmaximum der Unternehmung führt. Vielmehr müssen diese oft kontroversen Zielvorstellungen zu einem Ausgleich gebracht werden, wozu sich zwei Wege anbieten:

– Die einzelnen Unternehmensbereiche suchen als *gleichrangige* Partner zum Ausgleich gegensätzlicher Zielvorstellungen zu kommen, wobei die isolierte Betrachtung der einzelnen Abteilungen durch eine Gesamtbetrachtung aller Abteilungen zu einer zwar langwierigen, aber ausgewogenen Abstimmung führt.

– *Einzelne Unternehmensbereiche* werden anderen Unternehmensbereichen *übergeordnet* und auftretende Zielkonflikte durch Entscheidung des übergeordneten Bereichs zwar schnell, aber zu Lasten des untergeordneten Bereichs, aufgelöst.

Der materialwirtschaftliche Bereich war in der Vergangenheit oft ein solcher untergeordneter Bereich, so daß wichtige Fragen der Unternehmenspolitik wie die Größe der Sicherheitsbestände, der Umfang von Gegengeschäften, der Übergang von Eigenfertigung zum Fremdbezug, die Festlegung des qualitativen Niveaus, um nur die wichtigsten zu nennen, von Abteilungen entschieden wurden, die hierbei in erster Linie ihr isoliertes Abteilungsinteresse verfolgten. Daß bei einer solchen Einstufung der Materialwirtschaft in der Unternehmenshierarchie die Realisierung des materialwirtschaftlichen Optimums auf der Strecke bleiben mußte, ist nicht verwunderlich. Die zunehmend negativen Auswirkungen einer solchen organisatorischen Einstufung auf das Betriebsergebnis führen jedoch zunehmend zur Aufnahme der Materialwirtschaft in den Kreis der die Unternehmenspolitik mitbestimmenden Grundfunktionen. Dadurch erhält das Materialmanagement vielfältige Chancen, materialwirtschaftlichen Aspekten bei allen grundsätzlichen Unternehmensentscheidungen Geltung zu verschaffen. Dieser Aufstieg der Materialwirtschaft zu einer gleichrangigen Grundfunktion bietet aber auch den Gruppenleitern und Einkäufern die notwendigen Entfaltungsmöglichkeiten, um in der täglichen Arbeit der Realisierung des materialwirtschaftlichen Optimums näher zu kommen.

1.4.2   Gestiegenes Anforderungsprofil der Materialwirtschaft

Um diese Gestaltungsmöglichkeiten jedoch auch nutzen zu können, müssen die Aufgabenträger gesteigerten Ansprüchen gerecht werden, und zwar

– im Vollzug von Entscheidungsaufgaben,
– in der Erledigung materialwirtschaftlich spezifischer Aktivitäten,
– in der Beherrschung technischer Grundkenntnisse.

Diese drei Merkmale tauchen immer häufiger in Stellenanzeigen auf, durch die Mitarbeiter für den materialwirtschaftlichen Bereich gesucht werden.

Es ist unstrittig, daß eine Erledigung von Versorgungsaufgaben im Sinne materialwirtschaftlicher Optimierung eine Zunahme *entscheidungsspezifischer* Tätigkeiten zu Lasten verwaltungs- bzw. verrichtungsspezifischer Aktivitäten für die Mitarbeiter mit sich bringt.

Deshalb muß ihnen bewußt sein, daß Entscheiden im Auswählen verschiedener verfahrenstechnisch realisierbarer Möglichkeiten besteht. Je nach der Tragweite der Entscheidung sind hiermit Risiken verbunden, die der Materialwirtschaftler auch zu tragen bereit sein muß. Er wird durch eine breite Informationssammlung und intensive Informationsverarbeitung Risiken und Unsicherheiten zu mindern suchen, ausschalten kann er sie wegen der Zukunftsbezogenheit nicht.

Entscheidungen verlangen aber auch eine andere *Mentalität* als reine Ausführungstätigkeit. Es sei hier an Eigeninitiative erinnert, die aus eigenem Antrieb Lösungen sucht und nicht auf Anregungen Dritter wartet, und an den kreativen Charakter, der aus der reinen Routine neuen Lösungsmöglichkeiten zustrebt.

Abschließend sei darauf hingewiesen, daß Entscheidungen heute in den Unternehmen oft im *Team* erarbeitet und getroffen werden. Ziehen Materialwirtschaftler in diese Gremien ein, so wird man sie dort desto schneller als Partner anerkennen, je mehr sie sich schöpferischer Eigeninitiative verpflichtet fühlen und je besser sie es gelernt haben, konstruktive Teamarbeit zu leisten.

Die Funktionspalette eines Materialwirtschaftlers unterscheidet sich von der eines Bestellers dadurch, daß die dem Bestellvorgang vorgelagerten Aktivitäten wie Marktforschung, Bedarfsermittlung, Wertanalyse, Preisstrukturanalyse und Verhandlungsführung einen sehr breiten Raum einnehmen. Sie dienen alle der Qualifizierung der Bestellentscheidung, so daß der Materialwirtschaftler diese Techniken beherrschen bzw. sich aneignen muß.

Eine letzte Qualifikation, die in der betrieblichen Praxis erhebliche Schwierigkeiten bereitet, ist darin zu sehen, daß der Materialwirtschaftler über technische Kenntnisse der Materialien verfügen muß, die er zu betreuen hat. Wenn er als Gesprächspartner von Lieferanten und von der Technik im eigenen Unternehmen akzeptiert werden will und wenn er über produktspezifische Fragen seines Bereiches urteilen soll, benötigt er dazu Kenntnisse über technische Zusammenhänge und Prozeßabläufe. Auch wenn die gestellten Ansprüche nicht zu hoch sein sollten, so ergeben sich hieraus häufig Probleme, die man durch den Einsatz von Wirtschaftsingenieuren, durch eine auf homogene Materialgruppen ausgerichtete Aufbauorganisation sowie durch betriebs- und materialbezogene Sonderschulungen zu lösen sucht, aber häufig noch nicht in befriedigendem Umfang gelöst hat.

1.5   ABC-Analyse

1.5.1   Allgemeiner Überblick

Durch die Verbreiterung der Funktionspalette, aber auch durch die Ausweitung der Märkte und des Einkaufssortiments entsteht leicht die Gefahr der Überlastung der Materialwirtschaft mit Routineaufgaben.

Um einen gezielten Einsatz der Beschaffungsaktivitäten zu ermöglichen, bedient man sich in der Praxis mit gutem Erfolg der ABC-Analyse. Sie baut auf der Erkenntnis auf, daß man mit relativ wenigen Artikeln eine hohe Funktionserfüllung erreichen kann, wenn die Artikel richtig ausgewählt werden.

Die Materialien werden ganz allgemein nach ihrer relativen Bedeutung klassifiziert. Dabei erfolgt die Relativierung durch die Auswahl geeigneter Kriterien. In der Praxis geht man überwiegend vom Wert aus, da dieser sich rechnerisch leicht ermitteln läßt. Für bestimmte Teilfunktionen wie Bedarfsermittlung, Lieferantenanalyse und Rechnungsprüfung reicht das auch voll aus. Bei anderen ist das rein rechnerische Ergebnis nur bedingt brauchbar wie bei der Beschaffungsmarktforschung, Wertanalyse und Warenprüfung. Hier hilft man sich dadurch, daß andere Auswahlkriterien vor der endgültigen Klassifizierung mit berücksichtigt werden, z.B. Fehlmengenrisiko und Variationstendenz. Wegen der Schwierigkeit der rechnerischen Erfassung sind diese Kriterien in der Praxis seltener zu finden.

Die ABC-Analyse erfordert naturgemäß ein gewisses Maß an Mut zur Lücke, der jedoch zur Steigerung der Wirtschaftlichkeit durch die Schaffung von Prioritäten und Rationalisierungsmaßnahmen bei den laufenden Routineaufgaben gerechtfertigt ist.

Um die bei der ABC-Analyse notwendigen Arbeitsabläufe im Detail aufzuzeigen, soll im folgenden der Lagerbereich betrachtet werden, weil hier meistens das Auswahlkriterium „Wert" verwendet wird, das relativ unproblematisch ist.

1.5.2 Durchführung der ABC-Analyse

Die einzelnen Schritte bei der Durchführung der ABC-Analyse sind die folgenden:

– Zunächst wird die jährliche Verbrauchsmenge der Lagermaterialpositionen in geeigneten Mengeneinheiten erfaßt und mit dem Einzelpreis multipliziert. Auf diese Weise erhält man für jede Position den Jahresverbrauchswert.

– Die jährlichen Verbrauchswerte aller Positionen werden nach absteigender Größenordnung sortiert und kumuliert.

– Für jeden so geordneten Jahresverbrauchswert bildet man anschließend den Prozentanteil am Gesamtwert (100 %) und addiert wieder die Prozentzahl.

– Dann wird für jede Position der Anteil (in Prozent) an der Gesamtzahl der Positionen errechnet und kumuliert.

– Schließlich wird bei einem bestimmten Prozentanteil am Gesamtwert, z.B. 80 %, eine erste Grenze gezogen. Die Positionen, z.B. 20 % aller Lagermaterialien, die in diese Wertgruppe fallen, werden als A-Artikel bezeichnet. Ebenso wird festgelegt, wieviele und welche Materialien in die Wertgruppen B und C fallen.

Das Ergebnis einer solchen ABC-Analyse läßt sich vorteilhaft tabellarisch und grafisch dokumentieren, wie folgendes Beispiel zeigt.

Tabelle 1.2: Beispiel für 10 000 Materialpositionen mit einem Gesamtjahresverbrauchswert in Höhe von 60 Millionen DM

Wertgruppe	Anzahl der Positionen	Prozentanteil an der Gesamtzahl der Positionen	Jahresverbrauchs- wert in Mio. DM	Prozentanteil am Gesamtwert
A	2 000	20	48	80
B	1 000	10	9	15
C	7 000	70	3	5
Gesamt	10 000	100	60	100

Die Tabelle sagt aus, daß

        20 % der Positionen einen Wertanteil von 80 %,

weitere   10 % der Positionen einen Wertanteil von 15 %, und die

restlichen   70 % der Positionen einen Wertanteil von 5 % aufweisen.

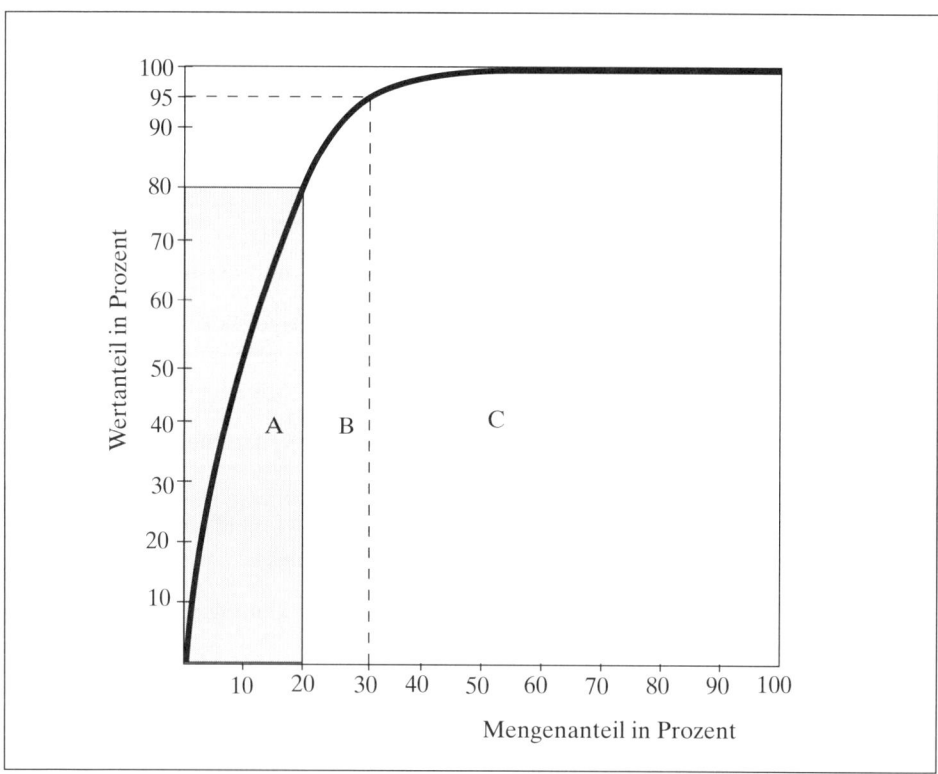

Abbildung 1.3: Beispiel für eine ABC-Verteilung

Dieses beispielhafte Ergebnis ist für die meisten Betriebe mehr oder weniger typisch. Wenn die Wertgruppen auch etwas anders ausfallen können, so findet man doch fast immer die charakteristische Situation vor, daß sich die Verbrauchswerte der Lagermaterialien auf ein relativ kleines Sortiment konzentrieren. Das kommt auch sehr anschaulich in der *Konzentrationskurve* (Lorenz-Kurve) zum Ausdruck (vgl. Abbildung 1.3).

Die Einstufung der Materialpositionen in *drei* Klassen ist theoretisch zwar nicht zwingend, aber am häufigsten. Die Einteilung in mehr als drei Wertgruppen sollte immer unter Beachtung der Wirtschaftlichkeit und des zusätzlichen Informationsnutzens gesehen werden. Da die Klassifizierung bei der ABC-Analyse im Lagerwesen sich überlicherweise nach dem Wert (= Preis mal Menge) ausrichtet, können Positionen mit niedrigem Preis durchaus A-Teile und solche mit hohem Preis C-Teile sein. Um zu vermeiden, daß technologisch verwandte Stoffe (etwa nach Dimension, Qualität und ähnlichen Eigenschaften) durch stark schwankende Wertgrenzen auseinandergezogen werden, sollte man nach Möglichkeit Stoffgruppen bilden. Verwendet man bei den Jahresverbrauchswerten – wie es in der Praxis meistens geschieht – historische Zahlen, so besteht leicht die Gefahr, daß neue Entwicklungen das Bild verfälschen. Daher empfiehlt sich eine Überprüfung der einmal festgelegten Klassifizierung nach Ablauf einer gewissen Zeit, z.B. jedes Jahr. Auf diese Weise können auch materialspezifische Besonderheiten wie An- oder Auslauftermine berücksichtigt werden.

1.5.3 Folgerungen aus der ABC-Analyse

Wie das Beispiel aus dem Lagerbereich zeigt, kann die ABC-Analyse als eine wertvolle *Entscheidungshilfe* genutzt werden, indem wichtige Materialien besonders sorgfältig und vorrangig behandelt werden.

Bei dieser Schwerpunktbildung darf es jedoch nicht zu einer völligen Vernachlässigung der C-Teile kommen, weil sonst schnell unbeabsichtigte Störungen im Rahmen der Versorgungssicherung auftreten können. Auf der anderen Seite ist die ABC-Analyse aber nur dann ein wirkungsvolles Steuerungsinstrument, wenn die geeigneten Methoden, Verfahren und Maßnahmen für A-, B- und C-Teile bezüglich der einzelnen Beschaffungsteilfunktionen auch tatsächlich angewandt werden. Ein Beispiel zeigt nachstehende Tabelle 1.3, wobei die B-Teile je nach Zweckmäßigkeit der einen oder anderen Wertgruppe zuzuordnen sind.

Abschließend sei darauf hingewiesen, daß der Klassifizierungsgedanke der ABC-Analyse nicht nur bei Lagermaterialien Anwendung findet. Vielmehr sind ABC-Analysen in der Materialwirtschaft auch in anderen Bereichen möglich, wie Tabelle 1.4 zeigt.

Tabelle 1.3: Arbeitsübersicht zur ABC-Analyse

Beschaffungs-teilfunktion	Mögliche Auswahl-kriterien	Behandlung der A-Teile	Behandlung der C-Teile
Disposition	• Wert • Fehlmengenrisiko	• Programmorientierte Bedarfs-rechnung • Aufwendige Bestellrechnung • Niedrige Sicherheitsbestände • kurzer Anlieferungsrhythmus	• Verbrauchsorientierte Bedarfs-rechnung • Vereinfachte Bestellrechnung • Hohe Sicherheitsbestände • langer Anlieferungsrhythmus
Beschaffungsmarkt-forschung	• Wert • Konjunktur- und Substitutions-sensibilität	• Beobachtung aller Objekte • Benutzung vieler Informations-quellen	• Starke Beschränkung in den Objekten und Informationsquellen
Wertanalyse	• Wert • Substitutions-sensibilität	• Durchführung	• keine Durchführung
Bestellabwicklung	• Wert • Fehlmengenrisiko	• Gründliche Bestellvorbereitung und -durchführung • Strenge Termin-kontrolle • Genaue Rechnungsprüfung • Genaue Quantitäts- und Qualitätsprüfung	• Vereinfachte Bestellabwicklung • Einschränkung bzw. Verzicht auf Terminkontrolle, Rechnungsprüfung, Qualitätsprüfung
Inventur	• Wert	• Permanente Inventur	• Stichproben-inventur

Tabelle 1.4: Anwendungsbereiche von ABC-Analysen

Analyseobjekt	gegliedert nach:
1. Jahresverbrauchswert	Lagermaterialpositionen
2. Lagerbestandswert	Lagermaterialpositionen
3. Beschaffungsumsatz	Materialpositionen
4. Beschaffungsumsatz	Bestellungen
5. Beschaffungsumsatz	Lieferanten

So werden beispielsweise die Lieferanten mit den höchsten Lieferwerten der Gruppe der A-Lieferanten und jene mit geringen Lieferwerten den C-Lieferanten zugeordnet. Die für die Materialwirtschaft besonders wichtige Gruppe der A-Lieferanten wird einer ständigen, sorgfältigen Beobachtung ihrer Leistungsfähigkeit,

Bonität und Zuverlässigkeit unterworfen, während man C-Lieferanten weniger intensiv, sporadisch oder gar nicht beobachtet. Auch wird der Einkäufer gegenüber A-Lieferanten eine andere Lieferantenpolitik betreiben als gegenüber C-Lieferanten, die darauf abzielt, bei A-Artikeln eine Reduzierung der Anschaffungskosten, bei C-Artikeln eine solche der Bestellabwicklungskosten zu erreichen.

1.6   XYZ-Analyse

1.6.1   Allgemeiner Überblick

Während die ABC-Analyse Prioritäten auf der Basis rechenhafter Kriterien (Menge, Anzahl, Wert) festlegt, bedient sich die XYZ-Analyse mit der *Bedarfsvorhersagegenauigkeit* eines schwieriger zu handhabenden Ausprägungsmerkmals.

Um zu beurteilen, ob der zukünftige Bedarf regelmäßig oder sporadisch bzw. planbar oder nicht planbar auftritt, bedient man sich

– der Erfahrungen aus der Vergangenheit,
– der Ergebnisse der Stücklistenauflösung,
– anspruchsvoller EDV-Programme zur Ermittlung eines Variations- bzw. Schwankungskoeffizienten, der die Verbrauchsstreuung eines Artikels ausdrückt.

Die Klassifizierung erfolgt in der Weise, daß

– X-Artikel sich durch einen konstanten Verbrauch bzw. eine hohe Vorhersagegenauigkeit,
– Y-Artikel sich durch einen schwankenden Verbrauch bzw. eine mittlere Vorhersagegenauigkeit,
– Z-Artikel sich durch einen unregelmäßigen Verbrauch bzw. eine niedrige Vorhersagegenauigkeit

auszeichnen.

Im industriellen Bereich kommen mehrere Untersuchungen zu folgender Verteilung innerhalb des Beschaffungsprogramms:

$$\left.\begin{array}{l} \text{X-Artikel: 50-60 \%} \\ \text{Y-Artikel: 10-20 \%} \\ \text{Z-Artikel: 20-30 \%} \end{array}\right\} \text{aller Artikel}$$

In Handelsbetrieben nimmt der Anteil der X-Artikel am Gesamtsortiment in der Regel ab und die Zahl der Y-Artikel zu.

Exakte Ergebnisse sind wegen der vielen Unwägbarkeiten bei der Durchführung kaum zu erwarten. Näherungswerte sind jedoch auch vollkommen ausreichend, da vor allem die extremen Ausprägungen (X- und Z-Artikel) für die Festlegung konkreter Verhaltensweisen in der Praxis herangezogen werden. Auch wird die XYZ-Analyse häufig nicht bei allen Artikeln und Artikelgruppen angewandt, sondern auf signifikante Materialien beschränkt, um die Vorbereitungsmaßnahmen nicht ausufern zu lassen.

1.6.2   Kombination mit der ABC-Analyse

Die XYZ-Analyse wurde ursprünglich von Disponenten entwickelt, die mittels geeigneter Dispositionsverfahren ihre Arbeitsergebnisse im Bereich der Z-Artikel verbessern wollten. Hierbei zeigte sich, daß eine reine XYZ-Betrachtung wenig effizient ist. Erst eine Kombination mit der ABC-Analyse brachte die erhofften Ergebnisse, da Wertigkeit und Vorhersagegenauigkeit viele Entscheidungen im materialwirtschaftlichen Bereich beeinflussen (vgl. Tab. 1.5).

Tabelle 1.5: Matrix zur Kombination der ABC- mit der XYZ-Analyse

Wertigkeit / Vorhersagegenauigkeit	A	B	C
X	hoher Verbrauchswert hohe Vorhersagegenauigkeit	mittlerer Verbrauchswert hohe Vorhersagegenauigkeit	niedriger Verbrauchswert hohe Vorhersagegenauigkeit
Y	hoher Verbrauchswert mittlere Vorhersagegenauigkeit	mittlerer Verbrauchswert mittlere Vorhersagegenauigkeit	niedriger Verbrauchswert mittlere Vorhersage genauigkeit
Z	hoher Verbrauchswert niedrige Vorhersagegenauigkeit	mittlerer Verbrauchswert niedrige Vorhersagegenauigkeit	niedriger Verbrauchswert niedrige Vorhersagegenauigkeit

1.6.3   Folgerungen aus der ABC-XYZ-Analyse

Anhand der Matrix ist leicht nachzuvollziehen, daß AX-Artikel andere Schwerpunkte im Bereich Disposition, Lieferantenauswahl, Vertragsgestaltung und Bestellabwicklung erfordern als AZ-Artikel. Auch ist in beiden Fällen ein unterschiedliches beschaffungspolitisches Verhalten geboten. Das gleiche gilt für alle anderen Felder, so daß dieses Verfahren geeignet ist, artikeladaequate Differenzierungen vorzunehmen, was nachfolgende Übersicht am Beispiel von AX und CZ (Extremfälle) verdeutlichen soll.

Tabelle 1.6: Folgerungen aus der ABC-XYZ-Analyse

	Behandlung der AX-Teile	**Behandlung der CZ-Teile**
1. Beschaffungs-teilfunktion		
Disposition	• Deterministische Bedarfsrechnung • Exakte Bestimmung von Anlieferungs-zeitpunkt und Anlieferungsmenge	• Stochastische Bedarfsrechnung • Abwicklungs-erleichternde Bestellmengen
Lieferanten-auswahl	• Berücksichtigung der Vergleichs-faktoren Zuverlässigkeit, Flexibilität, Integrations-fähigkeit • Jahresverhandlung	• Berücksichtigung der Vergleichs-faktoren Einstandspreis, Lieferservice • Umfang der Lagerhaltung des Lieferanten
Vertrags-gestaltung	• langfristige Partnerschafts-verträge	• Abrufverträge auf Jahresbasis
Bestell-abwicklung	• EDV-gestützte JIT-Belieferung • Einschaltung von PPS	• Einfache Verfahren/ Sammelbestellung • Einschaltung der Bedarfsträger
2. Beschaffungs-politik		
Lieferanten-politik	• Single Sourcing • Lieferanten-motivation • Partnerschaften	• Local Buying • Übertragung von Aufgaben auf den Lieferanten • Konsignationslager
Beschaffungsweg	• Hersteller	• Händler oder Hersteller
Vorratspolitik	• Mengenbündelung • Niedrige Sicher-heitsbestände	• gewisse Bestände
Beschaffungs-programmpolitik	• Normung zwecks Reduzierung	• Einsatz von leicht beschaffbaren Materialien

Übungsfragen und -aufgaben

1. Welche Bezeichnungen für die betriebliche Versorgungsfunktion kennen Sie?
2. In welchen Begriffen kommt die strategische Komponente der Versorgungs-funktion zum Ausdruck?
3. Welche Verhaltensweise betont der Begriff Beschaffungsmarketing?
4. Was verstehen Sie unter dem materialwirtschaftlichen Optimum?
5. Welche Hauptkostenarten sind in ihm enthalten?
6. Welche dieser Hauptkostenarten stehen im Mittelpunkt logistischer Bemühun-gen?
7. Warum werden Rentabilität und Liquidität einer Unternehmung erheblich von der Versorgungsfunktion beeinflußt?
8. In welcher Weise kann die Versorgungsfunktion die Wettbewerbskraft des Un-ternehmens auf seinen Absatzmärkten steigern?
9. Welche Aktivitäten sind heute für eine gute Funktionserfüllung im Versor-gungsbereich besonders wichtig?
10. Weshalb bedarf die Versorgungsfunktion der Unterstützung anderer Unterneh-mensbereiche?
11. Wie können Schnittstellenprobleme zwischen den bedarfsbestimmenden und bedarfsdeckenden Stellen in einem Unternehmen ausgeräumt werden?
12. Welche Ziele verfolgt die ABC-Analyse?
13. In welchen Schritten wird die ABC-Analyse durchgeführt?
14. Welche Anwendungsbereiche der ABC-Analyse kennen Sie?
15. Welches Klassifizierungsmerkmal liegt der XYZ-Analyse zugrunde?
16. Warum ist eine Kombination von ABC- und XYZ-Analyse sinnvoll?
17. Welche Auswirkungen hat ein AX-Produkt auf die Lieferantenwahl?
18. In welcher Weise beeinflußt ein CZ-Produkt logistische Überlegungen?
19. Welchen Beitrag kann die Versorgungsfunktion im Rahmen von Time Based Management leisten?
20. Aus welchen Gründen wird der Versorgungsfunktion von vielen Autoren und Unternehmen eine „Gewinnhebelfunktion" zugeschrieben?

Zweites Kapitel
Disposition, Planung, Budgetierung

2.1   Organisation und Aufgaben der Materialdisposition

Unter Materialdisposition versteht man die kurzfristige Planung der Versorgung der Produktion mit Erzeugnis- und Betriebsstoffen in quantitativer und terminlicher Hinsicht unter Beachtung von Kostenkriterien.

Darüber hinaus wird auch häufig eine eigenständige Abteilung, in der die maßgeblichen Planungsfunktionen zusammengefaßt sind, als Disposition bezeichnet. Bezüglich der Eingliederung der Disposition in die gesamtbetriebliche Organisationsstruktur und der Abgrenzung ihrer Teilfunktionen, nämlich Bedarfs-, Bestands- und Bestellrechnung, sind in der Praxis je nach den Eigenheiten von Branchen und Betrieben verschiedene Lösungen anzutreffen. Sie tragen insbesondere der Vielfalt der Materialien, ihrer Beschaffungsmärkte und Bereitstellungsarten Rechnung.

Im Mittelpunkt dispositiver Problemlösungen steht die Materialbereitstellung über das Eingangslager, d.h. *die Lagerdisposition.* Aber auch der fertigungssynchronen Anlieferung und der auftragsbezogenen Beschaffung muß eine sorgfältige Disposition vorangehen.

Die Bildung einer selbständigen Dispositionsabteilung hat den Vorteil, daß die dispositiven Aufgaben entsprechend ihrer Bedeutung als Entscheidungs*vorbereitung* für den Einkauf unabhängig von der Dringlichkeit und Priorität der Erfüllung anderer Funktionen laufend verfolgt werden und nicht gelegentlich zurückgestellt werden müssen. Daneben fördert sie das Spezialistentum, das wesentlich zur Effizienz der Funktionserfüllung beitragen kann, indem komplizierte und hochentwickelte Planungstechniken zum Einsatz gelangen. Dabei unterstützen die automatisierte Datenverarbeitung und ausgefeilte mathematisch-statistische Verfahren die betriebsindividuellen Problemlösungen. Der volle Rationalisierungseffekt wird sich aber nur dann einstellen, wenn die Spezialisierung nicht die Zusammenarbeit und die Kommunikation mit anderen Funktionsbereichen, wie Einkauf, Konstruktion, Fertigung, Lager, Verkauf, stört. So wäre eine Materialdisposition ohne ausreichende Berücksichtigung von Marktdaten einem zu großen Änderungsdienst unterworfen; andererseits würde die Erfüllung der Einkaufsfunktion ohne Bindung an kostenorientierte Dispositionsvorgaben die betrieblichen Optimierungsziele leicht vernachlässigen. Die Disposition darf also nicht isoliert, sondern muß im funktionalen Gesamtzusammenhang gesehen werden, um Teiloptima nach Möglichkeit zu vermeiden.

2.2   Besonderheiten der Beschaffungsplanung

Die Beschaffungsplanung ist ein *integrierter* Teil der betrieblichen *Gesamtplanung*. Daraus folgen die Berücksichtigung der übergeordneten Unternehmenspolitik und – wegen der wechselseitigen Abhängigkeiten – die Notwendigkeit der Abstimmung mit den übrigen Teilplänen, insbesondere Absatz-, Produktions- und Finanzplan (siehe Abbildung 2.1).

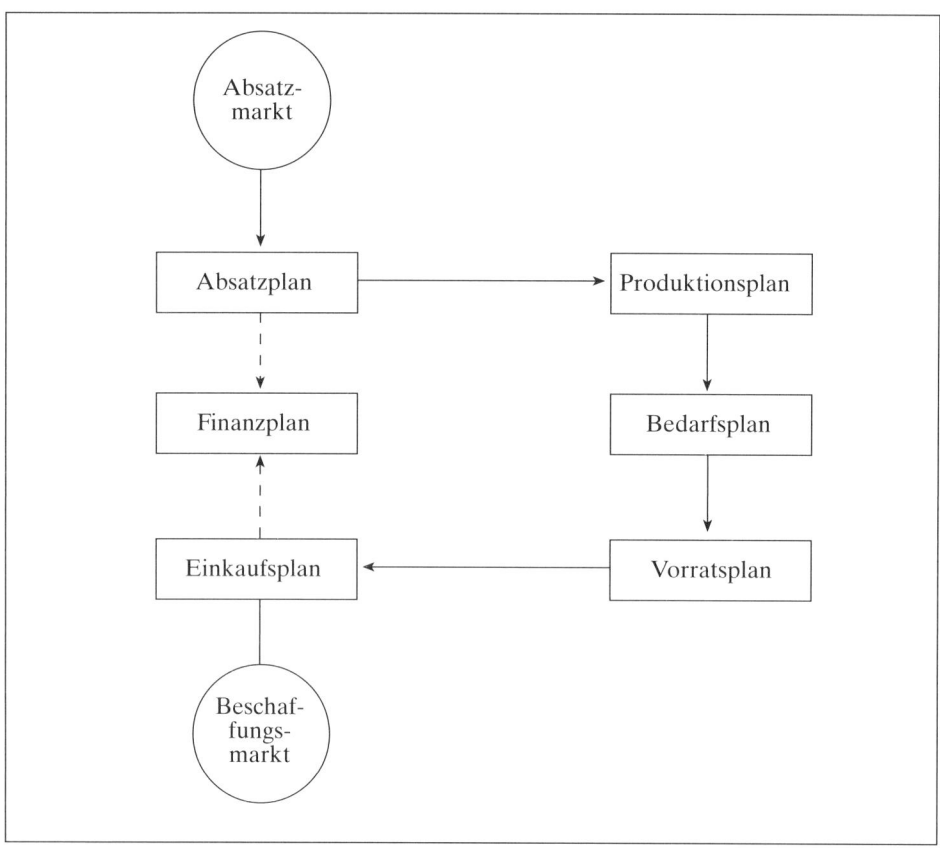

Abbildung 2.1: Stellung der Beschaffungsplanung innerhalb der betrieblichen Gesamtplanung

Der Beschaffungsplan leitet sich aus dem Produktionsplan ab, der wiederum auf dem Absatzplan aufbaut, sofern nicht eine reine Auftragsfertigung (z.B. Anlagenbau) vorliegt. Da aber der jeweilige Minimumsektor im Gesamtplan dominiert, kann in den Fällen einer Verknappung von Produktionsmaterialien oder Betriebsstoffen der Unternehmensplan auch z.B. beschaffungsdeterminiert sein. Für die übrigen Teilpläne ergibt sich dann gemäß dem *Ausgleichsprinzip* der Planung eine entsprechende Anpassung an den Engpaßplan.

Mit der Anbindung an den Produktionsplan stellt sich der Beschaffungsplan *betriebs-orientiert* (derivativ), mit der Blickrichtung auf den Beschaffungsmarkt hingegen *marktorientiert* (originär) dar. Die Störfaktoren des Beschaffungsmarktes (Versorgungsengpässe, Lieferfristen) und die anzustrebende Ausnutzung von Marktvorteilen aller Art verlangen dem Beschaffungsplan eine besondere Flexibilität und gelegentliche Unabhängigkeit vom Produktionsplan ab *(Elastizitätsprinzip).*

Für die Materialdisposition ist in erster Linie die *operative,* d.h. kurzfristige und detaillierte, Beschaffungsplanung von Bedeutung. Dabei darf aber nicht übersehen werden, daß auch die *strategische,* d.h. längerfristige und oft mit Alternativen arbeitende, Beschaffungsplanung Rückwirkungen auf die dispositiven Aktivitäten ausüben kann. Als Beispiele seien genannt die komplexe Entscheidungssituation bei der Wahl zwischen Eigenfertigung oder Fremdbezug sowie die Qualitäts- und Sortimentsgestaltung. So kann eine Straffung des Beschaffungssortiments – nach Abstimmung mit Produktion und Verkauf – zur Vereinfachung der Bestandsführung, Senkung der Lagerhaltungskosten, Ausnutzung von Mengenrabatten bei den verbleibenden Artikeln, auf die nunmehr ein größerer Bedarf entfällt, und zur Verringerung des Alterungsrisikos beitragen. Verbindet man schließlich die Beschränkung mit der Normung des Sortiments und der gezielten Suche nach Substitutionsmöglichkeiten, so zeichnet sich der Rationalisierungseffekt noch deutlicher ab.

Der operative Beschaffungsplan setzt sich aus dem Bedarfsplan, dem Vorratsplan und dem Einkaufsplan zusammen.

Die *Bedarfsplanung* nach Qualitäten, Mengen und Terminen richtet sich nach dem Produktionsplan, wobei aus wirtschaftlichen Erwägungen eine Beschränkung auf die A-Materialien sinnvoll ist (programmorientierte Bedarfsermittlung). Für die C-Artikel empfiehlt sich dagegen keine Bindung an das Produktionsprogramm, sondern vielmehr eine Orientierung an den Beständen und vergangenen Bedarfen, die auch als *Verbräuche* bezeichnet werden (verbrauchsorientierte Bedarfsermittlung).

Die *Bestandsplanung* ist das Bindeglied zwischen der Bedarfs- und Einkaufsplanung. Soweit der Bedarf aus Beständen nicht mehr gedeckt werden kann, sind Einkaufsbestellungen bei Kaufteilen bzw. Werkstattaufträge bei Hausteilen auszulösen.

Die Bestandsplanung steht unter einem Interessenkonflikt, da sie einerseits auf die Einhaltung einer ausreichenden Lieferbereitschaft des Lagers und andererseits auf die Vermeidung einer finanzpolitisch bedenklichen Kapitalbindung achten muß. Darüberhinaus können sich in einer geplanten Erhöhung (Versorgungsengpässe) oder Verminderung (Wegfall von Risiken) der Bestände die festgestellten Veränderungen oder vermuteten Bewegungen auf den Beschaffungsmärkten widerspiegeln.

Die *Einkaufsplanung* ist die letzte Stufe im Ablauf der Beschaffungsplanung. Mit dem Vorschlag von Bestellmengen und -terminen an den Einkauf endet der Aufgabenkatalog des Materialdisponenten. Der Einkäufer prüft nun die Anforderungen und setzt sie in geeignete Verträge mit den Lieferanten um.

2.3   Einkaufsbudget und Bestellobligo

Das *Einkaufsbudget* als bewerteter Einkaufsplan beeinflußt die Ausgabenseite des *Finanzplans,* und zwar um so stärker, je höher der Materialanteil am Umsatz und damit die Ausgabenintensität ist. Eine enge Zusammenarbeit und Koordination zwischen dem Einkauf und der Finanzabteilung sind daher unerläßlich, um die finanziellen Belange mit den Versorgungsleistungen abzustimmen. So kann bei hohen Zinsen und Liquiditätsbelastungen der Finanzplan zum Engpaßplan werden und eine Beschneidung des Einkaufsbudgets erzwingen.

Auf der anderen Seite sollte das von der Geschäftsleitung genehmigte Einkaufsbudget auch nach oben flexibel gehalten werden, wenn es die finanziellen Mittel gestatten, um Marktchancen nutzen zu können. Somit setzt das Einkaufsbudget mit seinen *Sollzahlen* den Rahmen fest, in dem sich neue Kaufabschlüsse bewegen können.

Zum echten Lenkungs- und Kontrollinstrument wird das Einkaufsbudget allerdings erst in Verbindung mit den *Istzahlen* des Bestellobligos, weil dann ein Soll/Ist-Vergleich und damit eine aussagefähige Entscheidungsgrundlage geschaffen wird.

Bestellobligo per 31.01.

Bestand 01.01.	DM 1 500 000,–
Bestellwertzugang Januar	DM 200 000,–
Summe	DM 1 700 000,–
Rechnungseingang Januar	DM 250 000,–
Bestellobligo per 31.01.	DM 1 450 000,–
Davon fällig:	
Februar	DM 250 000,–
März	DM 250 000,–
April	DM 200 000,–
Mai	DM 200 000,–
Juni	DM 150 000,–
Juli	DM 100 000,–
August bis Dezember	DM 300 000,–
Bestellobligo	DM 1 450 000,–

Abbildung 2.2: Errechnung des Bestell-Obligos
(Quelle: Golle 1979, S. 25)

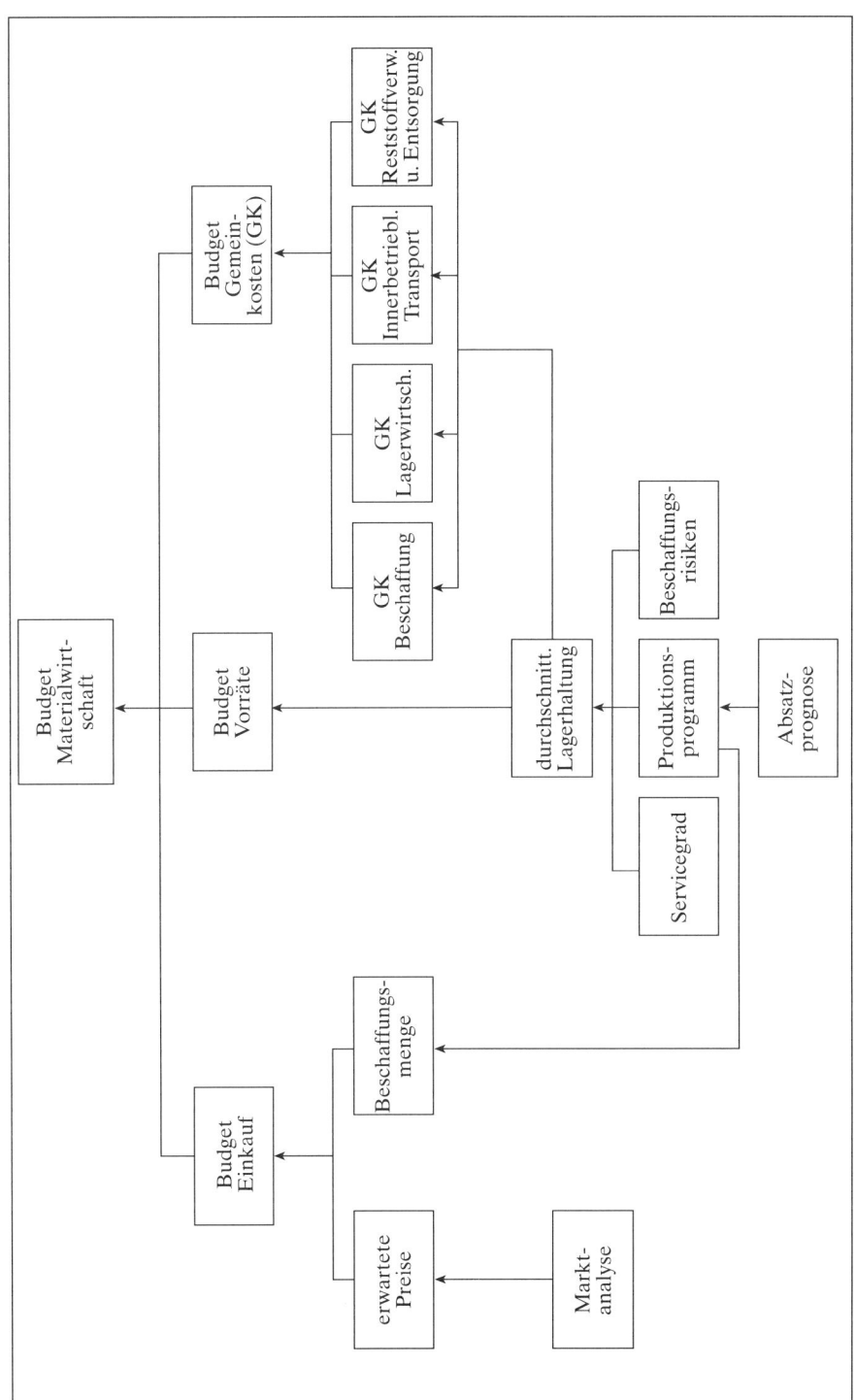

Abbildung 2.3: Budget Materialwirtschaft – Struktur und Bestimmungsgrößen
(Quelle: Bloech, J. und Rottenbacher, S. (Hrsg.), 1986, S. 171)

Das Bestellobligo ist die Summe aller Zahlungsverpflichtungen aus Einkäufen, die noch zu regulieren sind. Damit erhält der Finanzplaner einen Überblick über die dem Einkauf bereitzustellenden Mittel, was seine Dispositionen erleichtert, besonders wenn der *Obligobericht* exakt und in kurzen Abständen geführt wird. Er gibt üblicherweise Auskunft über den Stand der Verpflichtungen zu Beginn einer Periode und die im Laufe der Periode hinzugekommenen Bestellwerte, jeweils aufgeteilt nach *Fälligkeitsterminen*. Zieht man von dieser Summe die eingegangenen/bezahlten Rechnungen im Verlauf der Periode ab, so ergibt sich als Saldo das neueste Bestellobligo (Endbestand), wiederum aufgeschlüsselt nach Fälligkeiten, wie Abbildung 2.2 zeigt.

Diese im Prinzip einfache Obligostatistik wird in der Praxis durch die Vielzahl der Vorgänge, wie Bestellungen, Lieferungen, Rechnungseingänge und -zahlungen erschwert. So ist auf *Obligokorrekturen* zu achten, wenn Auftragsbestätigungen von Bestellungen abweichen, sei es bei Mengen, Preisen oder Terminen, wenn Annullierungen vorgenommen werden und Reklamationen anfallen. Die in der Referenzperiode fälligen Verpflichtungen (aus Anfangsbestand und Bestellwertzugängen) müßten sich mit dem Wert der eingegangenen Lieferantenrechnungen decken. In vielen Fällen verbleibt aber ein Bestellwertüberhang, z.B. bei verspäteten Lieferterminen, der zur Regulierung auf die nächste Periode vorgetragen wird. Im allgemeinen ist diese Abweichung aber sehr gering, besonders wenn die Bestellungen mit den neuesten Preisen in die Obligostatistik eingehen.

Neben dem Budget Einkauf ist auch eine Budgetierung der Vorräte und beschaffungsseitigen Gemeinkosten sinnvoll, wie vorstehende Abbildung 2.3 zeigt:

2.4   Bedeutung der Bestandsrechnung

2.4.1   Verfügbarer Bestand

In der Materialdisposition spielt der disponible oder *verfügbare Bestand* eine große Rolle, und zwar sowohl bei programmorientierter als auch bei verbrauchsorientierter Disposition. Er setzt sich wie folgt zusammen:

Verfügbarer Bestand = Effektiver Lagerbestand
　　　　　　　　　　+ Bestellbestand
　　　　　　　　　　– Reservierungsbestand

Der für zukünftige Bedarfsanforderungen verfügbare (effektive) *Lagerbestand* ist schon um den *Sicherheitsbestand* gekürzt. Dieser ist besonders bei verbrauchsorientierter Disposition wichtig und wird deshalb dort näher erläutert, wenngleich er auch bei programmorientierter Disposition vorkommt.

Beim *Bestellbestand* handelt es sich um bereits ausgeschriebene, aber noch nicht eingegangene, also offene, Bestellungen an Lieferanten. Sie erhöhen den Bestand, über den der Disponent jetzt schon verfügen darf, obwohl die Zugänge erst später erfolgen. Der Bestellbestand entspricht dem Werkstattauftragsbestand, wenn eine Bestellung an die eigene Fertigung vergeben wird.

Als *Reservierungsbestand* wird die Menge bezeichnet, über die schon für einen bestimmten Verwendungszweck (Auftrag) *verfügt* worden ist, weshalb er den *verfügbaren* Bestand reduziert.

Damit die Verfügbarkeit und damit letztlich die Disposition immer dem aktuellsten Stand entsprechen, müssen die Bestände *fortgeschrieben* und *kontrolliert* werden. Die Bestandsfortschreibung *(Skontration)* geht aus vom alten Bestand und errechnet aus den jeweiligen Zu- und Abgängen als Saldo den neuen Bestand. Dabei bestehen zwischen den einzelnen Bestandskategorien wechselseitige Beziehungen, wie folgendes Beispiel für den Lager- und Bestellbestand zeigt.

Fortschreibung des Lagerbestandes:

Anfangsbestand + *Lagerzugang* - Bedarf = Endbestand

Fortschreibung des Bestellbestandes:

Anfangsbestand + Bestellung - *Lagerzugang* = Endbestand

Nachstehende Tabelle (Tabelle 2.1) enthält eine kurzgefaßte Übersicht über die buchhalterischen Auswirkungen verschiedener Vorgänge auf den Lager- und Bestellbestand.

Tabelle 2.1: Beständebeeinflussung durch verschiedene Buchungsvorgänge

Vorgang	Lagerbestand	Bestellbestand
Einkaufsbestellung		+
Wareneingang	+	−
Stornierung der Bestellung		−
Ungeplanter Zugang	+	
Rückgabe an Lager	+	
Bestandsberichtigung, negativ	−	

2.4.2 Lagerbuchhaltung

Besonderes Augenmerk ist auf die Verbuchung von *Lagerbeständen* zu richten, um alle Vorgänge, d.h. Zugänge und Abgänge, lückenlos zu erfassen.

Auf der Seite der Materialzugänge kann zwischen außer- und innerbetrieblichen Lieferquellen unterschieden werden.

Bei den *externen* Zugängen handelt es sich um normale Materiallieferungen aufgrund vorheriger Bestellungen. Daneben sind aber auch Lieferungen als Fremdbezüge anzusehen, bei denen der Lieferant das vom Auftraggeber beigestellte Material in Lohnarbeit behandelt hat (Veredelungsbezüge).

Als *interne* Lieferquellen kommen einmal die Fertigungsstätten in Frage, die reguläre Werkstattaufträge und Nacharbeitsaufträge ausführen. Zum anderen bestehen Eigenbezüge aus ungeplanten Zugängen, wie Rücklieferungen von der Produktion (nicht mehr benötigte Materialien) und der Qualitäts- und Reparaturabteilung. Ferner können Zugänge aus organisatorisch oder technologisch bedingten Umlagerungen von Materialien stammen, die an verschiedenen Verbrauchsorten benötigt werden.

Ebenso können *Materialabgänge* durch externe und interne Auftraggeber verursacht sein.

Die *extern* ausgelöste reguläre Materialausgabe geschieht aufgrund von Kundenaufträgen für Enderzeugnisse und Ersatzteile. Neben der laufenden Materialbereitstellung für die Produktion sind aber auch externe Lagerabgänge zu berücksichtigen, wie Materialabgaben an Kunden infolge von Kauf- oder Lohnveredelungsverträgen oder Materialrücksendungen an Lieferanten, wo also das Material die Rolle des Umsatzträgers spielt.

Zu den *internen* Aufträgen zählen Werkstattaufträge für Reparatur- und Wartungsteile und Werkzeuge.

Neben dem Gros der *geplanten* Entnahmen gibt es eine Reihe von *irregulären* Materialanforderungen.

Zusätzliches Material kann einmal von der Fertigung verlangt werden, z.B. für Tests an Maschinen und Aggregaten, als Ersatz für Fertigungsausschuß und Materialfehler, als Folge von Änderungen seitens der Kunden oder Konstruktionsbüros oder aus übertriebener Vorsicht, etwa zur Sicherung der Materialversorgung der folgenden Arbeitsschicht.

Zum anderen sind es aber gerade Verwendungsstellen außerhalb des eigentlichen Produktionsbereichs, die den Mehrverbrauch verursachen, z.B. Reparaturkolonnen, Qualitätsstellen, Forschungs- und Entwicklungsabteilungen oder Einkaufsstellen, die Muster an Lieferanten zwecks Angebotseinholung senden wollen. So ist es für die Lagerdisposition wichtig, daß zur Vermeidung von Doppelentnahmen und der Bildung von „schwarzen" Lägern eindeutige Vollmachtenregelungen für den zur Entnahme, insbesondere zur ungeplanten Entnahme, berechtigten Personenkreis erlassen werden.

Eine ordnungsgemäße Bestandsführung ist für den Disponenten unerläßlich, weil er sich solange an den Buchbeständen orientiert, wie diese nicht durch das Inventurergebnis korrigiert werden.

Im nächsten Abschnitt soll daher wegen der Bedeutung der „wahren" Bestände für die Lagerdisposition kurz die Inventur erörtert werden.

2.4.3 Inventur

Da die Buchbestände nach Art, Menge und Wert durch eine Vielzahl von Fehlermöglichkeiten nicht mit den tatsächlichen Verhältnissen übereinstimmen müssen, gehören zur Ordnungsmäßigkeit der Buchführung eine körperliche Bestandsaufnahme *(Inventur)* und die Erstellung eines Bestandsverzeichnisses *(Inventar)*.

Um die Fehlermöglichkeiten bei der Inventur selbst (Auslassungen, Doppel- und Falschaufschreibungen u.a.) klein zu halten, ist sie sorgfältig organisatorisch und personell vorzubereiten. Dazu gehören u.a. die zweckmäßige Gestaltung der Arbeitsunterlagen, Ausarbeitung eines detaillierten Inventurplans, Aufstellung von Inventurrichtlinien und die Auswahl geeigneter Mitarbeiter und Inventursysteme. Dabei ist darauf zu achten, daß wirtschaftliche Überlegungen mit den betriebswirtschaftlichen Anforderungen an eine Inventur sowie mit den rechtlichen Vorschriften in Einklang gebracht werden. Diese sind in den §§ 240 und 241 HGB geregelt und sind grundsätzlich auch für die Steuerbilanz maßgeblich.

Als Inventurverfahren sind möglich:

- Stichtagsinventur
- Verlegte Inventur
- Permanente Inventur
- Stichprobeninventur

Bei der zum Ende des Geschäftsjahres stattfindenden *Stichtagsinventur* werden die gesamten Materialbestände identifiziert und anschließend körperlich aufgenommen (Zählen, Wiegen u.a.). Der große Nachteil des geballten Arbeitsanfalls am Aufnahmetag im Hinblick auf die geforderte Genauigkeit und Vollständigkeit der Bestandserfassung kann durch eine *zeitlich ausgeweitete Stichtagsinventur* abgemildert werden. Hierbei werden die Aufnahmetage auf einen Zeitraum von *zehn* Tagen vor und nach dem Bilanzstichtag ausgeweitet. Voraussetzung für die Anwendung dieser Variante der Stichtagsinventur ist, daß die Bestandsveränderungen zwischen Aufnahmetag und Bilanzstichtag mengen- und wertmäßig nachgewiesen werden.

Als weitere Variante ist noch die *vor- oder nachverlegte Stichtagsinventur* zu erwähnen, bei der die Bestände an einem Tag innerhalb von *drei* Monaten *vor* oder *zwei* Monaten *nach* dem Schluß des Geschäftsjahres körperlich aufgenommen, im Inventar verzeichnet und auf den Inventurstichtag bewertet werden. Der Gesamtwert des Bestandes wird dann nur *wertmäßig* auf den Bilanzstichtag *fortgeschrieben* bzw. *zurückgerechnet* (Wertnachweisverfahren). Der Vorteil dieses Verfahrens besteht darin, daß die Inventurarbeiten auf einen größeren Zeitraum verteilt und damit eventuell beschäftigungsschwache Zeiten ausgenutzt werden können.

Während der Gesetzgeber mit den genannten Varianten der Stichtagsinventur den Betrieben gewisse Erleichterungen bei der körperlichen Bestandsaufnahme verschaffen wollte, hat er mit der *permanenten Inventur* der weiteren Entwicklung in der Praxis Rechnung getragen. Im Gegensatz zur Stichtagsinventur werden bei der permanenten Inventur die Materialbestände nicht an einem Tag oder einigen Tagen erfaßt, sondern permanent, d.h. über das ganze Jahr verteilt. Dabei können durch eine genaue Analyse der Bestandssituation und der sonstigen betrieblichen Verhältnisse große Rationalisierungseffekte erzielt und zugleich die Nachteile der Stichtagsinventur vermieden werden. So bieten sich die Verlegung der Aufnahmetermine in die Betriebsferien und in Zeiten mit relativ niedrigen Beständen, mehrfache Aufnahmen besonders gängiger, gefährdeter und kritischer Materialien und zusätzliche Aufnahmen aus dispositiven Gründen an. Außerdem ermöglicht die zeitliche Streuung der Aufnahmetermine sorgfältig geplante und ohne Hektik von geschultem Personal, in der Regel einem speziellen Team, durchgeführte Inventuren von großer Genauigkeit. Schließlich können Betriebsstörungen und -unterbrechungen vermieden, Inventurdifferenzen frühzeitig aufgedeckt, analysiert und damit die Buchbestände fortlaufend unter Kontrolle gehalten werden. Für den Jahresabschluß werden die Materialbestände mittels Fortschreibung aus der Lagerbuchführung abgeleitet, die daher bei diesem Inventursystem eine zentrale Rolle spielt.

Noch stärker als bei der permanenten Inventur kommt der Rationalisierungseffekt bei der *Stichprobeninventur* zum Tragen, die in § 241 Abs. 1 HGB wie folgt geregelt ist:

> „Bei der Aufstellung des Inventars darf der Bestand der Vermögensgegenstände nach Art, Menge und Wert auch mit Hilfe anerkannter mathematisch-statistischer Methoden aufgrund von Stichproben ermittelt werden. Das Verfahren muß den Grundsätzen ordnungsmäßiger Buchführung entsprechen. Der Aussagewert des auf diese Weise aufgestellten Inventars muß dem Aussagewert eines aufgrund einer körperlichen Bestandsaufnahme aufgestellten Inventars gleichkommen."

Bei dieser Inventurform werden also im Gegensatz zu den konventionellen Methoden die Bestände nicht vollständig, sondern nur stichprobenweise – nach einem nicht vorgeschriebenen Verfahren – körperlich aufgenommen. Vom Ergebnis der Zufallsstichprobe wird dann auf die Grundgesamtheit, d.h. hier auf den Gesamtbestand, geschlossen.

Wenn auch die Stichprobenergebnisse naturgemäß keine absolut genauen Aussagen über das Lagerkollektiv zulassen, so ermöglichen sie bei Angabe einer statistischen Aussagesicherheit und Fehlergrenze dennoch praktikable Auswertungen und Entscheidungen. Es wird auch durch die Erfahrung bestätigt, daß Vollinventuren aus verschiedenen Gründen nicht fehlerfrei durchgeführt werden und Stichproben-inventuren wegen der viel kleineren Anzahl aufzunehmender Artikel, die z.B. den Einsatz hochqualifizierten Personals rechtfertigt, einen hohen Wirkungsgrad errei-chen können. Allerdings bezieht sich die Hochrechnung immer nur auf den Lager-gesamtwert und niemals auf die einzelnen nicht in die Stichprobe gelangten Posi-tionen *(Globalwertorientierung)*. Darin besteht ein wesentlicher Unterschied zum Aussagewert der Vollinventur.

Die vom Gesetzgeber weiterhin verlangte Ordnungsmäßigkeit der Buchführung (GoB) bedeutet in diesem Zusammenhang, daß alle Positionen der Grundgesamt-heit je nach Art des Stichprobenverfahrens die gleiche Chance oder eine berechen-bare positive Wahrscheinlichkeit haben müssen, in die Stichprobe zu gelangen. Sie bedeutet außerdem, daß alle Stichprobenelemente körperlich aufgenommen und zur Hochrechnung ausgewertet werden. Dabei ist die Richtigkeit der Schätzung des gesamten Inventurwertes von den statistischen Rahmenbedingungen abhängig. Letztlich verlangen die GoB die Nachprüfbarkeit des Stichprobensystems und der daraus abgeleiteten Ergebnisse durch externe Sachverständige, wie Wirtschafts-oder Betriebsprüfer. Dieser Forderung kann mit einer guten Dokumentation und wegen des vergleichsweise geringen Prüfumfangs entsprochen werden.

Die Einsparungsmöglichkeiten bei der Stichprobeninventur werden besonders deutlich, wenn man sich die Ergebnisse der ABC-Analyse vor Augen hält. So wür-den die vielen C-Artikel bei den traditionellen Inventurmethoden die Hauptarbeit bei der Aufnahme verursachen, obwohl gerade bei ihnen wegen des geringen Wer-tes Vereinfachungen der Erhebungsmethoden von Nutzen und evtl. Inventurdiffe-renzen für den Materialdisponenten nicht von großer Bedeutung sind.

Bei Anwendung der Stichprobeninventur kann der Betrieb die permanente Inven-tur auf die relativ wenigen A-Artikel beschränken. Damit wäre grundsätzlich der Vorteil verbunden, daß die A-Materialien aufgrund der zeitlichen und kostenmäßi-gen Einsparungen bei den C-Produkten ohne Mehraufwand zum Zwecke einer op-timalen Lagerdisposition gegebenenfalls mehrfach aufgenommen werden könnten, um die Bestandsfortschreibung zu aktualisieren.

Weiterhin hat die Stichprobeninventur gegenüber den konventionellen Verfahren den Vorzug, daß die gesamten Lagerbestände durch frühzeitige Aufdeckung von Inventurdifferenzen wirksamer überwacht werden können, was sich letztlich gün-stig auf die Versorgungssicherheit auswirkt. In Ausnahmefällen kann dann auch die vollständige körperliche Aufnahme aller Bestandspositionen in Erwägung gezogen werden.

Um die erwähnten Rationalisierungschancen der Stichprobeninventur auch voll nutzen zu können, dürfen die Kosten für sorgfältige Vorbereitungsarbeiten von

Wirtschaftsprüfern, sonstigen externen Fachleuten und entsprechend geschulten Mitarbeitern des eigenen Betriebes nicht gescheut werden. Hierbei sollte ein Schwerpunkt auf der Analyse der Lagerverhältnisse und der Entwicklung von strukturadäquaten und effizienten mathematisch-statistischen Methoden liegen, die sowohl die Anforderungen des Gesetzgebers als auch des betrieblichen Anwenders angemessen berücksichtigen. Dabei können spezielle Softwareangebote eine große Hilfe für die Lagerwirtschaft darstellen.

2.5   Bedeutung der Bestell- und Lagerhaltungskosten

Neben den Fehlmengenkosten, die im ersten Kapitel näher erläutert wurden, spielen in der Lagerdisposition vor allem die Bestellabwicklungskosten und die Lagerhaltungskosten eine bedeutende Rolle.

Ihre Ermittlung aus dem betrieblichen Informationssystem ist keine einfache Aufgabe, weil die Kosten in den traditionellen Systemen der Kostenrechnung nicht in ihrer Abhängigkeit von der Bestellpolitik, d.h. Anzahl und Höhe der Bestellungen, betrachtet werden. Darum geht es aber gerade in der Lagerdisposition, was mit dem Begriff der *relevanten Kosten* zum Ausdruck gebracht werden soll. Danach ist in diesem Zusammenhang stets die Frage zu stellen, welche Kosten von einer Bestellentscheidung beeinflußt werden und welche nicht. Nur die variierbaren Kosten sind als relevante Kosten in Ansatz zu bringen.

Als relevante Bestellkosten werden meistens nur die (losgrößen-)fixen Kosten berücksichtigt, die von der Höhe der Bestellung unabhängig sind. Sie verändern sich vielmehr mit der Anzahl der Bestellvorgänge, die bei der Bedarfsmeldung beginnen und bei der Rechnungszahlung enden. Es sind daher Kosten zu ermitteln, die in verschiedenen Abteilungen anfallen, wie Einkauf, Warenannahme, Warenprüfung, Rechnungsprüfung, Kreditorenbuchhaltung, Datenverarbeitung. Dabei erweist es sich als besonders schwierig, alle Kosten auf die Bestellungen zu verteilen, weil in den aufgezählten Abteilungen auch Tätigkeiten anfallen, die mit einem Bestellvorgang nicht zusammenhängen müssen (z.B. Beschaffungsmarktforschung im Einkauf).

Welche Kostenarten werden nun im einzelnen von der Bestellentscheidung beeinflußt?

Während sich Raumkosten, wie Klimaregulierung, Beleuchtung, Gebäudeunterhaltung, Kapitaldienst, und zumindest ein Teil der Personalkosten, etwa für Führungskräfte, mit der Bestelltätigkeit nicht ändern, sind andere Kosten als relevante Kosten einzustufen. Hierzu zählen Sachkosten, wie Formular-, Porto-, Telefon-, Telefax- und Reisekosten.

Bei den Kosten des ausführenden Personals ist eine Untersuchung dienlich, inwieweit sich (größere) Änderungen in der Bestellpolitik auf Zeitbedarf und Personalbestand auswirken. Kleinere Veränderungen können meistens ohne besondere organisatorische oder personelle Maßnahmen aufgefangen werden und verursachen keine Mehrkosten bzw. ermöglichen keinen Kostenabbau.

In der Praxis werden die mit einem Los einmalig anfallenden Kosten häufig *pauschal*, d.h. für alle Kaufteile gemeinsam, ermittelt. Dabei werden die zurechenbaren periodischen Kosten aller in Frage kommenden Kostenstellen durch die Anzahl der Bestellungen während der betreffenden Periode geteilt. Betragen beispielsweise die jährlichen Kosten 300 000 DM und werden in dieser Zeit 5 000 Bestellungen durchgeführt, so betragen die durchschnittlichen Kosten 60 DM pro Bestellvorgang. Diese Rechnung hat den Nachteil, daß sie die fixen und variablen Kostenbestandteile nicht auseinanderhält. Es wäre daher im Sinne einer marginalen Kostenbetrachtung zweckmäßiger, im Zähler und Nenner des Quotienten nur *Veränderungen* der Kosten und Bestellvorgänge aufzunehmen. Wenn z.B. die Bestellhäufigkeit auf 6 000 ansteigt und Gesamtkosten von DM 325 000 registriert werden, dann machen die „echten" relevanten Bestellkosten nur 25 DM aus.

Die Wahl der Berechnungsweise, der Ermessensspielraum bei der Trennung in fixe und variable Kosten und nicht zuletzt die Unterschiedlichkeit der betrieblichen Strukturen sind wohl die wichtigsten Gründe für die breite Spanne der Wertansätze, die man in der Praxis beobachten kann.

Auch bei den *Lagerhaltungskosten* ist im Zusammenhang mit dem Konzept der Relevanz die Frage zu stellen: Welche Kostenarten werden durch die Bestellmenge beeinflußt?

Als variable Kosten sind hier in erster Linie die Zinskosten für das im Lager gebundene Kapital hervorzuheben, weil sie normalerweise den größten Anteil an den gesamten relevanten Lagerhaltungskosten haben. Die Höhe der Kapitalbindungskosten hängt maßgeblich von der Wahl eines „geeigneten" Zinssatzes ab. Man kann sich zur Erleichterung der Entscheidung an das Niveau eines Marktzinses oder an einen Kalkulationszins bei anderen Investitionen anlehnen.

Weitere variable Kosten sind Versicherungsprämien und Steuern, sofern sie mit dem Bestandswert variieren, und Abschreibungen für Verlust, Verderb (Verrosten, Verschimmeln, Austrocknen, Feuchtwerden u.ä.) und Wertminderungen z.B. durch technischen Fortschritt oder Modewechsel.

Schließlich kann auch ein Teil der Personalkosten (Löhne, Gehälter und soziale Nebenkosten) für die Mitarbeiter im Lager zu den relevanten Kosten gezählt werden. Dabei ist zum Zwecke der besseren Zurechenbarkeit und Abgrenzung der Kosten eine detaillierte Betrachtung der verschiedenen Verrichtungen im Lager hilfreich. So gehören die Kosten für die Einlagerung zu den Bestellkosten und die

Kosten für Auslagerungen ebenfalls nicht zu den relevanten Lagerhaltungskosten. Es verbleiben damit u.a. die Kosten für Bestandsführung, Pflege, Schutz (z.B. vor Diebstahl oder Beschädigungen), Transport und Handling (Ein-, Um- und Auspacken, Signieren, Palettieren u.ä.) der Materialien, die auf ihre Abhängigkeit von der Bestellmenge zu untersuchen sind.

Auf der anderen Seite stehen die weitgehend fixen Kosten, die bei den dispositiven Entscheidungen nicht zu berücksichtigen sind. Dazu zählen insbesondere die Raumkosten (Miete, Heizung, Belüftung, Gebäudeversicherung, Beleuchtung usw.) und ein Teil der Personalkosten, z.B. für die Leitung, Verwaltung und Bewachung der Läger.

Wenn natürlich bei einer Zunahme der Bestände die vorhandenen Kapazitäten erweitert werden müssen, dann sind auch die Raumkosten den relevanten Kosten zuzurechnen. Ebenso ist im umgekehrten Fall einer fühlbaren Bestandsverringerung zu prüfen, ob der freiwerdende Lagerraum anderweitig genutzt werden kann.

Zuweilen hat das Lager zusätzlich eine Reihe von Sonderaufgaben zu erfüllen. Als Beispiele seien genannt die Disposition von Leergut, Alt- und Abfallmaterial, Fertigungsausschuß und Lagerhütern, sowie gewisse Dienstleistungen für die Fertigung (Zuschneiden, Zurichten u.ä.). Die Kosten für diese Aktivitäten zählen dann zu den Lagerhaltungskosten, und es ist ebenfalls ihre Relevanz für die Bestellpolitik zu analysieren.

Auch die Ermittlung der Lagerhaltungskosten ist nicht frei von Ermessensspielräumen. Man denke nur an die Festlegung des Zinses oder die Kostenbelastungen aus Schwund und Veralterung. Entsprechend breit ist das Spektrum der in der Praxis verwendeten Lagerhaltungs-Kostensätze.

Im allgemeinen wird aus Wirtschaftlichkeitsgründen nicht für jede Materialart ein Kostensatz ermittelt, sondern ein *pauschaler* Satz für das gesamte Lagersortiment, z.B. 0,20 DM für jede ins Lager investierte Mark. Genauer, wenn auch aufwendiger, ist allerdings eine Differenzierung nach Materialgruppen, wobei zweckmäßige Gruppierungsmerkmale herangezogen werden sollten, z.B. das Lagerungsrisiko. Nicht selten wird aber auch auf eine sorgfältige Kostenanalyse verzichtet und ein *Schätzwert* eingesetzt, der sich bspw. je zur Hälfte auf Zinsen und sonstige Lagerkosten aufteilt.

Übungsfragen und -aufgaben

1. Bei welchen Teilplänen der Unternehmensplanung ist die Mitwirkung des Einkaufs sinnvoll? Machen Sie die Vorteile einer solchen Mitarbeit deutlich.

2. Warum sollte gerade für den Beschaffungsplan das Elastizitätsprinzip der Planung gelten?

3. Welche Zusammenhänge bestehen zwischen der Beschaffungs- und Finanzplanung?

4. Erstellen Sie mit eigenen Zahlen einen beispielhaften Obligobericht zum Ende eines Monats und zeigen Sie einige Schwierigkeiten auf, die in der Praxis mit der Obligostatistik verbunden sein können.

5. Geben Sie in Tabellenform die Auswirkungen auf den verfügbaren Bestand bei folgenden Vorgängen an:
    1. Verschrottung aus Lagerbestand
    2. Materialrückgabe aus Fertigung
    3. Materialentnahme
    4. Materialrücksendung an Lieferant

6. Warum ist die Stichprobeninventur für die Lagerbestände besonders gut geeignet, und wie würden Sie hierbei vorgehen?

7. Welchen gesetzlichen Anforderungen muß die Anwendung der Stichprobeninventur genügen? (Lesen Sie § 241 Abs. 1 HGB).

8. Was besagt das Konzept der relevanten Kosten bei den Bemühungen um eine optimale Lagerdisposition?

9. Welche Kostenarten gehören nach Ihrer Auffassung zu den relevanten Kosten in Bezug auf die Bestellmengenoptimierung?

Drittes Kapitel
Bestellmengen-Modelle

3.1   Klassische Bestellmengenformel

3.1.1   Allgemeiner Überblick

Das Problem des Einkaufs von Materialien oder der Fertigung von Produkten in wirtschaftlichen *Losgrößen* fasziniert Materialwirtschaftler, Techniker, Betriebswirte und Operations Researcher seit langem. Entsprechend umfangreich ist die Literatur auf diesem Gebiet und das Bemühen vieler Betriebe, zu wirtschaftlicheren Losgrößen zu gelangen.

Die erste Vorstellung einer Losgrößenformel geht auf das Jahr 1915 (Harris) zurück, so daß die optimale Losgröße oder Bestellmenge häufig als *klassisches* Modell bezeichnen wird, das im deutschsprachigen Raum insbesondere mit dem Namen *Andler* (1929) verknüpft ist.

Im allgemeinen sind Beschaffung und Produktion, wenn auch aus verschiedenen Motiven, an der Lagerung von Materialien und Teilen interessiert. Der Einkauf möchte durch den Bezug großer Mengen niedrige Einstandspreise (Mengenrabatte, Frachtvorteile) und Bestellkosten (weniger Bestellungen) realisieren und die Produktion wünscht aus Sicherungsgründen eine hohe Versorgungsbereitschaft des Materiallagers.

Es gibt aber auch kritische Stimmen unter „Theoretikern" wie „Praktikern", die die Betonung der Andler-Formel für übertrieben halten und auf andere, insbesondere einkaufspolitische, Instrumente zur Senkung der Bestell- und Lagerhaltungskosten hinweisen. Als Beispiele seien genannt die Bemühungen zur Verlagerung der Vorratshaltung auf den Lieferanten bzw. gemeinsame Lagerhaltung in Form des Konsignationslagers, Abruf kleiner Teilmengen in kurzen Abständen und Vertragsklauseln betreffend die Flexibilität der Mengenverpflichtung.

Andere Einwände zielen vor allem auf die beschränkte praktische Anwendbarkeit der Bestellmengenformel ab, da sie für Betriebe mit ausgeprägter Auftragsfertigung nicht geeignet ist. Eine Sonderstellung nehmen solche Betriebe ein, die in *zwei Stufen* disponieren. Auf der ersten Stufe werden gängige Baugruppen nach einem auf Prognosen basierenden Produktionsplan in wirtschaftlichen Losgrößen vorgefertigt und zwischengelagert. Die für diese Serie benötigten Zukaufteile können dann ebenfalls in Losgrößen bestellt werden. Nach Eingang des spezifizierten Kundenauftrags erfolgt in der zweiten Stufe die relativ schnelle Endmontage, so daß *kurze Lieferzeiten* verwirklicht werden können.

Der Disponent ist in jedem Falle gut beraten, wenn er die Voraussetzungen sorgfältig prüft, bevor er mit dem klassischen Losgrößenmodell operiert.

3.1.2   Voraussetzungen zur Ableitung der Andler-Formel

Der Disponent kann die Andler-Formel in strenger Auslegung nur anwenden, wenn die konkreten betrieblichen Verhältnisse wenigstens angenähert den Prämissen entsprechen, die der Formelentwicklung zugrunde liegen. So muß er davon ausgehen, daß der Bedarf pro Zeiteinheit, d.h. die *Bedarfsrate, bekannt* und *unveränderlich stetig* ist. Aufgrund dieser Annahme gehört die Andlersche Losgröße zu den „deterministischen" Lagerhaltungsmodellen. Weiterhin hat der Disponent zu prüfen, ob einschränkende Bedingungen *(Restriktionen)* vorliegen, die den Optimierungskalkül beeinträchtigen könnten. Als Beispiele wären zu nennen die Lagerfähigkeit des Materials, knapper Lagerraum und Liquiditätsengpässe. Darüberhinaus hat er zu beachten, daß der klassische Modellansatz keine *Mengenrabatte* vorsieht. Schließlich muß er stets bedenken, daß jedes Kaufteil *unabhängig* von anderen Teilen bestellt und nur in *einem* Lager bevorratet wird. Dieser Tatbestand reiht die Andler-Formel in die Gruppe der *Einprodukt-Einlager-Modelle* ein. Da jedes Material für sich disponiert wird, gibt es also keine Verbund- oder Sammelbestellung von *Teilefamilien,* um z.B. Rabatte für die Gesamtlieferung auszunutzen.

Die geschilderten wichtigsten Voraussetzungen spiegeln eine ideale Situation wider, die treffend in der *„Sägezahnkurve"* (Abbildung 3.1) zum Ausdruck kommt.

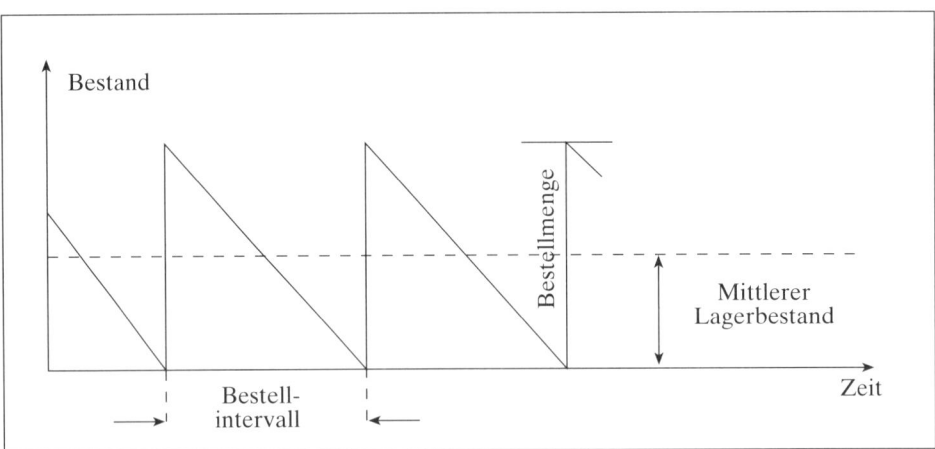

Abbildung 3.1: „Sägezahnkurve"

In dieser Darstellung trifft die konstante Bestellmenge immer genau dann ein, wenn der Bestand völlig aufgebraucht ist. Die Länge der Periode zwischen zwei Bestellungen ist das *Bestellintervall* oder die Bevorratungszeit oder die Reichweite. Sie hängt von der Bedarfsrate ab, die grafisch durch die Neigung der Lagerabgangslinie ausgedrückt wird. Je steiler die Bestandskurve abfällt, um so größer ist die Bedarfsrate und umgekehrt. In jedem Fall ist der durchschnittliche Lagerbestand gleich der halben Bestellmenge.

3.1.3 Andler-Formel

Das Ziel der Bestellmengenoptimierung besteht darin, die *relevanten* Kosten einer Planperiode (z.B. ein Jahr) zu minimieren. Als relevante Kosten sind bekanntlich die Kosten anzusehen, die von der Bestellentscheidung beeinflußt werden, d.h. die Bestell- und Lagerhaltungskosten. Die jährlichen Anschaffungskosten verändern sich voraussetzungsgemäß (keine Mengenrabatte) nicht mit der Höhe der Einkaufsmenge und sind von daher für die Ermittlung der Gesamtkosten, nicht aber für das Optimierungsproblem, relevant.

Die beiden relevanten Kostenkategorien verhalten sich *gegenläufig*, d.h. die jährlichen Bestellkosten sind eine fallende und die Lagerhaltungskosten eine steigende Funktion der Bestellmenge. Der *Ausgleich* erfolgt nun über die Andler Formel:

$$\text{Optimale Bestellmenge} = \sqrt{\frac{200 \text{ x Jahresbedarf x Bestellabwicklungskosten}}{\text{Einstandspreis x Lagerhaltungs-Kostensatz}}}$$

Folgendes Zahlenbeispiel möge die Anwendung dieser Formel erläutern: Ein Betrieb der Serienfertigung hat einen Jahresbedarf von 5 000 Stück an einem fremdbezogenen Teil, das für die Weiterverarbeitung gleichmäßig vom Lager entnommen wird. Der Einstandspreis beläuft sich auf DM 0,50 pro Stück. Die Bestellabwicklungskosten seien DM 40,–. Der jährliche Lagerhaltungs-Kostensatz wird mit 20 % des durchschnittlichen Lagerwertes angenommen.

Setzt man diese *Parameter* in die Bestellmengenwurzel ein, so erhält man:

$$\text{Optimale Bestellmenge} = \sqrt{\frac{200 \text{ x } 5000 \text{ x } 40}{0,50 \text{ x } 20}} = 2000 \text{ Stück}$$

Diese Menge wird 5 000:2 000 = 2,5 mal pro Jahr (5mal in 2 Jahren) bestellt. Die jährlichen Bestellkosten betragen also 2,5 x 40 = 100 DM. Die jährlichen Lagerhaltungskosten errechnen sich ebenfalls zu 1 000 x 0,50 x 20 % = 100 DM. Dieses Ergebnis, also die *Gleichheit* von Bestell- und Lagerhaltungskosten bei der *optimalen Bestellmenge,* hat allgemeine Gültigkeit – wie sich algebraisch leicht nachweisen läßt – und ist *eine besondere Eigenschaft* der Andler-Formel, die bei einigen anderen Lagerhaltungsmodellen ausgenutzt wird. Um eine bildliche Vorstellung von den beiden für die Optimierungsrechnung entscheidenden Kostenblöcken zu bekommen, ist die optimale Bestellmenge auch grafisch dargestellt (vgl. Abbildung 3.2). Die *zweite* besondere Eigenschaft der Andler-Formel besteht darin, daß im Optimum sowohl die Gesamtkosten pro Jahr als auch die Gesamtkosten pro Stück ihr Minimum aufweisen. Das ist deshalb der Fall, weil Jahres- und Stückkosten durch die gegebene Jahresbedarfsmenge miteinander verknüpft sind und eine konstante Größe im Optimierungskalkül mit Hilfe der Differentialrechnung keinen Einfluß ausübt. Aus dem gleichen Grunde können in der Zielfunktion die Anschaffungskosten (Jahresbedarfswert bzw. Einstandspreis) weggelassen werden. Das ist allerdings nur im klassischen Modell ohne Berücksichtigung von Mengenrabatten erlaubt. Auch die zweite Eigenschaft der Andler-Formel hat zu praktisch wichtigen Erweiterungen des klassischen Modellansatzes angeregt.

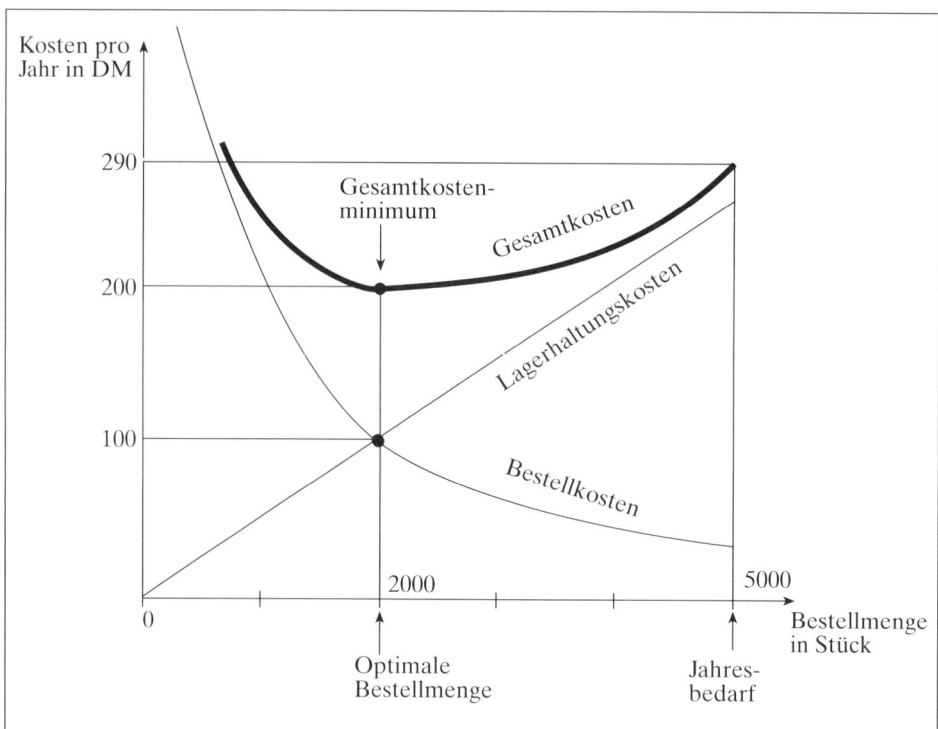

Abbildung 3.2: Kostenverläufe bei der Andlerschen Losgröße

3.1.4 Korrekturen und Beschränkungen der optimalen Bestellmenge

Die errechnete optimale Bestellmenge muß nicht unbedingt eine ganze Zahl ergeben, so daß entsprechende Auf- und Abrundungen erforderlich werden. Das gilt nicht nur aus sachlogischen Gründen für Stückzahlen, sondern meistens auch für andere Mengeneinheiten nach Maßgabe der *Verpackungsgrößen*.

Das sei an folgenden Daten demonstriert:

Bedarfsmenge	5 000	(Stück/Jahr)
Einstandspreis	4	(DM/Stück)
Bestellabwicklungskosten	50	(DM/Bestellung)
Lagerhaltungs-Kostensatz	20	(% pro Jahr)

Bei diesen Parametern beträgt die optimale Bestellmenge 790 Stück pro Los. Diese Menge könnte ebensogut auf rund 800 Stück festgesetzt werden, oder es werden die für das betreffende Material vorgesehenen Verpackungseinheiten berücksichtigt. Wenn etwa die Anlieferung nur in Paletten erfolgt und das Material in 30 Kartons abgepackt ist, so würde der Einkäufer den Bestellmengenvorschlag auf 780 oder 810 Stück abändern und 26 oder 27 Paletten bestellen. Die Verpackungsgröße kann jedoch auch von vornherein in ein automatisches Bestellsystem eingebaut werden.

Weitere mengenmäßige Korrekturen müssen beachtet werden, wenn der Lieferant *Mindest-* oder *Höchstbestellmengen* vorschreibt.

Daneben gibt es aber auch Beschränkungen, die sich aus der *Reichweitenbetrachtung* des optimalen Loses ergeben. So interessiert in manchen Fällen nicht die optimale Menge, sondern die optimale Dauer des Bestellzyklus und dabei kann wieder die Ganzzahligkeitsbedingung eine Rolle spielen. Für das Zahlenbeispiel ergäbe sich eine optimale Reichweite von acht oder neun Wochen.

Die Reichweitenermittlung ist vor allem dann wichtig, wenn Losgrößen extrem lange Bevorratungszeiten aufweisen, weil damit die Gefahr der technischen und wirtschaftlichen Überholung und sonstiger Werteinbußen, wie Schwund und Verderb, verbunden ist. Daneben sind auch *Auslauftermine* für bestimmte Materialien aufgrund technischer Änderungen zu beachten.

Der Vollständigkeit halber sei noch erwähnt, daß die Dauer des Bestellintervalls auch nach *unten* begrenzt sein kann. Wenn ein Lieferant z.B. höchstens 12 Bestellungen pro Jahr zuläßt, dann beträgt die minimale Bevorratungszeit ein Monat.

Jede Abweichung von der optimalen Menge bewirkt eine Kostenerhöhung. Es ist deshalb von Interesse, das Ausmaß der Mehrkosten gegenüber den minimalen Kosten zu bestimmen, wenn die optimale Bestellmenge nicht eingehalten werden kann. Mit anderen Worten möchte man die *Sensibilität* der Losgrößen-Formel testen. Dazu kann ein Blick auf die Kostenverläufe bei der Andler-Formel (Abbildung 3.2) schon eine erste Information liefern. Die Kurve der relevanten jährlichen Gesamtkosten verläuft nämlich in der *Umgebung ihres Minimums* sehr *flach,* und zwar nach rechts flacher als nach links. Daraus folgt, daß mengenmäßige Abweichungen vom Optimum in gewissen Grenzen nur unbedeutende Kostensteigerungen verursachen und daß *Aufrundungen* im Zweifelsfall *günstiger* sind als Abrundungen.

So bewirkt eine Mehrbestellung um bspw. 40 % gegenüber dem Optimum nur eine Zunahme der *relevanten* Gesamtkosten um 5,7 %. Eine Minderbestellung um 40 % dagegen läßt die relevanten Kosten aber schon um 13,3 % steigen. Solange sich die tatsächlichen Bestellmengen aber innerhalb der Bandbreite von 70 bis 140 % der jeweiligen Losgrößen bewegen, bleibt der Anstieg der relevanten jährlichen Gesamtkosten unter 6 %.

Die *prozentualen* Kostensteigerungen fallen natürlich noch wesentlich geringer aus, wenn die Anschaffungskosten in die Bezugsgrundlage einbezogen werden. Würde man im ersten Zahlenbeispiel statt der optimalen Menge von 2 000 Stück 2 500 Stück bestellen, also 25 % mehr, so steigen die Gesamtkosten nur um 0,2 %. Für andere Parameter lassen sich ähnliche Prozentzahlen ableiten.

Aus der Sensibilitätsanalyse sind für die Praxis zwei wichtige Schlußfolgerungen abzuleiten.

Erstens sind Mengenabweichungen solange unbedenklich, wie sie in der mehr oder weniger breiten *Bestellmengenzone* bleiben. Das verleiht dem Lagerdisponenten eine beachtliche Flexibilität, die den Einsatz dieses simplen Losgrößenmodells auch dann möglich macht, wenn die zugrundeliegenden Voraussetzungen nur angenähert erfüllt sind. So können die vielfältigen betrieblichen und marktseitigen Gegebenheiten in gewissem Umfang sinnvoll in die endgültige Bestellmengenentscheidung mit einfließen, ohne daß der Disponent das Optimierungsziel aufgeben müßte.

Diese Feststellung gilt *zweitens* auch für die Ermittlung der Parameter der klassischen Bestellmengenformel:

- Jahresbedarf,
- Einstandspreis,
- Bestellabwicklungskosten,
- Lagerhaltungs-Kostensatz.

Als besonders problematisch stellt sich dabei in der Praxis (wie in Kapitel 2 gezeigt) die kostenrechnerisch richtige Festlegung der beiden letzten Parameter heraus. In dieser Situation ist es für den Disponenten angenehm, bei der Datenbeschaffung den Aufwand nicht übertreiben zu müssen und mit Schätzungen bzw. bewährten Hilfsrechnungen meistens auskommen zu können. Durch den Quadratwurzeleffekt wirken sich nämlich alle falschen oder nur grob geschätzten Parametereingaben unterproportional auf die Losgröße aus, und eine Veränderung der Losgröße, die eine bestimmte Bandbreite nicht verläßt, hat keine fühlbare Erhöhung der Gesamtkosten zur Folge.

Man kann natürlich umgekehrt auch die tolerierte Kostenerhöhung vorgeben und nach dem zugehörigen Bestellmengenintervall fragen. Hierfür hat Kilger folgende Formel abgeleitet (Kilger 1986, S. 328):

Bestellmengenintervall = Optimale Bestellmenge x Faktor

Der Faktor wiederum beträgt:

$$\left(1 + \frac{\pi}{100}\right) \pm \sqrt{\left(1 + \frac{\pi}{100}\right)^2 - 1}$$

π = Tolerierter Prozentsatz der Kostenüberschreitung

Für das Zahlenbeispiel mit der optimalen Bestellmenge von 2 000 Stück/Los beträgt das Intervall bei einer zulässigen Kostenabweichung von bspw. $\pi = 3$ %:

Untergrenze = 2 000 (1.03-0.247) = 1 566 Stück
Obergrenze = 2 000 (1.03+0.247) = 2 554 Stück

3.1.5 Mengenrabatte (Erweiterung der Andler-Formel)

3.1.5.1 Ein Preissprung

Eine Voraussetzung der Andlerschen Losgröße ist das Fehlen von Mengenrabatten und damit die Unabhängigkeit des Einstandspreises von der Bestellmenge. Die jährlichen Anschaffungskosten wurden bisher als konstante Größe betrachtet und zählten daher nicht zu den relevanten Kosten. Diese Prämisse ist aufzugeben, wenn Lieferanten ihren Abnehmern Mengenrabatte bei entsprechend großen Bestellungen einräumen. Damit geben sie einen Teil ihrer Einsparungen durch Fixkostendegressionseffekte an die Kunden weiter.

Um die rechnerische Vorteilhaftigkeit eines Rabattangebots zu beurteilen, soll zunächst der spezielle Fall *eines* Preissprungs betrachtet werden.

Der *erste* Rechenschritt besteht darin, die optimale Bestellmenge zu berechnen, deren Parameter „Einstandspreis" um den angebotenen Rabattsatz gekürzt ist.

Wenn diese vorläufige Losgröße schon *über* der *Rabatt-Mindestmenge* liegt, dann ist damit die endgültige optimale Bestellmenge gefunden und die Rechnung beendet.

Ist die Losgröße allerdings *kleiner* als die Rabatt-Mindestmenge, dann scheidet sie als Kandidat aus der weiteren Überlegung aus, weil ja der niedrigere Preis nur für die Mindestabnahme gilt.

Jetzt müssen im *zweiten* Rechenschritt die Gesamtkosten der klassischen Losgröße (ohne Rabatt) und die Mindestmenge miteinander verglichen werden.

Die niedrigeren Gesamtkosten entscheiden schließlich über die vorteilhafteste Einkaufsmenge.

Folgendes Zahlenbeispiel möge die Logik des Rabattkalküls bei einem Preissprung verdeutlichen:

Für drei Materialarten betragen die Bestellabwicklungskosten je DM 60,–, der Lagerhaltungs-Kostensatz je 24 % der durchschnittlichen Kapitalbindung und der Rabattsatz je 5 % vom Stückpreis, wenn der Abnehmer eine bestimmte Mindestmenge bestellt. Die für die Berechnung notwendigen Daten gehen aus nachstehender Übersicht hervor.

Material Nr.	Bedarfsrate (Stück/Jahr)	Stückpreis (DM/Stück)	Mindestmenge (Stück/Los)	Optimale Menge mit Rabatt (Stück/Los)
A	10 000	0,15	5 000	5 924
B	5 000	3,00	2 000	937
C	1 200	20,00	1 000	178

Da für Material Nr. A die optimale Bestellmenge unter Berücksichtigung des Rabattangebotes größer ist als die vorgeschriebene Mindestmenge, steht die Einkaufsmenge mit 5 924 oder besser rund 6 000 (Stück/Los) fest. Die mit dieser Losgröße verbundenen minimalen Gesamtkosten betragen 1 628 DM pro Jahr.

Für die anderen beiden Materialien ist die Berechnung komplizierter, weil die optimale Bestellmenge (mit Rabatt) unter der jeweiligen Mindestmenge liegt. Der Vergleich der jährlichen Gesamtkosten für die relevanten Einkaufsmengen und die endgültige Entscheidung über die Losgröße sind in folgender Aufstellung (Tabelle 3.1) enthalten:

Tabelle 3.1: Optimierung bei einer Preisstaffel

Material Nr.	Mindestmenge (Stück/Los)	Optimale Menge ohne Rabatt (Stück/Los)	Gesamtkosten (DM/Jahr)	Entscheidung über Losgröße (Stück/Los)
B	2 000		15 084	2 000
		913	15 658	
C	1 000		25 152	
		173	24 831	173

Während es für das Material Nr. B günstiger ist, die Mindestmenge von 2 000 Stück zu beziehen, lohnt sich für Material Nr. C nur der Einkauf der kleineren optimalen Menge von 173 (oder vielleicht 200) Stück zum Einstandspreis von DM 20 pro Stück. Würde in diesem Fall die Mindestmenge von 1 000 Stück bestellt, so wären die Mehrkosten für Kapitalbindung und Lagerung höher als die Preiseinsparung durch die Ausnutzung des Rabatts und die Einsparung an Bestellkosten.

3.1.5.2 Mehrere Preissprünge

Bei mehreren Preissprüngen sind die Gesamtkosten für die einzelnen Mengen-Preis-Kombinationen miteinander zu vergleichen.

In folgendem Zahlenbeispiel sind fünf Preisstaffeln für ein Zukaufteil, z.B. Verpackungsmaterial für ein Massenkonsumgut, angegeben:

Kombination	Mindestmenge (Stück)	Preisstaffel (DM/Stück)
1	100 000	0,100
2	200 000	0,090
3	500 000	0,085
4	1 000 000	0,083
5	2 000 000	0,081

Der Rabattkalkül läuft in diesem Fall wie folgt ab:

1. Für jede Kombination wird zunächst die optimale Bestellmenge berechnet.

   a) Liegt sie von vornherein *über* der Mindestmenge, so sind die zugehörigen jährlichen Gesamtkosten zu ermitteln.

   b) Liegt sie jedoch *unter* der Mindestmenge, so ist letztere als relevante Menge anzusehen, weil der günstigere Preis erst ab der Mindestmenge gilt.

2. Von den zulässigen Bestellmengen ist diejenige Menge als optimal auszuwählen, deren Gesamtkosten am niedrigsten sind.

In Tabelle 3.2 ist die Optimierungsrechnung protokolliert, wobei folgende Daten gegeben sind:

Bedarf   2 000 000 (Stück/Jahr)
Bestellabwicklungskosten   80 (DM/Los)
Lagerhaltungs-Kostensatz   24 (% der Ø Kapitalbindung p.a.)

Tabelle 3.2: Optimierung bei mehreren Preisstaffeln

Mindestmenge (a)	Optimale Menge (b)	Relevante Menge Max (a, b)	Gesamtkosten bei a bzw. b
100 000	115 470	115 470	202 772
200 000	121 716	200 000	182 960
500 000	125 245	500 000	175 420 ← Min
1 000 000	126 745	1 000 000	176 120
2 000 000	128 300	2 000 000	181 520

In diesem Beispiel belaufen sich die niedrigsten Gesamtkosten auf 175 420 DM pro Jahr bei vier optimalen Losen von je 500 000 Stück.

Dieses Ergebnis würde man hier auch erzielen, wenn die Bestellkosten wegen Geringfügigkeit vernachlässigt werden, so daß die jährlichen Gesamtkosten dann nur aus den Anschaffungs- und Lagerhaltungskosten bestehen.

Ähnliche Entscheidungsprobleme wie bei Mengenrabatten treten auf, wenn z.B. Preiserhöhungen bevorstehen, Sonderangebote vorliegen oder Materialverknappungen erwartet werden. Auch in diesen Fällen ist trotz der Preisvorteile eine *zusätzliche* Lageraufstockung nur sinnvoll, wenn unter Anrechnung der Lagerhaltungskosten ein *Nettovorteil* verbleibt.

Wenn es auch für einen quantitativ orientierten Disponenten reizvoll sein mag, für solche Fragestellungen „optimale" Lösungen zu erarbeiten, so steht ein erfahrener Einkäufer der Bestandserhöhung aus Preiserwägungen und erst recht aus rein spekulativen Absichten eher skeptisch gegenüber, weil antizipierende *Vorauskäufe* mit schwer abzuschätzenden Risiken verbunden sind. Sie dürfen aber nicht mit „normalen" Käufen verwechselt werden, die aus verschiedenen Gründen lange im voraus getätigt werden müssen (z.B. Importe, Saisonprodukte).

Die dargestellten Berechnungen zur Vorteilhaftigkeit von Rabattangeboten sind natürlich entbehrlich, wenn sich der Einkäufer den Rabatt auf jeden Fall sichert. Möglichkeiten dazu sind entsprechende Vereinbarungen in Langfristverträgen und Rabattregelungen auf der Basis von Einkaufsmengen über eine bestimmte Zeitspanne (z.B. Jahresabnahmemenge) statt zu einzelnen Bestellzeitpunkten. Auch die enge partnerschaftliche Bindung an Lieferanten bei Just in Time kann die Rabattbewilligung rechtfertigen, wenn der Einkauf die kleinen Abrufmengen mit längerfristigen Bindungen an den Lieferanten und größeren Vergabequoten belohnt. So kommt der Lieferant in den Genuß von Degressionseffekten bei Fertigungs- und Vertriebskosten und erlangt Wettbewerbsvorteile durch die mit Rabatten tendenziell verbundene Verringerung der Lieferquellen. Deshalb kann der Einkäufer Preisnachlässe im handelsüblichen Rahmen durchaus akzeptieren bzw. fordern.

Die Rechenbeispiele im Zusammenhang mit den Mengenrabatten sollten schließlich nicht den Blick auf andere Formen der gewerblichen Rabattpolitik verstellen, wie Treue- und Einführungsrabatte oder spezielle „Rabatte" im Handel (Regalmieten, Werbekostenzuschüsse u.ä.)

3.1.6 Losgrößen bei Eigenfertigung

Die Überlegungen zu optimalen Bestellmengen treffen im Prinzip auch auf Fertigungs-Losgrößen zu, die sich auf Hausteile statt Kaufteile beziehen. Der Einstandspreis wird hier durch die *Herstellkosten* ersetzt, und an die Stelle der Bestellabwicklungskosten treten die *Rüstkosten*. Von einem Korrekturfaktor wegen des von der Sägezahnkurve abweichenden zeitlichen Bestandsverlaufs sei hier abgesehen.

Nun ist aber die Fertigungs-Losgröße nur unter den gegebenen betrieblichen Bedingungen und die sie widerspiegelnden Einflußgrößen optimal. Werden die Fertigungsstrukturen geändert, wie sie vor allem im Rahmen von Lean Production diskutiert werden, dann können sich auch andere Losgrößenaspekte einstellen. Das ist z.B. der Fall, wenn die Rüstkosten durch ein Bündel von technischen und organisatorischen Maßnahmen erheblich reduziert werden, so daß sie keinen festen Parameter mehr in der Formel darstellen. Dann ergeben sich auch geringere Losgrößen bis hin zum Extremfall der *optimalen Losgröße Eins,* d.h. gleich dem konkreten Kundenauftrag.

Die kleinen Losgrößen als *ein* charakteristisches Merkmal der „schlanken Produktion" weisen gleich mehrere Vorteile auf. Sie verringern nicht nur die *Vorratskosten* und *-risiken,* sondern auch die Lagerflächen und -räume. Darüber hinaus ermöglichen kleine Pufferbestände einen schnelleren Material- und Informationsfluß und eine leichtere Kommunikation zwischen den *autonomen Arbeitsgruppen,* die typischerweise in der schlanken Fabrik tätig sind. Des weiteren führen sie zu geringeren *Ausschußquoten,* weil Qualitätskontrollen und fehlerbeseitigende Maßnahmen schneller greifen können. Von großer Bedeutung ist auch die Eigenschaft kleiner Lose, zur Erhöhung der Flexibilität in Bezug auf die vom Absatzmarkt geforderte Produktvielfalt beizutragen, weil sie die *Durchlaufzeiten wesentlich verringern.*

Ein besonderes Anwendungsgebiet der Fertigungs-Losgrößen ist in den klassischen Produktionsplanungs- und -steuerungssystemen (PPS-Systemen) zu sehen, für die spezielle Losgrößenmodelle entwickelt wurden.

3.2 Dynamische Bestellmengen-Modelle

3.2.1 Planungssituation

Die dynamische Bestellmengenrechnung gehört wie die Andler-Formel zu den *deterministischen* Lagerhaltungsmodellen, weil der Bedarf und die Beschaffungszeit als bekannt vorausgesetzt werden.

Ein Unterschied zur klassischen Losgrößenbildung besteht aber darin, daß der Planungszeitraum begrenzt ist und in frei wählbare Planungsperioden von meistens gleicher Länge (z.B. Wochen oder Monate) untergliedert wird. Außerdem rücken die dynamischen Verfahren von der engen Voraussetzung eines durchschnittlich konstanten Bedarfs pro Zeiteinheit ab, indem sie gerade beliebige Bedarfsschwankungen in den Planungsperioden zulassen. Damit können sinnvolle Bestellstrategien für die programmgebundene Disposition und auch für trend- und saisonbehaftete Bedarfsverläufe abgeleitet werden. Abbildung 3.3 zeigt eine typische Bedarfsfigur bei der dynamischen Bestellmengenrechnung und zur Abgrenzung eine Linie konstanten Bedarfs (gestrichelt).

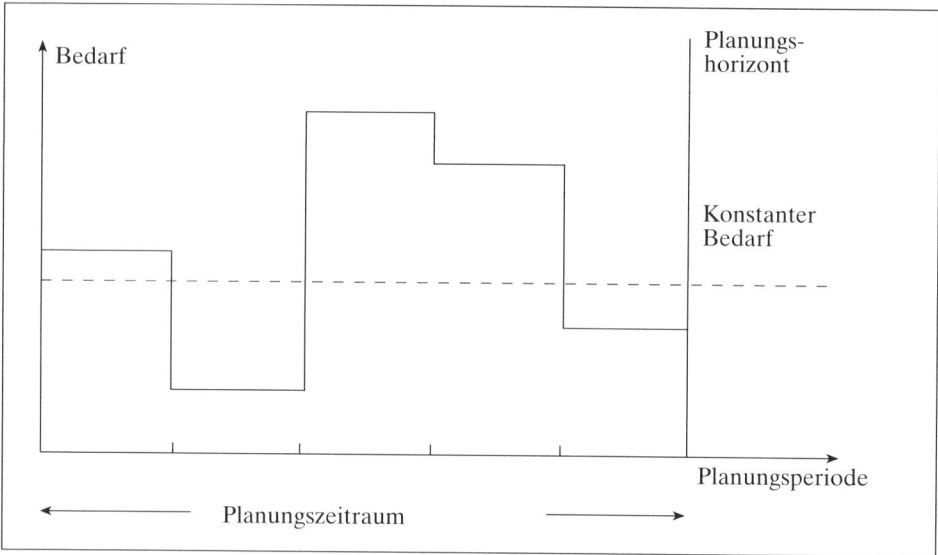

Abbildung 3.3: Schwankender Bedarf in den Planungsperioden

Mit dem Andlerschen Losgrößenmodell haben die dynamischen Verfahren die meisten sonstigen (außer der konstanten Bedarfsrate) Voraussetzungen gemeinsam.

Außerdem gehen sie von der gleichen Zielfunktion aus, nämlich der *Minimierung der losgrößenabhängigen Kosten;* bei Mengenrabatten müssen hier wie dort zusätzlich die Einstandswerte berücksichtigt werden.

Im Gegensatz zur statischen ermittelt die dynamische Bestellmengenrechnung die minimalen Kosten und die optimale Bestellpolitik für den Planungszeitraum durch einen *Iterationsprozeß,* d.h. es werden schrittweise weitere Planungsperioden bis zum endgültigen Planungshorizont in die Rechnung einbezogen.

Für die Planungsaufgabe bei schwankenden Bedarfsmengen haben Wagner und Whitin schon im Jahre 1958 ein *exaktes* Verfahren vorgestellt, das auf der dynamischen Planungsrechnung beruht und immer die optimale Lösung liefert. Daneben existieren verschiedene *approximative* Verfahren (Bestellheuristiken), die in der Praxis, gefördert durch Standardprogramme, häufiger eingesetzt werden.

Der Wagner/Whitin-Algorithmus und einige Näherungslösungen sollen an einem gemeinsamen Zahlenbeispiel vorgestellt werden.

Der für bspw. sieben Wochen bekannte und nicht durch Bestand gedeckte Bedarf (Nettobedarf) geht aus folgender Übersicht hervor:

Woche	1	2	3	4	5	6	7
Bedarf	80	20	40	20	50	80	30

Die Bestellabwicklungskosten seien 25 DM. Der Lagerhaltungs-Kostensatz pro Stück und Woche betrage 0,10 DM. Das Material soll jeweils zu Beginn einer Woche verfügbar sein und gleichmäßig über die Woche verteilt entnommen werden, d.h. der Lagerbestandsverlauf in den Teilperioden entspricht der „Sägezahnkurve". Unter dieser Voraussetzung lagert die Bestellmenge der ersten Woche durchschnittlich eine halbe Woche. Umfaßt die Bestellmenge auch den Bedarf der zweiten Woche, so beträgt dessen durchschnittliche Lagerdauer 1,5 Wochen, d.h. die ganze erste und die halbe zweite Woche. Wird der Bedarf von drei Wochen zu einer Bestellmenge gebündelt, so liegt der Bedarf der dritten Woche im Durchschnitt 2,5 Wochen auf Lager usw. Ein Anfangsbestand sei nicht vorhanden.

3.2.2   Wagner/Whitin-Verfahren

Beim Wagner/Whitin-Verfahren werden mit jeder Iteration geeignete Bestellstrategien und deren relevante Gesamtkosten ermittelt, wobei die Ergebnisse der vorangehenden „Optimierungsrunde" als Ausgangspunkt dienen. Die Bestellpolitik mit den geringsten Kosten ist für den gerade aktuellen Planungszeitraum die optimale. Diese *Vorwärtsrechnung* endet mit Erreichen des Planungshorizontes und weist durch die Kumulation der Kosten als Endergebnis die minimalen Gesamtkosten für den gegebenen Planungszeitraum aus. Mit dieser Kenntnis ist der Disponent in der Lage, durch eine *Rückwärtsrechnung* die endgültigen optimalen Bestellmengen und -termine zu bestimmen.

Zu Beginn der Rechnung besteht der Planungszeitraum nur aus der ersten Woche. Der Bedarf von 80 Stück muß dann voraussetzungsgemäß am ersten Tag der Woche verfügbar sein. Es wird aus Vereinfachungsgründen angenommen, daß die Beschaffungszeit gleich Null ist. Die Bestellung und Einlagerung verursachen Abwicklungskosten von 25 DM und Lagerhaltungskosten von 80 x 0.10 x 0.5 = 4 DM. Die Gesamtkosten für die erste Woche betragen damit 29 DM.

Im zweiten Rechenschritt wird die nächste Woche einbezogen, so daß der aktuelle Planungszeitraum aus den ersten beiden Wochen besteht. Jetzt bieten sich dem Disponenten schon zwei alternative Bestellstrategien an.

Strategie 1: Er bestellt eine Menge von 100 Stück, die den Bedarf der ersten beiden Wochen deckt.

Strategie 2: Er deckt den Bedarf von 20 Stück in Woche 2 durch eine separate Bestellung.

Bei der ersten Strategie kommen zu den Kosten der Vorwoche (29 DM) die Lagerhaltungskosten für die Bedarfsmenge von 20 Stück, die eineinhalb Wochen lagert: 29 + (20 x 0.1 x 1.5) = 32 DM.

Bei der zweiten Strategie erhöhen sich die Kosten der ersten Woche um die Bestellabwicklungskosten und die Lagerhaltungskosten für diese Woche: 29 + 25 + (20 x 0.1 x 0.5) = 55 DM.

Die minimalen Kosten für den Planungszeitraum von zwei Wochen sind also mit der ersten Strategie verbunden.

Erweitert man nun den Planungszeitraum um die dritte Woche, so ergeben sich drei Strategien, je nachdem ob die Bestellung für die 40 Stück in der ersten, zweiten oder dritten Woche getätigt wird. Die entsprechenden Kosten betragen 42, 61 und 59 DM. Dabei ist zu beachten, daß die zusätzlichen Kosten einer neuen Bestellung in Woche 3 an die niedrigsten Kosten (32 DM) des kürzeren Planungszeitraums (zwei Wochen) anknüpfen.

Führt man die Vorwärtsrechnung bis zum Planungshorizont auf die beschriebene Weise fort, so ergibt sich folgende Übersicht über die Kostensituation (Tabelle 3.3). Die jeweils günstigsten Kosten sind durch ein Sternchen markiert.

Tabelle 3.3: Wagner/Whitin-Verfahren

Bestellung in Woche	Kumulierte relevante Kosten bis zur Woche						
	1	2	3	4	5	6	7
1	29	32*	42*	49*	71.5*	115.5	
2		55	61	66	83.5	119.5	
3			59	62	74.5	102.5	
4				68	75.5	95.5	
5					76.5	88.5*	96*
6						100.5	105
7							115
Nettobedarf	80	20	40	20	50	80	30

Bis zur fünften Woche ist es günstig, den Bedarf mit einem Los zu decken, das in der ersten Woche aufgegeben wird. Der längere Planungszeitraum von sechs Wochen zeigt aber, daß die niedrigsten Kosten von 88.50 DM entstehen, wenn in Woche 5 der Bedarf der Wochen 5 und 6 bestellt wird. Die optimale Bestellpolitik bis zur fünften Woche muß daher revidiert werden. Aus der letzten Spalte (Planungshorizont) geht schließlich hervor, daß die minimalen relevanten Gesamtkosten für die sieben Wochen 96 DM betragen. Die Bestellung in Woche 5 umfaßt demnach auch den Bedarf der Woche 7. Dieser kann nicht kostenoptimal vor der fünften Woche bestellt werden, weil schon der Bedarf in Woche 6, der kürzer lagert, am billigsten mit dem in Woche 5 aufgegebenen Los gedeckt wird.

Aus der Rückwärtsrechnung resultieren nun folgende optimale Bestellstrategien:

Bestelltermin	Bestellmenge		Los.-Nr.
Woche 5	50 + 80 + 30	= 160	2
Woche 1	80 + 20 + 40 + 20	= 160	1

Wie der Rechenablauf zeigt, wird beim Wagner/Whitin-Algorithmus im Gegensatz zu den Näherungsverfahren die Bestellpolitik erst endgültig festgelegt, wenn der Planungshorizont erreicht ist. Da aber die Bedarfsprognosen mit wachsendem Planungszeitraum meistens unzuverlässiger werden, kann der *paradoxe* Fall eintreten, daß die Bestellheuristiken zu *besseren* Ergebnissen führen als das Wagner/Whitin-Verfahren (Wagner/Whitin-Paradoxon).

3.2.3 Einige Näherungs-Verfahren

Von den Näherungs-Verfahren sollen hier folgende Varianten vorgestellt werden:

– Gleitendes Bestellmengen-Verfahren
– Silver/Meal-Verfahren
– Kostenausgleichs-Verfahren
– Stück x Perioden-Verfahren

Das *gleitende Bestellmengenverfahren* geht von der Eigenschaft der Andler-Formel aus, wonach die jährlichen Gesamtkosten an der gleichen Stelle ihr Minimum aufweisen wie die gesamten Stückkosten. Hier werden die relevanten Stückkosten minimiert, die wie folgt definiert sind:

$$\frac{\text{Bestellabwicklungskosten} + \text{kumulierte Lagerhaltungskosten}}{\text{Kumulierter Bedarf}}$$

Gesucht wird die (ganzzahlige) Reichweite des Loses, bei der die Stückkosten ihren minimalen Wert annehmen. Dazu werden mit jeder Iteration die Stückkosten berechnet und mit denen der vorherigen Iteration verglichen. Die Einbeziehung des Bedarfs der nächsten Periode in ein Los ist nur sinnvoll, wenn die Stückkosten weiter sinken. Mit der Entscheidung, die Menge einzukaufen, die den Bedarf bis zu der Periode mit den geringsten Stückkosten deckt, wird die Rechnung jeweils neu begonnen. Der Rechengang ist in Tabelle 3.4 festgehalten.

Tabelle 3.4: Gleitendes Bestellmengen-Verfahren

Woche	Bedarf	Kumulierter Bedarf	Lagerhaltungs-kosten	Kumulierte Werte	Relevante Kosten/Stück
1	80	80	80 x 0,1 x 0,5 = 4	29 (4 + 25)	0,363
2	20	100	20 x 0,1 x 1,5 = 3	32	0,320
3	40	140	40 x 0,1 x 2,5 = 10	42	0,300←Min
4	20	160	20 x 0,1 x 3,5 = 7	49	0,306
4	20	20	20 x 0,1 x 0,5 = 1	26 (1 + 25)	1,300
5	50	70	50 x 0,1 x 1,5 = 7,50	33,50	0,479
6	80	150	80 x 0,1 x 2,5 = 20	53,50	0,357
7	30	180	30 x 0,1 x 3,5 = 10,50	64	0,356←Min

In der ersten Woche eines jedes Rechnungslaufs werden die Bestellabwicklungskosten (25 DM) in der Spalte ‚Kumulierte Werte' zu den Lagerhaltungskosten addiert.

Die Stückkosten sind im ersten Rechnungslauf (Woche 1 bis 4) mit 0,30 DM (42/140) minimal, so daß die erste Bestellmenge den Bedarf der Wochen 1 bis 3 (140 Stück) abdeckt. Der nächste Rechnungslauf beginnt daher mit der vierten Woche (= 1. Woche im 2. Durchlauf), die den zweiten Bestelltermin für das Los vom Umfang 180 Stück ergibt. Die Kosten dieser Bestellpolitik belaufen sich auf (42 + 64) DM = 106 DM und liegen somit um ca. 10 % höher als beim Wagner/Whitin-Verfahren.

Bei der *Silver/Meal-Heuristik* werden die relevanten Kosten je Zeiteinheit minimiert. In Tabelle 3.4 wäre lediglich die letzte Spalte auszutauschen. So betragen die Kosten je Woche 49 : 4 = 12,25 DM, wenn der Planungszeitraum die ersten vier Wochen umfaßt. Da bei der nächsten Iteration die Kosten wieder steigen (71,50 : 5 = 14,30 DM), wird hier die erste Bestellung in Woche 1 mit 160 Stück aufgegeben. Die zweite Bestellung in Woche 5 deckt den restlichen Bedarf von ebenfalls 160 Stück. Mit diesem Verfahren erhält man für dieses Zahlenbeispiel das gleiche Ergebnis wie beim exakten Wagner/Whitin-Algorithmus.

Das *Kostenausgleichs-Verfahren* berücksichtigt eine weitere Eigenschaft der Andler-Formel, nämlich die Gleichheit von Bestell- und Lagerhaltungskosten im Bestelloptimum. Danach wird die Bestellmenge solange schrittweise erhöht, bis die kumulierten Lagerhaltungskosten in etwa den Bestellabwicklungskosten entsprechen. Die kumulierten Lagerhaltungskosten betragen:

$$0,1 (80 \times 0,5 + 20 \times 1,5 + 40 \times 2,5 + 20 \times 3,5) = 24 \text{ DM}$$

Dieser Wert kommt den Bestellabwicklungskosten von 25 DM am nächsten. Damit steht die Bestellpolitik im ersten Rechnungslauf fest:

Bestellung in Woche 1 über 160 Stück.

Im zweiten Rechnungslauf erhält man:

$$0,1 (50 \times 0,5 + 80 \times 1,5 + 30 \times 2,5) = 22 \text{ DM}$$

Die zweite Bestellung über die gleiche Menge wird in Woche 5 erteilt. Die relevanten Kosten für den Planungszeitraum belaufen sich auch hier auf 96 DM, die sich wie folgt zusammensetzen:
zwei Bestellungen à 25 DM = 50 DM
Lagerhaltungskosten (24 + 22 DM) = 46 DM

Die kumulierten Lagerhaltungskosten können auch wie folgt geschrieben werden (erster Rechnungslauf):

$$80 \times 0,5 + 20 \times 1,5 + 40 \times 2,5 + 20 \times 3,5 = 240 \text{ (Stück x Wochen)}$$

Hierbei werden die zu einem Los gebündelten Bedarfszahlen (Stück) mit ihrer entsprechenden Lagerdauer (Periode) multipliziert. Die Bestellabwicklungskosten werden dann ebenfalls in der Dimension „Stück x Periode" ausgedrückt (im Beispiel: 25 : 0,1 = 250), so daß beide Seiten miteinander verglichen werden können.

Diese im Ergebnis identische Variante zum Kostenausgleichs-Verfahren ist als *Stück x Perioden-Verfahren* (engl.: Part-Period-Algorithm) bekannt.

In diesem Zahlenbeispiel schneiden das Silver/Meal- und Kostenausgleichs-Verfahren ebenso gut ab wie das exakte Verfahren. In vielen Fällen ist jedoch der Wagner/Whitin-Algorithmus den Näherungslösungen überlegen. Das Kostenausgleichs-Verfahren wiederum schneidet im allgemeinen besser ab als das gleitende Bestellmengen-Verfahren. Dieses Ergebnis hängt mit der beweisbaren Tatsache zusammen, daß das gleitende Bestellmengen-Verfahren den Bedarf *zeitlich falsch* gewichtet, wenngleich dieser Sachverhalt aus Tabelle 3.4 nicht unmittelbar hervorgeht. Ein Los mit einer Reichweite von bspw. vier Wochen entspricht der Gewichtsfolge (3, 2, 1, 0) für den Bedarf der Wochen (1, 2, 3, 4). Die genau umgekehrte und damit richtige Gewichtung zeigt sich bei der anderen Methode.

Bezüglich weiterer Näherungsverfahren sei auf die Literatur verwiesen (z.B. Arnolds 1993).

Übungsfragen und -aufgaben

1. An welche Voraussetzungen ist die klassische Bestellmengenformel geknüpft und in welchen Betrieben könnte sie nutzbringend eingesetzt werden?
2. Sind Sie in der Lage, die Andler-Formel selbst abzuleiten? (Nehmen Sie als Freund der Algebra zur Vertiefung des Stoffes bei Bedarf ein mathematisch orientiertes Buch zur Hand).

3. Für eine Gruppe von fünf Materialien betragen die Bestellabwicklungskosten pauschal DM 50,– je Bestellung und der jährliche Lagerhaltungs-Kostensatz 20 % der durchschnittlichen Kapitalbindung. Füllen Sie nachstehende Tabelle aus und berechnen sie zusätzlich, wieviel Kapital diese fünf Materialien im Lager binden.

Art.-Nr.	Jahresbedarf	Stückpreis	Optimale Losgröße	Relevante jährliche Gesamtkosten	Optimales Bestell- intervall in Wochen
1	25 000	2,–			
2	130 000	0,50			
3	5 000	4,–			
4	70 000	1,–			
5	20 000	0,10			

4. Warum muß die rechnerisch optimale Bestellmenge in der Praxis häufig korrigiert werden, und warum sollte die Disposition dem Einkauf nur einen Bestellmengenvorschlag machen?

5. Welche praktisch wichtigen Schlußfolgerungen sind aus dem Ergebnis der Sensibilitätsanalyse zu ziehen?

6. Die Bestellabwicklungskosten und der Einstandspreis eines Materials erhöhen sich gleichzeitig um 10 %. Wie wird die optimale Bestellmenge davon beeinflußt?

7. Nehmen Sie an, daß von dem Artikel Nr. 3 (aus Aufgabe 3) 1 000 Stück statt der optimalen Menge bestellt werden. Wie hoch sind die Mehrkosten gegenüber den minimalen Gesamtkosten in Prozent?

8. Erläutern Sie das Rabattproblem aus dispositiver und einkäuferischer Sicht.

9. Wodurch unterscheidet sich die dynamische Bestellmengenrechnung von der statischen (klassischen) und welche Anwendungsfälle können Sie nennen?

10. Nehmen Sie an, es wäre folgender Bedarf über 5 Wochen bekannt:
    $$30, 20, 50, 40, 60.$$
    Die Bestellabwicklungskosten und der Lagerhaltungs-Kostensatz seien DM 20 pro Bestellung und DM 0,20 pro Stück und Woche. Wie lauten die optimalen Bestellstrategien mit Hilfe des
    a) Wagner/Whitin-Verfahrens?
    b) Gleitenden Bestellmengen-Verfahrens?
    c) Silver/Meal-Verfahrens?
    d) Kostenausgleichs-Verfahrens?

11. Für das Wagner/Whitin-Verfahren gilt der Satz: Es ist unmöglich, daß der kostenminimale Bestelltermin für den Bedarf der Periode t vor demjenigen des Bedarfs der Periode (t-1) liegt.
    Zeigen Sie anhand numerischer Beispiele (z.B. Aufgabe 10), daß diese Feststellung richtig ist.

Viertes Kapitel
Programmorientierte Disposition

4.1   Planungsgrundlagen

Die programmorientierte oder *deterministische* Materialdisposition leitet ihren Namen vom Produktionsprogramm ab, das seinerseits auf dem Absatzprogramm basiert. Die zukünftigen Absatzzahlen werden mit Hilfe geeigneter Prognosemethoden für einen bestimmten *Planungszeitraum,* z.B. ein Jahr, geschätzt, wobei vorliegende Kundenaufträge und sonstige Marktinformationen mit ausgewertet werden. Der voraussichtliche Bedarf des Marktes an Enderzeugnissen und evtl. verkaufsfähigen Ersatzteilen wird auch als *Primärbedarf* bezeichnet. Er ist für die sich anschließenden Dispositionsaufgaben von ausschlaggebender Bedeutung, weil diese nur mit dem Genauigkeitsgrad erfüllt werden können, der mit der Primärbedarfsfeststellung erreicht wird. Deshalb ist der Absatzprognose und dem Änderungsdienst beim Auftragsbestand (andere Mengen, Qualitäten und Termine) besondere Sorgfalt zu widmen. Die Genauigkeit der Primärbedarfsplanung ist dabei um so größer, je mehr Kundenaufträge bereits vorliegen. Der Absatzplan wird ebenso wie der Produktionsplan, der über Mengen und Termine der Endproduktpalette informiert, zweckmäßigerweise in kurzfristige *Teilplanungsperioden,* meistens Wochen oder Monate, aufgegliedert.

Wegen der unsicheren Einschätzung der zukünftigen Absatzmöglichkeiten empfiehlt sich die Anwendung des Prinzips der *rollenden Planung.* Hierbei wird der Planungshorizont um eine Teilplanungsperiode „weitergerollt", wie bspw. Abbildung 4.1 mit einem festen Planungszeitraum von einem Jahr und monatlicher Periodeneinteilung zeigt:

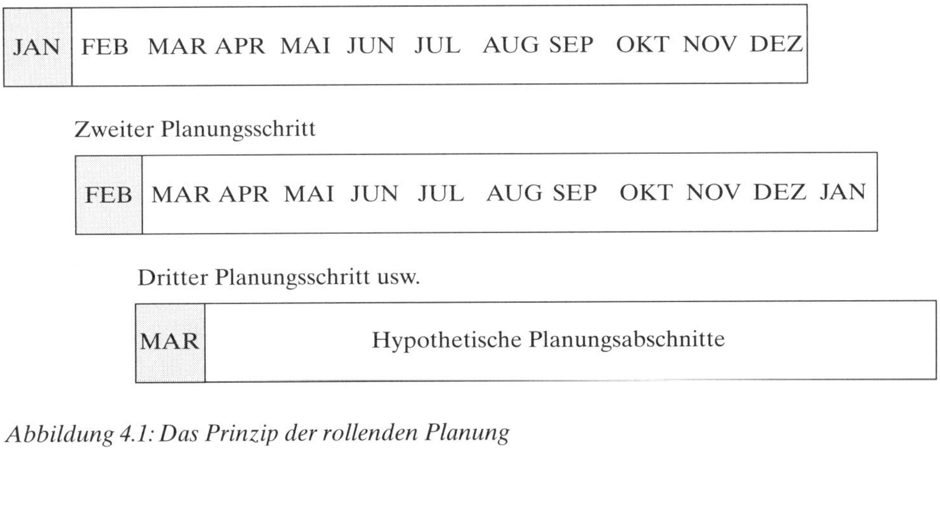

JAN	FEB MAR APR MAI JUN JUL AUG SEP OKT NOV DEZ

Zweiter Planungsschritt

FEB	MAR APR MAI JUN JUL AUG SEP OKT NOV DEZ JAN

Dritter Planungsschritt usw.

MAR	Hypothetische Planungsabschnitte

Abbildung 4.1: Das Prinzip der rollenden Planung

Bei dieser Planungstechnik sind nur die Entscheidungen der jeweils *ersten* Periode verbindlich, während die späteren Planabschnitte nur *vorläufigen* oder hypothetischen Charakter haben, weil sie durch die Fortschreibung des Zyklus der Revision unterliegen.

Vom Primärbedarf ist der *Sekundärbedarf* zu unterscheiden, der Rohstoffe, Einzelteile und Baugruppen umfaßt, die zur Erzeugung der Endprodukte und Ersatzteile dienen. Die Ermittlung des Sekundärbedarfs ist wiederum Ausgangspunkt der Einkaufsplanung, die letztlich der Auftragsdeckung dient. Der geschilderte Planungsablauf zeigt, daß sich die einzelnen Planungsschritte zum Warenstrom gegenläufig verhalten. Während die Primärbedarfsplanung immer am Anfang und die Einkaufsplanung am Ende des Planungsprozesses stehen, ist der Umsatz das letzte und der Materialeinkauf das erste Glied in der Materialflußkette.

Die Sekundärbedarfsplanung der programmgebundenen Disposition (engl.: *Material Requirements Planning,* MRP) resultiert aus dem Zusammenspiel von Produktionsplan und Stücklistenauflösung, deren Techniken und organisatorische Voraussetzungen in den nächsten Abschnitten erläutert werden.

4.2   Stücklistenorganisation

Die Information, welche Teile in welchen Mengen für welche Produkte benötigt werden, liefern Stücklisten, die besonders in der weiterverarbeitenden Industrie vorkommen. In anderen Branchen werden ähnliche *Produktdokumentationen* benutzt, wie Rezepturen in der Chemie oder Nahrungsmittelindustrie oder Zutatenlisten in der Textilindustrie.

Die Grundinformation, die jede Stückliste liefert, kann je nach Anforderung beliebig erweitert werden. Die Kopfzeile der Stücklisten enthält oft eine technische Beschreibung der Baugruppe oder des Enderzeugnisses, Zeichnungsnummer und -format bzw. DIN-Nummern oder andere Normbezeichnungen. Die jeweiligen Komponenten werden aufgeführt mit Schlüsselnummer, Benennung, Menge, Mengenschlüssel, Hinweisen auf Auslauf- und Umstellungstermine, Angabe, ob Kaufteil oder selbsthergestelltes Teil, Lagerort usw. Die Mengenangaben in den Stücklisten brauchen nicht immer ganzzahlig zu sein. Rechnet man z.B. bei einem bestimmten Teil mit einem Mehrbedarf von 3 % durch Fertigungsausschuß, so könnte eine Stücklistenposition in der Mengenspalte 2,06 aufweisen.

Für die Zwecke der Materialdisposition werden im wesentlichen drei Stücklistenarten unterschieden:

1. Mengenübersichtsstückliste oder kurz Mengenstückliste
2. Strukturstückliste
3. Baukastenstückliste

Zu 1. Die *Mengenstückliste* stellt ein nach Teilenummern geordnetes Verzeichnis *aller* Baugruppen und Einzelteile eines Fertigerzeugnisses dar. Die Mengenangaben beziehen sich auf *eine* Einheit des *Endprodukts,* stellen also gewissermaßen technische Verbrauchsfaktoren dar.

So werden z.B. für das Produkt „Margarinesorte X" 4 000 Kunststoffbecher und ebenso viele Deckel pro Tonne Margarine benötigt.

Die Mengenstückliste ist vor allem für den Fall gedacht, daß ein unkompliziertes Erzeugnis in wenigen Fertigungsstufen und in relativ kurzer Zeit produziert werden kann. Dann entfällt nämlich die Notwendigkeit einer *zeitlich* differenzierten Bereitstellung bestimmter Stücklistenpositionen.

Zu 2. Wenn andererseits viele Fertigungsstufen vorhanden sind, wie es etwa im Maschinenbau der Fall ist, kann die *Strukturstückliste* verwendet werden. Sie enthält wie die Mengenstückliste eine Aufstellung *aller* Produktbestandteile. Darüber hinaus weist sie aber durch Angabe von Fertigungsstufen den strukturellen Aufbau des Endprodukts nach, so daß die Materialien termingerecht den einzelnen Fertigungsabschnitten zugeordnet werden können. An nachstehendem einfachen *Erzeugnisstrukturbaum* (Abbildung 4.2) soll der Aufbau der Strukturstückliste dargestellt werden.

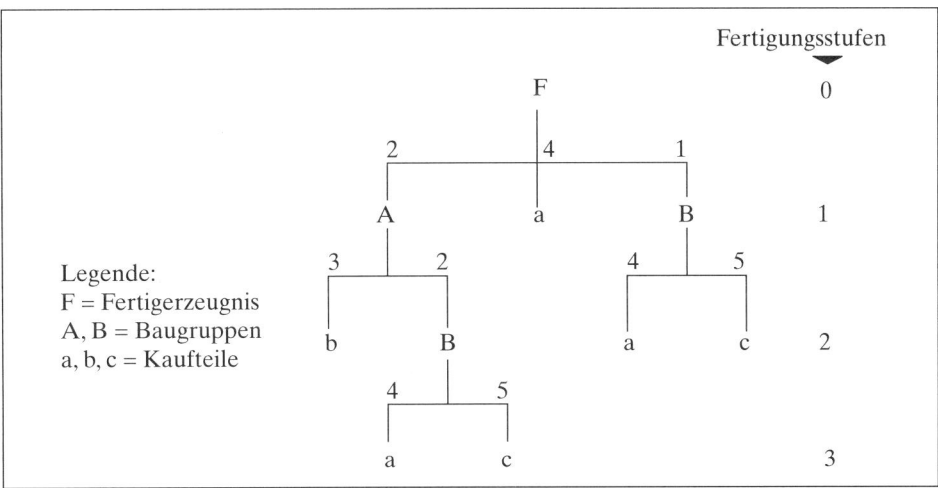

Abbildung 4.2: Erzeugnisstrukturbaum für ein „Phantasieprodukt"

Aus dem Erzeugnisstrukturbaum (auch Erzeugnisstammbaum genannt) geht hervor, daß das Fertigerzeugnis aus zwei Stück Baugruppe A, ein Stück Baugruppe B und vier Stück Kaufteil a (z.B. Verbindungsmaterial) besteht. Die Baugruppe A setzt sich selbst wieder zusammen aus drei Stück b usw.

Die Dokumentation dieses Phantasieprodukts in Form der Strukturstückliste hat nun folgendes Aussehen (Tabelle 4.1):

Tabelle 4.1: Aufbau einer Strukturstückliste

Fertigungsstufe	Teil-Nr.	Menge
1	A	2
2	b	3
2	B	2
3	a	4
3	c	5
1	a	4
1	B	1
2	a	4
2	c	5

Der Vorteil der Strukturstückliste, nämlich Fertigungsstufen zu beinhalten, kann zu einem Nachteil umschlagen, wenn viele Wiederholbaugruppen auf verschiedenen Stufen vorkommen. Dann wird die Zusammensetzung dieser Aggregate mehrfach aufgeführt, wie am Beispiel der Baugruppe B ersichtlich ist. Weiterhin kommt z.B. das Teil a auf drei Stufen vor und wird deshalb auch dreimal als Stücklistenposition erfaßt. Obwohl das Erzeugnis nur aus fünf Komponenten besteht, hat die Strukturstückliste im Gegensatz zur Mengenliste neun Positionen. So kann bei Fertigprodukten mit oftmals Tausenden von Teilen die Strukturstückliste schnell unübersichtlich und aufwendig werden („Stücklistenexplosion").

Zu 3. Dieser Nachteil kann durch Verwendung von *Baukastenstücklisten* vermieden werden, die gewissermaßen *einstufige* Strukturstücklisten darstellen. Sie enthält nur die Teile und Halbfabrikate und damit auch die Mengen, die zur Montage des betreffenden *Baukastens* benötigt werden, d.h. für die *unmittelbar* übergeordnete Baugruppe bzw. das Fertigerzeugnis. So enthält die Stückliste des beispielhaften Fertigprodukts F als Komponenten nur die Teile A, B und a mit den Mengen 2, 1 und 4.

Der Vorteil dieser Organisation besteht darin, daß die Zusammensetzung von Wiederholbaugruppen nur *einmal* nachgewiesen werden muß, was bei EDV-Einsatz zu einer Ersparnis an *Speicherplatzbedarf* führt. Darüber hinaus wird bei komplizierten Strukturen die Übersichtlichkeit erhöht und der *Änderungsdienst* (Hinzufügen, Löschen und Ersetzen von Stücklistenpositionen) erleichtert. Abschließend sei noch eine Stücklistenorganisation erwähnt, die dem in vielen Branchen (z.B. Automobilbau) anzutreffenden *Variantenproblem* Rechnung trägt. Bei nicht zu großer Variantenzahl kann man vielleicht alle Varianten komplett in einer Stückliste unterbringen *(Gemeinsame Variantenstückliste)*. Wenn jedoch ein Erzeugnisgrundtyp in vielen Varianten hergestellt wird, empfiehlt sich dagegen die Trennung der

Gleichteile von den Varianten. Dann stehen die Gleichteile aller Varianten in einer eigenen Stückliste, die den Charakter einer *„Rumpf"stückliste* hat. Die zur Vervollständigung des gesamten Produkt„körpers" noch fehlenden Teile ersieht man aus den einzelnen Variantenstücklisten. Das Zusammenspiel der getrennten Stücklisten erfolgt in der Weise, daß jede Variantenstückliste neben den individuellen Zusatzteilen eine Position „Gleichteilestückliste" enthält. Diese Organisationsform wird als *Gleichteile-/Variantenstückliste* bezeichnet.

4.3   Stücklistenauflösung

4.3.1   Generelle Vorgehensweise

Mit der Stücklistenauflösung, d.h. der Zerlegung geeigneter Stücklisten in ihre Komponenten, erhält man den schon erwähnten Sekundärbedarf, der auch als Produktions- oder Montagebedarf bezeichnet wird. Diese Form der Bedarfsermittlung mit einer Verarbeitungsrichtung von oben (Endprodukt) nach unten hat *analytischen* Charakter. Der entgegengesetzte Weg, die *synthetische* Erfassung des Teilebedarfs, führt grundsätzlich zum gleichen Ziel. Hierbei wird dann die Verwendung der einzelnen Teile in Baugruppen oder Enderzeugnissen nachgewiesen. Organisatorische Grundlage für diese nur noch selten praktizierte Bedarfsrechnung sind *Teileverwendungsnachweise,* die gewissermaßen Stücklisten mit umgekehrten Ordnungskriterien darstellen. Während bei analytischem Aufbau zuerst nach der Nummer der Stückliste und dann nach der Komponentennummer geordnet wird, verfährt man bei synthetischer Gliederung genau umgekehrt. Da Stücklisten und Teileverwendungsnachweise sich nur im analytischen bzw. synthetischen Aufbau unterscheiden, gibt es für jede Stücklistenform den korrespondierenden Teileverwendungsnachweis.

Besonders einfach gestaltet sich die Sekundärbedarfsermittlung bei Mengenstücklisten. Hier braucht man nämlich nur die Mengen des Produktionsprogramms mit denen der Stückliste zu multiplizieren. Wenn z.B. im Januar 510 Tonnen Margarine geplant sind, dann beträgt der Sekundärbedarf an Bechern und Deckeln:

510 x 4 000 = 2 040 000 Stück. Berücksichtigt man noch einen *Verlustfaktor* von bspw. 0,4 %, so beläuft sich der gesamte Bedarf auf 2 048 160 Stück. Diese Rechnung wird mit allen Stücklistenpositionen (Teilen bzw. Ingredienzien) für alle Endprodukte und alle Perioden bis zum *Planungshorizont* durchgeführt. Für die erwähnte Margarinesorte ist auf diese Weise u.a. der Bedarf an Pflanzenöl, Zitronensäure, Speisesiedesalz, Magermilch und sonstigen Ingredienzien (z.B. Vitamine) zu ermitteln.

Etwas anders läuft die Bedarfsrechnung bei Verwendung von Strukturstücklisten und Baukastenstücklisten ab. Da es *mehrere* Baukastenstücklisten (für jedes Endprodukt und Zwischenerzeugnis) gibt, müssen sie *alle* herangezogen werden, um die gesamte Erzeugnisstruktur zu *rekonstruieren*. Darüber hinaus taucht im Zusammenhang mit der Auflösung nach Fertigungsstufen bei *Wiederholteilen* ein Problem auf, wenn der verfügbare Bestand zur Deckung des aus der Auflösung ermittelten Bedarfs herangezogen wird.

Da die Stücklistenauflösung außerordentlich rechenintensiv sein kann, hat sich der Einsatz spezieller DV-Systeme im Rahmen der übergeordneten Produktionsplanung und -steuerung (PPS) sehr bewährt.

4.3.2   Brutto- und Nettobedarf

4.3.2.1   Grundlegende Zusammenhänge

Mit der Stücklistenauflösung erhält man nur den Sekundärbedarf der Teile. Wenn z.B. in einer Woche hundert Stück des Endprodukts F aus Abbildung 4.2 zu fertigen sind, so errechnen sich leicht folgende Sekundärbedarfe:

Teil-Nr.	Sekundärbedarf in Stück
A	200
B	500
a	2 400
b	600
c	2 500

Außer dem Montagebedarf hat der Disponent aber auch verschiedene *Zusatzbedarfe* zu berücksichtigen. Hier sind zu erwähnen ein evtl. Bedarf an verkaufsfähigen „technischen" Endprodukten in Form von Ersatzteilen (z.B. Reifen im Lager eines Auto-Vertragshändlers), der Bedarf zur Abdeckung von Fertigungsausschuß (sofern nicht schon als Verlustfaktor bei der Auflösung berücksichtigt) und sonstiger Nebenbedarf (z.B. für Laborzwecke).

Sekundär- und Zusatzbedarf an Teilen und Baugruppen ergeben zusammen den *Bruttobedarf.*

Das Ziel des Disponenten besteht darin, dem Einkäufer Bestellungen, d.h. Bestelltermine und -mengen, vorzuschlagen. Nun liegt aber die Notwendigkeit für neue Bestellungen erst vor, wenn der Bruttobedarf durch den verfügbaren Bestand (vgl. Kapitel 2) *nicht* gedeckt ist, d.h. wenn eine *Unter*deckung auftritt. Man kann daher definieren:

Bedarfsdeckung = Verfügbarer Bestand – Bruttobedarf

Eine Unterdeckung ist identisch mit einem *positiven Nettobedarf,* der die Differenz zwischen Bruttobedarf und verfügbarem Bestand darstellt. Eine *Über*deckung in einer Periode bedeutet einen Bestandsrest, der zur Deckung des Bedarfs in der nächsten Periode vorgetragen wird (negativer Nettobedarf). Deckungsrechnung oder Nettobedarfsrechnung sind also beide gleichermaßen geeignet, eine evtl. Anforderung an den Einkauf zu begründen, d.h. die *Bestellrechnung* anzustoßen. Das prinzipielle Schema der Deckungs- oder Nettobedarfsrechnung ist noch einmal zusammenfassend in Abbildung 4.3 dargestellt.

Die Disposition errechnet mit Vorliegen einer Unterdeckung den Bestelltermin und schlägt eine geeignete Bestellmenge vor, die einen Erfahrungswert oder eine Menge darstellen kann, die sich an Optimierungskriterien (vgl. Kapitel 3) orientiert. Dabei treten im Rahmen der programmorientierten Disposition die dynamischen Bestellmengenverfahren wegen des üblicherweise schwankenden Bedarfs in

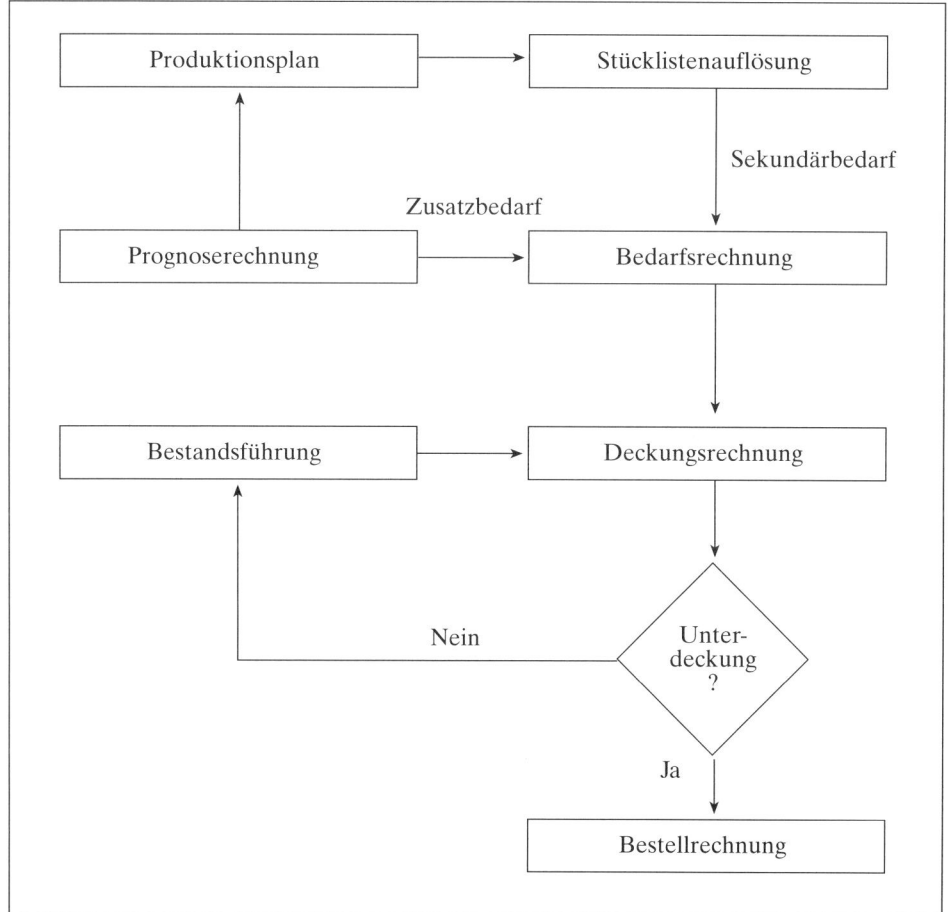

Abbildung 4.3: Schema einer Nettobedarfsrechnung

den Vordergrund. Folgendes Beispiel möge die geschilderten Zusammenhänge verdeutlichen:

Wenn Kunststoffbecher eines bestimmten Formats zur Abfüllung von Margarine Sorte X zugekauft werden sollen, dann wird vom verfügbaren Bestand in der Berichtswoche (z.B. Wo 46) solange der geplante Bruttobedarf abgezogen, bis eine Unterdeckung (z.B. Wo 5 des Folgejahres) eintritt. Beträgt die Sicherheitszeit bspw. zwei Wochen und die Beschaffungszeit vier Wochen, so müssen die Kunststoffbecher in Wo 2 eintreffen und in Wo 50 bestellt werden. Wenn die Primärbedarfsplanung allerdings rollierend erfolgt, so ändern sich die in Wo 46 getroffenen Entscheidungen unter Umständen noch, soweit die Bruttobedarfszahlen revidiert werden.

4.3.2.2   Vorlaufverschiebung und Dispositionsstufen

Bei der Stücklistenauflösung im zeitlichen Ablauf ist zu beachten, daß der Komponentenbedarf früher auftritt als der übergeordnete Produktbedarf. Diese Verschiebung in Richtung Gegenwart auf der Planungszeitachse wird als *Vorlaufverschiebung* und die Zeitspanne selbst als Vorlaufzeit bezeichnet. Dabei genügt es für die Zwecke der Materialdisposition (etwa im Gegensatz zur Arbeitsvorbereitung), die Vorlaufzeiten in vollen Planungsperioden (z.B. Wochen) anzugeben und Rundungsfehler in Kauf zu nehmen. Wenn z.B. hundert Stück des bereits bekannten Fertigerzeugnisses F (vgl. Abbildung 4.2) in Woche 33 abzuliefern sind und die Endmontagezeit aufgerundet eine Woche beträgt, so sind die Vorprodukte A, B und a in Woche 32 im Lager bereitzustellen. Für die übrigen Komponenten ist in gleicher Weise zu verfahren, um die *Bereitstellungstermine* zu ermitteln. Von diesen Terminen sind schließlich die *Fertigungszeiten* bei *Hausteilen* und die *Beschaffungszeiten,* insbesondere Lieferzeiten, bei *Kaufteilen* abzuziehen, um die *Auftragstermine* und die *Bestelltermine* zu erhalten.

Es wurde schon darauf hingewiesen, daß die Stücklistenauflösung nach Fertigungsstufen Schwierigkeiten aufwirft, wenn Wiederholteile vorkommen. Sie bestehen darin, daß bei der von oben (Stufe O) beginnenden Verarbeitung die richtige *terminliche* Zuordnung des Sekundärbedarfs und unter Berücksichtigung der Bestände auch des Nettobedarfs nicht gewährleistet ist. Angenommen, eine bestimmte Schraubensorte würde auf Stufe 1 für die Endmontage *und* auf Stufe 10 für eine Teilefertigung verwendet und es gäbe einen Lagerbestand an diesen Schrauben. Dann würde der *spätere* Bedarf auf Stufe 1 *zuerst* aus dem vorhandenen Bestand befriedigt und der *frühere* Bedarf auf Stufe 10 *zuletzt* oder er müßte möglicherweise ganz durch neue Bestellungen gedeckt werden.

Dieses *paradoxe* Vorgehen kann vermieden werden, wenn alle Teile und Baugruppen zu Dispositionszwecken nur auf *einer* Stufe erscheinen, und zwar auf der *unter-*

sten Fertigungsstufe. Diese Stufe der ersten Verwendung einer Komponente wird als *Dispositionsstufe* und das darauf basierende Auflösungsverfahren entsprechend als *Dispositionsstufenverfahren* bezeichnet. Die Dispositionsstufe gibt demnach mit anderen Worten die *längste* Vorlaufzeit an, mit der eine Stücklistenposition zu disponieren ist. Da die Wiederholteile bildlich gesprochen auf die unterste Stufe ihres Vorkommens herabgezogen werden, erhält man auf dieser Stufe den zusammengefaßten oder *verdichteten* Bedarf. Für das Phantasieprodukt F z.B. sieht der Erzeugnisstrukturbaum nach Dispositionsstufen wie folgt aus (Abbildung 4.4):

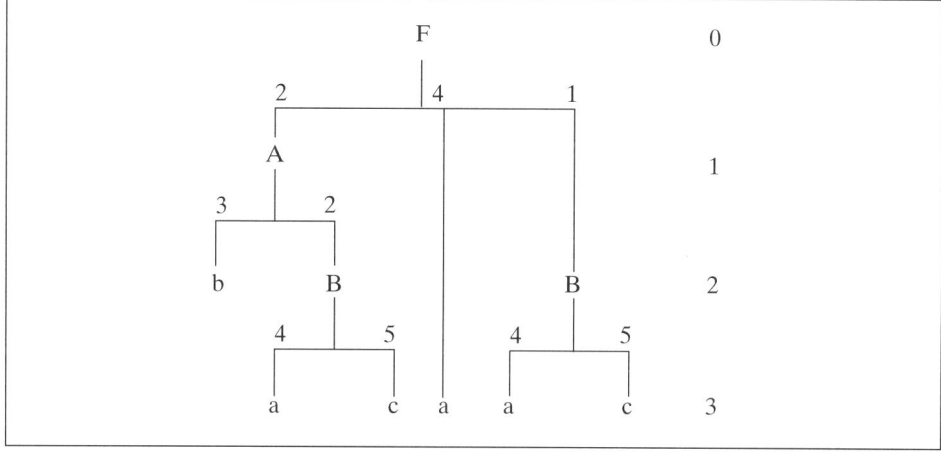

Abbildung 4.4: Erzeugnisstrukturbaum nach Dispositionsstufen

4.4   Terminierte Nettobedarfsrechnung

Integriert der Disponent alle dargestellten Elemente der Stücklistenauflösung, so kann er mit der Nettobedarfsrechnung z.B. für Baugruppen Montageaufträge und für Kaufteile Lieferantenbestellungen terminieren und außerdem durch Losgrößenbildung die relevanten Gesamtkosten minimieren.

Zur Verdeutlichung der Zusammenhänge soll für die Baugruppe A und das Kaufteil b der bekannten Erzeugnisstruktur (vgl. Abbildung 4.4) eine Nettobedarfsrechnung im Zeitablauf stark verkürzt durchgeführt werden.

Gegeben sind die Zahlen aus dem Produktionsprogramm (Primärbedarf), ein Lagerbestand von 390 Stück bei A und eine offene Bestellung von 700 Stück bei b, deren Zugang in Woche 34 erwartet wird. Aus Vereinfachungsgründen wird von evtl. Zusatzbedarfen abgesehen, so daß der Sekundärbedarf dem Bruttobedarf entspricht. Die Vorlaufverschiebung bei der End- und Zwischenmontage beträgt gerundet je eine Woche. Die Bildung einer wirtschaftlichen Losgröße (WILO) nach dem Kostenausgleichs-Verfahren bzw. dem Part-Period-Algorithmus (PPA) ist nur für das Kaufteil b vorgesehen. Dabei werden fixe Bestellkosten von 100 DM pro Bestellung und ein Lagerhaltungs-Kostensatz von 0,10 DM pro Stück und Woche zugrunde gelegt. In Tabelle 4.2 ist die Nettobedarfsrechnung für einige Wochen unter Berücksichtigung der gegebenen Daten protokolliert.

Tabelle 4.2: Beispiel für eine terminierte Nettobedarfsrechnung

Wochen	32	33	34	35	36	37
Primärbedarf (F)		100	130	90	150	100
Bruttobedarf (A)	200	260	180	300	200	
Lagerbestand (390 St.)	–200	–190				
Nettobedarf (A)	0	70	180	300	200	
Bruttobedarf (b)	210	540	900	600		
Offene Bestellung (700 St.)			–700			
Nettobedarf (b)	210	540	200	600		
WILO (b) nach PPA	750		800			

Wie aus der Tabelle hervorgeht, müssen 750 und 800 Stück von Kaufteil b in den Wochen 32 und 34 bereitgestellt werden. Von diesen Eindeckungsterminen ist schließlich noch ein Vorlauf in Höhe der Beschaffungszeit abzuziehen, um die entsprechenden Bestelltermine zu erhalten.

Eine Nettobedarfsrechnung in dieser oder ähnlicher Form ist in praktischen Situationen für alle Stücklistenpositionen (oft mehrere tausend) und für den gesamten Planungszeitraum (z.B. 52 Wochen) durchzuführen. Es ist daher aus wirtschaftlichen Gründen verständlich, daß die programmorientierte Disposition im allgemeinen nur für die Materialien der A-Kategorie in Frage kommt. Für die Artikel mit hohem Jahresverbrauchswert ist der Aufwand berechtigt und die Genauigkeit dieser Dispositionsform angemessen.

4.5 Probleme der deterministischen Disposition

Die angesprochene Genauigkeit der programmgebundenen Disposition ist nur dann gegeben, wenn die Primärbedarfsplanung mit großer Sorgfalt betrieben wird. Je größer die Abweichungen zwischen geplantem und realisiertem Primärbedarf sind, desto gravierender wirken sich die Folgen aus, nämlich steigendes Fehlmengenrisiko bei Unterschätzungen und unnötige Vorräte bei Überschätzungen der Absatzmöglichkeiten. Durch verschiedene Maßnahmen, wie Einsatz der rollenden Planung, Einbeziehung fundierter Schätzungen von Experten des Absatzbereichs (z.B. Marketing, Außendienst) und Anwendung ausgefeilter Prognosetechniken, können solche Fehleinschätzungen in Grenzen gehalten werden.

Schwierig ist auch die Wahl des Planungshorizontes, weil die Primärbedarfe unsicherer und die daraus abgeleiteten Entscheidungen zweifelhafter werden, wenn weit in die Zukunft geplant wird. Auf der anderen Seite müssen aber bei der Festlegung des Planungszeitraumes die notwendigen Vorlaufzeiten berücksichtigt werden, so daß er auch nicht zu kurz sein darf.

Unproblematisch ist die programmorientierte Disposition nur – von Änderungswünschen der Kunden einmal abgesehen –, wenn genügend Kundenaufträge vorliegen, um damit das vollständige Produktionsprogramm abdecken zu können. Im allgemeinen werden sowohl vorliegende als auch hochgerechnete Aufträge bei der Primärbedarfsbestimmung herangezogen.

Es ist aber zu bedenken, daß die Aufstellung und Pflege eines Produktionsprogramms nicht in allen Fällen möglich oder erwünscht ist. So löst bei reiner Einzelfertigung der Kundenauftrag den Produktionsplan ab, weil eine Produktion auf Lager ein hohes Bestandsrisiko nach sich zieht, das der Verkauf nicht gerne eingehen möchte, so daß er sich unter Umständen mit der Produktion arrangieren muß. Für den Einkauf bedeutet die fallweise Beschaffung des Produktionsmaterials in der erforderlichen Spezifikation und Menge eine erschwerte Ausnutzung von Vorteilen durch Losgrößenbildung und Mengenrabatte.

Für viele Betriebe ergibt sich die Möglichkeit oder Notwendigkeit einer Mischung zwischen Auftrags- und Lagerfertigung, wenn die speziellen Kundenwünsche sich nur bei *bestimmten* Baugruppen oder auch Endprodukten auswirken, während andere ohne allzu großes Bestandsrisiko dem Zwischen- oder Fertigwarenlager zugeführt werden können. Auf diese Weise lassen sich durch die Vorfertigung in Serie, insbesondere auf den unteren, meist kapitalintensiveren, Fertigungsstufen, Kostenersparnisse (Fixkostendegression) erzielen.

Daneben besteht durch diese zweistufige Disposition die Chance, den Kunden *kurze Lieferzeiten* einzuräumen und sich dadurch Wettbewerbsvorteile zu verschaffen. Die Marktverhältnisse, insbesondere eine scharfe Konkurrenzsituation, können das Unternehmen aber auch zwingen, auf Lagerbestände zurückzugreifen, wenn die vom Auftraggeber zugebilligte Lieferzeit kürzer ist als die gesamte notwendige Vorlaufzeit in Form der Beschaffungs- und Fertigungszeiten.

Bei der Fertigung nach einem Produktionsprogramm, das nur zum Teil aus vorhandenen Aufträgen besteht, und bei der Vorfertigung gängiger Aggregate auf der Basis von nur geschätzten Produktionszahlen kann der Disponent ohne Elemente der verbrauchsorientierten Disposition nicht auskommen.

Ein besonderes Problem im Rahmen der deterministischen Disposition ist mit der Menge der zu bewältigenden Daten verbunden, wie folgende Ausführungen verdeutlichen: „1 000 Aufträge pro Jahr gehen ein. Pro Auftrag ergeben sich 3 Dispositionsstufen zu je 10 Teilen. Dies ergibt 1 000 Teile auf 3 Produktionsstufen je Auftrag oder 1 Mio. Teile pro Jahr. Werden dagegen 5 Dispositionsstufen zu je 10 Teilen angenommen, so ergeben sich bereits 100 Mio. Teile pro Jahr, die hinsichtlich Mengen und Terminen zu planen sind. Dabei werden pro Teil zwischen 10 und 100 Daten im Teilestamm verwaltet. Diese Größen geben einen Eindruck von der Dimension des Datenverwaltungsproblems, welches nur über leistungsfähige Datenbanksysteme gelöst werden kann." (Vahrenkamp 1994, S. 112)

Übungsfragen und -aufgaben

1. Stellen Sie das Prinzip der rollenden Planung und seine Bedeutung für die Ermittlung des Primärbedarfs heraus.
2. Welche Vor- und Nachteile weisen die für die Materialdisposition geeigneten Stücklisten auf, und welche Einflußgrößen bestimmen die Wahl der Stücklistenorganisation?
3. Konstruieren Sie einen Erzeugnisstrukturbaum für einen Handwagen und leiten Sie daraus die Baukastenstücklisten, die Strukturstückliste und die Mengenstückliste ab.
4. Ein Hersteller von Shampoo füllt in einstufiger Fertigung u.a. Kunststofffflaschen mit 125 ml Inhalt ab, etikettiert sie und verschraubt sie mit einem Deckel. Am Werktag 170 sollen 1 000 Flaschen dieser Sorte versandbereit abgeliefert werden. Wann und in welchen Mengen sind die Vorprodukte bereitzustellen, wenn der Produktionsprozeß einen Tag in Anspruch nimmt?
5. Das Phantasieprodukt F der Abbildung 4.2 soll abgewandelt wie folgt dargestellt werden (Gozinto-Graph: the part that „goes into"):

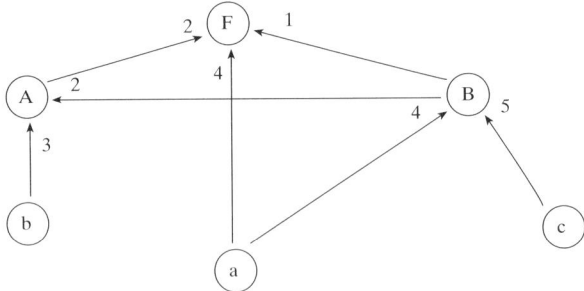

Ermitteln Sie den Sekundärbedarf aller Teile durch sukzessives Abrechnen aller Pfeile, wenn der Primärbedarf F für eine Woche 100 Stück beträgt (vgl. Übersicht auf S. 86). So erhält man aus der Abrechnung aller in F eingehenden Pfeile: 200 A, 100 B und 400 a.
6. Nehmen Sie ergänzend zu Aufgabe 5 an, daß für die Teile A, b und c ein Ersatz-

teilbedarf (für den Markt) von 20, 40 und 30 Stück vorliegt und für die Teile A, B und a ein Lagerbestand von 140, 300 und 230 Stück.

Wie lautet der *Netto*teilebedarf für die betreffende Woche? (Beachten Sie, daß ein negativer Nettobedarf in einer Woche einen Lagerrest darstellt, der zur Bedarfsdeckung auf die nächste Woche vorgetragen wird).

7. Kann der Gozinto-Graph in der Montageindustrie Schleifen aufweisen, z.B. einen Pfeil von F nach A oder von A nach A? Wie würden Sie diese Frage für die chemische Industrie beantworten?

8. Welche Bedeutung hat die Vergabe von Dispositionsstufen im Rahmen der Stücklistenauflösung bei mehrstufiger Fertigung? Erläutern Sie das Problem am Kaufteil a des beispielhaften Fertigerzeugnisses F.

9. Überlegen Sie, ob das Problem der Dispositionsstufen bei der Gozinto-Methode eine Rolle spielt.

10. Was verstehen Sie unter der Vorlaufverschiebung und welcher Genauigkeitsgrad ist bei den Vorlaufzeiten zum Zwecke der terminierten Bedarfsrechnung einzuhalten?

11. Führen Sie eine terminierte Nettobedarfsrechnung für das Teil A durch, das zweimal im Fertigprodukt F enthalten und eine Woche vor Ablieferung von F bereitzustellen ist. Von A liegen noch 50 Stück auf Lager und Zugänge aus offenen Bestellungen werden nicht erwartet. Der Nettobedarf an A soll mit Hilfe des Kostenausgleichs-Verfahrens zu wirtschaftlichen Losgrößen gebündelt werden. Die Bestellabwicklungskosten seien DM 10 pro Bestellung und der Lagerhaltungs-Kostensatz DM 0,10 pro Stück und pro Woche. Füllen Sie folgende Tabelle aus:

Wochen	0	1	2	3	4	5
Primärbedarf F		20	15	30	20	10
Sekundärbedarf A Lagerbestand A						
Nettobedarf A Optimale Losgrößen A						

Fünftes Kapitel
Verbrauchsorientierte Disposition

5.1 Grundlegende Zusammenhänge

Wie bei der programmorientierten Materialplanung bestehen auch bei der verbrauchsorientierten oder *stochastischen* Lagerdisposition die beiden zentralen Probleme darin, *Zeitpunkt* und *Höhe* einer Bestellung möglichst günstig festzulegen.

Dabei ergibt sich das Bedürfnis nach *optimalen* Ergebnissen aus den dispositiven *Zielvorgaben*. Einerseits ist darauf zu achten, daß die Lagerhaltungs- und Bestellkosten nicht zu hoch werden. Auf der anderen Seite soll eine ausreichende *Lieferbereitschaft* des Lagers gegenüber der Fertigung (Servicegrad) bestehen. Die gleichzeitige Erreichung dieser Ziele erfordert aber einen Interessenausgleich. Eine große Bestellmenge z.B. führt zu einem hohen Lagerbestand, der einerseits die Servicebereitschaft stärkt und die Bestellkosten verringert, andererseits aber die Lagerhaltungskosten in die Höhe treibt.

Während die programmorientierte Disposition von zukunftsbezogenen Plandaten ausgeht, ist die *vergangenheitsorientierte* stochastische Disposition durch die Steuerung solcher Bestände charakterisiert, die dem *Tertiärbedarf* zugerechnet werden (Betriebsstoffe, evtl. Hilfsstoffe und C-Artikel).

Für das Gros der Lagerpositionen, d.h. für etwa 70-80 % des gesamten Sortiments, ist eine programmbezogene Bedarfsrechnung zu aufwendig. Vielmehr dient für die C-Artikel unter bewußter Vernachlässigung der Programminformationen einfach ein Ausschnitt aus der vergangenen Lagerstatistik zur Bestimmung des zukünftigen Bedarfs. Dabei findet wegen der großen Anzahl der Materialpositionen und des Massenanfalls von Lagerabgangsvorgängen keine Beurteilung im Sinne einer fundierten subjektiven Expertenschätzung statt, sondern in der Regel eine *Prognoseroutine mit EDV*.

Diese Vorgehensweise ist der deterministischen Bedarfsermittlung auf der Grundlage *vorliegender* Aufträge hinsichtlich der Genauigkeit unterlegen, so daß sie mit einem größeren *Fehlmengenrisiko* verbunden ist. Die Häufigkeit oder das Ausmaß von Unterdeckungen läßt sich aber gerade bei C-Artikeln vorteilhaft durch genügend große *Sicherheitsbestände* auf ein Mindestmaß reduzieren, weil sie nur mit etwa 5-10 % am jährlichen Verbrauchswert (Lagerabgang x Einstandspreis) beteiligt sind. Es kommt also für eine dem ökonomischen Prinzip unterworfene Lagerdisposition vor allem darauf an, mit möglichst einfachen, schnellen und doch ausreichend leistungsfähigen Methoden zunächt den Materialbedarf zu ermitteln.

Dazu bieten sich prinzipiell die verschiedensten *Prognose-Modelle* an, die in der einschlägigen statistischen Literatur zur Zeitreihenproblematik eine gründliche Analyse auf hohem mathematisch-statistischem Niveau erfahren. In der Praxis haben sich für die Zwecke der Lagerdisposition aus den geschilderten Wirtschaftlichkeitsgründen *„pragmatische"* Verfahren durchgesetzt, die auch als *Standardsoftware* angeboten werden und schon von daher eine entsprechende Verbreitung gefunden haben.

Hier ist in erster Linie das *kurzfristige* Prognoseverfahren der *exponentiellen Glättung* mit seinen Varianten zu nennen, dessen erfolgreicher Einsatz in Industrie- und Handelsbetrieben beachtlich ist. So geht z.B. Schneeweiß (1981, S. 93) davon aus, daß auf mindestens 80 % sämtlicher Bedarfszeitreihen die exponentielle Glättung als *maschinelle Prognose* angewandt wird.

5.2 Prognosen mit exponentieller Glättung

5.2.1 Zeitreihentyp und Auswahl des Vorhersage-Modells

Das Prinzip der „pragmatischen" Vorhersagen besteht darin, die aus den Vergangenheitsdaten erkannte Entwicklungstendenz einer Zeitreihe in die Zukunft zu verlängern *(extrapolieren)*. Dabei ist es wichtig, möglichst viele vergangene Verbrauchszahlen zurückzuverfolgen, um einen Zeitreihentyp hinreichend genau identifizieren zu können, besonders bei Saisonschwankungen. Lediglich bei neuen Artikeln ist der Disponent mangels einer alten Verbrauchsstatistik auf subjektive Schätzungen des zu erwartenden Bedarfs angewiesen.

Modelltechnisch wird nun *intuitiv* angenommen, daß jede Information über den Bedarf zu einem beliebigen Zeitpunkt sich *additiv* aus einer *glatten* und einer *zufälligen* Komponente zusammensetzt.

Da beide Komponenten der Zeitreihe als allein von der Zeit abhängig betrachtet werden, spricht man von *univariablen* Prognosen.

Die zufällige Komponente stellt die Schwankungen des tatsächlichen Bedarfs um die glatte Komponente dar. Es wird unterstellt, daß der Erwartungswert ihrer Wahrscheinlichkeitsverteilung gleich Null ist und die Zufallsvariablen, deren Realisation in der jeweiligen zufälligen Komponente zum Ausdruck kommt, voneinander *unabhängig* sind.

Das Ziel des Prognostikers ist es, die glatte Komponente aus dem beobachteten Zahlenmaterial gewissermaßen herauszufiltern, um sie für die Vorhersage zu benutzen. In der glatten Komponente spiegelt sich die Entwicklungstendenz der Zeitreihe und damit ihr deterministischer Kern wider, der bildlich gesprochen von der stochastischen Hülle verdeckt wird.

Die Bedarfszeitreihe wird in der Praxis nach dem Funktionsbild der *glatten Komponente* meistens in folgende drei *Grund*typen eingeteilt:

1. Horizontalmodell
2. Trendmodell
3. Saisonmodell

Bei diesen drei Zeitreihenmodellen handelt es sich um einen zwar schwankenden, aber dennoch *regelmäßigen* Bedarf, der eben die Einordnung in eine typische Kategorie ermöglicht. Schwieriger gestalten sich die Prognoseverhältnisse bei den Zeitreihen mit *unregelmäßigem* Verlauf. Als Beispiel sei nur auf den *sporadischen* Bedarf an Ersatz- und Reserveteilen hingewiesen, der mehr wahrscheinlichkeitstheoretische als pragmatische Lösungsansätze erfordert.

Die Prognose kann immer erst erfolgen, nachdem die vergangenen Materialverbräuche sorgfältig ausgewertet wurden. Diese *zweiphasige* Prozedur (Voranalyse, Prognose) ist deshalb notwendig, weil die Prognosetechnik vom Zeitreihenmodell abhängig ist, wie folgende Übersicht am Beispiel der exponentiellen Glättung zeigt:

Regelmäßige Zeitreihen	Gängige Verfahren der exponentiellen Glättung
Horizontal-Modell	Exp. Glättung erster Ordnung
Trend-Modell (Linearer Trend)	Exp. Glättung erster Ordnung mit Trendkorrektur oder alternativ exp. Glättung zweiter Ordnung
Trend-/Saison-Modell	Exp. Glättung nach Winters

5.2.2 Exponentielle Glättung erster Ordnung

Die exponentielle Glättung *erster Ordnung* setzt eine *konstante* glatte Komponente voraus, gilt also für das Horizontalmodell. Als Schätzwert für die glatte Komponente wird ein gewogener *Durchschnitt* aus dem jeweils neu hinzukommenden tatsächlichen Bedarf (Lagerdatei) einer Periode und dem Durchschnitt der vorherigen Periode ermittelt:

$$\text{Neuer Durchschnitt} = \alpha \cdot \text{neuer Bedarf} + (1-\alpha) \text{ alter Durchschnitt}$$

Der Durchschnitt wiederum dient als Bedarfsvorhersage z.B. für die nächste Periode (Einschritt-Prognose). Der Gewichtungsfaktor (α) wird als *Alphafaktor* , Glättungskonstante oder Reaktionsparameter bezeichnet und dient der *Steuerung* des Prognosesystems. Je größer α gewählt wird, desto stärker ist das Gewicht, das auf der neuesten Tatsache liegt. Damit reagiert das Prognosesystem schneller auf

Strukturbrüche (Knicke und Sprünge in der Zeitreihe), aber bringt gleichzeitig auch rein zufällige Schwankungen weniger zum Ausgleich. Einem solchen *nervösen* oder sensiblen Prognosesystem steht das *träge* oder stabile Verhalten bei einem kleinen Alphafaktor (etwa 0,1) gegenüber. In diesem Fall wirkt sich der alte Durchschnitt mehr als die jüngste Bedarfsinformation auf den neuen Durchschnitt aus mit der Folge, daß Zufallsabweichungen stark geglättet und strukturelle Veränderungen erst spät erkannt werden. Da sowohl große als auch kleine Alphafaktoren Vor- und Nachteile aufweisen, muß in der Praxis ein Kompromiß zwischen *Sensibilität* und *Stabilität* gefunden werden. Besonders häufig sind Glättungskonstanten in der Größenordnung 0,1, 0,2 und 0,3. Dabei wird entweder für alle in die Prognoseroutine einbezogenen Artikel ein gemeinsamer Faktor festgelegt oder zumindest nach Artikelgruppen differenziert. Meistens wird der Alphafaktor um so kleiner gewählt, je größer die Variabilität der Zeitreihe ist und umgekehrt.

Im Extremfall ist $\alpha = 1$ oder $\alpha = O$. Für $\alpha = 1$ ist der neue Durchschnitt gleich dem letzten effektiven Bedarf, d.h. es findet keine Glättung mehr statt. Für $\alpha = O$ ist der neue Durchschnitt gleich dem alten, so daß umgekehrt die bekannte Information aus der Lagerstatistik nicht in die Mittelwertbildung und damit in die Prognose einbezogen wird.

Die exponentielle Glättung erster Ordnung weist nicht nur einen geringen Rechenaufwand auf, sondern löst auch besonders elegant das Speicherplatzproblem bei maschineller Prognose. Im Gegensatz zur Methode der *gleitenden Durchschnitte* (vgl. Übungsaufgabe 2) brauchen nicht alle Vergangenheitsdaten gespeichert zu werden, die in die Mittelwertbildung eingehen, sondern nur der laufende Bedarf und der alte Durchschnitt. Der Vorteil der Speicherplatzersparnis kommt um so mehr zum Tragen, je größer das Materialsortiment ist.

Als weiterer Vorzug der exponentiellen Glättung ist ihre „*Lernfähigkeit*" hervorzuheben. Sie ist unschwer zu erkennen, wenn die Gleichung für den Durchschnitt in abgewandelter Form geschrieben und eine Einschritt-Prognose unterstellt wird:

$$\text{Neue Prognose} = \text{Alte Prognose} + \alpha \, (\text{Bedarf} - \text{Alte Prognose})$$

Der Klammerausdruck stellt als Differenz zwischen tatsächlichem und geschätztem Bedarf einer Periode die *Prognoseabweichung* dar, aus der das System je nach Größe des Alphafaktors mehr oder weniger „lernt".

Die Prognosefehler spielen eine wichtige Rolle bei der Festlegung von Sicherheitsbeständen zur Abdeckung des Risikos aufgrund von Bedarfsüberschreitungen in der Beschaffungszeit.

Schließlich zeichnet sich die exponentielle Glättung durch *die Aktualität* der Prognosen aus. Das wird durch eine in Richtung Vergangenheit *exponentiell* abnehmende Gewichtung des Bedarfs erreicht, was dem Verfahren seinen Namen gegeben hat. Dabei ist der Gewichtsabfall um so stärker, je größer der Alphafaktor gewählt wird. Bezeichnet man die Vergangenheit mit v, so ist die Gewichtung gleich $\alpha\,(1-\alpha)^v$, was eine (diskrete) fallende Exponentialfunktion ist. Für den Alphafaktor 0,1 geht der gegenwärtige Bedarf mit 10 %, der zweitjüngste mit 9 %, der drittjüngste mit 8,1 % usw. in die neue Vorhersage ein. Anders ist die Situation z.B. beim Alphafaktor 0,5. Hier geht der jüngste Bedarf mit 50 %, der zweitjüngste mit 25 %, der drittjüngste mit 12,5 % usw. in die Prognose ein.

Das Verfahren der exponentiellen Glättung ist ein *periodisches Fortschreibungsverfahren,* das zum „Starten" einer „Initialzündung" bedarf, d.h. es muß ein alter Durchschnitt bzw. eine alte Prognose vorgegeben werden.

Beispiel: Prognose für Woche 13 = 100
Effektiver Bedarf in Wo 13 = 130
Alphafaktor, als Dezimale = 0,2

Prognose   (Wo 14) = 100 + 0,2 (130-100) = 106

Beträgt der tatsächliche Bedarf in Woche 14 z.B. 96, dann lautet die nächste Prognose:

Prognose   (Wo 15) = 106 + 0,2 (96-106) = 104 usw.

Wenn die Zeitreihe eine deutliche Trendentwicklung aufweist, sind mit der exponentiellen Glättung erster Ordnung keine guten Prognosen zu erzielen, weil der Durchschnitt dann hinter den aktuellen und erst recht hinter den zukünftigen Daten *herhinkt* und somit nicht extrapoliert werden darf.

5.2.3   Saison- und Trendmodelle

5.2.3.1   Übersicht

Im Falle eines Trendmodells ist das einfache Verfahren der exponentiellen Glättung zu modifizieren. Wenn die glatte Komponente einer *linearen* Funktion folgt, dann muß bei der exponentiellen Glättung erster Ordnung eine *Trendkorrektur* eingebaut werden oder die im Ergebnis gleiche exponentielle Glättung *zweiter Ordnung* zur Anwendung kommen.

Die glatte Komponente einer Zeitreihe kann außer von Zufallsschwankungen noch von periodisch wiederkehrenden Schwankungen überlagert sein, die sich deutlich von der zufallsbedingten Abweichung abheben *(Saisonmodell).* Nach der Verknüpfung von glatter Komponente und Saisonkomponente kann man zwischen einem additiven und multiplikativen Saisonmodell unterscheiden. Bei dem praktisch bedeutsameren *multiplikativen* Modell wird der Zeitreihengrundwert mit einem Saisonfaktor oder *-index* multipliziert. Ein in der Praxis häufig verwendetes multiplikatives (Trend)-Saison-Modell geht auf Winters (1960) zurück. Auf seine Darstellung wird im Rahmen dieser Einführung verzichtet und auf die einschlägige Literatur verwiesen.

Die genannten Verfahren zeichnen sich ebenso wie die Grundversion der exponentiellen Glättung erster Ordnung durch relativ einfache Rechenoperationen, geringen Speicherplatzbedarf und große Anpassungsfähigkeit an Bedarfsentwicklungen aus. Wegen dieser Vorteile sind sie jedenfalls im Rahmen der *kurzfristigen* Bedarfsvorhersage für die Praxis geeigneter als z.B. die klassische Trendrechnung mit der Methode der kleinsten Fehlerquadratsumme. Diese wird höchstens einmal herangezogen, um die *Ausgangswerte* für die Glättungsverfahren beim Trendmodell zu bestimmen.

Zum besseren Verständnis soll eine Verfahrensvariante näher erläutert werden.

5.2.3.2 Exponentielle Glättung zweiter Ordnung

Bei diesem Verfahren wird der Durchschnitt des Bedarfs nochmals gemittelt, d.h. es wird ein Durchschnitt vom Durchschnitt berechnet (engl.: double smoothing).

Bei einem steigenden Trend hinkt der erste Durchschnitt, der ja aus vergangenen (niedrigeren) Bedarfsdaten gebildet wird, hinter dem Wert her, der in der laufenden Periode (Gegenwart) auf der Trendgeraden zu erwarten ist (*Erwartungswert des Bedarfs*). Der Erwartungswert ist gewissermaßen der auf die Gegenwart hochgerechnete Durchschnitt. Der tatsächliche Bedarf weicht zufällig nach oben oder unten vom Erwartungswert ab.

Da die zuerst ermittelten Durchschnitte nach dem gleichen Prinzip erneut geglättet werden, müssen die zweiten Durchschnitte um dieselbe Menge hinter den ersten Durchschnitten herhinken, wie diese ihrerseits hinter dem Erwartungswert. Belegt man die Durchschnitte erster und zweiter Ordnung mit den Symbolen D^1 und D^2 und kürzt man den Erwartungswert mit E ab, so gilt:

$$D^1 - D^2 = E - D^1$$
$$E = 2D^1 - D^2$$

Mit dem Erwartungswert hat man aber noch nicht die Vorhersage z.B. für die nächste Periode. Deshalb muß man bei der Einschritt-Prognose noch den zu erwartenden Trendanstieg hinzurechnen. Dieser kann als Differenz der zweiten Durchschnitte zwischen der laufenden und vorherigen Periode interpretiert werden:

$$D^2 - D^2_{-1} \text{ (Der Index -1 gibt die Zeitverschiebung um \textit{eine} Periode an).}$$

Die Vorhersage ergibt sich nun aus der Addition von Erwartungswert und durchschnittlichem Trendanstieg:

$$\text{Vorhersage} \quad = E + (D^2 - D^2_{-1})$$
$$= 2D^1 - D^2 + (D^2 - D^2_{-1})$$
$$= 2D^1 - D^2_{-1}$$

Zum praktischen Rechnen sind also nur drei Gleichungen notwendig:

1. Durchschnitt des Bedarfs (= erster Ordnung)
2. Durchschnitt des Durchschnitts erster Ordnung (= zweiter Ordnung)
3. Vorhersage (= Kombination aus beiden Durchschnitten)

Die Anwendung dieser Gleichungen sei an folgendem Zahlenbeispiel für Alpha = 0,2 erläutert.

Die Anfangswerte sind mit 96 und 84 vorgegeben (vgl. Tabelle 5.1).

Tabelle 5.1: Zahlenbeispiel zur exponentiellen Glättung zweiter Ordnung

Woche	Tatsächlicher Bedarf	Erster Durchschnitt	Zweiter Durchschnitt	Vorhersage
Anf.Wert		96	84	
1	110	99	87	
2	115	102	90	114
3	118	105	93	117
4	125	109	96	120
5	119	111	99	125
6	126	114	102	126
7	134	118	105	129
8	138	122	108.4	134
9	137	125	111.7	139
10				141.6

Berechnungsbeispiele:
Woche 1

1. Erster Durchschnitt $= 96 + 0{,}2\,(110\text{-}96)$ $= 99$
2. Zweiter Durchschnitt $= 84 + 0{,}2\,(99\text{-}84)$ $= 87$
3. Vorhersage $= 2 \cdot 99 - 84$ $= 114$ (für Woche 2)

Woche 2

1. Erster Durchschnitt $= 99 + 0{,}2\,(115\text{-}99)$ $= 102$
2. Zweiter Durchschnitt $= 87 + 0{,}2\,(102\text{-}87)$ $= 90$
3. Vorhersage $= 2 \cdot 102 - 87$ $= 117$ (für Woche 3)

In der Praxis wird zuweilen nur die etwas einfachere exponentielle Glättung erster Ordnung angewandt. Diese Vorgehensweise ist aber nur dann unbedenklich, wenn die Zeitreihe eine sehr schwache Trendentwicklung aufweist und der Alphafaktor nicht allzu klein ist. Die Trendkorrektur fällt nämlich um so größer aus, je kleiner der Alphafaktor und je größer der durchschnittliche Trendanstieg ist. Bei einem Alphafaktor von 0.05 beträgt die Korrektur immerhin schon 19 mal den erwarteten Trend.

Wenn kein Trend vorliegt, ist die Vorhersage einfach gleich dem ersten Durchschnitt. Somit ist die exponentielle Glättung erster Ordnung als Sonderfall im „höheren" Prognosemodell enthalten. Von daher ist es zweckmäßig, *von Anfang an* mit den Verfahren für das Trendmodell zu operieren.

5.3   Kontrolle der exponentiellen Glättung

Da in der Praxis im allgemeinen relativ *kleine* Glättungsparameter zur Anwendung kommen, um die Zufallsschwankungen möglichst gut zu glätten, sind auf der anderen Seite die Reaktionen auf *strukturelle* Änderungen der Zeitreihe, wie Niveau- und Verlaufsverschiebungen der glatten Komponente, nur gering. So erfüllt ein maschinelles Prognosesystem, bei dem menschliche Eingriffe vor dem Hintergrund einiger tausend Zeitreihen nur in Ausnahmefällen sinnvoll sind, seine dispositiven Aufgaben erst zufriedenstellend, wenn eine laufende Überwachung der *Prognosefehler* hinzukommt.

Zur Aufdeckung von Strukturbrüchen dient ein Abweichungs- *oder Kontrollsignal* (engl.: Tracking Signal), das auf verschiedene Weise definiert werden kann, worauf hier nicht näher eingegangen werden soll. Auf jeden Fall wird immer eine sorgfältige Ursachenforschung durch Experten (Disponenten und Einkäufer) stattfinden, wenn die Prognosefehler bestimmte Grenzen überschreiten, d.h. wenn ein Kontrollsignal „aufleuchtet". Ein solches Kontrollsystem erlaubt es dem Disponenten, sich insbesondere den kritischen Materialien zu widmen. Auf diese Weise kann das Prinzip des *Management by Exception* verwirklicht werden, das mit der schwerpunktmäßigen Behandlung der Ausnahmefälle wesentlich zur Erhöhung der Dispositionsleistung beitragen kann, besonders wenn es sich um eine große Zahl von Zeitreihen handelt.

Bei der Festsetzung der Grenzen für das Kontrollsignal (welches auch immer) ist grundsätzlich zu beachten, daß zu niedrig gesetzte Grenzwerte zwar eine frühzeitige Signalwirkung haben, aber auch die Fälle von „blindem Alarm" recht häufig sein können. Umgekehrt werden bei zu hohen Grenzwerten weniger Analysen anfallen, dafür aber grundlegende Veränderungen der Zeitreihe auch relativ spät erkannt.

Wenn das Kontrollsignal mehrfach hintereinander „aufleuchtet", so ist das ein ziemlich sicheres Zeichen für einen eingetretenen Strukturbruch, der zu einer Unterbrechung der Prognoseroutine veranlaßt. Je nach den Gründen und der Art der strukturellen Veränderung und der Einschätzung der weiteren Entwicklung sind verschiedene Korrekturmaßnahmen einzuleiten.

So genügt in manchen Fällen die nur vorübergehende Erhöhung des Alphafaktors, um eine schnelle Anpassung an die neue Situation zu erzielen.

In anderen Fällen ist es besser, mit neuen Ausgangswerten zu starten, um eine der neuen Situation entsprechende Basis für die Fortschreibung zu erhalten.

Ferner mag es zweckmäßig sein, bestimmte Artikel, z.B. solche mit hoher Variationstendenz, ganz aus dem maschinellen Prognosesystem herauszunehmen und manuell zu pflegen.

Schließlich kann auch ein Wechsel der Vorhersagetechnik angezeigt sein, wenn sich nämlich bei der Analyse herausstellt, daß sich das bisherige Zeitreihenmodell geändert hat, z.B. von einem Horizontalmodell in ein ausgeprägtes Trendmodell. In diesem Falle ist an Stelle der exponentiellen Glättung erster Ordnung ein Verfahren zu verwenden, das den Trend berücksichtigt, weil sonst früher oder später das Kontrollsignal wieder „aufleuchtet". Um diese mögliche Korrektur ganz auszuschließen, sollte die „höhere" Prognosemethode von Anfang an ausgewählt werden, worauf schon hingewiesen wurde.

Neben den Kontrollsignalen sind Überwachungsmethoden entwickelt worden, bei denen sich die Glättungsparameter *automatisch,* also ohne externe Eingriffe, mit der Bedarfsentwicklung ändern. Solche Verfahren mit *Selbststeuerung* der Parameter werden als *adaptive* Prognosetechniken bezeichnet. In der einschlägigen Literatur werden die unterschiedlichsten Lösungsansätze vorgestellt. Auch die Praxis hat auf diesem Gebiet leistungsfähige Methoden entwickelt. Wenn die Prognose die Kontrolle „passiert" und routinemäßig weiterläuft, dann kann sie als *Input* für die Bestellsysteme dienen, die im folgenden dargestellt werden.

5.4   Bestellsysteme

5.4.1   Kontinuierliche Systeme

Ein Bestellsystem beinhaltet bestimmte Regeln, nach denen eine Entscheidung über den Bestell*zeitpunkt und* die Bestell*menge* für jeden Lagerartikel getroffen wird. Es könnte völlig problemlos arbeiten, wenn die Einflußgrößen, wie der voraussichtliche Bedarf und die Beschaffungszeit, im voraus genau bekannt und unveränderlich wären. Solche Verhältnisse liegen aber praktisch nie vor, so daß realitätsgetreue Lagerhaltungsmodelle den stochastischen Charakter der verbrauchsorientierten Lagerdisposition widerspiegeln müßten. Da das aber mit erheblichem mathematisch-statistischem Aufwand verbunden ist, bedient man sich in der Praxis überwiegend vereinfachter Bestellregeln.

Eine solche Bestellregel könnte z.B. lauten:

> Prüfe nach jedem Lagerabgang, ob der verfügbare Bestand einen bestimmten Mindestbestand erreicht oder unterschritten hat. Wenn das der Fall ist, bestelle eine bestimmte Menge.

Wenn nach *jedem* Materialverbrauch geprüft wird, ob eine Bestellnotwendigkeit vorliegt, spricht man von einem *kontinuierlichen* Bestellsystem. Hierbei besteht also prinzipiell zu jedem Zeitpunkt die Möglichkeit einer Bestellung.

Der Mindestbestand wird auch als *Bestellpunkt* oder Meldebestand bezeichnet. Er beinhaltet den kumulierten *voraussichtlichen Bedarf in der Beschaffungszeit* und einen *Sicherheitsbestand.* Die Beschaffungszeit besteht nicht nur aus der *Lieferzeit,* sondern auch aus allen *vor-* und *nach*gelagerten Teilzeiten (Bestellvorbereitung und -abwicklung, Warenannahme und -prüfung, Einlagerung). Da der tatsächliche Bedarf während der Beschaffungszeit größer sein kann als der geschätzte Bedarf und überdies die Beschaffungszeit, insbesondere die Lieferzeit, länger sein kann als geplant, benötigt die Disposition zur Verringerung des Fehlmengenrisikos Sicherheitsbestände.

Als Vergleichsmenge zum Bestellpunkt fungiert der verfügbare Bestand, also die *Summe* von Lager- und Bestellbestand. Zur Ermittlung des vermuteten Bedarfs während der Beschaffungszeit können die erwähnten Prognosetechniken oder eine einfache Durchschnittsbildung herangezogen werden. Bei *starren* Bestellsystemen, wo der Durchschnittswert über längere Zeit beibehalten wird, empfiehlt sich eine gelegentliche Überprüfung auf Aktualität, da sich Bedarf und Beschaffungszeit geändert haben könnten.

Wenn die Bestandskontrolle kontinuierlich erfolgt, dann wird der Bestellpunkt meistens *genau* erreicht oder nur von *einer* Einheit unterschritten, wenn man einmal von größeren Entnahmeeinheiten absieht. Deshalb kann die Disposition eine *konstante* Menge (z.B. optimale Bestellmenge) ordern, sofern ein durchschnittlich gleichbleibender Verbrauch, also ein *Horizontalmodell,* unterstellt werden kann. Dieses Bestellsystem wird demnach vom *Bestellpunkt* und der *festen Bestellmenge* gesteuert. Dabei läßt sich der Meldebestand besonders einfach berechnen, indem man den durchschnittlichen Bedarf pro Periode mit der Beschaffungszeit (in gleichen Perioden ausgedrückt) multipliziert. Wenn bspw. die mittlere Bedarfsrate 100 Stück pro Woche, die Sicherheitszeit eine Woche und die Beschaffungszeit vier Wochen betragen, dann wird der Meldebestand auf 500 Stück festgesetzt. Es sei weiterhin angenommen, daß sich aus der Andler-Formel eine Bestellmenge von 800 Stück ergibt. Dann lautet die Bestellregel:

> Bestelle immer 800 Stück, wenn der verfügbare Bestand 500 Stück erreicht bzw. unterschreitet.

In diesem Fall, wo die Beschaffungszeit *kürzer* ist als die *Reichweite* des Einkaufsloses (hier 8 Wochen), kann zu keiner Zeit *mehr als eine* Bestellung offen sein. Diese Situation ist praktisch vergleichbar mit einem Bestellsystem, das sich *nur* an den Lagerbeständen orientiert. Es wird in der Literatur häufig als *Zwei-Behälter-System* bezeichnet und stellt einen *Spezialfall* der kontinuierlichen Bestellpunkt-Regel dar. Hiernach wird der zweite Behälter geöffnet und gleichzeitig das Bestellerfordernis gemeldet, wenn der erste Behälter (in weiter logistischer Auslegung) leer ist. Das Volumen des zweiten Behälters entspricht somit dem Meldebestand. Bei Anlieferung wird zunächst der zweite Behälter gefüllt und der Rest „fließt" in den ersten über.

In Abbildung 5.1 sind die Strukturelemente des Meldebestandsverfahrens noch einmal zusammenhängend grafisch dargestellt.

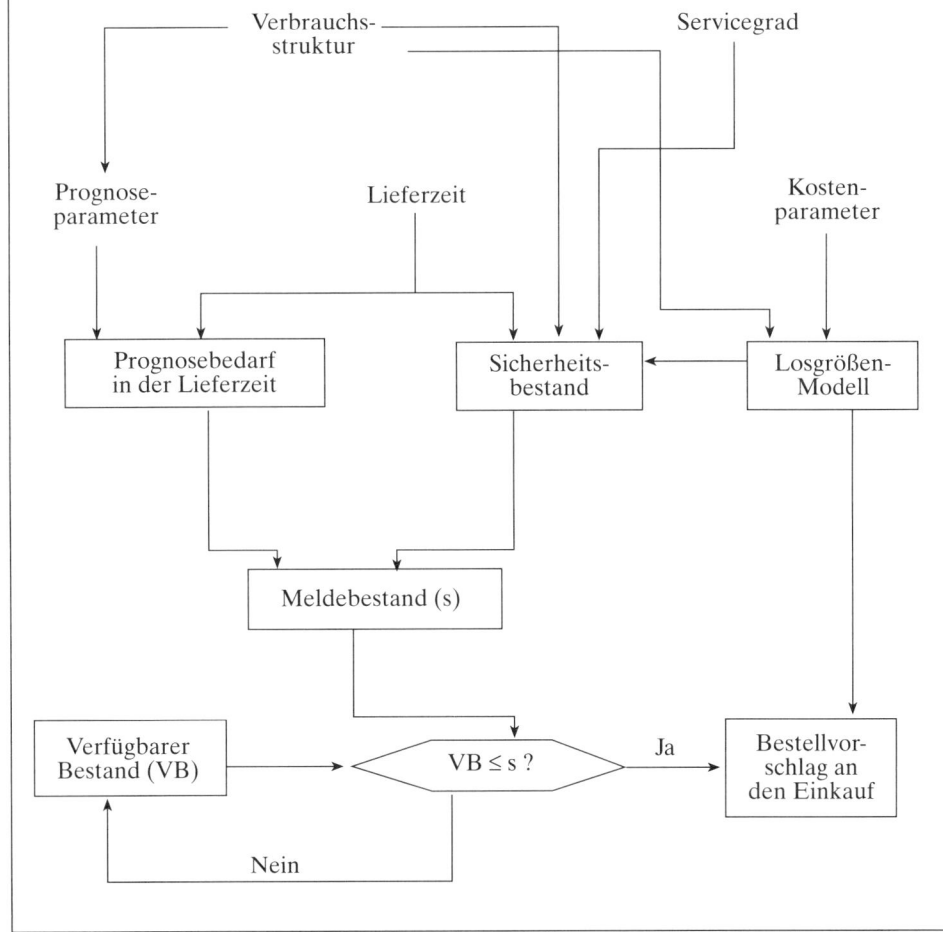

Abbildung 5.1: Strukturelemente des Meldebestandsverfahrens
(Quelle: Arnolds 1993, S. 93)

Normalerweise unterliegen sowohl der Bedarf als auch die Beschaffungszeit gewissen Schwankungen, weshalb ja auch ein Sicherheitsbestand notwendig ist. Dennoch soll zur Verdeutlichung bestimmter Zusammenhänge das kontinuierliche Bestellpunktverfahren in *idealisierter Form* (Sägezahnkurve) grafisch dargestellt werden (Abbildung 5.2).

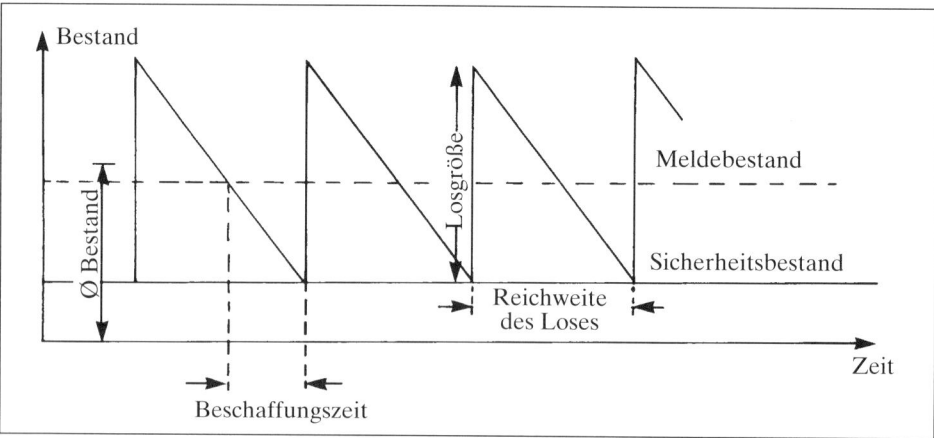

Abbildung 5.2: Lagerbewegungen beim Bestellpunktverfahren

Aus Abbildung 5.2 ist ersichtlich, daß der *durchschnittliche Bestand* gleich der Summe von Sicherheitsbestand und halber Bestellmenge ist. Dieses günstige durchschnittliche Bestandsniveau kann nicht erreicht werden, wenn die Überprüfung der Bestände in festen zeitlichen Abständen erfolgt.

5.4.2   Periodische Systeme

5.4.2.1   Bestellrhythmusverfahren

Dem kontinuierlichen Bestellsystem steht das *periodische* oder diskrete System gegenüber, bei dem ein konstantes *Überprüfungsintervall,* d.h. der Zeitraum zwischen zwei Bestandskontrollen, vorgegeben wird. Seine Länge ist häufig abhängig vom generellen Informationssystem in der Lagerwirtschaft, vom ABC-Schlüssel, betriebs- und lieferantenbedingten Verhältnissen oder auch vom Ergebnis gezielter Simulationsuntersuchungen. In ihrer einfachsten Version lautet die periodische Bestellregel:

> Überprüfe den Bestand in *festen* zeitlichen Intervallen (z.B. wöchentlich) und bestelle *immer* so viel, daß die Summe der bestellten und am Lager befindlichen Einheiten eine vorher festgelegte Bestellgrenze erreicht.

Bei diesem System, das als *Bestellrhythmusverfahren* bekannt ist, fehlt also der Bestellpunkt, bei dessen Unterschreitung die Bestellung ausgelöst wird. Vielmehr wird zum Kontrolltermin in jedem Fall eine Bestellung aufgegeben, sofern überhaupt ein Materialverbrauch stattgefunden hat.

Die *Bestellgrenze* beinhaltet den vermuteten Bedarf während des Inspektionsintervalls *und* der anschließenden Beschaffungszeit sowie den Sicherheitsbestand für diese Eindeckungs- oder *Dispositionszeit*.

Während die Dispositionszeit beim kontinuierlichen Bestellsystem aus der Beschaffungszeit besteht, ist sie beim periodischen System um die Überprüfungszeit länger. Deshalb muß der Sicherheitsbestand hier *höher* angesetzt werden, was wiederum einen höheren Durchschnittsbestand zur Folge hat. Auf der anderen Seite weist das Bestellrhythmusverfahren auch einige Vorteile auf.

Zunächst einmal fallen *weniger* Bestandskontrollen an als beim kontinuierlichen System. Darüber hinaus ermöglicht es eine *koordinierte* Bestellung von Material- und *Teilefamilien* (Verbunddisposition) mit gleichem Kontrollzyklus. So können unter Umständen Mindermengenzuschläge vermieden oder Mengenrabatte auf die Gesamtabnahme bei *einem* Lieferanten ausgenutzt werden. Schließlich lassen sich *Lagerhüter* besser aufdecken als beim Bestellpunktverfahren, weil die Bestände regelmäßig überprüft werden.

Das Bestellrhythmusverfahren ist häufiger im Handel anzutreffen, wo durch die koordinierte Belieferung aus einem Zentrallager *kurze* Lieferzeiten möglich sind. Nach Ablauf des für die jeweilige Warengruppe geltenden Inspektionsintervalls wird eine Menge *abgerufen*, die den vorhandenen Restbestand auf die festgelegte Bestellgrenze aufstockt (engl.: topping up system).

Zum besseren Verständnis sei auch das Bestellrhythmusverfahen grafisch erläutert (Abbildung 5.3).

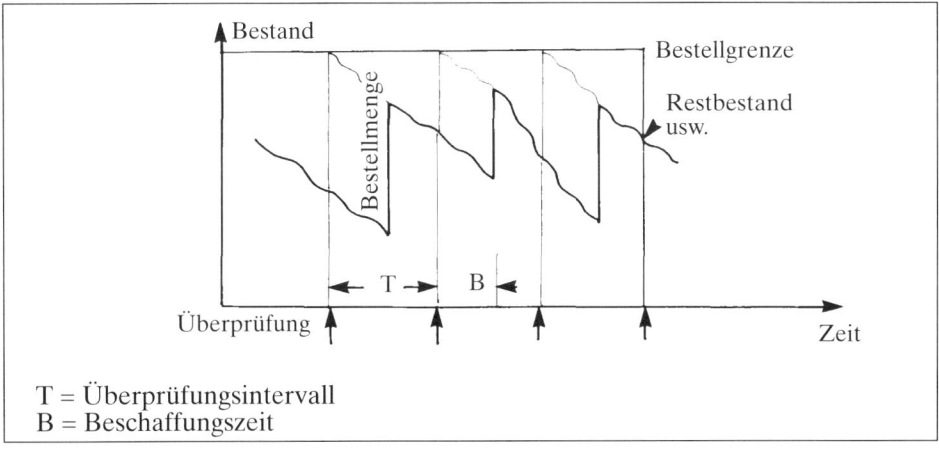

Abbildung 5.3: Bestandsverlauf beim Bestellrhythmusverfahren

Wie man aus der Zeichnung leicht ablesen kann, entspricht die Bestellmenge zum Kontrolltermin als Differenz zwischen Bestellgrenze und Restbestand dem Lagerabgang während des vergangenen Bestellintervalls.

5.4.2.2   Bestellpunkt-Bestellgrenzen-Verfahren

Verbindet man die Vorteile des Bestellpunktverfahrens mit denen des Bestellrhythmusverfahrens, so erhält man als *Mischform* das *Bestellpunkt-Bestellgrenzen-System*. Es ist in der Literatur auch als *(s,S)-System* bekannt mit s als Abkürzung für Bestellpunkt und S für Bestellgrenze. Die Bestellregel lautet hier:

• Überprüfe in periodischen Abständen, ob der verfügbare Bestand den Bestellpunkt erreicht oder unterschritten hat.
• Wenn das der Fall ist, dann bestelle die Differenz zwischen der vorher festgelegten Bestellgrenze und dem Restbestand.
• Wenn das nicht der Fall ist, warte den nächsten Überprüfungszeitpunkt ab und schreibe bis dahin den Bestand fort.

Da in diesem System der Bestellpunkt zum Kontrollzeitpunkt *zufallsabhängig* mehr oder weniger unterschritten sein kann, ist die Vorgabe einer Bestellgrenze sinnvoll. Das so entstandene *„Defizit"* ist besonders groß, wenn der Bestand bei der letzten Überprüfung *gerade über* dem Bestellpunkt lag. Deshalb besteht auch hier die Dispositionszeit aus der Beschaffungszeit *und* der Überprüfungszeit, was bei der Ermittlung des Bestellpunktes zu berücksichtigen ist. Die Länge des Inspektionsintervalls kann als ein Kompromiß zwischen der Häufigkeit der Bestandskontrollen und der notwendigen Kapitalbindung zur Abdeckung der Risiken während der Überprüfungszeit angesehen werden.

Da entsprechend der Bestellregel der verfügbare Bestand immer auf die Bestellgrenze aufzufüllen ist, wird das Defizit *automatisch* in der *variablen* Bestellmenge berücksichtigt. Dabei kann man etwas vereinfacht – aber für praktische Belange ausreichend – unterstellen, daß der Bestand im Durchschnitt vieler Bestellakte den Bestellpunkt in der Mitte des Inspektionsintervalls erreicht. Dann ist das Defizit im Durchschnitt gleich der Hälfte des Bedarfs in der Überprüfungszeit. Bei dieser Rechnung wird ein gleichmäßiger Bedarf unterstellt, was in der Praxis häufig geschieht, entweder aus Vereinfachungsgründen oder weil man z.B. von der optimalen Bestellmenge Gebrauch machen möchte. In diesem Fall wird die Bestellgrenze (S) am zweckmäßigsten wie folgt festgelegt:

Addiere zum Bestellpunkt (s) die optimale Bestellmenge (Q) und *subtrahiere* die Hälfte des durchschnittlichen Bedarfs in der Überprüfungszeit (d) oder kurz:

$$S = s + Q - d$$

Bei dieser Rechnung wird erreicht, daß im Verlaufe vieler Bestellungen die optimale Losgröße auf Lager liegt und dennoch keine ständigen Bestandskontrollen durchgeführt werden müssen.

Die grafische Darstellung dieses Systems sei dem Leser als Übung überlassen (vgl. Aufgabe 10).

5.4.3 Adaptive Systeme

Bislang wurden Bestellsysteme betrachtet, bei denen die *Steuergrößen* über längere Zeit konstant bleiben. Damit vergibt man die Möglichkeit, sich der Bedarfsentwicklung kurzfristig anzupassen. Das ist aber von großer Bedeutung, wenn die Bedarfszeitreihe einem Trend- oder Saisonmodell gehorcht. Hier schaffen die *adaptiven* Bestellsysteme Abhilfe, indem sie die Steuergrößen im Abstand der Vorhersageperiode *neu* berechnen. Auf diese Weise können entweder *Fehl*bestände (Bestellpunkt zu *niedrig*) oder *Über*bestände (Bestellpunkt zu *hoch*) vermieden werden.

Das setzt allerdings voraus, daß die Prognosemethode in Abhängigkeit vom Zeitreihenmodell ausgewählt wird. So ist bei einem Trendmodell zu berücksichtigen, daß sich der durchschnittliche Trendanstieg während der Beschaffungszeit oder einer noch längeren Dispositionszeit fortsetzen kann. Wenn z.B. der durchschnittliche Trendanstieg 15 Stück pro Woche, der Erwartungswert des Bedarfs (Prognosezeitpunkt) 100 Stück und die Beschaffungszeit 4 Wochen betragen, dann ist der Prognosebedarf während der Beschaffungszeit mit 550 Stück anzusetzen.

Bei nichtstationären Zeitreihen kann die klassische Losgrößenrechnung allenfalls als Näherungslösung betrachtet werden. An ihre Stelle tritt dann besser ein dynamisches Bestellmengen-Modell. Es ist aber auch möglich, statt der in Kapitel 3 erörterten *kostenorientierten* Bestellmengen-Modelle vereinfachte Wiederauffüllungsvorschriften zu verwenden, denen Erfahrungswerte oder unternehmensspezifische Zielvorgaben zugrunde liegen. Solche *Bestellheuristiken* sind in der Praxis sehr beliebt, weil man mit ihnen auf die relativ komplizierten Losgrößentechniken verzichten kann, wenn z.B. die Voraussetzungen für deren Einsatz fehlen oder die Beschaffung exakter Parameter problematisch ist. Stattdessen setzt der Disponent zweckmäßigerweise eine *Bevorratungszeit* fest, d.h. eine geplante Zeitspanne zwischen zwei aufeinanderfolgenden Lieferungen. Dann ergibt sich die Bestellgrenze aus dem erwarteten Bedarf in der Bevorratungszeit zuzüglich Bestellpunkt, wenn es sich z.B. um ein adaptives (s,S)-System handelt. Dieses könnte nach folgender Bestellregel organisiert werden:

- Schreibe den Bestellpunkt s und die Bestellgrenze S in einem festen zeitlichen Abstand mit einem Prognoseverfahren fort, das sich nach dem Modell der Bedarfszeitreihe richtet.

- Überprüfe im gleichen Zyklus, ob der verfügbare Bestand den zu diesem Termin gültigen Bestellpunkt unterschritten hat.
- Wenn das der Fall ist, bestelle die Differenz zwischen der jetzt aktuellen Bestellgrenze und dem verfügbaren Bestand.
- Wenn das nicht der Fall ist, warte das nächste Inspektionsintervall ab.

5.5   Sicherheitsbestand

5.5.1   Allgemeine Überlegungen

Bei der Erörterung der Bestellsysteme in den vorigen Abschnitten wurde schon auf den Sicherheitsbestand hingewiesen, ohne daß konkrete Angaben über seine notwendige oder zweckmäßige Höhe erfolgten.

Die Bezeichnung für diese Bestandskategorie erklärt sich daraus, daß sie als Sicherheit gegen Fehlmengenrisiken aufgrund von Fehllieferungen, Bestandsdifferenzen, Überschreitungen der Beschaffungszeit und von Unsicherheiten in der Bedarfsprognose dient.

Um sich gegen alle diese Risiken in einem bestimmten Ausmaß zu schützen, müssen weitgehend Erfahrungswerte zur Bestimmung von Sicherheits*beständen* oder -*zeiten* herangezogen werden.

In vielen verbrauchsorientierten Lagerhaltungsmodellen wird der Schwerpunkt bei der Bildung von Sicherheitsbeständen auf die Fehler in der Bedarfsprognose gelegt, weil diese sich als Differenz zwischen Istverbrauch und Prognoseverbrauch eindeutig ermitteln und von daher statistisch behandeln lassen.

Dabei geht eine solche statistische Beurteilung in der Regel von *normalverteilten* Prognosefehlern aus mit dem Erwartungswert Null.

Für die Festlegung von Sicherheitsbeständen spielen natürlich nur die Prognosefehler innerhalb der vom Bestellsystem abhängigen Eindeckungszeit eine Rolle. Solange nämlich noch die Möglichkeit einer Bestellung besteht, läuft der Disponent keine Gefahr. Sobald aber z.B. der Bestellpunkt unterschritten ist und der effektive Bedarf in der Beschaffungszeit den Prognosebedarf übersteigt *(positiver Fehler)*, muß ein Sicherheitsbestand zur Abdeckung der Fehlmenge vorhanden sein.

Neben der Genauigkeit des Prognoseverfahrens und der Wahl der Bestellregel hat schließlich die geplante Lieferbereitschaft des Lagers, auch *Servicegrad* genannt, einen unmittelbaren Einfluß auf die Kapitalbindung zu Sicherheitszwecken. Der Servicegrad ist eine *autonome,* meist vom Management festzulegende Größe, in der die Einschätzung der Fehlmengenkosten indirekt zum Ausdruck kommt. Je gravierender das Management die Folgen einer Unterdeckung einstuft, um so höher wird es den Servicegrad und damit den Sicherheitsbestand ansetzen. Dadurch verringert sich nämlich die Wahrscheinlichkeit des Auftretens von Fehlmengen, es erhöhen sich auf der anderen Seite aber die Lagerhaltungskosten. Theoretisch kann man den Sicherheitsbestand so dimensionieren, daß die Summe der Fehlmengenkosten und Lagerhaltungskosten minimiert wird. Aber wegen der Unsicherheit bei der kostenrechnerischen Ermittlung der Fehlmengenkosten und der Bewertung der sonstigen Nachteile aufgrund fehlender (momentaner) Lieferbereitschaft wird in der Praxis das *statistische Servicegrad-Konzept* bevorzugt. Dabei kommt es entscheidend darauf an, in welcher Weise der Servicegrad gedeutet wird.

5.5.2 Häufigkeits-Service

Gibt der Servicegrad die Wahrscheinlichkeit für „keine Unterdeckung pro Bestellzyklus" an, so kann die *standardisierte Normalverteilung* wie folgt interpretiert werden. Positive und negative Prognosefehler treten mit einer gleichen Wahrscheinlichkeit von 50 % auf. Die Wahrscheinlichkeit, daß der Prognosefehler entweder negativ oder kleiner als eine Standardabweichung ist, beträgt 84,13 % (50 % + 34,13 %). Hält man deshalb einen zusätzlichen Bestand von einer Standardabweichung auf Lager, so wird ein Servicegrad von ca. 84 % gewährleistet oder anders ausgedrückt, das Risiko einer Fehlmenge ist mit ca. 16 % zu veranschlagen.

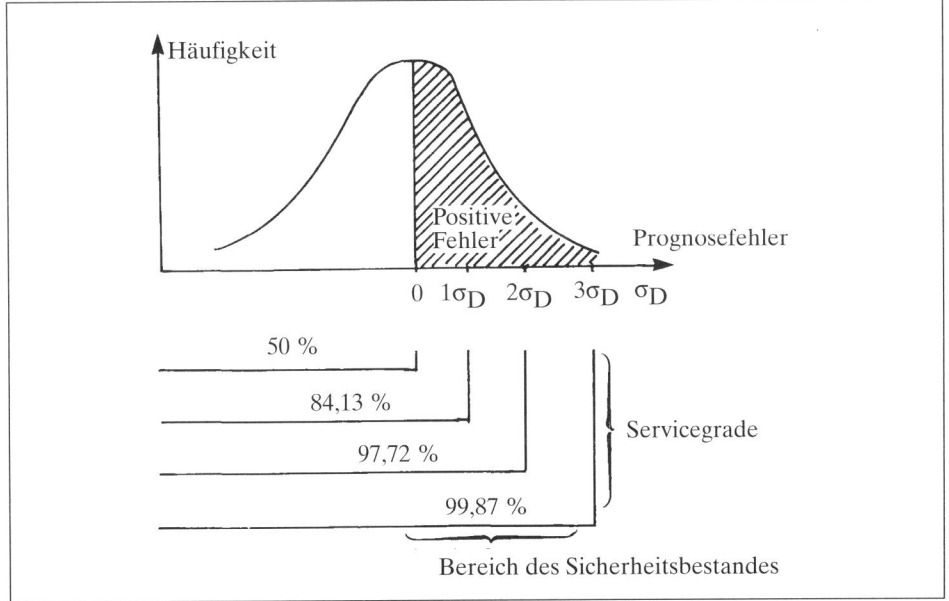

Abbildung 5.4: Normalverteilte Prognosefehler

Bei zwei Standardabweichungen beläuft sich der Prozentsatz der Bestellzyklen ohne Unterdeckung schon auf 97,72 % (84,13 + 13,59 %) u.s.w. In Abbildung 5.4 ist ganz allgemein die theoretische *Häufigkeit* dargestellt, mit der ein Prognosefehler erwartet wird, der kleiner als eine bestimmte Anzahl Standardabweichungen ist. Die Standardabweichung erhält das bekannte Symbol σ mit dem Index D für die vom jeweiligen Bestellsystem abhängige Dispositionszeit. Darin kommt der Einfluß des Bestellsystems auf die Höhe des Sicherheitsbestandes zum Ausdruck. So muß, wie gezeigt, der Sicherheitsbestand bei periodischen Systemen größer sein als bei kontinuierlichen, um das Risiko wegen der fehlenden Bestellmöglichkeit während des Inspektionsintervalls abzudecken.

Das Vielfache der Standardabweichung, das einschlägigen Tabellen entnommen werden kann, führt in der materialwirtschaftlichen Literatur die Bezeichnung *Sicherheitsfaktor* und soll mit k abgekürzt werden. Der Sicherheitsbestand ist somit das Produkt von Sicherheitsfaktor und Standardabweichung des Prognosefehlers in der Dispositionszeit oder kurz:

$$\text{Sicherheitsbestand} = k \cdot \sigma_D$$

Wenn z.B. $\sigma_D = 39$ beträgt und ein Servicegrad von 90 % gewünscht wird, dann errechnet sich der Sicherheitsbestand zu 1,28 (aus Tabelle) x 39 = 50 Stück. Bei Servicegraden von 97,72 % und 99,87 % sind die korrespondierenden Sicherheitsbestände 78 und 117 Stück. Daraus geht hervor, daß eine Erhöhung des Servicegrades, insbesondere in dessen oberem Wertebereich, mit einem wesentlich stärkeren Anstieg der Kapitalbindung verbunden ist. Für den Disponenten ist es daher wichtig, zwischen dem Vorteil einer höheren Bedarfsdeckungs-Wahrscheinlichkeit und dem Nachteil der dafür aufzuwendenden Lagerhaltungskosten abzuwägen. Umgekehrt kann eine beträchtliche Einsparung an Kapitalbindungskosten erzielt werden, wenn der Disponent das Vorsichtsprinzip maßvoll lockert und ein größeres Fehlmengenrisiko einkalkuliert, wo es die betrieblichen Verhältnisse gestatten. Das ist ihm um so eher möglich, je mehr er vom Einkäufer in dieser Absicht unterstützt wird, indem dieser mit seinem spezifischen Instrumentarium (z.B. Lieferantenpolitik) und seinen besonderen Fähigkeiten (z.B. Improvisation, Verhandlungsgeschick) dafür sorgt, daß trotz verringerter Sicherheitsbestände die Versorgung der Produktion nicht schlechter ausfällt als vorher.

Der Häufigkeits-Service wird in der Praxis oft verwendet, sofern man überhaupt mit statistischen Methoden operiert, weil er relativ einfach zu handhaben ist. Es sei noch einmal betont, daß dieser Servicegrad nur aussagt, wieviel Prozent der Bestellzyklen voraussichtlich ohne Unterdeckung sind. Die Fehlmengenhäufigkeit bezieht sich also nicht auf irgendeinen Zeitraum. So sind bei einem vorgegebenen Servicegrad von 98 % zwei Unterdeckungsfälle im Jahr zu erwarten, wenn einhundert Bestellungen pro Jahr ausgelöst werden. Wird dagegen nur einmal im Jahr bestellt, so treten wahrscheinlich zwei Fehlmengenereignisse in hundert Jahren auf. Wünscht die Disposition dagegen, daß z.B. höchstens ein Fehlmengenereignis pro

Jahr auftreten darf, dann kann sie über die Bestellhäufigkeit den angemessenen Sicherheitsbestand berechnen, wie folgende zwei Beispiele zeigen:

Beispiel A

52 Bestellungen pro Jahr, davon
eine Bestellung mit Fehlmenge, d.h.

Servicegrad $= \dfrac{52-1}{52} = 98$ %. Dazu gehört ein

Sicherheitsfaktor k = 2

Beispiel B

10 Bestellungen pro Jahr, davon
eine Bestellung mit Fehlmenge, d.h.
Servicegrad = 90 %. Dazu gehört ein
Sicherheitsfaktor k = 1.28

Die beiden Beispiele machen deutlich, daß ein enger Zusammenhang zwischen der Bestellhäufigkeit bzw. Bestellmenge und dem Sicherheitsbestand besteht. Eine große Bestellmenge schützt nämlich allein schon mehr gegen Fehlmengen vor Ablauf der Beschaffungszeit als eine kleine. Daher braucht man für ein Material auch nur einen geringeren Sicherheitsbestand, wenn es in größeren Losen bezogen wird, weil das Auftreten eines Fehlmengenereignisses dann seltener ist.

Auf weitere Definitionen des Servicegrades, z.B. auf den Mengenservice, der die *Höhe* der Fehlmengen angibt, soll hier verzichtet werden.

5.5.3   Mittlerer absoluter Fehler

Das statistisch geeignete Streuungsmaß für die Prognosefehler ist die Standardabweichung σ. Dennoch überwiegt in der Praxis (aus historischen Gründen) die Verwendung des *mittleren absoluten Fehlers,* der mit *MAF* abgekürzt werden soll. Er ist gleich der Summe der absoluten Fehler (AF) bei der Bedarfsprognose, geteilt durch die Anzahl der berücksichtigten Fehler. Allerdings läßt sich diese Rechnung vereinfacht mit EDV-Unterstützung speicherplatzsparend durchführen, wenn MAF exponentiell fortgeschrieben wird (mit Verfahren erster Ordnung):

$$\text{Neuer MAF} = \text{alter MAF} + \alpha\,(\text{AF} - \text{alter MAF})$$

Bei normalverteilten Prognosefehlern – und nur bei solchen – kann mit hinreichender Genauigkeit der MAF in die Standardabweichung umgerechnet werden, so daß die für σ geltenden Gesetzmäßigkeiten gleichermaßen ausgenutzt werden können.

$$\sigma = 1,25 \ \text{MAF}$$

Bei adaptiven Systemen liegt in jeder Vorhersageperiode der fortgeschriebene MAF zusammen mit dem neuen Durchschnitt des Bedarfs vor. Gesucht wird aber der MAF während der Dispositionszeit. Dabei ist davon auszugehen, daß MAF bezogen auf bspw. vier Wochen kleiner ist als viermal MAF für eine Woche. Zur notwendigen Umrechnung eignet sich folgende Gleichung, die aus dem bekannten Additionssatz für Varianzen folgt:

$$\text{MAF}_D = \text{MAF} \ \sqrt{D}$$

Beispiel:

    Vorhersageperiode = 1 Woche
    Dispositionszeit = 5 Wochen
    MAF (für 1 Woche) = 35 Stück
Der MAF für 5 Wochen beträgt dann:

$$\text{MAF}_5 = 35 \ \sqrt{5} = 78,3$$

Aus der Gleichung für den Sicherheitsbestand erhält man:

$$\text{Sicherheitsbestand} = k \cdot \sigma_D = k \cdot 1,25 \cdot \text{MAF}_D$$

Bei einem Servicegrad von bspw. 90 % und dem zugehörigen Sicherheitsfaktor k = 1,28 beläuft sich der Sicherheitsbestand für das Beispiel auf rund 125 Stück.

Liegt in der *folgenden* Woche z.B. ein Prognosefehler von -20 vor, dann wird zunächst der alte MAF fortgeschrieben ($\alpha = 0,2$):

$$35 + 0.2 \ (20\text{-}35) = 32$$

Der MAF für fünf Wochen lautet:

$$32 \cdot \sqrt{5} = 71,6$$

Der *neue* Sicherheitsbestand beträgt dann:

$$1,28 \ \text{x} \ 1,25 \ \text{x} \ 71,6 = 115 \ \text{Stück usw.}$$

Auf diese Weise werden Sicherheitsbestände berechnet, die sich der Änderung der Bedarfsstruktur anpassen.

Übungsfragen und -aufgaben

1. Welche Bedeutung hat die exponentielle Glättung für die verbrauchsorientierte Materialdisposition und wie erklären Sie sich ihre große Beliebtheit in der Praxis?
2. Erläutern Sie das Prognoseverfahren mit Hilfe gleitender Durchschnitte (ältester Wert fällt weg, wenn neuester hinzukommt) und stellen Sie es der exponentiellen Glättung gegenüber.

3. Bezeichnet man den Bedarf mit b und seinen Durchschnitt mit D, so kann die exponentielle Glättung erster Ordnung auch wie folgt geschrieben werden (der Index gibt die Vergangenheit an):

$$D = \alpha b + \alpha(1-\alpha)b_{-1} + \alpha(1-\alpha)^2 \cdot b_{-2} + \alpha(1-\alpha)^3 \cdot b_{-3} + ...$$

Zeigen Sie, daß für $\alpha = 0.5$ rund 94 % des neuen Durchschnitts aus Daten bestehen, die nicht älter als vier Perioden sind.

Wie sieht die Situation für $\alpha = 0.1$ aus?

4. Stellen Sie die exponentiell abfallende Gewichtung für die beiden Alphafaktoren 0.1 und 0.5 grafisch dar.

5. Zeigen sie anhand eines Zahlenbeispiels, wie die exponentielle Glättung (1. Ordnung) reagiert auf einen a) Sprung (Niveauverschiebung) und b) Impuls (kurzfristige große Störung).

   Wählen Sie die Alphafaktoren 0.1 und 0.5 zum Vergleich und diskutieren Sie in diesem Zusammenhang die Vor- und Nachteile von nervösen und trägen Prognosesystemen.

6. Warum sollte der Disponent von Anfang an mit der exponentiellen Glättung zweiter Ordnung operieren, und wie funktioniert dieses System? (Rechnen Sie das Zahlenbeispiel der Tab. 5.1 durch und stellen Sie das Zahlenmaterial auch grafisch dar).

7. Brown (1959) definiert das Kontrollsignal als Quotient:

   Summe Fehler / MAF

   Berechnen Sie es anhand der Zahlen aus Tab. 5.1, wenn MAF mit der Glättung 1. Ordnung fortgeschrieben wird (Alter MAF = 3).

8. Warum hat das Kontrollsignal den Charakter eines Frühwarnsystems und welche Maßnahmen können angebracht sein, wenn die Grenzen (bei Brown ± 4) überschritten werden?

9. Stellen Sie die Vor- und Nachteile von kontinuierlichen und periodischen Bestellsystemen unter besonderer Berücksichtigung der Sicherheitsbestände heraus.

10. Stellen Sie die (s,S)-Bestellregel grafisch dar.

11. Welche Steuergrößen und Dispositionszeiten weisen das Bestellpunkt-, Bestellrhythmus- und (s,S)-System auf?

12. Zur Disposition eines Betriebsstoffes nach dem kontinuierlichen und adaptiven Bestellpunktverfahren liegen dem Disponenten in Woche 15 folgende Daten vor (Alphafaktor = 0.2):

    Prognose des Bedarfs = 100 Stück (Glättung 1. Ordnung)

    Effektiver Bedarf = 70 Stück (Lagerdatei)

    MAF für Woche 15 = 20 Stück (Glättung 1. Ordnung)

    Beschaffungszeit = 5 Wochen

    Servicegrad = 95 % (Vorgabe der Geschäftsleitung)

    Sicherheitsfaktor = 1.65 (Tabellenwert)

    Optimale Bestellmenge = 800 Stück (Andler-Formel)

    Wie lauten Bestellpunkt und Bestellregel in Woche 16?

13. Von welchen dispositiven Einflußfaktoren hängt die Höhe des Sicherheitsbe-
    standes ab?
14. Welche einkaufspolitischen Maßnahmen zur Senkung der Sicherheitsbestände
    können Sie sich vorstellen?

Sechstes Kapitel
Beschaffungsmarktforschung

Den Beschaffungsmärkten und ihrer Erforschung ist lange Zeit in Theorie und Praxis zu wenig Beachtung geschenkt worden. Es wurde irrtümlicher Weise angenommen, daß die Beschaffung von Materialien, von Einzelteilen und Baugruppen eine ziemlich problemlose Angelegenheit sei und daß die Anbieter mit ihren Marketingmaßnahmen schon dafür sorgten, daß die erforderliche Markttransparenz hergestellt werde. Wenn heute den Beschaffungsmärkten in der betriebswirtschaftlichen Literatur und im betrieblichen Beschaffungswesen größere Aufmerksamkeit gezollt wird, ist das Ausdruck der Erkenntnis, daß angesichts

- der regionalen und warenmäßigen Ausweitung der Beschaffungsmärkte,
- der dynamischen Veränderungen von Marktlage und Marktstruktur und
- der veränderten Aufgabenstellung des Einkäufers

ein optimaler Einkauf ohne eine intensive und systematische Erforschung der Beschaffungsmärkte nicht mehr möglich ist. Man hat eingesehen, daß sich nur mit Hilfe der Beschaffungsmarktforschung Marktchancen und -probleme erkennen und einer Realisierung bzw. einer Lösung zuführen lassen. Unter Beschaffungsmarktforschung müssen dabei alle diejenigen betrieblichen Maßnahmen der Sammlung und Aufbereitung von Informationen verstanden werden, die dazu dienen, die Transparenz der Beschaffungsmärkte zu erhöhen und zu erhalten.

6.1   Arten und Umfang der Beschaffungsmarktforschung

Die klassische Marktforschungslehre unterteilt üblicherweise den Bereich der Marktforschung in „Marktanalyse" und „Marktbeobachtung". Damit will sie auf zwei Dinge aufmerksam machen. Erstens will sie begrifflich klarstellen, daß Marktzustände „analysiert" und Marktentwicklungen und -bewegungen „beobachtet" werden. Zweitens sollen mit dieser Einteilung die beiden grundsätzlich verschiedenen Betrachtungsweisen der Marktforschung herausgestellt werden; nämlich einmal die zeitbezogene (statische) und zum anderen die zeitraumbezogene (dynamische) Betrachtungsweise.

Beschaffungsmarktanalyse ist demzufolge die Erforschung der Grundstruktur, die ein Beschaffungsmarkt zu einem bestimmten Zeitpunkt aufweist. Man will also mit Hilfe der Marktanalyse eine Art Querschnitt durch den Beschaffungsmarkt legen und ihn in Form einer Momentaufnahme abbilden. Dabei werden für einen bestimmten Zeitpunkt beispielsweise die Zahl der Anbieter, ihre Produktionskapazitäten, ihr Marktanteil, die Wettbewerbssituation, die möglichen Transportwege etc. ermittelt. Ein wichtiges Teilgebiet der Beschaffungsmarktanalyse ist die Lieferantenanalyse.

Die Beschaffungsmarktbeobachtung hat demgegenüber das Ziel, die Entwicklung bestimmter Marktgrößen in der Zeit zu verfolgen. Sie will etwa Veränderungen der Marktstruktur oder der Marktlage sichtbar machen, den Aufbau von neuen Produktionskapazitäten bei den Anbietern aufzeigen, Verschiebungen in der Nachfrage nach einem Produkt oder Konzentrationstendenzen auf der Angebotsseite verfolgen.

Trotz der Unterschiede in der Betrachtungsweise sind jedoch Marktanalyse und Marktbeobachtung nicht zwei Teilbereiche der Marktforschung, die isoliert nebeneinanderstehen. Vielmehr fließen Analyse und Beobachtung des Beschaffungsmarktes in der praktischen Durchführung einer grundlegenden Marktuntersuchung häufig ineinander und ergänzen und befruchten sich gegenseitig. Eine Marktbeobachtung baut in der Regel auf den Ergebnissen einer Marktanalyse auf. Umgekehrt kann es vorkommen, daß aus der Marktbeobachtung die Notwendigkeit abgeleitet wird, bestimmte Teilaspekte des Marktes einer genaueren Analyse zu unterziehen.

Wird aus dem durch Marktanalyse und -beobachtung gewonnenen Datenmaterial die weitere, zukünftige Entwicklung des Marktes abgeleitet, so spricht man von Marktprognose. Diese Vorschau auf die kommenden Marktgegebenheiten gehört wohl zu den schwierigsten und gleichzeitig zu den wichtigsten Gebieten der Beschaffungsmarktforschung. Sie dient als Grundlage für die in die Zukunft reichenden Einkaufsentscheidungen und soll beispielsweise zu erwartende Engpässe auf bestimmten Rohstoffmärkten, ein eventuell auftretendes Überangebot oder sich abzeichnende Preisveränderungen frühzeitig erkennen, damit die Beschaffung sich bei Zeiten der kommenden Entwicklung anpassen kann.

Wie zuverlässig derartige Vorhersagen sind und wie groß der Toleranzbereich der Aussagen einer Prognose ist, hängt von vielen Faktoren ab. Genannt seien hier die Aktualität, Vollständigkeit und Genauigkeit der verwendeten Informationen, die Länge des Voraussagezeitraums und die Schnelligkeit, mit der sich die Märkte im Laufe der Zeit wandeln. In Zeiten sich rasch ändernder Märkte, wie sie heute vielfach zu beobachten sind, nimmt einerseits die Treffsicherheit von Prognosen ab, sind aber andererseits Vorhersagen für die Entscheidungsfindung in der Beschaffung von großer Wichtigkeit.

Bezüglich der geographischen Reichweite der Beschaffungsmarktforschung lassen sich Binnenmarktforschung und Importmarktforschung unterscheiden. Ohne eine intensive Erforschung der Auslandsmärkte ist heute in vielen Fällen ein erfolgreiches Einkaufen von Materialien nicht möglich und eine langfristig gesicherte Versorgung mit Rohstoffen nicht erreichbar. Im Zuge der fortschreitenden wirtschaftlichen Integration und des Abbaus von nationalen Zollschranken sowie als Folge der Entwicklung des modernen Verkehrs- und Nachrichtenwesens haben sich die Beschaffungsmärkte in der Vergangenheit ständig ausgeweitet, und diesen veränderten Verhältnissen müssen sich auch die betrieblichen Aktivitäten auf dem Gebiete der Beschaffungsmarktforschung anpassen.

Leider läßt sich in der Praxis beobachten, daß in vielen Beschaffungsabteilungen – insbesondere bei kleineren Unternehmen – den Auslandsmärkten zu wenig Beachtung geschenkt wird. Damit werden günstige Einkaufsmöglichkeiten, die der Weltmarkt bietet, übersehen und die Vorteile der internationalen Arbeitsteilung nicht wahrgenommen. Diese Erscheinung mag damit zusammenhängen, daß die Importmarktforschung gegenüber der Binnenmarktforschung eine Reihe von Besonderheiten und zusätzlichen Schwierigkeiten bei der Durchführung aufweist. Sprachschwierigkeiten, Unsicherheit in Zoll- und Währungsfragen, Unkenntnis auf dem Gebiete der Formalitäten bei der Einfuhr, der Handelsbräuche und der Importfinanzierung sind Gründe, die viele Unternehmen davon abhalten, sich mit den Auslandsmärkten intensiver auseinanderzusetzen.

Bei der Durchleuchtung der Beschaffungssituation kommt es nicht nur auf die Märkte an, mit denen das Unternehmen auf der Beschaffungsseite unmittelbar in Verbindung steht. Da der jeweilige direkte Beschaffungsmarkt selbst wieder durch andere ihm vorgelagerte Märkte in seiner Entwicklung beeinflußt wird, sollte die Beschaffungsmarktforschung bei wichtigen Einkaufsteilen diese Vormärkte der Lieferanten nicht völlig außer acht lassen. Aus bestimmten Entwicklungen, die auf diesen Märkten festzustellen sind, lassen sich frühzeitig gewisse Rückschlüsse auf die zu erwartenden Veränderungen des eigenen Beschaffungsmarktes ziehen. Die Beobachtung der Vormärkte kann also wichtige Anhaltspunkte für eine Marktprognose liefern. Da die Zahl der dem Produktionsprozeß in der eigenen Unternehmung vorangehenden Verarbeitungsstufen sehr groß sein kann, wird man in der Beschaffungsmarktforschung nur diejenigen Vormärkte stärker unter die Lupe nehmen können, die entscheidenden Einfluß auf wichtige direkte Beschaffungsmärkte der Unternehmung haben.

Da eine wesentliche Aufgabe des Einkäufers darin besteht, von sich aus neue wirtschaftliche Möglichkeiten (neue Produkte, neue Problemlösungen), die der Beschaffungsmarkt bietet, dem Unternehmen zugänglich zu machen, ist die Suche nach Substitutionsgütern ein sehr wichtiges Teilgebiet der Beschaffungsmarktforschung. Daß die Einbeziehung der Substitutionsgüter in die Beschaffungsmarktforschung allerdings in der Praxis gewisse Schwierigkeiten bereitet, liegt hauptsächlich daran, daß in der Beschaffung vielfach das für die Suche nach

Substitutionsgütern notwendige technische Verständnis und Wissen nicht vorhanden ist. Ein weiterer Grund dafür, daß eine Suche nach besseren und billigeren Materialien für einen gegebenen Verwendungszweck in der Praxis nicht in ausreichendem Maße erfolgt, mag darin liegen, daß der Einkäufer bei seiner täglichen Arbeit nicht automatisch mit den Substitutionsgütermärkten in Berührung kommt, sondern vielfach nur zufällig auf Substitutionsmöglichkeiten stößt.

Es genügt heute nicht mehr, daß nur dann nach Gütern, die für eine Substitution in Frage kommen, gesucht wird, wenn Schwierigkeiten in der Beschaffung bestimmter Materialien auftreten. Notwendig ist vielmehr eine mehr oder weniger ständige Beobachtung vorhandener Substitutionsgütermärkte und eine gezielte Suche nach neuen möglichen Substitutionsgütern. Gerade in Zeiten eines ständigen Wandels der Technik, der Märkte und der Produkte können systematisch und gezielt durchgeführte Substitutionsstudien und die daraus abgeleiteten Änderungsvorschläge zu einer erheblichen Verbesserung des Unternehmensgewinns beitragen.

Neben den Roh-, Hilfs- und Betriebsstoffen, die für die laufende Fertigung erforderlich sind, hat die Beschaffungsmarktforschung auch diejenigen Materialien zu erfassen, die erst in Zukunft in einer Unternehmung benötigt werden. So kann durch eine rechtzeitige Abstimmung zwischen den technisch erforderlichen Eigenschaften eines Materials und den gebotenen Marktmöglichkeiten eine positive Auswirkung auf die Kosten eines neu zu entwickelnden Produktes erzielt werden. In einer Zeit, die durch die ständig zunehmende Häufigkeit des Produktwechsels und der Produktentwicklung gekennzeichnet ist, erhöht sich in einer Beschaffungsabteilung der Umfang derjenigen marktforscherischen Tätigkeiten, die sich auf die zukünftig benötigten Materialarten und -qualitäten beziehen.

6.2   Untersuchungsobjekte der Beschaffungsmarktforschung

Will man den Markt eines bestimmten Gutes in seinen Zusammenhängen und Wechselbeziehungen durchschaubar machen, sind die verschiedensten Daten zu ermitteln und die unterschiedlichsten Informationen zusammenzutragen; denn das Geschehen auf einem gegebenen Produktmarkt ist das Ergebnis des Zusammenwirkens einer Vielzahl von Faktoren, wobei vor allem die folgenden Untersuchungsgegenstände im Vordergrund stehen:

– Zunächst muß als Grundlage und Ausgangspunkt der eigentlichen marktforscherischen Tätigkeit eine genaue Kenntnis des Produktes, dessen Markt untersucht werden soll, vorhanden sein.

– Darauf aufbauend können dann die strukturellen Besonderheiten der Angebots- und Nachfrageseite des zu erforschenden Marktes genauer analysiert werden.

– Ferner muß im Rahmen der Beschaffungsmarktforschung versucht werden, die Dynamik und Entwicklungstendenzen, die den in Frage stehenden Markt charakterisieren, erkennbar zu machen.

– Ein weiteres bedeutendes Untersuchungsobjekt der Beschaffungsmarktforschung ist der Lieferant, über dessen Leistungsfähigkeit auf den verschiedensten Gebieten Informationen zu sammeln sind.

– Da bei vielen Produkten der Preis im Mittelpunkt des Interesses der Einkaufspraxis steht, haben sich schließlich Analyse und Beobachtung des Marktpreises zu einem wichtigen Teilgebiet der Beschaffungsmarktforschung entwickelt.

Selbstverständlich ist die Bedeutung der einzelnen Untersuchungsobjekte von Fall zu Fall, von Markt zu Markt recht unterschiedlich. In der Regel ist es so, daß bei der Erforschung eines konkreten Beschaffungsmarktes einem (oder wenigen) Untersuchungsobjekt(en) eine dominierende Rolle zukommt, während die anderen bedeutungsmäßig in den Hintergrund treten.

Obwohl zwischen den aufgeführten Untersuchungsobjekten der Beschaffungsmarktforschung in der Praxis vielfältige Berührungspunkte und enge Wechselbeziehungen bestehen, sollen des besseren Verständnisses wegen die einzelnen Faktoren im folgenden isoliert einer genaueren Betrachtung unterzogen werden.

6.2.1 Produkt

Das einzukaufende Erzeugnis muß von seiner technischen Seite her genau bekannt sein, bevor man sich gezielt und erfolgreich mit dem Marktgeschehen auseinandersetzen kann. Deshalb muß der Marktforscher sich Klarheit darüber verschaffen, aus welchem Grundstoff bzw. welchen Materialqualitäten das zur Debatte stehende Produkt besteht, aus welchen Teilen und Baugruppen es zusammengesetzt ist und welche chemischen, physikalischen oder technischen Eigenschaften und Besonderheiten das zu beschaffende Erzeugnis auszeichnen. Die Schwierigkeiten, die bei dem Bemühen um derartige produktbezogene Kenntnisse auftreten können, sind sicherlich von Artikel zu Artikel sehr unterschiedlich. Während z.B. eine einfache Faltschachtel auf technischem Gebiet kaum Probleme für den Marktforscher entstehen läßt, können bei komplizierten Baugruppen oder bestimmten chemischen Produkten bereits hohe Anforderungen an die technischen Kenntnisse des Beschaffungsmarktforschers gestellt werden.

Wichtig sind im Rahmen der Beschaffungsmarktforschung auch Informationen darüber, nach welchem Produktionsverfahren der in Frage stehende Artikel hergestellt wird, ob es unterschiedliche Herstellungsverfahren gibt und welche technologischen Eigenheiten sie aufweisen. Der Beschaffungsmarktforscher sollte in der Lage sein, die Entwicklungstendenzen und den sich abzeichnenden technischen Fortschritt auf dem Gebiet der Herstellungsverfahren zu verfolgen. Denn ohne Kenntnis dieser Fakten sind Aussagen über die in Zukunft zu erwartenden Veränderungen beim Preis und bei der Qualität eines Erzeugnisses in vielen Fällen kaum möglich.

Da Beschaffungsmarktforschung eine auf den Betriebsbedarf ausgerichtete Zweckforschung ist, kann auf diesem Gebiet nur dann erfolgreich gearbeitet werden, wenn bekannt ist, welche Einsatzgebiete für ein Einkaufsteil in der Unternehmung existieren, wie dieses Material im eigenen Betrieb be- und verarbeitet wird und welche Schwierigkeiten und technischen Probleme dabei auftreten. Voraussetzung für die tägliche Arbeit des Beschaffungsmarktforschers ist also, daß er sich im Rahmen des Möglichen auch über die im Unternehmen erstellten Enderzeugnisse informiert, damit er über den Verwendungszweck des zu beschaffenden Materials und über die zu beachtenden Qualitätsanforderungen an ein fremdbezogenes Produkt Bescheid weiß.

6.2.2   Marktstruktur

Unter einem Markt versteht man in den Wirtschaftswissenschaften das Zusammentreffen von Angebot und Nachfrage. Zwecks Beurteilung des Gesamtmarktes ist es also in der Beschaffungsmarktforschung erforderlich, die strukturellen Besonderheiten beider Seiten eines Marktes zu untersuchen.

6.2.2.1   Angebotsseite

Die Hauptaufgabe der Beschaffungsmarktforschung besteht wohl im Ermitteln und Analysieren des für eine Unternehmung erreichbaren Warenangebots. Will man die strukturellen Gegebenheiten der Angebotsseite eines Beschaffungsmarktes durchschaubar machen, dann muß man sich mit einer Vielzahl von Einzelfaktoren befassen; die wichtigsten Untersuchungsgegenstände sind dabei wohl die auf einem Markt angebotenen unterschiedlichen Qualitäten, die zur Verfügung stehenden Quantitäten, die Elastizität des Angebotes, die Konkurrenzsituation sowie die geographische Verteilung des Angebotes. Da davon auszugehen ist, daß nicht immer die höchste Qualität eines angebotenen Produktes am besten geeignet ist für einen gegebenen betrieblichen Verwendungszweck, muß man wissen, welche unterschiedlichen Qualitäten eines Materials am Markte angeboten werden. Gegebenenfalls ist zu ermitteln, ob nicht die Angebotsseite veranlaßt werden kann, Qualitäten auf den Markt zu bringen, die besser als die bereits angebotenen Produkte dem betrieblichen Verwendungszweck angepaßt sind.

Zum Fragenkomplex der zur Verfügung stehenden Quantitäten gehören die Sammlung von Daten über die Produktionsmengen bei dem in Frage stehenden Artikel und über die in einer Branche installierten Produktionskapazitäten genauso wie das Zusammentragen von Informationen über die Auslastung der bestehenden Kapazitäten, über Neuplanungen sowie über die vorhandenen Lagerbestände auf der Anbieterseite. Dabei können sich je nach geographischer Reichweite des Marktes diese Ermittlungen auf einzelne Länder, Wirtschaftsräume oder sogar, wie es bei international gehandelten Rohstoffen der Fall ist, auf die gesamte Welt erstrecken. Die Beschaffungsmarktforschung soll hier also darüber Auskunft geben, in welchem Umfang die benötigten Qualitäten am Markte angeboten werden, ob im Vergleich zur Nachfrage genügende Angebotsmengen zur Verfügung stehen und ob auch für einen steigenden Bedarf noch eine ausreichende Marktreserve vorhanden ist.

Wie schnell und elastisch das Angebot auf einem Markte auf einen gestiegenen Bedarf reagieren kann, hängt in starkem Maße von den technischen Besonderheiten des Herstellungsprozesses in einer Branche ab. So bewirken z.B. die Produktionsverhältnisse bei vielen mineralischen Rohstoffen, die im Wege des Abbaus gewonnen werden, eine verhältnismäßig langsame Reaktion auf Bedarfsveränderungen. Das gleiche gilt für viele Rohstoffe, die pflanzlichen oder tierischen Ursprungs sind, und kurzfristig nur begrenzt vermehrt hergestellt werden können. Bei industriell gefertigten Teilen und Baugruppen hängt die Angebotselastizität sehr stark auch von der Kapitalintensität des jeweiligen Produktionsprozesses ab. Diejenigen Märkte, die sich mit den angebotenen Mengen nur sehr langsam veränderten Nachfrageverhältnissen anpassen können, sind im allgemeinen dadurch gekennzeichnet, daß sie starke Schwankungen in den Preisen oder Lieferfristen aufweisen. Sie müssen deshalb in der Regel einer genaueren Marktbeobachtung unterworfen werden.

Von besonderer Bedeutung ist im Rahmen der Durchleuchtung der strukturellen Marktgegebenheiten die Frage nach der Stärke der Konkurrenz, die zwischen den Anbietern auf einem Beschaffungsmarkt herrscht. Denn aus der Konkurrenzsituation leitet sich die Marktmacht ab, die ein Einkäufer gegenüber seinem Lieferanten hat, und ergeben sich wichtige Anhaltspunkte für eine sinnvolle Einkaufsstrategie und -taktik. Zu den wesentlichen strukturellen Merkmalen, welche die Konkurrenzverhältnisse auf einem Markt bestimmen und deshalb von der Beschaffungsmarktforschung beachtet werden sollten, gehören (neben der Anzahl der Nachfrager und deren Marktanteile) vor allem die Zahl der Anbieter und deren Marktanteil, die Produktdifferenzierung, das Bestehen von Marktzugangsbeschränkungen und wettbewerbsbeschränkenden Praktiken sowie das Vorhandensein von Substitutionsgütern. In den folgenden Ausführungen ist vor allem auf die Anzahl der Anbieter und die Produktdifferenzierung als Objekte der Beschaffungsmarktforschung näher einzugehen.

Ist für ein bestimmtes Material nur ein einziger Lieferant vorhanden, dann spricht man von einer monopolistischen Angebotsstruktur. Der Angebotsmonopolist ist in der Lage, den Preis für das von ihm angebotene Produkt nach seinen Vorstellungen zu bestimmen; er wird dabei die Reaktionen der Nachfrager berücksichtigen, die sich mit den von ihnen nachgefragten Mengen der Preishöhe anpassen. Nicht jede Monopolstellung wird in der Praxis allerdings auch bis zur vollen Ausschöpfung des Monopolgewinns ausgenutzt. Je größer die Gefahr ist, daß bei rigoroser Preispolitik potentielle Wettbewerber angelockt werden und als Anbieter auf dem Markt auftreten, desto schwächer ist die Stellung des Monopolisten. Auch hat der monopolistische Anbieter in seiner Preispolitik Rücksicht zu nehmen auf die Möglichkeit, daß Nachfrager auf Substitutionsgüter ausweichen oder zur Eigenfertigung übergehen. Schließlich werden monopolistische Anbieter in bestimmten Fällen auch eine Kritik der Öffentlichkeit vermeiden wollen. Aus den genannten Gründen wird es in der Einkaufspraxis nur in Grenzfällen Lieferanten geben, die sich wie reine Monopolisten, d.h. preispolitisch völlig autonom, verhalten.

Eine weit verbreitete Marktform ist das Oligopol in seinen verschiedensten Spielarten. Diese Marktform ist dadurch gekennzeichnet, daß sich das Angebot auf einige wenige Lieferanten verteilt, deren Marktanteile relativ groß sind. Derartige Oligopolisten können einen starken Einfluß auf das Marktgeschehen ausüben; sie müssen allerdings bei ihren absatzpolitischen Aktivitäten sowohl auf das Verhalten der Nachfrager als auch auf die Reaktionen der Konkurrenten Rücksicht nehmen. Besteht neben einer Oligopolgruppe auf der Angebotsseite eine Anzahl von Unternehmen mit relativ kleinen Marktanteilen, dann ist ein Teiloligopol gegeben.

Wenn in einem Beschaffungsmarkt die Zahl der oligopolistischen Anbieter relativ groß ist und die Marktanteile der einzelnen Marktteilnehmer relativ klein sind, so haben wir es mit einem Markt zu tun, der sich bereits der sog. atomistischen Konkurrenz nähert. Darunter ist ein Markt zu verstehen, auf dem eine große Anzahl von untereinander unabhängigen Unternehmen ein homogenes Produkt anbietet. Die einzelnen Anbieter haben infolge der Geringfügigkeit ihrer Beteiligung an der Gesamtbelieferung des Marktes keinen Einfluß auf die Preisgestaltung. Der Preis ist ein von einzelnen Marktteilnehmern nicht beeinflußbares Datum, und es kommt durch das Zusammenspiel von Angebot und Nachfrage ein einheitlicher Marktpreis für alle Marktteilnehmer zustande. Die Marktform der atomistischen Konkurrenz ist für die meisten industriell gefertigten Teile und Baugruppen ein Grenzfall von geringer praktischer Bedeutung; sie mag bei einigen landwirtschaftlichen Produkten und bei einigen Rohstoffen, die börsenmäßig gehandelt werden, annäherungsweise verwirklicht sein.

Die Marktmacht, über welche die Lieferanten verfügen, ist nicht nur von der Anzahl der Marktteilnehmer abhängig, sondern in starkem Maße auch davon, ob auf einem Markt homogene (völlig gleichartige) oder heterogene (ungleichartige) Produkte angeboten werden. Wenn ein Anbieter Produktdifferenzierung betreibt, wenn er also ein Produkt, das zwar den gleichen Zweck wie andere Konkurrenzprodukte erfüllt, sich aber von ihnen in bestimmten Eigenschaften und in der qualitativen Beschaffenheit unterscheidet, auf den Markt bringt, dann steht er zwar noch immer im Wettbewerb mit anderen Anbietern, aber er erreicht damit doch eine gewisse Abschirmung von der Konkurrenz. Märkte, auf denen heterogene Güter gehandelt werden, bezeichnet man in der Theorie auch als unvollkommene Märkte. Wenn die angebotenen Güter homogen sind, dann spricht man von einem vollkommenen Markt. Die auf einem unvollkommenen Markt gehandelten Güter stehen in einem Substitutionsverhältnis zueinander. Ein einheitlicher Marktpreis, wie bei den homogenen Gütern, kommt hier nicht zustande. Auf den meisten Beschaffungsmärkten für industrielle Güter dürfte ein derartiger unvollkommener Wettbewerb zwischen den Anbietern herrschen.

Die Marktform als Objekt der Beschaffungsmarktforschung ist deshalb für den Einkauf von großer Bedeutung, weil sie die Verhandlungsposition, die Abnehmer und Lieferant im Markt einnehmen, maßgeblich beeinflußt. Vielfach lassen sich erst unter Berücksichtigung der auf einem Markt herrschenden strukturellen Gegebenheiten die Fragen beantworten, was überhaupt durch Verhandlungen mit dem Lieferanten erreichbar ist, welche Möglichkeiten der Einwirkung auf den Anbieter im konkreten Einzelfall bestehen und wie die Angebotsseite auf bestimmte beschaffungspolitische Maßnahmen reagiert. Die Beschaffungsmarktforschung sollte in diesem Zusammenhang auch untersuchen, welche Möglichkeiten der abnehmenden Unternehmung zur Verfügung stehen, einen funktionsfähigen Wettbewerb auf einem Beschaffungsmarkt zu erzeugen bzw. zu erhalten.

6.2.2.2 Nachfrageseite

Die Nachfrageseite des Marktes ist im Rahmen der Beschaffungsmarktforschung nach ähnlichen Analysegesichtspunkten zu untersuchen wie die Angebotsseite. So ist zunächst vor allem zu ermitteln, welche und wieviele konkurrierende Abnehmer neben der eigenen Unternehmung auf dem Markte in Erscheinung treten und welchen Anteil ihr Materialverbrauch am Gesamtmarkt ausmacht. Dabei können zwei verschiedene Gruppen innerhalb der Nachfragekonkurrenz unterschieden werden: Konkurrierende Abnehmer sind nicht nur diejenigen Unternehmen, die aus dem zu untersuchenden Rohstoff gleiche oder ähnliche Endprodukte herstellen und damit als Wettbewerber im eigenen Absatzmarkt auftreten, sondern zur Nachfragekonkurrenz gehören auch diejenigen Firmen, die das gleiche Material für die Herstellung anderer Endprodukte benötigen und nicht zu den Konkurrenten auf der Absatzseite zählen.

Die Untersuchung der Nachfrageseite des Marktes soll insbesondere zur Klärung der Frage beitragen, wie groß der Marktanteil und wie stark das Nachfragegewicht der eigenen Unternehmung am Beschaffungsmarkt ist. Das Wissen um die jeweilige Nachfragekonstellation ist für die Beschaffung deshalb von Bedeutung, weil der Einkäufer mit Hilfe dieser Kenntnisse sein Verhalten den Lieferanten gegenüber der eigenen Marktstellung anpassen kann. Auch läßt sich in vielen Fällen aus der Struktur der Nachfragekonkurrenz ableiten, ob und wie die konkurrierenden Abnehmer auf beschaffungspolitische Maßnahmen des eigenen Unternehmens reagieren werden.

Bei der Untersuchung der Nachfrageverhältnisse eines Beschaffungsmarktes sollte auch darauf geachtet werden, ob bei angespannter Versorgungssituation die Gefahr besteht, daß bestimmte Nachfragekonkurrenten die eigene Beschaffung vom Markte zu verdrängen versuchen, indem sie Güter, die knapp zu werden drohen, frühzeitig aufkaufen, mit Lieferanten Exklusivverträge abschließen oder sogar Mehrheitsbeteiligungen an vorgelagerten Unternehmen erwerben. Bei einem im Verhältnis zur Nachfrage unzureichenden Güterangebot können die Einkaufserfolge, welche die konkurrierenden Abnehmer mit ihren beschaffungspolitischen Aktionen erzielen, die Möglichkeiten der Deckung des eigenen Bedarfs stark beeinträchtigen. Je geringer die Zahl der Nachfragewettbewerber ist, desto größer ist im allgemeinen bei drohenden Versorgungsschwierigkeiten die Notwendigkeit, das Verhalten der Konkurrenten auf der Nachfrageseite unter die Lupe zu nehmen. Die Beschaffungsaktionen eines mächtigen konkurrierenden Abnehmers können in einer derartigen Situation die eigenen Bedarfsmöglichkeiten stärker gefährden, als wenn auf einem Markt sehr viele Nachfrager mit relativ kleinen Marktanteilen um die angebotenen Mengen konkurrieren. Die Beschaffungsmarktforschung sollte in diesem Zusammenhang auch Vorschläge machen, mit welchen beschaffungspolitischen Maßnahmen die eigene Unternehmung eine angespannte Versorgungssituation meistern und den Aktionen der Nachfragekonkurrenten sinnvoll begegnen kann.

Das Verhalten der Nachfragewettbewerber ist auch deshalb ein bedeutsames Objekt der Beschaffungsmarktforschung, weil aus der Einkaufstätigkeit der Konkurrenz Anregungen und Erkenntnisse gewonnen werden können, die für eine erfolgreichere Durchführung der eigenen Beschaffungstätigkeit von Nutzen sind. So können z.B. aus der Kenntnis der Tatsache, daß die Konkurrenten günstigere Preise und Lieferbedingungen erzielen als die eigene Unternehmung, andere Materialien für den gleichen Verwendungszweck einsetzen oder neue Lieferquellen erschlossen haben, Möglichkeiten beschaffungspolitischer Art abgeleitet werden, die zu beträchtlichen Kosteneinsparungen in der Beschaffung führen können.

Schließlich ist eine gründliche Analyse der Nachfragekonkurrenz auch dann erforderlich, wenn eine Unternehmung eine zwischenbetriebliche Kooperation auf dem Gebiete der Beschaffung oder der Lagerhaltung anstrebt und für diese Zusammenarbeit einen oder mehrere Partner sucht.

6.2.3 Marktbewegungen und -entwicklungen

Ebenso bedeutsam wie die Analyse der Struktur der Beschaffungsmärkte ist für die Materialwirtschaft eine laufende Beobachtung der Dynamik und der Entwicklungstendenzen, welche die in Frage stehenden Beschaffungsmärkte kennzeichnen. Bei näherer Betrachtung des Marktgeschehens im Zeitablauf wird der Einkäufer erkennen, daß auf den Märkten seiner Produkte mehrere, grundsätzlich verschiedene Arten von Veränderungen und Bewegungen festzustellen und zu unterscheiden sind. Bei vielen landwirtschaftlichen Rohstoffen und konsumnahen Beschaffungsmärkten lassen sich immer wiederkehrende, jahreszeitlich bedingte Saisonschwankungen beobachten. Schwierige Aufgaben dispositiver und strategischer Natur stellen der Beschaffung vor allem auch die konjunkturellen Schwankungen, welche mit ihren zeitlichen Phasen Aufschwung und Hochkonjunktur, Abschwung und Tiefstand (Talsohle) das Erscheinungsbild der Märkte tiefgreifend verändern können. Ferner wird der Beschaffungsmarktforscher auf einigen Märkten Bewegungen in einseitiger Form, sog. trendbedingte Veränderungen, feststellen können, die zu langfristigen Marktverschiebungen auf der Angebots- oder Nachfrageseite führen und eine sich allmählich wandelnde Marktstruktur zur Folge haben können. Schließlich üben vielfältige, zum Teil außerwirtschaftliche (politische) und zufallsbedingte Ereignisse, die, wie z.B. Streiks oder Auf- und Abwertung einer Währung, keiner erkennbaren Gesetzmäßigkeit folgen und unregelmäßig auftreten, Einfluß auf das Marktgeschehen aus.

Die Schwierigkeiten der Marktforschung liegen auf diesem Gebiet darin, daß sich diese unterschiedlichen Entwicklungen überlappen und in ihrer Wirkung auf den Markt gegenseitig beeinflussen. Da das eigentliche Problem des Einkaufs meistens in der Anpassung an die konjunkturelle Lage auf dem Beschaffungsmarkt liegt, sollen die folgenden Ausführungen sich schwerpunktmäßig mit der Konjunktur als Objekt der Beschaffungsmarktforschung befassen.

In Abhängigkeit von der jeweils herrschenden Konjunkturlage sieht sich der Einkäufer bei einem bestimmten Produkt recht unterschiedlichen Beschaffungssituationen gegenüber. Im konjunkturellen Aufschwung und – in verstärktem Maße – in der Hochkonjunktur hat er sich auf steigende Preise, verlängerte Lieferfristen und Verknappungen im Angebot einzustellen. Im allgemeinen läßt im Konjunkturhoch auch die Liefertreue der Lieferanten nach, und manchmal wird man sogar mit einer Verschlechterung der Qualität und der Konditionen rechnen müssen.

Die Beschaffungsmärkte verwandeln sich in einer derartigen Situation in der Regel in Verkäufermärkte, in denen die Verhandlungsposition des Einkäufers sehr schwach ist. Genau die umgekehrten Beschaffungsbedingungen sind in Zeiten des konjunkturellen Abschwungs und des Konjunkturtiefs zu erwarten. Es bestehen dann kaum Schwierigkeiten, die benötigten Mengen zu erhalten, da die Kapazitäten der Lieferanten in der Talsohle unvollkommen ausgelastet und ihre Lagerbestände relativ hoch sind. Die Beschaffungsmärkte werden in einer derartigen Situation zu Käufermärkten, in denen der Einkäufer am längeren Hebel sitzt und die stärkere Position inne hat.

Die Aufgabe der Beschaffungsmarktforschung im Rahmen der Durchleuchtung des Konjunkturgeschehens auf den Beschaffungsmärkten besteht zunächst einmal darin, Klarheit über die unterschiedliche Konjunkturempfindlichkeit der einzukaufenden Güter zu schaffen. Es gibt Produkte, deren Marktfaktoren wie Preis, Lieferzeit, Qualität im Konjunkturverlauf sehr starken Schwankungen unterliegen, während andere Beschaffungsmärkte kaum oder überhaupt nicht auf Veränderungen der allgemeinen Wirtschaftslage reagieren. Für die konjunkturempfindlichen Einkaufsprodukte hat die Beschaffungsmarktforschung sodann zu ermitteln, in welcher konjunkturbedingten Position sich der Einkäufer auf dem Markt befindet und mit welchen Veränderungen der Verhältnisse auf wichtigen Beschaffungsmärkten zu rechnen ist. Der Beschaffungsmarktforscher soll vor allem versuchen, Auskunft darüber zu geben, welche speziellen Marktfaktoren voraussichtlich besonders stark auf eine veränderte Wirtschaftslage reagieren werden. Er wird im Konjunkturhoch in besonderem Maße Lieferzeiten und -mengen als die in dieser Situation kritischen Marktfaktoren beobachten und im Konjunkturtief sein Augenmerk vor allem auf die Preise zu richten haben. Daß die – vielfach angezweifelte – Elastizität der Preise gerade bei vielen Grundstoffen und Halberzeugnissen, mit denen sich der industrielle Einkäufer befaßt, im Konjunkturabschwung und -tief offenbar doch gegeben ist, haben die Rezessionen der neueren Zeit an einer Vielzahl von Beispielen verdeutlicht.

Der Einkäufer, der das konjunkturelle Auf und Ab auf den Beschaffungsmärkten verfolgt, wird bald sehen, daß bestimmte Branchen Konjunkturentwicklungen durchlaufen, die mit der allgemeinen Wirtschaftslage nicht korrespondieren. Man muß also als Marktforscher einerseits die Entwicklungen der gesamten Volkswirtschaft beachten und andererseis gleichzeitig bei seinen Untersuchungen den Sonderentwicklungen auf einzelnen Sektoren, den speziellen Branchenkonjunkturen, Rechnung tragen. Ohne ein gewisses Konjunkturverständnis, ohne Beobachtung wichtiger Konjunkturindikatoren und ohne Kenntnis der wesentlichen die allgemeine Konjunktur beeinflussenden Faktoren werden Aussagen über die voraussichtlichen konjunkturbedingten Veränderungen der Beschaffungsmärkte nicht möglich sein. Dabei sind angesichts der starken internationalen Verflechtung neben den binnenwirtschaftlichen Faktoren auch die ausländischen Einflüsse auf die einzelstaatliche Konjunktur zu berücksichtigen. Das Konjunkturgeschehen im Ausland darf der Beschaffungsmarktforscher auch deshalb nicht aus den Augen verlieren, weil – trotz internationaler Verflechtung – konjunkturelle Schwankungen in den unterschiedlichen Ländern der Welt nicht unbedingt synchron verlaufen; das gilt sowohl im Hinblick auf die gesamtwirtschaftliche Entwicklung als auch hinsichtlich bestimmter Branchen in unterschiedlichen Ländern. Aus diesem Grunde lassen sich immer wieder ausländische Märkte finden, auf denen Waren, für die im Inland ein Beschaffungsengpaß besteht, günstiger und schneller bezogen werden können.

Trotz genauer Beobachtung des Wechsels der Konjunkturphase wird für viele Beschaffungsmärkte die Ungewißheit des Einkaufs über die Stärke und die Dauer des zu erwartenden konjunkturellen Pendelausschlags relativ groß bleiben. Man wird diesen Unsicherheitsbereich am ehesten noch dort einengen können, wo sich feststellen läßt, daß die konjunkturellen Veränderungen auf dem eigenen Beschaffungsmarkt erfahrungsgemäß denjenigen auf einem anderen Markt mit einem time lag folgen. Eine derartige Situation und die Möglichkeit, Rückschlüsse aus bestimmten Symptomreihen zu ziehen, sind vor allem bei Gütern gegeben, die in gewisser Weise in einem Bedarfszusammenhang stehen. So kann z.B. die Zahl der ermittelten Baugenehmigungen ein wichtiges Symptom für zu erwartende Lieferfristen bei bestimmten Baumaterialien sein.

Im Vergleich zu den konjunkturellen Veränderungen der Beschaffungsmärkte sind die saisonalen Schwankungen in der Regel mit größerer Genauigkeit voraussehbar. Sie treten entweder als Folge natürlicher Vorgänge, wie z.B. der Ernten, des von der Jahreszeit abhängigen Klimas oder der wetterbedingten Schwierigkeiten auf bestimmten Transportwegen, in Erscheinung oder sind künstlich an bestimmte Termine des Jahres, wie Weihnachten oder Ostern, gebunden. Schwierig zu prognostizieren ist allerdings auch bei diesen rhythmisch gebundenen Bewegungen in vielen Fällen die Stärke des Ausschlags nach unten bzw. nach oben. Darüber so früh wie möglich Informationen zu erhalten, gehört meistens mit zu den wichtigsten Aufgaben der Marktforschung. Aber auch der zeitliche Verlauf der Saison ist nicht immer völlig exakt im voraus auszumachen; denn die Saison kann in einem Jahr früh, im nächsten Jahr spät einsetzen. Aus den genannten Gründen ist die Berücksichtigung saisonaler Schwankungen in der Beschaffung vielfach keine reine Routineangelegenheit.

Durch die Beobachtung zeitlicher Reihen für zurückliegende Jahre sollte die Beschaffungsmarktforschung auch zu ermitteln versuchen, ob auf den Märkten bestimmter Einkaufsprodukte sich ein Trend abzeichnet. Derartige trendbedingte Veränderungen des Marktes können durch das Auftreten von Substitutionsgütern, durch das allmähliche Versiegen von Rohstoffquellen, durch das Auftauchen von neuen Wettbewerbern, durch Konzentrationstendenzen etc. hervorgerufen werden.

Vielfach sind diese Vorgänge eingebettet in das langfristige Entstehen und Vergehen der Märkte und charakteristisch für bestimmte Phasen des Lebenszyklus eines Produktes. Der Einkäufer wird sich bei einigen Produkten Klarheit darüber zu verschaffen haben, in welcher durch den Lebenszyklus bedingten Phase und Verfassung sich der Markt befindet. Die Theorie bietet hierzu die Einteilung in die folgenden vier Marktstadien an:

– Experimentierungs- bzw. Einführungsphase,
– Expansions- bzw. Wachstumsphase,
– Ausreifungs- bzw. Marktsättigungsphase,
– Stagnations- bzw. Rückbildungsphase.

Während in der Experimentierungsphase der neue Artikel noch relativ teuer ist, kann es in der Expansionsphase als Folge der inzwischen erlangten Produktionserfahrung und des Auftretens neuer Herstellungstechniken zu einer beträchtlichen Preissenkung kommen. Die Expansionsphase ist auf Seiten des Angebotes im allgemeinen durch eine starke Preiskonkurrenz und durch den Kampf um Marktanteile charakterisiert. Man hat dieses Marktstadium auch kurz als Bonanza-Phase bezeichnet. In der Marktsättigungsphase erreicht das Produkt den Höhepunkt seines Markterfolges, neue Nachfrageschichten oder Verwendungsgebiete können in der Regel nicht mehr erschlossen werden, und damit ist der Übergang zur Stagnationsphase gegeben. Dieses letzte Marktstadium wird bei vielen Artikeln durch das Aufkommen eines Substitutionsgutes eingeleitet.

Aus dem Trend eines bestimmten Beschaffungsmarktes kann der Einkauf in vielen Fällen eine gleichgerichtete Tendenz für die kommenden Jahre ableiten. Da jedoch der Trend in der Regel nur sehr langsam zu Veränderungen im Erscheinungsbild eines Marktes führt, besteht die Gefahr, daß diese langfristigen Entwicklungen mit ihren nur relativ geringfügigen Verschiebungen von Jahr zu Jahr von der Beschaffungsmarktforschung zunächst übersehen oder zu lange vernachlässigt werden und daß die notwendigen Maßnahmen zur Anpassung an diese Marktveränderungen zu spät ergriffen werden.

Was schließlich die sonstigen, unrhythmisch auftretenden kurzfristigen Schwankungen der Märkte betrifft, so lassen sie sich aus der Sicht der Beschaffungsmarktforschung in zwei große Kategorien einteilen. Da gibt es erstens eine Vielzahl von Erscheinungen, die, wie bestimmte Naturereignisse, Katastrophen oder der witterungsbedingte Ausfall eines Transportweges, meistens ziemlich abrupt die Marktverhältnisse verändern und von der Marktforschung nicht vorhergesehen werden können. Davon sind zweitens diejenigen Ereignisse zu unterscheiden, die wie Streiks, Auf- oder Abwertung einer Währung und handelspolitische Vereinbarungen ihre Schatten vorauswerfen, teilweise den Markt schon vor Eintritt des Ereignisses beeinflussen und vom Einkäufer in seinen Entscheidungen frühzeitig berücksichtigt werden können.

6.2.4 Lieferant

Um die Eignung des Anbieters für die beschaffende Unternehmung beurteilen zu können und um den Einkauf bei der Auswahl der Lieferanten vor Enttäuschungen und Fehlentscheidungen zu bewahren, sind im Rahmen der Beschaffungsmarktforschung differenzierte Informationen über die wirtschaftliche und technische Leistungsfähigkeit aktueller und potentieller Lieferanten zusammenzutragen. Bei dieser Lieferantenanalyse, die sich im einzelnen auf eine Vielzahl von Faktoren erstreckt, stehen vier große Datenblöcke im Vordergrund des Interesses:

– Allgemeine Unternehmensdaten
– Spezielle produktbezogene Daten
– Konditionen und Service
– Beziehungen der eigenen Unternehmung zum Lieferanten

Was die *allgemeinen Unternehmensdaten* betrifft, so sollten von der Beschaffungsmarktforschung Informationen über die Gesellschaftsform und über die Inhaberverhältnisse, über die Größe des Unternehmens und die Umsatzentwicklung sowie über die organisatorische Gliederung des Lieferantenbetriebes zusammengetragen werden. Auch Kenntnisse über das Beschaffungs-, Fertigungs- und Verkaufsprogramm des Lieferanten können für die abnehmende Unternehmung von Nutzen sein; denn aus ihnen lassen sich die Fragen beantworten, ob der Lieferant außer bei den Materialien, die er bislang schon geliefert hat, auch auf anderen Gebieten den eigenen Betriebsbedarf decken kann und ob er als Kunde für die Endprodukte oder als Verwender der Abfallstoffe der eigenen Unternehmung in Frage kommt.

Für den Einkäufer sind ferner Daten über die finanzielle Lage und die Gewinnsituation des Lieferanten wichtig. Die Auswahl eines Lieferanten, der sich in finanziellen Schwierigkeiten befindet, kann nämlich für den Abnehmer mit einem großen Risiko verbunden sein; sie birgt die Gefahr in sich, daß der Lieferant seine Verpflichtungen aus dem Kaufvertrag nicht erfüllen kann, daß insbesondere wegen der beim Lieferanten möglicherweise auftretenden Schwierigkeiten bei der Beschaffung der Vormaterialien eine kontinuierliche und pünktliche Belieferung mit Produkten nicht gewährleistet ist und daß die Verläßlichkeit der Produktqualität nicht gesichert bleibt. Vor allem im Konjunkturtief sollte die Beschaffungsmarktforschung darauf achten, daß nicht eines Tages die Bedarfsdeckung dadurch ernsthaft gefährdet wird, daß ein Lieferant wegen Zahlungsunfähigkeit in Konkurs geht und seine Produktion einstellen muß. Kenntnisse über den finanziellen Status des Lieferanten sind im Einkauf auch deshalb erforderlich, weil sich im Geschäftsleben nicht selten Forderungen gegenüber dem Lieferanten aus Garantievereinbarungen, aus Verträgen mit Konventionalstrafe, aus Anzahlungen oder Materialbeistellungen ergeben. Der Einkäufer sollte schließlich auch deshalb die Finanz- und Gewinnsituation seiner Lieferanten genauer analysieren, weil Unternehmen mit einer soliden Finanzgrundlage eher in der Lage sind, notwendige Investitionen, Produktverbesserungen und -entwicklungen durchzuführen als finanzschwache Unternehmen und weil Lieferanten mit einem hohen Gewinn eher als Grenzunternehmen bereit sind, den Preis zu reduzieren.

Bei der Beurteilung der Finanzlage eines Lieferanten sollte man im Einkauf berücksichtigen, daß die tatsächlichen Liquiditätsprobleme einer Unternehmung sich in vielen Fällen nicht eindeutig an finanziellen Kennzahlen wie der goldenen Bilanzregel oder der „quick ratio" ablesen lassen, weil in diesen Zahlen z.B. nicht das Verhalten der Kreditgeber gegenüber dem Lieferanten und die zu erwartende Geschäftsentwicklung beim Lieferanten zum Ausdruck kommt. In einigen Fällen vermag vielleicht der Einkäufer einen in finanzielle Schwierigkeiten geratenen Lieferanten daran erkennen, daß diese Unternehmung versucht, mit Hilfe einer Erhöhung oder einer als Anreiz wirkenden Staffelung der Skontosätze ihre Außenstände möglichst schnell hereinzuholen. Im übrigen wird man in der Praxis nicht immer sofort die geschäftlichen Beziehungen zu einem Lieferanten abbrechen, wenn sich herausstellt, daß er in finanzielle Schwierigkeiten geraten ist. Es kommt vor, daß die abnehmende Unternehmung aus Gründen der Erhaltung eines wertvollen und leistungsfähigen Lieferanten oder zwecks Erhaltung der Marktstruktur dem Lieferanten hilft, seine Liquiditätsschwierigkeiten zu überwinden.

Die Ursachen für Lieferschwierigkeiten und für schlechte Qualität eines Lieferanten können auch bei den Mitarbeitern des Lieferanten liegen. Eine Beschaffungsmarktforschung, die Risiken vermeiden möchte, kann deshalb die Belegschaft eines Lieferanten nicht völlig außer Betracht lassen. Insbesondere sind Informationen über das Betriebsklima, die betriebliche Personalpolitik, die Konflikte zwischen Belegschaft und Geschäftsleitung, die Höhe der Fluktuationsrate und deren Ursachen sowie über die Qualifikation der Mitarbeiter für die abnehmende Unternehmung von Interesse. Wichtig sind auch Daten darüber, welcher Gewerkschaft und welchem Tarifgebiet die Mitarbeiter angehören, wann eine neue Tarifrunde beginnt und wegen eventueller Streiks mit Lieferschwierigkeiten zu rechnen ist und wie die Streikgeschichte eines Lieferanten aussieht.

Besondere Beachtung schenkt man heute in der Beschaffungsmarktforschung ferner der Frage, ob die liefernde Unternehmung eine aktive und fortschrittliche Geschäftsführung besitzt, die durch eine ständige Verbesserung der Produktionsmethoden und durch eine kontinuierliche Weiterbildung und Qualifizierung des Personals zur Kostensenkung und zur Produktverbesserung beiträgt. In vielen Beschaffungsabteilungen werden die Lieferanten verstärkt danach beurteilt, inwieweit sie in der Lage sind, den Abnehmer bei der Lösung schwieriger, technischer, wirtschaftlicher und organisatorischer Probleme zu unterstützen, und ob sie bereit sind, auf wertanalytischem Gebiet mit der abnehmenden Unternehmung zusammenzuarbeiten. In diesem Zusammenhang ist auch zu untersuchen, auf welchem Niveau die Forschungs- und Entwicklungsabteilung des Lieferanten steht und ob sich der Abnehmer darauf verlassen kann, daß sein Lieferant die Verwendbarkeit irgendwo auftretender neuer Ideen und Methoden frühzeitig erkennt und ihn darauf aufmerksam macht. Vor allem in denjenigen Fällen, in denen der Lieferant nicht bestimmte Standarderzeugnisse, sondern ganz spezielle, auf den einzelnen Abnehmer zugeschnittene Produkte liefert, sowie im Falle der Lieferantenentwicklung, stehen diese Fragen im Rahmen der Lieferantenanalyse im Vordergrund des Interesses.

Innerhalb der *produktbezogenen Daten* spielen die Fertigungskapazitäten des Lieferanten und die Qualität seines Produktes eine wesentliche Rolle. Viele Anbieter neigen dazu, Aufträge anzunehmen, die ihre quantitative und qualitative Leistungsfähigkeit übersteigen. Der Einkäufer sollte sich deshalb einen Überblick darüber verschaffen, wie groß die Fertigungskapazitäten des Lieferanten sind, wie stark sie ausgelastet sind und inwieweit der Lieferant größere Bestellungen in speziellen Bedarfsfällen bewältigen kann. Es ist die Frage zu klären, ob die Schwankungen des eigenen Betriebsbedarfs sich auf den Lieferanten übertragen lassen und mit welchen Kosten eine derartige Vorgehensweise für die abnehmnde Unternehmung verbunden ist. Eng mit der Auslastung der Kapazitäten hängen auch die Länge der Lieferfristen sowie die Termintreue eines Lieferanten zusammen. Je genauer der Beschäftigungsgrad des Lieferanten bekannt ist, desto eher lassen sich im allgemeinen Aussagen über die zu erwartende Terminzuverlässigkeit eines Lieferanten machen.

Um Anhaltspunkte für die Beurteilung der Produktqualität zu gewinnen, müssen Daten über die fertigungstechnischen Stärken und Schwächen des Lieferanten gesammelt werden. In diesem Zusammenhang ist insbesondere zu klären, ob das Produktionsverfahren dem neuesten Stand des technischen Wissens entspricht, ob die Maschinen noch relativ jungen Datums oder völlig veraltet und reparaturanfällig sind und ob der Maschinenpark den vom Abnehmer verlangten Anforderungen an Qualität und Präzision genügen kann. Auch über die vom Lieferanten angewandten Maßnahmen zur Qualitätssicherung und -kontrolle sind Informationen zusammenzutragen; sie sollen u.a. Auskunft über die zu erwartende Qualitätszuverlässigkeit geben und als Grundlage für Überlegungen dienen, ob evtl. die Materialprüfung in der abnehmenden Unternehmung eingeschränkt oder ob die Qualitätsprüfung völlig zum Lieferanten verlagert werden kann.

Die Zuverlässigkeit eines Lieferanten wird nicht selten von der Vormaterialsicherung für ein bestimmtes Produkt beeinflußt. Aus diesem Grunde hat sich die Beschaffungsmarktforschung auch damit zu befassen, ob wegen der Abhängigkeit des Lieferanten von einem Vorlieferanten eine terminsichere Materialbereitstellung gefährdet sein kann, ob die Einkaufsabteilung des Lieferanten in organisatorischer Hinsicht eine gesicherte Versorgung mit Vormaterialien gewährleistet und mit welchen beschaffungspolitischen Maßnahmen (z.B. Streuung des Bedarfs) der Lieferant möglichen Störfaktoren entgegenwirkt. Auch Kenntnisse über die vorhandenen Lagerkapazitäten sind in diesem Zusammenhang von Wichtigkeit.

Hinsichtlich des vom Lieferanten angebotenen Produktes interessieren schließlich auch Daten über den Anteil des Produktes am Umsatz des Lieferanten, den Marktanteil des Lieferanten auf dem nationalen und internationalen Markt sowie Informationen über die Kostenstruktur des Produktes. Was den Anteil des Produktes am Umsatz des Lieferanten betrifft, so geht es hier um die Beantwortung der Frage, ob das zu untersuchende Produkt für den Lieferanten ein wichtiger Artikel oder nur ein Mitläufer in seinem Absatz- und Fertigungsprogramm ist. Im letzteren Fall sollte die Beschaffungsmarktforschung auf die Gefahr aufmerksam machen, daß dieses Produkt wegen seiner geringen Bedeutung für den Anbieter eines Tages im Rahmen einer Sortimentsbereinigung aus dem Produktionsprogramm des Lieferanten ausgeschieden werden könnte.

Im Mittelpunkt des Interesses der Einkaufspraxis stehen heute noch vielfach die vom Lieferanten angebotenen *Konditionen und Serviceleistungen.* Vor allem der Höhe des Preises, den Zahlungs- und Lieferbedingungen sowie den vom Lieferanten gewährten Rabatten und Boni schenkt der Einkäufer in der Regel seine volle Aufmerksamkeit. Hinsichtlich des Preisverhaltens des Lieferanten ist dabei für den Abnehmer die Frage von besonderer Bedeutung, ob ein Lieferant dahin tendiert, bei jeder sich bietenden Gelegenheit die Preise zu erhöhen und Kostensteigerungen einfach auf die einkaufende Unternehmung abzuwälzen oder ob er sich ernsthaft bemüht, durch Wertanalyse und Rationalisierung die Preise seiner Produkte auf einem angemessenen Niveau zu halten. Daneben sollte jedoch auch der Service des Lieferanten, wie Kunden- und Beratungsdienst, Kulanzleistungen und die gewährten Garantien im Rahmen der Beschaffungsmarktforschung nicht vernachlässigt werden, da diese Faktoren den Gewinn einer Unternehmung beträchtlich beeinflussen können. Nicht selten wird man sich im Rahmen der Beschaffungsmarktforschung auch mit dem Problem der Amortisation der vom Lieferanten eingesetzten Werkzeuge befassen müssen, und in einigen Fällen wird die Frage zu klären sein, ob es nicht evtl. für den Abnehmer günstiger ist, wenn er das Eigentum an den benötigten Werkzeugen erwirbt und sie dem Lieferanten zum Zwecke der Durchführung der Aufträge zur Verfügung stellt.

Ein wichtiger Bereich der Lieferantenanalyse ist schließlich die *Erforschung der speziellen Beziehungen, die zwischen dem jeweiligen Lieferanten und dem Abnehmer bestehen.* Im einzelnen geht es dabei um folgende Teilaspekte.

– *Wechselseitige Abhängigkeit zwischen Lieferant und Abnehmer*
  Hier entsteht erstens die Frage, ob die abnehmende Firma für den Lieferanten ein Hauptkunde oder nur ein unwichtiger Nachfrager ist, welches Interesse dementsprechend der Anbieter den Aufträgen des Abnehmers entgegenbringt und mit welcher Marktmacht gegenüber dem Lieferanten der Abnehmer ausgestattet ist. Zweitens hat die Beschaffungsmarktforschung zu untersuchen, ob nicht der Abnehmer in Abhängigkeit von seinem Lieferanten gerät bzw. geraten

ist. Dieses Problem stellt sich vor allem dort, wo ein einzelner Lieferant zu 100 % den Bedarf bei einem Artikel deckt, und ist insofern u.a. auch von der Anzahl der Lieferanten für ein Einkaufsprodukt abhängig.

– *Konkurrenzbelieferung*
Der Frage, ob ein Lieferant auch die Konkurrenz auf der Absatzseite beliefert, schenkt man in den Beschaffungsabteilungen vor allem dann besondere Aufmerksamkeit, wenn zwischen dem Lieferanten und der eigenen Unternehmung eine sehr enge Zusammenarbeit auf technischem und wirtschaftlichem Gebiet besteht. Bei Konkurrenzbelieferung durch den Lieferanten bestände hier die große Gefahr, daß know how an die Konkurrenz abfließt oder daß die Konkurrenz Vorteile daraus zieht, daß der Lieferant auf Anregung des Abnehmers sein Produkt verbessert. In einigen Fällen steht der Abnehmer der Konkurrenzbelieferung auch deshalb kritisch gegenüber, weil sie die Gefahr in sich birgt, daß der Lieferant in der Hochkonjunktur die eigene Firma zugunsten der Konkurrenz zu stark vernachlässigt und zur Lieferuntreue neigt. Die Beschaffungsmarktforschung sollte in diesem Zusammenhang untersuchen, ob die in derartigen Situationen sich ergebenden Probleme durch die Vereinbarung von Ausschließlichkeitsklauseln gelöst werden können.

– *Abhängigkeit von anderen Unternehmen, insbesondere der Konkurrenz*
Wenn ein Unternehmen mit der Konkurrenz kapitalmäßig verbunden ist oder wegen seiner Verpflichtungen aus Gegengeschäften oder aus langfristigen Lieferverträgen mit anderen Unternehmen in seiner Lieferbereitschaft eingeengt ist, kommt es als Lieferant für die eigene Unternehmung in der Regel nicht oder nur in begrenztem Umfang in Frage.

– *Zeitliche Dauer der Geschäftsbeziehungen*
Im allgemeinen wird in den Einkaufsabteilungen der Stammlieferant, dessen Leistungsfähigkeit man aus den Erfahrungen in der Vergangenheit beurteilen kann, gegenüber dem Lieferanten, mit dem man bislang noch keine Geschäftsbeziehungen unterhalten hat, bevorzugt. Bei einem völlig neuen Anbieter müssen in vielen Fällen im Rahmen der Lieferantenanalyse zunächst umfangreiche Recherchen angestellt werden, bevor man sich ein Urteil darüber erlauben kann, ob dieser Anbieter für die Beschaffung ein akzeptabler Partner ist.

– *Möglichkeit von Gegengeschäften und der Abnahme von Abfallstoffen*
Vielfach ist in einer Unternehmung nicht genau bekannt, ob ein Lieferant als Abnehmer eigener Endprodukte oder als Verwender anfallender Abfallstoffe in Frage kommt. Es ist dann Aufgabe der Beschaffungsmarktforschung, durch eine Analyse des Produktions- und Beschaffungsprogramms des Lieferanten zur Klärung dieses Sachverhaltes beizutragen. Insbesondere sollte die Beschaffungsmarktforschung auch die Vor- und Nachteile derartiger geschäftlicher Transaktionen mit dem Lieferanten einer genaueren Prüfung unterziehen.

– *Werbewert des Lieferanten für die eigene Unternehmung*
Es ist vorstellbar, daß ein Unternehmen, welches als Hersteller hochwertiger Produkte weithin einen guten Ruf hat, als Lieferant von der abnehmenden Firma deshalb bevorzugt wird, weil Name und Produkt dieses Anbieters für das Enderzeugnis der eigenen Unternehmung einen besonderen Werbewert besitzen. Vielfach weisen Hersteller, die mit solchen Werbewirkungen ihres Lieferanten rechnen können, in ihren eigenen Werbeaktionen sogar darauf hin, daß bei der Erstellung des Endproduktes das Einbauteil oder die Einbaugruppe dieser oder jener bekannten Firma verwendet worden ist. Es kommt auch vor, daß in einer derartigen Situation der Lieferant selbst Werbung für das Endprodukt des Abnehmers betreibt.

– *Räumliche Entfernung zwischen Lieferant und Abnehmer*
Die geographische Lage des Anbieters ist aus verschiedenen Gesichtspunkten heraus ein wichtiger Faktor innerhalb der Lieferantenanalyse. Einmal zeigen in der Regel die Transportkosten mit zunehmender Entfernung zwischen Lieferant und Abnehmer eine steigende Tendenz auf. Sodann sind Lieferungen von einem Hersteller, der weit vom Abnehmer entfernt ist, im allgemeinen auch einem hohen Transportrisiko unterworfen und mit einem großen Zeitbedarf für den Transport und folglich mit einer langen Wiederbeschaffungszeit verbunden.

Diese Aufzählung von innerhalb der Lieferantenanalyse zu berücksichtigenden Untersuchungsobjekten wird einerseits sicherlich nicht vollständig sein; sie soll andererseits aber auch nicht besagen, daß in jedem Einzelfall alle genannten Faktoren einer genaueren Analyse zu unterziehen sind.

6.2.5 Preis

Der Beschaffungspreis spielt fraglos eine sehr wichtige Rolle in vielen Einkaufsentscheidungen. Die marktforscherischen Aktivitäten in diesem Bereich haben den Besonderheiten der Preisbildung bei unterschiedlichen Materialien Rechnung zu tragen und müssen berücksichtigen, daß fast alle erwähnten Objekte der Beschaffungsmarktforschung einen mehr oder weniger großen Einfluß auf den Preis ausüben. Als wichtigste Preisbeeinflussungsfaktoren sind die Marktform, die unterschiedlichen Marktentwicklungen, die Qualität sowie der Lieferant zu nennen. Die im Rahmen der Beschaffungsmarktforschung für diese Objekte zusammengetragenen Informationen dienen als Hintergrund und Unterlage, um über den Beschaffungspreis Aussagen machen zu können. Im einzelnen bestehen die auf den Preis ausgerichteten Untersuchungen aus drei unterschiedlichen Methoden, nämlich:

– der Preisstrukturanalyse,
– der Preisbeobachtung und
– dem Preisvergleich (im Rahmen des Angebotsvergleichs).

Wie diese drei Methoden der Untersuchung des Beschaffungspreises sich in ihren Objekten und Zielen sowie in ihren Hauptanwendungsgebieten unterscheiden, soll die folgende Übersicht verdeutlichen (vgl. Tabelle 6.1).

Tabelle 6.1: Die auf den Preis ausgerichteten Untersuchungen

	Preisstrukturanalyse	**Preisbeobachtung**	**Preisvergleich**
Untersuchungs-objekt	Zusammensetzung des Preises eines Lieferanten aus Kostenbestandteilen und Gewinn	Veränderung des Preises eines Produktes im Laufe der Zeit	Preise verschiedener Lieferanten bzw. verschiedener Qualitäten
Untersuchungziel	Überprüfung der Angemessenheit eines Preises als Grundlage der Preisverhandlung	Prognose der zukünftigen Entwicklung als Grundlage der Beschaffungsdisposition und der Kontraktpolitik	Auswahl von Produktqualität und Lieferanten (im Rahmen des Angebotsvergleichs)
Hauptanwendungs-gebiet	Produkte, auf deren Preishöhe der Abnehmer Einfluß ausüben kann	Produkte, die eine hohe Preisvariabilität aufweisen	Produkte, die zu unterschiedlichen Preisen und unterschiedlicher Qualität von mehreren Lieferanten bezogen werden können

Im Vordergrund der Einkaufspraxis stehen vor allem die Preisbeobachtung und der Preisvergleich. Die Preisbeobachtung ist dabei insbesondere wichtig für Produkte, deren Preise sich an Warenbörsen oder börsenähnlichen Einrichtungen bilden und in der Regel sehr stark auf Veränderungen der Nachfrage oder des Angebotes reagieren. Zu diesen preisempfindlichen Erzeugnissen gehören die meisten international gehandelten Rohstoffe, wie Kupfer, Wolle, Naturkautschuk, Zinn oder Blei. Aber auch bei vielen Halb- und Fertigerzeugnissen sind Kenntnisse über die Preisentwicklung in der Vergangenheit und über den zu erwartenden Preistrend für die Beschaffung von großer Wichtigkeit. Da es jedoch für die meisten industriell gefertigten Artikel keinen mit dem Börsenpreis vergleichbaren einheitlichen, öffentlich notierten Marktpreis gibt, schaffen sich viele Einkaufsabteilungen zum Zwecke der Preisverfolgung dadurch eine Preisstatistik, daß sie die jeweils vorliegenden Angebotspreise der Lieferanten fortlaufend aufzeichnen.

Die Preisbeobachtung innerhalb der Beschaffungsmarktforschung sollte sich nicht nur auf die im Beschaffungsprogramm einer Unternehmung enthaltenen Produkte, sondern auch auf die Substitutionsmaterialien erstrecken. Es besteht sonst die Gefahr, daß der richtige Zeitpunkt für den Einsatz von Substitutionsgütern verpaßt wird. Nützlich kann für den Einkauf ferner eine statistische Verfolgung der Preisentwicklung bei wichtigen von Lieferanten verwendeten Einsatzstoffen sein, weil sich daraus Anhaltspunkte für die zu erwartenden Peise auf den direkten Beschaffungsmärkten ableiten lassen.

Die Durchführung einer Preisstrukturanalyse erscheint vor allem dann ratsam, wenn der Preis eines Materials zwischen Lieferant und Abnehmer ausgehandelt wird. Derartige aushandelbare Preise sind z.B. in der Regel bei denjenigen industriell gefertigten Produkten vorzufinden, die Spezialanfertigungen für den Abnehmer darstellen. Die Preisbildung erfolgt in diesen Fällen meistens in mehr oder weniger enger Anlehnung an die Kosten des Lieferanten.

6.3   Informationsquellen der Beschaffungsmarktforschung

6.3.1   Allgemeiner Überblick

Um ein realistisches Bild von der Situation und den Entwicklungstendenzen auf einem Beschaffungsmarkt zu erhalten, müssen eine Vielzahl von Informationsquellen ausfindig gemacht und zu Rate gezogen werden. Dieses Zusammentragen und Bereitstellen der verschiedensten Informationen innerhalb der Beschaffungsmarktforschung ist zum großen Teil eine Art von Mosaikarbeit, und es ist ein wesentliches Kennzeichen für den guten Marktforscher, daß er weiß, wo geeignete, aktuelle Informationen über den Markt und seine Angebots- und Nachfrageverhältnisse zu erhalten sind.

In enger Anlehnung an eine in der Absatzmarktforschung übliche Unterscheidung wird die Informationssammlung auf der Beschaffungsseite in die Primärforschung (oder direkte Erhebung) einerseits und in die Sekundärforschung (oder indirekte Erhebung) andererseits eingeteilt. Unter Primärforschung sind dabei Untersuchungen zu verstehen, bei denen die Informationen eigens zum Zwecke der Markterkundung erhoben werden, während man von Sekundärforschung dann spricht, wenn bereits vorhandenes, in schriftlicher Form vorliegendes Material für Zwecke der Marktforschung verwendet und ausgewertet wird. Zur Primärforschung rechnet im Einkauf vor allem die Informationsbeschaffung durch schriftliche und telefonische Anfragen bei Herstellern, durch Messebesuche, Einkaufsreisen und Betriebsbesichtigungen. Beim Sekundärmaterial für die Beschaffungsmarktforschung handelt es sich z.B. um Geschäftsberichte möglicher Lieferanten, um Fachzeitschriften, Branchenhandbücher oder Statistiken aller Art. Wie diese Aufzählung verschiedener Informationsquellen der Primär- und Sekundärforschung verdeutlicht, besteht die Primärforschung zum großen Teil aus „field research", während die Sekundärforschung fast ausschließlich „desk research" darstellt.

Es ist wegen der Vielzahl von denkbaren Informationsquellen für die Beschaffungsmarktforschung nicht möglich, hier einen vollständigen Katalog aller in Frage kommenden Quellen aufzustellen. Gleichwohl soll in dem folgenden Überblick über die Hauptgruppen des für die Einkaufstätigkeit sich anbietenden Informationsmaterials versucht werden, einen Eindruck von der Fülle der verschiedenen in der Beschaffungsmarktforschung verwendbaren Informationsquellen zu vermitteln:

– Messen und Ausstellungen
– Kontakte mit Verkäufern
– Innerbetriebliche Quellen
– Vom Lieferanten herausgegebene Publikationen
  – Lieferantenkatalog und Preislisten
  – Prospekte und sonstiges Werbematerial
  – Geschäftsberichte
  – Hauszeitschriften
– Sonstige Veröffentlichungen
  – Börsen- und Marktberichte
  – Fachzeitschriften
  – Tageszeitungen und Informationsdienste
  – Adreßbücher, Branchenhandbücher und Bezugsquellenverzeichnisse
  – Offizielle Statistiken und Verbandsstatistiken
  – Veröffentlichungen der Konjunkturforschungsinstitute
– Lieferantenbesuche und Betriebsbesichtigungen
– Erfahrungsaustausch mit Fachkollegen anderer Untenehmen
– Probelieferungen
– Lieferantenbefragungen
– Auskünfte über Banken, Wirtschaftsverbände, Industrie- und Handelskammern, Botschaften, Konsulate, Auskunfteien
– Zusammenarbeit mit Marktforschungsinstituten

Welche konkreten Informationsquellen aus der Vielzahl der vorhandenen Möglichkeiten im Einzelfall zweckmäßigerweise ausgewählt werden sollten, hängt von dem zur Diskussion stehenden Beschaffungsgut, von der jeweiligen Entscheidungssituation, von dem zu untersuchenden Objekt der Beschaffungsmarktforschung, aber auch von der Qualität der einzelnen Informationsquelle ab. Bei der Suche nach geeigneten Informationen sollten dabei die folgenden Faktoren beachtet werden:

– Es ist von großer Wichtigkeit, Informationsquellen ausfindig zu machen, die möglichst objektiv und vertrauenswürdig sind. Der Beschaffungsmarktforscher sollte immer wieder das zur Verfügung stehende Informationsmaterial auf seine Aussagefähigkeit und seinen Realitätsgehalt hin kritisch überprüfen.

-   Außerdem sollen die ausgewählten Informationsquellen möglichst aktuelle Daten enthalten und für den Einkäufer einen Neuigkeitswert besitzen. Da Informationen über Beschaffungsmärkte rasch veralten, hat die Informationssammlung planmäßig und kontinuierlich zu erfolgen.

-   Schließlich ist bei der Auswahl der Informationsquellen der Grundsatz zu berücksichtigen, daß die Kosten für die Bereitstellung der Informationen niedriger sein sollen als der daraus resultierende Nutzen. Aus diesem Grundsatz leitet sich unter anderem die Forderung ab, daß die Sammlung überflüssiger, nicht operationaler Informationen tunlichst vermieden werden sollte und daß die gesammelten Informationen so exakt wie möglich, aber auch nur so exakt wie nötig sein sollten. Beim Vorteilsvergleich zwischen field und desk research ist darauf zu achten, daß zwar die direkte Erhebung in Form des field research (z.B. Messebesuch, Betriebsbesichtigungen) im allgemeinen mit höheren Aufwendungen als das desk research verbunden ist, daß jedoch diesen erhöhten Kosten in der Regel auch ein verbessertes Marktforschungsergebnis gegenübersteht. So können vielfach anläßlich eines Messebesuches, einer Einkaufsreise oder einer Betriebsbesichtigung aktuellere und verläßlichere Informationen gesammelt und realistischere Eindrücke vom Markt gewonnen werden als durch eine Auswertung von Sekundärmaterial am Schreibtisch. Die intensiveren und kostspieligeren Formen der Informationsbeschaffung, wie sie das field research bietet, wird man in der Beschaffung vor allen Dingen dann anwenden, wenn bei wichtigen Einkaufsentscheidungen ein besonderes Informationsbedürfnis vorliegt und wenn desk research allein nicht ausreicht und zu keinen brauchbaren Marktforschungsergebnissen führt. Die Informationsbeschaffung im Einkauf wird deshalb in der Regel durch eine sinnvolle Kombination von Schreibtischarbeit und Feldarbeit gekennzeichnet sein.

Es genügt nicht, daß lediglich Markt- und Lieferantendaten aus den verschiedensten Quellen zusammengetragen werden. Die gesammelten Materialien müssen auch geordnet, in einem Archiv gespeichert und auf diese Weise allen Sachbearbeitern einer Einkaufsabteilung zugänglich gemacht werden. Die Aussagefähigkeit einer derartigen Dokumentation ist davon abhängig, daß nur dokumentationswürdige Informationen aufbewahrt, veraltete Unterlagen laufend aussortiert und aktuelle Informationen kontinuierlich dem Archiv zugeführt werden. Außerdem ist dafür Sorge zu tragen, daß diese Sammlung nach einem durchdachten und rationellen Ordnungssystem erfolgt, so daß die im Bedarfsfall benötigten Informationen rasch und sicher zu erhalten sind.

Neben der Aufbewahrung von Informationsmaterial in Archiven werden in den meisten Einkaufsabteilungen auch bestimmte Marktdaten in systematisch geordnete und laufend ergänzte Dateien übernommen. Zu den für die Beschaffungs-marktforschung relevanten Karteien zählen im Einkauf die Lieferanten- sowie die Material-/Preiskartei.

6.3.2 Vor- und Nachteile und Aussagewert wichtiger Informationsquellen

Die verschiedenen Informationsquellen sind für den Beschaffungsmarktforscher mit unterschiedlichen Vor- und Nachteilen verbunden, und die Aussagefähigkeit der einzelnen Informationsquelle erstreckt sich in der Regel lediglich auf ganz bestimmte Objekte der Beschaffungsmarktforschung. Aus diesem Grunde kann vielfach nur eine Kombination verschiedenartiger Informationsquellen zu einer abgesicherten und ausreichenden Kenntnis des Beschaffungsmarktes führen.

Messen und Ausstellungen bieten als Informationsquelle der Marktforschung zunächst einmal den Vorteil der Besichtigung des Beschaffungsobjektes. Der Einkäufer kann auf der Messe in vielen Fällen die ausgestellten Erzeugnisse in Funktion sehen und die Anwendungsgebiete dieser Artikel kennenlernen. Da im allgemeinen eine Vielzahl von in- und ausländischen Herstellern auf Messen ihre Produkte darstellen und ihre Leistungsfähigkeit demonstrieren, ist dem Besucher die Möglichkeit gegeben, an einem Ort einen direkten Vergleich zwischen gleichen oder ähnlichen Erzeugnissen der verschiedenen Anbieter anzustellen. Als positiv ist die Messe auch insofern zu bewerten, als hier der persönliche Kontakt zwischen Fachleuten der ausstellenden Firmen und dem Einkäufer hergestellt werden kann und ein Erfahrungsaustausch mit den Herstellern und den Verwendern eines Produktes möglich ist. Ein weiterer Vorteil der Messen besteht darin, daß hier vielfach die neuesten Produkte oder veränderte alte Erzeugnisse gezeigt werden. Insofern bietet die Messe eine gute Gelegenheit für den Beschaffungsmarktforscher, seine Kenntnisse über technische Neuerungen, verbesserte Produktionsverfahren, Substitutionsgüter und die zukünftige technische Entwicklung aufzufrischen.

Als nachteilig müssen der relativ hohe finanzielle und zeitliche Aufwand für einen Messebesuch und die zeitliche Begrenzung von Messen und Ausstellungen angesehen werden. Da Informationen nur während der Veranstaltungszeit gewonnen werden können, sind Messen und Ausstellungen in der Regel für den kurzfristig auftretenden, täglichen Informationsbedarf in einer Beschaffungsabteilung keine geeignete Informationsquelle. Auch muß hier auf die Faktoren, welche die Sammlung sachdienlicher Informationen während des Messebesuchs erschweren, hingewiesen werden. Es besteht nämlich zum einen die Gefahr, daß der Einkäufer wegen des allgemeinen Messetrubels nicht die für die Materialsammlung erforderliche Konzentration aufbringen kann. Zum anderen müssen die auf Messen erhaltenen Eindrücke sehr genau auf ihren Realitätsgehalt hin überprüft werden; denn die

Aussteller auf einer Messe sind aus Gründen der Imagepflege bestrebt, ein möglichst günstiges Bild von der eigenen Leistungsfähigkeit zu vermitteln. Schließlich muß sich der Beschaffungsmarktforscher klar machen, daß in vielen Fällen nicht alle Hersteller einer Branche auf einer Messe vertreten sind. Vor allem kleinere Unternehmen können es sich vielfach nicht leisten, sich auf einem eigenen Messestand zur Schau zu stellen.

Vorbedingung für eine erfolgreiche Informationsbeschaffung auf Messen und Ausstellungen ist eine gründliche Vorbereitung. Diese Vorbereitung hat sich insbesondere auf die Probleme, über die man auf der Messe Informationen sammeln möchte, auf die Ermittlung der Firmen, von denen die gewünschten Daten voraussichtlich zu erhalten sind, sowie auf den Entwurf eines Besuchsplans zu erstrecken.

Sehr informativ können für den Einkäufer auch die *Kontakte mit den Verkäufern* sein. Die Vertreter werden um so gezielter Auskunft erteilen können, je genauer sie über den Informationsbedarf des Abnehmers unterrichtet sind. Schwerpunktmäßig wird sich die Information durch den Vertreter dabei auf die von ihm repräsentierte Unternehmung und deren Produkte beziehen. Aber ein guter Vertreter kann in vielen Fällen auch wertvolle Informationen über die Konkurrenz des Abnehmers oder Hinweise auf potentielle Lieferquellen für bestimmte Produkte, die sein Unternehmen nicht herstellt, geben.

Vertretergespräche können sehr viel Zeit in Anspruch nehmen. Der Einkäufer muß deshalb darauf achten, daß er nur mit wirklich gut informierten Vertretern längere Gespräche über den Beschaffungsmarkt führt, und er muß sich klar machen, daß man den Aussagen der auf Umsatz bedachten Verkäufer nicht bedenkenlos Glauben schenken darf. Bei dieser Informationsquelle besteht allerdings auch die Gefahr, daß der günstige bzw. ungünstige Eindruck, den man von einem Vertreter gewinnt, unbewußt in eine Beurteilung der Unternehmung dieser Repräsentanten umgesetzt wird.

Ein für die Beschaffungsmarktforschung kontinuierlich fließender Datenstrom kommt aus *innerbetrieblichen Quellen*. Er resultiert zum großen Teil aus den Erfahrungen, die man in der Vergangenheit mit bestimmten Anbietern gemacht hat und besteht vor allem aus statistischen Aufschreibungen über die zeitliche Dauer und den Umfang der Geschäftsbeziehungen mit einzelnen Lieferanten sowie über Beanstandungen der Terminkontrolle, der Wareneingangsprüfung, der Qualitätskontrolle, der Rechnungsprüfung oder des Lagers. Darüber hinaus kann der Beschaffungsmarktforscher auch aus Gespächen mit Technikern der eigenen Unternehmung wertvolle Hinweise für seine tägliche Arbeit erhalten. Sie werden sich vor allen Dingen auf technische Detailfragen, auf bestimmte Lieferanten und deren Qualitätsniveau und -zuverlässigkeit beziehen. Als wichtige, jedoch in der Regel zu wenig genutzte Informationsquelle innerhalb des eigenen Betriebes müssen auch die Verkaufsabteilung und die Absatzmarktforschung angesehen werden. So wird die Verkaufsabteilung bestimmte Auskünfte über diejenigen potentiellen Lieferanten, die auf der Absatzseite als Kunden auftreten, erteilen können. Sie ist ferner in der Lage, ihre ausländischen Verkaufsstellen bei der Erkundung wichtiger Importmärkte einzuschalten. Der Absatz sollte die Beschaffung beispielsweise auch dann informieren, wenn sich bei der Analyse von Konkurrenzprodukten herausstellt, daß ein Wettbewerber ein in der eigenen Unternehmung nicht eingesetzes Material zur Herstellung seiner Erzeugnisse verwendet. Die Abteilung für Absatzmarktforschung innerhalb eines Unternehmens wird der Beschaffung insbesondere bei Fragen der weiteren konjunkturellen Entwicklung und der zu erwartenden Preisveränderung in bestimmten Branchen helfen können. Aus Kosten- und Ertragsgründen sollte die Beschaffungsmarktforschung die in der eigenen Unternehmung bestehenden Möglichkeiten der Informationsbeschaffung und die innerbetrieblich bereits verfügbaren Marktdaten möglichst intensiv nutzen.

Zu den *von Lieferanten herausgegebenen Publikationen,* die für die Beschaffungsmarktforschung von Interesse sind, zählen vor allen Dingen die Lieferantenkataloge und Preislisten, Prospekte und sonstiges Werbematerial, Geschäftsberichte und Hauszeitschriften. Relativ häufig werden in der Praxis die Lieferantenkataloge für marktforscherische Zwecke verwendet. Sie informieren über das gesamte Produktions- und Absatzprogramm einer Unternehmung auf dem Gebiete der Standardartikel und geben in der Regel auch Auskunft über technische Details der angebotenen Produkte und über Preise. Aus diesem Grunde sind Lieferantenkataloge ein geeignetes Hilfsmittel bei der Suche nach potentiellen Lieferanten und bei der Orientierung über Preise. Die meisten Einkaufsabteilungen haben systematisch geordnete Sammlungen von Katalogen angelegt, um bei vorliegendem Bedarf sich rasch informieren zu können. Im Gegensatz zu den Katalogen wollen die vom Lieferanten zugesandten Prospekte im allgemeinen auf ein bestimmtes Produkt aus dem Lieferprogramm des Anbieters aufmerksam machen und dessen Anwendungsmöglichkeiten erläutern.

Aus den Geschäftsberichten der Lieferanten lassen sich außer den Zahlen der Bilanz und der Gewinn- und Verlustrechnung vielfach auch Angaben über die Produktions- und Auftragsentwicklung, über das Produktspektrum, die Anzahl der Mitarbeiter oder über neue Fertigungsverfahren entnehmen. Man findet hier ebenfalls in vielen Fällen Hinweise auf die wirtschaftliche und finanzielle Lage, auf Ausbau- und Entwicklungspläne oder auf Konzernbindung und Beteiligungen. Die Möglichkeit, Informationen über Lieferanten aus Geschäftsberichten zu gewinnen, ist in der Praxis allerdings insoweit eingeschränkt, als nicht alle Unternehmen der Publizitätspflicht unterliegen. Da es außerdem für den Marktforscher ziemlich mühsam und zeitraubend ist, aus dieser sekundären Quelle das für sein Informationsbedürfnis Geeignete herauszusuchen, und da die sachgemäße Beurteilung der Bilanz und der Gewinn- und Verlustrechnung Fachkenntnisse auf dem Gebiete der Bilanzanalyse voraussetzt, ist es nicht verwunderlich, daß man in der Einkaufspraxis weitgehend auf die Auswertung von Geschäftsberichten verzichtet.

Auch die Hauszeitschriften der Lieferanten sind eine bislang noch verhältnismäßig selten genutzte Informationsquelle, obwohl sie z.T. aktuellere und für den Beschaffungsmarktforscher wichtigere Meldungen enthalten als die Geschäftsberichte. So geben Hauszeitschriften Hinweise auf neue Produktionsverfahren und -anlagen, sie vermitteln mit ihren warenkundlichen Berichten Kenntnisse über die Produkte des Lieferanten und informieren über die augenblickliche Geschäftslage oder über Forschungsprojekte.

Die vom Lieferanten herausgegebenen Publikationen sind vom Beschaffungsmarktforscher einer kritischen Überprüfung zu unterziehen, denn derartige Veröffentlichungen dienen dem Lieferanten auch zur Imagepflege und sollen seine Leistungsfähigkeit und seine Produkte in einem möglichst günstigen Licht darstellen.

Börsenberichte enthalten Informationen über das tägliche Geschehen an den nationalen und internationalen Warenbörsen und börsenähnlichen Einrichtungen. Sie sind von besonderem Interesse für den Rohstoffeinkäufer, geben vor allem Hinweise auf die Preisentwicklung im Effektiv- und Termingeschäft und deren Hintergründe und dienen als informationelle Grundlage für die Beschaffungsdisposition. *Marktberichte* werden hauptsächlich von Banken, Verbänden, Industrie- und Handelskammern sowie Marktforschungsinstituten herausgegeben. Sie dienen der Orientierung über die Gesamtlage und die Entwicklungen einzelner Branchen.

Fachzeitschriften werden erst dann eine sinnvolle Informationsquelle für die Beschaffungsmarktforschung, wenn sie in der Einkaufsabeilung regelmäßig, systematisch und gründlich ausgewertet werden. Dabei hat sich die Auswertung sowohl auf die Fachartikel als auch auf die Anzeigen der Lieferanten zu erstrecken. Während die Fachartikel verhältnismäßig aktuelle Berichte über die Marktsituation und die Zukunftsaussichten einer Branche, über technische Neuentwicklungen oder bestimmte Hersteller enthalten, geben Anzeigen insbesondere Hinweise auf das Produktionsprogramm einzelner Lieferanten, auf technische Einzelheiten der angebotenen Produkte oder auf neue Erzeugnisse. Da die Anzahl der in- und ausländischen Fachzeitschriften sehr groß ist, muß man in einer Einkaufsabteilung eine Auswahl aus dem bestehenden vielfältigen Angebot treffen, die sich nach dem speziellen Informationsbedürfnis der Beschaffungsmarktforschung in einer Unternehmung zu richten hat.

Neben den Fachzeitschriften sind es vor allem auch die *überregionalen Tageszeitungen* und die Nachrichten der *Informationsdienste*, die über aktuelle Geschehnisse auf den Beschaffungsmärkten berichten. Die Meldungen in den Zeitungen können sich dabei auf fast alle erwähnten Objekte der Beschaffungsmarktforschung erstrecken. Es ist allerdings relativ zeitraubend, aus der Vielzahl der Nachrichten und Berichte das für die Beschaffungsmarktforschung Geeignete herauszufiltern.

Weiter müssen als häufig benutzte Quellen der Marktforschung die *Adreßbücher, Branchenhandbücher und Bezugsquellenverzeichnisse* aller Art genannt werden.

Sie werden vorwiegend von Verlagen, Verbänden und den Industrie- und Handelskammern herausgegeben. Dabei handelt es sich bei den sog. Mitgliedsverzeichnissen der Verbände in der Regel um Adreßbücher, die sich auf eine bestimmte Branche erstrecken, während die Industrie- und Handelskammern mit ihren Bezugsquellenverzeichnissen im allgemeinen auf die jeweilige Region abstellen. Jede Einkaufsabteilung sollte sowohl mit umfassenden Bundesadreßbüchern als auch mit denjenigen Fachadreßbüchern, die sich auf die wichtigsten Einkaufsprodukte beziehen, und mit denjenigen regionalen Adreßbüchern, die für den eigenen Standort relevant sind, ausgestattet sein. Zu den regionalen Adreßbüchern sind dabei auch die „Gelben Blätter" des lokalen Telefonbuches zu zählen.

Bezugsquellenverzeichnisse dieser Art dienen im allgemeinen lediglich zur Ermittlung der potentiellen Lieferanten für ein bestimmtes Produkt und zur Feststellung der Anschrift der Anbieter; sie sagen nichts über die Leistungsfähigkeit der aufgeführten Hersteller aus. Der Aussagewert einiger dieser Werke ist auch insofern begrenzt, als sie sich oft nicht auf dem neuesten Stand befinden und man sich nicht immer darauf verlassen kann, daß auch wirklich alle Anbieter in ihnen erfaßt sind.

Statistiken, wie sie von amtlichen Stellen oder Wirtschaftsverbänden herausgegeben werden, spielen in der Beschaffungsmarktforschung nicht eine so große Rolle wie in der Absatzmarktforschung. Von einiger Bedeutung sind auf der Beschaffungsseite allenfalls Preis- und Kostenstrukturstatistiken sowie statistische Übersichten über die Struktur und Entwicklung einzelner Beschaffungsmärkte.

Bei der Untersuchung von konjunktureller Lage und zu erwartender Entwicklung auf den Märkten wird sich die Beschaffungsmarktforschung weitgehend auf *Veröffentlichungen der Konjunkturforschungsinstitute* stützen. Da sich der Einkäufer insbesondere für die Branchenkonjunktur interessiert, kommen als Informationsquelle der Beschaffungsmarktforschung vor allem diejenigen Institute in Betracht, die ihre Untersuchungen speziell auf einzelne Wirtschaftszweige ausrichten. Besonders hinzuweisen ist in diesem Zusammenhang auf den vom IFO-Institut für Wirtschaftsforschung in München herausgegebenen Konjunkturtest und den Konjunkturspiegel; sie sind für die Belange der Beschaffungsmarktforschung deshalb als besonders geeignet anzusehen, weil in ihnen sehr detailliert nach einzelnen Branchen untergliedert wird.

Lieferantenbesuche und Betriebsbesichtigungen haben als Informationsquelle der Beschaffungsmarktforschung in den letzten Jahren ständig an Bedeutung gewonnen. Sie sind die wichtigste Informationsquelle für die Lieferantenanalyse und entsprechen der an eine Materialsammlung gestellten Forderung, daß zwecks Vermeidung von Fehldeutungen die benötigten Informationen möglichst nahe am Datenursprung zu erfassen sind. Eine sorgfältig vorbereitete, eingehende Betriebsbesichtigung verschafft vor allem einen Überblick über die quantitative und qualitative Leistungsfähigkeit eines Lieferanten. Der Einkäufer hat bei einer Betriebsbesichtigung sein Augenmerk insbesondere auf den Maschinenpark und den Produktionsprozeß, das Kontroll- und Prüfwesen, das Lager, den inner- und außerbetrieblichen Transport, die Arbeitsvorbereitung und die allgemeine Ordnung im Betrieb, die Organisation der Unternehmung und die Personalstruktur zu richten. Im Gespräch mit dem Lieferanten sollte man versuchen, Auskünfte über die Zukunftspläne, Personalpolitik oder die Arbeiten an Entwicklungsprojekten zu bekommen.

Damit sowohl die kaufmännischen als auch die technischen, organisatorischen und logistischen Probleme in der Zusammenarbeit mit einem Lieferanten ausreichend berücksichtigt werden können, werden in der Praxis derartige Lieferantenbesuche und Betriebsbesichtigungen in vielen Fällen von einem Team durchgeführt. Die Zusammensetzung des Teams richtet sich dabei nach der vorherrschenden Problemstellung, der anstehenden Zielsetzung des Lieferantenbesuchs und nach der Bedeutung des zu besichtigenden Lieferanten für die abnehmende Unternehmung. Meistens nehmen neben dem Einkäufer Techniker aus der Produktion und Entwicklung sowie Mitarbeiter aus der Qualitätskontrolle an der Betriebsbesichtigung beim Lieferanten teil. Je qualifizierter das Team ist, desto ergiebiger dürfte ein derartiger Lieferantenbesuch sein und desto zuverlässiger sind im allgemeinen die gesammelten Informationen. Das Team sollte möglichst selbst bestimmen, welche Betriebsbereiche es im einzelnen beim Lieferanten besichtigen möchte, da sonst die Gefahr besteht, daß der Lieferant eine ihm angenehme, einseitige Auswahl für die Besichtigung trifft.

Wegen des hohen Zeit- und Reiseaufwandes lohnt sich die Durchführung von Lieferantenbesuchen in der Regel nur dann, wenn der Kreis der potentiellen Lieferanten bereits auf einige wenige begrenzt worden ist und wenn der auszuwählende Lieferant oder das zu lösende Problem für den Abnehmer von großer Bedeutung ist. Allerdings ist nicht jeder Lieferant auch bereit, seinen Kunden oder dem potentiellen Abnehmer unbeschränkten Einblick in seine betrieblichen Verhältnisse zu gewähren. Je größer jedoch die Marktmacht des Abnehmers und je vertrauensvoller und langfristiger die Zusammenarbeit zwischen Lieferant und Kunde ist, desto eher wird die abnehmende Unternehmung Zutritt zu den Produktions- und Lagerstätten des Anbieters erhalten.

Als wertvolles Reservoir für Marktinformationen hat sich ebenfalls der *Erfahrungsaustausch mit Fachkollegen anderer Unternehmen* bewährt. Man versucht auf diese Weise, die in anderen Firmen vorhandenen Kenntnisse über den Beschaffungsmarkt und die Lieferanten für das eigene Unternehmen zu nutzen. Vorbedingung für eine fruchtbare Zusammenarbeit auf diesem Gebiet ist jedoch, daß Vertrauen zwischen den Beteiligten besteht und daß dieser Informationsaustausch auf Gegenseitigkeit beruht. In der Regel läßt sich eine derartige Kooperation nur mit denjenigen Nachfragekonkurrenten realisieren, die nicht auch als Wettbewerber auf der Absatzseite in Erscheinung treten. Der Informationsaustausch wird sich dabei vor allen Dingen auf diejenigen Materialien, die der jeweilige Einkäufer bislang noch nicht für sein Unternehmen beschafft hat, und auf diejenigen Lieferanten, zu denen er in der Vergangenheit noch keine Geschäftsbeziehungen unterhalten hat, erstrecken. Zudem gewähren Kontakte zu den Fachkollegen anderer Unternehmen Einblicke in die Einkaufsstrategie und -taktik von Nachfragekonkurrenten. Die Zusammenarbeit mit anderen Firmen auf dem Gebiete der Beschaffungsmarktforschung kann den Beteiligten sehr viel Arbeit ersparen und sollte vom Einkäufer aktiv gefördert werden. In der Praxis läßt sich neuerdings beobachten, daß immer mehr Abnehmer von Anbietern, mit denen sie das erste Mal Geschäftsbeziehungen aufnehmen möchten, den Nachweis von Referenzen verlangen, damit sie mit dem Kunden dieses Anbieters Kontakt aufnehmen und ihn um Auskunft über die Leistungsfähigkeit dieses Lieferanten bitten können.

Als eine nicht unbedeutende Möglichkeit der Informationsbeschaffung muß auch die *Probelieferung* angesehen werden. Sie bietet sich besonders bei denjenigen Lieferanten an, mit denen man neu ins Geschäft kommen möchte, über deren Leistungsfähigkeit jedoch auf andere Weise nicht hinreichend Auskunft zu erhalten ist. Aus der Probelieferung läßt sich vor allem erkennen, ob der in Aussicht genommene Lieferant hinsichtlich Qualitätsniveau und -zuverlässigkeit den Vorstellungen des Abnehmers entspricht. Allerdings kann der Informationsgehalt einer Probelieferung dadurch beeinträchtigt werden, daß jeder Lieferant bemüht ist, gerade die Probelieferung mit größter Sorgfalt auszuführen.

Ein bewährtes und wenig aufwendiges Instrument zur Informationsgewinnung sind die (mündlichen, telefonischen oder schriftlichen) *Lieferantenbefragungen*. Sie werden sich zwar in erster Linie auf den Anbieter selbst und seine wirtschaftlichen und technischen Verhältnisse erstrecken. So sind z.B. einige Abnehmer dazu übergegangen, mit Hilfe von Fragebogen (Checklisten), die sie dem Anbieter mit der Bitte um Beantwortung zusenden, Lieferantendaten zu sammeln. Da jedoch der Anbieter im allgemeinen ziemlich genau über den Gesamtmarkt informiert ist, sollte der Einkauf auch auf anderen Gebieten der Beschaffungsmarktforschung eine Zusammenarbeit mit dem Lieferanten anstreben und versuchen, das Spezialwissen des Lieferanten über die zu erwartende Branchenkonjunktur, über die Vormärkte, über voraussichtliche Preis- und Lieferzeitveränderungen oder über Verknappungserscheinungen für das eigene Unternehmen nutzbar zu machen. In einigen Fällen geht heute die Initiative zu einem derartigen Informationsaustausch zwischen Lieferant und Abnehmer bereits vom Anbieter aus. So wird z.B. von Handelsunternehmen berichtet, die ihren Kunden regelmäßig Informationen über die Marktentwicklung bei Börsenprodukten zukommen lassen.

Der Beschaffungsmarktforscher versucht ferner, dadurch Informationen über Lieferanten und Märkte zu erhalten, daß er mit gezielten Fragen spezielle *Auskünfte über Banken, Wirtschaftsverbände, Industrie- und Handelskammern, Botschaften, Konsulate oder Auskunfteien einholt.* Von der Möglichkeit der Informationsbeschaffung über Auskunfteien wird in der Praxis relativ häufig Gebrauch gemacht.

Die von diesen Instituten angebotenen Informationen erstrecken sich dabei schwerpunktmäßig auf die Finanz- und Vermögenslage einer Firma, ihre Kapitaleigner, ihre Stellung am Markt und ihre Geschäftsverbindungen. Ähnliches gilt auch von den Auskünften der Banken, die allerdings wegen des Bankgeheimnisses nur in begrenztem Umfang Informationen erteilen können. Konsulate, Botschaften und Auslandshandelskammern spielen als Informationsquelle bei der Erkundung von ausländischen Beschaffungsmärkten eine Rolle.

Während die Absatzmarktforschung in starkem Maße mit externen *Marktforschungsinstituten* zusammenarbeitet, ist die Einschaltung derartiger Institute im Rahmen der Beschaffungsmarktforschung nicht üblich. Als Gründe für diese Erscheinung werden genannt:

– Die bestehenden Marktforschungsinstitute sind in ihrer Arbeit schwerpunktmäßig auf die Konsumgütermärkte ausgerichtet.

– Die Durchführung der Beschaffungsmarktforschung setzt technisches Wissen und die Kenntnis der betrieblichen Gegebenheiten voraus. Diese Voraussetzungen sind bei Marktforschungsinstituten nicht gegeben.

– In vielen Fällen besteht der Beschaffungsmarkt für ein bestimmtes Produkt aus einem relativ kleinen, überschaubaren Anbieterkreis, so daß die Einschaltung eines Marktforschungsinstituts nicht geboten erscheint.

6.4   Bedeutung der Beschaffungsmarktforschung für die Entscheidungsfindung

Entscheidungen im Einkauf können nur so gut sein wie die Informationen, auf die sie sich stützen. Das heißt mit anderen Worten, daß der Unsicherheitsbereich von Einkaufsentscheidungen und damit das Risiko von Fehlentscheidungen um so größer sind, je lückenhafter und ungenauer die vorhandenen Marktinformationen sind. Es läßt sich in der Praxis zwar nicht völlig vermeiden, daß Beschaffungsentscheidungen auf der Grundlage von unvollkommenen Informationen über den Beschaffungsmarkt zustande kommen. Diese Unvollkommenheit in der Kenntnis des Beschaffungsmarktes kann darauf beruhen,

– daß bestimmte Teilinformationen über wichtige Marktgegebenheiten fehlen oder nicht zu beschaffen sind,
– daß das vorhandene Material unpräzise und von geringem Informationsgehalt ist oder
– daß der Wahrheitsgehalt der vorliegenden Informationen unsicher und ungewiß ist.

Doch können in vielen Fällen durch Gewinnung zusätzlicher Informationen die Kenntnisse des Einkäufers über den Beschaffungsmarkt vervollkommnet und damit der Grad des Risikos von Entscheidungen verringert werden. Auf der Grundlage einer intensiven Beschaffungsmarktforschung und einer hohen Markttransparenz lassen sich die im Einkauf zu treffenden Entscheidungen weitgehend versachlichen, und verlieren Fingerspitzengefühl, Intuition, Prestigedenken sowie subjektive Meinungen und Vorurteile im Entscheidungsprozeß an Bedeutung. Die Hauptzielsetzung der Beschaffungsmarktforschung läßt sich also in allgemeiner Form wie folgt formulieren:

Die Beschaffungsmarktforschung soll durch die Bereitstellung von Informationen dazu beitragen, daß der Unsicherheitsbereich von Entscheidungen im Einkauf eingeengt und das Risiko von Fehlentscheidungen begrenzt wird.

Umfang und Qualität der für eine Einkaufsentscheidung bereitzustellenden Marktinformationen werden sich dabei u.a. nach der Wichtigkeit dieser Entscheidung für die Beschaffung und das gesamte Unternehmen zu richten haben. Je tiefgreifender eine Entscheidung im Einkauf den Unternehmensgewinn beeinflussen kann, desto gründlicher sollte der betroffene Markt analysiert und beobachtet werden. So rechtfertigt z.B. der Einkauf von wenigen Tonnen Zinn bei einem inländischen Metallhändler nicht einen so hohen Informationsaufwand wie der Abschluß eines langfristigen, größere Mengen umfassenden Liefervertrages mit einer ausländischen Zinnhütte.

Die Stellung der Beschaffungsmarktforschung im Entscheidungsprozeß und der Beitrag der Beschaffungsmarktforschung zu einer Verbesserung der Entscheidungsfindung im Einkauf lassen sich genauer verdeutlichen, wenn man den Entscheidungsprozeß in einzelne Phasen unterteilt. In der Betriebswirtschafslehre werden heute üblicherweise die folgenden fünf Phasen des Entscheidungsprozesses unterschieden:

1. Anregungsphase
2. Suchphase
3. Auswahlphase
4. Durchführungsphase
5. Kontrollphase.

Die Beschaffungsmarktforschung hat hinsichtlich der Entscheidungen im Einkauf vor allen Dingen in den ersten drei Phasen sowie in der Kontrollphase bestimmte Aufgaben wahrzunehmen, wie die folgenden Ausführungen zeigen.

Ein Entscheidungsprozeß im Einkauf beginnt mit der Erkenntnis, daß bestimmte Tatbestände in der Beschaffung nicht einem erwarteten oder erstrebten Sollzustand entsprechen. Dieses Aufdecken und Analysieren von ungelösten Beschaffungsproblemen fällt auch in den Bereich der Beschaffungsmarktforschung; sie sollte insbesondere auf Chancen und Gefahren des Beschaffungsmarktes, auf Verlustquellen hinweisen und auf diese Weise Entscheidungsprozesse initiieren und anregen. Die Fehleinschätzung, die Vernachlässigung oder das Übersehen eines Beschaffungsproblems können erhebliche negative Auswirkungen zur Folge haben oder dazu führen, daß mögliche Gewinnchancen außer acht gelassen werden.

In der zweiten Phase des Entscheidungsprozesses, der sogenannten Suchphase, geht es um die Ermittlung möglicher Handlungsalternativen. Die Beschaffungsmarktforschung hat in diesem Stadium sicherzustellen, daß alle zulässigen Möglichkeiten und Lösungen, die der Markt bietet, erfaßt werden. Es könnte sich – nach der Durchführung einer Entscheidung – als großer Fehler herausstellen, wenn von vornherein wichtige Entscheidungsalternativen unbeachtet blieben. Je gründlicher der Beschaffungsmarkt in seinen strukturellen Gegebenheiten bekannt ist und je genauer die Marktveränderungen verfolgt werden, desto größer ist in der Regel die Anzahl der realisierbaren beschaffungspolitischen Handlungsmöglichkeiten.

In der Auswahlphase hat die Beschaffungsmarktforschung den Einkaufsbereich mit denjenigen Informationen zu versehen, die notwendig sind, damit unter Berücksichtigung des Unternehmensziels und der daraus abgeleiteten Beschaffungsziele diejenige Handlungsalternative ausgewählt werden kann, welche dem Interesse des Unternehmens am besten entspricht. Die Beschaffungsmarktforschung soll in dieser Stufe des Entscheidungsprozesses also dazu beitragen, daß die Auswirkungen auf den Unternehmenserfolg im voraus genauer abgesehen werden können und daß die einzelnen Beschaffungsaktionen stärker auf das Unternehmensziel ausgerichtet werden. Je besser die vorhandene Marktkenntnis, desto schlagkräftiger, zielgerichteter und effizienter werden im allgemeinen die Einkaufsentscheidungen sein.

Der Entschlußfassung über die zu realisierende Alternative folgt die Verwirklichung der Entscheidung. Anschließend muß kontrolliert werden, ob mit der durchgeführten Entscheidung auch wirklich das geplante Ergebnis erreicht worden ist. Sofern es zu Abweichungen zwischen Planwerten und tatsächlich erzieltem Ergebnis kommt, ist zu prüfen, welche Gründe für diese Abweichung verantwortlich sind und welche neuen Entscheidungen und Anpassungsmaßnahmen zu treffen sind. Die Beschaffungsmarktforschung hat in diesem Zusammenhang insbesondere die Aufgabe, Informationen darüber zur Verfügung zu stellen, inwieweit Erfolge bzw. Mißerfolge materialwirtschaftlicher Tätigkeit auf abrupte Veränderungen oder nicht vorhersehbare Entwicklungen der Beschaffungsmärkte oder auf Fehler, die in den ersten drei Phasen des Entscheidungsprozesses gemacht wurden, zurückzuführen sind.

Eine enge Verzahnung von Beschaffungsmarktforschung und Entscheidungen läßt sich auf fast allen Gebieten der Materialwirtschaft erkennen. Daß Marktanalyse und -beobachtung unentbehrliche Voraussetzung und Grundlage für die tägliche Arbeit in der Einkaufsabteilung sind, zeigt sich in besonders starkem Maße bei den folgenden Problemen:

– *Lieferantenauswahl und die Suche nach neuen günstigen Lieferanten*
  Erst auf der Basis einer intensiven Beschaffungsmarktforschung wird der Einkäufer in die Lage versetzt, einen realistischen Angebotsvergleich durchzuführen, aus einer Vielzahl von Anbietern den geeignetsten und leistungsfähigsten Lieferanten auszuwählen und günstigere Beschaffungsmöglichkeiten für einen gegebenen Betriebsbedarf zu erschließen. Die Analyse und Beobachtung der Beschaffungsmärkte soll verhindern, daß bestehende günstige Lieferquellen übersehen werden und daß dem Unternehmen Schwierigkeiten oder Kostennachteile durch den Einkauf beim falschen Lieferanten, beim falschen Beschaffungskettenglied, im falschen Land oder durch die Wahl des falschen Bereitstellungsweges (Eigenfertigung/Fremdbezug) entstehen. Ohne eine kontinuierlich durchgeführte Markterkundung ist es auf Dauer nicht möglich, für die Unternehmung einen Stamm zuverlässiger, leistungsfähiger Lieferanten zu gewinnen oder zu erhalten.

– *Materialsubstitution*
  Sehr enge Wechselbeziehungen bestehen zwischen der Wertanalyse und der Beschaffungsmarktforschung. Im Zusammenspiel dieser beiden Beschaffungsteilfunktionen ist die für die Materialwirtschaft sehr wichtige Frage zu beantworten, welches der am Markt angebotenen Produkte mit gleicher oder ähnlicher Funktion am besten einem bestimmten Betriebszweck entspricht. Durch eine genaue Marktanalyse und -beobachtung sollte der Einkauf dazu beitragen, daß dem Unternehmen Materialien zugeführt werden, welche für den vorgesehenen Verwendungszweck besonders geeignet sind, daß brauchbare Substitutionsgüter frühzeitig eingesetzt werden und daß Neuentwicklungen potentieller Lieferanten von der eigenen Unternehmung rascher in Erfahrung gebracht und genutzt werden als von der Konkurrenz.

– *Einkaufsgespräche und Vergabeverhandlung*
  Von großer Wichtigkeit sind Kenntnisse über die Stärken und Schwächen eines Lieferanten, über die jeweilige Konjunkturlage, über die Konkurrenzsituationen und die Preisentwicklung in einer Branche sowie über die eigene Stellung am Beschaffungsmarkt für die Vergabeverhandlung. Der Einkäufer hat aus derartigen Informationen fundierte Argumente für die in einer Vergabeverhandlung anzustrebenden Ziele abzuleiten. So lassen sich aus der Kenntnis des Preisverfalles bei Vorprodukten, aus der Preisentwicklung von Substitutionsgütern, aus Informationen über die Auslastung der Kapazitäten in einem Wirtschaftszweig oder aus Konkurrenzangeboten Argumente für Preissenkungen entwickeln. Verläßliche und aktuelle Informationen über den Beschaffungsmarkt können wesentlich zur Versachlichung der Vergabeverhandlung beitragen und sind ein

bedeutsames Hilfsmittel zur Stärkung der Position des Einkäufers in der Vergabeverhandlung.

– *Beschaffungspolitik*
  Beschaffungspolitik und Beschaffungsmarktforschung sind untrennbar miteinander verbunden. Die Ergebnisse aus der Marktanalyse und -beobachtung sind
  unentbehrliche Grundlage für die Praktizierung der richtigen Einkaufsstrategie
  und -taktik; sie sind unabdingbare Voraussetzung dafür, daß sich die Beschaffung mit ihren Marktaktivitäten an den Gegebenheiten und Entwicklungen des
  Marktes ausrichtet und daß eine schlagkräftige und reaktionsschnelle Einkaufspolitik betrieben wird. Von großer Wichtigkeit ist in diesem Zusammenhang,
  daß die Beschaffung ihre Marktposition und damit ihre Möglichkeiten, auf den
  Markt Einfluß zu nehmen, richtig einschätzt.

– *Beschaffungs- und Unternehmungsplanung*
  Eine genaue Kenntnis des Beschaffungsmarktes ist auch deshalb erforderlich,
  damit verhindert wird, daß in einer Unternehmung Beschaffungs- und sonstige
  betriebliche Teilpläne aufgestellt werden, die sich von Seiten des Beschaffungsmarktes her nicht realisieren lassen. So kann es vorkommen, daß voraussichtliche Engpässe in der Materialversorgung den Beschaffungsplan und damit den
  Produktions- und Absatzplan einer Unternehmung determinieren. Auswirkungen auf das Beschaffungsbudget sowie auf den Finanz- und Gewinnplan
  ergeben sich aus zu erwartenden Preisveränderungen bei Materialien. Eine rea-
  listische Beschaffungs- und Unternehmungsplanung ist deshalb ohne Berücksichtigung der zukünftigen Entwicklung des Beschaffungsmarktes in vielen Fällen nicht durchführbar.

– *Information und Beratung anderer Unternehmensbereiche*
  Nicht nur die Einkaufsabteilung benötigt zur Erfüllung ihrer Aufgaben Informationen über die Beschaffungsmärkte. Da Probleme materialwirtschaftlicher
  Art das gesamte Unternehmen tangieren, sollten auch andere Unternehmensbereiche mit Kenntnissen über die Beschaffungsmärkte einer Unternehmung
  ausgestattet sein. Insbesondere sind die Produktion, die Konstruktion und Entwicklung, der Absatzbereich, die Finanzabteilung sowie die Geschäftsleitung
  über die sie interessierenden und für ihre jeweilige Aufgabenstellung relevanten
  Entwicklungen auf den Beschaffungsmärkten zu unterrichten. Mit dieser Information und Beratung seitens der Beschaffung soll vor allem erreicht werden,
  daß Entscheidungen in anderen Unternehmensbereichen den Verhältnissen am
  Beschaffungsmarkt Rechnung tragen und daß sich der betriebliche Leistungs-
  prozeß als Folge der Berücksichtigung der am Markt vorhandenen Möglichkeiten verbessert. Erst wenn der Einkäufer eine umfassende Marktkenntnis besitzt,
  kann er diese seine informatorische und beratende Funktion gegenüber anderen Unternehmensbereichen in ausreichendem Maße wahrnehmen, wird er zu
  einem kompetenten und interessanten Gesprächspartner für andere Ressorts

und können von ihm in dieser Zusammenarbeit entscheidende Impulse zur Kostensenkung und Leistungssteigerung im Unternehmen ausgehen.

Übungsfragen und -aufgaben

1. Erläutern Sie, warum ein optimaler Einkauf ohne eine intensive und systematische Erforschung der Beschaffungsmärkte nicht möglich ist.
2. Die klassische Marktforschungslehre unterteilt üblicherweise den Bereich der Marktforschung in „Marktanalyse", „Marktbeobachtung" und „Marktprognose". Wie unterscheiden sich diese drei Begriffe? Nennen Sie auf dem Gebiete der Beschaffungsmarktforschung Beispiele für marktforscherische Aktivitäten, die diesen drei Begriffen zuzuordnen sind.
3. Geben Sie einen Überblick über die wichtigsten Untersuchungsobjekte der Beschaffungsmarktforschung und versuchen Sie, Beziehungen zwischen dem Preis und den übrigen Untersuchungsobjekten der Beschaffungsmarktforschung herzustellen.
4. Erläutern Sie, weshalb die Marktform als Objekt der Beschaffungsmarktforschung für den Einkäufer von großer Bedeutung ist.
5. Begründen Sie, warum die Nachfrageseite des Marktes im Rahmen der Beschaffungsmarktforschung nach ähnlichen Analysegesichtspunkten zu untersuchen ist wie die Angebotsseite des Marktes.
6. Welche verschiedenen Marktbewegungen und -entwicklungen kennen Sie?
7. Erläutern Sie die Aufgabe der Beschaffungsmarktforschung im Rahmen der Durchleuchtung des Konjunkturgeschehens auf den Beschaffungsmärkten.
8. Entwerfen Sie eine Checkliste, in der die für eine Lieferantenanalyse wichtigen Untersuchungsobjekte enthalten sind.
9. Welche Unterschiede bestehen zwischen Preisstrukturanalyse, Preisbeobachtung und Preisvergleich hinsichtlich des Untersuchungsobjektes, des -zieles und hinsichtlich des Anwendungsgebietes?
10. Geben Sie einen Überblick über die wichtigsten Informationsquellen der Beschaffungsmarktforschung.
11. Wie unterscheiden sich Primärforschung und Sekundärforschung? Nennen Sie Beispiele für Primär- und Sekundärforschung im Rahmen der Beschaffungsmarktforschung.
12. Welche Ansprüche hat der Einkäufer an die Qualität der gesammelten Informationen? Machen Sie anhand konkreter Informationsquellen deutlich, warum diese Ansprüche von einer bestimmten Informationsquelle nicht vollständig erfüllt werden können.
13. Welche Vorteile und welche Nachteile weisen die Messen und Ausstellungen als Informationsquelle der Beschaffungsmarktforschung auf?

14. Charakterisieren Sie die Lieferantenbesuche und Betriebsbesichtigungen als Informationsquelle für die Lieferantenanalyse.

15. Welche Informationsquellen eignen sich besonders für die Lieferantenbewertung bezüglich der Faktoren:
    – Terminzuverlässigkeit,
    – Produktionsverfahren,
    – Finanzielle Situation,
    – Qualitätszuverlässigkeit,
    – Gegengeschäfte?

16. Formulieren Sie in allgemeiner Form die Hauptzielsetzung der Beschaffungsmarktforschung und erläutern Sie im Detail, auf welchen Gebieten der Materialwirtschaft die Ergebnisse der Beschaffungsmarktforschung in besonderem Maße benötigt werden.

17. Worin sehen Sie die Besonderheiten der Importmarktforschung?

18. Der Einkäufer hat es bei seiner Beschaffungtätigkeit mit unterschiedlichen Preisarten zu tun, wie z.B. mit dem Monopolpreis oder dem aushandelbaren Preis, dem Listen- oder Börsenpreis, dem Kartellpreis, dem staatlich regulierten Preis oder dem Verrechnungspreis im Konzern. Erläutern Sie anhand dieser Preiskategorien die These, daß marktforscherische Aktivitäten u.a. von den Besonderheiten der Preisbildung bei unterschiedlichen Materialien abhängig sind.

Siebentes Kapitel
Preisstrukturanalyse

7.1 Begriff und Wesen der Preisstrukturanalyse

Der industrielle Einkäufer interessiert sich nicht nur für den Preis eines einzukaufenden Gutes, sondern in bestimmten Entscheidungssituationen auch für die Fragen:

- Wie hoch sind die Stückkosten eines zu beschaffenden Artikels?
- Welchen Anteil an den Stückkosten dieses Artikels haben die einzelnen Kostenarten?
- Wie hoch ist bei einem gegebenen Preis des Artikels der Gewinnanteil des Lieferanten?

Da der Lieferant in der Regel bestrebt ist, seinen Gewinnanteil geheim zu halten und deshalb auch nicht bereit ist, genaue Auskunft über seine Kosten zu geben, versucht die Beschaffung von sich aus, die aufgeführten Fragen dadurch zu beantworten, daß sie die Kalkulation des Lieferanten nachvollzieht. Diese Untersuchung über die Aufgliederung des vom Lieferanten geforderten Preises in Kostenbestandteile und Gewinnanteil soll als Preisstrukturanalyse bezeichnet werden.

Bei der Durchführung der Preisstrukturanalyse geht man zweckmäßiger Weise so vor, daß man zunächst einmal die Kostenarten, die für das zu untersuchende Produkt von Bedeutung sind, festlegt und bewertet. Diese Ermittlung der Kostenbestandteile eines Produktes ist der eigentliche Kern und zugleich der schwierigste Teil der Preisstrukturanalyse. Anschließend lassen sich dann durch Addition der einzelnen Beträge je Kostenart leicht die gesamten Stückkosten für das Produkt berechnen. Aus der Differenz zwischen Preis und den errechneten Stückkosten ergibt sich schließlich der dem Lieferanten verbleibende Gewinn.

Für die Ermittlung der Bestandteile, aus denen sich die Stückkosten zusammensetzen, kann man von gebräuchlichen Kalkulationsschemata ausgehen. Dabei sollte man im Rahmen der Preisstrukturanalyse Einzel- und Gemeinkosten getrennt ermitteln. Die folgende Aufzählung der Kosten muß nicht für jedes Produkt geeignet sein, enthält jedoch die wichtigsten Preisbestandteile eines Erzeugnisses (vgl. Tabelle 7.1). Im konkreten Einzelfall einer Untersuchung der Preisbestandteile wird es erforderlich sein, einige der aufgeführten Kostenkategorien weiter zu untergliedern; das wird abhängig sein von der Komplexität des zu untersuchenden Artikels, der relativen Bedeutung der einzelnen Kostenkategorie innerhalb der Gesamtkosten und der Größe des Auftrages.

Tabelle 7.1: Die wichtigsten Preisbestandteile eines Produktes

		S
Fertigungsmaterial		E
+ Materialgemeinkosten	Materialkosten	L
+ Fertigungslohn	Fertigungskosten	B
+ Fertigungsgemeinkosten		S
+ Sondereinzelkosten der Fertigung		T
+ Forschungs- und Entwicklungskosten		K
		O
+ Verwaltungsgemeinkosten	Verwaltungs- und	S
+ Vertriebsgemeinkosten	Vertriebskosten	T
+ Sondereinzelkosten des		E
Vertriebs		N
+ Gewinnaufschlag		
= Preis		

7.2 Preisstrukturanalyse auf der Basis von Vollkosten

7.2.1 Ermittlung der Einzelkosten

Bei den Einzelkosten handelt es sich um Kosten, die für das einzelne Erzeugnis direkt erfaßbar und dem Kostenträger unmittelbar zurechenbar sind. Zu den Einzelkosten zählen in erster Linie das Fertigungsmaterial und die Fertigungslöhne; hinzu kommen noch die Sondereinzelkosten der Fertigung und des Vertriebs.

Die Kosten für das Fertigungsmaterial können im allgemeinen in einer Beschaffungsabteilung mit einem relativ hohen Genauigkeitsgrad angegeben werden. Zwecks Erfassung dieser Materialeinzelkosten sind zwei Komponenten zu bestimmen:

– Die Art und die Menge der Materialien, die im Produktionsprozeß unmittelbar oder nach Umwandlung in das Endprodukt eingehen.
– Die Preise dieser Materialien.

Art und Menge des Materials lassen sich durch Zerlegung des Produkts in seine Bestandteile ermitteln. Man erstellt also eine „Stückliste" für dieses Produkt, wobei die Mengenbestimmung nicht nur ein reines Zählen ist, sondern hier und da auch Vorgänge wie Wiegen und Messen erforderlich macht. Zu dieser Nettoverbrauchsmenge muß dann noch eventuell ein Anteil für Abfall und Ausschuß addiert werden, um zu den Bruttoverbrauchsmengen für eine Einheit des untersuchten Artikels zu gelangen.

Die Bewertung der Bruttoverbrauchsmengen setzt voraus, daß die Preise der Materialien, die in einen Artikel eingehen, bekannt sind. Zwecks Bestimmung des Preises der einzelnen Materialien müssen die Vormärkte, also die Beschaffungsmärkte der Lieferanten, untersucht werden. Wichtige Hinweise auf Preise der Vormaterialien kann die Beschaffungsmarktforschung aus Warenbörsenberichten, Marktberichten oder Preisstatistiken entnehmen. Auch der Lieferant des Vormaterials kommt als Informationsquelle in Frage. Bei Materialien, deren Preise im Laufe der Zeit schwanken, wird man im Rahmen der Preisstrukturanalyse eventuell mit Durchschnittspreisen rechnen müssen. Der Preisanalytiker muß auch darauf achten, daß für den in der Bruttoverbrauchsmenge berücksichtigten Abfall dann ein Abschlag auf die errechneten Brutto-Materialeinzelkosten zu berechnen ist, wenn der Lieferant anfallendes Abfallmaterial anderweitig (z.B. durch Verkauf) verwerten kann. Auf diese Weise kommt man zu den für die Preisstrukturanalyse relevanten Netto-Materialeinzelkosten.

Die Ermittlung der Fertigungsmaterialkosten dürfte in der Regel leichter sein als die Bestimmung der Fertigungslöhne. Diese Fertigungseinzelkosten sind in ihrer Höhe abhängig:

- erstens vom Zeitaufwand, der zur Herstellung einer Einheit des untersuchten Artikels notwendig ist;
- zweitens von den Stundenlöhnen der Arbeiter, die sich mit der Herstellung dieses Artikels befassen.

Vor allem die Schätzung der Fertigungszeiten bereitet Schwierigkeiten, denn Voraussetzung dafür ist eine detaillierte Kenntnis des Produktionsprozesses und der Arbeitsabläufe beim Lieferanten. Zu genaueren Informationen über die Fertigungszeit kann man in vielen Fällen nur kommen, wenn man die Produktionstätten des Lieferanten besichtigt. Hier und da mag auch die Arbeitsvorbereitung im eigenen Hause in der Lage sein, die Zeiten für einzelne Arbeitsgänge anzugeben. Insbesondere dann, wenn ähnliche Arbeitsgänge in der eigenen Unternehmung durchzuführen sind, wird die Produktionsabteilung dem Preisanalytiker Anhaltspunkte liefern können.

Bei der Bewertung der ermittelten Fertigungszeit mittels Stundenlohnsätzen wird man auf keine großen Schwierigkeiten stoßen. Es ist zunächst die Qualifikation der im Herstellungsprozeß eingesetzten Arbeiter zu bestimmen, und entsprechend der jeweils erforderlichen Qualifikation sind die Tariflohnsätze oder die branchenüblichen Lohnsätze auszuwählen, mit denen die Fertigungszeit bewertet wird. Über Stundenlohnsätze in verschiedenen Branchen gibt es in der Regel genügend Veröffentlichungen von amtlichen Stellen und Verbänden. Notfalls kann auch die eigene Personalabteilung um Auskunft gebeten werden. Es muß jedoch gewährleistet sein, daß die verwendeten Lohnsätze dem neuesten Stand der Tarifentwicklung entsprechen. Geht man in der Preisstrukturanalyse von Tariflohnsätzen aus, dann müssen eventuell übertarifliche Bezahlungen im Kalkül mit berücksichtigt werden.

Der kostenrechnerische Grundsatz, möglichst viele Kostenarten als Einzelkosten zu verrechnen, sollte auch für die Preisstrukturanalyse gelten. Entsprechend diesem Grundsatz wird man im Rahmen der Preisstrukturanalyse untersuchen müssen, ob es neben den Material- und Fertigungseinzelkosten noch andere Kostenarten gibt, die sich dem Produkt direkt zurechnen lassen. In der betrieblichen Kostenrechnung bezeichnet man derartige Kosten als Sondereinzelkosten und unterscheidet dabei die Sondereinzelkosten der Produktion und des Vertriebes.

Zu den Sondereinzelkosten der Produktion zählen Kosten für Spezialwerkzeuge, Modelle, Schnitte, Schablonen, Spezialvorrichtungen, die nur der Herstellung ganz bestimmter Produkte dienen. Als Sondereinzelkosten des Vertriebs treten vor allem die folgenden Kostenarten auf: Kosten für das Verpackungsmaterial, Frachtkosten, Transportversicherung und Vertreterprovision. Da einige Sondereinzelkosten in den Angeboten der Lieferanten getrennt ausgewiesen werden, andere durch die Beschaffungsmarktforschung in ihrer Höhe ermittelt werden können, bereitet die Erfassung der Sondereinzelkosten im allgemeinen keine großen Schwierigkeiten.

Probleme wirft allerdings in den meisten Fällen die Ermittlung der Forschungs- und Entwicklungskosten auf. Hier ist man fast ausschließlich auf Angaben der Lieferanten angewiesen; es sei denn, aus der Neuartigkeit, Einmaligkeit oder Ausgefallenheit eines Artikels bzw. Produktionsverfahrens oder aus der Länge der Zeit, die zur Entwicklung eines Produktes benötigt wird, ergeben sich Anhaltspunkte für die Höhe der aufgewendeten Entwicklungskosten. Lizenzgebühren bzw. Forschungs- und Entwicklungskosten können, soweit sie sich auf ein bestimmtes Produkt beziehen, zu den Sondereinzelkosten der Produktion gezählt werden.

7.2.2   Ermittlung der Gemeinkosten

Im Gegensatz zu den Einzelkosten lassen sich die Gemeinkosten einem Erzeugnis (Kostenträger) nicht direkt zurechnen; ihre mehr oder weniger willkürliche Aufschlüsselung auf den einzelnen Kostenträger erfolgt in der betrieblichen Kostenrechnung über Verrechnungssätze und Bezugsgrößen. Zu den Gemeinkosten gehören die Materialgemeinkosten, die Fertigungsgemeinkosten, die Verwaltungs- und Vertriebsgemeinkosten. Im Rahmen der vom Abnehmer durchgeführten Preisstrukturanalyse erweist sich die Ermittlung der Gemeinkosten als ein viel schwierigeres Problem als die Ermittlung der Einzelkosten.

Bei den Materialgemeinkosten handelt es sich um einen prozentualen Aufschlag auf das Fertigungsmaterial. Mit diesem Aufschlag sollen alle Kosten der Beschaffung, Prüfung, Lagerung und des innerbetrieblichen Transportes von Roh-, Hilfs- und Betriebsstoffen dem Kostenträger zugerechnet werden, wobei in der Regel die Lagerkosten den größten Teil der Materialgemeinkosten ausmachen. Um also etwas über die vermutliche Höhe der Materialgemeinkosten des Lieferanten aussagen zu können, müßte sich der Einkäufer anläßlich eines Lieferantenbesuches über Größe, technische Ausstattung und Modernität des Lagers informieren. Ist das nicht möglich, dann ist abzuschätzen, wie umfangreich ungefähr ein entsprechendes Lager bei den zur Diskussion stehenden Materialien sein müßte. Da die gesamten Materialgemeinkosten in vielen Betrieben 5-6 % der Fertigungsmaterialkosten nicht übersteigen, ist im Rahmen der Preisstrukturanalyse eine sehr genaue Aussage über die Höhe der Materialgemeinkosten nicht unbedingt erforderlich. Vielfach genügen Erfahrungswerte für bestimmte Branchen oder auch Schätzungen auf der Grundlage der betriebseigenen Kalkulation unter Berücksichtigung der Besonderheiten des Materiallagers des Lieferanten.

Von wesentlich größerer Bedeutung als die Materialgemeinkosten sind im allgemeinen die Gemeinkosten im Fertigungsbereich. Zu den wichtigsten Fertigungsgemeinkosten gehören die Kosten für Hilfsmaterial und die Hilfslöhne, kalkulatorische Abschreibungen und Zinsen, Instandhaltungs-, Raum- und Energiekosten, Werkzeugkosten und Gehälter. Eine Reihe der angeführten Gemeinkostenarten ist vom Maschineneinsatz abhängig; das gilt vor allem für die Abschreibungen, Zinsen, Instandhaltungs-, Raum- und Energiekosten. Eine Schätzung dieser maschinenabhängigen Kosten im Rahmen einer Preisstrukturanalyse kann nur dann zu einem sinnvollen Ergebnis führen, wenn bekannt ist, welche maschinellen Anlagen zur Herstellung des betreffenden Artikels beim Lieferanten eingesetzt werden.

Eine vergleichsweise große Fehlerwahrscheinlichkeit besteht auch bei der Schätzung der Verwaltungs- und Vertriebsgemeinkosten des Lieferanten. Zwar läßt sich durch Besichtigung an Ort und Stelle ungefähr angeben, wie groß der Verwaltungsapparat des Lieferanten ist. Aber für die Umlegung dieser Kosten auf den jeweiligen Kostenträger lassen sich bei Mehrproduktunternehmen nur wenig Anhaltspunkte finden. Deshalb wird man sich hier mit einer groben Schätzung begnügen müssen. Das gilt auch für die in der Vergangenheit relativ stark angestiegenen Vertriebsgemeinkosten.

Wegen der großen Schwierigkeiten bei der Ermittlung der Gemeinkosten sollte man bei Durchführung der Preisstrukturanalyse Erfahrungswerte aus der Vergangenheit und Kostenstatistiken zu Rate ziehen. Ein wichtiges statistisches Hilfsmittel zur Bestimmung der Gemeinkosten ist zunächst einmal die im jährlichen Turnus vom Statistischen Bundesamt durchgeführte Untersuchung über die Kostenstruktur in der Wirtschaft (Veröffentlichungen über die Kostenstruktur in der Wirtschaft werden vom Statistischen Bundesamt in der Fachserie 4 „Produzierendes Gewerbe", Reihe 4.3 „Kostenstruktur der Unternehmen", herausgegeben.) Diese Kostenstrukturstatistik vermittelt für die wichtigsten Branchen einen Überblick über die bedeutendsten Kostenarten. So läßt sich z.B. aus dieser Veröffentlichung entnehmen, daß die Kosten bei der Herstellung von Feinblechpackungen im Jahre 1970 folgende Struktur aufwiesen (vgl. Tabelle 7.2).

Tabelle 7.2: Kostenstruktur bei der Herstellung von Feinblechpackungen

Fertigungsstoffe	45,4	
Auswärtige Bearbeitung (fremde Lohnarbeit)	0,7	
Hilfs- und Betriebsstoffe sowie Stoffe für innerbetriebliche Leistungen	1,8	
Fremdbezogene Werkzeuge, Vorrichtungen u. dgl.	0,3	
Umgesetzte Handelsware	0,4	
Materialverbrauch und umgesetzte Handelsware		48,6
Verbrauch an Brenn- und Treibstoffen, Energie, Wasser u. dgl.		1,4
Löhne	18,3	
Gehälter	6,7	
Gesetzliche Sozialkosten	3,6	
übrige Sozialkosten	0,8	
Personalkosten insgesamt		29,4
Instandhaltungskosten (nur fremde Leistungen)		2,0
Steuern		1,3
Mieten und Pachten		0,5
sonstige Kosten und Gewinne		16,8
Gesamtproduktion		100,0

Aus einer derartigen Aufstellung können wenigstens einige Anhaltspunkte über die Höhe der zu den Gemeinkosten zählenden Hilfs- und Betriebsstoffe, Gehälter, Sozialkosten, Steuern und Instandhaltungskosten gewonnen werden. Ein wesentlicher Vorteil der Kostenstruktur – Erhebung des Statistischen Bundesamtes für die Preisstrukturanalyse besteht darin, daß die Ergebnisse nach Größenklassen der Betriebe aufgegliedert sind, so daß auch Unterschiede in der Kostenstruktur kleiner und großer Betriebe erkennbar werden. Ganz allgemein muß damit gerechnet werden, daß der Anteil der Gemeinkosten mit zunehmender Betriebsgröße eine steigende Tendenz aufweist.

Selbstverständlich muß bei der Benutzung dieser Statistik für Zwecke der Preisstrukturanalyse darauf geachtet werden, daß der einzelne Lieferant aufgrund spezieller betrieblicher Fertigungsverfahren oder aufgrund einer in der Branche sonst nicht üblichen Produktionstiefe eine Kostenstruktur aufweisen kann, die mit den Durchschnittswerten der Branche überhaupt nicht übereinstimmt. In diesem Falle ist eine derartige Statistik dem Preisanalytiker wenig behilflich, und man muß andere Informationsquellen zu Rate ziehen.

Als eine derartige Informationsquelle, welche die speziellen Verhältnisse eines Lieferanten besser zum Ausdruck bringt, müssen die Geschäftsberichte, Bilanzen und Gewinn- und Verlustrechnungen angesehen werden. Insbesondere ist an die Erfolgsrechnung, die mittelgroße und große Kapitalgesellschaften veröffentlichen müssen, zu denken, da nach § 275 Abs. 2 HGB eine Mindestgliederung vorzunehmen ist. Allerdings ist die Gewinn- und Verlustrechnung trotz dieser Mindestgliederung nur von begrenztem Aussagewert für die Preisstrukturanalyse. Im einzelnen lassen sich aus den Zahlen einer derartig gegliederten Erfolgsrechnung Anhaltspunkte für die folgenden Kostenpositionen entnehmen.

1. Materialaufwand
2. Löhne und Gehälter
3. (Gesetzliche) soziale Abgaben
4. Abschreibungen
5. Zinsaufwand
6. Steuern.

Bei Verwendung der Gewinn- und Verlustrechnung für Zwecke der Preisstrukturanalyse muß darauf geachtet werden, daß beim Mehrproduktunternehmen u.U. Produkte mit völlig unterschiedlicher Kostenstruktur auf die Ergebnisse der Gewinn- und Verlustrechnung einwirken. In diesem Falle lassen sich aus der Gewinn- und Verlustrechnung Vorstellungen über die Kostenstruktur eines speziellen Produktes des Lieferanten nicht ableiten.

Es wird nun häufig vorkommen, daß sich weder mit Hilfe der Kostenstrukturerhebung des Statistischen Bundesamtes noch mit Hilfe von veröffentlichten Geschäftsberichten die Kostenstruktur eines Lieferanten erhellen läßt, oder daß beide Veröffentlichungen für einen bestimmten Lieferanten nicht vorliegen. Wenn dann auch entsprechende Erfahrungswerte oder verwertbare Erkenntnisse aus Beschaffungsmarktforschung (z.B. allgemeine Branchenkennzahlen) und Wertanalyse nicht zur Verfügung stehen, wird man sich u.U. an den Lieferanten selbst mit der Bitte wenden müssen, bestimmte Teilinformationen über seine Kostenstruktur zu geben bzw. seine gesamte Kalkulation offenzulegen.

7.2.3 Überlegungen zum „angemessenen" Gewinn

Die Frage, welcher Gewinnanteil als „angemessen" zu gelten hat, kann sicherlich nicht für alle Produkte, Lieferanten, Marktsituationen und Branchen mit einem einzigen Prozentsatz auf Kostenbasis beantwortet werden. Zwar kennt der Einkäufer sehr häufig die für bestimmte Produkte „üblichen" Gewinnspannen; doch lassen sich auch bei einem bestimmten Artikel infolge sich ändernder Marktsituation im Laufe der Zeit zum Teil sehr große Schwankungen im Gewinnanteil beobachten. Zur Erklärung der Höhe des Gewinns muß auf eine Reihe von Faktoren zurückgegriffen werden. Die wichtigsten Einflußfaktoren sind im folgenden aufgeführt:

1. Entscheidenden Einfluß auf die Höhe der Gewinnspanne hat zunächst einmal die *Marktstruktur.* Bei monopoloiden Marktformen wird man mit größeren Gewinnmargen zu rechnen haben als auf Märkten mit starker Konkurrenz zwischen den Anbietern.

2. Auch die jeweilige *Marktlage* beeinflußt die Höhe des Gewinnanteils. Zeiten der Hochkonjunktur und der Angebotsverknappung sind in der Regel durch steigende Gewinnspannen gekennzeichnet. Im Konjunkturtief und bei leerstehenden Kapazitäten wird der Lieferant vielfach auch bereit sein, zu Preisen zu verkaufen, die nicht kostendeckend sind.

3. Der Gewinn pro Einheit eines einzukaufenden Artikels ist ferner abhängig von der *Größe der Bestellung*. Bei einem Kleinauftrag ist in der Regel ein höherer Gewinn pro Stück als bei einer Großbestellung zu kalkulieren.

4. Ein Lieferant, den aufgrund von Erfahrungen aus der Vergangenheit eine hohe *Zuverlässigkeit* in bezug auf Lieferzeit, Qualität und Service auszeichnet, kann in der Regel eine höhere Gewinnspanne beanspruchen als ein unzuverlässiger Lieferant.

5. Wenn ein Lieferant bei der Herstellung von Produkten außergewöhnliche Risiken eingeht, dann ist als *Entgelt für die Übernahme dieses Risikos* auch eine relativ hohe Gewinnrate gerechtfertigt. So kann die Aufnahme der Produktion eines völlig neuen Erzeugnisses mit einem hohen Risiko verbunden sein. Aus diesem Grunde ist vielfach bei neuartigen Produkten ein relativ hoher Gewinn erforderlich, um den Lieferanten zur Übernahme dieses Risikos zu bewegen.

6. Ein „*dynamischer*" Lieferant, der technologische Erfahrungen in seiner Unternehmung realisiert, Neuerungen auf den unterschiedlichsten Gebieten in die betriebliche Praxis einführt und sehr effizient arbeitet, wird eine höhere Gewinnspanne fordern können als ein Lieferant, der noch stark dem Traditionellen verhaftet ist und dessen Herstellungsmethoden veraltet und unproduktiv sind.

7. In den Fällen, in denen der Abnehmer dem Lieferanten technische Hilfe bei der Produktion, kommerzielle Hilfe bei der Beschaffung oder finanzielle Hilfe gewährt, ist als Gewinn pro Stück ein niedrigerer Betrag zu kalkulieren als bei Lieferanten, die auf derartige Förderungsmaßnahmen durch den Abnehmer nicht angewiesen sind. Je größer der Umfang dieser *Lieferantenförderung* ist, desto geringer sollte die Gewinnspanne sein.

7.3   Preisstrukturanalyse auf der Basis von Teilkosten

In der Praxis wird die Preisstrukturanalyse meistens als Vollkostenrechnung durchgeführt, d.h. alle fixen und variablen Periodenkosten werden auf die Leistungseinheit umgerechnet. Dieses Verfahren ist trotz der Problematik und Mängel, die der Vollkostenrechnung als Instrument für Entscheidungszwecke anhaften, im Rahmen der Preisstrukturanalyse als sinnvoll anzusehen. Denn auf lange Sicht wird ein Lieferant nur dann existieren können, wenn mindestens alle variablen und fixen Kosten durch den Verkaufspreis abgedeckt werden.

In bestimmten Sonderfällen der Beschaffung interessiert sich jedoch der Abnehmer auch für die Frage, wie hoch die vom Beschäftigungsgrad abhängigen variablen Kosten eines zu beschaffenden Artikels sind. Den bedeutendsten Teil dieser variablen Kosten machen in der Regel die Fertigungsmaterialien und die Fertigungslöhne aus; ein anderer Teil ist in den Gemeinkosten enthalten. Der Preisanalytiker muß also versuchen, die verschiedenen Gemeinkostenarten in fixe und variable Kostenbestandteile aufzulösen. Das auszufüllende Kalkulationsgerüst könnte dann etwa wie folgt aussehen:

Fertigungsmaterial	....
+ variable Materialgemeinkosten	....
+ Fertigungslöhne	....
+ variable Fertigungsgemeinkosten	....
+ variable Verwaltungs- und Vertriebs- gemeinkosten	....
+ umsatzabhängige Sondereinzelkosten des Vertriebs	....
= variable Kosten	....

Dabei kann in der Preisstrukturanalyse unterstellt werden, daß die variablen Kosten sich proportional zum Beschäftigungsgrad ändern, daß also mit einem linearen Verlauf der Gesamtkosten gerechnet werden kann. Die Differenz zwischen variablen Stückkosten und dem Verkaufspreis ist der Deckungsbeitrag. Diese Differenz deckt die gesamten fixen Kosten und den Gewinn des Lieferanten. Die fixen Kosten werden nach dieser Rechnung als Kosten der Produktionsbereitschaft angesehen, die nicht durch die Herstellung eines Erzeugnisses verursacht worden sind und deshalb auch nicht auf den einzelnen Kostenträger verrechnet werden sollten. Das bedeutet, daß für den einzelnen Artikel ein Nettoerfolg nicht angegeben werden kann; die Ermittlung eines Nettogesamterfolges ist immer nur für das Gesamtunternehmen möglich.

Der Abnehmer sollte vor allem aus folgenden Gründen den vom Beschäftigungsgrad abhängigen variablen Kosten seine besondere Aufmerksamkeit schenken:

– Im Grunde genommen lassen sich nur die variablen Kosten eines Erzeugnisses mit einiger Genauigkeit durch den Kostenrechner und den Preisanalytiker angeben.

– Die variablen Kosten machen fast immer den größten Teil der Gesamtkosten eines Erzeugnisses aus.

– Die variablen Kosten geben einen Hinweis auf die Preisuntergrenze für ein Produkt. Bei der Ermittlung der Preisuntergrenze müssen allerdings in der Regel neben den variablen Kosten noch ausgabenwirksame fixe Kosten, die ein Auftrag zusätzlich verursacht, berücksichtigt werden.

– Nur die Aufspaltung der Kosten in variable und fixe Bestandteile kann die Unterlagen für die wichtigen Zusammenhänge zwischen Kosten, Ausbringungsmenge und Gewinn des Lieferanen vermitteln.

– Die in der Lernkurve zum Ausdruck kommende Möglichkeit, daß ein Lieferant, der über Jahre hinweg einen bestimmten Artikel herstellt, seine Stückkosten im Laufe der Zeit senken kann, bezieht sich fast ausschließlich auf die variablen Kosten.

– In der Praxis der Preiskalkulation des Lieferanten werden bestimmte Bestandteile dieser variablen Kosten (in der Regel die Fertigungslöhne oder Fertigungsmaterialien) als Bezugsgröße für die Verrechnung der fixen Kosten verwendet. Sind also z.B. die Fertigungslöhne in einer Kalkulation zu hoch angesetzt, dann führt das Verfahren der Verrechnung fixer Kosten (mit Hilfe eines bestimmten Prozentsatzes vom Fertigungslohn) zu einer weiteren Kumulierung kalkulierter Kosten und gegebenenfalls zu einem extrem hohen Verkaufspreis.

7.4 Bedeutung der Preisstrukturanalyse für die Beschaffung

In erster Linie hat die Preisstrukturanalyse die Aufgabe, die Angemessenheit des vom Lieferanten geforderten Preises zu überprüfen. Man will also in der Beschaffung wissen, ob der Gewinnzuschlag des Lieferanten oder die vom Lieferanten kalkulierten Kosten gerechtfertigt sind. Diese Überprüfung der Angemessenheit des Preises mit Hilfe der Preisstrukturanalyse ist nicht nur beim Einkauf neuer Produkte sinnvoll. Sie hat auch bei der Beschaffung von Produkten, die schon bisher Bestandteil des Beschaffungsprogramms waren, ihre Berechtigung. Vielfach nehmen ja Lieferanten den Abschluß von neuen Tarifverträgen oder die Änderung von Rohstoffpreisen zum Anlaß, Forderungen nach Erhöhung der alten Preise zu stellen. Ob diese Preiserhöhungsforderungen berechtigt sind, läßt sich mit Hilfe der Preisstrukturanalyse erkennen.

Beim Einkauf von Produkten, die bislang im Beschaffungsprogramm einer Unternehmung noch nicht vorkamen, geht es nicht nur um die Frage, ob die Preisforderungen des Lieferanten überhöht sind. Ab und zu ist auch zu überprüfen, ob der Lieferant vielleicht aus taktischen Gründen einen zu niedrigen Preis nennt. So kann es vorkommen, daß ein Lieferant kurzfristig auf Gewinn verzichtet, um erst einmal mit dem Abnehmer ins Geschäft zu kommen. Sind dann regelmäßige Geschäftsbeziehungen hergestellt und hat sich der Abnehmer auf diesen Lieferanten eingestellt, wird der Lieferant über kurz oder lang mit Preiserhöhungsforderungen kommen, da keine Unternehmung langfristig auf Gewinn verzichten kann. Ob eine derartige Situation im konkreten Einzelfall vorliegt, kann in der Regel nur eine Preisstrukturanalyse zeigen.

Die Erkenntnisse aus der Preisstrukturanalyse sind von großer Wichtigkeit für die Vergabeverhandlung. Sie können zunächst einmal zu einer Versachlichung des Einkaufsgesprächs beitragen. Der im Rahmen der Preisstrukturanalyse ermittelte Richtpreis kann dem Einkäufer als realistischer Orientierungspunkt dienen, den er in der Vergabeverhandlung anzusteuern hat. Er vermittelt ihm auch das nötige Verständnis für die tatsächliche Kostensituation des zur Verhandlung geladenen Lieferanten und für seine Forderungen. Gleichzeitig erkennt der Lieferant, dessen Preis einer eingehenden Analyse unterzogen worden ist, daß er es in der Vergabeverhandlung mit einem sachlich gut informierten und mit einem an einer Geschäftsverbindung ernsthaft interessierten Einkäufer zu tun hat, der gewillt ist, aus der Verhandlung das Beste für den Abnehmer herauszuholen.

Das Wissen um die Kosten des Lieferanten hat ferner eine Stärkung der Verhandlungsposition des Einkäufers in der Vergabeverhandlung zur Folge. Denn ein Einkäufer, der mit Kenntnissen aus der Preisstrukturanalyse ausgerüstet ist, kann im Einkaufsgespräch von einer relativ sicheren Plattform aus argumentieren und den potentiellen Lieferanten auf falsche Kalkulations- und übertriebene Gewinnvorstellungen hinweisen. Diese Stärkung der Position des Einkäufers ist erforderlich, um den notwendigen Druck auf den Preis ausüben zu können. Der vom Lieferanten genannte Preis ist in vielen Fällen nicht ein Preis, der sich eindeutig aus exakten Kostenberechnungen des Lieferanten ableiten läßt. Der exakten Kostenermittlung stehen vor allem die kostenrechnerischen Schwierigkeiten bei der Verteilung der fixen Kosten auf den Kostenträger und die Tatsache im Wege, daß die wirklichen Kosten eigentlich erst nach ihrer Entstehung angegeben werden können.

Ein Lieferant, dessen Anlagen wegen Absatzschwierigkeiten nur mit einem Teil ihrer Kapazität ausgelastet sind, wird bereit sein, zusätzliche Aufträge auch dann hereinzunehmen, wenn der ausgehandelte Preis seine Vollkosten nicht deckt. Bei der Frage, wie weit ein Abnehmer mit starker Marktmacht in einer derartigen Situation Druck auf den Preis ausüben sollte, spielen die jeweilige Lieferantenpolitik und Beschaffungspreispolitik des Abnehmers eine große Rolle. Kurzfristig kann der Preis bis auf die Grenzkosten herabgedrückt werden. Der Preisstrukturanalyse fällt in diesem Zusammenhang die Aufgabe zu, durch Ermittlung der Grenzkosten dem Einkäufer einen Maßstab zu geben, der ihm zeigt, wo die Grenze für seine Bemühungen im Preisgespräch liegt. Insofern dient hier die Preisstrukturanalyse als Kontrollinstrument bei der Ausübung von Marktmacht auf der Nachfrageseite.

Die Preisstrukturanalyse erleichtert ferner Aussagen über die zukünftige Entwicklung des Preises. Bei zu erwartenden Tariferhöhungen oder Materialpreisänderungen lassen sich aus der Kenntnis der Kostenstruktur eines Produktes gewisse Vorstellungen über voraussichtliche Preisentwicklungen in der Zukunft ableiten. Insofern sind die Ergebnisse der Preisstrukturanalyse auch wichtig für den Beschaffungsmarktforscher, der sich mit Preisprognosen befaßt. Das gilt allerdings nur für Produkte, deren Preise sich stark an die jeweilige Kostenentwicklung anlehnen, nicht jedoch für Produkte, deren Preise sich – wie z.B. die Börsenpreise – nach der jeweiligen Angebots-/Nachfragesituation ausrichten.

Weiterhin benötigt man die Preisstrukturanalyse in der Beschaffung bei der Überprüfung von Preisgleitklauseln. Da nach Durchführung einer Preisstrukturanalyse die einzelnen Kostenbestandteile des Produktes bekannt sind, können bei einer Vereinbarung von Preisgleitklauseln in Verträgen die vom Lieferanten angegebenen Preisbestandteile auf ihre Richtigkeit hin überprüft werden. Die Beschaffung muß in diesem Zusammenhang z.B. darauf achten, daß nicht der Lieferant in Zeiten, in denen mit rückläufigen Rohstoffpreisen zu rechnen ist, den Anteil der Materialkosten in der Preisgleitklausel zu klein bemißt. Denn wenn der in der Preisgleitklausel genannte Materialanteil unter dem tatsächlichen Materialkostenanteil liegt, wird bei einem späteren Rückgang der Rohstoffpreise der Preis des zu beschaffenden Artikels nicht in einem angemessenen Verhältnis sinken. Entsprechend muß in Zeiten, die im Zeichen von Lohntariferhöhungen stehen, mit Hilfe der Preisstrukturanalyse überprüft werden, daß nicht der Anteil der Lohnkosten in der Preisgleitklausel zu hoch angesetzt wird. Ein zu hoher Lohnkostenanteil würde nach vollzogener Tariferhöhung eine nicht gerechtfertigte Erhöhung des Preises für das zu beschaffende Gut zur Folge haben. Die Preisstrukturanalyse hat hier also die sehr wichtige Funktion, dafür zu sorgen, daß nicht wegen falscher Ansätze in der Preisgleitklausel der Beschaffung Nachteile in preislicher Hinsicht entstehen.

Selbstverständlich wird man in der Beschaffung nicht für alle Artikel eine Preisstrukturanalyse durchführen. Im Grunde genommen müssen drei Voraussetzungen erfüllt sein, bevor man in der Beschaffung darangeht, die Kostenbestandteile eines Erzeugnisses zu analysieren.

Erstens muß es sich bei dem Untersuchungsgegenstand um einen bedeutenden Artikel im Beschaffungsprogramm handeln, für den beträchtliche Ausgaben getätigt werden. Hier ist also gründlich zu überlegen und abzuwägen, ob im Einzelfall der durch die Preisstrukturanalyse verursachte Aufwand in einem angemessenen Verhältnis zur möglichen Kosteneinsparung steht.

Zweitens lohnt sich in der Regel die Durchführung einer Preisstrukturanalyse nur dann, wenn der Einkäufer in der Lage ist, den Beschaffungspreis zu beeinflussen, und das ist eine Frage der Marktmacht des Abnehmers. Wo ein Monopolist auf der Angebotsseite den Preis diktiert und wo Konkurrenz zwischen den Anbietern zu einem Marktpreis führt, ist eine Preisstrukturanalyse überflüssig. Aber auch bei denjenigen Marktformen, die zwischen diesen beiden Extremfällen liegen, ist die Marktmacht des Abnehmers häufig nicht ausreichend, um Einfluß auf den Preis auszuüben, so daß sich auch für diese Produkte eine Preisstrukturanalyse erübrigt. Ansonsten gilt für diesen Bereich, daß die Durchführung einer Preisstrukturanalyse um so notwendiger ist, je geringer die Konkurrenz zwischen den Anbietern ist. Wenn der Wettbewerb dafür sorgt, daß der Preis auf ein vernünftiges Niveau sinkt, besteht wenig Veranlassung, die Kostenstruktur eines bestimmten Lieferanten zu untersuchen. Insofern ist also die Preisstrukturanalyse in vielen Fällen ein Ersatz für fehlenden Wettbewerb auf den Märken und ein Hilfsmittel, um auch dann,

wenn Konkurrenz zwischen den Anbietern nicht vorhanden ist und Konkurrenz-
vergleiche nicht möglich sind, einen vernünftigen Preis zu erzielen.

Drittens wird man in der Beschaffung von der Untersuchung der Kosten eines Produktes absehen, wenn von vornherein feststeht, daß auch trotz größter Bemühungen auf diesem Gebiet ein völlig unzuverlässiges Ergebnis erreicht wird. Die
Schwierigkeiten bei der Durchführung der Preisstrukturanalyse und die dadurch
verursachte Ungenauigkeit des ermittelten Einkaufsrichtpreises können in einigen
Fällen so groß sein, daß keine praktisch verwertbaren Erkenntnisse aus dieser Untersuchung gezogen werden können.

7.5 Schwierigkeiten und Grenzen der Durchführung der Preisstrukturanalyse

Die Preisstrukturanalyse ist trotz ihrer Wichtigkeit als Informationsquelle für die
Beschaffung in der Praxis stark vernachlässigt und von der Theorie wenig erforscht
worden; sie gehört zu den schwierigen Teilfunktionen der Beschaffung. Schwierigkeiten können sich bei der praktischen Durchführung der Preisstrukturanalyse vor
allem aus drei Gründen ergeben:

– weil spezielles Informationsmaterial, das zur Beantwortung der Frage nach der
  Höhe der Stückkosten eines Produktes erforderlich ist, nicht beschafft werden
  kann;
– weil aufgrund der Art des zu untersuchenden Produktes oder des Fertigungsprozesses die Durchführung einer Preisstrukturanalyse zu kompliziert wird;
– weil die Qualifikation der mit dieser Aufgabe betrauten Mitarbeiter nicht ausreicht.

In vielen Fällen kann die Durchführung der Preisstrukturanalyse schon daran
scheitern, daß die erforderlichen Daten und Informationen nicht erhältlich sind.
Man muß sich klar machen, daß zwecks Analyse der Kostenstruktur des Lieferanten die unterschiedlichsten Informationsquellen zu Rate zu ziehen sind. Es müssen
Hinweise auf Kostenrelationen aus Geschäftsberichten, Warenbörsen- und Marktberichten, aus Fachzeitschriften, amtlichen Kostenstruktur- und Preisstatistiken
entnommen werden. Eine besonders gute Möglichkeit zur Sammlung von Informationen für die Preisstrukturanalyse bietet sich dem Einkäufer anläßlich von Lieferantenbesuchen. Auch aus Gesprächen mit der eigenen Arbeitsvorbereitung, Kal-
kulationsabteilung und Forschungs- und Entwicklungsabteilung ergeben sich
wichtige Anhaltspunkte. Bei Marktdaten und Informationen über den Lieferanten
ist die Beschaffungsmarktforschung einzuschalten. Daneben bleibt dem Preisanalytiker noch die Möglichkeit, über einen Vergleich mit Unternehmen, die nach glei-

cher oder ähnlicher Fertigungsmethode arbeiten wie der Lieferant, oder im Wege eines Erfahrungsaustausches mit befreundeten Firmen Rückschlüsse auf Kosten bzw. Kostenbestandteile der liefernden Unternehmung zu ziehen.

Vor allem bei komplizierten technischen Erzeugnissen sowie bei bestimmten Produktionsverfahren ist die praktische Durchführung der Preisstrukturanalyse mit zum Teil unüberbrückbaren Schwierigkeiten verbunden. So mag bezweifelt werden, daß von außen her etwa für ein Automobil eine einigermaßen realitätsnahe Schätzung der Kosten gegeben werden kann. Gleichwohl wird berichtet, daß ein großer amerikanischer Automobilfabrikant aus wertanalytischen Gründen einen VW-Käfer in seine Bestandteile zerlegte, um die Kosten dieses Automobils festzustellen. Das mit dieser Aufgabe betraute Wertanalyseteam benötigte dazu eine Zeit von 3 Monaten.

Ob die Durchführung einer Preisstrukturanalyse sich als leicht oder schwierig erweist, hängt auch von der Art des Produktionsverfahrens ab, mit dem das zu untersuchende Produkt hergestellt wird. Bei der handwerksmäßigen Einzelfertigung, der maschinellen arbeitsteiligen Einzelfertigung und bei der Werkstättenfertigung dürften die Schwierigkeiten der Kostenermittlung nicht so groß sein. Bei der zur Automation drängenden mechanisierten Massenfertigung ist eine Analyse der Preisbestandteile deshalb wenig sinnvoll, weil hier neben den direkten Materialkosten im wesentlichen Gemeinkosten auftreten, die zum großen Teil fixen Charakter tragen. Generall läßt sich sagen, daß eine Preiskalkulation zwangsläufig um so ungenauer wird, je anlagenintensiver ein Fertigungsverfahren ist und je stärker das Produkt mit Gemeinkosten belastet ist.

In vielen Beschaffungsabteilungen unterbleibt die Durchführung einer Preisstrukturanalyse, weil es an Mitarbeitern fehlt, die in der Lage sind, die Preisvorstellungen des Lieferanten auf ihre Berechtigung hin zu überprüfen. In der Tat setzt ja das Analysieren des Einkaufspreises Fachkenntnisse auf den verschiedensten Gebieten voraus. Neben Produktkenntnissen sind kostentheoretisches Wissen und kostenrechnerische Fähigkeit sowie Kenntnisse auf dem Gebiet der Technik und das Gespür für Preise auf den Beschaffungsmärkten erforderlich. Da man in der Regel diese unterschiedlichen Fähigkeiten nicht von einem einzigen Mitarbeiter verlangen kann, wählt die Praxis hier den Ausweg, daß sie ähnlich wie bei der Wertanalyse einem Team von Spezialisten (Ingenieuren, Kalkulatoren, Einkäufern) diese Aufgaben überträgt. Insbesondere große Unternehmen der Automobil- und Flugzeugindustrie bahnten den Weg zur Einrichtung derartiger Preisanalyse-Teams. Diese Teams befassen sich in vielen Fällen gleichzeitig auch mit dem Problem Eigenfertigung und Fremdbezug, das ja eng mit der Preisstrukturanalyse zusammenhängt. Sofern man dem einzelnen Einkäufer oder einem Spezialisten auf dem Gebiete der Kalkulation die Durchführung der Preisanalyse überläßt, muß gewährleistet sein, daß auf das Fachwissen anderer Abteilungen der Unternehmung zurückgegriffen werden kann.

Wegen der aufgezeigten Schwierigkeiten bei der Durchführung der Preisstrukturanalyse und aus Kosten- und Zeitgründen greift man in der Praxis vielfach auf Erfahrungen und Vergleichsmöglichkeiten mit ähnlichen Produkten zurück, um die
Angemessenheit eines Preises zu prüfen. Ein sehr beliebter Weg wird in der Praxis
mit der Verwendung sogenannter „Multiplikatorpreise" eingeschlagen. Derartige
Multiplikatorpreise entstehen dadurch, daß man den Einkaufspreis eines Produktes auf eine quantifizierte Größe bezieht, die diesen Artikel charakterisiert. Auf
diese Weise erhält man etwa den in der industriellen Einkaufspraxis häufig verwendeten „Kilopreis" oder andere Multiplikatorpreise wie den Meterpreis, den Preis je
PS, je Liter oder je Kilowattstunde. Im Bauwesen arbeitet man mit dem Quadrat-
meter- und Kubikmeterpreis.

Selbstverständlich fehlt diesem Verfahren der Preisabschätzung die Genauigkeit
der analytischen Methode; viele kostenverursachende Faktoren bleiben unberücksichtigt. Gleichwohl können derartige aus der Erfahrung gewonnene Richtwerte
bei einigermaßen vergleichbaren Produkten gute Dienste leisten. Sie ermöglichen
wenigstens eine sehr grobe Überprüfung der Angemessenheit des Preises. Dabei
müssen allerdings in vielen Fällen die konstruktiven, stofflichen oder sonstigen Besonderheiten eines einzukaufenden Produktes zusätzlich berücksichtigt werden, da
die Multiplikatorpreise in der Regel auf den „Normalfall" abgestellt sind. Außerdem ist bei Anwendung dieser Methode der Preisabschätzung darauf zu achten,
daß in der heutigen Zeit auch Multiplikatorpreise schnell veralten können.

Eine exaktere, aber auch aufwendigere Möglichkeit, einen Einblick in die Kosten
eines Produktes zu gewinnen, besteht darin, daß der Abnehmer diesen Artikel in
Form eines Laborversuches oder als Prototyp zunächst selbst herstellt oder wenigstens für die einzelnen Arbeitsgänge auf Zeitstudien basierende Zeitvorgaben ermittelt. Diese Art der Kosten- und Preisfindung kommt bei weitgehend manuell gefertigten Teilen dann häufiger vor, wenn es sich um ein vom Abnehmer neu
entwickeltes Produkt handelt, mit dessen Herstellung der Lieferant noch nicht vertraut ist und von dessen Kosten er deshalb noch keine genaue Vorstellung hat. Um
in einem derartigen Falle zu vermeiden, daß der Lieferant aus Vorsichtsgründen
ungewöhnlich hohe Preise fordert, gibt man ihm von Seiten des Abnehmers bereits
einen mittels eigener Laborversuche ermittelten Richtpreis vor. Große Automobil-
werke können auf diese Weise heute bereits Preisvorgaben machen, die sehr genau
mit den tatsächlichen Kosten des Lieferanten übereinstimmen.

7.6   Probleme der Offenlegung der Kalkulation durch den Lieferanten

Im Normalfall ist der Lieferant nicht bereit, seine Kostensituation dem Einkäufer mitzuteilen, da er seine Gewinnspanne geheimhalten möchte und da er nach einer offengelegten Kalkulation einen zu starken Preisdruck des Abnehmers befürchtet. Die Bereitschaft des Lieferanten, dem Abnehmer Einblicke in seine Kalkulation zu gewähren, ist in der Regel von der Marktmacht der einkaufenden Unternehmung abhängig. Wenn der Anbieter etwa eine monopolistische Marktstellung hat oder auf einem Oligopolmarkt einen bedeutenden Marktanteil besitzt, oder wenn der Abnehmer nur ein relativ kleiner Kunde eines Lieferanten ist, wird es in der Regel nicht zur Offenlegung von Kalkulationen kommen. Mit der Marktmacht des Abnehmers hängt es auch zusammen, daß ein Lieferant eher im Konjunkturtief als im Konjunkturhoch gewillt ist, das Zustandekommen des Preises nachzuweisen.

Es ist in der industriellen Einkaufspraxis nur in speziellen Fällen üblich, das Offenbaren der Kosten zu verlangen. Ein Abnehmer wird vor allem dann auf die Vorlage der Lieferantenkalkulation drängen, wenn es um Fragen einer langfristigen Zusammenarbeit zwischen Abnehmer und Lieferant geht, wenn langfristige Verträge mit Lieferanten abgeschlossen werden oder wenn Preisgleitklauseln in Verträgen zur Anwendung kommen sollen. Aber auch bei wertmäßig bedeutenden Aufträgen sowie bei Einzelanfertigung werden Kostendaten vom Lieferanten verlangt; vor allem bei der Anlagenbeschaffung ist ein derartiges Vorgehen in der Praxis zu beobachten. Schließlich kommt es auch dann häufig zur Offenlegung von Kalkulationen, wenn der Abnehmer ein anderes Unternehmen für sich produzieren läßt, also im Falle der „verlängerten Werkbank".

In den genannten Fällen soll im Grunde genommen wegen des Fehlens von Marktpreisen durch die Offenlegung der Kalkulation das Mißtrauen des Abnehmers bezüglich der Höhe der Kosten und der Angemessenheit des Preises abgebaut werden. Daß diese angestrebte Zielsetzung trotz Offenlegung gleichwohl in vielen Fällen nicht erreicht wird, liegt daran, daß die vom Lieferanten genannten Daten nur selten mit den tatsächlichen Kosten übereinstimmen. In einigen Fällen sind falsche Ansätze in der Kalkulation darauf zurückzuführen, daß der Lieferant über keine aussagefähige Kostenrechnung verfügt oder mit der gewünschten Produktionsaufgabe nicht genügend vertraut ist. Sehr oft handelt es sich bei den offengelegten Zahlen auch um „frisierte" Kalkulationen, die eine relativ unsichere Basis für die Beurteilung der Angemessenheit des Preises sind. Dabei kann man davon ausgehen, daß auf Polypolmärkten, auf denen sich die Preise in der Regel nicht weit von den Kosten entfernen, die Kalkulation „ehrlicher" ausfällt als z.B. bei einem Oligopolisten mit starker Marktmacht.

Die in der Praxis übliche Offenlegung der Lieferantenkosten entbindet also den Einkäufer nicht von der Verpflichtung, von sich aus Informationen über die zu analysierenden Kosten eines Artikels zu sammeln. Nur dann wird es dem Einkäufer möglich sein, die offengelegte Kalkulation auf ihre Richtigkeit und Angemessenheit hin zu überprüfen und den Lieferanten auf offensichtlich aus dem Rahmen fallende Ansätze in seiner Kalkulation hinzuweisen. Bei dieser Überprüfung sollte man insbesondere auch darauf achten, daß nicht das einzukaufende Produkt mit Kosten und Kalkulationszuschlägen belastet ist, die mit diesem Artikel überhaupt nicht in Beziehung stehen. So muß z.B. bezweifelt werden, ob es berechtigt ist, daß der Lieferant Forschungs- und Entwicklungskosten in der Kalkulation zum Ansatz bringt, wenn der Abnehmer den Artikel selbst entwickelt hat und eine Bestellung auf den Spezifikationen und Zeichnungen des Abnehmers basiert. Ähnlich kann es sich bei den Ausgaben des Lieferanten für Werbung und sonstige Marketingmaßnahmen verhalten. Hier ist seitens des Einkäufers zu überprüfen, ob diese Ausgaben mit der zu tätigenden Bestellung in irgendeiner Verbindung stehen.

Ferner muß darauf geachtet werden, daß nicht die offengelegten Zahlen Doppelzählungen enthalten. So ist es durchaus üblich, den Forschungs- und Entwicklungsaufwand als Teil der Gemeinkosten zu verrechnen. Wenn dann in einer offengelegten Kalkulation die Forschungs- und Entwicklungskosten gesondert ausgewiesen sind, besteht die Gefahr, daß der Einkäufer für die gleichen Kosten zweimal bezahlen muß. Diese Gefahr der Doppelzählung kann auch bei anderen Kostenpositionen der offengelegten Kalkulation auftreten, wenn diese Kosten üblicherweise als Gemeinkosten verrechnet werden. Wegen des in der betrieblichen Kalkulation gebräuchlichen Verfahrens, den größten Teil der Gemeinkosten in Form von Prozentzuschlägen zu den Fertigungslöhnen zu verrechnen, sollte der Einkäufer den Fertigungslohn einer besonders genauen Prüfung unterziehen. Insbesondere ist zu untersuchen, ob nicht in der Kalkulation mit Durchschnittslöhnen gearbeitet wird, wenn feststeht, daß für den anstehenden Auftrag eine niedrigere Lohngruppe in Betracht kommt. Schließlich ist auch darauf zu achten, daß die vom Lieferanten gewählte Methode der Verrechnung von Gemeinkosten einigermaßen sinnvoll ist und nicht dazu führt, daß das analysierte Produkt ungewöhnlich stark mit Gemeinkosten belastet wird.

Die Offenlegung der Kalkulation durch die Lieferanten macht also in der Regel eine Preisstrukturanalyse nicht überflüssig; sie kann jedoch eine wesentliche Ergänzung der eigenen Bemühungen auf preisanalytischem Gebiet sein, indem sie für Teilbereiche neue Informationen liefert. Auch muß sie als eine bedeutende Arbeitserleichterung für den Preisanalytiker angesehen werden. Vielfach bringen nur ein Vergleich der Preisstrukturanalyse mit der offengelegten Kalkulation und ein anschließendes Gespräch mit dem Lieferanten über strittige Punkte die erstrebte Annäherung an die mutmaßliche Gewinnspanne des Lieferanten.

7.7 Partieller Preisvergleich

Unter dem partiellen Preisvergleich ist ein spezielles Verfahren der Angebotsbearbeitung zu verstehen, bei dem die Offenlegung der Lieferantenkalkulation und der anschließende Preisvergleich miteinander kombiniert werden. Zwecks Durchführung des partiellen Preisvergleichs verlangt der Einkäufer von mehreren potentiellen Lieferanten für ein bestimmtes Produkt eine einheitliche Aufschlüsselung des von ihnen genannten Gesamtpreises in einzelne Preisbestandteile. Dabei können diese Preisbestandteile aus Teilpreisen bestehen, die also auch Gewinnanteile des Anbieters enthalten. Aber man kann sich auch vorstellen, daß der Gesamtpreis nach Kostenbestandteilen aufgeschlüsselt wird und der Gewinnanteil eigens ausgewiesen wird. Liegen nun dem Einkäufer derartige nach einem einheitlichen Schema offengelegte Lieferantenkalkulationen vor, dann kann er nicht nur die Gesamtpreise der verschiedenen Lieferanten, sondern auch die einzelnen Preisbestandteile vergleichen und aus diesem partiellen Preisvergleich wichtige zusätzliche Informationen für die Angebotsbearbeitung gewinnen.

Das folgende einfache Beispiel soll die Durchführung des partiellen Preisvergleichs erläutern. Es handelt sich dabei um die Beschaffung eines Werbeprospektes, für den vier Druckereien Angebote eingereicht haben und eine Aufteilung des Gesamtpreises in Teilpreise (einschließlich Gewinnanteil) angegeben haben. In unserem Beispiel hat der Einkäufer von den Lieferanten separate Preisangaben für folgende Teilleistungen verlangt: Reproduktion, Papier, Zuschneiden/Anwinkeln, Drucken, Buchbinderarbeiten und Verpackung (vgl. Tabelle 7.3).

Tabelle 7.3: Teilpreise für einen Werbeprospekt

Teil-leistungen	Lieferant A	Lieferant B	Lieferant C	Lieferant D	Zielpreis-ermittlung
Reproduktion	60,00	42,00	51,70	56,00	42,00
Papier	110,00	119,00	117,00	112,00	110,00
Zuschneiden/Anwinkeln	9,00	6,20	7,00	6,50	6,20
Drucken	31,00	25,00	27,50	30,60	25,00
Buchbinder-arbeiten	37,80	35,70	21,00	25,60	21,00
Verpacken	2,50	2,80	3,00	3,40	2,50
Gesamtpreis	250,30	230,70	227,20	234,10	206,70

Quelle: In Anlehnung an: Strache, H.: Preis Arbeit, Nürnberg 1981, S. 20 f. und Knörfel, W.: Anwendung des partiellen Preisvergleichs im Einkauf eines Fertigungsunternehmens, RKW-Lehrmaterial aus der betrieblichen Praxis (Fallstudie, als Manuskript vervielfältigt), o.O., o.J.

Der Einkäufer kann nun aus jeder Zeile dieser Tabelle den niedrigsten Teilpreis ermitteln und einen (idealen) Zielpreis für den Werbeprospekt berechnen, indem er die günstigsten Teilpreise addiert. In unserem Beispiel liegt der auf diese Weise ermittelte Zielpreis (DM 206,70) deutlich unter den angebotenen Gesamtpreisen der vier potentiellen Lieferanten. Zwar wird es in der Praxis kaum möglich sein, diesen Zielpreis zu realisieren; aber er kann doch als Orientierungsgröße in Vergabeverhandlungen dienen.

Die Bedeutung des partiellen Preisvergleichs für die Beschaffung liegt vor allem darin, daß durch ihn

– eine gründlichere Vergleichbarkeit der Angebote erreicht und somit der Wettbewerb zwischen den Lieferanten intensiviert werden kann. Denn der Wettbewerb erstreckt sich jetzt nicht nur auf den Gesamtpreis, sondern darüber hinaus auch auf die einzelnen Preisbestandteile, die zum Gegenstand des Gesprächs in einer Vergabeverhandlung gemacht werden können.

– der Einkäufer in die Lage versetzt wird, den Anbieter konkret auf Schwachstellen in seiner Leistungserstellung hinzuweisen. Eventuell lassen sich durch die Beseitigung dieser Schwachstellen Preisermäßigungen erzielen.

– der Einkäufer zu Überlegungen angeregt wird, ob es vom ökonomischen Standpunkt sinnvoll und technisch möglich ist, bestimmte Teilleistungen bzw. Arbeitsgänge beim jeweils günstigsten Lieferanten in Auftrag zu geben oder in der eigenen Unternehmung durchzuführen. Manchmal wird es zweckmäßig sein, bestimmte Teilleistungen aus einem Gesamtauftrag herauszunehmen und sie an einen anderen Lieferantenkreis bzw. an spezialisierte Hersteller zu vergeben. Diese Möglichkeit ist vor allem dann gegeben, wenn der Lieferant beabsichtigt, für die Erstellung bestimmter Teilleistungen (z.B. Härten des Materials, galvanische Bearbeitung) Unterlieferanten einzusetzen.

– der Einkäufer sein technisches Wissen und seine Kenntnisse auf dem Gebiete der Kostenstruktur wesentlich verbessern kann.

Der partielle Preisvergleich wird heute in der industriellen Beschaffung auf vielen Gebieten praktiziert und hat sich als Instrument zur Erzielung von Einkaufserfolgen bewährt. Üblich ist in der Praxis dieses Verfahren z.B. bei der Vergabe von Bauvorhaben, wobei Teilpreise für Ausschachten, Fundamentieren, Mauern, Isolieren oder Installationsarbeiten eingeholt werden können. Auch beim Einkauf großer maschineller Anlagen wird den Lieferanten vielfach ein detailliertes Leistungsverzeichnis (Angebotsblankett) zugestellt, in welches die Preise/Kosten für bestimmte Teilaggregate dieser Anlage einzutragen sind. Ferner läßt sich dieses Verfahren beim Einkauf von bestimmten Dienstleistungen einsetzen. So kann es beispielsweise bei der Beschaffung von Reparatur- oder Instandsetzungsarbeiten zweckmäßig sein, sich Teilpreise für Ersatzteile, Arbeitslöhne oder Hilfsmaterialien

nennen zu lassen. Es wird u.a. von dem zu beschaffenden Gut und von der Art seiner Herstellung, vom Wert des Auftrages und von der jeweiligen Stärke der Marktpartner abhängig sein, wie detailliert im Einzelfall die Gesamtleistung in Teilleistungen aufgeschlüsselt wird.

Allerdings ist der partielle Preisvergleich nicht bei allen Beschaffungsvorgängen anwendbar. Er geht zunächst einmal von der Annahme aus, daß ein zu beschaffendes Produkt von mehreren Lieferanten bezogen werden kann und daß
diese Anbieter ein ziemlich homogenes Produkt herstellen. Sodann setzt die Anwendung des partiellen Preisvergleichs voraus, daß die Herstellung des einzukaufenden Gutes in einzelne klar voneinander abgrenzbare Teilleistungen, die folglich auch separat kalkuliert werden können, zerlegbar ist. Ist diese Voraussetzung
nicht gegeben, weil etwa ein Produkt in einem einzigen Fertigungsgang oder in
mehreren Fertigungsstufen, die geschlossen ablaufen müssen (z.B. bei der
Zwangslauffertigung), hergestellt wird, so ist in der Regel die Durchführung eines
partiellen Preisvergleichs nicht möglich und auch nicht sinnvoll. Ferner hat der
Einkauf bei der Anwendung dieses Verfahrens darauf zu achten, daß die Teilleistungen, deren Preise/Kosten offengelegt werden sollen, bei den zur Abgabe eines Angebotes aufgeforderten Lieferanten hinsichtlich ihrer inhaltlichen Abgrenzung einigermaßen identisch sind. In der Praxis wird man häufig mit der
Schwierigkeit rechnen müssen, daß wegen unterschiedlicher technischer Verfahren der verschiedenen Anbieter bestimmte Teilleistungen nicht einheitlich abge-
grenzt werden können, so daß die Vergleichbarkeit der einzelnen Preisbestandteile nicht gegeben ist bzw. erschwert wird. Schließlich ist manchmal die
Vergleichbarkeit der einzelnen Preisbestandteile auch dadurch gefährdet, daß die
Lieferanten bei der Zurechnung der Kosten auf die vorgegebenen Teilleistungen
nicht nach einheitlichen Schlüsseln oder kostenrechnerischen Grundsätzen verfahren.

7.8   Der Deckungsbeitrag des Lieferanten als Basis für Preis-Mengen-Überlegungen

In manchen Beschaffungssituationen möchte der Einkäufer gerne wissen, welche
Auswirkung eine Änderung der Bedarfsmenge auf den Beschaffungspreis haben
kann. Diese Problemstellung kann sich entweder auf eine Erhöhung der Bedarfsmenge und die damit eventuell verbundene Preissenkung oder auf eine Verringerung der Menge und die daraus vielleicht resultierende Preiserhöhung beziehen.
Aus preisstrukturanalytischer Sicht läßt sich die Frage nach dem Zusammenhang
zwischen Mengenveränderung und der daraus sich ergebenden Preisveränderung
dann einigermaßen genau beantworten,

– wenn erstens der Deckungsbeitrag, der dem Lieferanten pro Einheit seines Produktes beim bisherigen Preis zugestanden wird, bekannt ist und

– wenn zweitens vorausgesetzt wird, daß durch eine Veränderung der Menge der gesamte Deckungsbeitrag, den der Lieferant bei der bisherigen Menge erzielt, nicht beeinflußt wird, also konstant bleibt.

Ob diese Annahme richtig ist, hängt u.a. von der Auslastung der Lieferantenkapazität und dem Ausmaß der Mengenveränderung ab. Gleichwohl lassen sich im Rahmen preisstrukturanalytischer Überlegungen mit Hilfe dieser Annahme *bestimmte Grenzwerte für Preisveränderungen* ermitteln, welche die Argumentationsbasis des Einkäufers in Vergabeverhandlungen verbessern und verbreitern können und bei der Formulierung von Zielen hilfreich sind. Deshalb soll im folgenden die Berechnung dieser Grenzwerte an einem einfachen Beispiel erläutert werden.

Beispiel

Ein Unternehmen hat bisher von einem Lieferanten monatlich 12 000 Stück eines bestimmten Artikels bezogen. Da der Preis für diesen Artikel bei DM 20,– lag, belief sich der monatliche Umsatz bei diesem Lieferanten auf DM 240 000,–. Aus preisstrukturanalytischen Untersuchungen geht hervor, daß die variablen Kosten pro Stück DM 15,– betragen, so daß der Deckungsbeitrag, den der Lieferant pro Einheit erzielt, bei DM 5,– liegt.

Der monatliche Bedarf an diesem Produkt wird sich in Zukunft auf 15 000 Stück erhöhen. Es ist nun die Frage zu beantworten, welche Preisermäßigung der Einkäufer aufgrund der zu erwartenden Bedarfsausweitung von 12 000 Stück auf 15 000 Stück in einer anstehenden Vergabeverhandlung anstreben soll.

Unter der Voraussetzung, daß trotz der beschriebenen Erhöhung der Bedarfsmenge der Deckungsbeitrag des Lieferanten unverändert auf dem bisherigen Stand bleibt, ergibt sich der Preis für die neue Menge (15 000 Stück) aus folgender Überlegung: Bei einem monatlichen Bedarf von 12 000 Stück und bei einem Deckungsbeitrag pro Stück in Höhe von DM 5,– erzielte der Lieferant bislang einen monatlichen Deckungsbeitrag von DM 60 000 (= 5 x 12 000). Würde dieser Betrag auch bei einer erhöhten Bedarfsmenge von 15 000 Stück unverändert bleiben, so müßte der Deckungsbeitrag pro Stück auf DM 4,– (= 60 000 : 15 000) sinken. Wenn man zu dieser gesunkenen Marge die variablen Kosten pro Stück von DM 15,– addiert, kommt man rechnerisch zu dem neuen Preis von DM 19,– für den auf 15 000 Einheiten erhöhten Bedarf.

Falls sich in einer Vergabeverhandlung mit dem Lieferanten der Preis für die erhöhte Menge auf DM 19,– reduzieren läßt, hat man – verglichen mit der Ausgangssituation vor der Mengenausweitung – ein recht gutes Verhandlungsergebnis erzielt. Denn dem Lieferanten werden in diesem Falle für die Herstellung der zusätzlichen 3 000 Stück lediglich die dafür entstehenden variablen Kosten (Grenzkosten) vergütet. Das läßt sich an unserem Beispiel leicht verdeutlichen. Der monatliche Umsatz mit dem Lieferanten wird nämlich von DM 240 000,– (vor der Mengenausweitung) auf DM 285 000,– (nach der Mengenausweitung), also um DM 45 000,– steigen, und die variablen Kosten des Lieferanten für eine zusätzliche Ausbringung von 3 000 Stück belaufen sich ebenfalls auf DM 45 000,– (3 000 x 15). In der Praxis dürfte allerdings in vielen Fällen dieser niedrige Preis von DM 19,– nicht zu verwirklichen sein, da in der Regel im Wirtschaftsleben unterstellt wird, daß mit einer größeren Menge auch ein höherer Deckungsbeitrag für den Anbieter verbunden ist. Insofern stellt dieser Preis für den Einkäufer nur einen idealen Grenzwert dar.

Wie leicht aus den oben durchgeführten Berechnungen abgeleitet werden kann, lassen sich derartige Grenzwerte allgemein nach folgender *Preis-Mengen-Formel* ermitteln:

$$P_g = k_v + \frac{d \cdot x_a}{x_g}$$

In diesem Ausdruck bedeutet:

P_g = der geänderte Preis (Grenzwert)
k_v = die variablen Kosten pro Stück
d =der Deckungsbeitrag pro Stück
x_a = die alte Bedarfsmenge
x_g = die geänderte Bedarfsmenge

Diese Preis-Mengen-Formel versucht, aus preisstrukturanalytischer Sicht eine funktionale Beziehung zwischen dem Preis P_g und der jeweiligen Bedarfsmenge x_g herzustellen. Sie läßt sich selbstverständlich auch auf den Fall einer Mengenreduzierung anwenden. Würde etwa in unserem Beispiel eine Reduzierung der Bedarfsmenge auf 9 600 Stück in Erwägung gezogen, so ergäbe sich nach der Preis-Mengen-Formel ein Grenzpreis in Höhe von:

$$P_g = 15 + \frac{5 \times 12\,000}{9\,600} = 21{,}25$$

Bei diesem Preis von DM 21,25 wäre allerdings lediglich berücksichtigt, daß sich gegenüber der Ausgangsmenge die variablen Kosten des Lieferanten um DM 36 000,– (= 15 x 2.400) verringert haben. Aber der Lieferant würde trotz reduzierter Menge den gleichen Deckungsbeitrag erzielen wie bei einer Menge von 12 000 Stück, nämlich DM 60 000,– (= 6,25 x 9 600). Da das jedoch allenfalls in Grenzsituationen für den Einkäufer akzeptabel ist, sollte er darauf achten, daß er in einer Vergabeverhandlung für die auf 9 600 Stück reduzierte Menge einen Preis erzielt, der unter diesem Grenzpreis von DM 21,25 liegt.

7.9 Bedeutung der Lernkurve für die Preisstrukturanalyse

Sehr große Schwierigkeiten bereitet im allgemeinen das Abschätzen der Lieferantenkosten bei völlig neuen Artikeln, für die beim Lieferanten noch keine Produktionserfahrungen vorliegen. In einem derartigen Falle ist in preisanalytischen Untersuchungen die bekannte Erscheinung zu berücksichtigen, daß beim Anlaufen der Fertigung neuer Erzeugnisse die erste Einheit einer Serie relativ hohe Stückkosten verursacht und daß mit der Herstellung jeder weiteren Einheit die Stückkosten tendenziell sinken. Dieses Phänomen ist darauf zurückzuführen, daß die im Produktionsprozeß befindlichen Arbeitskräfte sich erst einarbeiten und mit den neuen Gegebenheiten der Produktion vertraut machen müssen. Bei den Arbeitskräften findet also ein Lernprozeß statt, der zur Folge hat, daß mit zunehmender Anzahl an gefertigten Einheiten und mit zunehmender Wiederholung bestimmter Arbeitsvorgänge vor allem die Fertigungsstunden pro Stück und in bestimmten Fällen auch die Materialkosten je Produkteinheit sukzessiv zurückgehen.

Empirische Untersuchungen über das Ausmaß des Lernens in der Produktion und insbesondere über die Abhängigkeit zwischen Arbeitsaufwand und kumulierter Produktionsmenge einer Serie haben nun ergeben, daß der durch Erfahrung und Übung hervorgerufenen Produktivitätssteigerung bzw. Kostensenkung eine gewisse Gesetzmäßigkeit innewohnt. Diese Gesetzmäßigkeit bildet den Inhalt der „Theorie der Lernkurve", die in ihrer einfachsten Version besagt, daß mit jeder Verdoppelung der kumulierten Produktionsmenge die variablen Stückkosten um einen bestimmten, konstanten Prozentsatz (bezogen auf die Ausgangskosten vor der Verdoppelung) sinken.

Das Prinzip der Lernkurve soll hier am *Beispiel der Fertigungsstunden* verständlich gemacht werden.

Man stelle sich vor, daß ein Lieferant zur Fertigung der ersten Einheit eines neuen Artikels 400 Fertigungsstunden benötige und daß bei jeder Verdoppelung der Ausbringung die durchschnittlichen Arbeitsstunden (= Fertigungsstunden insgesamt bezogen auf die kumulierte Ausbringung) um 10 % sinken. Unter den gemachten Annahmen ergibt sich bei der ersten Verdoppelung der Ausbringung, d.h. also für die ersten zwei Einheiten dieser Serie, eine durchschnittliche Arbeitszeit von $400 \cdot 0{,}9 = 360$ Stunden.

Die zweite Verdoppelung, also die Herstellung der ersten 4 Einheiten, läßt die durchschnittliche Arbeitszeit auf $400 \cdot 0{,}9 \cdot 0{,}9 = 324$ Stunden sinken. Die durchschnittlichen Fertigungsstunden in Abhängigkeit von weiteren Produktionsverdoppelungen sind in Tabelle 7.4 aufgezeigt:

Tabelle 7.4: Zahlenbeispiel zur Theorie der Lernkurve

Verdoppelung	Kumulative Ausbringung	Durchschnittliche Arbeitsstunden	Verringerung der durchschnittlichen Arbeitsstunden
	1	400,0	–
1.	2	360,0	40,0
2.	4	324,0	36,0
3.	8	291,6	32,4
4.	16	262,4	29,2
5.	32	236,2	26,2
6.	64	212,6	23,6
7.	128	191,3	21,3
8.	256	172,2	19,1

Verringert sich, wie in unserem Zahlenbeispiel, bei einer Verdoppelung der Produktion die durchschnittliche Arbeitszeit um 10 %, dann spricht man von einer 90 %igen Lernkurve. Wie im einzelnen aus der Tabelle hervorgeht, ist das Ausmaß des Lernens und damit die Verringerung der durchschnittlichen Produktionsstunden mit zunehmender Wiederholung gleichartiger Arbeitsvorgänge nicht konstant. Die absoluten Lerngewinne sind – bei gleichbleibender Lernrate von z.B. 90 % – anfänglich sehr hoch und schwächen sich allmählich ab. Das ist auch der Grund dafür, daß vor allem bei den ersten Einheiten einer Serie die Beachtung derartiger Lerneffekte von größter Bedeutung ist. In der Praxis hat sich gezeigt, daß in der Regel schon eine erhebliche Anzahl von Produkteinheiten hergestellt werden muß, bis die ermittelten Lerngewinne so klein werden, daß sie nicht mehr ins Gewicht fallen und vernachlässigt werden können. Der Zeitraum, der von der Herstellung der ersten Einheit eines Produktes bis zum Erreichen eines fast gleichbleibenden Aufwandes je Einheit verstreicht, wird auch als Lernzeit oder Anlaufphase bezeichnet. Je nach Kompliziertheit des Herstellungsprozesses und je nach dem Umfang der Ausbringung pro Periode kann die Anlaufphase eines neuen Produktes Monate, ja zum Teil Jahre dauern.

Im einzelnen bestehen die folgenden Möglichkeiten, das Phänomen der Lerneffekte für die Beschaffung nutzbar zu machen:

– Die Aussagen der Theorie der Lernkurve sollen zunächst einmal den Einkäufer davor bewahren, einen Preis, der beim Anlaufen einer neuen Serie für den ersten Auftrag vereinbart worden ist, ohne weiteres auch für Folgeaufträge zu akzeptieren.

– Zudem erleichtert das Wissen über die Auswirkungen kumulierter Produktionerfahrungen auf die Kosten eines Lieferanten die Prüfung der Angemessenheit des Preises und das Aufstellen von realistischen Richtpreisen für zusätzliche Aufträge.

– Die Erkenntnisse aus der Theorie der Lernkurve sind ferner ein wichtiges Argument in der Vergabeverhandlung; sie stärken die Verhandlungsposition des Einkäufers, erleichtern die Ausübung von Preisdruck und verbessern die Effizienz einer Vergabeverhandlung. Nur unter Berücksichtigung der Theorie der Lernkurve kann bei neuen Produkten sichergestellt werden, daß in Vergabeverhandlungen faire und vernünftige Preise für Folgeaufträge zustande kommen. In der Praxis der Vergabeverhandlung ist es dabei heute in vielen Fällen noch erforderlich, den Lieferanten die Aussagen der Theorie der Lernkurve zu erläutern, ihn von der Richtigkeit dieser Theorie zu überzeugen und seine Aversion gegen die Anwendung der Lernkurve abzubauen.

– Das Phänomen der Lerneffekte erleichtert auch die Vorhersage der zukünftigen Preisentwicklung, sofern sich bei einem Produkt der Preis an den Kosten orientiert, und es kann deshalb als informatorische Grundlage für Abschlüsse mit rückläufigen Preisen dienen. Mit Hilfe der Lernkurve kann zum Beispiel auch ermittelt werden, von welcher kumulierten Produktionsmenge ab bei einer gegebenen Lernrate die Übungsgewinne beim Lieferanten nicht mehr ins Gewicht fallen und deshalb bei Vergabeverhandlungen nicht mehr berücksichtigt werden müssen.

– Die Anwendungsmöglichkeiten der Lernkurve in der Beschaffung sind schließlich nicht nur auf die Preisstrukturanalyse beschränkt. Aus der Lernkurve lassen sich z.B. Informationen darüber gewinnen, in welcher Zeit ein Lieferant mit gegebenen Kapazitäten die Serie eines neuen Produktes herstellen kann oder wieviele Arbeitskräfte er bei gegebenem Ablieferungstermin einsetzen muß. Schließlich sollte die Beschaffung auch darauf achten, daß bei Entscheidungen über das Problem „Eigenfertigung oder Fremdbezug" sowohl die beim Lieferanten als auch die in der eigenen Produktion zu erwartenden Lerneffekte berücksichtigt werden.

Die Technik der Ermittlung der Lieferantenkosten bei Anschlußaufträgen wurde vor allem in der amerikanischen Industrie entwickelt. Insbesondere die amerikanische Flugzeugindustrie hat auf diesem Gebiet Pionierarbeit geleistet. Eine systematische Anwendung der Erkenntnisse, welche die Lernkurve bietet, hat sich heute in der betrieblichen Praxis noch nicht durchgesetzt, und es dürfte vermutlich erst im Laufe der nächsten Jahre zu einer genaueren Kenntnis der im Einzelfall zu berücksichtigenden Bedingungen für die Anwendbarkeit und zu einem breiteren Wissen über die Möglichkeiten kommen, wie man Schwierigkeiten bei der Anwendung der Lernkurve überwinden kann.

Das größte Problem bei der Verwendung der Lernkurve im Rahmen der Preisstrukturanalyse ist in der Regel die Bestimmung der Lernrate.

Übungsfragen und -aufgaben

1. Warum sollte man im Rahmen der Preisstrukturanalyse den variablen Kosten pro Stück besondere Aufmerksamkeit schenken?
2. Zwecks Durchführung einer Preisstrukturanalyse für einen bestimmten Artikel müssen Sie Aussagen über die Höhe der Materialeinzelkosten und der Fertigungslöhne dieses Produktes machen. Welche einzelnen Informationen benötigen Sie zwecks Erfassung
   – der Materialeinzelkosten,
   – der Fertigungslöhne,
   und welcher Informationsquellen bedienen Sie sich, um die erforderlichen Daten zu erhalten?
3. Von welchen Faktoren ist die Gewinnspanne, die dem Lieferanten zugestanden wird, abhängig?
4. Wann scheint die Durchführung einer Preisstrukturanalyse sinnvoll zu sein? (Welche der folgenden Antworten ist nach Ihrer Meinung zutreffend?)
   – Wenn es sich bei dem Lieferanten um einen Monopolisten handelt.
   – Wenn es sich bei dem einzukaufenden Gut um ein Börsenprodukt handelt.
   – Wenn die Gemeinkosten bzw. die fixen Kosten eines einzukaufenden Artikels relativ hoch sind.
   – Wenn ein starker Preiswettbewerb auf dem Beschaffungsmarkt herrscht.
   – Wenn es sich um ein Produkt handelt, auf dessen Preishöhe der Einkäufer Einfluß ausüben kann.
   – Wenn eine ganz bestimmte Kostenart mehr als 75 % der Gesamtkosten eines Artikels ausmacht.
5. Wofür benötigt der Einkäufer Kenntnisse über die Kosten eines einzukaufenden Artikels?
6. Wo liegen nach Ihrer Meinung die besonderen Schwierigkeiten bei der Durchführung der Preisstrukturanalyse?
7. Erläutern Sie den Begriff der „Multiplikatorpreise" und nehmen Sie Stellung zur Verwendbarkeit derartiger Multiplikatorpreise in der Einkaufspraxis.
8. Wann und bei welchen Produkten verlangen Sie als Einkäufer von einem Lieferanten eine Offenlegung seiner Kalkulation?
9. Worauf sollte man bei der Überprüfung der offengelegten Lieferantenkalkulation besonders achten?
10. Nennen Sie Argumente, die gegen eine Forderung nach Offenlegung der Lieferantenkalkulation sprechen.
11. Was versteht man unter dem Begriff „partieller Preisvergleich" und wie wird im partiellen Preisvergleich der Zielpreis ermittelt?
12. Worin sehen Sie die Bedeutung des partiellen Preisvergleichs für die Beschaffung?
13. Nennen Sie Beispiele für die Anwendung des partiellen Preisvergleichs.

14. Ihr Unternehmen hat bislang von einem Anbieter monatlich 8 000 Stück eines bestimmten Artikels bezogen. Der Bedarf an diesem Artikel wird sich in Zukunft auf 10 000 Stück im Monat erhöhen. Bisher haben Sie für diesen Artikel einen Preis von DM 50,– pro Stück bezahlt. Aus preisstrukturanalytischen Überlegungen geht hervor, daß sich für diesen Artikel die variablen Kosten pro Stück auf DM 35,– belaufen.

   – Welche Preisermäßigungen würden Sie als Einkäufer aufgrund der o.e. Bedarfsausweitung in einer anstehenden Vergabeverhandlung anstreben?
   – Kommentieren Sie Ihre Rechenschritte und das Ergebnis Ihrer Berechnung.

15. Was versteht man unter einer Lernkurve?
16. Bei welchen Gütern kann mit einem Lernkurveneffekt gerechnet werden?
17. Welche Bedeutung hat die Lernkurve für die Beschaffung?

Achtes Kapitel
Wertanalyse

8.1 Entstehung und Wesen der Wertanalyse

8.1.1 Die Entstehung der Wertanalyse

Der Grundgedanke der Wertanalyse entstand vermutlich kurz nach Beendigung des Zweiten Weltkrieges in den USA. Als Begründer der Wertanalyse gilt der damalige Einkaufsleiter der General Electric Company (USA), Lawrence D. Miles, der zur Entwicklung dieser neuen Methode durch Erfahrungen angeregt wurde, die man während des Zweiten Weltkrieges beim Einsatz von Ersatzstoffen anstelle knapper Materialien gemacht hatte. Es hatte sich nämlich damals herausgestellt, daß der infolge Materialmangels erzwungene Einsatz von Ersatzstoffen keineswegs auch immer zu einer schlechteren Qualität der Endprodukte führte als die Verwendung herkömmlicher Fertigungsstoffe. In vielen Fällen waren die Austauschmaterialien den bislang verwendeten Werkstoffen in kostenmäßiger und qualitativer Hinsicht sogar überlegen. Es gab also offensichtlich viel mehr Möglichkeiten der Materialauswahl, viel mehr Alternativen bei der Konstruktion eines Erzeugnisses oder bei den Produktionsverfahren, als man bislang unterstellt hatte und als man mit den üblichen Rationalisierungsverfahren in Erfahrung bringen konnte.

Miles gelang es damals, eine Methode zu entwickeln, mit deren Hilfe man neue Möglichkeiten der Kostensenkung und der Qualitätsverbesserung systematisch suchen und erkennen konnte. Er nannte diese Methode „Value Analysis". Die im deutschen Sprachgebrauch verwendete Bezeichnung „Wertanalyse" ist eine wörtliche Übersetzung dieses amerikanischen Ausdrucks.

8.1.2 Die Besonderheiten der Wertanalyse

Die Wertanalyse hat sich inzwischen zu einem hervorragenden Instrument betrieblicher Rationalisierung und Produktverbesserung entwickelt. Sie versucht, ausgehend von einer systematischen Analyse der Funktionen und der Kosten eines Erzeugnisses,

– für die erforderlichen Funktionen des Untersuchungsobjektes kostengünstigere Lösungen zu finden,

– unnötige Funktionen eines Produktes zu eliminieren und/oder

– die Funktionspalette eines Erzeugnisses zu erweitern, falls hierdurch eine Steigerung des Unternehmensgewinns zu erreichen ist.

Die Wertanalyse macht keineswegs die konventionellen Methoden der Rationalisierung überflüssig, sondern muß als eine sehr wirksame, auf vielfältige Probleme anwendbare zusätzliche Methode der Kostensenkung und Produktverbesserung bezeichnet werden. Sie weist die folgenden charakteristischen Merkmale auf:

– **Die funktionsorientierte Denk- und Betrachtungsweise**
Während konventionelle Rationalisierungsverfahren das bestehende Objekt in den Vordergrund der Untersuchung stellen, geht die Wertanalyse von der Funktion eines Produktes aus. Sie abstrahiert durch die Funktionsbetrachtung vom eigentlichen Objekt, dadurch erweitert sich das Blickfeld, und man kann zu Lösungsmöglichkeiten kommen, die ohne die funktionsorientierte Betrachtungsweise nicht erkennbar werden.

– **Das systematische Vorgehen nach einem Arbeitsplan**
Man versucht in der Wertanalyse, in verschiedenen genau festgelegten und in ihrer zeitlichen Reihenfolge zweckmäßig aufeinander abgestimmten Schritten zu einer Problemlösung zu gelangen. Diese Systematik des Vorgehens ist wohl auch mit ein Grund für die mit der Wertanalyse erzielten Erfolge.

– **Die organisierte Teamarbeit und die Koordinierung der unterschiedlichen Abteilungsinteressen**
Die Wertanalyse will durch die Einführung der Teamarbeit sicherstellen, daß die verschiedenen Unternehmensbereiche, die mit dem Untersuchungsobjekt in Berührung stehen, an der Aufgabenlösung mitwirken und daß das in den verschiedenen betrieblichen Teilbereichen vorhandene Potential an Erfahrungen, Wissen und Ideen optimal genutzt wird. Die Teamarbeit kann dazu beitragen, daß unvernünftigen Ressortegoismen oder den Egoismen einzelner Führungskräfte im Interesse des Gesamtgewinns einer Unternehmung entgegengewirkt wird.

– **Die Anwendung von Techniken der Ideenfindung**
Durch den Einsatz derartiger Techniken soll erreicht werden, daß das Wertanalyseteam zu einem gegebenen Problem möglichst viele Lösungsideen entwickelt.

– **Die Anwendungsneutralität**
Diese Anwendungsneutralität bezieht sich zunächst einmal auf die möglichen Wertanalyse-Objekte: Wertanalytische Untersuchungen lassen sich sowohl auf Erzeugnisse (zum Beispiel Teile, Baugruppen, Investitionsgüter) als auch auf Dienstleistungen (zum Beispiel Transporte) und Verfahren (zum Beispiel in der Produktion) anwenden. Im Rahmen dieses Buches soll jedoch vorwiegend die Wertanalyse an Produkten behandelt werden.

Sodann kann diese Methode auf die Erreichung unterschiedlicher Ziele ausgerichtet sein. Als derartige Ziele, die mit Hilfe der Wertanalyse realisiert werden können, sollen hier beispielhaft genannt werden: Kostensenkung, Qualitätsverbesserung, Beseitigung von Versorgungsengpässen, Reduzierung von Umweltschäden oder Humanisierung des Arbeitsplatzes.

Wertanalyse basiert also auf einer umfassenden Untersuchung der Funktionen eines Wertanalyse-Objektes und stellt eine – in der Regel von einem Team durchgeführte – systematische Suche nach besseren Lösungen für die als notwendig anerkannten Funktionen dar.

8.1.3   Begriffe „value analysis" und „value engineering"

Ausgehend von entsprechenden Unterscheidungen in der US-amerikanischen Literatur hat sich auch in Deutschland die Einteilung der Wertanalyse in *value analysis* (Wertverbesserung oder *Produkt-Wertanalyse*) einerseits und in *value engineering* (Wertgestaltung oder *Konzept-Wertanalyse*) andererseits durchgesetzt. Unter value analysis versteht man dabei die wertanalytischen Untersuchungen an Erzeugnissen, die sich schon in der laufenden Fertigung befinden, während bei value engineering ein neu zu gestaltendes Produkt bereits in der Konzeptions- und Planungsphase wertanalytisch behandelt wird. Überlegungen wertanalytischer Art werden also einmal angewendet, um die bei der Herstellung eines Erzeugnisses anfallenden Kosten zu senken, und zum anderen, um die Entstehung von vermeidbaren Kosten von vornherein zu verhindern.

In der Regel ist value analysis leichter durchzuführen als value engineering. Das liegt daran, daß bei bereits in der Produktion befindlichen Erzeugnissen konkrete Kostengrößen vorliegen, vorhandene Schwachstellen deutlicher sichtbar und Schwierigkeiten und Probleme anschaulicher werden als bei noch in der Entwicklung befindlichen Gütern. Ein wesentlicher Nachteil der Produkt-Wertanalyse im Vergleich zur Konzept-Wertanalyse besteht allerdings darin, daß Verbesserungsvorschläge auf dem Gebiete der value analysis im allgemeinen mit bestimmten Änderungskosten in der Fertigung verbunden sind, die selbstverständlich bei der Überprüfung der Rentabilität des betreffenden wertanalytischen Vorschlags zu berücksichtigen sind. Im Hinblick auf mögliche Änderungskosten von Verbesserungsvorschlägen sollten wertanalytische Überlegungen möglichst früh im Entwicklungsstadium eines Produkts einsetzen. Denn wenn einmal Vorrichtungen oder Werkzeuge zur Realisierung einer bestimmten Produktkonzeption angeschafft worden sind und wenn der Fertigungsprozeß im einzelnen festgelegt ist, dann können die durch einen nachträglichen wertanalytischen Vorschlag entstehenden Änderungskosten bereits beträchtlich sein.

8.2   Die funktionsorientierte Denk- und Betrachtungsweise

8.2.1   Der Funktionsbegriff

Ein Wesensmerkmal der Wertanalyse ist das Denken in Funktionen. Unter einer Funktion versteht man im Rahmen der Wertanalyse die Wirkungen (Aufgaben, Tätigkeiten) eines Objektes. Produkte werden in der Wertanalyse als Träger von Funktionen angesehen.

Für die praktische Arbeit auf dem Gebiet der Wertanalyse ist es nun erforderlich, daß die Funktionen eines zu untersuchenden Erzeugnisses bestimmt und beschrieben werden. Die Kennzeichnung der Funktion eines Objektes sollte sehr knapp, aber gleichzeitig möglichst zutreffend und umfassend sein. In den meisten Fällen wird man mit Hilfe eines Substantivs und eines Verbs die Funktionen eines Produktes wiedergeben können, wie die folgenden Beispiele verdeutlichen:

Wertanalyse-Objekt	Funktion
Filter	Schmutz zurückhalten
Uhr	Zeit anzeigen
Kugelschreiber	Striche ziehen
Glühlampe	Licht abgeben
Druckbehälter	Preßluft speichern
Benzinfeuerzeug	Flamme erzeugen
Säge	Holz trennen

Die Funktionsbeschreibung ist also nicht lediglich eine genaue Definition eines Wertanalyse-Objektes, sondern sie kann nur im Hinblick auf den Verwendungszweck des Objektes erfolgen. Dabei wird man einem Produkt in der Regel mehrere unterschiedliche Funktionen zuordnen müssen. Um zu eindeutigen und klaren Funktionsangaben für ein Produkt zu gelangen, hat sich die Beantwortung von Fragen, die sich mit den eigentlichen Aufgaben bzw. Wirkungen eines Wertanalyse-Objektes auseinandersetzen, als zweckmäßig und hilfreich erwiesen. Derartige Fragen lauten etwa:

- Was macht das Wertanalyse-Objekt?
- Warum macht der Gegenstand das?
- Wozu wird das Objekt benötigt?
- Wozu kann man den Gegenstand verwenden?
- Worum geht es hier eigentlich?

Bei der Funktionsbeschreibung sollte ferner darauf geachtet werden, daß das gewählte Substantiv nach Möglichkeit quantifizierbar ist und meßtechnisch erfaßt werden kann, so daß sich die Funktion genauer spezifizieren läßt. Diese nähere Bestimmung der Funktion erfolgt in der Wertanalyse durch die *funktionellen Anforderungen* oder *funktionsbedingten Eigenschaften.* Sie können sich inhaltlich auf die Leistung eines Objektes (Mindest- und/oder Höchstwerte), auf die Lebensdauer, die Schüttelfestigkeit oder Korrosionsbeständigkeit etc. beziehen und lauten beispielsweise: Tragfähigkeit bis 5 t, Druckfestigkeit bis 60 atü, Leistung bis 70 kWh, Fahrgeschwindigkeit bis 15 km/h. Da durch die Festlegung von funktionsbedingten Eigenschaften die sich anbietenden Lösungsmöglichkeiten stark eingeengt werden können, ist im Rahmen der Wertanalyse genau zu untersuchen, ob vom Verwendungszweck des Artikels her gesehen die aufgestellten funktionellen Anforderungen auch erforderlich und berechtigt sind.

8.2.2 Unterteilung der Funktionen

In der Wertanalyse werden die verschiedenen Funktionen, die Produkte erfüllen, nach Funktionsarten und nach der Wichtigkeit der Funktion für den Verwender unterteilt. Das erstgenannte Einteilungskriterium führt zur Unterscheidung zwischen *Gebrauchsfunktion* und *Geltungsfunktion.* Während die Gebrauchsfunktion die technische und wirtschaftliche Verwendung eines Produktes gewährleistet, geht die Geltungsfunktion darüber hinaus und spricht das Geschmacksempfinden, die Prestigevorstellungen des Benutzers sowie seine ästhetische Auffassung an. Beiden Funktionsarten muß in der Wertanalyse gleichermaßen Beachtung geschenkt werden.

Je nach zu untersuchendem Wertanalyse-Objekt überwiegt einmal die Gebrauchsfunktion, ein anderes Mal die Geltungsfunktion. Während bei Investitionsgütern in der Regel die Gebrauchsfunktionen dominierend sind, spielen bei den meisten Konsumgütern sowohl Gebrauchs- als auch Geltungsfunktionen eine große Rolle. Als Beispiel für diejenigen Produkte, die ausschließlich Geschmacks- und Prestigebedürfnisse befriedigen, soll hier der Modeschmuck erwähnt werden. Ob bei einem Erzeugnis die Gebrauchsfunktionen oder Geltungsfunktionen von größerer Wichtigkeit sind, hängt allein von der Einstellung der Verwender zu diesem Gut ab.

Im Hinblick auf die Bedeutung, die der Verwender eines Produktes den Funktionen beimißt, wird in der Wertanalyse zwischen *Hauptfunktionen, Nebenfunktionen* und *unnötigen Funktionen* unterschieden. Die Einteilung der Funktionen eines Erzeugnisses in diese drei Funktionsklassen kann nach folgendem Schema (Abbildung 8.1) erfolgen.

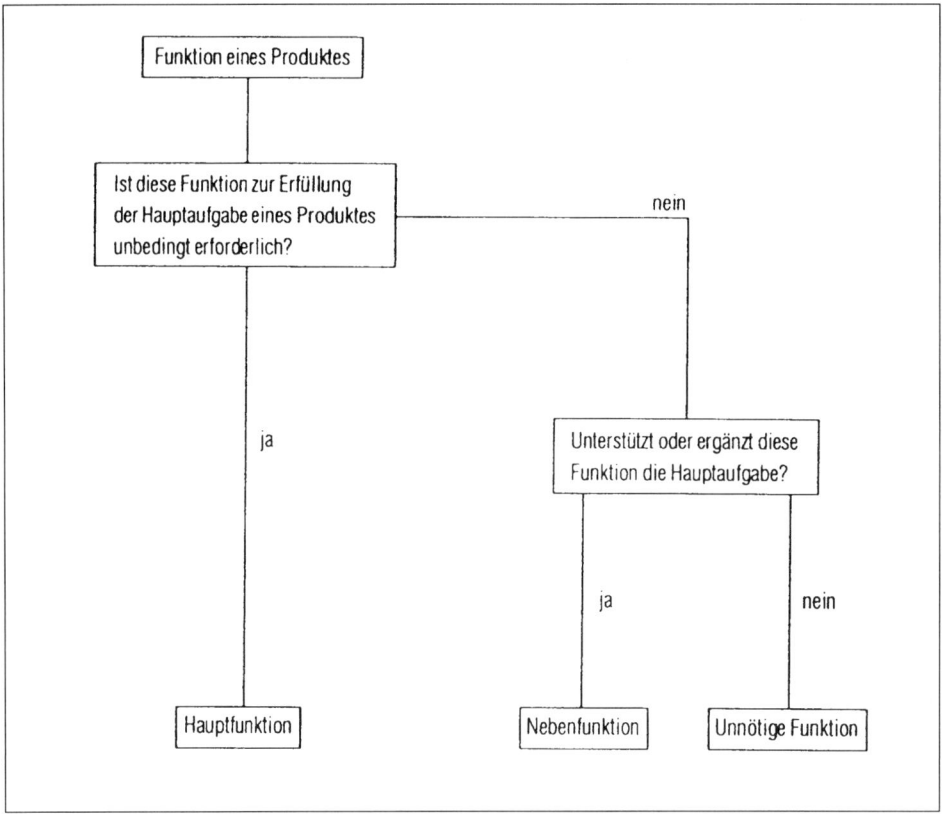

Abbildung 8.1: Einteilung der Funktionen nach ihrer Bedeutung

Unnötige Funktionen gewähren dem Verwender weder einen Geltungs- noch einen Gebrauchsnutzen und entsprechen nicht den Erfordernissen des Marktes. Sie sollten deshalb – soweit das technisch überhaupt möglich ist – weggelassen werden, um Kosten zu sparen. Die Ursachen für das Entstehen und das Vorhandensein von unnötigen Funktionen bei Produkten sind vielfältiger Art. So können beispielsweise wegen sich wandelnder Bedürfnisstruktur und wegen veränderter Anforderungen des Marktes an ein Produkt Funktionen, welche früher einmal erforderlich waren, überflüssig werden. Vor allem die Geltungsfunktionen eines Produktes unterliegen im Zeitablauf relativ starken Bewertungsschwankungen.

Die Wertanalyse muß auch versuchen, diejenigen Funktionen eines Produktes ausfindig zu machen und zu eliminieren, welche zwar für den Abnehmer und Verwender dieses Erzeugnisses von Nutzen sind, welche jedoch im Vergleich zu den Kosten, die diese Funktionen verursachen, vom Markte nicht genügend honoriert werden. Es handelt sich hier also um Geltungs- oder Gebrauchsfunktionen, deren Vorhandensein in einem Produkt den Gewinn des Herstellers negativ beeinflußt und die deshalb aus dem Produkt herausgelassen werden sollten.

8.2.3   Die Funktionsgliederung

In wertanalytischen Untersuchungen sind sowohl für das zu behandelnde Produkt als Ganzes als auch für die einzelnen Baugruppen und Teile, aus denen sich das Erzeugnis zusammensetzt, Funktionen zu ermitteln. Unterzieht man diese unterschiedlichen Funktionen einer genaueren Betrachtung, so stellt sich heraus, daß zwischen ihnen wechselseitige Abhängigkeiten bestehen, die in ihrer bildlichen Darstellung auch als Funktionsgliederung, Funktionsschema oder als Funktionsstruktur eines Erzeugnisses bezeichnet werden. Zur Verdeutlichung dieser Beziehungen zwischen den Funktionen der übergeordneten Erzeugniseinheit und denen der untergeordneten Teileinheiten sei im folgenden die Funktionsgliederung eines Kompressor-Kühlschrankes teilweise skizziert (vgl. Abbildung 8.2).

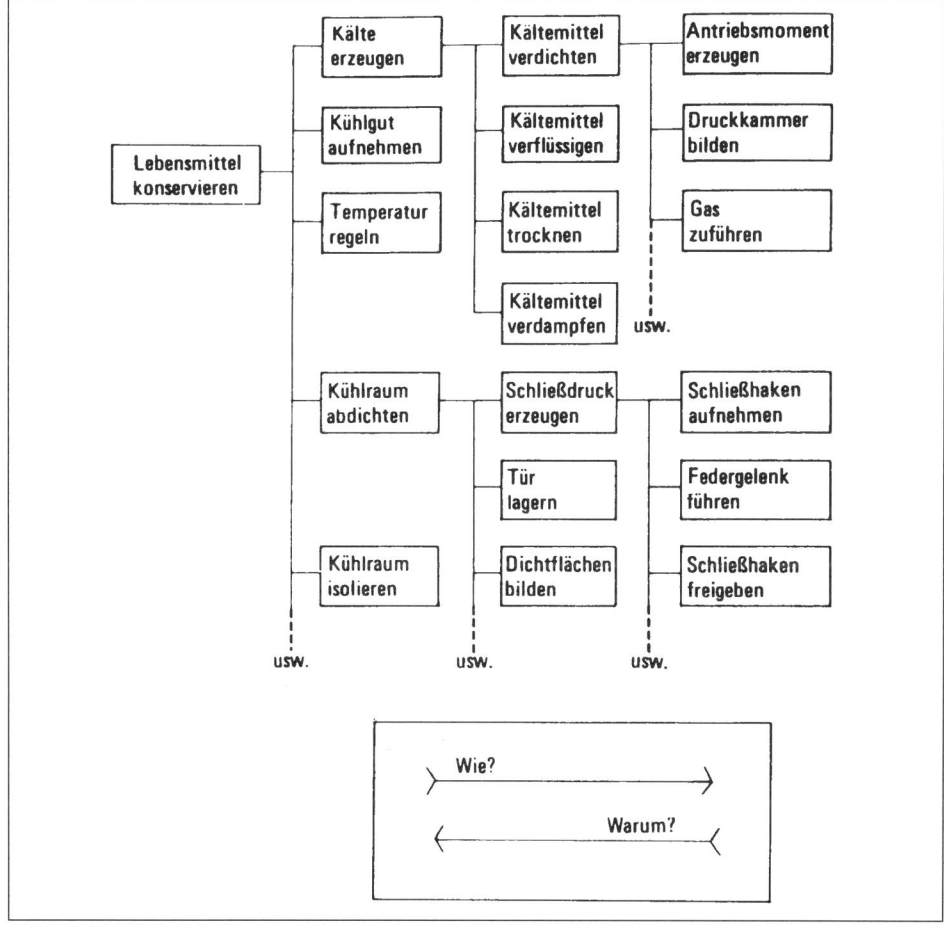

Abbildung 8.2: Funktionsstruktur eines Kühlschrankes (P. Baier: Wertgestaltung, München 1969, S. 31)

Die Beziehung zwischen einer gegebenen Funktionsstufe und der ihr vor- bzw. nachgeschalteten Stufe läßt sich mit Hilfe von Fragestellungen verdeutlichen. So wird etwa die Funktion des Kühlschrankes „Lebensmittel konservieren" ausgeübt, indem Baugruppen mit speziellen Funktionen, wie „Kälte erzeugen", „Kühlgut aufnehmen", „Temperatur regeln", zum Einsatz gelangen. Von der Funktion der übergeordneten Einheit (hier zum Beispiel des Kühlschrankes als Ganzen) kommt man also zu den Funktionen der niedrigeren Stufe mit der Frage: „Wie erfüllt die übergeordnete Einheit ihre Funktion?" Entsprechend ist die Funktion eines bestimmten Erzeugnisteiles mit der nächsthöheren Stufe durch die Frage: „Warum erfüllt dieses Erzeugnisteil diese Funktion?" verbunden. Läßt sich die Frage nach dem Warum nicht beantworten, so wird in den meisten Fällen eine unnötige Funktion vorliegen. Eine derartige Funktionsgliederung ist ganz besonders bei sehr komplexen Untersuchungsobjekten empfehlenswert, weil sie die Übersicht verbessert und funktionale Zusammenhänge erkennen läßt.

8.2.4   Die Bedeutung des Denkens in Funktionen

Die funktionsorientierte Denkweise ist vor allem aus folgenden Gründen für die Wertanalyse von wesentlicher Bedeutung:

– Zunächst einmal ist dieses Denken in Funktionen der Tatsache angepaßt, daß ein Kunde ein bestimmtes Endprodukt nur deshalb erwirbt, weil er sich die Funktionen, die dieses Erzeugnis ausübt, nutzbar machen möchte. Insofern kann diese Denkweise dazu beitragen, daß in einer Unternehmung Entscheidungen über die Funktionspalette eines Endproduktes stärker auf die Erfordernisse des Absatzmarktes ausgerichtet werden.

– Sodann erleichtert die Analyse der Funktionen eines Produktes ein Urteil darüber, was an einem Erzeugnis wesentlich, was unwesentlich oder gar überflüssig ist.

– Schließlich ist die funktionsorientierte Denkweise in der Wertanalyse deshalb von Vorteil, weil sie eine Loslösung vom Gegenständlichen ermöglicht, von gewohnten technischen Lösungen und Verfahren, von bestimmten Materialien und Formen abstrahiert und auf diese Weise den Spielraum für das Auffinden von völlig neuen Lösungen erweitert.

8.3 Durchführung wertanalytischer Untersuchungen

8.3.1 Überblick über den Ablauf einer wertanalytischen Untersuchung

In der Wertanalyse geht man üblicherweise nach einem festgelegten Arbeitsplan vor. Dieser anwendungsneutral gehaltene Arbeitsplan ist von Miles entworfen und von anderen Wertanalytikern modifiziert und weiterentwickelt worden. Heute werden in der deutschsprachigen Literatur über Wertanalyse im allgemeinen sechs verschiedene Grundschritte eines derartigen Arbeitsplans unterschieden; jeder Grundschritt ist seinerseits wieder in Teilschritte unterteilt (vgl. Tabelle 8.1).

Tabelle 8.1: Wertanalyse-Arbeitsplan (in Anlehnung an DIN 69910)

Grund-schritt	Bezeichnung	Teil-schritt	Bezeichnung
1	Vorbereitung	1	Auswahl des Untersuchungsobjektes
		2	Aufgabenformulierung
		3	Bildung der Arbeitsgruppe
		4	Planung des zeitlichen Ablaufs der Untersuchung
2	Ermittlung des Ist-Zustandes	1	Produktbeschreibung
		2	Funktionsbeschreibung
		3	Kostenermittlung
3	Kritik des Ist-Zustandes	1	Kritik der Funktionserfüllung
		2	Kritik der Kosten
4	Ermittlung von Alternativen	1	Suche nach allen vorstellbaren Alternativen
		2	Vorprüfung der gefundenen Alternativen
5	Prüfung der Alternativen	1	Technische Prüfung
		2	Wirtschaftliche Prüfung
6	Auswahl und Realisierung der optimalen Alternative	1	Auswahl der Alternative(n)
		2	Empfehlung an die Geschäftsleitung
		3	Verwirklichen der ausgewählten Lösung

Dieses Vorgehen nach einem Arbeitsplan soll gewährleisten, daß wertanalytische Untersuchungen systematisch und in sinnvoll aufeinander abgestimmten Teilschritten durchgeführt werden und daß wesentliche Punkte nicht vergessen oder übersehen werden. Gleichzeitig soll durch die konsequente Einhaltung der einzelnen Grund- und Teilschritte Leerlauf während des Projektablaufs vermieden und ein verhältnismäßig kurzer Weg zum Auffinden von günstigeren Lösungen eingeschlagen werden.

Zwecks Erfassung und Bearbeitung der in den einzelnen Phasen der Wertanalyse anfallenden Daten, Informationen und Ideen hat man in der Praxis eine Reihe von zweckmäßig gestalteten Formularen entworfen. Diese Hilfsmittel sollen hier nicht im Detail behandelt werden; sie werden in der Literatur über wertanalytische Fragen ausführlich dargestellt (vgl. zum Beispiel Christmann, K.: Gewinnverbesserung durch Wertanalyse, Stuttgart 1973, S. 59 ff.).

8.3.2 Die verschiedenen Grundschritte des Wertanalyse-Arbeitsplans

8.3.2.1 Vorbereitung

Bevor in einer Unternehmung mit der eigentlichen wertanalytischen Arbeit begonnen werden kann, muß ein Erzeugnis ausgewählt werden, das wertanalytisch untersucht werden soll, und es müssen konkretere Ziele formuliert werden, die mit Hilfe der Wertanalyse erreicht werden sollen. Ferner ist eine Arbeitsgruppe zu bilden, und schließlich hat die Terminplanung für den Ablauf der einzelnen Grundschritte zu erfolgen.

Bei der *Auswahl der Untersuchungsobjekte* muß darauf geachtet werden, daß die Wertanalyse nach Möglichkeit dort ansetzt, wo voraussichtlich die größten Rationalisierungserfolge zu erwarten sind und daß die Aufwendungen für die wertanalytischen Arbeiten in einem angemessenen Verhältnis zu den erzielbaren Einsparungen stehen. Wenn es auch auf diesem Gebiet keine eindeutigen und allgemeingültigen Auswahlkriterien geben kann, so hat sich doch in der Praxis die Berücksichtigung folgender Tatbestände bei der Selektion bewährt:

– Eine wertanalytische Untersuchung dürfte sich insbesondere bei denjenigen Endprodukten einer Unternehmung lohnen, deren Anteil am Umsatz relativ hoch ist und die voraussichtlich auch noch über einen längeren zukünftigen Zeitraum absetzbar sind.

– In bezug auf die zu beschaffenden Güter in einer Unternehmung liegt es nahe, daß man sich schwerpunktmäßig auf die A-Produkte beschränkt.

– Wenn das Absatzprogramm einer Unternehmung Erzeugnisse enthält, die in die Verlustzone geraten sind oder deren Marktanteil durch das Auftauchen billigerer oder verbesserter Konkurrenzprodukte gefährdet ist, wird man durch den Einsatz der Wertanalyse versuchen können, Schwachstellen und Fehler bei der konstruktiven Gestaltung oder bei der Herstellung dieser unrentablen bzw. wettbewerbsschwachen Artikel ausfindig zu machen und zu beseitigen.

– Beträchtliche Rationalisierungsreserven sind in vielen Fällen auch in Erzeugnissen enthalten, die aus Zeitmangel sehr rasch entwickelt und auf den Markt gebracht worden sind. Ähnliches gilt von Produkten, die in starkem Maße vom technologischen Fortschritt betroffen sind und bei denen in einem längeren Zeitraum keine konstruktiven oder fertigungstechnischen Änderungen vorgenommen worden sind.

– Schließlich wird in der Literatur darauf hingewiesen, daß bei Produkten, die aus einer Vielzahl von Einzelteilen und Baugruppen zusammengesetzt sind, in der Regel mit guten Ergebnissen beim Einsatz der Wertanalyse gerechnet werden kann. Dabei wird man sich aus ökonomischen Gründen vor allem auf diejenigen Teile konzentrieren, die in der Kostenstruktur des Produktes mit relativ großen Anteilen vertreten sind.

Bei der *Aufgabenformulierung* und der genaueren Festlegung von Rationalisierungsschwerpunkten und -dringlichkeiten (wie zum Beispiel Kostensenkung, Funktionsverbesserung, Produktivitätssteigerung) sind bestimmte Betriebsgegebenheiten und Marktsituationen sowie die übergeordneten Zielsetzungen einer Unternehmung zu beachten.

Wenn das Untersuchungsobjekt feststeht und das Untersuchungsziel formuliert ist, muß eine *Arbeitsgruppe (Wertanalyse-Team)* gebildet werden. In ihr sollten Fachleute aus jenen Betriebsbereichen vertreten sein, die für das zu untersuchende Produkt zuständig sind; die Teammitglieder kommen also vorwiegend aus dem Absatz, der Entwicklung und Fertigung sowie aus der Materialwirtschaft. Falls es die Problemstellung erfordert, können weitere Spezialisten, zum Beispiel aus der Qualitätskontrolle, aus der Kostenrechnung oder aus anderen betrieblichen Bereichen, zu den Teamsitzungen fallweise oder auch ständig hinzugezogen werden. Die Hereinnahme von Nicht-Fachleuten in das Wertanalyse-Team ist unter bestimmten Voraussetzungen sinnvoll; denn gerade dieser Personenkreis hat bei der Ermittlung von Alternativen den nötigen Abstand zu den bisherigen Lösungen und ist deshalb häufig in der Lage, Lösungsvorschläge mit innovativem Charakter hervorzubringen. Dies gilt jedoch in der Regel nicht für technisch komplizierte Problemstellungen.

Die Arbeiten des Teams werden von einem Teamleiter koordiniert. In der Praxis hat sich für diese Arbeitsgruppe eine Organisationsform bewährt, in der der Wertanalyse-Koordinator hauptamtlich und die übrigen Teammitglieder nebenamtlich ihre Aufgaben wahrnehmen. Wegen der in einem Unternehmen vorhandenen verschiedenen Zuständigkeiten für unterschiedliche Produkte hängt die personelle Zusammensetzung einer Gruppe von dem jeweils zu analysierenden Erzeugnis ab.

Schließlich gehört zu den vorbereitenden Maßnahmen einer wertanalytischen Untersuchung auch die *Planung des zeitlichen Ablaufs* einer derartigen Arbeit. Dadurch wird im einzelnen die Dauer für die Durchführung der verschiedenen Grundschritte festgelegt und es soll nach Möglichkeit von vornherein verhindert werden, daß im Vergleich zum erwarteten Erfolg der zeitliche Aufwand für die Analyse unangemessen hoch wird. Außerdem soll mit Hilfe einer derartigen Planung erreicht werden, daß Schwerpunkte und Engpässe im Arbeitsablauf schon frühzeitig erkannt werden.

Ein Wertanalyseprojekt sollte nicht mehr als zwölf Teamsitzungen erforderlich machen und nicht länger als sechs Monate dauern. Das Gros der Wertanalyseprojekte wird durchschnittlich in einem Zeitraum von drei Monaten abgewickelt und macht im Normalfall sechs bis acht Teamsitzungen erforderlich.

8.3.2.2   Ermittlung des Ist-Zustandes

Der zweite Grundschritt des Wertanalyse-Arbeitsplanes stellt die Informationsphase dar. In ihr erfolgen das Vorstellen des Produktes, die Beschreibung der Funktionen sowie die Ermittlung der Kosten.

Zwecks Erläuterung des Wertanalyse-Objektes sind vollständige, aktuelle und zuverlässige Daten über das Produkt aus allen Unternehmensbereichen zusammenzutragen. Nur auf der Grundlage einer umfassenden und genauen Kenntnis des zu analysierenden Erzeugnisses kann das Team die anschließenden Grundschritte der Wertanalyse durchführen. Benötigt werden zum Beispiel Zeichnungen, Stücklisten, Produktmuster, Fertigungspläne, Ausschußstatistiken, Informationen über Fertigungsverfahren und -einrichtungen, Berichte über Kundenwünsche und Reklamationen, Ergebnisse der Absatzmarktforschung, Qualitäts- und Prüfvorschriften, Übersichten über die fremdbezogenen Teile des Erzeugnisses sowie Informationen über Preise und Bezugsquellen der Fremdteile sowie über Preise möglicher Substitutionsmaterialien. Aber auch Kenntnisse über Konkurrenzprodukte, die als Vergleichsobjekt dienen können, sowie über den letzten Stand des technischen Fortschritts bei der Konstruktion und Fertigung des Untersuchungsobjektes sind für die weiteren Arbeiten des Teams von Bedeutung.

Nachdem alle erforderlichen Daten über das Untersuchungsobjekt zusammengetragen worden sind, müssen die Funktionen des Produktes als Ganzes und der einzelnen Baugruppen und Teile kurz und prägnant beschrieben und nach ihrer Wichtigkeit klassifiziert werden. Außerdem ist nach Geltungs- und Gebrauchsfunktion zu unterscheiden. Im Hinblick auf die funktionsbedingten Eigenschaften ist es zweckmäßig, wenn zwischen unabdingbaren Eigenschaften des Objektes, die zum Beispiel aufgrund von Sicherheitsvorschriften oder von Kundenwünschen festgelegt sind, und solchen Eigenschaften differenziert wird, bei denen dem Team Wahlfreiheiten eingeräumt sind.

Außerdem sind im zweiten Grundschritt der Wertanalyse den Funktionsträgern Kosten zuzuordnen. Auf diese Weise wird deutlich, bei welchen Funktionsträgern eines Wertanalyse-Objekts die Kostenschwerpunkte liegen. Bei der Kostenermittlung ist darauf zu achten, daß nach Möglichkeit nur die jeweils relevanten Kosten den Funktionsträgern zugerechnet werden. Das heißt mit anderen Worten, daß diejenigen Kosten außer Ansatz bleiben müssen, die sich als Folge der Durchführung eines wertanalytischen Vorschlags voraussichtlich nicht ändern werden; was in der Regel auf die fixen Bestandteile der Gemeinkosten zutrifft.

Neben dieser Ermittlung der *Funktionsträgerkosten* spielt in der Wertanalyse auch die Bestimmung der sogenannten *Funktionskosten* eine wichtige Rolle. Darunter versteht man diejenigen Kosten, die durch die Realisierung einer Funktion beim Hersteller entstehen. Bei Erzeugnissen werden derartige Funktionskosten dadurch errechnet, daß die Funktionsträgerkosten – also die Herstellkosten der Teile und Baugruppen – den Funktionen dieser Produkte zugeordnet werden. In der Regel erfolgt die Bestimmung der Funktionskosten mit Hilfe einer Funktionskosten-Matrix, die in Tabelle 8.2 am Beispiel einer Armbanduhr erläutert wird.

Tabelle 8.2. Funktionskosten-Matrix (am Beispiel einer Armbanduhr)

Funktionsträger	Funktionsträgerkosten DM	Funktionen der Funktionsträger									
		Zeitintervall erzeugen		Zeit anzeigen		Befestigung ermöglichen		Vor Umwelt schützen		Ansehen verschaffen	
		%	DM	%	DM	%	DM	%	DM	%	DM
Uhrwerk	90	80	72							20	18
Zifferblatt mit Zeiger	40			65	26					35	14
Gehäuse mit Glas	450					10	45	50	225	40	180
Armband	120					30	36			70	84
Summe = Funktionskosten	700		72		26		81		225		296

Quelle: In Anlehnung an Christmann, K.: a.a.O., S. 40 sowie Krehl & Partner: Arbeitshandbuch zum Wertanalyse-Grundseminar nach DIN 69910

Als Ausgangspunkt derartiger Berechnungen müssen die in der ersten Spalte der
Tabelle 8.2 aufgeführten Funktionsträgerkosten angesehen werden. Diese werden
nun auf diejenigen Funktionen, an denen der entsprechende Funktionsträger beteiligt ist, verteilt. Schwierigkeiten kann eine derartige Aufteilung dann bereiten,
wenn eine Baugruppe (wie zum Beispiel das Gehäuse in Tabelle 8.2) mehrere
Funktionen gleichzeitig ausübt. Wenigstens ist in diesen Fällen eine exakte Ermittlung der Funktionskosten vielfach nicht möglich; denn man wird auf Schätzungen
der prozentualen Verteilung der Funktionsträgerkosten angewiesen sein, und die
ausgewiesenen Werte für die Funktionskosten deuten dann lediglich auf Größen-
ordnungen hin.

Eine Funktionskosten-Matrix soll den Wertanalytikern Aufschluß darüber geben,
ob die einzelne Funktion und die durch sie verursachten Kosten in einem vertret-
baren Verhältnis zueinander stehen. Häufig ergibt sich aus einer derartigen Funk-
tionskosten-Analyse, daß gerade für relativ unwichtige Teile bzw. Funktionen vergleichsweise hohe Kosten anfallen.

Die Ermittlung des Ist-Zustandes kann zum großen Teil vom Wertanalyse-Koordinator selbst bzw. von bestimmten Teammitgliedern vorgenommen werden. Die
Ergebnisse dieser Bestandsaufnahme und Recherchen müssen sodann allen Teammitgliedern zur Kenntnisnahme vorgelegt werden. Allerdings sollte das Team als
Ganzes bei der schwierigen Aufgabe der Ermittlung der Funktionen sowie der Erstellung der Funktionskosten-Matrix eingeschaltet werden und mitwirken.

8.3.2.3   Kritik des Ist-Zustandes

In diesem Grundschritt werden die Ist-Funktionen und die Ist-Kosten einer kritischen Prüfung unterzogen. Die *Funktionskritik* erfolgt dabei, indem die Ist-Funktionen und die funktionsbedingten Eigenschaften mit den Anforderungen der Verwender an das Produkt verglichen werden. Auf diese Weise sollen

– kostenverursachende unnötige Funktionen, wie zum Beispiel übertriebene technische Anforderungen, Überdimensionierungen, überhöhte Toleranzgenauig-
  keit, zu lange Lebensdauer bestimmter Teile, nicht verlangte Griffe oder überflüssige Lochbohrungen, erkannt werden. So ist beispielsweise nicht einsehbar,
  daß hinter der Seitenverkleidung im Innenraum des Autos hochwertige Materialien – an Stelle von funktionstüchtigen billigen Werkstoffen – eingesetzt werden. Oder nehmen wir ein anderes Beispiel für eine unnötige Funktion: Kri-
  stallüster werden in der Regel in einer Höhe von mehr als drei Metern
  aufgehängt. Bei dieser produktüblichen Verwendung ist es für den Kunden un-
  interessant, wenn die einzelnen Lüstersteine einem kostspieligen Bearbeitungs-
  prozeß unterzogen werden, dessen Auswirkung auf die Qualität man nur unter
  dem Mikroskop erkennen und würdigen kann.

- Schwächen in der Funktionserfüllung erkannt und technische Fehlleistungen von Produkten, die überhöhte Kosten – zum Beispiel in der Montage oder beim Reparaturdienst – zur Folge haben, festgestellt werden;

- diejenigen Funktionen ermittelt werden, die das Untersuchungsobjekt im Ist-Zustand nicht aufweist, die jedoch unbedingt erforderlich erscheinen und deshalb dem Produkt zusätzlich beigefügt werden sollten;

- die bei der Ermittlung des Ist-Zustandes erfolgten Funktions-Definitionen daraufhin überprüft werden, ob sie nicht zu eng auf das Untersuchungsobjekt abgestellt sind und deshalb die Suche nach Alternativlösungen einschränken und erschweren. So mag beispielsweise die Funktion eines bestimmten technischen Aggregates im Ist-Zustand völlig korrekt mit „Material schneiden" beschrieben worden sein. Würde man jedoch bei der Suche nach Alternativen von dieser Funktionsbeschreibung ausgehen, dann könnten die zahlreichen Möglichkeiten, auf andere Weise Material zu trennen, nicht in Betracht gezogen werden. Es ist also zu prüfen, ob die Soll-Funktion dieses Aggregates gegebenenfalls mit „Material trennen" gekennzeichnet werden kann.

Nach der Funktionskritik erfolgt die *Kostenkritik*. Die Teammitglieder versuchen, für das Untersuchungsobjekt ein mit Hilfe der Wertanalyse anzustrebendes Kostenziel zu bilden. Unter dem Kostenziel, das in Literatur und Praxis auch als Wertziel bezeichnet wird, versteht man dabei die niedrigsten Kosten, welche aufzuwenden sind, damit die gewünschte Funktion verläßlich erfüllt werden kann. Dieses Kostenziel kann nach unterschiedlichen Methoden ermittelt werden:

- Wertziele für eine Funktion können aus den günstigeren Kosten für Produkte, die ähnliche Funktionen wie das Untersuchungsobjekt erfüllen, abgeleitet werden. Dieses Verfahren erscheint relativ einfach zu sein, birgt jedoch die Gefahr in sich, daß man sich an Objekten orientiert, deren Funktion zu wenig mit der gewünschten Sollfunktion verwandt ist.

- Für marktgängige Artikel kann man das mit der Wertanalyse anzustrebende Kostenlimit dadurch ermitteln, daß man von den Preisen billigerer Konkurrenzfabrikate oder Substitutionsgüter ausgeht.

- In den Fällen, in denen die Geschäftsleitung das Untersuchungsobjekt zu einem bestimmten (niedrigen) Preis auf den Markt bringen möchte, kann das Wertanalyseteam Kostenziele aus diesem erzielbaren Marktpreis ableiten. Eine derartige Vorgehensweise nennt man heute Target Costing: Im Sinne des „Market into Company" wird zunächst vom Target Price eines Endprodukts die Gewinnmarge (Target Profit) abgezogen, und man erhält auf diese Weise die sog. Allowable Costs. Aus einer Gegenüberstellung der Allowable Costs und der intern ermittelten Selbstkosten/Einheit (Drifting Costs) ergeben sich sodann die Target Costs des Endprodukts, die schließlich auf die unterschiedlichen Funktionen,

Komponenten und Teile des analysierten Erzeugnisses heruntergebrochen werden müssen. Bei Komponenten, welche die Unternehmung von auswärts bezieht, können die so ermittelten Target Costs eine Orientierungsfunktion bei der
Preisfindung im Einkauf bzw. für den Lieferanten ausüben.

– Schließlich besteht die Möglichkeit, daß man die Kosten, die eine bestimmte
  Funktion verursacht, von den einzelnen Teammitgliedern schätzen läßt. Häufig
  stellt sich dann heraus, daß die vom Team geschätzten Kosten weit unter den ef-
  fektiv anfallenden Kosten liegen.

Selbstverständlich ist das Wertziel keine exakt errechenbare Größe, sondern lediglich ein Orientierungswert. Gleichwohl sollten die ermittelten Wertziele einigermaßen realistisch sein. Falls Wertziel und Istkosten weit auseinanderklaffen, so
kann das bedeuten, daß hier große Möglichkeiten der Kosteneinsparung bestehen.
Mit dieser Kostenkritik wird unter anderem auch angestrebt, die Teammitglieder
zu Leistungen auf dem Gebiet der Kreativität zu motivieren.

Im übrigen zeigen diese Ausführungen über Funktions- und Kostenkritik, daß die
Bestimmung des Sollzustandes zweckmäßigerweise in Teamarbeit erfolgt.

8.3.2.4   Ermittlung von Alternativen

In diesem Grundschritt, der schöpferischen Phase, sollen aufbauend auf den bisher
gesammelten Erkenntnissen neue Lösungen im Team entwickelt werden. Als Hilfsmittel kommen dabei bestimmte Methoden der kreativen Ideenfindung zur Anwendung. Bewährt haben sich in der Wertanalyse vor allem Brainstorming, Brainwriting, die morphologische Methode und die Synektik. Die wesentlichen
Merkmale dieser verschiedenen Techniken sowie ihre Vor- und Nachteile beim
Einsatz in der Wertanalyse sollen im folgenden kurz beschrieben werden.

8.3.2.4.1 Die Anwendung von Kreativitätstechniken
Das vom amerikanischen Werbeberater A.F. Osborn entwickelte *Brainstorming* ist
wohl die bekannteste Kreativ-Technik. An einer Brainstorming-Sitzung, die nicht
länger als eine Stunde dauern sollte, können 5 bis 15 Personen teilnehmen. Sie sollen möglichst spontan ihre Gedanken und Vorschläge zu einem anstehenden Problem äußern und dabei die folgenden vier Grundregeln für ein erfolgreiches
Brainstorming beachten:

1. *Eine Kritik an geäußerten Ideen ist während der Sitzung streng untersagt:* Eine
   (eventuell negative) Bewertung der Vorschläge wird also auf einen späteren
   Zeitpunkt verschoben.

2. *Es kommt auf die freie Entfaltung der Phantasie an:* Gerade zunächst unsinnig
   erscheinende Ideen führen vielfach am Schluß zu brauchbaren Lösungen.

3. *Die Quantität der Ideen hat Vorrang vor der Qualität:* Je größer die Anzahl der Lösungsvorschläge ist, desto eher besteht die Möglichkeit, daß sich unter ihnen realisierbare Ideen befinden.

4. *Die Ideen eines Teammitgliedes sollen von den anderen aufgegriffen und weiterentwickelt werden:* Indem die Vorschläge anderer Teammitglieder ergänzt, modifiziert, kombiniert, umgewandelt oder verfeinert werden, kann sich die Anzahl der hervorgebrachten Ideen beträchtlich erhöhen.

Durch die Einhaltung dieser Grundregeln soll die Gruppenkreativität angeregt werden. Damit die einzelnen Mitglieder der Gruppe frei von Furcht vor Kritik ihre Ideen äußern können, sollte das Team nach Möglichkeit aus Mitarbeitern bestehen, die in etwa der gleichen hierarchischen Stufe im Unternehmen angehören.

Brainstorming ist die in der Wertanalyse am häufigsten angewendete Methode der Ideenfindung. Das liegt unter anderem an der Unkompliziertheit dieser Technik. Die Teilnehmer müssen nur kurz mit den Regeln des Brainstorming vertraut gemacht werden; eine eingehende Schulung ist bei dieser Methode nicht erforderlich. Wegen des großen Spielraums bei der Anzahl der Teilnehmer ist Brainstorming auf eine Vielzahl von Problemen und sowohl in kleinen als auch in großen Unternehmen anwendbar. Diese Kreativ-Technik eignet sich allerdings nur für verhältnismäßig einfache wertanalytische Probleme.

Brainwriting ist ein schriftlicher „Ideenwirbel" und wird häufig in der Form der „635-Technik" angewandt. Die Zahlenkombination 635 soll diese von B. Rohrbach entwickelte spezielle Art des Brainwriting charakterisieren und bedeutet, daß die Gruppe aus sechs Mitgliedern besteht, von denen jedes zunächst drei Vorschläge auf ein Blatt niederschreiben soll. Diese Blätter werden dann an den Nachbarn weitergereicht, und ausgehend von den Lösungsvorschlägen des Vorgängers bringt wiederum jeder Teilnehmer drei neue Ideen zu Papier. Dieser Vorgang wiederholt sich fünfmal, bis also jeder Teilnehmer, angeregt durch die von anderen aufgeschriebenen Ideen, auf jedes der sechs Blätter drei Vorschläge niedergeschrieben hat. Auf diese Weise könnte am Schluß der Sitzung jedes einzelne Blatt maximal 18 Lösungsvorschläge enthalten.

Im Vergleich zum Brainstorming besteht beim Brainwriting der Vorteil, daß die Teammitglieder Lösungen in Ruhe durchdenken und weiterentwickeln können und daß emotionale Hemmnisse in starkem Maße wegfallen. Negativ kann sich allerdings auf die Kreativität auswirken, daß die Spontaneität der Brainstorming-Sitzung verlorengeht.

Die *morphologische Methode* von F. Zwicky besteht im wesentlichen darin, daß ein zu lösendes Problem in seine einzelnen Elemente zerlegt wird und daß dann für jedes Problemelement alle bekannten und denkbaren Lösungsmöglichkeiten zusammengestellt werden. Auf diese Weise entsteht der sogenannte „morphologische Kasten", der in folgender Übersicht am Beispiel des Problems „Flurfördermittel" verdeutlicht wird (vgl. Tabelle 8.3).

Tabelle 8.3: Morphologischer Kasten für das Problem „Flurfördermittel"

Problem-element	Bekannte Lösungen und Lösungsideen			
Antrieb	Elektromotor	Dieselmotor	Benzinmotor	Federmotor
Getriebemotor	Zahnradantrieb	Kettenantrieb	Zykloidenantrieb	Riemenantrieb
Energiequelle	Starkstromnetz	Batterie	Dampf	Benzin
Fortbewegungs-medium	Schiene	Straße	Luft	Wasser
usw.	–	–	–	–

Quelle: Verein Deutscher Maschinenbau-Anstalten (Hrsg.), Wertanalyse im Maschinenbau, Grundlagen und praktische Beispiele, BwB 17, 2. Auflage, Frankfurt (Main) 1970, S. 13

Nach Aufstellung eines derartigen morphologischen Kastens lassen sich einzelne Lösungsmöglichkeiten durch Lauflinien zu Alternativen für das Grundproblem zusammenfassen. Da in unserem Beispiel für vier Problemelemente jeweils vier Lösungsmöglichkeiten aufgeführt sind, ergeben sich theoretisch $4^4 = 256$ Kombinationsmöglichkeiten.

Die kreative Leistung bei diesem Verfahren besteht vor allem in der Suche nach Lösungsformen für die einzelnen Problemelemente und in der Suche nach der optimalen Kombinationsmöglichkeit. Als Vorteil der morphologischen Methode muß die ihr innewohnende Systematik angesehen werden. Negativ wirkt sich bei diesem logisch-kombinatorischen Verfahren aus, daß sich die Alternativen für das Grundproblem zu eng an die Problemelemente eines bestehenden Funktionsträgers anlehnen und daß sich nur eine geringe Abstraktion von einem gegebenen Objekt erreichen läßt. Es besteht also die Gefahr, daß originelle Alternativen mit dieser Methode nicht erkannt werden können; sie sollte deshalb in der Wertanalyse nur ergänzend zu anderen kreativen Methoden hinzugezogen werden.

Als kreativste Ideenfindungstechnik gilt die *Synektik* von J.J. Gordon. Ein wesentliches Merkmal der Synektik ist die Verwendung von Analogien aus anderen Lebens- und Erfahrungsbereichen und damit die bewußte Entfernung vom eigentlichen Problem. Die Analogien für ein bestimmtes technisches Problem können zum Beispiel aus dem Bereich der Natur kommen. Neue Lösungsmöglichkeiten werden dadurch erkannt, daß man versucht, das ursprüngliche Problem und die gewählte Analogie gedanklich zu verbinden und einander anzupassen.

Die Synektik ist die erfolgreichste Technik der Ideenfindung. Wenn sie heute in der wertanalytischen Arbeit industrieller Unternehmen verhältnismäßig selten angewendet wird, so liegt das daran, daß diese Methode eine intensive Schulung für

Teammitglieder voraussetzt. Sie ist deshalb weder für einfache Problemstellungen noch für kleinere Betriebe zu empfehlen.

8.3.2.4.2 Fragelisten zur Entwicklung von Alternativen
Ein in der Wertanalyse häufig verwendetes Hilfsmittel bei der Ermittlung von Alternativen sind Fragelisten. Sie sollen die Gedankengänge der Teammitglieder auf wichtige wertanalytische Problemkomplexe lenken und die Kreativität vor allem derjenigen Teilnehmer anregen, die nur oberflächlich in die Methoden der Ideenfindung und in die Wertanalyse eingeführt worden sind. Zur Verdeutlichung derartiger Fragelisten diene die folgende Zusammenstellung, in der einige wichtige wertanalytische Probleme angesprochen sind.

Frageliste zur Entwicklung von Alternativen:

– Ist die Funktion für die Mehrzahl der Abnehmer überhaupt erforderlich?

– Können irgendwelche Funktionen von einem anderen Teil mit übernommen werden?

– Wie lassen sich funktionelle Schwachstellen beseitigen?

– Sind funktionsbedingte Eigenschaften überdimensioniert?

– Welche Toleranzen können ohne Beeinträchtigung der Funktionserfüllung erweitert werden?

– Welches preisgünstigere Material könnte eingesetzt werden?

– Mit welchen Materialien würde der Herstellungsprozeß vereinfacht?

– Können bestimmte Teile durch Normteile ersetzt oder aus ihnen hergestellt werden?

– Kann der Materialverbrauch durch kleinere Abmessungen des Fertigteiles oder durch Reduzierung des Abfalls verringert werden?

– Lassen sich Material- oder Bearbeitungskosten durch Änderungen der konstruktiven Gestaltung einsparen?

– Kann das Teil mit Hilfe eines anderen Fertigungsverfahrens oder anderer Produktionsmittel hergestellt werden?

– Können bestimmte Arbeitsgänge entfallen oder verkürzt werden?

– Ist die Eigenfertigung vorteilhafter als der Fremdbezug?

– Ist die vorgeschriebene Oberflächenbehandlung notwendig?

– Ist eine andere Oberflächenbeschaffenheit zulässig?

– Kann der Abfall durch Änderung der Konstruktion, durch Änderung im Fertigungsverfahren oder durch Annäherung des Rohteils an die Fertigungsmaße verringert werden?

– Gibt es für den Abfall andere Verwendungsmöglichkeiten?

– Läßt sich ein Teil aus dem Abfall eines anderen Teiles herstellen?

– Ist es günstiger, wenn ein Teil aus mehreren Einzelteilen zusammengesetzt wird?

– Können durch Änderung der Verpackung oder der Transportart Kosten gespart werden?

Eine derartige Frageliste läßt sich nach Belieben erweitern, sie kann je nach Verwendungszweck Fragen allgemeiner Art oder auf ein spezielles Objekt ausgerichtete Fragen enthalten und sich inhaltlich auf die unterschiedlichsten Probleme erstrecken.

8.3.2.4.3 Vorprüfung der gefundenen Alternativen
Während in der Phase der Lösungssuche die von den Teammitgliedern vorgeschlagenen Alternativen zweckmäßigerweise ohne jede kritische Wertung festgehalten werden sollten, muß nach Abschluß dieser Suchphase zunächst eine grobe Vorprüfung erfolgen, in der diejenigen Lösungsvorschläge ausgeschieden werden, die im Hinblick auf den gegenwärtigen Stand der technischen Entwicklung und nach den vorliegenden Informationen offensichtlich wenig erfolgversprechend sind. Bei dieser groben Aussonderung ist für jede vorgeschlagene Alternative durch das Team zu prüfen, ob sie konstruktiv, fertigungstechnisch und vom Beschaffungsmarkt her realisierbar ist und ob sie wirtschaftlich und von der Vertriebsseite her annehmbar ist. Selbstverständlich sollte ein Vorschlag, der aus bestimmten Gründen Probleme aufwirft, nicht sofort als undurchführbar ausgeschieden werden, sondern man sollte erst den Versuch machen, durch Abänderung des problematischen Vorschlages zu einer akzeptablen Lösung zu kommen. In der Praxis wird in der Regel die Selektion soweit durchgeführt, daß höchstens drei oder vier Alternativen übrig bleiben, die dann der folgenden aufwendigeren Prüfung unterzogen werden.

8.3.2.5   Prüfung der Alternativen

Die Lösungsvorschläge, die dem Wertanalyse-Team realisierbar erscheinen, müssen eingehend auf ihre technische Durchführbarkeit hin überprüft und einem Wirtschaftlichkeitsvergleich unterzogen werden.

Zweck der *technischen Prüfung* ist es festzustellen, in welchem Umfang die vorgeschlagene Alternative die verlangten Gebrauchs- und Geltungsfunktionen erfüllt. Man muß sich vergewissern, daß der Lösungsvorschlag hinsichtlich Qualität, Lebensdauer, Wirkungsgrad, Servicefreundlichkeit usw. den Anforderungen des Teams entspricht. Diese Untersuchungen sind in manchen Fällen mit sehr aufwendigen Arbeiten (wie zum Beispiel Labortests, Dauerversuchen, Anfertigung eines Prototyps, Transportversuchen, Versandversuchen, Belastbarkeitstests) verbunden.

Wenn die technische Lösung feststeht, muß im Rahmen einer *wirtschaftlichen Prüfung* ermittelt werden, mit welchem Rationalisierungserfolg im Vergleich zum Ist-Zustand voraussichtlich zu rechnen ist, falls die betreffende Alternative realisiert wird. Es dürfen bei derartigen Wirtschaftlichkeitsüberlegungen nur diejenigen Kosten bzw. Erträge in die Rechnung einbezogen werden, die sich als Folge des Übergangs vom Ist-Zustand zu der betreffenden Alternative ändern. Es muß deutlich gemacht werden, mit welcher Veränderung des Unternehmensgewinns die Realisierung einer Alternative verbunden ist.

Die mit diesen detaillierten technischen und wirtschaftlichen Überprüfungen verbundenen Arbeiten werden von den jeweils zuständigen Betriebsbereichen (Entwicklung, Fertigungsvorbereitung, Einkauf, Vorkalkulation) durchgeführt.

8.3.2.6 Auswahl und Realisierung der optimalen Alternative

Aus den überprüften Alternativen ist die optimale auszuwählen. Als günstigste Lösung ist in der Regel diejenige anzusehen, die bei ausreichender Erfüllung der Sollfunktion die geringsten Kosten verursacht bzw. den größten Gewinnbeitrag für das Unternehmen leistet. Bei der Auswahl sind allerdings auch die Höhe der Investitionen, die mit der Realisierung einer Alternative verbunden sind, und gegebenenfalls Risiken technischer Art zu berücksichtigen. Die ausgewählte Lösung wird dann den verantwortlichen Stellen in einer Unternehmung zur Einführung vorgeschlagen. Der Bericht über die durch den wertanalytischen Vorschlag erzielbaren Einsparungen bzw. Gewinnsteigerungen ist vom Wertanalyse-Koordinator zu erstellen.

Wenn über die Durchführung einer vorgeschlagenen Lösung von den jeweils Verantwortlichen entschieden worden ist, sind die notwendigen betrieblichen Maßnahmen zur Realisierung des Projektes in die Wege zu leiten. Es muß ein Aktionsplan aufgestellt werden, der die für die Verwirklichung zuständigen Personen festlegt und der einen Zeitplan für die Realisierung sowie einen Kostenplan für die durch den genehmigten Wertanalysevorschlag verursachten Investitionen bzw. Änderungskosten enthält. Falls während der Realisierungsphase unvorhersehbare Schwierigkeiten in bestimmten Bereichen auftreten, kann es erforderlich sein, daß das Wertanalyse-Team erneut zusammengerufen wird und über die Überwindung der Probleme beraten muß.

Nach der Verwirklichung des wertanalytischen Verbesserungsvorschlages ist zu überprüfen, ob die mit der vorgeschlagenen Lösung angestrebten Ziele auch wirklich erreicht worden sind. Als Grundlage dieser Überprüfungen dient ein Vergleich der Soll-Werte (laut Wertanalysevorschlag) mit den neuen Ist-Werten (nach der Realisierung). Diese Kontrolle der Durchführung und des Ergebnisses eines Verbesserungsvorschlages bezeichnet man in der Wertanalyse auch als value control. Durch value control soll unter anderem überprüft werden, ob das Wertanalyse-Team bei seinem Vorschlag nicht mit Phantom-Ersparnissen bzw. -Gewinnsteigerungen oder mit falschen Vorstellungen hinsichtlich möglicher Funktionsverbesserungen gearbeitet hat.

8.4.   Wechselbeziehungen zwischen Wertanalyse und Beschaffung

8.4.1   Die Bedeutung der Beschaffung für die Wertanalyse

Die Wertanalyse betrifft zwar nicht nur den Beschaffungsbereich, sondern berührt fast alle Grundfunktionen einer Unternehmung. Es läßt sich jedoch feststellen, daß zwischen Wertanalyse und Einkauf besonders enge Wechselbeziehungen bestehen und daß bei wertanalytischen Untersuchungen gerade der Beschaffung relativ wichtige Aufgaben zufallen. Das hängt zum einen damit zusammen, daß der Anteil der Materialkosten an den Selbstkosten bei vielen Erzeugnissen sehr hoch ist, daß der Einkauf für einen wesentlichen Teil sowohl der Kosten als auch der Erträge einer Unternehmung Mitverantwortung trägt und daß die Möglichkeiten des Einkäufers, auf betriebliche Kosten und Erträge Einfluß zu nehmen, durch die Wertanalyse beträchtlich erweitert werden. Zum anderen ist die Mitarbeit des Einkäufers in der Wertanalyse deshalb von großer Bedeutung, weil die in der Beschaffung Tätigen im allgemeinen ein sehr starkes Kostenbewußtsein entwickelt haben. In der täglichen Einkaufspraxis müssen ja ständig Materialien, welche mit ähnlichen Eigenschaften und Funktionen ausgestattet sind, kritisch miteinander verglichen werden, und es muß immer wieder darauf geachtet werden, daß der Preis des gekauften Gegenstandes in bezug auf den beabsichtigten Verwendungszweck angemessen ist und daß nicht Produkte mit unnötigen Funktionen oder in nicht erforderlicher Qualität beschafft werden. Schließlich kommt hinzu, daß die Beschaffung auch wegen ihrer vielfältigen Beziehungen zu den Lieferanten und wegen ihrer Kenntnis der am Beschaffungsmarkt angebotenen Alternativen für die Wertanalyse-Arbeit von großem Nutzen ist. Es ist deshalb nicht verwunderlich, daß die Wertanalyse aus der Beschaffung hervorgegangen ist.

8.4.2 Die Aufgaben der Beschaffung auf dem Gebiete der Wertanalyse

8.4.2.1 Bemühungen um Einführung der Wertanalyse

Welche Aufgaben die Beschaffung auf dem Gebiete der Wertanalyse wahrzunehmen hat, ist unter anderem davon abhängig, ob in einer Firma Wertanalyse in Form von Teamarbeit bereits praktiziert wird oder nicht, ob eine eigene Stelle für Wertanalyse im Unternehmen vorhanden und welcher Instanz sie zugeordnet ist. So sollte sich die Beschaffung in denjenigen Unternehmen, die noch keine Wertanalyse betreiben und deren Mitarbeiter mit dem wertanalytischen Gedankengut noch nicht vertraut sind, um die Einführung der Wertanalyse bemühen. Das kann dadurch geschehen, daß man in Gesprächen den Mitarbeitern anderer Unternehmensbereiche oder der Geschäftsleitung das Konzept der Wertanalyse erläutert und ihnen anhand von Beispielen die Vorteile der Wertanalyse aufzeigt. Vielleicht kann die Beschaffung an einem konkreten wertanalytischen Problem aus dem eigenen Erfahrungsbereich verdeutlichen, welche Kostenbeträge durch Wertanalyse eingespart werden könnten, und auf diese Weise die anderen Unternehmensbereiche für die Mitarbeit bei bestimmten wertanalytischen Studien gewinnen. Daß die Bemühungen der Beschaffung, in einem Unternehmen Wertanalyse einzuführen oder andere Unternehmensbereiche zur Mitarbeit bei wertanalytischen Problemen anzuregen, nicht immer auch den gewünschten Erfolg haben, mag unter anderem damit zusammenhängen, daß ja die Wertanalyse traditionelle Lösungen in Frage stellen und Ressortschranken abbauen möchte, was nicht in jedem Fall von allen Betroffenen gern gesehen wird.

8.4.2.2 Die Mitarbeit in organisierten Wertanalyse-Teams

Wenn in einer Unternehmung Wertanalyse bereits praktiziert wird und Wertanalyseteams mit Stabs- oder Ausschußcharakter existieren, muß die Beschaffung Wert darauf legen, daß der Einkauf in den jeweils bestehenden Teams auch vertreten ist und aktiv mitarbeiten kann. Nur so ist zu gewährleisten, daß die Belange der Beschaffung gebührend berücksichtigt werden und daß das in der Materialwirtschaft vorhandene Potential an Erfahrungen, Wissen und Ideen in der Wertanalyse genutzt wird. Im einzelnen wird sich die Mitarbeit des Einkäufers in den unterschiedlichen Phasen der Wertanalyse schwerpunktmäßig auf die folgenden Gebiete erstrecken:

– Die Beschaffung wird zunächst einmal wertvolle Anregungen bei der *Auswahl der Untersuchungsobjekte* für die Wertanalyse geben können. Denn die im Einkauf Tätigen haben infolge jahrelanger Beschäftigung mit den unterschiedlichsten Erzeugnissen, deren Preisen und Einsatzgebieten ein gewisses Gespür dafür entwickelt, ob die Kosten für eine bestimmte Funktionserfüllung im Vergleich zu den Kosten von Produkten mit ähnlichen Funktionen zu hoch liegen oder angemessen sind. Auch wird der Einkauf in einer Unternehmung noch am ehesten bemerken, daß der Preis eines bestimmten Materials in den vergangenen Jahren verhältnismäßig stark gestiegen ist, so daß die Frage nach dem Einsatz eines nicht so stark inflationierten Materials gestellt werden muß. Oder der Einkäufer stößt bei seiner marktforscherischen Tätigkeit auf Neuentwicklungen auf dem Beschaffungsmarkt, die für den eigenen Betriebsbedarf von Interesse sein könnten.

– Zur *Ermittlung des Ist-Zustandes* wird die Beschaffung vor allem Informationen über die Preise und die Beschaffungssituation der im Untersuchungsobjekt enthaltenen fremdbezogenen Teile und Baugruppen beizusteuern haben. Auch Daten über die Lieferanten und über die zu beobachtenden technischen Neuerungen bei den verwendeten Fertigungsstoffen sind von Interesse.

– In der Phase „*Kritik des Ist-Zustandes*" wird der Einkäufer insbesondere bei der Ermittlung des Wertzieles behilflich sein können; denn er ist über die Kosten der Produkte mit ähnlicher Funktion in der Regel gut informiert.

– In der *kreativen Phase* wird man vom Einkäufer vor allen Dingen Vorschläge zur Materialsubstitution, zur Verwendung genormter Teile, zur Standardisierung sowie zum Problem Eigenfertigung/Fremdbezug erwarten können.

— Bei der *Überprüfung der* in die engere Wahl gezogenen *Lösungen* obliegt der Beschaffung die Feststellung, zu welchem Preis ein Lieferant das vom Wertanalyseteam entworfene Teil herstellen kann und ob die vom Team vorgeschlagenen Alternativen auch vom Beschaffungsmarkt her in mengenmäßiger und qualitätsmäßiger Hinsicht realisierbar sind. Wertanalytische Vorschläge, die ohne Rücksicht auf die fertigungstechnischen Belange des Zulieferers und ohne Mitwirkung des Lieferanten zustande kommen, können negative Auswirkungen auf die betrieblichen Kosten bzw. Erträge haben.

– Bei der *Verwirklichung der ausgewählten Alternative* schließlich hat die Materialwirtschaft durch Kontakte zu den Lieferanten dafür Sorge zu tragen, daß die erforderliche Umstellung im Beschaffungsprogramm erfolgt und die Beschaffungsdispositionen der Realisierung des Projektes angepaßt werden.

8.4.2.3   Die wertanalytische Arbeit in der Linienstelle

Neben und unabhängig von der Mitarbeit in organisierten Wertanalyseteams gehört die permanente wertanalytische Arbeit in der Linienstelle zu den Aufgaben der Materialwirtschaft. Daß Wertanalyse mit besonderer Effizienz in Teamsitzungen durchgeführt wird, bedeutet ja nicht, daß nicht ebenfalls außerhalb eines Teams wertanalytische Überlegungen möglich sind. Für die Beschaffung ist die Wertanalyse zu einem großen Teil eine Denkweise, die auch der einzelne Einkäufer bei seiner täglichen Arbeit einsetzen kann und die sich dabei auf eine Vielzahl von materialwirtschaftlichen Problemen anwenden läßt.

Bei diesen vom einzelnen Einkäufer durchgeführten wertanalytischen Überlegungen wird man zweckmäßigerweise ebenfalls das in der Teamarbeit übliche Phasenschema in grober Form beibehalten. Denn ein Einkäufer, der untersuchen möchte, ob ein bestimmtes, ziemlich aufwendiges Material für einen bestimmten Verwendungszweck auch unbedingt erforderlich ist, wird zunächst sicherlich eine Reihe von Informationen über das Untersuchungsobjekt, seine Funktionen und Kosten sammeln müssen und die Stärken und Schwächen dieses Artikels genauer zu untersuchen haben, um kritisch zum Ist-Zustand Stellung nehmen zu können. Erst auf der Grundlage dieser Erkenntnisse wird der Einkäufer in der Lage sein, mögliche Alternativen zu entwickeln. Die gefundenen Alternativen müssen sodann auf ihre Durchführbarkeit hin überprüft werden, bevor ein konkreter Verbesserungsvorschlag der Abteilung unterbreitet wird, die den Artikel verwendet.

Im Vergleich zur Teamarbeit ist der im Alleingang vom Einkauf erarbeitete Wertanalysevorschlag mit dem Nachteil behaftet, daß er erst noch den davon berührten Stellen in einer Unternehmung verkauft werden muß und daß deren Zustimmung einzuholen ist. Aber zahlreiche Probleme wertanalytischer Art, mit denen sich der Einkäufer in seiner täglichen Arbeit auseinandersetzen muß, erreichen nicht eine derartige Dimension, daß sich unbedingt damit eine ganze Projektgruppe zu befassen hätte. Selbstverständlich wird man auch bei der im Einkauf durchgeführten Wertanalyse in der Regel nicht ohne die Unterstützung durch andere Abteilungen der Unternehmung und ohne die Einschaltung des Lieferanten auskommen können. Da zudem nicht jeder Einkäufer auch ein guter Wertanalytiker sein muß oder die erforderliche Zeit für wertanalytische Studien aufbringen kann, haben einige Einkaufsabteilungen größerer Unternehmen den Einkäufern einen Wertanalyse-Spezialisten zur Seite gestellt, dessen Aufgabe darin besteht, die Einkäufer bei wertanalytischen Projekten zu beraten und zu unterstützen.

8.4.2.4 Anlässe für wertanalytische Untersuchungen

Die Beschaffung wird vorwiegend durch bestimmte Marktsituationen und -entwicklungen veranlaßt, wertanalytische Untersuchungen anzuregen und/oder durchzuführen. Beispielsweise wird (sollte) der Einkauf die folgenden Marktverhältnisse bzw. -veränderungen zum Anlaß nehmen, die anderen Unternehmensbereiche auf die Notwendigkeit der Durchführung wertanalytischer Untersuchungen hinzuweisen und/oder selbst wertanalytische Überlegungen anzustellen:

– Bei einem bestimmten Rohstoff ist mit einer Erschöpfung der Lagerstätten in absehbarer Zeit zu rechnen.

– Bei einem bestimmten Material sind in Zukunft starke und länger andauernde Preissteigerungen zu erwarten.

– Ein bestimmter Artikel muß aus Spannungsgebieten bezogen werden.

– Auf einem bestimmten Markt ist man in die Abhängigkeit eines Kartells geraten, oder es ist für die Zukunft eine Kartellbildung auf diesem Markt zu erwarten.

– Es kann damit gerechnet werden, daß die Preise potentieller Substitutionsgüter in Zukunft sinken werden.

– Es haben sich in quantitativer, qualitativer und terminlicher Hinsicht unüberbrückbare Schwierigkeiten mit den (dem) Lieferanten ergeben.

– Infolge des technischen Fortschritts oder von Forschungsergebnissen drängen neue Technologien und potentielle Substitutionsgüter auf den Beschaffungsmarkt.

– Gesetzgeberische Maßnahmen (zum Beispiel auf dem Gebiete des Umweltschutzes, der Produkthaftpflicht oder des Konsumentenschutzes) machen eine Änderung des Beschaffungsprogramms erforderlich.

8.4.3 Voraussetzungen für eine erfolgreiche einkäuferische Arbeit auf dem Gebiet der Wertanalyse

Eine wesentliche Voraussetzung für eine erfolgreiche Arbeit des Einkäufers auf dem Gebiet der Wertanalyse sind umfassende Marktkenntnisse. Der Einkäufer muß als Kontaktstelle der Unternehmung zum Beschaffungsmarkt über die Preise unterschiedlicher Materialien, über die Preisentwicklung auf bestimmten Märkten, über Erzeugnisse mit speziellen Eigenschaften sowie über neuartige Produktionsverfahren und Neuentwicklungen informiert sein, wenn er wirkungsvoll an wertanalytischen Problemen in der Unternehmung mitarbeiten will. Die Vermittlung derartiger Informationen über den Beschaffungsmarkt ist geradezu die Grundaufgabe des Einkäufers in den unterschiedlichen Phasen wertanalytischer Teamarbeit. Vielfach entstehen ja erst aus diesen Marktkenntnissen heraus Anregungen zur Kostensenkung, zur Veränderung und Verbesserung bestimmter Endprodukte oder der Verpackung sowie zur Produktivitätssteigerung in der Fertigung. Aus diesem Grunde ist die Wertanalyse in sehr starkem Maße auf die Ergebnisse der Beschaffungsmarktforschung angewiesen, und daraus leitet sich zum großen Teil die dominierende Stellung der Beschaffung in der Wertanalyse ab.

Der Einkäufer wird um so größere Erfolge bei der Lösung wertanalytischer Probleme verzeichnen können, je besser es ihm gelingt, durch intensive Zusammenarbeit mit den Lieferanten deren technisches Wissen zu nutzen und die Lieferanten an der Suche nach günstigeren Alternativen zu beteiligen. Um möglichst weitgehend die Anbieter in die wertanalytischen Bemühungen der eigenen Unternehmung einschalten zu können, benötigt der Einkäufer allerdings eine genaue Kenntnis der Lieferantenszene. Denn er muß wissen, bei welchen Lieferanten er voraussichtlich geeignete Informationen, Anregungen oder Vorschläge zu bestimmten Problemen wertanalytischer Art erhalten kann, und er sollte schon bei der Auswahl von Lieferanten für den Betriebsbedarf berücksichtigen, ob ein Anbieter zur Mitarbeit bei wertanalytischen Untersuchungen bereit und fähig ist.

Neben Kenntnissen über Beschaffungsmärkte und Lieferanten verlangt die Wertanalyse vom Einkäufer auch die Fähigkeit und Bereitschaft zur Gemeinschaftsarbeit. Da die Wertanalyse eine Synthese aus kaufmännischen und technischen Überlegungen darstellt, muß der Einkäufer sich vor allem um eine behutsame und vorurteilsfreie Zusammenarbeit mit der Technik bemühen, er sollte versuchen, die Denkweise und Sprache des Technikers zu verstehen.

8.4.4   Auswirkungen der Wertanalyse auf die Beschaffung

Wertanalytische Arbeiten und Überlegungen führen im Einkauf zu einem Umdenken und zu einer veränderten Einstellung zu materialwirtschaftlichen Problemen, sie haben eine Reihe von tiefgreifenden Auswirkungen auf die Marktaktivitäten des Einkäufers, auf seine Beziehungen zu den anderen Ressorts in der eigenen Unternehmung und auf seine Qualifikation als Materialwirtschaftler.

Wertanalyse verlangt ja vom Einkäufer ein Denken in Funktionen statt in Objekten. Überträgt nun der Einkäufer dieses Funktionsdenken auf seine Marktaktivitäten, so bedeutet das, daß er nicht mehr Produkte, sondern Träger von Funktionen oder Problemlösungen beschafft. Dem wertanalytisch tätigen Einkäufer genügt es einfach nicht mehr, wenn er ein bestimmtes von der bedarfsanfordernden Stelle vorgeschriebenes Teil in der verlangten Abmessung und Qualität zu einem möglichst günstigen Preis beschafft; er möchte auch überprüft wissen, ob nur dieses Teil für den vorgesehenen Zweck geeignet ist oder ob für die Funktionserfüllung nicht auch andere Produkte in Betracht kommen, die unter Umständen noch besser dem Betriebszweck angepaßt oder kostengünstiger sind. Damit die verschiedenen Alternativen, die der Markt bietet, auch möglichst umfassend von der Beschaffung berücksichtigt werden können, ist es erforderlich, daß die Techniker bereit sind, dem Einkauf eine genaue Funktionsbeschreibung zu geben und daß der Einkauf diese Funktionsbeschreibung mit der Bitte um Angebote an potentielle Lieferanten weiterleitet. Auf diese Weise ergibt sich für die Beschaffung ein größerer Spielraum bei der Auswahl alternativer Produkte, und gleichzeitig wird die gesamte Einkaufstätigkeit in stärkerem Maße auf den Unternehmenszweck ausgerichtet. Durch den Einsatz der Wertanalyse erweitern sich die Möglichkeiten des Einkäufers, die Markt- und Machtposition seines Unternehmens auf dem Beschaffungsmarkt zu verbessern und auf die Kosten- und Ertragsseite seiner Unternehmung Einfluß zu nehmen.

Im Hinblick auf die Beziehungen der Beschaffung zu anderen Unternehmensbereichen stellt die Wertanalyse ein wichtiges Instrument dar, mit dem der Einkauf auf andere Funktionsbereiche der Unternehmung einwirken kann, daß diese das Wissen des Einkäufers in ihren Entscheidungen mit berücksichtigen. Insbesondere kann durch den Einsatz der Wertanalyse erreicht werden, daß die Beschaffung bei der Festlegung des qualitativen Betriebsbedarfs mitwirkt und auf diesem Gebiet nicht nur Abwickler von Bedarfsanforderungen ist. Wertanalytische Untersuchungen und Überlegungen führen also dazu, daß der Einkäufer mit seinem Wissen besser in das betriebliche Geschehen eingegliedert wird und auf diese Weise Kostenbewußtsein auch in andere Ressorts einer Unternehmung getragen wird.

Schließlich darf nicht übersehen werden, daß der Einkäufer durch die Mitarbeit in der Wertanalyse seine persönliche Qualifikation als Materialwirtschaftler wesentlich verbessern kann. Das hängt unter anderem damit zusammen, daß Wertanalyse die für die Beschaffungstätigkeit sehr wesentliche Objektorientierung unterstützt, dem Einkäufer technisches Wissen vermittelt und daß im Zuge der Arbeiten an wertanalytischen Problemen der Einkäufer seine kreativen Fähigkeiten entwickeln kann.

8.5 Wertanalyse mit Lieferanten

8.5.1 Zweck der Zusammenarbeit

Wertanalytische Untersuchungen sind in erster Linie eine unternehmensinterne Angelegenheit. Angesichts der raschen Entwicklungen auf technischem Gebiet, der anhaltenden Tendenz zur Spezialisierung und des wachsenden und sich differenzierenden Beschaffungsvolumens ist heute jedoch ein einzelnes Unternehmen kaum noch in der Lage, allein die vielfältigen Möglichkeiten der Kostensenkung und Produktverbesserung im Rahmen der Wertanalyse zu erkennen und zu beurteilen. Immer mehr Firmen gehen deshalb dazu über, den Lieferanten bei der Suche nach günstigeren Alternativen einzuschalten; sie fordern ihn auf, allein oder in Kooperation mit dem Abnehmer seine Produkte einer Wertanalyse zu unterziehen und bei wertanalytischen Problemen des Abnehmers mitzuwirken.

Die Lieferanten verfügen über technisches Spezialwissen, das in der eigenen Unternehmung nicht immer vorhanden ist, sie kennen die Faktoren, welche die Kosten und die Qualität ihrer Erzeugnisse bestimmen und besitzen vor allen Dingen genauere Kenntnisse der möglichen Einsatzgebiete ihrer Produkte. Aus diesen Gründen wird auf dem Gebiete der Wertanalyse die Intensivierung des Gedankenaustausches zwischen Lieferant und Abnehmer immer wichtiger und kann die Anzahl wertanalytischer Vorschläge und Anregungen aus dem Kreis der Lieferanten bei entsprechender Motivierung durch den Abnehmer beachtlich sein. So wird in der Literatur erwähnt, daß ein japanischer Automobilhersteller in einem Jahr allein 4 000 Vorschläge wertanalytischer Art von seinen Lieferanten erhalten hat, von denen 70 Prozent verwirklicht werden konnten. Und laut einer Umfrage der amerikanischen Zeitschrift „Purchasing" waren in amerikanischen Unternehmen die in der Wertanalyse erzielten Einsparungen zu durchschnittlich 14 Prozent auf Vorschläge der Lieferanten zurückzuführen.

Wertanalyse mit Lieferanten stellt eine auf Partnerschaft ausgerichtete Nutzenoptimierung im Verbund dar und verfolgt andere Ziele als eine Preisstrukturanalyse oder eine Preisverhandlung; das heißt, daß die Gewinnspanne des Lieferanten hier nicht zur Disposition stehen sollte. Vielmehr geht es bei der wertanalytischen Zusammenarbeit mit Lieferanten primär darum,

- das bei spezialisierten Anbietern vorhandene technologische Wissen besser zu nutzen und die beim Abnehmer vorhandenen Vorstellungen hinsichtlich produktspezifischer Problemlösungen mit den fertigungstechnischen Möglichkeiten und dem Know-how des Lieferanten abzustimmen;

- verschiedene Know-how-Träger an einen Tisch zu bringen und auf diese Weise das Innovationspotential beider Unternehmen zu stärken und Synergieeffekte zu schaffen. Immer wieder kommt es in der Praxis vor, daß ein Lieferant Problemlösungen anzubieten hat, an welche man in der eigenen Unternehmung überhaupt nicht gedacht hat.

- das Wissen des Anbieters in die eigene Produktentwicklung einfließen zu lassen. Dadurch soll erreicht werden, daß neue Endprodukte zügiger entwickelt und rascher auf den Markt gebracht werden. Manchmal lassen sich auf diese Weise auch kostspielige eigene Neuentwicklungen vermeiden.

- durch konstruktive Veränderungen am Endprodukt, an der Baugruppe oder am Teil die Herstellkosten beim Lieferanten oder beim Abnehmer (bzw. in der gesamten verknüpften Wertkette aus Lieferanten- und Abnehmeraktivitäten) zu senken.

Innerhalb dieser Bemühungen kommt der Materialwirtschaft verstärkt die Aufgabe eines Vermittlers zwischen der eigenen Technik und den Lieferanten zu; sie fungiert als Know-how-Drehscheibe und versucht, Ideen vom Beschaffungsmarkt ins eigene Unternehmen zu holen. Hierbei muß es sich nicht unbedingt um bahnbrechende Innovationen, um Vorstöße in absolutes Neuland handeln. Häufig können schon kleinere praxisnahe Verbesserungsvorschläge, welche den heutigen Stand der Technik in den eigenen Betrieb holen oder welche sich schnell realisieren lassen, zu beträchtlichen Kostenreduzierungen bzw. Gewinnsteigerungen führen und die Wettbewerbskraft einer Unternehmung stärken.

Manchmal geht die Initiative zur gemeinsamen Wertanalyse in der Praxis sogar vom Lieferanten aus. Denn auch der Anbieter muß im Hinblick auf den Umfang und die Sicherung seiner mit dem Abnehmer zukünftig zu tätigenden Geschäfte daran interessiert sein, daß die von ihm belieferte Unternehmung langfristig wettbewerbsfähige Produkte auf den Markt bringt. Von einer gemeinsamen Wertanalyse kann der Anbieter auch dann profitieren, wenn aufgrund dieser Kooperation Fehlerquellen, Schwachstellen und Unwirtschaftlichkeiten im Lieferantenbetrieb aufgedeckt und beseitigt werden können, so daß sich die Stellung des Lieferanten auf seinem Absatzmarkt verbessert.

8.5.2   Möglichkeiten und Methoden der Zusammenarbeit

In den Einkaufsabteilungen industrieller Unternehmen werden die verschiedensten Methoden angewendet, um die Lieferanten zu wertanalytischen Überlegungen anzuregen und sie für eine Mitarbeit in der Wertanalyse des Abnehmers zu gewinnen.

Eine Reihe von Firmen versieht ihre *Anfrageformulare mit einer Zusatzfrage aus* dem Bereich *der Wertanalyse.* Ein derartiger Zusatz in der Anfrage kann etwa lauten: „Wir sind Ihnen für alle Vorschläge dankbar, die dazu führen, daß sich die Qualität unseres Erzeugnisses verbessert und seine Kosten gesenkt werden können." Auf diese Weise soll erreicht werden, daß der Lieferant nicht genau nach angegebener Spezifikation anbietet, wenn er günstigere Möglichkeiten zur Erfüllung der verlangten Funktion sieht.

Diese Methode läßt sich dadurch weiterentwickeln, daß man der Anfrage oder einem persönlich gehaltenen Schreiben an den Lieferanten eine *Checkliste* mit einer Reihe von konkreten *Fragen aus* dem Bereich *der Wertanalyse* beigibt. In einem derartigen Fragenkatalog für Lieferanten könnten vom Abnehmer etwa die nachstehenden wertanalytischen Probleme angesprochen werden:

– Welche der in unserer Spezifikation gestellten Forderungen verursachen bei der Produktion des Teiles besondere Schwierigkeiten bzw. Kosten, und welche Änderungen schlagen Sie vor, um diese Schwierigkeiten zu beseitigen bzw. um die Kosten zu senken?

– Können Sie zur Herstellung des angeforderten Teiles ein anderes Material oder ein wirtschaftlicheres Verfahren empfehlen?

– Lassen sich die Fertigungskosten durch geringfügige Zeichnungsänderungen oder durch Änderung der Form des Werkstückes reduzieren?

– Welche Operationen sind nach Ihrer Auffassung zur Funktionserfüllung nicht erforderlich?

– Enthält Ihr Produktionsprogramm ein Standarderzeugnis oder ein anderes Produkt, welches anstelle des von uns bezogenen Teiles verwendet werden könnte?

– Können Sie eine Änderung der Oberflächenbehandlung vorschlagen, die zu Kostensenkungen führen würde?

– Können Sie Vorschläge zur Senkung der Verpackungs- oder Transportkosten machen?

– Verlangen wir Qualitätskontrollen, die nach Ihrer Ansicht nicht erforderlich sind?

Diese Fragelisten zur Wertanalyse können beliebig erweitert und verfeinert werden. Wenn sie in ihrem Inhalt auf das mit der Wertanalyse anzustrebende Ziel und auf das jeweils zur Diskussion stehende Produkt abgestellt sind, können sie einen guten Ausgangspunkt für eine engere wertanalytische Zusammenarbeit zwischen Lieferant und Abnehmer bilden. Als Zielgruppe für derartige Fragebogenaktionen kommen hauptsächlich eingeführte Lieferanten in Frage, die eine lange Erfahrung mit der Herstellung des betreffenden Produktes aufweisen.

Fragebogenaktionen sollen und können jedoch nicht das *wertanalytische Gespräch* zwischen Anbieter und Abnehmer ersetzen. In intensiven Diskussionen muß auf der einen Seite der Einkäufer die Zulieferer über die sich in seiner Branche anbahnenden technologischen Trends informieren sowie neue Denkansätze der Technik und wertanalytische Problemstellungen des eigenen Unternehmens an seine Lieferanten herantragen. Auf der anderen Seite sollte der Marktpartner darauf mit Kreativität und Anpassungsfähigkeit reagieren, von sich aus Problemlösungen vorschlagen und mit dem Abnehmer besprechen.

Eine weitere Möglichkeit, das Interesse der Lieferanten für wertanalytische Probleme des Abnehmers zu wecken, bietet der *Einkaufsschaukasten*. In ihm werden fremdbezogene oder auch eigengefertigte Teile einschließlich der entsprechenden Konstruktionszeichnungen ausgestellt. Ein derartiger Einkaufsschaukasten ist im allgemeinen im Warteraum oder im Besprechungszimmer einer Beschaffungsabteilung untergebracht und soll dazu dienen, daß die Vertreter der Lieferanten sich in ihrer Wartezeit über Artikel informieren, die der abnehmenden Unternehmung aus Kosten- und Qualitätsgründen besondere Schwierigkeiten bereiten. Auf Hinweisschildern werden die Lieferanten dazu aufgefordert, Verbesserungsvorschläge zu den ausgestellten Gegenständen zu entwickeln. In einigen Fällen wird der Besucher auch gebeten, Muster oder Zeichnungen von Teilen, die in seiner Unternehmung hergestellt werden könnten, mitzunehmen. Ferner kann es zweckmäßig sein, den Lieferanten an einem im Einkaufsschaukasten ausgestellten Beispiel zu demonstrieren, wie wertanalytische Überlegungen zu Veränderungen oder Vereinfachungen von Einkaufsteilen, zu Kostensenkungen oder Qualitätsverbesserungen bei bestimmten Produkten geführt haben. Zwar ist bei diesem Vorgehen das Ersuchen um Hilfe in der Wertanalyse nicht sehr eindringlich gestellt. Gleichwohl kann durch einen derartigen Einkaufsschaukasten die Mitarbeit der Lieferanten in der Wertanalyse sicherlich in begrenztem Umfang aktiviert werden. Damit möglichst viele Lieferanten auf diese Weise angesprochen werden, sollte die Einkaufsabteilung darauf achten, daß die ausgestellten Artikel von Zeit zu Zeit ausgewechselt werden.

Einen anderen Versuch, Anbieter zu wertanalytischen Überlegungen anzuregen, stellen die *Lieferantentage* dar. Der Abnehmer bittet zu dieser ein- oder zweitägigen Veranstaltung einen Kreis von ausgewählten, wichtigen Lieferanten ins eigene Unternehmen. Hier erläutert man den Anbietern Ziele und Zukunftspläne der Unternehmung, und man erklärt ihnen die vom Abnehmer betriebene Beschaffungspolitik sowie die daraus ableitbaren Auswirkungen auf die Lieferanten. Ein wesentlicher Teil des Programms ist die Betriebsbesichtigung. Die Besucher erhalten anläßlich eines Lieferantentages insbesondere einen Überblick über die vom Abnehmer hergestellten Endprodukte und über die Materialien, Teile und Baugruppen, welche in diese Endprodukte eingehen. Auf diese Weise können sie an Ort und Stelle erfahren, wie und wo ihre eigenen Produkte bei der abnehmenden Unternehmung zum Einsatz gelangen, was ja nicht unbedingt auch aus der Spezifikation oder aus der technischen Zeichnung hervorgehen muß. Es ist aus wertanalytischer Sicht zweckmäßig, wenn die Lieferanten darüber aufgeklärt werden, aus welchem Grunde der Abnehmer diese oder jene Spezifikation gewählt hat, die Einhaltung enger Toleranzen erforderlich ist, bestimmte Anforderungen an ein Teil gestellt werden müssen oder wo die Hauptschwierigkeiten des Abnehmers bei der Herstellung seiner Endprodukte liegen. Der Durchführung derartiger Veranstaltungen liegt der richtige Gedanke zugrunde, daß ein Lieferant vielfach nicht genügend über die Funktion, die sein Produkt im Enderzeugnis des Abnehmers erfüllt, informiert ist und aus diesem Grunde auch wenig zu wertanalytischen Überlegungen beitragen kann. Ein wesentliches Ziel, das mit Hilfe von Lieferantentagen angestrebt wird, besteht darin, den Anbieter in wertanalytische Gespräche zu verwickeln, ihn zur Mitarbeit in der Wertanalyse herauszufordern und von ihm Verbesserungsvorschläge auf den verschiedensten Gebieten zu erhalten.

Da heute eine Reihe von Lieferanten noch nicht genügend mit der Wertanalyse vertraut ist, kommt es in der Praxis vor, daß Unternehmen für ihre Lieferanten *Wertanalyse-Seminare* veranstalten bzw. bestimmte Zulieferer an Wertanalyse-Seminaren teilnehmen lassen, die für die eigenen Mitarbeiter bestimmt sind. Man will auf diese Weise den Lieferanten in das Gedankengut der Wertanalyse einführen, ihm eine Starthilfe für eigene wertanalytische Überlegungen geben und sein Interesse für die Wertanalyse wecken.

Ähnliche Ziele streben Unternehmungen an, die ihren Lieferanten *Schriften zur Wertanalyse* zukommen lassen. Derartige Broschüren können dem Zweck dienen, den Lieferanten

– mit der wertanalytischen Arbeit vertraut zu machen,

– zu wertanalytischen Überlegungen anzuregen,

– über die Notwendigkeit und die möglichen Methoden der wertanalytischen Zusammenarbeit zwischen Anbieter und Abnehmer zu informieren,

– als einen Spezialisten auf seinem Gebiet anzusprechen und ihn aufzufordern, sich mit der Funktion seines Produktes genauer auseinanderzusetzen und dem Abnehmer günstigere Problemlösungen zu liefern,

– darauf hinzuweisen, daß ein wertanalytisch aktiver Lieferant bei zukünftigen Bestellungen des Abnehmers in der Regel eine gewisse Vorzugsstellung gegenüber anderen Wettbewerbern erhält.

Die intensivste Form wertanalytischer Zusammenarbeit zwischen Lieferant und Kunde besteht wohl darin, daß Kaufleute und Techniker aus beiden Unternehmen an *gemeinsamen Wertanalysesitzungen* teilnehmen. Dabei können sowohl die Endprodukte des Abnehmers als auch die Teile, die der Anbieter liefert, zur Diskussion gestellt werden. Dieses Verfahren geht selbstverständlich weit über die sonst übliche Kooperation zwischen Lieferant und Abnehmer hinaus und ist vor allem dann angebracht, wenn das geballte Wissen und die kreativen Fähigkeiten der Spezialisten beider Unternehmen erforderlich sind, um sehr schwierige Probleme wertanalytischer Art zu lösen. Vom Lieferanten kann in einem derartigen Team erwartet werden, daß er Beiträge zu fast allen Phasen der Wertanalyse erbringt. Lediglich in Phase 6 (Auswahl der Alternativen) erübrigt sich die Mitarbeit des Lieferanten, da untenehmensspezifische Interessen des Abnehmers die Entscheidung beeinflussen.

Die Zusammensetzung eines gemeinsamen Wertanalyse-Teams muß selbstverständlich der jeweiligen Problemstellung und den innerbetrieblichen Gegebenheiten beider Marktpartner angepaßt werden. Als recht zweckmäßig hat sich allerdings in der Praxis der folgende Teilnehmerkreis herausgestellt: Von seiten des Lieferanten sollte je ein Repräsentant aus dem Vertriebsbereich, der Technik und der Kalkulation an den gemeinsamen Sitzungen teilnehmen; seitens des Abnehmers sollten neben dem Wertanalytiker auch der betroffene Einkäufer und Techniker vertreten sein.

Hinsichtlich der Frage, wer in diesem Team die Koordinationsaufgabe übernimmt, bieten sich unterschiedliche Möglichkeiten an. Häufig wird die Koordination entweder durch einen Mitarbeiter der Lieferfirma oder durch einen Mitarbeiter des Abnehmers erfolgen. In diesen Fällen wird sinnvollerweise derjenige Geschäftspartner den Wertanalyse-Koordinator stellen, welcher voraussichtlich den größten Anteil an der gemeinsamen Arbeit zu leisten hat. Es besteht jedoch auch die Möglichkeit, daß einem von beiden Seiten akzeptierten externen Wertanalytiker die Koordination übertragen wird.

Selbstverständlich lassen sich die erwähnten unterschiedlichen Formen der wertanalytischen Zusammenarbeit zwischen Lieferant und Abnehmer auch wirkungsvoll kombinieren. So wird man etwa anläßlich eines Seminars über Wertanalyse eine Betriebsbesichtigung veranstalten oder den Teilnehmern des Seminars in einem
Einkaufsschaukasten problembehaftete Einkaufsteile zur Kenntnis bringen können. Die Beschaffung wird bei dieser Kooperation darauf zu achten haben, daß
sämtliche Ideen und Verbesserungsvorschläge, welche von seiten der Lieferanten
kommen, auch in die wertanalytische Arbeit des Abnehmers einfließen und von
den zuständigen Bereichen bzw. Gremien auf ihre Verwertbarkeit hin überprüft
werden.

8.5.3   Anerkennung der Leistungen des wertanalytisch aktiven Lieferanten

Beiträge der Lieferanten zu wertanalytischen Problemen der Abnehmer können
nicht als eine Selbstvertändlichkeit angesehen werden. Es genügt deshalb nicht,
wenn der Einkäufer seine Lieferanten mit Hilfe bestimmter Methoden zu wertanalytischen Überlegungen anregt. Der Abnehmer sollte die Leistungen der Lieferanten, die sich in der wertanalytischen Zusammenarbeit besonders bewährt haben,
auch in irgendeiner Weise anerkennen. Diese Anerkennung der wertanalytischen
Leistungen der Lieferanten und die Bemühungen des Einkäufers, das Interesse des
Lieferanten für die Wertanalyse zu wecken, stehen in einem engen Wechselverhält-
nis. Denn ein Einkäufer, der es versäumt, die Lieferanten zur wertanalytischen Arbeit anzuregen, braucht sich in der Regel auch nicht viel Gedanken über das Problem der Anerkennung von Leistungen der Lieferanten zu machen. Und eine
Unternehmung, die aus der wertanalytischen Zusammenarbeit mit einem Lieferanten ständig nur Vorteile für sich zieht, nicht aber den Anbieter dafür in irgendeiner
Form belohnt, wird bald erfahren, daß der Geschäftspartner nur widerwillig oder
zögernd an wertanalytischen Programmen mitwirkt.

Die Praxis wendet eine Reihe von Methoden an, mit denen die Leistungen derjenigen Lieferanten, die sich auf dem Gebiete der Wertanalyse besondere Verdienste
erworben haben, honoriert und anerkennt werden können. Einige wichtige Möglichkeiten für diese Honorierung bzw. Anerkennung sollen im folgenden kurz erwähnt werden:

– Man kann den wertanalytisch aktiven Lieferanten zusätzliche Aufträge zukommen lassen.

– Einige Firmen verleihen dem Lieferanten, der sich auf dem Gebiete der Wertanalyse besondere Verdienste erworben hat, ein Zertifikat, in dem die Leistungen des Lieferanten gewürdigt und bestätigt werden. Die Anbieter sind im allge-

meinen sehr daran interessiert, von potenten Abnehmern derartige Zertifikate zu erhalten. Zum einen können sie daraus ersehen, daß ihre Bemühungen wertanalytischer Art auch vom Kunden anerkannt werden. Zum anderen kann der Zulieferer ein derartiges Schriftstück für Werbezwecke verwenden.

–   Der wertanalytisch aktive Lieferant bekommt den ersten Auftrag (oder die ersten Aufträge), ohne daß sein Angebot der Konkurrenz ausgesetzt wird. Soweit in einem derartigen Fall Werkzeugkosten und/oder Lerneffekte bei der Herstellung des betreffenden Produktes eine Rolle spielen, kann diese Vorzugsbehandlung zur Folge haben, daß dieser Lieferant auch in Zukunft auf diesem Gebiet einen Vorsprung gegenüber seinen Konkurrenten behält.

–   Man empfiehlt den wertanalytisch aktiven Lieferanten den Einkäufern in der eigenen Unternehmung und/oder den Einkäufern in anderen befreundeten Unternehmen und teilt dieses Vorgehen dem betroffenen Lieferanten mit. Die Anerkennung der wertanalytischen Leistungen eines Anbieters kann in bestimmten Fällen auch dadurch erfolgen, daß der Abnehmer in seiner Werkszeitschrift die vom Lieferanten angeregten Verbesserungsvorschläge vorstellt und würdigt.

–   Soweit das Produkt des Lieferanten einer gemeinsamen wertanalytischen Untersuchung unterzogen werden soll, kann man sich vorstellen, daß Lieferant und Abnehmer vereinbaren, daß die aus der Wertanalyse resultierenden (potentiellen) Ersparnisse nach einem bestimmten Schlüssel auf die beiden Geschäftspartner aufgeteilt werden.

–   Vorstellbar ist ferner, daß in bestimmten Fällen der Abnehmer dem Lieferanten die Entwicklungsaufwendungen ersetzt.

–   Vom Lieferanten eingereichte originelle Verbesserungsvorschläge werden unter bestimmten Bedingungen ähnlich mit Prämien honoriert, wie es beim innerbetrieblichen Vorschlagswesen üblich ist.

Generell sollte der Abnehmer seinen Zulieferern deutlich machen, daß er dauerhafte und vertrauensvolle Geschäftsverbindungen vorwiegend mit jenen Anbietern anstrebt, die ihn bei der technischen Weiterentwicklung der Endprodukte unterstützen und ihn auf Möglichkeiten der Kostensenkung und Qualitätsverbesserung aufmerksam machen. Ein wertanalytisch aktiver Lieferant wird dann allerdings vom Abnehmer auch erwarten dürfen, daß seine Leistungen durch Aufträge honoriert werden, die sich positiv auf seinen Deckungsbeitrag auswirken, und daß sich über das Auftragsvolumen die im Rahmen der gemeinsamen Wertanalyse getätigten Investitionen bezahlt machen. Es sollte nach Möglichkeit vermieden werden, daß sich für den Anbieter Nachteile aus dem Ergebnis einer gemeinsamen Wertanalyse ergeben.

8.5.4   Probleme und Grenzen der Zusammenarbeit

Eine wesentliche Voraussetzung für eine gemeinsame Wertanalyse zwischen Lieferant und Abnehmer ist, daß zwischen beiden Partnern ein aus langjähriger Geschäftsbeziehung resultierendes vertrauensvolles Verhältnis besteht und daß der
Fortbestand der zukünftigen geschäftlichen Beziehungen nicht durch das Ergebnis
der gemeinsamen Wertanalyse gefährdet wird. Nur auf dieser Basis wird in der Praxis die Bereitschaft zum Austausch von Informationen und Ideen, wie er in der
Wertanalyse erforderlich ist, auf beiden Seiten vorhanden sein. Denn der im Rahmen der Wertanalyse notwendige Informationsaustausch wird sich in vielen Fällen
auch auf Daten erstrecken müssen, die vertraulicher Art sind und nicht an Dritte
weitergegeben werden sollten. So muß sich etwa der Lieferant, der Informationen
bereitstellt, Vorschläge wertanalytischer Art unterbreitet, oder seine Neuentwicklungen auf bestimmten Gebieten erläutert, darauf verlassen können, daß nicht die
abnehmende Unternehmung seine Ideen an andere Lieferanten weitergibt und
diese danach anbieten läßt oder daß nicht der Kunde aufgrund der ihm zur Kenntnis gebrachten Neuentwicklungen des Lieferanten eine Eigenfertigung anstrebt.
Schwierigkeiten und Grenzen wertanalytischer Zusammenarbeit zwischen Lieferant und Abnehmer können sich dort ergeben, wo für einen Partner die Gefahr des
Abflusses von Know-how besteht oder wo Betriebsgeheimnisse tangiert werden
könnten.

Gedacht werden sollte auch an die folgenden notwendigen Voraussetzungen für eine erfolgreiche gemeinsame Arbeit:

– Der Projektpartner sollte spezielle Fachkenntnisse besitzen.

– Er muß die Prinzipien der Wertanalyse kennen.

– Beim Anbieter muß die Bereitschaft zur Mitarbeit bei wertanalytischen Untersuchungen vorhanden sein.

– Manchmal stehen unangemessene Entfernungen zwischen den beiden Marktpartnern oder Sprachbarrieren einer gemeinsamen Projektarbeit im Wege.

Vom Ergebnis einer gemeinsamen Wertanalyse an einem Produkt, das der Lieferant herstellt, sollten beide Partner profitieren. Was jedoch im Einzelfall als der aus
einer gemeinsamen Wertanalyse resultierende Nutzen anzusehen ist, und nach welchem Schlüssel etwa erzielte Ersparnisse auf die beiden Beteiligten aufzuteilen
sind, das sollte nach Möglichkeit zu Beginn der Untersuchung vereinbart werden.
Für die Festlegung des Aufteilungsschlüssel können unter anderem von Bedeutung
sein:

a) die jeweilige Marktmacht der beiden Geschäftspartner;

b) der Anteil, mit dem der Abnehmer auf der einen Seite und der Lieferant auf der anderen Seite an den gesamten Aufwendungen für die Wertanalyse und die Entwicklungsarbeit beteiligt sind;

c) das Ausmaß, in dem der Abnehmer einerseits und der Lieferant andererseits Ideen zur Erarbeitung einer günstigeren Lösung beigetragen haben;

d) die Frage, ob das Produkt des Lieferanten ausschließlich an den beteiligten Abnehmer oder auch an Dritte geliefert wird. Wenn beispielsweise ein Abnehmer pro Periode 1 000 Stück einer Baugruppe bezieht, von welcher der Lieferant insgesamt 10 000 Stück in einer Periode absetzt, dann sollte dem Abnehmer die gesamte aus der Wertanalyse resultierende Kostenreduzierung (in Form ermäßigter Preise) zustehen. Denn der Zulieferer kann in einem derartigen Falle ja bei der restlichen Produktion von dieser Kostensenkung profitieren bzw. durch Preissenkung seine Marktposition festigen;

e) die Frage, ob der Lieferant die in der gemeinsamen Wertanalyse erarbeiteten Ergebnisse und Erkenntnisse in anderen Bereichen oder bei der Herstellung anderer Produkte verwerten und auf diese Weise die Wettbewerbsposition der Unternehmung verbessern kann;

f) die Art der Kostenreduzierung, welche mit Hilfe der gemeinsamen Wertanalyse erreicht wird: Sind Kostenreduzierungen beispielsweise darauf zurückzuführen, daß Funktionen eines Produktes als unnötig erkannt und eliminiert werden, dann kommen in der Regel die Ersparnisse voll dem Abnehmer zugute. Werden dagegen kostensparende Lösungen für erforderliche Funktionen gemeinsam erarbeitet, denkt man in der Praxis eher an eine Aufteilung dieser Kostensenkungen;

g) die vom Abnehmer betriebene Lieferantenpolitik.

Wegen der Vielzahl der Einflußfaktoren wird es eine allgemeingültige Regelung für die Ersparnisaufteilung nicht geben können.

Bei einer sehr intensiven wertanalytischen Zusammenarbeit zwischen den Spezialisten des Lieferanten und des Abnehmers kann es vorkommen, daß während der Teamarbeit schutzwürdige Ideen entwickelt werden. Um von vornherein Schwierigkeiten möglichst zu vermeiden, sollten deshalb beide Unternehmen, bevor sie mit der gemeinsamen Wertanalyse beginnen, auch eine Vereinbarung treffen, die sich auf die Verwertungsrechte etwaiger durch Teamarbeit gefundener schutzwürdiger Ideen bezieht. Es ist ebenfalls zweckmäßig, von gemeinsamen Wertanalyse-Sitzungen Ergebnisprotokolle anzufertigen, in denen festgehalten wird, welche Ideen entwickelt worden sind und wer an der Ideensuche beteiligt war.

Außerdem sollte zwecks Vermeidung von Konflikten vor Beginn einer wertanalytischen Zusammenarbeit festgelegt werden, in welchem Umfang eine Offenlegung der Kostendaten erfolgen soll. Bei diesem Problem hat der Abnehmer auf die Sensibilität seines Partners in bezug auf bestimmte Kalkulationsbestandteile Rücksicht zu nehmen.

Der Abnehmer wird ferner bei der wertanalytischen Zusammenarbeit mit dem Anbieter darauf achten müssen, daß der Lieferant manchmal mit gezielten Vorschlägen und mit Hilfe spezieller Spezifikationen versuchen wird, mögliche Wettbewerber völlig auszuschalten. Für den Abnehmer kann dann leicht die Gefahr entstehen, daß er nach Realisierung dieses wertanalytischen Vorschlages in die Abhängigkeit dieses Lieferanten gerät und in der Zukunft seine Flexibiliät bei der Lieferantenauswahl verliert.

Schließlich kann ein Abnehmer von seinem Lieferanten nicht erwarten, daß dieser ihm Verbesserungsvorschläge unterbreitet, welche die Gefahr des Auftragsverlustes für den Lieferanten in sich bergen.

8.6   Zum Problem der Effizienz der Wertanalyse

Die Wertanalyse ist eine heuristische Methode (Suchmethode). Das bedeutet, daß Erfolge im Rahmen der Wertanalyse nicht vorhersehbar und nicht unbedingt gewährleistet sind. Dieser Sachverhalt ist wohl der Grund dafür gewesen, daß zunächst viele Praktiker und Theoretiker der Wertanalyse skeptisch gegenüberstanden. Aus den in den vergangenen Jahren mit der Wertanalyse gesammelten Erfahrungen und erzielten Erfolgen resultierte jedoch ziemlich rasch eine positivere Einstellung zur wertanalytischen Arbeit. Heute hört man häufig die Meinung, daß die Wertanalyse vergleichbar sei mit der Akupunktur, die mit dem Slogan wirbt: „Was wir anbieten können, sind Erfolge, nicht Theorien".

In einer Unternehmung wird man allerdings berücksichtigen müssen, daß Erfolge auf dem Gebiet der Wertanalyse von einer Vielzahl von Faktoren abhängig sind. Zu diesen Faktoren zählen unter anderem:

– die Aufgeschlossenheit und positive Einstellung der Unternehmensleitung zur Wertanalyse;

– die bedachte Auswahl der Untersuchungsobjekte;

– die Auswahl von geeigneten Teammitgliedern (Phantasie und Bereitschaft zur Zusammenarbeit);

– eine gute Arbeitsatmosphäre im Team;

– die Einstellung der mittleren Führungsebene und der sogenannten Fachleute zu neuen Ideen;

– die Zusammenarbeit zwischen den betrieblichen Grundfunktionen bei der Realisierung des wertanalytischen Projektes.

Unsere Volkswirtschaft und die einzelnen Unternehmen befinden sich zur Zeit in einem schwierigen Prozeß der Anpassung an veränderte Marktgegebenheiten. Gleichzeitig erwartet man heute einen Innovationsschub. In einer derartigen Situation wird die Wertanalyse zu einem wichtigen Instrument, das zur Bewältigung der anstehenden Probleme in den einzelnen Unternehmen und in der gesamten Volkswirtschaft beitragen kann.

Übungsfragen und -aufgaben

1. Wer ist der Begründer der Wertanalyse, und wodurch wurde er zur Entwicklung dieser neuen Methode angeregt?
2. Was ist Wertanalyse? Welche der aufgeführten Beschreibungen sind richtig? Bei der Wertanalyse handelt es sich um:
   a) eine Methode, mit deren Hilfe der Wert einer gesamten Unternehmung ermittelt wird.
   b) ein neuartiges Verfahren, mit dessen Hilfe der Wertekreislauf und Zahlungsstrom in einer Unternehmung untersucht wird.
   c) ein Verfahren, mit dessen Hilfe alternative Lösungen für ein Problem gesucht werden.
   d) ein Rationalisierungsverfahren, mit dessen Hilfe Ressortschranken abgebaut werden sollen.
   e) eine Methode, mit deren Hilfe der Einkäufer sich eine Vorstellung von der Höhe der Kosten eines einzukaufenden Artikels verschafft.
   f) eine Methode, die Ideenfindungstechniken anwendet.
   g) ein Verfahren zur Ermittlung der betrieblichen Wertschöpfung.
3. Welche Besonderheiten weist die Wertanalyse gegenüber herkömmlichen Rationalisierungsmethoden auf?
4. Man sagt, daß man Wertanalyse in einem Team durchführen soll. Warum?
5. Was ist der Unterschied zwischen Produkt- und Konzept-Wertanalyse, und worin bestehen wesentliche Nachteile der Produkt-Wertanalyse im Vergleich zur Konzept-Wertanalyse?
6. Nennen Sie mögliche Änderungskosten, die aufgrund von Verbesserungsvorschlägen im Rahmen der Produkt-Wertanalyse entstehen können?
7. Beschreiben Sie in Stichworten die wichtigste Funktion
   – eines Fensters,
   – einer Krawatte,
   – eines Waschmittels,

  – eines Knopfes,
  – eines Getriebes,
  – eines Tachometers,
  – eines Telefons,
  – eines Seminars.
 8. Worin besteht der wesentliche Unterschied zwischen
  – Gebrauchsfunktion und Geltungsfunktion,
  – Haupt-, Neben- und unnötiger Funktion?
 9. Machen Sie am Beispiel
  – eines Aschenbechers,
  – eines Kugelschreibers,
  – eines Feuerzeugs
  einige der unter 8. genannten Funktionsbegriffe der Wertanalyse deutlich.
10. Welche Aufgaben erfüllen im Rahmen der Wertanalyse „funktionsbedingte Eigenschaften“? Nennen Sie ein Beispiel für derartige funktionsbedingte Eigenschaften eines bestimmten Produktes!
11. Aus welchen Gründen hält man in der Wertanalyse das Denken in Funktionen
  für so wichtig?
12. Welche sechs Grundschritte sind in einem Wertanalyse-Arbeitsplan zu unterscheiden?
13. Erläutern Sie kurz die Vorgehensweise in den sechs Grundschritten!
14. Nach welchen Gesichtspunkten kann die Auswahl derjenigen Objekte, die
  wertanalytisch untersucht werden sollen, erfolgen?
15. Wer sollte Ihres Erachtens zur Arbeitsgruppe (Wertanalyseteam) zählen? Halten Sie es für sinnvoll, auch Nicht-Fachleute zu den Teamsitzungen hinzuzuziehen?
16. Wie führt man in der Wertanalyse eine Funktionskritik durch?
17. Nach welchen unterschiedlichen Methoden läßt sich in der Wertanalyse ein Kostenziel (Wertziel) ermitteln?
18. Nennen Sie Beispiele für „unnötige Funktionen“!
19. Welche unterschiedlichen Methoden der Ideenfindung kennen Sie?
20. Wie lauten die vier Grundregeln für ein erfolgreiches Brainstorming?
21. Aus welchen Gründen ist Brainstorming die in der Wertanalyse am häufigsten
  angewendete Methode zur Ideenfindung?
22. Worin sehen Sie Vor- und Nachteile des Brainwriting im Vergleich zum
  Brainstorming?
23. Welches sind wesentliche Vor- und Nachteile der morphologischen Methode?
24. Die Synektik ist die erfolgreichste Technik der Ideenfindung. Warum wird sie
  relativ selten in der Wertanalyse angewendet?
25. Ein in der Wertanalyse häufig verwendetes Hilfsmittel bei der Ermittlung von
  Alternativen sind Fragelisten. Entwerfen Sie eine derartige Checkliste mit zehn
  unterschiedlichen wertanalytischen Fragen. (Achten Sie bitte darauf, daß wertanalytische Fragen immer auf Alternativen hinweisen.)

26. Die Wertanalyse berührt fast alle Grundfunktionen einer Unternehmung. Es wird jedoch behauptet, daß zwischen Wertanalyse und Beschaffung besonders enge Beziehungen bestehen. Begründen Sie diese Behauptung.

27. Kann der Einkäufer bei der Auswahl der Objekte, die wertanalytisch untersucht werden sollen, mitwirken? Begründen Sie Ihre Ansicht.

28. Auf welchen konkreten Gebieten wird man vom Einkäufer Verbesserungsvorschläge in der kreativen Phase erwarten können?

29. Welche Voraussetzungen müssen bei einem Einkäufer gegeben sein, damit er erfolgreich auf dem Gebiet der Wertanalyse mitarbeiten kann?

30. Aus welchen Anlässen wird/sollte der Einkäufer in einer Unternehmung wertanalytische Untersuchungen anregen?

31. Was hat man sich unter einer wertanalytischen Einkaufstätigkeit vorzustellen?

32. Entwerfen Sie (mit Hilfe von Brainstorming) eine Liste, die zehn mögliche Ursachen für hohe Kosten in einer Unternehmung enthält.

33. Lawrence D. Miles, der Begründer der Wertanalyse, hat immer wieder auf die Notwendigkeit der Zusammenarbeit mit dem Lieferanten auf dem Gebiete der Wertanalyse hingewiesen. Aus welchen Gründen sollte man die Lieferanten in wertanalytische Überlegungen einschalten?

34. Warum geht manchmal die Initiative zur gemeinsamen Wertanalyse auch vom Lieferanten aus?

35. Unterstellen Sie einmal, daß Ihr Unternehmen von den Lieferanten in nur sehr geringem Umfang wertanalytische Vorschläge und Anregungen erhält und daß Sie an dieser Situation etwas ändern wollen. Welche Methoden könnten Sie anwenden, um Lieferanten zu wertanalytischen Überlegungen anzuregen und um sie für eine Mitarbeit in der Wertanalyse zu gewinnen?

36. Die Praxis wendet eine Reihe von Methoden an, mit denen die Leistungen derjenigen Lieferanten, die sich auf dem Gebiet der Wertanalyse besondere Verdienste erworben haben, honoriert bzw. anerkannt werden können. Nennen Sie derartige Möglichkeiten für diese Honorierung bzw. Anerkennung.

37. Nicht jeder Lieferant ist als Partner für ein gemeinsames Wertanalyse-Projekt geeignet. Welche Voraussetzungen sollten Ihrer Meinung nach bei einem Lieferanten vorhanden sein, damit er als Projektpartner für Sie in Betracht kommt?

38. Worin sehen Sie Probleme und Schwierigkeiten der Zusammenarbeit mit dem Lieferanten auf wertanalytischem Gebiet? Und erläutern Sie, wie man in der Praxis versucht, einige dieser Schwierigkeiten nach Möglichkeit zu vermeiden.

Neuntes Kapitel
Bestellvorgang

9.1 Schwerpunkte des Bestellvorgangs

Mit Bestellung, Bestellvorgang und Auftragsvergabe verbinden sich verschiedene Begriffsinhalte, die abstellen auf

– die verrichtungsmäßige Abwicklung,

– die ablauforganisatorische Abwicklung,

– die rechtlichen Fragen des Kaufvertrages,

– die Tatsache, daß jeder Bestellung ein Entscheidungsprozeß zugrunde liegt,

– den Umstand, daß mit einer Bestellung persönliche Kontakte zwischen Lieferant und Einkäufer verbunden sind,

– die leider unbestreitbare Tatsache, daß in diesem Bereich subjektive, der rationalen Analyse kaum zugängliche Faktoren eine Rolle spielen.

Alle vorgenannten Aspekte müssen hier besprochen werden, jedoch sollte am Beginn der Ausführungen darauf hingewiesen werden, daß der Gesichtspunkt der Bestellentscheidung mit der wachsenden Bedeutung der Beschaffung den Vorrang vor anderen Überlegungen gewonnen hat.

Bestellen ist kein rechnerischer Vorgang, bei dem lediglich auf der Basis von Einstandspreisen Lieferantenangebote ausgewählt werden. Vielmehr müssen eine Reihe anderer Faktoren wie Qualität, Service, Lieferzeit, Zuverlässigkeit und Gegengeschäftsmöglichkeiten bei der Auftragsvergabe berücksichtigt werden. Es bestehen zwischen den verschiedenen Beurteilungskriterien erhebliche Zielkonflikte, die nur durch kritisches Abwägen zu einem Ausgleich in Richtung auf das materialwirtschaftliche Optimum gebracht werden können.

Dieser Entscheidungsprozeß, Hauptaufgabe jedes Einkäufers, wird über den rechtlichen, organisatorischen und abwicklungstechnischen Teilaspekten der Auftragsvergabe häufig vernachlässigt. Dazu mag beitragen, daß es sich bei diesen Entscheidungen, besonders im C-Artikelbereich, um eine Vielzahl von Routineentscheidungen handelt, während bei A-Artikeln die Geschäftsleitung oder die Fertigung die Entscheidung treffen und nur die Bestellabwicklung beim Einkauf verbleibt. Hier hat in den letzten Jahren ein Wandel stattgefunden, über den in den vorhergehenden Kapiteln gesprochen wurde, ein Wandel, der zur Gleichrangigkeit der Materialwirtschaft führte und ihr eine Fülle von Entscheidungsbefugnissen brachte. Entscheidungen werden bekanntlich unter Bedingungen der Unsicherheit getroffen. Viele dieser Unsicherheiten lassen sich aber ausschalten, wenn vor der Entscheidung eine möglichst vollständige Informationssammlung über die entscheidungsrelevanten Tatbestände durchgeführt wird. Ohne genaue Kenntnis des Betriebsbedarfs in quantitativer und qualitativer Hinsicht, ohne einen guten Überblick über die einzelnen Objekte der Beschaffungsmarktforschung und ohne Berücksichtigung wesentlicher Aspekte der Beschaffungspolitik wird die Bestellentscheidung das angestrebte materialwirtschaftliche Optimum verfehlen. Der Bestellvorgang kann also als der Vorgang aufgefaßt werden, der die Erkenntnisse der Bedarfsrechnung, Beschaffungsmarktforschung und Beschaffungspolitik in einem *Entscheidungsprozeß* verarbeitet, rechtlich absichert und organisatorisch bewältigt.

9.2   Phasen des Bestellvorgangs

Dieser Prozeßcharakter des Bestellvorgangs wird deutlich, wenn er in seinen zeitlichen Ablauf zerlegt wird:

- Bedarfsmeldung
- Anfragen
- Angebotsbearbeitung
- Vergabeverhandlung
- Bestellentscheidung
- Bestellung
- Auftragsbestätigung

Die *Bedarfsmeldung* sollte den Einkäufer rechtzeitig und vollständig über den jeweiligen Betriebsbedarf unterrichten. Bei Lagermaterialien haben wir im Meldebestandsverfahren eine gute Lösung dieser Forderung kennengelernt. Schwieriger gestaltet sich die Bedarfsmeldung bei Einzelbedarfen, wie sie in der Einzelfertigung und bei der Anlagenbeschaffung auftreten. Hier müssen die Bedarfsträger dazu angehalten werden, brauchbare technische Formulierungen der benötigen Produkte zu geben.

Schwierig gestalten sich die Fragen der Bedarfsermittlung, wenn den Bedarfsträgern lediglich die Funktionen der benötigten Erzeugnisstoffe, nicht aber die geeigneten Erzeugnisstoffe selbst bekannt sind. Hier bedarf es der Zusammenarbeit zwischen Bedarfsträger und Einkäufer, um aus mehreren denkbaren Problemlösungsvorschlägen die endgültige Bedarfsmeldung zu formulieren, was einen erheblichen Zeitaufwand erfordert.

Zur Abklärung technischer oder physikalisch/chemischer Eigenschaften eines benötigten Artikels werden häufig Innovationsanfragen getätigt. In ihnen sollte zum Ausdruck kommen, daß es sich nicht um akuten Bedarf handelt und man vom Lieferanten Problemlösungsvorschläge erwartet. Angebote auf derartige Anfragen werden nicht im Rahmen des Bestellvorgangs, sondern der qualitativen Bedarfsermittlung oder der Wertanalyse behandelt. Wenn in der Praxis häufig über unbefriedigende Ergebnisse der Anfragetätigkeit geklagt wird, so haben sie vielfach ihre Ursachen in folgenden Umständen:

– unpräzise Bedarfsbeschreibung,

– ungenügende Kenntnis des Produktionsprogramms der jeweiligen Lieferanten,

– frustrierte Lieferanten durch Bevorzugung bestimmter Hoflieferanten bei früheren Aufträgen,

– Unkenntnis der Einkäufer über den für ein Angebot vom Lieferanten zu tätigenden Aufwand, was häufig in der Anlagenbeschaffung und bei Anfrage von Problemlösungen auftritt.

Es liegt also in weitem Umfang am Einkäufer, ob genügend Angebote auf seine Anfragen eingehen, wobei auch der Zeitaspekt eine große Rolle spielt. Bei technisch ausgereiften Bedarfsmeldungen muß mit einem Zeitaufwand von etwa 10 Tagen gerechnet werden, der sich bei unklaren Bedarfsmeldungen oder Innovationsanfragen durch Rückfragen und Versuche erheblich erhöht. Allerdings kann durch eine prophylaktische Beschaffungsmarktforschung, die stets sämtliche Marktdaten speichert, die Bearbeitungszeit im akuten Bedarfsfall stark reduziert werden, was man bei A-Artikeln praktiziert.

Liegen die Angebote vor, werden sie zunächst einer *formellen Prüfung* unterzogen. Es wird die Frage geklärt, ob Übereinstimmung besteht zwischen:

angefragter Qualität	und angebotener Qualität
angefragter Menge	und angebotener Menge
angefragter Lieferzeit	und angebotener Lieferzeit
eigenen Einkaufsbedingungen	und Verkaufsbedingungen des Lieferanten

Ist diese Übereinstimmung gegeben oder kann diese durch Rückfragen erreicht werden, geht das Angebot in den Entscheidungsprozeß ein. In der Praxis ergeben sich Unterschiede zwischen Anfrage und Angebot häufig bei den zugrunde gelegten Geschäftsbedingungen, aber auch bei Qualität, Menge und Lieferzeit. Es ist wenig realistisch, solche Angebote sämtlich aus der weiteren Bearbeitung auszuschalten. Das dürfte nur bei Qualitätsdiskrepanzen erforderlich sein. Sonstige Unterschiede sollten vielmehr deutlich kenntlich gemacht werden mit dem Ziel, im Laufe des Bestellvorgangs eine Übereinstimmung herbeizuführen.

An die formelle Angebotsprüfung schließt sich die *materielle Angebotsprüfung* an, die in der Praxis häufig in die Angebotsanalyse und den Angebotsvergleich unterteilt wird.

Die *Angebotsanalyse* bezieht sich auf die systematische Untersuchung der einzelnen Angebote, während im Angebotsvergleich die Ergebnisse aller Einzelanalysen zusammengestellt werden.

Diese Trennung hat folgende Vorteile:

Zeitersparnis: Man kann mit der Bearbeitung schon beginnen, wenn noch nicht alle Angebote vorliegen.

Gründlichkeit: Bei der Angebotsanalyse braucht man sich nur auf die Beurteilung des vorliegenden Angebots zu konzentrieren, ohne gleichzeitig die Unterschiede zwischen den einzelnen Angeboten herauszuarbeiten, was dem abschließenden Angebotsvergleich vorbehalten bleibt.

EDV-gerecht: Durch die Aufspaltung des komplexen Bearbeitungsvorgangs in Einzelschritte ist die Programmierbarkeit und die Nutzung von Speicherdaten besser gewährleiset.

Ergibt sich aus dem Angebotsvergleich, daß ein Angebot die Erwartungen erfüllt und sich von den anderen Angeboten positiv abhebt, kann die Bestellentscheidung getroffen und der Auftrag ohne weitere Verhandlungen vergeben werden. Dieses dürfte auch bei annähernd gleichen Angeboten für C-Artikel gelten, da sich hier ein weiterer Aufwand nicht lohnt. In allen anderen Fällen geht der Bestellentscheidung die *Vergabeverhandlung* voraus, in der versucht wird, Schwachstellen der einzelnen Angebote, wie sie im Angebotsvergleich deutlich werden, durch Verhandlungen zu beseitigen.

Vergabeverhandlungen sind von den *Informationsgesprächen* zu unterscheiden, die der Einkäufer im Rahmen der Beschaffungsmarktforschung mit dem Lieferanten führt. Hierbei sollen Informationen über die Objekte der Beschaffungsmarktforschung gewonnen werden, so daß in Informationsgesprächen vom Einkäufer die Beherrschung der verschiedenen Fragetechniken verlangt wird. In Vergabeverhandlungen hingegen sollen Verbesserungen eines abgegebenen Angebots erzielt werden. Solche Verbesserungen sind in der Vermehrung bzw. Senkung der Liefermenge, Anpassungen der Lieferfristen an die eigenen Vorstellungen, Gewährung zusätzlicher Serviceleistungen und Garantien und in Preiszugeständnissen zu sehen, wobei letztere durchaus nicht eine übergeordnete Zielfunktion darstellen. *Zielansprachen* der Vergabeverhandlungen ergeben sich aus den im Angebotsvergleich sichtbar werdenden Schwächen der einzelnen Angebote und verlangen eine sichere Verhandlungsführung und Beherrschung der Argumentationstechnik.

Nunmehr muß der Einkäufer die Bestellentscheidung treffen, wobei er neben preislichen auch eine Anzahl anderer Beurteilungskriterien berücksichtigt. Je mehr sich die Materialwirtschaft vom reinen Preisdenken löst und ihre Aufgabe in einem vermehrten Gewinnbeitrag sieht, desto schwieriger wird diese Entscheidung werden, da in ihr vielfältige, oft kontroverse Faktoren berücksichtigt werden. Das Risiko der Bestellentscheidung nimmt keiner dem Einkäufer ab, jedoch ist der Angebotsvergleich eine wichtige Entscheidungshilfe, da er

- die einzelnen Beurteilungskriterien, die in die Entscheidungsfindung eingehen, aufführt;

- die sichere Bewertung der Beurteilungsmaßstäbe aufgrund aller erreichbaren Informationen ermöglicht;

- Argumente für eine kurzfristige Verbesserung der Entscheidung oder Maßnahmen für eine längerfristige Optimierung (z.B. Übergang vom Fremdbezug zur Eigenfertigung, vermehrte Normung des Betriebsbedarfs) aufzeigt.

An die Bestellentscheidung schließt sich die *Bestellung* an, die überwiegend *schriftlich* erfolgt, da nur hierdurch gewährleistet wird,

- daß der Inhalt der Bestellung (Menge, genaue Bezeichnung der zu liefernden Erzeugnisstoffe, Preis, Einkaufs- und Zahlungsbedingungen sowie Nebenabsprachen) sicher, zweifelsfrei und rechtlich beweisbar dem Lieferanten übermittelt wird,

- daß alle betrieblichen Stellen, die von der Bestellung berührt werden (Terminkontrolle, Warenannahme, Rechnungsprüfung, Bedarfsträger), rasch und vollständig mittels Kopien von der erfolgten Bestellung unterrichtet werden, sofern keine EDV-Organisation vorliegt,

- daß im Einkaufsbereich eine aussagefähige Unterlage verbleibt, die bei Rückfragen jederzeit benutzt werden kann.

Sollte in *Ausnahmefällen* eine Bestellung mündlich, fernschriftlich oder telefonisch erteilt werden, so ist es ratsam, eine schriftliche Bestellung folgen zu lassen.

Mit der Abgabe der Bestellung ist der eigentliche Bestellvorgang abgeschlossen. In manchen Branchen und in den Fällen, in denen die Lieferung nicht umgehend erfolgt, hat sich eingebürgert, daß der Lieferant durch eine *Auftragsbestätigung* die Bestellung beantwortet. Bei deren Eintreffen ist darauf zu achten, daß keine Differenzen zwischen Bestellung und Auftragsbestätigung bestehen, damit fehlerhafte Lieferungen schon frühzeitig ausgeschaltet werden. Die Auftragsbestätigung dient somit dem Sicherheitsbedürfnis der Beteiligten, das erst dann verständlich wird, wenn man sich die oft schwierigen Bestellinhalte, die Vielzahl der Bestellungen und die unterschiedlichen Nebenabsprachen vor Augen führt.

Es ist mit Erfolg versucht worden, den großen Zeit- und Kostenaufwand, der mit der Bestellung und Auftragsbestätigung verbunden ist, zu senken. Genannt seien nur die Anwendung bestimmter Kaufvertragsarten, die Reduzierung von Kleinbestellungen, der Einsatz von Schreibautomaten und die Verwendung von funktionsgerechten Formularen, Maßnahmen, die in anderem Zusammenhang näher dargestellt werden.

Während hierdurch die Abwicklungsprobleme des Bestellvorgangs heute als befriedigend gelöst bezeichnet werden können, ist es um die entscheidungsrelevanten Stationen des Bestellvorgangs weit weniger gut bestellt. Einmal steht einer ausgewogenen Bestellentscheidung auch heute noch die Überbetonung der preislichen Aspekte im Wege, zum anderen sind die Einkäufer mit anderen Aufgaben zu sehr belastet, um genügend Zeit für die erforderliche Informationsgewinnung und Informationsverarbeitung im Rahmen der Bestellentscheidung aufwenden zu können. Die vermehrte Einbeziehung der Materialwirtschaft in die EDV-Organisation und die erhöhte Bedeutung, die heute der Materialwirtschaft in den Unternehmen zugemessen wird, haben hier jedoch zu hoffnungsvollen Ansätzen in Richtung einer entscheidungsorientierten Beschaffung geführt, die es für die Einkäufer zu nutzen und weiter zu entwickeln gilt.

9.3   Wichtige Vergleichsfaktoren

Das Hauptziel der Angebotsanalyse und des Angebotsvergleichs ist es, dem Einkäufer Hilfestellung bei der Wahl des günstigsten Lieferanten zu geben. Hierzu dienen die *Vergleichsfaktoren,* mit denen die Angebote bewertet werden. Die Vergleichsfaktoren werden einmal auf der Grundlage von Bewertungsmaßstäben für das Beschaffungsgut entwickelt, wozu insbesondere Qualität und Preis gehören. Zum anderen werden Bewertungsmaßstäbe für den Lieferanten herangezogen, die man in rechenhafte (Lieferzeit, Liefermenge, Gegengeschäft, Standort) und nicht rechenhafte (Zuverlässigkeit, Möglichkeit von Abrufaufträgen, technische Unterstützung, Ausnutzung von Warenzeichen, Ausschließlichkeitsvereinbarungen) unterteilt.

9.3.1   Einkäuferische Vergleichsfaktoren

Viele Vergleichsfaktoren haben einen direkten Bezug zu den Lagerhaltungs-, Fehlmengen-, Bestellabwicklungs- und Anschaffungskosten.

Hierzu gehören:

- Qualitätsniveau,
- Einstandspreis,
- Lieferzeit,
- Zuverlässigkeit,
- Kapazität,
- Service,
- Standort.

Die Beziehungen dieser Vergleichsfaktoren zum materialwirtschaftlichen Optimum, das durch ihre Anwendung realisiert werden soll, sind kurz folgende:

Das *Qualitätsniveau* der angebotenen Erzeugnisstoffe beeinflußt einmal die Qualität der daraus gefertigten Erzeugnisse und damit den Erfolg der eigenen Absatzbemühungen. Es hat aber auch vielfältigen Einfluß auf die Herstellungskosten, da eine gute Qualität der Erzeugnisstoffe im Produktionsprozeß schnelle Durchlaufzeiten, geringe Stillstandzeiten, wenig Ausschuß und eine geringere Belastung der Produktionsanlagen mit sich bringt.

Die *Einstandspreise* der angebotenen Materialien bestimmen direkt die Anschaffungskosten. Da dieser Zusammenhang im Gegensatz zu fast allen anderen Vergleichsfaktoren leicht einsehbar und zahlenmäßig belegbar ist, wird der Preis als Beurteilungskriterium häufig angewandt, obwohl auch alle anderen Vergleichsfaktoren das Betriebsergebnis beeinflussen.

Die *Lieferzeiten* müssen deshalb mit den eigenen Vorstellungen übereinstimmen, da Lieferzeitüberschreitungen Fehlmengenkosten hervorrufen, während zu frühe Liefertermine Lager- und Zinskosten verursachen.

Mit *Zuverlässigkeit* soll der Umstand gewürdigt werden, daß zwischen den Angaben in den Angeboten und der späteren Lieferung leider oft erhebliche Unterschiede auftreten. Dies gilt vor allem für die Punkte Qualität, Lieferzeit und Service. Weiß man beispielsweise aus Erfahrung, daß ein Lieferant vereinbarte Lieferfristen bei früheren Aufträgen nur mit Mühe eingehalten hat, so soll der Vergleichsfaktor Zuverlässigkeit diese Tatsache bei der Beurteilung seines Angebotes berücksichtigen.

Die *Kapazität* eines Lieferanten ist für die Sicherheit der eigenen Materialbereitstellung von größter Wichtigkeit. Hat der Lieferant noch Kapazitätsreserven, so kann er unerwarteten Bedarf leicht abdecken, was sich positiv auf die Fehlmengen- und Lagerhaltungskosten auswirkt.

Der Umfang der vom Lieferanten zu erwartenden *Serviceleistung,* sei es im kaufmännischen (Beratung, Informationen, Ausarbeitung von Alternativangeboten, Garantien, Mitarbeit bei der Wertanalyse) oder im technischen Bereich (Gebrauchsanleitung, Anfertigung von Werkzeugen, Ersatzteillagerung, Mitarbeit bei der Qualitätskontrolle), kann zu erheblichen Kosteneinsparungen im eigenen Betrieb führen und einen günstigen Einfluß auf die Qualität der eigenen Erzeugnisse haben.

Auch der *Standort* des Lieferanten kann die Beschaffungskosten erheblich beeinflussen. Hier ist nicht an die Transportkosten gedacht, die schon im Vergleichsfaktor Einstandspreis berücksichtigt werden. Vielmehr hängt vom Standort des Lieferanten die Sicherheit der Materialbereitstellung und die Schnelligkeit bestimmter Serviceleistungen ab.

9.3.2 Unternehmenspolitische Vergleichsfaktoren

Es gibt einige Vergleichsfaktoren, die keinen Bezug zum materialwirtschaftlichen Optimum haben, es sogar in gewissem Umfang gefährden.

Sie entspringen der Unternehmenspolitik und bezwecken, übergeordnete Unternehmensziele bei der Bestellentscheidung zu berücksichtigen.

Hierzu zählen vor allem

– Gegengeschäfte,
– Konzernzugehörigkeit,
– Werbewert einer Herstellermarke,
– sonstige Faktoren.

In bestimmten Branchen, Konjunkturlagen und Marktformen spielt die Frage der Berücksichtigung von *Gegengeschäftsmöglichkeiten* bei der Bestellentscheidung eine große Rolle. Hierdurch kommt es zu einer Bevorzugung bestimmter Lieferanten, die leistungsmäßig nicht gerechtfertigt, aber absatz- bzw. beschäftigungspolitisch vertretbar sein kann. Während die positiven Auswirkungen von Gegengeschäften auf die Bereiche Absatz und Produktion zahlenmäßig exakt darzustellen sind, entziehen sich die negativen Folgen einer Berücksichtigung leistungsschwächerer Lieferanten auf das Einkaufsergebnis weitgehend einer genauen Bewertung, was den Angebotsvergleich erheblich erschwert.

Ähnlich verhält es sich mit der Frage, in welchem Umfang Lieferanten bevorzugt werden sollen, mit denen eine Konzernverbindung oder ein sonstiger finanzieller Verbund besteht. Es dürfte nahe liegen, bei gleichwertigen Angeboten dem des verbundenen Unternehmens den Vorzug zu geben.

Dies führt jedoch längerfristig zu einer Isolierung auf dem betreffenden Beschaffungsmarkt, so daß der Einkäufer von den Wettbewerbern keine Angebote mehr erhält.

Einige Anbieter industrieller Erzeugnisstoffe haben für ihre Produkte *Herstellermarken* entwickelt, deren Verwendung den Absatz der damit gefertigten Produkte erheblich erleichtern kann. In dieser Hinsicht unterstützt der Einkauf direkt die eigenen Absatzbemühungen. Die Berücksichtigung derartiger Überlegungen bei den Bestellentscheidungen ist schwierig, da eine vertretbare Quantifizierung der Beziehungen Herstellermarke – Absatzsteigerung kaum möglich ist.

Dies gilt in noch größerem Umfang für politische Vergleichsfaktoren, deren Berücksichtigung dem Einkauf von der Unternehmensleitung vorgeschrieben werden kann (Kauf im Inland, local-content-Vereinbarungen usw.).

9.4 Verschiedene Arten des Angebotsvergleichs

Aus Kosten- und Zeitgründen ist es nicht möglich, *alle* besprochenen Vergleichsfaktoren bei der täglichen Arbeit zu berücksichtigen. Damit entsteht die Schwierigkeit, *eine geeignete Auswahl* zu treffen. Diese hängt sicherlich vom Wert des einzukaufenden Artikels ab und berücksichtigt ferner, welche Vergleichsfaktoren beim jeweiligen Erzeugnisstoff eine starke Beziehung zu den Kosten des materialwirtschaftlichen Optimums haben. Man unterscheidet *Einfaktorenvergleiche*, bei denen nur ein Beurteilungskriterium herangezogen wird, und *Mehrfaktorenvergleiche*, bei denen in der Einkaufspraxis häufig 3-6 Vergleichskriterien berücksichtigt werden.

9.4.1 Einfaktorenvergleich

Man gelangt rasch und unproblematisch zu einer Lieferantenauswahl, wenn man nur ein Beurteilungskriterium anwendet und dieses auch noch leicht quantifizierbar ist. Deshalb sind Einfaktorenvergleiche in der Form von

- Preisvergleichen,
- Lieferzeitvergleichen,
- Qualitätsvergleichen

weit verbreitet.

Diese Einseitigkeit der Betrachtungsweise bringt jedoch erhebliche Gefahren für den Einkaufserfolg mit sich, wenn wichtige Kostenwirkungen übersehen werden.

Bei einem reinen *Preisvergleich* ist es unbedingt notwendig, auf die Gleichheit aller Angebote zu achten. Das gilt zunächst für die Preisnebenbedingungen (Skonto, Rabatte, Transport- und Verpackungskosten), aber auch für das Qualitätsniveau, weshalb sich besonders homogene Waren, Normteile und Markenartikel für den reinen Preisvergleich eignen.

Ferner muß geprüft werden, ob das Leistungsniveau der einzelnen Anbieter (Service, Kapazität, anwendungstechnische Beratung usw.) in etwa gleich ist.

In eiligen Bedarfsfällen wird die Lieferantenauswahl von der Frage der kürzesten *Lieferzeit* beherrscht. In einem solchen Fall ist der Einkaufserfolg deshalb stark gefährdet, weil hier unter dem Zwang drohender Fehlmengenkosten gehandelt wird, die wegen ihrer ungewissen Höhe leicht zu Panikkäufen verleiten und hohe Preiszugeständnisse hervorrufen können.

Aber auch die ausschließliche Beachtung *qualitativer* Aspekte kann zu einer schlechten Lieferantenwahl führen. Dem Einkauf ist es oft nicht erlaubt, bestimmte von der Technik des eigenen Hauses festgelegte Qualitätsstandards auch nur geringfügig abzuändern, womit diese Stellen praktisch die Lieferantenauswahl unter Vernachlässigung des materialwirtschaftlichen Optimums vornehmen.

Einfaktorenvergleiche vermindern in der Regel den Wettbewerb auf den Beschaffungsmärkten mit allen negativen Folgen für einen kostengünstigen Einkauf. Auch sind sie Ausdruck eines verwaltenden, passiven Einkaufs, der seiner Verantwortung für das Betriebsergebnis in keiner Weise entspricht.

9.4.2 Mehrfaktorenvergleich

Deshalb dringt der Mehrfaktorenvergleich immer mehr vor, der die *Gesamtkostenbetrachtung* bei der Angebotsbearbeitung in den Mittelpunkt stellt und mehrere Vergleichskriterien heranzieht (siehe Tabelle 9.1).

Tabelle 9.1: Mögliche Vergleichsfaktoren zur Beurteilung wichtiger Kostenkomponenten des materialwirtschaftlichen Optimums

Kostenarten des materialwirtschaftlichen Optimums	mögliche Vergleichsfaktoren
Anschaffungskosten	Einstandspreis
Lagerhaltungskosten	Lieferzuverlässigkeit Abrufaufträge
Fehlmengenkosten	Qualitätsniveau Qualitätszuverlässigkeit Garantien Service Standort
Bestellabwicklungskosten	Service Kulanz Standort

Es ist schwierig, die nicht rechenhaften Vergleichsfaktoren wie Zuverlässigkeit, technische Unterstützung/Service zu *bewerten*, da sich hinter ihnen schwer quantifizierbare Leistungen verbergen. Dies gilt teilweise auch für das Qualitätsniveau, wenn keine exakten Spezifikationen vorliegen. Bei bereits bekannten Lieferanten wird man die Bewertung auf bisher gemachte Erfahrungen stützen, während man bei neuen Lieferanten nur über eine intensive Beschaffungsmarktforschung eine befriedigende Beurteilungsgrundlage erhält.

Auch ist es notwendig, die einzelnen rechenhaften wie nicht rechenhaften Vergleichsfaktoren miteinander zu *verbinden*, um in sich ausgewogene Angebote zu erkennen.

Die Verknüpfung fördert auch den Gesamtüberblick über das gesamte Auswahlverfahren, der bei zunehmender Zahl von Angeboten und Vergleichsfaktoren verloren gehen kann.

In der Einkaufspraxis haben sich als Lösungshilfe für beide Probleme *Scoring-Modelle* bewährt, die

- durch zahlenmäßige Benotung verbaler Ausdrücke die Beurteilung sicherer und objektiver gestalten,
- alle Vergleichsfaktoren additiv miteinander verknüpfbar machen,
- die spätere Gewichtung einzelner Vergleichsfaktoren wesentlich erleichtern.

9.4.2.1 Punktungsverfahren

Hierbei benotet der Einkäufer die einzelnen Vergleichsfaktoren mit Punkten zwischen 1 und 10, wobei schlechte Leistungen eine niedrige Punktzahl, gute eine hohe erhalten.

Beispiel:

	Vergleichsfaktor	ohne Punktung	Punktung
Angebot A	Einstandspreis	150 DM	8
	Qualität	II. Wahl	6
	Zuverlässigkeit	befriedigend	5
	Service	umfangreich	8
			27
Angebot B	Einstandspreis	140 DM	10
	Qualität	II. Wahl	6
	Zuverlässigkeit	gut	8
	Service	begrenzt	5
			29

Um die subjektiven Einflüsse bei der Benotung nicht rechenhafter Faktoren zu mildern, kann man dem Einkäufer hierfür *Merkblätter* zur Verfügung stellen, die beispielsweise im Fall des Vergleichsfaktors Lieferzuverlässigkeit folgenden Inhalt haben:

Termine werden immer eingehalten	10 Punkte
Lieferant hat Mühe, unsere Terminvorschriften einzuhalten	8 Punkte
Termine werden öfter überschritten	5 Punkte
Es kommen sehr viele Terminverzögerungen vor	3 Punkte

9.4.2.2 Quotientenverfahren

Einen anderen Weg geht das Quotientenverfahren. Hier errechnet der Einkäufer für die einzelnen Vergleichsfaktoren *Raten*:

$$\text{Rate Einstandspreis} = \frac{\text{niedrigster Einstandspreis aller Angebote}}{\text{jeweiliger Einstandspreis des einzelnen Angebotes}}$$

$$\text{Rate Qualitätszuverlässigkeit} = 1 - \frac{\text{Beanstandungen}}{\text{Summe aller Lieferungen}}$$

$$\text{Rate Terminzuverlässigkeit} = 1 - \frac{\text{Verspätete Lieferungen}}{\text{Summe aller Lieferungen}}$$

$$\text{Rate Service} = 1 - \frac{\text{Zahl fehlender Serviceleistungen}}{\text{Summe aller angebotenen Serviceleistungen}}$$

Beispiel:

Lieferant	Einstandspreis	Anzahl der Lieferungen	davon unpünktlich	davon schlecht	davon unvollständig
A	1.25	40	8	4	11
B	1,35	50	4	2	0
C	1,30	60	7	4	11

Lieferant	Rate Preis	Rate Termin	Rate Qualität	Rate Service	Summe
A	1,00	0,80	0,90	0,70	3,40
B	0,93	0,92	0,96	1,00	3,81
C	0,96	0,88	0,93	0,80	3,57

Das Angebot von Lieferant B ist das ausgewogenste Angebot.

9.4.2.3 Kennzahlenverfahren

Unter den Bezeichnungen Lieferantenkennzahl, „vendor rating system", Anbieterselektions-System usw. wurden weitere Verfahren entwickelt, die ohne Schwierigkeiten computergestützt durchgeführt werden können. Hierbei trennt man die Bewertung des Beschaffungsgutes von der des Anbieters. Die Bewertung des Beschaffungsgutes geht von den Angaben der Angebote aus (Preis, Qualität, Lieferzeit) und setzt voraus, daß alle Angebote hinsichtlich dieser Kriterien den gestellten Ansprüchen genügen.

In diesem Fall verbleibt als einziges Beurteilungskriterium für das Beschaffungsgut der Einstandspreis.

Um jedoch auch die Leistungsfähigkeit der einzelnen Anbieter zu berücksichtigen und dadurch über den reinen Preisvergleich hinauszugehen, erhält jeder Lieferant eine Kennzahl. Grundlage der Kennzahl ist der Wert 1,000, zu dem Strafpunkte für schlechte Leistungen in der Vergangenheit addiert und Gutschriften für besonders gute Leistungen bei der bisherigen Zusammenarbeit subtrahiert werden.

Der Vergleichsfaktor Lieferzuverlässigkeit wird beispielsweise wie folgt behandelt:

	Punkte
Die Lieferung erfolgt mehr als 4 Wochen zu früh	+ 0,02
Die Lieferung erfolgt 1-4 Wochen zu früh	+ 0,01
Die Lieferung erfolgt 0-1 Woche zu früh	0,00
Die Lieferung erfolgt 0-1 Woche zu spät	+ 0,01
Die Lieferung erfolgt 2-3 Wochen zu spät	+ 0,05
Die Lieferung erfolgt 4-6 Wochen zu spät	+ 0,10
Die Lieferung erfolgt mehr als 6 Wochen zu spät	+ 0,20
1 Mahnung notwendig	0,00
2-3 Mahnungen notwendig	+ 0,10
4-5 Mahnungen notwendig	+ 0,20
6 und mehr Mahnungen notwendig	+ 0,30

Ein sehr unzuverlässiger Lieferant kann für das Kriterium Lieferzuverlässigkeit maximal + 0,50 Strafpunkte erhalten. Derartige Bewertungsraster sind auch für die Vergleichsfaktoren Service und Qualitätsstandard der Lieferungen entwickelt worden.

Aus der Zusammenfassung aller Einzelwerte ergibt sich als Maßstab der Leistungsfähigkeit des Lieferanten die Lieferantenkennzahl, die mit dem Einstandspreis multipliziert wird. Dieser Vergleichspreis bildet den Abschluß des Verfahrens.

Beispiel:

Lieferant	Termin	Qualität	Service	Lieferanten-kennzahl
A	+ 0,200	+ 0,010	– 0,050	1,160
B	0,000	+ 0,100	+ 0,010	1,110
C	0,000	+ 0,050	+ 0,000	1,050

Lieferant	Einstandspreis	Lieferantenkennzahl	Vergleichspreis
A	45,00	1,160	52,20
B	45,00	1,110	49,75
C	45,00	1,050	47,25

Der Lieferant C erhält den Auftrag.

Alle dargestellten Scoring-Modelle stellen systematische Lösungen des Angebotsvergleichs dar und heben die Bestellentscheidung auf eine rationale Ebene. Dies
gilt vor allem für das Quotientenverfahren und das System von Lieferantenkenn-
zahlen, da hier die Quantifizierung nicht rechenhafter Vergleichsfaktoren auf der
Basis sorgfältiger Auswertung von Vergangenheitswerten erfolgt.

So bestechend die Systematik, besonders der beiden letzten Verfahren, erscheinen
mag, so müssen einige Bedenken angemeldet werden. Zunächst entsteht ein hoher
Aufwand für Datenpflege und Rechenoperationen. Auch sind diese Verfahren
nicht für neue Lieferanten anwendbar. Damit wächst die Neigung zu Stammlieferanten.

Außerdem basieren alle Kennzahlen auf den gleichen Vergleichsfaktoren und lassen daher Besonderheiten des zu beschaffenden Produktes, der Konjunkturlage
usw. außer acht.

Letztlich erschweren sie die Vorbereitung von Vergabeverhandlungen, da insbesondere die Lieferantenkennzahl keine detaillierten Rückschlüsse auf Schwächen
und Stärken des einzelnen Anbieters erlaubt.

Um diesen Bedenken Rechnung zu tragen und generell die mathematisch-statistische Betrachtungsweise bei der Angebotsbearbeitung nicht überzubetonen, wurden grafische Verfahren in Form der Lieferantenprofile entwickelt, die dem Einkäufer einen größeren Aktionsradius sichern sollen.

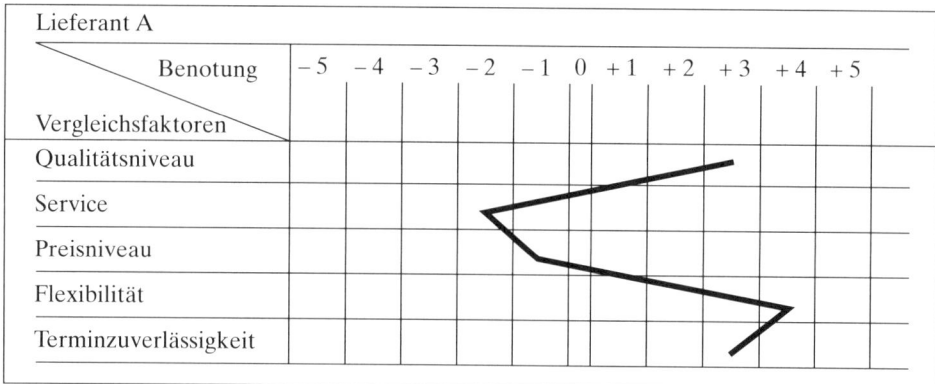

Abbildung 9.1: Aufbau eines Lieferantenprofils

Auch dieser Lösungsansatz trägt dazu bei, die Erkenntnisse der Beschaffungsmarktforschung neben den Angaben der Angebote in die Bestellentscheidung
einzubeziehen, ohne jedoch die Einzelergebnisse zu stark in einer einzigen Zahlen-
größe zu komprimieren, was insbesondere bei der Vorbereitung von Vergabeverhandlungen hilfreich ist.

9.4.2.4 Differenzierungsmöglichkeiten

Aus Gründen einer einheitlichen Einkaufspolitik, zum Zweck der Nachprüfbarkeit von Einkaufsentscheidungen durch Dritte und aus organisatorischen Überlegungen gelangen in den Einkaufsabteilungen der einzelnen Unternehmen stets die gleichen Vergleichsfaktoren für alle Bedarfsfälle zur Anwendung. Diese Vorgehensweise bringt die Schwierigkeit der *speziellen Differenzierung der einzelnen Vergleichsfaktoren* mit sich. So kann beispielsweise für bestimmte Stahlsorten in einer Maschinenfabrik das Qualitätsniveau entscheidender sein als der Einstandspreis, während in der gleichen Unternehmung bei Verpackungsmaterial der umgekehrte Sachverhalt denkbar ist. Auch ist leicht einzusehen, daß der Faktor Lieferzuverlässigkeit in seiner Bedeutung zu anderen Vergleichsfaktoren erheblich von der jeweiligen Konjunkturlage auf dem betreffenden Beschaffungsmarkt abhängig ist. Diese Beispiele lassen sich beliebig vermehren. Sie zeigen, daß eine gleichgewichtige Benutzung der Vergleichsfaktoren problematisch ist.

Deshalb ist man, zumindest bei A-Artikeln, dazu übergegangen, die einzelnen Vergleichsfaktoren zu *gewichten*, etwa mit Hilfe von Koeffizienten.

Vergleichsfaktoren	Koeffizienten
Preisniveau	2
Qualität	1
Zuverlässigkeit	5
Service	2

Die Gewichtung erfolgt im Angebotsvergleich und ist nur dann sinnvoll durchführbar, wenn bei der Angebotsanalyse der Einzelangebote die Bewertung der Vergleichsfaktoren im Punktsystem erfolgte.

Beispielhaft sollen die weiter oben gepunkteten Einzelangebote A und B mit den vorstehenden Koeffizienten gewichtet werden:

Vergleichsfaktoren	Koeffizienten	Angebot A		Angebot B	
		ungewichtet	gewichtet	ungewichtet	gewichtet
Einstandspreis	2	8	16	10	20
Qualität	1	6	6	6	6
Zuverlässigkeit	5	5	25	8	40
Service	2	8	16	5	10
Gewichtete Gesamtpunktzahl			63		76

Es erhebt sich die Frage, nach welchen Kriterien die Gewichtungskoeffizienten festzulegen sind, da ihre unsystematische Vergabe den subjektiven Ermessungsspielraum des einzelnen Einkäufers zu stark ausweiten würde. Als wesentliche Gesichtspunkte kommen hier in Frage:

– Kostenminimierung

Hat ein Vergleichsfaktor größeren Einfluß auf die Beschaffungsgesamtkosten, sei es aus der Art der einzukaufenden Ware oder der augenblicklichen Situation auf dem speziellen Beschaffungsmarkt, so ist dies bei der Gewichtung zu berücksichtigen.

– Umsatzwachstum

Diese übergeordnete Unternehmenszielsetzung würde die auf Kostenminimierung ausgerichteten Beschaffungsziele zurückdrängen und den Vergleichsfaktoren Gegengeschäfte, verbundenes Unternehmen, Vertriebsaktivitäten ein höheres Gewicht zukommen lassen.

– Geringe Kapitalbindung

Diese ebenfalls aus der allgemeinen Unternehmenszielsetzung übernommene Forderung würde Service (Abrufaufträge), Zuverlässigkeit (geringe Sicherheitsbestände), Terminierung und Kapazität zu einem höheren Gewicht verhelfen.

– Absolut sichere Materialbereitstellung

Diese sowohl aus der Unternehmenskonzeption (z.B. Markenartikel) als auch aus der Beschaffungspolitik ableitbare Zielsetzung würde die Vergleichsfaktoren Kapazität, Service, Zuverlässigkeit und u.U. verbundenes Unternehmen favorisieren.

Aus diesen Darlegungen geht hervor, daß die Auswahl der anzuwendenden Vergleichsfaktoren und die Festlegung der Gewichtskoeffizienten den Entscheidungsspielraum des Einkäufers gravierend beeinflussen. Eine geschickte Auswahl fördert zum einen die Abkehr vom reinen Preisdenken und bringt zum anderen die Zielsetzung von Gesamtunternehmen und dem Subsystem Materialwirtschaft in Übereinstimmung.

Deshalb ist die Aufgabe der Auswahl und Gewichtung der für das einzelne Unternehmen anzuwendenden Vergleichsfaktoren eindeutig der Einkaufsleitung oder der Unternehmensleitung zuzuordnen. Hierbei sollte auch berücksichtigt werden, daß dem Einkäufer durch eine durchdachte Vorgabe der anzuwendenden Vergleichsfaktoren und deren Gewichtung eine wertvolle Rechtfertigungsmöglichkeit für den Fall gegeben wird, daß ihm aus rein preislichen Gesichtspunkten Vorwürfe zu machen sind.

9.5   Vergabeverhandlung

Auf der Grundlage des Angebotsvergleichs wird nur dann die Bestellentscheidung getroffen, wenn ein Angebot einen überragenden Eindruck hinterläßt oder der Gesamtauftragswert zusätzliche Aktivitäten verbietet.

In allen anderen Fällen sollten Vergabeverhandlungen mit dem Ziel geführt werden, bei den einzelnen Vergleichsfaktoren Verbesserungen zu erzielen. Die Durchführung solcher Vergabeverhandlungen liegt von Einkäuferseite oft im argen, während sie von den Anbietern sehr ernst genommen wird. Will der Einkäufer seine Vorstellungen im Lieferantengespräch durchsetzen, bedarf es einer guten sachlichen, organisatorischen, taktischen und persönlichen Vorbereitung.

9.5.1   Sachliche Vorbereitung

Wenn man eine Vergabeverhandlung anstrebt, muß man sich über die Ziele im klaren sein und einen Argumentationskatalog besitzen, um den Gesprächspartner im Sinne der Zielsetzung zu überzeugen.

Die Zielsetzungen ergeben sich aus dem jeweiligen Angebotsvergleich, der ausweist, in welchen Vergleichsfaktoren das Angebot im Vergleich zu den anderen Offerten abfällt. Dabei braucht es sich keineswegs immer um den Faktor Einstandspreis zu handeln. Vielmehr gibt es eine Reihe anderer Verhandlungsschwerpunkte: Qualität, Menge, Lieferzeit, Sicherung gemachter Zusagen, Umfang von Garantien, Serviceleistungen und Gegengeschäfte, Absprachen über die Benutzung von Herstellermarken, Regelungen über die Behandlung von Werkzeugkosten. Sie alle haben Einfluß auf die Höhe des Gewinnbeitrages, den der Einkäufer durch die Auftragsvergabe anstrebt. Berücksichtigt man hierbei mögliche Fehlmengen-, Lager- und Zinskosten, so tritt die Berücksichtigung des Vergleichsfaktors Einstandspreis im Vergleich zu den übrigen Zielsetzungen häufig zurück.

Es ist jedoch nicht ausreichend, konkrete Verhandlungsziele zu entwickeln, vielmehr bedarf es zur Durchsetzung dieser Ziele einer fundierten Argumentation. Hier zeigt sich, ob der Einkäufer genügend Informationen gewonnen hat und in der Lage ist, hieraus treffsichere Argumente zu entwickeln (vgl. Tabelle 9.2).

Diese wenigen Beispiele zeigen, wie weit die Themengebiete gezogen werden können, die in einer Vergabeverhandlung behandelt werden. Es werden sich häufig Änderungen in den Zielansprachen ergeben, die neue Argumente erfordern. Auch darf nicht übersehen werden, daß mehrere Zielansprachen in einem Zusammenhang stehen (Menge/Preis, Werkzeugkosten/Preis, Qualitätsniveau/Werkzeugkosten). Die Kenntnis dieser Zusammenhänge ist wichtig, um Widersprüche in der Argumentation zu vermeiden und gegebenenfalls die Reihenfolge der Argumente in taktischer Hinsicht zu bestimmen.

Tabelle 9.2: Zielansprachen und Argumente für Vergabeverhandlungen

Mögliche Zielansprachen	Verwendbare Argumente
Anlieferungszeitpunkt verkürzen	Engpaßsituation, lange Geschäftsbeziehungen, Konjunkturlage, Teillieferung
Einführung einer Konventionalstrafe	Darlegung möglicher Fehlmengenkosten, Lieferverzögerungen der Vergangenheit bzw. Erstauftrag, Hinweis auf Konkurrenzangebote
Preise senken	Ergebnis der Preisstrukturanalyse, Auftragsgröße, Vorauszahlung, Beistellung bestimmter Vorprodukte, Branchenvergleich, Mengenprognosen, Preisgleitklauseln
Übernahme von Werkzeugkosten	Auftragsgröße, Anschlußaufträge, Zuschuß, Branchenvergleich
Qualitätsniveau heben	Hinweis auf Substitutionsmaterial, Auftreten von Reklamationen bei eigenen Fertigerzeugnissen, Verarbeitungsschwierigkeiten in der Fertigung, Ergebnisse der Qualitätsprüfung
Übernahme der eigenen Einkaufsbedingungen durch den Lieferanten	Eigene Stellung am Beschaffungsmarkt, starker Konkurrenzkampf der Lieferanten um Marktanteile, Zweifel an den Angaben des Angebots, Darlegung der Problematik einzelner Vertragsbestimmungen

9.5.2   Organisatorische Vorbereitung

Aus aufbauorganisatorischer Sicht muß festgelegt werden, ob der Einkäufer allein verhandelt oder ein Verhandlungsteam gebildet wird. Diese Gruppenbildung erfolgt einmal deshalb, um die Verhandlungsposition des Einkäufers in hierarchischer Hinsicht aufzuwerten. Das ist dann angebracht, wenn der Gesprächspartner in seinem Unternehmen eine hohe Position bekleidet, über Einkaufssummen verhandelt wird, die die Kompetenz des Einkäufers übersteigen oder Verhandlungen mit schwierigem Argumentationskatalog anstehen. Auch werden Verhandlungsteams dann gebildet, wenn der Einkäufer das Spezialwissen anderer Betriebsabteilungen benötigt oder die andere Seite solche Spezialisten mitbringt.

Um solche Teamverhandlungen erfolgreich zu gestalten, muß der Einkäufer einige Grundregeln beherrschen.

Zunächst müssen alle Vertreter des eigenen Hauses über den gleichen Informationsstand bezüglich der Ziele und Argumente verfügen und über die geplante Gesprächsführung unterrichtet sein. Daraus ergeben sich die Teilgebiete der Verhandlung, wofür das einzelne Teammitglied zuständig ist und die es im Sinne der Zielsetzung zu vertreten hat. Hierbei ist es wichtig, daß es nicht zu Widersprüchlichkeiten und Spannungen innerhalb des eigenen Verhandlungsteams kommt. Dieses kann durch eine geeignete Sitzordnung, die Vereinbarung von Verständigungszeichen, die Einplanung von Gesprächspausen usw. erreicht werden.

Die organisatorischen Vorbereitungen erleichtern oft die Erlangung und Verteidigung der Gesprächsführung, was für den Verhandlungserfolg sehr wichtig sein kann. Wählt der Einkäufer beispielsweise als Verhandlungsort die eigene Firma, kann er leichter die Gesprächsführung erlangen. Er bestimmt mit der Ortswahl die Sitzordnung der Verhandlungspartner, er kann die Verhandlung nach Belieben etwa durch Anbieten von Erfrischungen unterbrechen. Durch Aufbau bestimmten Demonstrationsmaterials ist er in der Lage, das Gespräch in die von ihm gewünschte Richtung zu lenken.

Auch durch die Verteilung bestimmter Argumentationsschwerpunkte auf die einzelnen Partner eines Verhandlungsteams kann dem Verhandlungspartner die eigene Konzeption vorgegeben werden, auf die er reagieren muß. Ebenfalls durch seine Persönlichkeit, seine Rhetorik, sein Erscheinungsbild kann der Einkäufer einiges für die Behauptung der Gesprächsführung in einer Vergabeverhandlung tun. Es sollte jedoch nicht übersehen werden, daß hierfür in erster Linie die sachliche Vorbereitung wichtig ist. Hierdurch werden ihm die Zielansprachen deutlich und durchschlagende Argumente geläufiger, ohne die eine Gesprächsführung nicht auf Dauer während einer Verhandlung behauptet werden kann.

9.5.3   Taktische Vorbereitung

Neben der Festlegung der Verhandlungskonzeption und ihrer Durchsetzung spielt es eine große Rolle, wie der Einkäufer seine Argumente vorbringt. Hierbei bietet sich einmal das Limitieren oder das Argumentieren an.

Beim *Limitieren* kleidet der Einkäufer seine Zielansprache in einen Gegenvorschlag, den der Verhandlungspartner annehmen oder ablehnen kann. Obwohl diese Taktik in der Praxis häufig angewandt wird, seien einige Bedenken genannt:

– Der Einkäufer schafft eine Atmosphäre der Arroganz, die Abwehrreaktionen des Verhandlungspartners hervorruft und den partnerschaftlichen Dialog ausschließt.

– Es ist unwahrscheinlich, daß der Einkäufer seinen Gegenvorschlag gerade dort ansiedelt, wo ein Interessenausgleich zwischen Lieferant und ihm möglich wäre.

Entweder er überzieht seine Forderungen und der Lieferant lehnt ab, so scheidet eine potentielle Lieferquelle aus, da der Einkäufer ohne Gesichtsverlust seinen Gegenvorschlag nicht mehr ändern kann. Oder aber sein Gegenvorschlag liegt über den niedrigsten Preisvorstellungen des Lieferanten, so daß der Einkäufer mögliche Verbesserungen ausläßt.

– Durch Limitieren kann man schwerlich nicht rechenhafte oder technisch komplizierte Sachverhalte in eine Verhandlung einführen.

Es ist deshalb angebracht, daß der Einkäufer stärker durch *Argumentieren* seine Ziele in Vergabeverhandlungen zu verwirklichen sucht, besonders wenn er über keine sehr fundierten Marktdaten verfügt oder in einer schlechten Verhandlungsposition ist (dringender Bedarf, kaum brauchbare Alternativangebote). Hierzu benötigt er jedoch die Kenntnis der Grundlagen erfolgreicher Verhandlungsführung, die in der entsprechenden Spezialliteratur zu finden sind. Im Rahmen dieser Abhandlung kann nur auf einige Verhandlungtaktiken hingewiesen werden:

a) Verdrängungs- und Salamitaktik
Das angestrebte Ziel wird in Teilziele zerlegt, die bewußt getrennt auszuhandeln sind. Als zur Verhandlung anstehend wird immer nur der Teilpunkt betrachtet, der gerade verhandelt wird. So wird versucht, Teilziel für Teilziel positiv abzuschließen und vermieden, die Vergabeverhandlung als ein Ganzes anzusehen. Durch ein solches Vorgehen verliert der Verhandlungspartner leicht die Übersicht, so daß insgesamt mehr zugestanden wird als eigentlich vorgesehen war.

Ein Beispiel hierzu: Zunächst wird über die Qualität verhandelt und sofort verbindlich festgelegt, dann wird über die Art der Qualitätsprüfung verhandelt und das Ergebnis wiederum sofort festgehalten. Hat der Einkäufer in diesen beiden Teilzielen bessere Ergebnisse erzielt als im Angebot, wird er nun über den Angebotspreis oder dessen Nebenbedingungen sprechen. Die Salamitaktik setzt immer einen Mehrfaktorenvergleich zur Aufstellung der Teilziele voraus.

b) Ja – aber-Taktik
Diese Taktik berücksichtigt, daß ein Argument an Durchschlagskraft gewinnt, je geschickter es vorgetragen wird. Bringt beispielsweise ein Lieferant Begründungen für eine lange Lieferzeit vor, so kann der Einkäufer diese schroff zurückweisen, was zu einer Verärgerung führt.

Die Ja – aber-Taktik bemüht sich durch eine rhetorische Zustimmung den Verhandlungspartner zu schonen und ihm über das Wörtchen „aber" die eigenen Gegenargumente nahe zu bringen.

c) Einräumungstaktik oder Do-ut-des-Prinzip
Der Austausch von Leistungen ist die Grundlage jedes Kaufvertrags. In den Verhandlungen kommt es nun darauf an, seine Leistung dem Verhandlungspartner zu

verdeutlichen bzw. bei Leistungsschwächen des Lieferanten entsprechende Zugeständnisse zu erlangen.

Der Einkäufer kann darlegen, wie vorteilhaft seine großen Abnahmemengen für die Kosten des Lieferanten sind, was für eine hervorragende Präferenz es wäre, an das von ihm vertretene Unternehmen zu liefern, und dergleichen mehr. Für diese „Leistungen" verlangt der Einkäufer Gegenleistungen in Gestalt von Preiszugeständnissen, Lieferzeitverkürzungen usw.

d) Lehrsatz des Sokrates
Die Argumente des Lieferanten werden hierbei vom Einkäufer zunächst akzeptiert. In einer zweiten Phase zeigt der Einkäufer dann die kurz- und insbesondere die langfristigen ungünstigen Konsequenzen für den Lieferanten auf, die sich für ihn ergeben, wenn dieser auf seinen Forderungen beharrt.

Der Einkäufer verhandelt erfolglos über eine Verkürzung der Lieferzeit. Nunmehr stellt er dem Lieferanten die Konsequenzen (keine Anschlußaufträge, Substitutionsgüter, Konkurrenz) dar und versucht, ihn hierdurch zu bewegen, günstigere Vorschläge zu machen.

9.5.4 Vorbereitung auf die Person des Verhandlungspartners

Um den Partner von der Richtigkeit seines Standpunktes zu überzeugen und ihn damit zur Annahme seiner Gedanken und Zielvorstellungen zu bringen, muß der Einkäufer berücksichtigen, daß sich eine Vergabeverhandlung nicht nur auf einer rationalen, sondern auch auf einer emotionalen Ebene abspielt. Es ist wichtig, daß der Einkäufer sich mit der Person seines Gegenübers beschäftigt, um den Verhandlungserfolg abzusichern. Indem man den Lieferanten nicht unnötig warten läßt, ihn freundlich empfängt, ihn mit seinem Namen anredet, kann der Einkäufer eine günstige Verhandlungsatmosphäre schaffen. In dieser Hinsicht werden viele Fehler gemacht, da Einkäufer häufig glauben, durch schroffes Auftreten bessere Erfolge erzielen und ihre eigene Unsicherheit überspielen zu können.

Hier eine Änderung herbeizuführen, dürfte recht einfach sein, schwieriger ist schon der zweite Schritt der Vorbereitung auf die Person des Verhandlungspartners: seine Persönlichkeit, seine Motive und wesentlichen Charakterzüge zu erkennen. Hier soll nicht der Verbrüderung von Lieferant und Einkäufer das Wort geredet, sondern nur die Bedeutung der Berücksichtigung von Persönlichkeitsmerkmalen bei der Vergabeverhandlung hervorgehoben werden.

In der einschlägigen Literatur werden mehrere Wege genannt, um Informationen über die Person seines Gesprächspartners zu erhalten:

– Die Körpersignale,
– der Körperbau,

– die Einstellungsrichtung,
– Freizeitbeschäftigung,
– Ausdrucksform/Wortschatz.

Die Beobachtung der *Körpersignale* geschieht während der Verhandlung, wobei folgender Zusammenhang besteht:

Hände über der Brust verschränken	→	Abwehrhaltung
Augenbrauen hochziehen	→	etwas nicht glauben
Finger trommeln	→	ungeduldig werden
Beine übereinander schlagen	→	Gesprächsführung anstreben

Vom *Körperbau* her unterscheidet man folgende Typen:

Typ	Erkennungsmerkmale	Verhandlungspartner
Pykniker	Untersetzt, rundlich, kurzer Hals, Neigung zur scharfumrissenen Glatze	Sieht das Ganze, vernachlässigt das Detail, wechselhaft, ermüdet schnell, mitteilungsbedürftig, zu unüberlegten Äußerungen reizbar
Leptosome	Schmalwüchsig, großes Längen-wachstum, schlechte Körperhaltung	Zäh, systematisch, formalistisch, wenig anpassungsfähig, leicht ver-wirrbar
Athletiker	Breite Schultern, große Hände, grober Körperbau	Schwerfällig, nüchtern, wortkarg, verläßlich

Von der *Einstellungsrichtung* kann man den Verhandlungspartner in die Kategorien „extrovertiert" oder „introvertiert" einordnen. Die Verhandlungseigenschaften der jeweiligen extro- oder introvertierten Verhandlungspartner erlauben im großen und ganzen einen Rückschluß auf das Temperament, wie es die folgende Übersicht verdeutlicht:

launisch			empfindlich
ernsthaft			unruhig
bedrückt			aggressiv
pessimistisch			reizbar
schweigsam			impulsiv
			aktiv
Introvertiert	melancholisch	cholerisch	Extrovertiert
	phlegmatisch	sanguinisch	
passiv			gesellig
nachdenklich			gesprächig
zuverlässig			lässig
beherrscht			lebhaft
			sorglos
			tonangebend

Freizeitbeschäftigung und Ausdrucksform/Wortschatz lassen Rückschlüsse auf die Grundmotive des Verhandlungspartners zu, die es anzusprechen gilt, um ihn für die eigenen Zielvorstellungen aufgeschlossener zu machen. Dieser Hinweis auf die wichtigen Erkenntnisse der Überzeugungspsychologie muß im Rahmen dieser Ausführungen genügen und soll durch nachstehende Tabelle 9.3 etwas verdeutlicht werden.

Tabelle 9.3: Mögliche Motivlagen

Grundmotive des Verhand-lungspartners	Erkennungsmerkmale	Motivationsansätze
Soziale Anerkennung	Extrovertiert, wechselnde Hobbies, die gerade in Mode sind. Benutzt häufig Schlagwörter	Ansprache durch Statussymbole, Anerkennung, z.B. Steigerung des Ansehens d. Vertreters in der eigenen Firma, wenn er vom Einkauf den Auftrag erhält
Sicherheit und Geborgenheit	Introvertiert, gesunde, preiswerte Hobbies, erhebt kaum Widerspruch	Ansprache durch Information, z.B. Höhe des Jahresbedarfs, Anschlußaufträge, entsprechende Einkaufspolitik
Vertrauen und mitmensch-licher Kontakt	Extrovertiert, gesellige Hobbies, übernimmt gern Ehrenämter, duzt gerne seinen Gesprächspartner	Ansprache durch Kooperation, z.B. Einbeziehung in Wertanalyse, Hinweis, welch großer Wert die Zusammenarbeit für den Einkäufer hat
Selbstachtung	Introvertiert, ausgefallene Hobbies mit hohem Ordnungsanspruch, Tabellenfan, Prinzipienreiter	Ansprache durch Information, z.B. Preisstrukturanalyse, ROI, Scoring-Modelle
Unabhängigkeit und Erfolg	Extrovertiert, selbstbewußt, wählt Hobbies nach Nützlichkeit für seinen Beruf, spricht in kurzen Sätzen	Ansprache durch Ergebnisse, z.B. Deckungsbeiträge/Gewinn/Anschlußaufträge, Bedeutung des Lieferanten für den Einkaufserfolg

9.6   Bestellung

Ist aufgrund der bisher besprochenen Aktivitäten die Bestellentscheidung gefallen, bildet die Bestellung das letzte Glied des Bestellvorgangs. Sie erfolgt heute überwiegend in schriftlicher Form, da hierdurch

– der Bestellvorgang sicherer wird (keine Hörfehler usw.);

– juristischen Anforderungen besser entsprochen wird (Beweismaterial usw.);

– der innerbetriebliche Kommunikationsvorgang über die Bestellkopien schnell und reibungslos vollzogen werden kann.

Soll das Bestellschreiben diesen Zielen genügen, so müssen die in ihm enthaltenen Daten vollständig und klar sein. Deshalb kommen fast ausschließlich Bestellformulare zum Einsatz, auf denen *allgemeine Vorschriften* über

– Zahlungs- und Transportbedingungen,
– Gerichtsstand,
– Erfüllungsort,
– Rügefristen

einzeln oder in Form von umfangreichen Einkaufs- und Zahlungsbedingungen aufgedruckt sind. Durch eine gute Formulargestaltung werden ferner alle *auftragsspezifischen Vorschriften* vom Benutzer abgefragt und damit ein Vergessen vermieden. Durch geschickte Anordnung der Daten wird die Handhabung für den Adressaten erleichtert.

Zu den auftragsspezifischen Vorschriften gehören:

– Bestellnummer,
– zweifelsfreie Bezeichnung des Kaufgegenstandes gegebenenfalls mit Materialnummer,
– Qualitätsangaben/zugesicherte Eigenschaften,
– Bestellmenge,
– Lieferzeit,
– Preis je Mengeneinheit und Gesamtpreis.

Je sorgfältiger die Angebotsbearbeitung erfolgt ist, desto klarer dürften auch die einzelnen Bestellvorschriften ausfallen. Bedenkt man jedoch die große Zahl von Klein- und Routinebestellungen, so sind die hohen Ansprüche an das Bestellschreiben aus arbeits- und kostenmäßigen Überlegungen kaum aufrechtzuerhalten. Tut man es trotzdem, so werden entweder die Bestellabwicklungskosten kräftig steigen oder das Niveau der Bestellschreibung insgesamt sinken.

Deshalb ist es ratsam, zwischen Normal- und Kleinbestellungen zu trennen und für Kleinbestellungen einen vereinfachten Bestellvorgang vorzusehen. Als solche Vereinfachungsmöglichkeiten seien beispielhaft genannt:

– Abschluß von Rahmen- und Abrufaufträgen;
– Zusammenfassung von Kleinbestellungen zu einem Großauftrag;
– geeignete Kleinbestellungsformulare mit monatlicher Sammelrechnung;
– Bestellbuch;
– Kauf bei einem Händler mit breitem Sortiment statt bei vielen Herstellern;
– in Ausnahmefällen Kauf durch den Bedarfsträger und telefonische Bestellung.

9.7   Auftragsbestätigung

In aller Regel übersendet der Lieferant nach Erhalt der Bestellung eine Auftragsbestätigung, die den Inhalt der Bestellung vollinhaltlich anerkennt oder aber in gewissen Bereichen ändert oder ergänzt. Die Auftragsbestätigung ist für den Einkäufer in zweierlei Hinsicht bedeutsam.

Im Sinne einer sicheren Materialversorgung ersieht der Einkäufer, daß der Lieferant die Bestellung erhalten und in den Geschäftsgang gebracht hat. Außerdem werden Differenzen in den auftragsspezifischen Vorschriften zwischen Bestellung und Auftragsbestätigung sofort und nicht erst bei Auslieferung sichtbar.

Deshalb werden in den Einkaufsabteilungen der Eingang von Auftragsbestätigungen terminlich überwacht, überfällige Bestätigungen angemahnt, die Übereinstimmung von Bestellung und Bestätigung geprüft und bei Differenzen umgehend Kontakte mit dem Lieferanten aufgenommen.

Darüber hinaus besitzt die Auftragsbestätigung noch juristische Bedeutung, wobei drei grundsätzliche Möglichkeiten zu unterscheiden sind:

–   Die Bestellung stellt die uneingeschränkte Annahme eines vorher unterbreiteten Angebots dar. In diesem Fall ist die Auftragsbestätigung juristisch belanglos, da der Kaufvertrag bereits durch die Bestellung abgeschlossen wurde (Auftragsbestätigung = einfaches Bestätigungsschreiben).

–   Die Bestellung erfolgt, ohne daß ein konkretes Angebot vorlag, bzw. die Bestellung weicht in wesentlichen Teilen von dem Angebot ab. Dann ist die Bestellung als Antrag an den Lieferanten zum Abschluß eines Kaufvertrages zu sehen. Die vollinhaltlich gleiche Auftragsbestätigung bedeutet Annahme des Antrags durch den Lieferanten und damit Abschluß des Kaufvertrags.

–   Weicht in letzterem Fall die Auftragsbestätigung von der Bestellung ab, so ist noch kein Kaufvertrag abgeschlossen worden.

Es kann nicht der Sinn dieser Ausführungen sein, die hier aufgezeigten juristischen Fragen näher zu diskutieren, zumal hierüber ausgezeichnete Spezialliteratur vorliegt. Lediglich ein in der Einkaufspraxis sehr häufiger Abweichungsbereich zwischen Bestellung und Auftragsbestätigung sei erwähnt: Unterschiede in den Einkaufsbedingungen der Bestellung und den Verkaufsbedingungen der Auftragsbestätigung.

Wenn Lieferant und Einkäufer über die anzuwendenden allgemeinen Vertragsbedingungen bewußt keine Einigung erzielen, ist juristisch überhaupt kein Vertrag zustande gekommen. Schwieriger wird die Frage dann, wenn die Nichtübereinstimmung den Partnern nicht bewußt wird, was bei allgemeinen Geschäftsbedingungen häufig vorkommt. Da dann die besonderen Umstände eine bedeutende Rolle spie len, kann hier keine allgemein verbindliche Aussage gemacht und muß auf die Spezialliteratur verwiesen werden.

In der Einkaufspraxis wird das Problem divergierender Einkaufs- und Verkaufsbedingungen häufig dadurch gelöst, daß hierüber verhandelt und die erzielte Übereinkunft in Rahmenverträgen festgehalten wird, die dann für alle zukünftigen Kaufverträge der Partner verbindlich sind. Wesentlich unbefriedigender ist die Lösung, Differenzen zwischen Einkaufs- und Verkaufsbedingungen bewußt zu übersehen und in dieser Hinsicht auf Kulanz und Integrität des Partners zu vertrauen.

9.8   Terminsicherung und Terminkontrolle

Auch die Terminsicherung und Terminkontrolle dienen vornehmlich der kostenbewußten Versorgungssicherung. Dabei genügt in der Regel aufgrund vieler außer- und innerbetrieblicher Störfaktoren nicht das Zuwarten auf die termingerechte Anlieferung der bestellten Materialien. Vielmehr besteht für den Einkauf die Notwendigkeit einer aktiven Gestaltung des Terminwesens. Diese Aufgabe umfaßt einmal die *Terminkontrolle,* bei der die Einhaltung vereinbarter Liefertermine überprüft und die Rettung überfälliger oder gefährdeter Liefertermine durch geeignete Schritte angestrebt wird. Die *Terminsicherung* hingegen versucht durch ein Bündel planerischer und strategischer Maßnahmen, Terminüberschreitungen schon im Vorfeld der Bestellung auszuschalten, indem rechtzeitig bei zuverlässigen Lieferanten bestellt wird. Das Verhältnis Terminkontrolle zu Terminsicherung wird zunehmend dadurch bestimmt, daß die Einkäufer versuchen, Kontrolle durch Sicherung weitgehend überflüssig zu machen. Die Terminkontrolle hat überwiegend Routinecharakter, dem man auch durch aufbau- und ablauforganisatorische Regelungen Rechnung tragen kann. So wird diese Funktion häufiger einer zentralen Stelle wie Terminbüro oder Rechenzentrum übertragen, die in festgelegten Zeiträumen Kontrollen und Anmahnungen durchführt. Die Delegation der Terminkontrolle an eine zentrale Mahn- und Kontrollstelle entbindet den Einkäufer nicht von seiner Verantwortung der Termineinhaltung, sondern verschafft ihm einen größeren Spielraum für die Verfolgung gefährdeter bzw. überschrittener Termine und vor allem für die komplexen und kreativen Maßnahmen zur Terminsicherung. Hierzu zählen:

– Verbesserung des innerbetrieblichen Informationsaustausches;

– Suche und Berücksichtigung termintreuer Lieferanten durch entsprechende Bewertung im Angebotsvergleich;

– gezielte Maßnahmen der Lieferanten- und Kontraktpolitik.

Der Liefertermin wird nicht nur durch unzuverlässige Lieferanten oder höhere Gewalt gefährdet, sondern auch durch mangelnden oder fehlenden *Informationsaustausch* im eigenen Betrieb. So beklagt der Einkäufer häufig die zu späte Bedarfsaufgabe durch die Produktion/Lagerwirtschaft. Dazu kommen ebenfalls nicht selten Berichtigungen im Absatz- und Produktionsprogramm, die dem Einkauf nicht sofort mitgeteilt werden. Terminschwierigkeiten können auch vom eigenen Absatz verursacht werden, wenn dieser unter dem Druck der Marktverhältnisse den Kunden gegenüber einen Termin akzeptiert, der die Liefertermine für bestimmte Vormaterialien unterschreitet.

Aber auch der Einkauf unterläßt es häufig, die bedarfsanfordernden Stellen über Lieferzeitveränderungen zu informieren und die innerbetrieblichen Stellen auf die oft beträchtlichen Nebenzeiten für die Bestellvorbereitung aufmerksam zu machen.

Die *Suche nach termintreuen Lieferanten* im Rahmen der Beschaffungsmarktforschung durch entsprechende Ausgestaltung der Lieferantenbesuche und Auswertung innerbetrieblicher Quellen (Termingeschichten) ist erfreulich intensiviert worden. Woran es im Interesse einer vorbeugenden Terminsicherung häufig noch mangelt, ist die Berücksichtigung dieser Erkenntnisse bei der Angebotsbearbeitung. Zu oft fehlt unter den Vergleichsfaktoren die „Terminzuverlässigkeit", zu gering wird sie – falls vorhanden – gegenüber dem Preis gewichtet. So geschieht es immer wieder, daß unzuverlässige Lieferanten wegen geringer Preisvorteile bzw. Nennung unrealistischer Liefertermine bei der Auftragsvergabe berücksichtigt werden, während seriöse Lieferanten, die vielleicht etwas teurer sind oder sich bei der Angabe von Lieferterminen vor falschen Versprechungen hüten, leer ausgehen. Abschließend soll noch darauf hingewiesen werden, daß zahlreiche *Maßnahmen der Lieferanten- und Kontraktpolitik* für die Terminsicherung wichtig sind. Hierzu zählen:

– die Lieferantenerziehung, die Terminüberschreitung tadelt, exakte Termineinhaltung ausdrücklich lobt bzw. mit kleinen Aufmerksamkeiten bedenkt;

– Intensivierung der partnerschaftlichen Beziehungen zu Lieferanten, um sie bei besonderem Termindruck zu außergewöhnlichen Anstrengungen und bevorzugter Belieferung zu motivieren;

– Streuung der Beschaffungsquellen und Transportträger, um Ausfallrisiken vorzubeugen;

– Ausschöpfung von Vorteilen kooperativer Vorratshaltung, z.B. in Form von Konsignationslägern;

– Abschluß von Abruf- bzw. Sukzessivlieferungsverträgen, die durch eine Reservierung von Fertigungskapazitäten beim Lieferanten wesentlich zur Terminsicherung beitragen;

– Festlegung der Liefertermine nach präzisen Kalenderdaten statt nach vagen Fristen wie „schnellstens" usw. Je genauer die Terminierung, um so geringer ist der Interpretationsspielraum für den Lieferanten; eine genaue Angabe des Liefertermins ist ferner für jegliche Art von Terminkontrolle unerläßlich;

– Vereinbarungen von Konventionalstrafen bei Lieferzeitüberschreitungen und umgekehrt – in Ausnahmefällen – von Prämien für pünktliche oder vorzeitige Lieferung.

9.9   Schwerpunkte vertraglicher Regelungen bei enger Lieferantenanbindung

Nach erfolgter Lieferantenauswahl kommt es zum Vertragsabschluß, wobei folgende drei Arten häufig Anwendung finden:

– Kaufvertrag, §§ 433 ff. BGB in Verbindung mit §§ 373 ff. HGB. Schwerpunkt ist die Lieferung von Roh-, Hilfs- oder Betriebsstoffen sowie standardisierten Investitionsgütern.

– Werkvertrag, §§ 631 ff. BGB. Schwerpunkt ist die Herstellung von Investitionsgütern, wobei die Gestellung der Erzeugnisstoffe von beiden Vertragsparteien erfolgen kann.

– Werklieferungsvertrag, § 651 BGB. Schwerpunkt ist die Herstellung bestimmter Gegenstände, wobei der Lieferant die Erzeugnisstoffe beschafft.

Es ist unbedingt erforderlich, daß die Einkäufer die Grundzüge des Vertragsrechts beherrschen, um die getroffenen Vereinbarungen auch juristisch abzusichern.

In der Wirtschaftspraxis hat sich jedoch gezeigt, daß die gesetzlichen Bestimmungen erhebliche Schwierigkeiten speziell bei langfristigen Kaufverträgen mit sich bringen können. Deshalb haben sich spezielle Vertragstypen entwickelt, von denen die wichtigsten kurz dargestellt werden. Im übrigen muß auf die umfangreiche Spezialliteratur verwiesen werden.

9.9.1   Absichtserklärungen, Optionen, unechte Rahmenverträge

Bei Erzeugnisstoffen sind die in Zukunft benötigten Mengen häufig schwer prognostizierbar. Deshalb versuchen die Vertragsparteien, die erzielten Übereinkommen bezüglich

– der genauen Spezifikation des Vertragsgegenstandes,

– der von beiden Parteien akzeptierten Geschäftsbedingungen

bereits eindeutig festzulegen, ohne jedoch feste Liefer- und Abnahmeverpflichtungen einzugehen. Die genannten Mengen sind lediglich Planungsgrößen. Konkrete Preisabsprachen sind ebenfalls selten. Über beide Vertragsbestandteile muß bei Bedarf nochmals verhandelt werden, was jedoch rasch erfolgen kann, da ja schon wesentliche Vertragspunkte nach erfolgter Lieferantenauswahl im vorhinein vereinbart wurden.

9.9.2 Abrufverträge

Während in Absichtserklärungen die Vertragsparteien vorvertragliche Regelungen anstreben, die einen späteren Vertragsabschluß schnell ermöglichen, gehen sie bei Abrufverträgen feste Liefer- und Abnahmeverpflichtungen ein. Neben Spezifikationen und Konditionen werden Preise und Mengen festgelegt, die für einen längeren Zeitraum Geltung haben. Die Lieferungen aus derartigen Abrufverträgen erfolgen seitens des Lieferanten auf Abruf, wobei Absprachen über Mindest- und Höchstmenge je Abruf sowie über die Vorlaufzeit des Abrufs häufig anzutreffen sind. Werden hierüber jedoch schon bei Vertragsabschluß genaue Vereinbarungen getroffen, bezeichnet man solche Verträge als Sukzessivlieferverträge.

Ziele derartiger Verträge sind neben einer sicheren Versorgung ohne nennenswerte Lagerbestände die Schaffung von Textkonserven zur Realisierung einer EDV-gestützten Bestellabwicklung. Dem Abschluß derartiger Verträge gehen intensive Vorbereitungen voraus, da ihr Erfolg weitgehend von der Zuverlässigkeit der Lieferanten und der Prognosegenauigkeit des eigenen Bedarfs abhängt.

9.9.3 Konsignationslagerverträge

Unsicherheiten bezüglich des künftigen Bedarfs und der zukünftigen Marktverfassung führen insbesondere bei Ersatzteilen und Engpaßprodukten zur Einrichtung von Konsignationslägern, durch die zusätzlich eine Vereinfachung der Bestellabwicklung angestrebt wird. Wesentliche Vertragspunkte sind hierbei:

– Der Abnehmer stellt dem Lieferanten auf seinem Betriebsgelände eine nur bestimmten Personen zugängliche Lagerfläche zur Verfügung.

– Es werden genau spezifizierte Materialien eingelagert, die Eigentum des Lieferanten bleiben und zu Lasten des Abnehmers gegen Feuer, Diebstahl usw. versichert werden.

– Beauftragte des Abnehmers sind berechtigt, Lagerware zu entnehmen, der Lieferant ist verpflichtet, gewisse Materialmengen im Lager bereitzuhalten.

– Der Abnehmer führt eine Lagerstatistik, die vom Lieferanten jederzeit überprüft werden kann.

– Der Abnehmer meldet am Monatsende die getätigten Entnahmen an den Lieferanten, der hierüber eine Rechnung erstellt.

Derartige Konsignationslagerverträge erhöhen die Versorgungssicherheit und senken Lagerhaltungs- und Bestellabwicklungskosten. Nachteilig können sich höhere
Anschaffungspreise auswirken, die sich aus der starken Lieferantenstellung ergeben. Deshalb ist eine ständige Marktbeobachtung notwendig.

9.9.4   Partnerschaftsverträge

Langfristige Lieferantenanbindung bezieht sich nicht nur auf die Regelung der mit
der Materialbereitstellung auftretenden Fragen. Vielmehr werden Kostensenkungspotentiale dadurch erschlossen, daß Lieferanten sehr früh in die Wertschöpfungskette einbezogen werden. Als Beispiele derartiger vertikaler Orientierung seien simultaneous engineering, Wertanalyse mit Lieferanten, Electronic Data
Interchange (EDI) und gemeinsame Konzepte im Logistik- sowie Qualitätssiche-
rungsbereich genannt. Schwerpunkte derartiger Verträge sind:

– Vertrauensschutz/Geheimhaltung,
– Regelungen bei Erfindungen und Patentschutz,
– Kostenaufteilung bei gemeinsamen Forschungsprojekten,
– Ausschließlichkeitsvereinbarungen,
– Festlegungen der Laufzeit und Kündigungsfristen,
– Absprachen über Fragen der Produzentenhaftung.

Derartige Verträge werden nur mit ausgewählten Lieferanten über spezielle Materialien abgeschlossen. Sie stellen Individualverträge dar und werden häufig unter
Hinzuziehung von Juristen ausgehandelt.

9.9.5   Kaufverträge mit speziellen Preisvereinbarungen

Bei längerfristigen Kaufverträgen, wie sie in der Anlagenbeschaffung und bei Ab-
ruf- bzw. Sukzessivlieferungsverträgen häufig vorliegen, ist es schwierig, tragbare
Preisabsprachen zu treffen. Bei inflatorischen Tendenzen oder im konjunkturellen
Aufschwung wird der Lieferant eine langfristige Preisbindung scheuen, in deflatori-
schen Zeiten oder im konjunkturellen Abschwung liegt die Abneigung auf Seiten
des Einkäufers. Um diese Schwierigkeiten zu umgehen, werden Kaufverträge mit
unbestimmten Preisvorbehaltsklauseln oder mit Preisgleitklauseln abgeschlossen.

Unbestimmte Preisvorbehaltsklauseln wie „freibleibend", „berechnet wird der am Tag der Lieferung gültige Listenpreis", „bestens" sind für den Einkäufer höchst unbefriedigend, da der Lieferant hierdurch in eine starke Position hinsichtlich der Preisstellung kommt.

Der Einkäufer ist zur Abnahme der Ware verpflichtet, obwohl der zu zahlende Preis völlig offen ist. Da er außerdem die bestellten Artikel zur Deckung eines terminierten Betriebsbedarfs benötigt, kann er kurzfristig kaum auf andere Lieferquellen ausweichen, da diese nicht lieferbereit sind. Auch beim Angebotsvergleich sind Lieferanten mit Preisvorbehalten oft anderen mit Festpreisen gegenüber im Vorteil, da stichhaltige Vergleiche gar nicht möglich sind.

Deshalb sollte unter allen Umständen versucht werden, Kaufverträge mit festen Ausgangspreisen abzuschließen. Sollten die Umstände eine Flexibilität in der Preisstellung erforderlich machen, so ist dies über Preisgleitklauseln zu ermöglichen.

Diese gehen von einem festgelegten Abschlußpreis aus, der nach im Vertrag festgelegten Vereinbarungen nach oben und unten schwanken kann, was durch die Vereinbarung einer Indexklausel oder einer Kostenelementsklausel möglich ist. Bei Vereinbarung einer *Indexklausel* (totale Lohn- bzw. Stoffgleitklausel bzw. Leistungswertklausel) errechnet sich der endgültige Preis gemäß der Entwicklung bestimmter Indices wie Lohnindex, Rohstoffindex, Lebenshaltungskostenindex. In der industriellen Praxis kommen häufig Lohn- oder Rohstoffindices vor, die durch folgenden Quotienten gebildet werden:

$$I = \frac{\text{Stundenlohn am Tag der Lieferung}}{\text{Stundenlohn am Tag der Bestellung}}$$

oder

$$I = \frac{\text{kg-Preis am Tag der Lieferung}}{\text{kg-Preis am Tag der Bestellung}}$$

Beispiel:
Reinigung von Büroflächen 2,50 DM/m^2
Stundenlohn am Abschlußtag 6,– DM
Nach einigen Monaten steigt der Stundenlohn auf 8,– DM

$$I = \frac{8}{6} = 1,33$$

Neuer Preis = $2,50 \cdot 1,33 = 3,33$ DM/m^2

Bei der Anwendung von Indexklauseln treten folgende Schwierigkeiten auf:

– Die Festlegung der Zahlen, nach denen der Index errechnet werden soll, ist
   schwierig, wenn es sich nicht um börsengängige Rohstoffe oder Löhne handelt.

– Bei einer Indexregelung geht man davon aus, daß alle anderen Kostenbestandteile sich in gleicher Weise entwickeln wie die Bezugsgröße. Das ist jedoch nur
   dann realistisch, wenn die Bezugsgröße das Hauptkostenelement (75-90 %) darstellt.

In allen anderen Fällen kommt es zu unbefriedigenden Ergebnissen.

Da dieser Tatbestand im industriellen Bereich überwiegend bei Bezug von Halbfabrikaten vorliegt, wurde die *Kostenelementsklausel* entwickelt, bei der die endgültige Preisfindung an die Entwicklung mehrerer Kostenarten anknüpft. In ihrer einfachsten Form würde sie lauten:

$$P_1 = \frac{P_o}{100} \left(a + b\,\frac{M_1}{M_o} + c\,\frac{L_1}{L_o} \right)$$

P_1 = zu zahlender Preis
P_o = Abschlußpreis
a, b, c = Anteile der einzelnen Kostenfaktoren in %. Diese müssen zusammen
             stets 100 % ergeben. Z.B. a = (fixe Kosten + Gewinn) 30 %, b = (Material-
             kosten) 40 %, c = (Lohnkosten) 30 %
M_1 = Materialkosten am Tage der Auslieferung
M_o = Matrialkosten am Tage der Bestellung
L_1 = Lohnkosten am Tage der Auslieferung
L_o = Lohnkosten am Tage der Bestellung

Die Aufsplitterung des Kontraktpreises in lediglich 3 Kostenblöcke ist dann unbefriedigend, wenn in einem zu bestellenden Produkt mehrere Kostenelemente, z.B.
mehrere Materialarten, für die Preisbildung entscheidend sind. In diesem Fall ist eine weitere Differenzierung möglich:

$$P_1 = \frac{P_o}{100} \left(a + b\,\frac{Ma_1}{Ma_0} + c\,\frac{Mb_1}{Mb_0} + d\,\frac{Mc_1}{Mc_0} + e\,\frac{L_1}{L_0} \right)$$

Es führt in diesem Zusammenhang zu weit, mögliche weitere Verfeinerungen der
Kostenelementsklausel wie Berücksichtigung von Anzahlungen, Festlegung be-
stimmter Schwankungstoleranzen, Beschränkung der Anwendungsdauer und
Rücktrittsmöglichkeiten darzustellen.

Die Anwendung von Preisgleitklauseln stellt an den Einkäufer hohe Ansprüche.
Neben der sicheren Beurteilung der Kostenstruktur der einzukaufenden Erzeugnisse und der Kenntnis der Beschaffungsmärkte der wichtigsten Vormaterialien bedarf es eines großen Verhandlungsgeschicks, um gute Ergebnisse beschaffungssei-

tig zu erreichen. Auch ist der hiermit verbundenen Arbeitsaufwand zu bedenken. Wenn trotzdem Kostenelementsklauseln heute große Bedeutung haben, so liegt das u.a. in folgenden Ursachen begründet:

– Die industrielle Praxis kommt ohne langfristige Kaufverträge nicht mehr aus. Bei inflatorischer Tendenz und im Konjunkturaufschwung sind die Lieferanten zu einem Abschluß nicht bereit, es sei denn mit einem unbestimmten Preisvorbehalt oder unter Anrechnung eines Risikozuschlags bzw. Festpreiszuschlags, der den Einstandspreis stark erhöht.

– Bei deflatorischer Tendenz und im konjunkturellen Abschwung würden langfristige Kaufverträge mit Festpreisen dem Einkäufer die Chance nehmen, Senkungen der Einkaufspreise wahrzunehmen und dadurch die Wettbewerbsfähigkeit der eigenen Unternehmung zu stärken.

– Die Preisschwankungen industrieller Rohstoffe sind in den letzten Jahren größer geworden, da sich auf den Weltmärkten vermehrt politische und währungsbedingte Störfaktoren zeigen, die den Planungshorizont verkürzen.

– Durch zusätzliche Vereinbarung entsprechender Bonus- bzw. Malussätze kann eine Flexibilisierung der Kontraktmengen erreicht werden, was bei Unwägbarkeiten der zukünftigen Bedarfsentwicklung wünschenswert sein kann.

9.9.6   Kaufverträge mit speziellen Regelungen bei Sachmängeln

Die Gewährleistungsansprüche für fehlerhafte Lieferung sind

- das Recht auf Wandlung §§ 462, 465, 467 BGB,
- das Recht auf Minderung §§ 462, 465 BGB,
- das Recht auf Schadensersatz § 463 BGB,
- das Recht auf Lieferung mangelfreier Ware bei Gattungskauf § 480 BGB.

Voraussetzung für die Geltendmachung dieser Ansprüche ist

- das Vorhandensein eines Fehlers bei Gefahrenübergang;
- die Beachtung der Verjährungsfrist, was in der industriellen Praxis (§§ 377/378 HGB) eine unverzügliche Mängelrüge bedingt. Nur bei versteckten Fehlern kann in einer Frist von 6 Monaten nach Gefahrenübergang bei beweglichen Sachen gerügt werden.

Diese kurz angedeuteten Grundzüge des gesetzlichen Gewährleistungsrechts bringen für die Materialwirtschaft einige Schwierigkeiten mit sich.

Zunächst muß der Einkäufer nachweisen, daß die gelieferten Waren von der normalen Beschaffenheit derartiger Sachen abweichen, wobei unerhebliche Minderungen nicht in Betracht kommen. In dieser Frage gibt es immer wieder Meinungsverschiedenheiten zwischen den Vertragspartnern, die oft nur durch die Einschaltung von Sachverständigen geklärt werden können. Einen anderen Ausweg bietet die Vereinbarung einer *zugesicherten Eigenschaft,* da dann ein festes Kriterium für die Beurteilung vorliegt. Der Einkäufer muß hierbei beachten, daß die Rechtsprechung nicht jede Zusage des Verkäufers über die Beschaffenheit der Ware als Zusicherung einer Eigenschaft anerkennt, sondern nur ganz konkrete Tatbestände.

Ferner muß der Einkäufer nachweisen, daß der Fehler bzw. die zugesicherte Eigenschaft bei Gefahrenübergang vorlag bzw. nicht vorhanden war, was insbesondere bei Halbfabrikaten und beim Versendungskauf zu Problemen führt.

Die Vereinbarung bestimmter Prüfverfahren, Prüfschärfen und Prüfinstrumente kann eine wesentliche Hilfe bei der Fehlerfeststellung sein.

Schließlich müssen gelieferte Waren unverzüglich auf Fehler geprüft und solche angezeigt werden, da der Verkäufer sonst die Einrede der Verjährung hat. Spätestens nach 6 Monaten besitzt der Verkäufer diese Einrede auch bei versteckten Mängeln. Obwohl das Kaufvertragsrecht aus dem Gesichtspunkt einer schnellen und reibungslosen Abwicklung eindeutig den Lieferanten bevorzugt, bringt sie ihm durch die Verweigerung eines Nachbesserungsrechtes und aus dem Gesichtspunkt einer möglichen Haftung für Folgeschäden manche Probleme.

Einkäufer versuchen, die angeschnittenen Fragen durch Vereinbarungen von Einkaufs- und Lieferbedingungen in ihrem Sinne zu regeln, während Lieferanten dies durch entsprechende Verkaufsbedingungen anstreben. Welche dieser oft kontroversen Geschäftsbedingungen zur Anwendung kommen, muß in Rahmenverträgen geklärt werden.

Einen anderen Weg zeigen die Garantieverträge auf, die gesetzlich nicht fixiert sind und daher allein von den Vertragsparteien gestaltet werden. Hiervon hat die Absatzseite regen Gebrauch gemacht, während die Beschaffung nur in Sonderfällen eigene Vorstellungen entwickelt hat.

Unselbständige Garantieverträge, und um solche handelt es sich im Zusammenhang mit Kaufverträgen, befreien den Einkäufer

– vom Nachweis, daß Fehler bei Gefahrenübergang vorhanden waren;

– von der Untersuchungspflicht, da Fehler während der gesamten Garantiefrist, die auch über die gesetzliche 6-Monatsfrist verlängert werden kann, anerkannt werden.

Der Lieferant versucht, in Garantieverträgen

– bestimmte gesetzliche Ansprüche der Sachmängelhaftung auszuschließen;

– sich statt dessen ein Nachbesserungsrecht von Seiten des Einkäufers einräumen zu lassen;

– das Problem der Folgeschäden bzw. der Produkthaftung durch generellen Verzicht des Einkäufers zu umgehen;

– Garantieverpflichtungen durch einschränkende Bestimmungen (nur für bestimmte Teile, nur bei bestimmungsgemäßem Gebrauch) abzumildern;

– die aus Garantieverpflichtungen entstehenden Kosten auf den Einkäufer abzuwälzen;

– die Garantiefrist unter die gesetzlichen Bestimmungen abzusenken.

Ein Garantievertrag kann also dem Einkäufer wesentliche Vorteile bei der Durchsetzung von Gewährleistungsansprüchen bringen, wenn er sich gegenüber den Lieferantenzielen durchsetzt. Es besteht aber auch die Gefahr, daß Garantieverträge seine Ansprüche noch über die gesetzlichen Bestimmungen hinaus beschneiden. Der industrielle Einkäufer, der mit der Beherrschung der hier aufgezeigten Problematik überfordert ist, sollte sich juristischen Rat suchen, um die Gewährleistungsfragen für die von ihm einzukaufenden Produkte befriedigend zu lösen. Hierbei sollte er jedoch auch keine übertriebenen Ansprüche stellen, da damit verbundene Risiken vom Lieferanten über den Angebotspreis ausgeglichen würden.

9.9.7 Kaufverträge mit speziellen Regelungen bei Verzug

Voraussetzung für die Geltendmachung von Ansprüchen aus der Leistungsstörung des Verzugs sind:

– Fälligkeit der Leistung (§ 284 BGB). Je präziser die Liefertermine im Vertrag vereinbart sind, desto leichter fällt es, die Verzugsfolgen herbeizuführen.

– Einmalige Mahnung (§ 284 BGB), die nur entfallen kann, wenn Liefertermine kalendermäßig bestimmt sind.

– Verschulden des Lieferanten (§ 285 BGB). Dies ist gegeben, wenn der Lieferant nicht beweisen kann, daß die die Lieferverzögerungen verursachenden Tatbestände für ihn nicht vorhersehbar bzw. abwendbar waren (höhere Gewalt).

Liegt Verzug vor, so bieten die gesetzlichen Regelungen zwei Vorgehensweisen:

– Bestehen auf Vertragserfüllung und zusätzliche Geltendmachung des Verzögerungsschadens (§ 286 BGB). In diesem Fall wird oft bereits im Kaufvertrag eine entsprechende Poenale festgelegt, um Streitereien über die Höhe des Verzögerungsschadens zu vermeiden.

– Rücktritt vom Vertrag nach Einräumung einer angemessenen Nachfrist und Ablehnungsandrohung *oder* Schadensersatz wegen Nichterfüllung, wenn die Nachfrist ergebnislos verstrichen ist (§ 326 BGB).

Beide Alternativen, zu denen es eine umfangreiche Spezialliteratur gibt, sind im Sinne einer sicheren Versorgung unbefriedigend. Deshalb wird versucht, durch die Vereinbarung von Fixgeschäften sich gegen Lieferterminüberschreitung abzusichern, die jedoch stets individuell und nicht im Rahmen der Allgemeinen Geschäftsbedingungen vereinbart werden müssen.

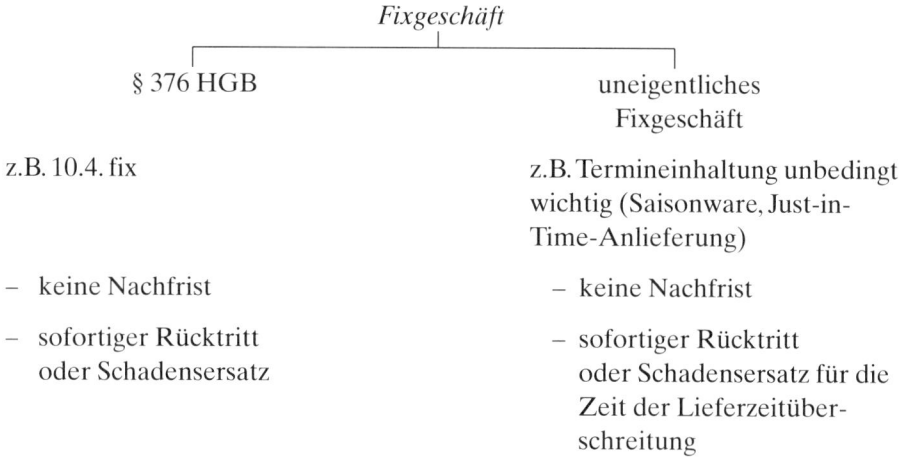

	Fixgeschäft
§ 376 HGB	uneigentliches Fixgeschäft
z.B. 10.4. fix	z.B. Termineinhaltung unbedingt wichtig (Saisonware, Just-in-Time-Anlieferung)
– keine Nachfrist	– keine Nachfrist
– sofortiger Rücktritt oder Schadensersatz	– sofortiger Rücktritt oder Schadensersatz für die Zeit der Lieferzeitüberschreitung

Übungsfragen und -aufgaben

1. Welche Phasen des Bestellvorgangs kennen Sie?
2. Nennen Sie wichtige Voraussetzungen für eine erfolgreiche Anfragetätigkeit.
3. Nach welchen Kriterien bewerten Sie Lieferanten für A-Artikel?
4. Welche Probleme werfen unternehmenspolitische Vergleichsfaktoren für die Angebotsbearbeitung auf?
5. Beurteilen Sie Einfaktorenvergleiche.
6. Welche Gefahren bringen nichtrechenhafte Vergleichsfaktoren mit sich?
7. Nennen Sie sechs wichtige Vergleichsfaktoren von Mehrfaktorenvergleichen.
8. Woher stammen die Informationen zur Beurteilung der Vergleichsfaktoren?
9. Warum sind Scoring-Modelle beim Mehrfaktorenvergleich sehr gebräuchlich?
10. Erläutern Sie das Verfahren der Lieferantenkennzahl und beurteilen Sie es.
11. Welches Ziel verfolgt die Gewichtung?
12. Nach welchen Gesichtspunkten erfolgt die Gewichtung im materialwirtschaftlichen Bereich?
13. Nennen Sie Schwerpunkte der sachlichen Vorbereitung auf Vergabeverhandlungen.
14. Wie bereitet der Einkäufer Vergabeverhandlungen organisatorisch vor?

15. Erläutern Sie Bedeutung und Schwerpunkte einer Verhandlungsvorbereitung aus psychologischer Sicht.
16. Welche Ziele verfolgt ein Bestellschreiben?
17. Welche Bedeutung hat das Bestellschreiben in juristischer Hinsicht?
18. Welche Folgen können divergierende Einkaufs- und Verkaufsbedingungen haben, und wie kann der Einkäufer derartige Diskrepanzen vermeiden?
19. Warum ist die Terminsicherung der Terminkontrolle vorzuziehen?
20. Nennen Sie wichtige Maßnahmen der Terminsicherung.
21. Welche Unterschiede bestehen zwischen Rahmen-, Abruf- und Sukzessivlieferungsverträgen?
22. Machen Sie den Einfluß von Abrufverträgen auf Bestellabwicklungs-, Lagerhaltungs- und Anschaffungskosten deutlich.
23. Warum sind Preisgleitklauseln unbestimmten Preisvorbehaltsklauseln vorzuziehen?
24. Welche Kenntnisse muß ein Einkäufer besitzen, wenn er eine Kostenelementsklausel erfolgreich anwenden will?
25. Nennen Sie die gesetzlichen Gewährleistungsansprüche bei fehlerhafter Lieferung und machen Sie die Voraussetzungen zu ihrer Geltendmachung deutlich.
26. Wann erfüllt ein Garantievertrag den Tatbestand einer zugesicherten Eigenschaft nach § 459 BGB?
27. Welche Ansprüche ergeben sich bei Lieferverzug?

Zehntes Kapitel
Lieferantenpolitik

10.1   Einleitende Bemerkungen

Die Einstellung des Abnehmers gegenüber seinen Lieferanten hat sich in den letzten zehn Jahren z.T. grundlegend gewandelt. Heute wird im allgemeinen der Lieferant als Partner angesehen, der durch seine Beiträge zur Kostensenkung und zur Innovation, zur Optimierung der Logistik und zu einer erhöhten Flexibilität die internationale Wettbewerbsfähigkeit des Abnehmers entscheidend beeinflussen kann und der die Existenz der gesamten Wertschöpfungskette Lieferant-Abnehmer langfristig sichern hilft.

Dementsprechend rückt die vom Abnehmer betriebene Lieferantenpolitik den Anbieter als einen kritischen Erfolgsfaktor in den Mittelpunkt strategischer Überlegungen. Dabei versteht man unter Lieferantenpolitik die Gesamtheit der Maßnahmen, die darauf gerichtet sind, der Unternehmung eine genügende Anzahl von leistungsfähigen Zulieferern mit dauerhafter Existenzfähigkeit und Lieferwilligkeit aufzubauen bzw. zu erhalten und auf diese Weise dem Unternehmen auf der Inputseite strategische Wettbewerbsvorteile zu eröffnen.

Die lieferantenpolitischen Maßnahmen reichen von der Optimierung der Lieferantenstruktur über die aktive Beeinflussung und Motivierung der Lieferanten bis hin zur Kooperation mit dem Geschäftspartner. Diese wichtigen Teilbereiche der Lieferantenpolitik sollen in diesem Kapitel zunächst im Detail erörtert werden. Es folgt sodann eine Darstellung von beschaffungsseitigen Portfolio-Modellen, die als Basis einer effizienten Lieferantenpolitik angesehen werden müssen.

10.2   Lieferantenstrukturpolitik

In der Lieferantenstrukturpolitik geht es vorwiegend um die Klärung der Frage, welche Beschaffungsquellen für einen Abnehmer unter Beachtung unternehmens- und beschaffungspolitischer Ziele besonders geeignet sind und wie dementsprechend die Struktur des Lieferantenkreises gestaltet werden sollte. In der Praxis sind bei diesen Überlegungen eine Vielzahl von Wahlmöglichkeiten sowie eine Vielzahl von Einflußfaktoren zu berücksichtigen.

Hier sollen die im Rahmen der Lieferantenstrukturpolitik zu treffenden Entscheidungen in acht unterschiedlichen Problemfeldern erörtert werden. Diese Problem-

felder sind in Tabelle 10.1 in Form eines konzentrierten Überblicks dargestellt, wobei angesichts des bestehenden Facettenreichtums bei den Versorgungsalternativen
lediglich die extremen Ausprägungen von Wahlmöglichkeiten für das einzelne Problemfeld erwähnt worden sind.

Tabelle 10.1: Problemfelder und Wahlmöglichkeiten im Rahmen der Lieferantenstrukturpolitik

Problemfelder	Beschaffungsalternativen
1. Funktionsumfang des Beschaffungsobjekts	Systemlieferant/Teilelieferant
2. Standort des Lieferanten	Global Sourcing/Local Sourcing
3. Anzahl der Lieferanten	Single Sourcing/Multiple Sourcing
4. Beschaffungsweg	Erzeuger/Händler
5. Größe des Lieferanten	Großer Lieferant/Kleiner Lieferant
6. Dauer der Geschäftsbeziehung	Stammlieferanten/Wechselnde Lieferanten
7. Gegengeschäftspotential	Gegengeschäftspartner/Anbieter ohne Gegengeschäftspotential
8. Konzernzugehörigkeit	Konzerninterner Lieferant/Externer Lieferant

Da in der aktuellen Diskussion über die strategische Ausrichtung der Materialwirtschaft insbesondere die Fragen des Modular Sourcing, des Global Sourcing sowie
des Single Sourcing im Vordergrund stehen, soll bei der folgenden Darstellung der
Lieferantenstrukturpolitik von diesen Problemfeldern ausgegangen werden.

10.2.1 Modular Sourcing

Zahlreiche Industriezweige (wie z.B. die Automobilindustrie, die elektrotechnische
Industrie, die Bauwirtschaft oder der Maschinenbau) sind heute dadurch gekennzeichnet, daß anstelle von Einzelteilen, Rohteilen oder kleineren Komponenten
einbaufertige komplexe Baugruppen mit relativ großem Funktionsumfang von der
Lieferantenschaft bezogen werden. Für diese Erscheinung, die in Theorie und Praxis als *„Modular Sourcing"* bezeichnet wird, sind vor allem zwei Bestimmungsfaktoren verantwortlich.

Zum einen sind im Laufe der Zeit die Endprodukte komplexer und technisch anspruchsvoller geworden. Viele neue Produkte zeichnen sich gegenüber ihren Vor-
gängern dadurch aus, daß die zu ihrer Herstellung benötigten Teile und Positionen
an Komponenten und Baugruppen erheblich gestiegen sind. Diese zunehmende
Komplexität der Endprodukte müßte beim Hersteller *(„Assembler")* derartiger
Erzeugnisse zu einer enormen Erweiterung der Anzahl der Produktionsvorgänge
führen, wenn man die gleiche Fertigungstiefe beibehalten würde.

Zum anderen hat die Nachfrage der Kunden nach möglichst individuellen Endprodukten zu einer Erhöhung der Variantenvielfalt und in einigen Bereichen der Wirtschaft zu einer Typenexplosion beigetragen. Diese Zunahme der Variantenvielfalt ist selbstverständlich ebenfalls mit einer Vergrößerung der Anzahl der benötigten unterschiedlichen Teile, Komponenten, Module, Sonderausstattungen etc. verbunden.

10.2.1.1 Auswirkungen von Modular Sourcing auf den Abnehmer (Assembler)

Mit Modular Sourcing versucht der Abnehmer, die Montage lohnkostenintensiver Baugruppen auf den Lieferanten zu verlagern. Beim Hersteller von Endprodukten entfallen auf diese Weise bestimmte Teilefertigungen und Vormontagen, die Fertigungstiefe reduziert sich, und der Assembler kann sich auf seine eigentlichen Kernaktivitäten, auf die Herstellung von Image-Produkten sowie auf die Endmontage konzentrieren.

Indem der Assembler zunehmend komplexere Module von seinen Lieferanten bezieht, verringert sich in der Materialwirtschaft derartiger Unternehmen die Anzahl der Beschaffungsobjekte teilweise erheblich (mit entsprechenden Auswirkungen auf das Ergebnis einer ABC-Analyse). Gleichzeitig bedeutet Modular Sourcing für den Abnehmer, daß sich die Anzahl der direkt eingeschalteten Lieferanten reduziert und daß eine Hinwendung zum Einlieferantenprinzip *(Single Sourcing)* einsetzt. Diese Umorientierung hat jedoch nicht unbedingt zur Folge, daß insgesamt weniger Lieferanten an dem Gesamtprozeß der Herstellung eines Endproduktes beteiligt sind.

Durch Modular Sourcing wird zweifelsohne die Einkaufstätigkeit in technischer und kaufmännischer Hinsicht anspruchsvoller, chancen- und risikoreicher. Der einzelne Einkäufer wird mit seinem vergrößerten Beschaffungsvolumen sowohl innerbetrieblich als auch auf dem Beschaffungsmarkt an Bedeutung zunehmen. Gleichwohl mag es in einigen Unternehmen, die Modular Sourcing betreiben, zu einer gewissen Reduzierung der Größe der Einkaufsabteilung kommen. Denn die durch den Modular-Einkauf verursachte Verringerung der Anzahl der Beschaffungsobjekte, der Lieferanten und der Lieferantenkontrakte kann selbstverständlich dazu führen, daß trotz der angesprochenen Zunahme der Variantenvielfalt sich der gesamte Arbeitsumfang innerhalb der Einkaufsabteilung verkleinert.

10.2.1.2 Die Neugruppierung der Lieferantenkette

Beim Modular Sourcing wird die Lieferantenkette um eine (oder mehrere) zusätzliche Ebene(n) erweitert. Die Spitze der Kette wird von einem Modullieferanten

(Systemlieferanten, Direktlieferanten oder first-tier-supplier) eingenommen, der als *Führungsunternehmen* den Abnehmer direkt beliefert. Mancher bisherige Direktlieferant wird im Gefolge dieser Umgruppierung seine (vielleicht) langjährigen Geschäftsbeziehungen zum Abnehmer beenden, sich als zukünftiger Zulieferer für einen Systemlieferanten neu orientieren und somit in die Rolle eines *Sublieferanten* (second-tier-supplier) zurückfallen. Auf diese Weise ändert sich das Erscheinungsbild der Zulieferindustrie; der früher vorherrschende kaskadenförmige Aufbau der Beschaffungskette weicht einer pyramidenförmigen Struktur:

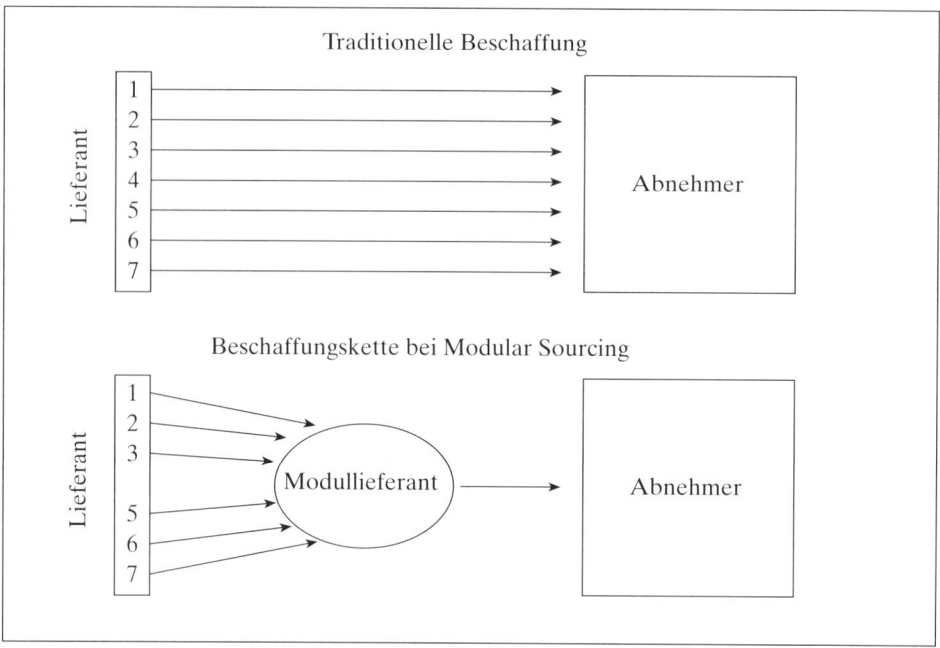

Abbildung 10.1: Veränderungen im Aufbau der Beschaffungskette

Diese Beschaffungskette würde sich für den Fall noch weiter verlängern, daß auch der Systemlieferant in seinem Bereich Modular Sourcing betreibt. Im Endergebnis führt diese Umstrukturierung dazu, daß der Assembler nur noch mit relativ wenigen Modullieferanten direkt zusammenarbeitet.

10.2.1.3   Die herausragende Stellung des Systemlieferanten

Innerhalb der geschilderten Lieferantenkette ist der Systemlieferant für die abnehmende Unternehmung von besonderer Bedeutung. Ihm werden größere Auftragsumfänge übertragen, und er erhält auf diese Weise zusätzliche Wachstumspotentiale. Er übernimmt in Eigenverantwortung die Organisation und die Koordinierung des Material- und Teileflusses von den Second-tier-Lieferanten und montiert diese Teile und Komponenten zu einbaufertigen Baugruppen. Vor allem obliegt ihm eine enge Kooperation mit dem Abnehmer auf technischem, betriebswirtschaftlichem und logistischem Gebiet, damit die durch den Wettbewerb auf den Absatzmärkten verursachten vielfältigen Anforderungen an diese Partnerschaft bewältigt werden können.

Dem Systemlieferanten überträgt der Abnehmer Eigenverantwortung im Bereich der Entwicklung von Produkt-Know-how und der Erarbeitung von neuen Problemlösungen. Vielfach ist der Modullieferant eingebunden in das Entwicklungsteam des Assemblers; d.h., die Forschungs- und Entwicklungs-Ingenieure beider Marktpartner arbeiten so intensiv und eng zusammen, daß sie praktisch ein Team bilden. Durch diese Art von Kooperation, die unter dem Begriff „*Simultaneous Engineering*" bekannt ist, soll erreicht werden, daß unnötige Schleifen in der Entwicklungsarbeit vermieden und die Entwicklungszeiten abgekürzt werden und daß eine schnelle Produkteinführung realisiert wird. Der Systemlieferant wird auf diese Weise zu einem wichtigen Entwicklungspartner für die abnehmende Unternehmung; er sollte nicht nur das gegenwärtige Leistungsniveau beherrschen, sondern auch in der Lage sein, sich veränderten Markt- und Wettbewerbsbedingungen mit entsprechenden Neuentwicklungen anzupassen.

Bei Modular Sourcing nimmt in der Regel die gegenseitige Abhängigkeit zwischen dem Abnehmer und dem Lieferanten zu. Die Möglichkeit, kurzfristig bestimmte Module von einem anderen Lieferanten zu beziehen, ist häufig wegen der Produktkompetenz und der Innovationskraft, die ein Systemlieferant im Laufe der Zeit erwirbt, nicht gegeben. Damit entfällt das in der Vergangenheit immer wieder praktizierte Gegeneinander-Ausspielen von Lieferanten, wie es auf den Teilemärkten noch vorhanden ist. Der Modullieferant entzieht sich weitgehend dem unmittelbaren Preiswettbewerb zwischen den Anbietern. Ausgehend von einem vom Abnehmer vorgegebenen Zielpreis wird vielmehr in offener Zusammenarbeit mit dem Systemlieferanten zu ermitteln versucht, wie das Modul zu diesem Preis hergestellt werden kann. Dabei werden beide Partner einen wesentlichen Teil ihrer Kostenstruktur und Produktionsmethoden offenlegen müssen.

Der Vorteil des Modular Sourcing für den Abnehmer besteht u.a. darin, daß er nur noch einen Ansprechpartner pro Modul hat, wenn es um Fragen der Entwicklung oder der Produktion, der Qualitätssicherung oder der Logistik geht. In einer derartigen Situation liegt es im wohlverstandenen beiderseitigen Interesse, wenn ein verständnisvolles partnerschaftliches Verhältnis zueinander aufgebaut wird, welches von gegenseitigem Vertrauen und Fairneß gekennzeichnet sein sollte.

10.2.2   Der Standort des Lieferanten aus der Sicht des Abnehmers

10.2.2.1   Problemstellung und Begriffe

In der zur Zeit intensiv geführten Diskussion über den geographischen Standort des (der) Lieferanten stehen vor allem die folgenden vier Sourcing-Strategien im Vordergrund des Interesses: Local Sourcing, National Sourcing, International Sourcing und Global Sourcing.

Dabei bedeutet *Local Sourcing* den Einkauf bei Anbietern, welche sich in unmittelbarer Nähe zum Standort des Abnehmers befinden. In der Praxis bezeichnet man diese Vorgehensweise auch wohl als „Schornsteineinkauf" und bezieht diesen Begriff üblicherweise auf eine Stadt oder eine Region. Local Sourcing ist also offensichtlich nicht eindeutig zu definieren.

Von *National Sourcing* soll hier gesprochen werden, wenn der Standort der beziehenden Unternehmung und der des Zulieferers in dem gleichen Land liegen; es kommt also in diesem Fall nicht zu einem grenzüberschreitenden Warenverkehr.

Demgegenüber handelt es sich um *International Sourcing,* wenn ein Beschaffungsobjekt aus dem Ausland bezogen wird; d.h. Quelle und Senke des Warenflusses liegen in unterschiedlichen Ländern und das bezogene Produkt gelangt aufgrund eines grenzüberschreitenden Warenverkehrs zum Abnehmer. Dabei muß nicht unbedingt unterstellt werden, daß der Lieferant ein ausländisches Unternehmen ist. Es kann sich auch um einen einheimischen Zulieferer handeln, der im Ausland ein Werk besitzt.

Global Sourcing liegt vor, wenn ein Abnehmer den Beschaffungsmarkt weltweit bearbeitet. Nach allgemeiner Auffassung soll dieser Begriff andeuten, daß heute Globalisierung ein universales Grundphänomen in der gesamten Wirtschaft darstellt und deshalb selbstverständlich auch das Materialmanagement einer Unternehmung in seinen Zielen und Konzepten, in seinen Aktivitäten und seiner Organisation erfassen und verändern muß. Ferner will man mit dieser Versorgungsvariante darauf aufmerksam machen, daß der Beschaffungsmarkt einer Unternehmung sich auf die gesamte Welt (einschließlich Inland) erstreckt. Insofern vereinigt der Begriff Global Sourcing in geographischer Hinsicht sowohl das National als auch das International Sourcing in sich. Schließlich betonen die Verfechter des Global Sourcing insbesondere die strategische Dimension dieser Versorgungsalternativen und weisen darauf hin, daß die mit Global Sourcing angestrebte Erweiterung der Bedarfsdeckungsmöglichkeiten auf die gesamte Welt eine notwendige Vorgehensweise zur Erreichung und zur Sicherung von unternehmerischen Erfolgspotentialen darstellt und deshalb für die Unternehmung von existenzieller Bedeutung ist. Dabei ist allerdings zu bedenken, daß die Nutzung der weltweit vorhandenen Lieferquellen und Ressourcen im allgemeinen für einen großen multinationalen Konzern leichter zu realisieren ist als für kleinere und mittlere Unternehmen.

Da es ansonsten große Bereiche der Überlappung zwischen International Sourcing und Global Sourcing gibt, werden heute häufig in Literatur und Praxis diese beiden Ausdrücke als sinnverwandte Begriffe angesehen. Dieser Vorgehensweise wird hier in der Regel gefolgt.

10.2.2.2   Die wesentlichen Vorteile des Local Sourcing

Der Einkauf bei standortnahen Lieferanten ist für den Abnehmer hauptsächlich mit Vorteilen logistischer Art verbunden. Durch Local Sourcing lassen sich insbesondere lange Transportwege und die dadurch verursachten Fracht- und Versicherungskosten vermeiden. Außerdem ist bei der Inanspruchnahme lokaler Zulieferer das Risiko der Entstehung von Fehlmengenkosten in der Regel relativ gering. Denn die Gefahr, daß wegen möglicher Unfälle, wegen der Fehlleitung von Sendungen oder aufgrund höherer Gewalt (z.B. Nebel) Liefertermine nicht eingehalten werden, ist im allgemeinen um so kleiner, je kürzer der Weg ist, den eine Ware zurücklegen muß. Auch die Bestellabwicklungskosten lassen sich durch Local Sourcing positiv beeinflussen. Mit abnehmender Entfernung sinken z.B. Telefongebühren, Portokosten sowie die Kosten für Einkaufsreisen. Zudem ist bei dieser Vorgehensweise eine prompte Erledigung von Eilbestellungen eher gewährleistet.

Ein wesentlicher Vorteil von Local Sourcing liegt in der Möglichkeit, kleinere Mengen beim Lieferanten abzurufen, und häufig ist das Vorhandensein lokaler Lieferanten bzw. die Bereitschaft eines potentiellen Anbieters, in der Nähe des Abnehmers ein Werk zu errichten, eine Grundvoraussetzung für die Etablierung von Systemen einer Just-in-Time-Belieferung.

Eine geringe Entfernung zwischen Lieferant und Abnehmer bietet ferner gute Bedingungen für eine intensive Kooperation auf den verschiedensten Gebieten. Große räumliche Distanzen zwischen den beiden Geschäftspartnern sind dann hinderlich, wenn regelmäßig Konferenzen oder Teams zwischen Lieferant und Abnehmer eingerichtet werden müssen, in denen man auf dem Gebiet der Innovation oder des Kaizen, der Wertanalyse oder des Simultaneous Engineering, des Target Costing oder der Qualitätssicherung eng zusammenarbeiten möchte. Auch eine kurzfristige Anberaumung von Meetings zur Besprechung von unerwartet aufgetretenen, aktuellen Problemen bereitet den beiden Marktpartnern im Fall des Local Sourcing gewöhnlich keine größeren Schwierigkeiten.

Insgesamt kann aus diesen Überlegungen abgeleitet werden, daß Local Sourcing in starkem Maße die Flexibilität in der Wertschöpfungskette Lieferant-Abnehmer unterstützt. Darüber hinaus ist die Bevorzugung ortsnaher Lieferanten für Abneh-

mer manchmal ein vorzügliches unternehmenspolitisches Instrument, sich ein posi-
tives Image in der Kommune oder in der Region zu schaffen. Mit dem Hinweis darauf, daß man durch Local Buying Arbeitsplätze in der näheren Umgebung schafft
und erhält, kann ein Unternehmen bisweilen bestimmte Wünsche bzw. Forderungen gegenüber einer Kommune leichter durchsetzen.

Mit Blick auf das Beschaffungsprogramm einer Unternehmung fällt auf, daß sich
insbesondere die folgenden Beschaffungsobjekte für Local Sourcing eignen:

1. großvolumige und/oder schwere Teile, deren Transport kostspielig bzw. schwierig durchzuführen ist.

2. variantenreiche Baugruppen, bei denen zahlreiche Abstimmungen zwischen
   Lieferant und Abnehmer erforderlich sind und vielfältige spezifische Informationen übermittelt werden müssen.

3. C-Teile: Aus ökonomischen Gründen setzt der Einkauf aus weitentfernten Regionen in der Regel große Bedarfs- bzw. Bestellmengen voraus.

4. Dienstleistungen, die (wie z.B. bestimmte Reparaturen) rasch zu erledigen sind.

Soweit in großen Konzernen stark zentralisierte Entscheidungs- und Führungssy-
steme einschließlich eines dominierenden Zentraleinkaufs vorhanden sind, besteht
manchmal die Gefahr, daß die lokalen Marktchancen einzelner Werke nicht genügend berücksichtigt werden.

10.2.2.3 International Sourcing versus National Sourcing

10.2.2.3.1 Veränderte Rahmenbedingungen
Bereits seit Jahren lassen sich in vielen Unternehmen eine Abwendung von nationalen Versorgungsquellen und ein Trend zum International Sourcing erkennen. Als
wesentliche generelle Verursachungskomplexe für diese Entwicklung sind zu nennen:

– Der Abbau von internationalen Handelsbarrieren und die Liberalisierung von
  Märkten im Rahmen von GATT/WTO.

– Die Erleichterung des Austausches von Waren und Dienstleistungen als Folge
  der Vollendung des Europäischen Binnenmarktes.

– Die Entstehung von weiteren neuen Wirtschaftsräumen (wie z.B. NAFTA oder
  AFTA) und die dadurch bedingte Stärkung der Wettbewerbskraft der betroffenen Nationalwirtschaften.

– Die Öffnung der osteuropäischen Beschaffungsmärkte (Polen, Ungarn, Tsche-
  chien, Slowakei etc.) im Gefolge der Ost-West-Entspannung.

– Der verbesserte Informationsaustausch durch die Einführung neuer Kommunikationstechniken.

– Die Verbesserung von Transportmitteln sowie Innovationen in der internationalen Logistik, die zur Senkung der Transportkosten, zur Reduzierung der Transportzeiten und zu einem engeren Zusammenwachsen der Weltwirtschaft geführt haben.

– Die internationalen Bemühungen um die Harmonisierung bestehender technischer Normen und Standards.

Aus unternehmerischer Sicht unterscheidet sich International Sourcing z.T. beträchtlich von der Versorgung auf nationalen Märkten. Die Beschaffung im Ausland kann für den Abnehmer mit einer Reihe von Vorteilen verbunden sein. Aber der Einkäufer muß bei seinen Entscheidungen auch zahlreiche Risiken des Auslandseinkaufs berücksichtigen.

10.2.2.3.2 Motive für International Sourcing

Für International Sourcing spricht häufig, daß sich auf diese Weise Kostenvorteile in Form niedrigerer Einstandspreise realisieren lassen. Derartige Kostenvorteile beruhen vorwiegend auf den niedrigen Löhnen und Lohnnebenkosten im Ausland, manchmal fallen auch Steuern, Energie-, Rohstoffkosten und die Umweltschutzkosten in anderen Ländern günstiger aus als im Inland. Vor allem wegen des starken Kostendrucks, den viele Unternehmen in Deutschland verspüren, sind Beschaffungsaktivitäten ins preisgünstigere Ausland verlagert worden. Dabei sind in der Vergangenheit zunächst die Niedriglohnländer Südostasiens und andere NIC (neuindustrialisierte Länder) in das Blickfeld der industriellen Beschaffung gerückt. In neuerer Zeit kommen die osteuropäischen Länder als preiswerte Beschaffungsquellen hinzu.

Globale Bezugsquellen werden manchmal auch genutzt, um die Abhängigkeit von nationalen Lieferanten zu reduzieren und den Wettbewerb auf inländischen Oligopol- und Monopolmärkten anzuregen oder um Druck auf heimische Anbieter auszuüben und die Verhandlungsspielräume auf dem Binnenmarkt zu erweitern. Kostenvorteile lassen sich beim International Sourcing gelegentlich auch dadurch erzielen, daß günstige Wechselkurskonstellationen ausgenutzt werden.

Neben einem derartigen Streben nach kostengünstigen Beschaffungsquellen spielen inzwischen bei der Ausrichtung des Beschaffungsmarketing auf Auslandsmärkte technologische Aspekte eine immer größere Rolle. Hier geht es vorwiegend darum, mit Hilfe von Global Sourcing über die technologischen Trends in anderen Ländern der Triade informiert zu sein, am Innovationspotential und an den know-how-levels in anderen Regionen der Erde zu partizipieren und weltweit die modernste Technik einzukaufen. Darüber hinaus können der mit International Sourcing verbundene Know-how-Transfer und das auf diese Weise bewirkte „global learning" wertvolle Hinweise darauf geben, auf welche Schwerpunkte sich die eigene Technologieforschung ausrichten und konzentrieren sollte.

In manchen Fällen lassen sich durch Auslandsbezüge neue Absatzmärkte für eine Unternehmung erschließen. Die Beschaffung kann beispielsweise dann als „Türöffner" für ausländische Absatzmärkte fungieren, wenn auf der Grundlage der Erkenntnisse und Erfahrungen, die man beim International Sourcing sammelt, der spätere Eintritt in fremde Absatzmärkte erleichtert wird. Dies kann bei denjenigen Ländern von besonderem Interesse sein, welche wegen ihrer kulturellen, politischen, rechtlichen oder sonstigen Besonderheiten durch hohe Absatzrisiken gekennzeichnet sind.

Ferner bietet International Sourcing nicht selten die Chance, mit dem ausländischen Marktpartner lukrative Gegen- bzw. Kompensationsgeschäfte abzuschließen. Die Vorteile derartiger Geschäfte sind vor allem dann evident, wenn durch diese Beschaffungsaktivitäten bisher verschlossene Absatzmärkte geöffnet und bestehende Währungsrisiken eingegrenzt werden können. Eine ähnliche Unterstützung des Absatzmarketing durch Global Sourcing findet auch dort statt, wo das Beschaffungsmanagement (z.B. im Großanlagenbau) auf Local-Content-Forderungen des ausländischen Staates eingeht und sie erfüllt.

Selbstverständlich werden globale Beschaffungsquellen auch dann in Anspruch genommen, wenn auf dem Inlandsmarkt bestimmte Produkte oder Dienstleistungen überhaupt nicht oder nur in unzureichenden Mengen angeboten werden. Bei vielen Rohstoffen ist bekanntlich die deutsche Industrie auf Importe angewiesen. Aber auch in den Zeiten, in denen sich auf inländischen Märkten Verknappungen bemerkbar machen, erfordert die Sicherung der Materialbereitstellung eine Einschaltung ausländischer Lieferquellen. Manchmal setzt ein Abnehmer bei bestimmten Beschaffungsobjekten neben inländischen Anbietern zusätzlich kontinuierlich Lieferanten im Ausland ein, um langfristig die Versorgung mit Materialien abzusichern.

Schließlich kommt es vor, daß größere Unternehmen durch ein gezieltes International Sourcing zum Ausdruck bringen wollen, daß ihre Unternehmensphilosophie und -kultur von Weltoffenheit und Globalisierung der Unternehmenstätigkeit geprägt sind. Mittels Global Sourcing lassen sich das Image einer Unternehmung positiv beeinflussen und der Bekanntheitsgrad im Ausland steigern.

Es gibt also eine Reihe von Beweggründen, im Ausland einzukaufen, allerdings sollten die Risiken des „going International" nicht übersehen werden. Eine wichtige Aufgabe des Materialmanagements besteht darin, die Chancen des International Sourcing zu nutzen und die damit verbundenen Risiken zu mindern.

10.2.2.3.3 Die Risiken des International Sourcing und ihre Behandlung

Tabelle 10.2 gibt einen Überblick über mögliche Risiken beim Auslandseinkauf.

Diese Übersicht beschränkt sich auf die wesentlichen Schwierigkeiten, die mit International Sourcing verbunden sind, eine erschöpfende Aufzählung und Beschreibung aller Risiken im Detail ist hier nicht möglich.

Tabelle 10.2: Risiken des International Sourcing

```
(1)  Politische Gefahren
(2)  Unterschiedliche Kulturen der Völker
(3)  Rechtsunsicherheit
(4)  Logistische Risiken
(5)  Qualitätsrisiken
(6)  Erschwerter Informations- und Kommunikationsfluß
(7)  Währungsrisiko
(8)  Gefahr des know-how-Abflusses
```

(1) *Politische Gefahren* sind in solchen Ländern gegeben, die in militärische Auseinandersetzungen verwickelt sind, in politischen Spannungsgebieten liegen oder die durch soziale Konflikte, politische Instabilität oder Unruhen gekennzeichnet sind. Auch die drohende Beschlagnahmung der zu transferierenden Ware sowie jede Beschränkung des Außenhandels durch Regierungen fremder Länder können zu den politischen Risiken des International Sourcing gerechnet werden. Eine mögliche Folge derartiger politischer Gefahren ist häufig, daß das Beschaffungsobjekt nicht vertragsgemäß an den inländischen Abnehmer geliefert werden kann bzw. darf.

(2) *Unterschiedliche Kulturen der Völker* kommen vorwiegend in der spezifischen Lebensart und in den Geschäftssitten, in der Mentalität und den religiösen Überzeugungen, in dem speziellen Wertesystem und in der Sprache zum Ausdruck. Diese Unterschiede können die Ursache von Mißverständnissen beim Umgang mit Lieferanten, Transportunternehmen oder Behörden sein. Ein Einkäufer, der bei seinen Auslandsbezügen erfolgreich sein will, muß sich intensiv mit der Kultur seines Marktpartners vertraut machen und versuchen, ein Verständnis dafür zu entwickeln.

(3) Aus rechtlicher Sicht ist es selbstverständlich einfacher, bei Unternehmen zu kaufen, die der gleichen (nationalen) Rechtsordnung unterliegen. International Sourcing ist wegen der Unterschiede in den nationalen Rechtssystemen und -auffassungen, aber auch wegen spezifischer ausländischer Usancen im Geschäftsverkehr in der Regel mit einer gewissen *Rechtsunsicherheit* verbunden. Vor allem die rechtlichen Zugriffsmöglichkeiten auf den Lieferanten im Falle einer Nichterfüllung bestimmter Vertragsbestandteile sind im allgemeinen beim Einkauf im Inland günstiger als bei International Sourcing.

Um Risiken in diesem Bereich möglichst zu begrenzen, sollten in Vereinbarungen mit ausländischen Lieferanten Regelungen über das auf den Kaufvertrag anwendbare Recht sowie über das für eine Entscheidung zuständige (staatliche) Gericht bzw. Schiedsgericht nicht fehlen. Positiv auf die Rechtssicherheit kann sich auch die Anwendung der international akzeptierten INCOTERMS sowie des neuen UN-Kaufrechtsübereinkommens („Übereinkommen der Vereinten Nationen über Verträge über den internationalen Wareneinkauf") auswirken. Dieses Abkommen ist für die Bundesrepublik seit 1991 in Kraft. Es tritt an die Stelle der beiden Haager Kaufrechtsübereinkommen von 1964 und wurde inzwischen von einer Vielzahl von Ländern in innerstaatliches Recht umgewandelt.

(4) Ein zentrales Problemfeld des International Sourcing stellen die *logistischen Risiken* dar; sie wirken sich negativ auf die Versorgungssicherheit aus. Beim Auslandseinkauf nimmt in der Regel wegen der größeren räumlichen Entfernung zwischen den beiden Marktpartnern und wegen der längeren Transportzeiten die Anzahl der möglichen Störfaktoren, die eine termingerechte Belieferung gefährden, zu. Ferner muß die Verkehrsinfrastruktur in vielen Billiglohn- bzw. Entwicklungsländern als unzureichend angesehen werden. Schließlich kommt hinzu, daß beim Einkauf im Ausland Grenzformalitäten zu erledigen sind, welche mit erheblichen Wartezeiten und Lieferverzögerungen verbunden sein können. Vor allem dann, wenn große Distanzen zwischen dem liefernden und dem importierenden Land zu überbrücken sind, wenn mehrere Transitländer durchquert und mehrere Verkehrsträger in die Transportkette einbezogen werden müssen, können logistische Risiken – trotz der inzwischen erreichten Verbesserungen der internationalen Logistiksysteme – zu einem ernsten Hindernis für einen angestrebten Auslandseinkauf werden.

(5) Auf einigen ausländischen Beschaffungsmärkten (wie z.B. in vielen osteuropäischen Ländern oder in bestimmten Entwicklungs- und Schwellenländern) muß der Abnehmer mit *Qualitätsrisiken* rechnen. Nicht selten können Lieferanten aus diesen Ländern den heimischen Qualitätsanforderungen noch nicht entsprechen, und relativ häufig kommt es zu nicht-akzeptablen Schwankungen im Qualitätsniveau. Derartige Qualitätsrisiken können u.a. auf unterschiedlichen Qualitätsstandards, auf einem wenig ausgeprägten Qualitätsbewußtsein oder auf einem niedrigen Stand des technischen Wissens beim ausländischen Anbieter beruhen. Manche Abnehmer vesuchen in derartigen Fällen, den qualitativen „Hemmschuh" beim International Sourcing dadurch aus dem Weg zu räumen, daß sie den potentiellen Lieferanten auf dem Gebiet des Qualitätswesens schulen, ihm know-how übertragen oder beim Aufbau von Qualitätssicherungssystemen behilflich sind.

(6) Erfolgreiche Einkaufstätigkeit ist auf eine problemlose Beschaffung von Informationen über potentielle Beschaffungsmärkte und auf eine risikolose Kommunikation mit dem ausgewählten Lieferanten angewiesen. Im Vergleich zum National Sourcing ist jedoch die Beschaffung im Ausland häufig durch ei-

nen *erschwerten Informations- und Kommunikationsfluß* gekennzeichnet. Dieses Phänomen macht sich in den unterschiedlichsten Bereichen des Beschaffungsmarketing bemerkbar. Auf drei wichtige Aspekte dieser Problematik soll hier ausdrücklich hingewiesen werden: Erstens sind – trotz der Verwendung der weltweit üblichen Handelssprachen (wie Englisch, Französisch, Spanisch) – auch heute noch in vielen Unternehmen die Sprachbarrieren ein wichtiges Hemmnis für die Ausweitung der Beschaffungstätigkeit auf ausländische Märkte. In der Praxis versucht man, diese Barrieren immer mehr abzubauen bzw. niedrig zu halten, indem man z.B. die Einkäufer intensiv auf dem Gebiet der Fremdsprachen schult oder indem man Dienstleister (Dolmetscher, Übersetzungsbüros, Fremdsprachenkorrespondenten) engagiert. Zweitens sind in der Regel die ausländischen Märkte weniger transparent als die inländischen Märkte. Das bedeutet, daß International Sourcing mit einem größeren Risiko, Fehlentscheidungen zu treffen, verbunden ist. Schließlich hat die Frage, wie leistungsfähig das ausländische Kommunikationsnetz ist, Auswirkungen auf die Gestaltung der internationalen Beschaffungslogistik. So muß z.B. bei vielen Schwellen- und Entwicklungsländern, in denen die Kommunikationsinfrastruktur noch nicht modernen Maßstäben entspricht, die Logistik so organisiert werden, daß Güterflüsse auch bei geringem Informationsaustausch möglich sind.

(7) Verträge mit Anbietern im Ausland kommen vielfach nur zustande, wenn der Abnehmer die nationale Währung des Zulieferers oder eine vereinbarte Drittwährung als Geschäftsgrundlage akzeptiert. In derartigen Fällen entsteht dem Abnehmer ein *Währungsrisiko,* das darauf beruht, daß zwischen Vertragsabschluß und Bezahlung im allgemeinen eine zeitliche Differenz besteht und daß sich die Austauschverhältnisse zwischen in- und ausländischer Währung im Zeitablauf ändern können.

Für die Frage, ob die Verträge beim International Sourcing in DM oder in einer Fremdwährung abgeschlossen werden, gibt es keine allgemeingültige Regel. Geschäfte auf DM-Basis sind z.B. bei US-amerikanischen Lieferanten eher die Ausnahme, während sie bei italienischen oder skandinavischen Anbietern durchaus üblich sind. Beim Abschluß von Kaufverträgen mit Lieferanten aus außereuropäischen Ländern wird oft Fakturierung in US-Dollar oder englische Pfund verlangt. Ob letztlich der Abnehmer oder der ausländische Lieferant seine Interessen auf diesem Gebiet durchsetzen kann, ist selbstverständlich auch eine Frage der jeweiligen Marktmacht.

Wenn Lieferungen in Fremdwährung zu bezahlen sind und der Abnehmer Währungsrisiken bei Rechnungserledigung befürchtet, so besteht für ihn die Möglichkeit, derartige Risiken durch Devisentermingeschäfte oder durch Devisenoptionsgeschäfte zu vermeiden. Bei Devisentermingeschäften erwirbt

der Abnehmer den für die Begleichung der Rechnung erforderlichen Devisen-
betrag nicht erst kurz vor Fälligkeit der Zahlung, sondern er kauft ihn bereits
bei Abschluß des Kaufvertrages am Devisenterminmarkt. Der Käufer einer
Devisenterminoption (Kauf- oder Call-Option) erwirbt das Recht, einen bestimmten Fremdwährungsbetrag innerhalb eines bestimmten Zeitraumes zu
einem vorher fixierten Basispreis zu kaufen. Der Unterschied zum Devisenter-
mingeschäft besteht darin, daß man bei der Terminoption nicht verpflichtet ist
zu kaufen, man muß also die Option nicht ausüben. Für das eingeräumte
Recht ist eine Prämie an den Optionsverkäufer zu zahlen.

(8) Nicht völlig zu vernachlässigen ist bei International Sourcing schließlich die
     Gefahr des know-how-Abflusses. Dieses Risiko dürfte vor allem bei technolo-
     gieintensiven Erzeugnissen, bei denen der Abnehmer dem ausländischen Lie-
     feranten technisches Wissen vermittelt, gegeben sein.

Wie aus dieser Übersicht hervorgeht, gibt es Risikofaktoren im International Sourcing (wie z.B. die politischen Risiken oder die unterschiedlichen Kulturen der Völker), welche der Abnehmer nicht durch bestimmte Maßnahmen aktiv beeinflussen
kann; derartige Risiken müssen allerdings in ihrer Bedrohungsintensität durch Beschaffungsmarktforschung und Länderanalysen offengelegt und bei der Bewertung
und Auswahl von ausländischen Lieferanten berücksichtigt werden. Andere Risikofaktoren (wie z.B. das Qualitäts- oder das Währungsrisiko) und das von ihnen
ausgehende Gefahrenpotential lassen sich durch den Einsatz bestimmter Instrumente des Beschaffungsmarketing reduzieren, minimieren oder sogar beseitigen.

Selbstverständlich treten die aufgeführten Risiken des International Sourcing nicht
in allen Ländern mit gleicher Intensität auf. So gibt es internationale Märkte, deren
Gefahrenpotential kaum größer ist als die Beschaffungsrisiken beim National
Sourcing. Aus der Sicht eines deutschen Einkäufers gehören zu den relativ risikoar-
men Märkten z.B. Länder wie Österreich, die Schweiz, die Benelux-Staaten, Frank-
reich oder auch Nord-Italien. Bei anderen Ländern wie z.B. Rußland, China oder
bei bestimmten südamerikanischen Ländern wird man eher mit hohen Risiken
rechnen müssen. Natürlich wird ein Abnehmer versuchen, die mit International
Sourcing verbundenen Risiken nach Möglichkeit zu begrenzen. Bei diesen
Bemühungen geht er zuweilen so vor, daß er zwar den Beschaffungsmarkt weltweit
unter Leistungsaspekten analysiert und beobachtet, sich jedoch bei der Wahl der
konkreten Lieferländer auf einige wenige internationale Märkte konzentriert. Ferner wird er darauf achten, daß die Form der internationalen Beschaffung den Risiken des jeweiligen Marktes und seinen bisherigen Erfahrungen mit diesem Land
angepaßt ist.

10.2.2.3.4 Formen internationaler Beschaffung
Zentrale Bedeutung kommt beim International Sourcing der Frage zu, welche
Form der Verlagerung der Beschaffung ins Ausland gewählt werden sollte. Hier sol-

len sieben unterschiedliche Formen des International Sourcing dargestellt werden. Jede dieser Varianten erfordert in der Regel ein entsprechendes System der Beschaffungslogistik, das die gewählte Form der internationalen Beschaffung auf der Ebene des Informations- und Warenflusses optimal umsetzt.

(1) *Die quasinationale Beschaffung bzw. das Glocal Sourcing:*
Diese Form der Beschaffung im Ausland ist dadurch gekennzeichnet, daß der Abnehmer versucht, *Glo*bal Sourcing und Lo*cal* Sourcing zu einem *Glocal* Sourcing zu kombinieren. Dies geschieht, indem der Abnehmer auf seine einheimischen Lieferanten informierend und beratend einwirkt, daß diese ihre Subkomponenten im Ausland einkaufen. Die internationalen Beschaffungsaktivitäten werden hier also weniger unmittelbar durch den Abnehmer, sondern eher durch den Lieferanten durchgeführt, und der Abnehmer beschafft sich auf dem heimischen Markt bestimmte Baugruppen, welche allerdings im Ausland hergestellte Subsysteme enthalten. Auf diese Weise lassen sich in der Wertschöpfungskette Lieferant-Abnehmer günstige internationale Kostenniveaus nutzen, und der Abnehmer braucht gleichwohl nicht auf die logistischen, kommunikativen und währungsmäßigen Vorteile einer nationalen bzw. lokalen Beschaffung zu verzichten. Der internationale Charakter dieser Versorgungsstrategie macht sich vor allem dann bemerkbar, wenn Probleme bei den ausländischen Subkomponenten auftreten oder wenn die Versorgung mit ausländischen Ersatzteilen abgesichert werden muß.

(2) *Der indirekte Import:*
Davon spricht man, wenn der Abnehmer ausländische Erzeugnisse über spezielle, im Inland ansässige Beschaffungsmittler (Händler, Einkaufsagenten, Überseehäuser etc.) bezieht. Derartige Beschaffungsmittler verfügen i.d.R. über detaillierte Kenntnisse der internationalen Angebotsverhältnisse und über leistungsfähige Informationsnetze. Sie sind zuständig für die Abwicklung der internationalen Transaktion und übernehmen sämtliche Risiken des International Sourcing.

Für die beschaffende Unternehmung stellt sich der indirekte Import zwar als Inlandsgeschäft dar, er hat jedoch insgesamt eindeutig grenzüberschreitenden Charakter. Der wesentliche Vorteil der Einschaltung von Beschaffungsmittlern für den Abnehmer besteht darin, daß er weder Kenntnisse über den jeweiligen ausländischen Beschaffungsmarkt noch Erfahrungen im International Sourcing benötigt und daß die Einkaufsabteilung durch diese Form des Bezuges von Produkten aus dem Ausland nicht in ihrer Organisation beeinflußt wird. Als Nachteil des indirekten Imports muß jedoch angesehen werden, daß die Gefahr der Abhängigkeit von der Leistungsfähigkeit des Importeurs und das Risiko der Abschöpfung zu hoher Aufschläge (in Form von Handelsspannen, Kommissionsgebühren etc.) bestehen. Außerdem kommt kein direkter Kontakt zwischen dem inländischen Abnehmer und dem ausländischen Lieferanten zustande, und die Möglichkeit, auf die Leistungserstellung des ausländischen Produzenten Einfluß zu nehmen, bleibt i.d.R. eingeschränkt.

Insbesondere kleinere und mittlere Unternehmen bevorzugen diese Form des International Sourcing. Ferner ist der indirekte Import häufig dann der zweckmäßigere Beschaffungsweg, wenn in einer Unternehmung nur hin und wieder Einkäufe im Ausland zu tätigen sind.

(3) *Die direkte internationale Beschaffung:*
Diese klassische Form des International Sourcing ist dadurch gekennzeichnet, daß die abnehmende Unternehmung direkte Kontakte und Geschäftsbeziehungen zu ausländischen Anbietern aufbaut. Voraussetzung für die Verwirklichung einer derartigen Sourcing-Strategie ist, daß der Einkäufer sich selbst um die Erforschung der internationalen Beschaffungsmärkte kümmert, potentielle ausländische Lieferanten analysiert, bewertet und auswählt und daß er sich mit den speziellen Risiken des Imports auseinandersetzt.

Im Vergleich zum indirekten Import besteht für den Abnehmer bei der direkten Beschaffung die Möglichkeit, die Beschaffungsbedingungen im Ausland durch aktive Marketingmaßnahmen zu beeinflussen, sich unmittelbar mit dem Anbieter abzustimmen oder Lieferantenentwicklungs- und Kooperationsstrategien durchzuführen. Außerdem kann der Abnehmer jetzt seinen Spielraum bei der Gestaltung der internationalen Beschaffungslogistik nutzen. So könnte er etwa bei schwierigen Rahmenbedingungen im Ausland die Erledigung bestimmter logistischer Prozesse einem erfahrenen Logistikdienstleister übertragen. In anderen Situationen wird der Abnehmer vielleicht durch die Anwendung von CIF-Klauseln die logistische Kontrollspanne des ausländischen Lieferanten erweitern. Oder falls die im Ausland vorhandenen Rahmenbedingungen den inländischen sehr ähnlich sind, mag es für das importierende Unternehmen von Vorteil sein, die erforderlichen logistischen Aktivitäten in Eigenregie durchzuführen. Bei der Suche nach der optimalen internationalen Beschaffungslogistik wird i.d.R. die Frage von Bedeutung sein, ob es sich bei der Beschaffung im Ausland um eine kurzfristige Geschäftsbeziehung handelt oder ob es dabei um eine langfristige Verbindung zu einem ausländischen Lieferanten geht.

(4) *Die passive Lohnveredlung:*
Die passive Lohnveredlung muß als ein Sonderfall des International Sourcing angesehen werden. Im Rahmen dieses Geschäftssystems werden dem ausländischen Lieferanten inländische Ausgangsmaterialien zur Verfügung gestellt, welche dieser entsprechend den speziellen Anforderungen des Auftraggebers be- und verarbeitet und sodann im allgemeinen vollständig zurückliefert. Die Weiterverarbeitung der Ausgangsmaterialien durch den ausländischen Lohnbetrieb erfolgt in vielen Fällen aufgrund von Skizzen, technischen Zeichnun-

gen oder Spezifikationen, die der Auftraggeber vorgibt. Teilweise ist es erforderlich, daß dem Lohnveredelungsbetrieb im Ausland Know-how vermittelt wird oder sogar Investitionsgüter zur Verfügung gestellt werden.

Die passive Lohnveredelung bezieht sich im Normalfall auf Produkte, die dem low-tech-Bereich zuzuordnen sind. Besonders die deutsche Textil-, Lederwaren- und Elektroindustrie bedienen sich dieses Verfahrens des International Sourcing, um Lohnkostenvorteile im Ausland zu nutzen und um arbeitsintensive Fertigerzeugnisse preiswert im Inland anbieten zu können. Voraussetzung für die Anwendung dieses Verfahrens ist, daß der Fertigungsprozeß standardisiert ist und in Teilschritte zerlegt werden kann. Ferner muß die Transportkostensituation akzeptabel sein; denn die passive Lohnveredlung macht – im Vergleich zur Eigenveredlung – einen zweifachen Transport notwendig: Hintransport des unveredelten Ausgangsmaterials und Rücktransport der weiterverarbeiteten Ware. Zollrechtlich unterliegt die passive Veredlung einer besonderen Behandlung, und zwar wird der Zoll nach der sog. Differenzmethode ermittelt, d.h., daß der volle Zoll auf die importierte (veredelte) Ware um den Betrag gekürzt wird, der bei einer – fiktiven – Einfuhr der unveredelten Ausgangsmaterialien zu erheben wäre.

(5) *Die Beschaffung durch Einkaufsniederlassungen im Ausland:*
Eine gute Möglichkeit, auf den ausländischen Beschaffungsmärkten präsent zu sein und die Vorteile des International Sourcing zu nutzen, bietet die Einrichtung von unternehmseigenen Einkaufsniederlassungen im Ausland. Vor allem dann, wenn der betreffende Auslandsmarkt hinsichtlich der Größe des Beschaffungsvolumens, der Verfügbarkeit wichtiger Rohstoffe oder hinsichtlich der erforderlichen Anpassungsflexibilität (z.B. bei Textilien) für das Gesamtunternehmen von strategischer Bedeutung ist und insofern also einen Schlüsselmarkt darstellt, kann eine solche institutionelle Lösung beim International Sourcing zweckmäßig sein. Sie wird nicht nur von großen Handelshäusern, sondern auch von der Industrie gewählt, um schnell und umfassend über Veränderungen auf bestimmten Weltmärkten informiert zu sein. So haben bspw. große Unternehmen der EDV-Branche in wichtigen Beschaffungsmärkten, wie Tokio, Silicon Valley oder Singapur derartige Beschaffungsinstitutionen eingerichtet. Sie dienen vielfach als „technologische Horchposten" und erleichtern teilweise erheblich die Anpassung des Beschaffungsmarketing an die speziellen Rahmenbedingungen und Verhältnisse des jeweiligen Auslandsmarktes.

Hinsichtlich der personellen Besetzung solcher Vertretungen hat der Abnehmer zu prüfen, ob die mit dem International Sourcing angestrebten Ziele sich eher durch den Einsatz von inländischen Mitarbeitern oder von Personal aus dem jeweiligen Ausland realisieren lassen. Nachteile und Schwierigkeiten, die bei beiden Vorgehensweisen auftreten können, lassen sich manchmal durch eine gemischte Besetzung des Einkaufsbüros vermeiden. Für kleine und mittlere Unternehmen, die sich aus Finanz- und Kostengründen eine eigene Einkaufsniederlassung im Ausland nicht leisten können, bietet sich in diesem Bereich eine Kooperation mit anderen Firmen an, die gleichgerichtete Interessen haben und eine ähnliche Bedarfsstruktur aufweisen.

(6) *Einkauf durch Einschaltung ausländischer Konzerngesellschaften:*
Unternehmen, welche zu einem internationalen Konzernverband gehören, haben die Möglichkeit, zwecks International Sourcing die Einkaufsabteilungen von anderen konzerninternen Gesellschaften (Mutter-, Tochter- bzw. Schwestergesellschaften), die im Ausland ansässig sind, einzuschalten. Da in diesen Fällen auf bestehende betriebliche Strukturen für die Durchführung von Beschaffungsaktivitäten zurückgegriffen werden kann, ist diese Form des International Sourcing als recht kostengünstig anzusehen. Kommunikations-, Mentalitätsprobleme oder juristische Schwierigkeiten dürften bei einer derartigen Vorgehensweise kaum in Erscheinung treten. Außerdem besteht die Möglichkeit einer Bedarfsbündelung, wenn bei den involvierten Konzerngesellschaften ein gleichartiger Bedarf besteht.

Nachteilig könnte sich bei dieser Variante des International Sourcing auswirken, daß bei den Mitarbeiten der beauftragten Konzerngesellschaft die erforderliche Motivation fehlt, für ein anderes Konzernunternehmen einkäuferisch tätig zu werden. Ferner ist dann ein verstärkter Informationsaustausch zwischen den beiden Konzerngesellschaften notwendig, wenn das beauftragte Unternehmen Produkte beschaffen soll, bei denen es über keine Erfahrungen verfügt.

Große, weltweit operierende Unternehmen, die in vielen Ländern mit Produktionsstätten präsent sind, haben selbstverständlich in besonderem Maße die Chance, sich des hier angesprochenen Verfahrens zu bedienen und die globalen Beschaffungsmärkte in Anspruch zu nehmen. In derartigen Unternehmen muß allerdings die schwierige Kernfrage geklärt werden, wie weltweite Einkaufsaktivitäten auf die unterschiedlichen Konzerngesellschaften verteilt werden sollten und welches konkrete Unternehmen in diesem Firmenverbund für welche Beschaffungsobjekte zuständig sein sollte. Die Beantwortung dieser Frage macht eine intensive Koordination und Abstimmung zwischen den einzelnen Konzerngesellschaften erforderlich, deren Durchführung in einigen internationalen Konzernen einem „Global Sourcing Team" übertragen wird. Grundsätzlich sollten Beschaffungsaktivitäten derjenigen Konzerneinheit zugeordnet werden, welche für die Ausübung dieser Aufgabe besonders geeignet erscheint und die größten Erfolgspotentiale freisetzt. Sinnvollerweise wird man sich im Rahmen dieser weltweit koordinierten Beschaffung auch um eine konzerninterne Vereinheitlichung des Bedarfs sowie um eine Bedarfsbündelung kümmern müssen. Diese Bemühungen können allerdings durchaus mit dem Bestreben bestimmter Konzerngesellschaften nach möglichst weitgehender Autonomie in ihren Einkaufsentscheidungen kollidieren.

(7) *Versorgung durch Eigenfertigung im Ausland:*
Hier geht es also um die Verknüpfung von Global Manufacturing und Global Sourcing. Zentrale Bedeutung kommt dabei der Frage zu, welche Form für die Verlagerung der Eigenfertigung ins Ausland gewählt wird. Zu unterscheiden sind 5 Basisoptionen:

- Die Beteiligung an einem existierenden ausländischen Lieferanten
- Das Betreiben eines Joint Ventures zusammen mit einem ausländischen Unternehmen
- Die vollständige (100 %ige) Akquisition eines ausländischen Zulieferers
- Der Aufbau eines eigenen Lieferwerkes im Ausland
- Die Nutzung von Produktionskapazitäten einer im Ausland vorhandenen Konzerngesellschaft.

Diese verschiedenen Erscheinungsformen der Verlagerung der Eigenfertigung ins Ausland unterscheiden sich hinsichtlich der Beteiligungsverhältnisse, der Art der eingebrachten Ressourcen und hinsichtlich des Grades der Kontrollmöglichkeit, die das beschaffende Unternehmen über die ausländische Bezugsquelle hat. Derartige Direktinvestitionen zur Erschließung ausländischer Beschaffungsmärkte sind insbesondere dann angebracht, wenn ohne eine direkte Kapital- und/oder Managementbeteiligung keine leistungsfähigen Zulieferer aufgebaut werden können, das entsprechende Land jedoch als Versorgungsquelle sehr vorteilhaft erscheint.

Man darf unterstellen, daß die Einstellung des Abnehmers zu Beschaffungsaktivitäten im Ausland im Zeitablauf bestimmten Veränderungen unterworfen ist. In dem Maße, in dem beispielsweise beim Abnehmer die Informationsbasis über Rahmenbedingungen des Einkaufs im Ausland zunimmt, kann es sich als günstiger erweisen, den ursprünglich eingeschlagenen Weg des International Sourcing zu verlassen und zu komplexeren Formen der Bearbeitung ausländischer Beschaffungsmärkte überzugehen. Je mehr Erfahrungen ein Abnehmer auf dem Gebiet des internationalen Beschaffungsmarketing sammeln kann, desto stärker kann er ferner den Radius für das International Sourcing erweitern und desto größere Anteile seines Beschaffungsvolumens wird er i.d.R. ins Ausland verlagern. Nicht übersehen werden darf dabei, daß durch International Sourcing Arbeitsplätze im Inland abgebaut werden können. Dies geschieht jedoch im Interesse der Aufrechterhaltung der Wettbewerbsfähigkeit der Gesamtunternehmung.

10.2.3   Das Problem der Optimierung der Anzahl der Lieferanten

Auf die Entscheidung, ob der Betriebsbedarf für ein bestimmtes Material durch Single Sourcing, Dual Sourcing oder *Multiple Sourcing* gedeckt werden soll, wirkt eine Reihe von Bestimmungsfaktoren ein. Zu nennen sind insbesondere:

– Die Größe des Betriebsbedarfs und seine Schwankungen.

– Die Marktstruktur und die Anzahl der Lieferanten: Nicht immer hat die Beschaffungspolitik in der Frage der hier diskutierten Sourcing-Strategien eine völlig freie Wahl zwischen verschiedenen Alternativen. Kein Entscheidungsspielraum besteht etwa dort, wo als Anbieter ein Monopolist auftritt und folglich *Sole Sourcing* die einzige Beschaffungsmöglichkeit darstellt.

– Die Größe der Lieferanten: Dual oder Multiple Sourcing ist dann zwingend notwendig, wenn ein einzelner Lieferant nicht in der Lage ist, allein den gesamten Betriebsbedarf des Abnehmers zu decken.

– Die Zuverlässigkeit bzw. Unzuverlässigkeit der (des) Lieferanten sowie die Konjunkturlage in der Lieferbranche: In risikobeladenen Beschaffungssituationen wird der Abnehmer der Tendenz nach versuchen, seinen Betriebsbedarf auf mehrere Lieferanten aufzuteilen.

– Die technische Komplexität des Beschaffungsobjekts: In der Regel darf unterstellt werden, daß die Anzahl der Lieferanten mit zunehmender technischer Komplexität des eingekauften Produkts und mit der verstärkten Hinwendung zum Modular Sourcing abnimmt.

– Sonstige Einflußfaktoren: Der Zwang zu einer engeren Kooperation mit den Lieferanten auf dem Gebiete von Forschung und Entwicklung, der Trend zur Just-In-Time-Belieferung sowie der von der Absatzseite ausgehende Kostendruck haben in den vergangenen Jahren bei vielen Abnehmern zu einer beträchtlichen Reduzierung der Anzahl der Lieferanten geführt.

Sofern Grenzen des Entscheidungsspielraums nicht gegeben sind, wird man in der Beschaffung das Für und Wider der Konzentration des Bedarfes auf einen Anbieter bzw. der Streuung der Aufträge auf eine größere Anzahl von Lieferanten abzuwägen haben. Für den Bezug eines bestimmten Materials bei nur einem oder nur sehr wenigen Lieferanten sprechen die folgenden Gesichtspunkte:

– Als Folge des Einkaufs größerer Mengen bei einem Lieferanten ergeben sich für den Abnehmer Preis- und Konditionsvorteile.

– Eine größere Gleichmäßigkeit der Qualität der bezogenen Produkte ist gewährleistet.

– Der einzelne Lieferant fühlt sich für das Endprodukt des Abnehmers in stärkerem Maße verantwortlich als bei Streuung der Aufträge auf mehrere Lieferanten.

– Die Auftragsabwicklung ist bei einem kleinen Lieferantenkreis einfacher.

– Wenn die Herstellung eines Materials mit großen Lerneffekten oder mit Aufwendungen für Werkzeuge oder für Forschung und Entwicklung verbunden ist, erscheint es zweckmäßig, die Anzahl der Lieferanten möglichst klein zu halten.

– Aus dem Angebotsvergleich ergibt sich in vielen Fällen, daß ein ganz bestimmter Anbieter als der günstigste anzusehen ist. Wenn auf einem Markte ein bestimmter Lieferant in seiner Leistungsfähigkeit die anderen Anbieter weit überragt, ist im allgemeinen die Konzentrierung des Betriebsbedarfs auf diesen einen Lieferanten mehr oder weniger vorgezeichnet.

– Nur noch ein Ansprechpartner ist für Fragen der Entwicklung, der Produktion, der Qualitätssicherung und der Logistik verantwortlich. Dies ermöglicht einen effizienteren Informationsaustausch zwischen Abnehmer und Lieferant.

Den genannten Vorteilen der Zusammenarbeit mit möglichst wenigen Lieferanten stehen jedoch eine Reihe von Nachteilen gegenüber. Gegen die Wahl eines relativ kleinen Lieferantenkreises und damit für eine Streuung der Aufträge auf eine Vielzahl von Anbietern sprechen die folgenden Überlegungen:

– Wird der Betriebsbedarf ausschließlich bei einem Lieferanten gedeckt, so können Produktionsstörungen oder gar -unterbrechungen bei diesem Lieferanten sich negativ auch auf den kontinuierlichen Fertigungsablauf beim Abnehmer auswirken. Aus Sicherheitsgründen ist deshalb in der Regel das Mehr-Lieferanten-System vorzuziehen.

– Ferner kann durch die Wahl eines größeren Lieferantenkreises leichter der Wettbewerb zwischen den Anbietern offengehalten und angeregt werden. Einige Abnehmer streuen ihre Aufträge gezielt auf mehrere Anbieter, um auf diese Weise zu verhindern, daß die Marktstruktur sich zuungunsten der abnehmenden Firmen verschlechtert oder daß die Marktübersicht verlorengeht.

– Durch die Streuung des Bedarfs auf mehrere Lieferanten kann vermieden werden, daß ein Abnehmer in die Abhängigkeit eines Lieferanten gerät, aber auch daß ein Lieferant einen zu großen Teil seines Umsatzes mit lediglich einem Abnehmer tätigt.

– Das Mehr-Lieferanten-System ist für den Abnehmer mit einer größeren Beweglichkeit bei Bedarfsschwankungen verbunden.

Hat sich der Einkauf für die Vergabe von Aufträgen an mehrere Lieferanten entschieden, dann ist im Rahmen der Beschaffungspolitik noch die Frage zu klären, wie der gegebene Betriebsbedarf auf die einzelnen ausgewählten Lieferanten verteilt werden soll. Es dürfte in der Regel unklug sein, wenn man zwecks Vermeidung von Risiken der Materialbereitstellung eine völlig gleichmäßige Verteilung der Aufträge vornimmt. Bei einer derartigen Verhaltensweise besteht nämlich leicht die Gefahr, daß die ausgewählten Lieferanten mit der Zeit untereinander Absprachen zuungunsten des Abnehmers treffen. Man sollte vielmehr dem leistungsfähigsten Lieferanten auch den größten Anteil am Gesamtbedarf zukommen lassen und den weniger guten Anbietern entsprechend kleinere Anteile zuordnen. Ein derartiges Einkaufsgebaren erzeugt im allgemeinen einen starken Wettbewerb zwischen den Anbietern. Der Hauptlieferant muß darauf achten, daß er seinen Vorsprung gegenüber den anderen Konkurrenten behält, und die Anbieter mit den kleineren Anteilen am Betriebsbedarf können durch Steigerung ihrer Leistung erreichen, daß die Verteilung zu ihren Gunsten geändert wird.

10.2.4   Beschaffungsweg

Bei vielen fremdbezogenen Produkten muß sich der Einkauf mit der Frage befassen, ob man zweckmäßigerweise den Betriebsbedarf direkt beim Erzeuger decken oder ein Handelsunternehmen einschalten soll. Beim Bezug vom Hersteller des Produktes spricht man vom direkten Beschaffungsweg, bei der Zwischenschaltung eines Einzel- oder Großhändlers, eines inländischen Importeurs oder ausländischen Exporteurs vom indirekten Beschaffungsweg. Dabei sind die jeweils existierenden Beschaffungsketten von Produkt zu Produkt recht unterschiedlich strukturiert und gewähren somit der abnehmenden Unternehmung einen mehr oder weniger breiten Spielraum bei der Auswahl des Gliedes einer Beschaffungskette. Vor allen Dingen bei Erzeugnissen, die aus dem Ausland stammen, haben sich zum Teil stark durchgestufte Handelsorganisationen herausgebildet.

Soweit auf einem gegebenen Beschaffungsmarkt sowohl der direkte als auch der indirekte Beschaffungsweg gewählt werden kann, sind sorgfältige Untersuchungen über das Für und Wider einzelner Glieder der Beschaffungskette anzustellen. Dabei sind neben den unterschiedlichen Preisen die sonstigen Vor- und Nachteile möglicher Beschaffungswege, sowie die individuellen betrieblichen Gegebenheiten beim Abnehmer zu berücksichtigen. Auf diese Weise ist darüber zu entscheiden, bei welchem Glied der Beschaffungskette der Betriebsbedarf zweckmäßigerweise gedeckt werden soll.

Der direkte Beschaffungsweg ist dem indirekten vor allem in preislicher Hinsicht überlegen. Im allgemeinen sinkt mit der Verkürzung der Beschaffungskette der Einstandspreis. Der Händler wird nur in den Fällen seinem Abnehmer Materialien zu einem niedrigeren Preis, als ihn die herstellende Unternehmung bietet, verkaufen können, in denen er aufgrund seiner großen Abnahmemengen wesentlich günstiger einkaufen kann als der einzelne weiterverarbeitende Betrieb.

Insbesondere kleinere Mengen können vielfach beim Händler günstiger bezogen werden als beim Hersteller, der nicht selten Mindestabnahmemengen verlangt oder Mindermengenzuschläge berechnet. Bei größeren Mengen lohnt sich in der Regel die Beschaffung beim Hersteller.

Der Abnehmer wird auch dann den direkten Beschaffungsweg wählen, wenn er Einfluß auf die Produktgestaltung des Herstellers nehmen möchte. Sonderanfertigungen machen eine möglichst enge Zusammenarbeit zwischen Hersteller und Auftraggeber erforderlich. Schließlich spricht für den direkten Beschaffungsweg, daß er im allgemeinen eine gleichmäßigere Qualität verbürgt als der indirekte Beschaffungsweg.

Der Bezug von Materialien über Händler hat vor allem den Vorteil, daß der industriellen Beschaffung wichtige Funktionen und die damit verbundenen Risiken vom Händler abgenommen werden. Insbesondere übernimmt der Handel üblicherweise die Lagerfunktion und das -risiko sowie die Transportfunktion samt -risiko. Vielfach lassen sich durch die Wahl des indirekten Beschaffungsweges die Transportdauer und die Lieferfristen für den Abnehmer erheblich verkürzen und seine Lagerbestände reduzieren. Ein weiterer Vorteil des indirekten Beschaffungsweges besteht darin, daß der Händler in der Regel über ein breiteres Sortiment von Artikeln verfügt als der Hersteller. Der beschaffenden Unternehmung bietet sich auf diese Weise die Möglichkeit, in einem Bestellvorgang die unterschiedlichsten Materialien einzukaufen. Würde der gleiche Bedarf an Materialien auf dem direkten Beschaffungsweg gedeckt, so hätte das eine Erhöhung der Lieferantenzahl sowie des mit der Bestellabwicklung verbundenen Arbeitsaufwandes zur Folge.

Oft versucht der Handel, mit dem industriellen Abnehmer dadurch ins Geschäft zu kommen, daß er günstigere Zahlungsbedingungen bietet als die herstellenden Unternehmungen. Er spricht mit dieser Maßnahme vor allem finanzschwache Abnehmer an, die an der Einräumung längerer Zahlungsziele großes Interesse haben. Schließlich bevorzugen viele Abnehmer den indirekten Beschaffungsweg, weil sie der Händler aufgrund seines größeren Sortiments umfassender bei der Qualitätswahl beraten und genauer über die Brauchbarkeit verschiedener Fabrikate für einen bestimmten Verwendungszweck informieren kann. In der Regel verfügt der Händler über eine gute Marktübersicht. Von diesen Kenntnissen des Händlers und seinen Erfahrungen wird der industrielle Einkäufer insbesondere bei Materialien, die aus dem Ausland stammen, profitieren können.

Nicht immer wird man im Einkauf die Frage nach dem geeigneten Beschaffungsweg mit einem „entweder – oder" beantworten. Es ist durchaus denkbar, daß die Entscheidung in diesem Bereich zugunsten einer sinnvollen Kombination beider Beschaffungswege ausfällt.

10.2.5   Größe des Lieferanten

Innerhalb der Lieferantenpolitik wird man auch Überlegungen darüber anstellen
müssen, ob man die benötigten Materialien von einem großen, wirtschaftlich starken Lieferanten oder von einem kleinen Anbieter beziehen soll. Während beim
großen Lieferanten Preiszugeständnisse vielfach nur sehr schwer durchzusetzen
sind, hat der Abnehmer beim kleineren Anbieter im allgemeinen einen gewissen
Einfluß auf den Preis und kann wegen der relativ geringen Gemeinkosten der
Kleinbetriebe häufig einen günstigeren Preis als bei Großunternehmen erzielen.
Der kleine Anbieter ist in der Regel auch insofern dem Abnehmer gegenüber flexibler als der große, da er auf Sonderwünsche seiner Kunden eingehen kann.
Außerdem entwickeln sich vielfach zwischen ihm und dem Einkäufer persönliche-
re Beziehungen, als das bei Großunternehmen möglich ist. Da Kleinbetriebe es
sich oft nicht leisten können, durch Werbung und Akquisition sich ihren potentiellen Kunden bekanntzumachen, bedarf es allerdings im allgemeinen einer intensiven Beschaffungsmarktforschung, um leistungsfähige kleinere Lieferanten ausfindig zu machen.

Eine Großunternehmung hat als Lieferant den Vorteil, daß sie gewöhnlich über die
finanziellen Mittel verfügt, um die Produktion den Kundenwünschen entsprechend
auszuweiten. Sie ist also in der Regel gegenüber den Mengenanforderungen des
Abnehmers elastischer als der Kleinbetrieb, verschwindet wegen ihrer wirtschaftlichen und finanziellen Stärke nicht so leicht vom Markt und bietet daher dem Abnehmer die Gewähr einer langfristigen Partnerschaft. Darüber hinaus verfügt die
Großunternehmung im allgemeinen über gut ausgebildete Entwicklungsingenieu-
re und z.T. über einen umfangreichen Forscherstab und ist deshalb eher als das
kleine Unternehmen in der Lage, technologische Verbesserungen an ihren Produkten durchzuführen.

Allerdings bergen diese Leistungsfähigkeit auf dem Gebiete der Forschung und
Entwicklung und die erwähnte finanzielle Stärke die Gefahr in sich, daß der große
Lieferant sich eines Tages nicht mehr mit der Bereitstellung des Rohmaterials be-
gnügt, sondern seine wirtschaftlichen Aktivitäten auch auf das Endprodukt des Abnehmers ausdehnt und damit zu einem direkten Konkurrenten seines Kunden
wird.

10.2.6   Stammlieferanten

Sofern auf einem gegebenen Beschaffungsmarkt mehrere akzeptable Lieferanten
vorhanden sind, ist im Einkauf die Frage zu klären, ob man den Betriebsbedarf
ständig bei dem bzw. den gleichen Lieferanten deckt und auf diese Weise eine feste
Bindung zu Stammlieferanten schafft oder ob man besser durch häufigen Lieferan-

tenwechsel die bei der Auftragsvergabe bestehenden Wahlfreiheiten ausnutzt. Diese Frage läßt sich in einer Unternehmung wohl kaum generell für alle Einkaufsprodukte in gleicher Weise regeln; dafür sind die Marktsituationen und die betrieblichen Erfordernisse bei den einzelnen Materialien zu unterschiedlich. Um auf diesem Gebiet sachgerechte Entscheidungen fällen zu können, müssen die Vor- und Nachteile der gekennzeichneten alternativen Verhaltensweisen einander gegenübergestellt und bewertet werden.

Als ein wesentlicher Vorteil der Zusammenarbeit mit Stammlieferanten muß die relative Gleichmäßigkeit der Qualität der eingekauften Produkte im Laufe sich wiederholender Bestellungen genannt werden. Ein Lieferantenwechsel ist für den Abnehmer fast immer mit der Gefahr einer Veränderung in der Qualität verbunden. Aus diesem Grunde ist insbesondere bei denjenigen Unternehmen, die auf eine gleichbleibende hohe Qualität ihrer Endprodukte sehr viel Wert legen, eine gewisse Kontinuität in der Wahl der Lieferanten zu beobachten. Die Zusammenarbeit mit Stammlieferanten gewährt darüber hinaus den Vorteil, daß sich die Abwicklung der Bestellungen im allgemeinen reibungsloser vollzieht und vereinfacht, was der Tendenz nach Auswirkungen auch auf die Höhe der Sicherheitsbestände haben kann. Außerdem ist in der Praxis festzustellen, daß ein Lieferant seine Stammkunden in der Regel gegenüber anderen Abnehmern bevorzugt behandelt. Diese Bevorzugung kann sich auf die verlangten Preise oder auf die sonstigen Konditionen beziehen; sie wird sich für den Abnehmer jedoch vor allem in Zeiten der Materialverknappung bemerkbar machen.

Ferner muß als ein Vorteil der Kontinuität in der Wahl der Lieferanten die Tatsache angesehen werden, daß sich im allgemeinen der Stammlieferant für das Endprodukt und die wirtschaftliche und technische Leistungsfähigkeit des Abnehmers mehr interessiert und engagiert als ein Anbieter, der nur ab und zu als Lieferant eingeschaltet wird. Von einem Stammlieferanten kann erwartet werden, daß er auf wertanalytischem Gebiet und bei der Produktverbesserung dem Abnehmer behilflich ist und daß er sich in seinem Produktionsprogramm an den Wünschen und Erfordernissen seines Stammkunden ausrichtet.

Aus der regelmäßigen Bevorzugung bestimmter Lieferanten bei der Auftragsvergabe kann sich jedoch auch eine Reihe von Nachteilen für den Abnehmer ergeben. So wirkt sich das Prinzip der Stammlieferanten zunächst einmal negativ auf den Wettbewerb zwischen den potentiellen Anbietern aus. Sodann kann die enge Verbundenheit mit dem Stammlieferanten dazu führen, daß der Abnehmer den Kontakt zum übrigen Markt verliert und dadurch für ihn die Marktübersicht erschwert wird. Schließlich besteht die Gefahr, daß der Lieferant, dem eine bevorzugte Stellung eingeräumt worden ist, sich zu sehr auf die Abnahme seiner Produkte durch den Stammkunden verläßt und sich zu wenig in preislicher und qualitätsmäßiger Hinsicht anstrengt.

Diesen Nachteilen muß im Einkauf mittels einer intensiven Beschaffungsmarktforschung, einer permanenten Überprüfung und Erziehung der bevorzugten Lieferanten entgegengewirkt werden. Damit trotz der Zusammenarbeit mit Stammlieferanten die Marktübersicht in einer Unternehmung nicht verlorengeht und der Wettbewerb zwischen den potentiellen Anbietern nicht völlig zum Erliegen kommt, sollte nach Möglichkeit ein Teil des Bedarfs für sogenannte „Kontaktaufträge" an Lieferanten reserviert bleiben, die nicht zu den Dauerlieferanten zählen oder mit denen bislang noch keine Geschäftsverbindungen bestanden haben.

Stammlieferantenpolitik bedeutet für die Beschaffung eine bewußte und gewollte Gestaltung der Lieferantenbeziehung, die darauf ausgerichtet ist, die Materialversorgung zu sichern und der Unternehmung einen festen, leistungsfähigen Stamm von Lieferanten zuzuführen. Es sollte im Einkauf möglichst verhindert werden, daß bestimmte Anbieter lediglich dadurch zu Dauerlieferanten werden,

– daß im Einkauf aus reiner Bequemlichkeit und Gewohnheit immer beim gleichen Lieferanten bestellt wird;

– daß stets oder über einen längeren Zeitraum bei den gleichen Anbietern angefragt wird;

– daß Entscheidungen über die Wahl des Lieferanten von anderen Unternehmensbereichen präjudiziert werden;

– daß beim Einkäufer sachlich nicht gerechtfertigte Präferenzen einem bestimmten Anbieter gegenüber bestehen.

10.2.7   Gegengeschäfte

10.2.7.1   Begriff und Arten

Bei Gegengeschäften treten im allgemeinen zwei Unternehmen in der doppelten Rolle als Lieferant und Abnehmer füreinander auf. Voraussetzung für das Zustandekommen derartiger Gegenseitigkeitsgeschäfte ist, daß das Beschaffungsprogramm der beiden Unternehmen Produkte enthält, die der jeweilige Geschäftspartner auf der Absatzseite anbietet. So muß z.B. ein Hersteller von Lastkraftwagen Stahlerzeugnisse einkaufen, und ein Stahlunternehmen benötigt Lastkraftwagen. Es kann also zwischen diesen beiden Unternehmen ein Gegengeschäft getätigt werden, das sich auf die beiden Produkte Lastkraftwagen und Stahlerzeugnisse erstreckt.

Ein wesentliches Kennzeichen derartiger Gegengeschäfte ist dabei, daß das Geschäft auf der einen Seite abhängig ist von dem Geschäft auf der anderen Seite und umgekehrt. Allein die Tatsache, daß zwei Unternehmen wechselseitig als Abnehmer und Lieferant im Geschäftsleben in Erscheinung treten, begründet also noch kein Gegengeschäft, es muß die gegenseitige Abhängigkeit der beiden Geschäfte hinzukommen, soll von einem Gegengeschäft die Rede sein. In der Praxis kommen gegengeschäftliche Beziehungen zustande, indem man in einer Unternehmung

- beim Einkauf die Kunden gegenüber anderen Anbietern als Lieferanten bevorzugt oder

- mit Hilfe der Einkaufsmacht Lieferanten dazu bringt, dem Absatz Aufträge zu erteilen oder

- mit einem potentiellen Kunden/Lieferanten eine gegengeschäftliche Transaktion vereinbart.

Neben den direkten Gegengeschäften, an denen zwei Unternehmen beteiligt sind, hat die Praxis Formen von Gegengeschäften mit drei, vier und mehr teilnehmenden Firmen entwickelt. Derartige multilaterale Vereinbarungen bezeichnet man auch als indirekte Gegengeschäfte. Man bedient sich ihrer vor allem dann, wenn zwischen einem Lieferanten (A) und seinem Abnehmer (B) ein direktes Gegengeschäft mit dem gegebenen Absatz- und Beschaffungsprogramm der beiden Unternehmen nicht durchführbar ist. In diesem Falle kann eine gegengeschäftliche Beziehung gleichwohl zustande kommen, wenn es gelingt, eine dritte Unternehmung (C) einzuschalten, die von ihrem Produktionsprogramm her als ein Kunde des Abnehmers (B) und gleichzeitig als Anbieter für den Lieferanten (A) in Frage kommt (vgl. Abbildung 10.2).

Bei diesem Gegengeschäft mit drei Partnern stehen also dem ursprünglich geplanten Geschäft zwischen Lieferant (A) und Abnehmer (B) zwei unterschiedliche Geschäfte (Einkaufs- und Verkaufsgeschäft) mit einem Dritten (C) gegenüber. In dieser Runde treten die drei beteiligten Unternehmen (A), (B) und (C) derart in der doppelten Rolle als Lieferant und Kunde füreinander auf, daß ein in sich geschlos-

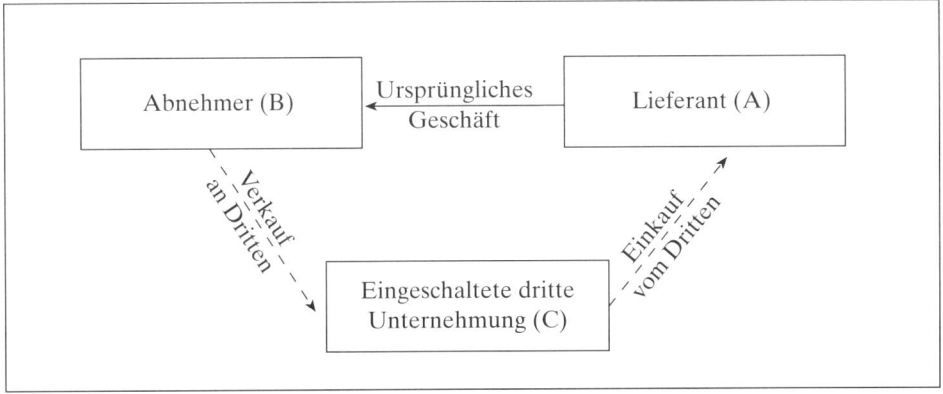

Abbildung 10.2: Indirektes Gegengeschäft (mit drei Parteien)

sener Kantenzug entsteht. In der Praxis kann ein dreiseitiges Gegengeschäft dadurch zustande kommen, daß zum Beispiel ein Hersteller von Elektromotoren seinen Lieferanten dazu überredet, seinen Bedarf an Werkzeugmaschinen bei einer Maschinenfabrik zu decken, die gleichzeitig ein Kunde des Herstellers von Elektromotoren ist.

Im Geschäftsleben sind zwei- und dreiseitige Gegengeschäfte am häufigsten anzutreffen. Gegengeschäftliche Vereinbarungen zwischen mehr als drei Parteien sind relativ kompliziert in ihrer praktischen Durchführung.

Eine Sonderform der Gegengeschäfte sind die sogenannten *Kompensationsgeschäfte,* die insbesondere im Außenhandelsgeschäft mit devisenschwachen Ländern vorkommen. Sie unterscheiden sich von den zwischen Privatfirmen getätigten Gegengeschäften zum einen dadurch, daß der inländische Fabrikant vielfach im Austausch gegen seine Produkte Waren aufnehmen muß, die er in seiner eigenen Unternehmung nicht verwenden kann und um deren Weiterverkauf er sich also zu kümmern hat. Ein anderer Unterschied zu den Gegengeschäften zwischen privaten Unternehmen besteht darin, daß im Rahmen von Kompensationsgeschäften in vielen Fällen das Exportgeschäft die gleiche wertmäßige Höhe aufweisen muß wie das korrespondierende Importgeschäft. Demgegenüber können bei gegengeschäftlichen Vereinbarungen zwischen Privatunternehmen die einander gegenüberstehenden Geschäfte in ihrer wertmäßigen Höhe sehr stark voneinander abweichen; denn hier geht man davon aus, daß das Geldvolumen von Auftrag und Gegenauftrag in seiner jeweiligen Höhe u.a. von den betrieblichen Verwendungsmöglichkeiten und den Verbrauchsmengen der im Gegengeschäft angebotenen Produkte abhängig ist. Schließlich unterscheiden sich Kompensationsgeschäft und im Inland getätigtes Gegengeschäft auch vielfach dadurch, daß das Zustandekommen des letzteren in der Regel auf keiner vertraglichen Grundlage beruht.

10.2.7.2   Rahmenbedingungen für das Zustandekommen von Gegengeschäften

Gegengeschäfte sind nicht in allen Wirtschaftszweigen, Unternehmen und Märkten von gleicher Bedeutung. Es gibt Bereiche des Wirtschaftslebens, die besonders stark zu Gegengeschäften neigen; andere Bereiche wiederum werden mit dem Problem gegengeschäftlicher Vereinbarungen kaum konfrontiert. Zu den Faktoren, die das Entstehen von Gegengeschäften entscheidend beeinflussen und damit verantwortlich sind für die Häufigkeit des Auftretens von Gegengeschäften, gehören vor allem:

- *die konjunkturelle Lage einer Branche,*
- *die Unternehmensgröße,*

– *die Produktart und*
– *die Marktform.*

Die Art der Abhängigkeit der Gegengeschäfte von diesen Faktoren soll im folgenden näher erläutert werden.

Eine sehr enge Beziehung besteht zunächst einmal zwischen der wirtschaftlichen Lage einer Branche und der Intensität des Gegengeschäftsverkehrs. In Zeiten einer rückläufigen Konjunktur und eines Konjunkturtiefs läßt sich im allgemeinen eine Erhöhung der Anzahl der Gegengeschäfte feststellen. Die Konjunkturempfindlichkeit der Gegengeschäfte hängt damit zusammen, daß in Zeiten rezessiver Geschäftsentwicklung Unternehmen mit unausgelasteten Kapazitäten bestrebt sind, mit Hilfe von gegengeschäftlichen Vereinbarungen eine bessere Kapazitätsauslastung zu erreichen. Gegengeschäfte gehören vielfach mit zu denjenigen absatzpolitischen Instrumentarien, die als erste in einer rezessiven Phase der Geschäftsentwicklung zum Einsatz kommen, weil sich die Geschäftsleitung von ihnen bereits kurzfristig Erfolge verspricht. In diesem Zusammenhang wird auch verständlich, warum gerade Unternehmen, die sehr kapitalintensiv arbeiten, mit hohen fixen Kosten belastet sind und eine geringe Anpassungsfähigkeit an konjunkturelle Schwankungen besitzen, sich in besonders starkem Maße des Mittels der Gegengeschäfte bedienen; sie versuchen auf diese Weise, einen möglichst großen Teil ihrer im Konjunkturtief nicht abbaufähigen fixen Kosten zu decken und eine ausgeglichenere, stetigere Beschäftigung ihrer kapitalintensiven Anlagen zu erreichen.

In der Hochkonjunktur schwächt sich der Gegengeschäftsverkehr im allgemeinen ab, weil die Unternehmungen bei voll ausgelasteten Kapazitäten aus Gegengeschäften keine zusätzlichen Gewinne erwirtschaften können. Allerdings kann es auch in der Hochkonjunktur in bestimmten Sonderfällen zu einer Belebung des Gegengeschäftsverkehrs kommen. Diese Erscheinung ist vor allem dann zu beobachten, wenn eine Periode des Booms mit Materialverknappungen verbunden ist. Die Initiative zum Abschluß von Gegengeschäften geht in einer solchen Situation von der Beschaffung aus, die mit dem Mittel der Gegengeschäfte den Bezug schwer beschaffbarer Waren sichern möchte. So war z.B. die im Gefolge der Erdölkrise zu beobachtende Periode der Materialverknappung geradezu eine Blütezeit derartiger von der Beschaffung initiierter Gegengeschäfte.

Neben der Konjunktur hat auch die Unternehmensgröße einen bedeutenden Einfluß auf die Häufigkeit des Vorkommens von Gegengeschäften. Dieser Sachverhalt findet seine Erklärung zum einen darin, daß Großunternehmen in der Regel ein größeres Einkaufsvolumen als kleinere Unternehmen haben und dementsprechend auch über eine größere Marktmacht verfügen, um beim Lieferanten Gegengeschäfte durchzusetzen. Zum anderen kann wohl unterstellt werden, daß im allgemeinen Großunternehmen stärker diversifiziert sind als kleine Unternehmen.

Diversifikation hat jedoch in einer Unternehmung zur Folge, daß sich die Möglichkeiten zum Abschluß von Gegengeschäften verbessern.

Ein interessanter Aspekt des gegengeschäftlichen Verkehrs ist, daß er sich fast ausschließlich auf Produktionsgütermärkten abspielt und im Bereich der Konsumgüterindustrie nur in einem sehr beschränkten Umfang vorkommt. Die unterschiedliche Bedeutung der Gegengeschäfte in diesen beiden Wirtschaftsbereichen ergibt sich einfach der Tatsache, daß nur sehr wenige Hersteller von Konsumgütern ihre Lieferanten auf Gegengeschäfte ansprechen können, da der Lieferant in der Regel keinen Bedarf an Konsumartikeln hat. Der Lieferant könnte allenfalls versuchen, die Mitarbeiter mit Konsumgütern zu versorgen. Doch auch dann halten sich infolge der individuellen Bedürfnisstruktur der Mitarbeiter die abzunehmenden Mengen und Werte in einem sehr begrenzten Rahmen, so daß sich eine gegengeschäftliche Vereinbarung in vielen Fällen nicht lohnt.

Aber auch innerhalb der Produktionsgüterindustrie gibt es wiederum einige Branchen, die besonders stark zu Gegengeschäften neigen, während bei anderen Branchen Gegengeschäfte kaum in Erscheinung treten. So hat man festgestellt, daß diejenigen Wirtschaftszweige, in denen die konkurrierenden Unternehmen ziemlich gleichartige Standarderzeugnisse in großen Mengen herstellen, viel anfälliger sind für Gegengeschäfte als diejenigen Branchen, die sich mit der Herstellung hochentwickelter spezialisierter Erzeugnisse befassen. Relativ viel Geschäftsverkehr auf Gegenseitigkeit gibt es deshalb z.B. in der Eisen- und Stahlindustrie, in der Chemie- und Papierindustrie, in der Mineralölindustrie und in der Zementindustrie.

Schließlich ist auch die Marktform ein Faktor, der die Häufigkeit des Auftretens von Gegengeschäften entscheidend beeinflußt. Eine Unternehmung mit Monopolstellung auf der Absatzseite, wird bei ihren Einkaufsentscheidungen auf Gegengeschäfte keine Rücksicht nehmen müssen, da sie in der Regel keine Vorteile aus gegengeschäftlichen Vereinbarungen ableiten kann. Aber auch auf einem Markt mit atomistischer Konkurrenz, auf dem vollständiger Wettbewerb zwischen vielen Anbietern zu einem bestimmten Marktpreis führt und der einzelne Anbieter keinen Einfluß auf den Preis hat, kann man sich Gegengeschäfte kaum vorstellen. Denn auf einem derartigen Markt kann der einzelne Anbieter zu dem gegebenen Marktpreis seine produzierten Mengen auch ohne Gegengeschäfte absetzen. Aus diesem Grunde sind auch bei vielen Produkten, die zu Börsenpreisen gehandelt werden, Gegengeschäfte nicht üblich.

Aber auch bei denjenigen Marktformen, die zwischen den beiden Extremfällen der atomistischen Konkurrenz und des Monopols liegen, ist die Marktmacht des Abnehmers gegenüber dem Lieferanten in vielen Fällen nicht ausreichend, um Gegengeschäfte durchsetzen zu können. Relativ häufig kommen Gegengeschäfte als wichtiges absatzpolitisches Instrument in oligopolistischen Märkten vor. Da auf einem Oligopolmarkt die Preissenkung eines Konkurrenten kompensierende Preisherabsetzungen bei den Rivalen nach sich zieht, verlegen Oligopolisten gern den Wettbewerb vom Preis weg auf Gegengeschäfte und andere Marketinginstrumente.

10.2.7.3 Beurteilung der Gegengeschäfte

Gegengeschäfte werfen betriebswirtschaftliche, volkswirtschaftliche und rechtliche Fragen auf. Hier sollen die Auswirkungen der Gegengeschäfte auf Beschaffung und Absatz genauer untersucht werden. Da Gegengeschäfte eine Reihe von negativen Auswirkungen auf die Beschaffung haben, wehren sich sehr viele Einkäufer gegen derartige Vereinbarungen. Im einzelnen können die Gegner der Gegengeschäfte auf folgende Nachteile und Gefahren für die Beschaffung hinweisen:

– Gegengeschäftspraktiken bergen die Gefahr in sich, daß nicht derjenige Anbieter, der vom Preis, von der Qualität und den sonstigen Faktoren eines Angebotsvergleiches her der geeignetste ist, als Lieferant ausgewählt wird. Zwar besteht in vielen Unternehmen der Grundsatz, daß nur dann mit einem (potentiellen) Kunden gegengeschäftliche Vereinbarungen getroffen werden, wenn er als Lieferant den Vergleich mit der Konkurrenz aushält. Aber auch in Unternehmen, die nach diesem Grundsatz handeln wollen, wird es zu Ausnahmen und Abweichungen davon kommen, wenn die Unternehmensspitze sehr zu Gegengeschäften neigt und gegengeschäftlichen Vereinbarungen eine große Bedeutung beimißt. So geben denn auch einige Firmen offen zu, daß es wegen eines möglichen Gegenauftrages dazu kommen kann, daß im Rahmen eines Angebotsvergleichs nicht der optimale Lieferant ausgewählt wird.

– In der Regel bleibt es kein Betriebsgeheimnis, wenn eine Unternehmung in starkem Maße Gegengeschäfte tätigt und Kundenberücksichtigung betreibt. Wenn die Anbieter nun erfahren, daß ein Abnehmer nicht denjenigen Lieferanten, der das günstigste Angebot unterbreitet, zum Zuge kommen läßt, sondern daß er denjenigen bevorzugt, der gleichzeitig sein Kunde ist, fehlt den Anbietern verständlicherweise der Anreiz, die Konkurrenz zu unterbieten. Das gilt zunächst einmal für diejenigen Anbieter, die Kunden des Abnehmers sind und es deshalb nicht nötig haben, durch ein konkurrenzfähiges Angebot aufzufallen. Das gilt vor allem aber auch für diejenigen potentiellen Lieferanten, mit denen gegengeschäftliche Vereinbarungen nicht abgeschlossen werden können und die wegen der Aussichtslosigkeit ihrer Bemühungen darauf verzichten, den anderen Wettbewerbern Konkurrenz zu machen. Die Folgen dieser Reduzierung und Entmutigung des Wettbewerbs machen sich für die abnehmende Firma in weniger Anbietern und geringerer Einkaufsmacht, in erhöhten Preisen und geringerer Absicherung des Bedarfs bemerkbar. Diese negativen Auswirkungen der Gegengeschäfte lassen sich auch nicht etwa dadurch vermeiden, daß die abnehmende Firma den Kunden in das günstigste Angebot einsteigen läßt.

– Wegen der durch Gegengeschäfte abgesicherten Aufträge kann es beim Lieferanten dazu kommen, daß er ein Gefühl der Sicherheit entwickelt, seine Anstrengungen auf dem Gebiete der Produktverbesserung und der Hervorbrin-
gung neuer Problemlösungen vernachlässigt oder die Belieferung des
Abnehmers nicht mit der genügenden Sorgfalt durchführt.

– Es besteht die Gefahr, daß die Beschaffungsabteilung bewußt oder unbewußt
bei Auftreten von qualitativen und sonstigen Mängeln in der Belieferung die
Lieferanten, die gleichzeitig Kunden sind, großzügiger und nachsichtiger behandelt als sonstige Lieferanten. Diese Gefahr ist dann besonders groß, wenn es
sich bei dem betreffenden Lieferanten um einen bedeutenden Kunden handelt.

– Es muß befürchtet werden, daß in einer Unternehmung, die in starkem Maße in
gegengeschäftliche Beziehungen verwickelt ist, die Effizienz und Moral des Einkäufers sowie seine Aggressivität beim Bemühen um bessere Preise und günstigere sonstige Konditionen sich verschlechtert und daß die Suche nach besseren
Einkaufsquellen nachläßt. Bei Gegengeschäften kann ja das Ziel eines optimalen Einkaufs dem Ziel der Hereinholung von Gegenaufträgen untergeordnet
sein. Es besteht hier dann die große Gefahr, daß der Einkäufer in seinem Bestreben nach Senkung der Materialkosten entmutigt wird und daß man auch
beim Einkauf von Produkten, die nicht gegengeschäftlichen Vereinbarungen unterliegen, von klaren Einkaufsprinzipien abrückt.

– Man muß sich klar machen, daß dort, wo bei Beschaffungsvorgängen Gegengeschäfte eine Rolle spielen, die Entscheidung über den auszuwählenden Lieferanten nicht mehr in die alleinige Zuständigkeit des Einkäufers fällt. Aus
dieser Überlegung heraus muß befürchtet werden, daß in Unternehmen, in denen der Verkauf oder die Unternehmensleitung sehr viel Wert auf Gegengeschäfte legen, die Stellung der Beschaffungsabteilung innerhalb der Unternehmung geschwächt wird. Umgekehrt gilt selbstverständlich auch, daß eine
schwache Einkaufsabteilung eher dem Drängen nach gegengeschäftlichen
Vereinbarungen entspricht als eine ziemlich selbstbewußt agierende Einkaufsabteilung.

– Die Zielsetzung, mit einem gegebenen Einkaufsvolumen möglichst viele Gegenaufträge hereinzuholen, kann Auswirkungen auf die Anzahl der Lieferanten für
ein Produkt haben. So kommt es einerseits vor, daß man aus Gründen der Kundenberücksichtigung den gegebenen Bedarf bei einem bestimmten Artikel auf
mehr Lieferanten verteilt, als aus Kostenüberlegungen sinnvoll ist. Aber man
kann sich andererseits auch vorstellen, daß man in einer Unternehmung, um einen Gegenauftrag zu erhalten, den betrieblichen Bedarf lediglich bei einem Lieferanten deckt, obwohl vielleicht Gründe der Absicherung der Beschaffung dagegen sprechen. Soweit eine Aufteilung des vorhandenen Bedarfs auf mehrere
Lieferanten, die gleichzeitig Kunden sind, zu erfolgen hat, geschieht dies in der

Praxis vielfach unter Berücksichtigung des relativen Gewichtes, mit dem die Lieferanten als Kunden auf der Absatzseite in Erscheinung treten.

– Der Drang zu Gegengeschäften kann auch die Entscheidung darüber, ob ein Artikel oder eine Baugruppe von auswärts bezogen oder eigengefertigt werden soll, beeinflussen. Dabei kann nicht unterstellt werden, daß lediglich bei Fremdbezug der Abschluß von Gegengeschäften möglich ist. Die bei Fremdbezug vorhandene Möglichkeit, zu gegengeschäftlichen Vereinbarungen zu kommen, muß also mit der bei Eigenfertigung gegebenen Möglichkeit verglichen werden.

Fast alle aufgeführten Auswirkungen der Gegengeschäfte können sich über kurz oder lang in Kostensteigerungen bemerkbar machen. Eine Beschaffungsabteilung, die sich auf einen optimalen Einkauf von Produkten konzentriert und nicht Rücksicht auf Kunden zu nehmen hat, findet durch Ausnutzung von Marktchancen in der Regel Möglichkeiten, wie sie der Unternehmung Kosten ersparen oder wie sie wenigstens Kostensteigerungen vermeiden kann. Sie kann vielleicht einen inländischen durch einen ausländischen Lieferanten ersetzen oder sogar einen völlig neuen Lieferanten entwickeln. Demgegenüber hat es eine Beschaffungsabteilung, deren Bewegungsspielraum und Wahlmöglichkeiten durch Gegengeschäfte eingeschränkt sind, die Rücksicht zu nehmen hat auf die Gefühle der Kunden oder sogar unter den Druck eines Gegengeschäftspartners geraten ist, viel schwerer, gebotene Marktchancen wahrzunehmen. Diese Schwierigkeiten sind umso größer, je stärker eine Unternehmung in Gegengeschäftspraktiken verwickelt ist und je wichtiger der jeweils tangierte Kunde für die Unternehmung ist.

Eindeutig positiv sind aus der Sicht der Beschaffung die Gegengeschäfte zu bewerten, wenn mit ihrer Hilfe in Zeiten der Materialknappheit der Bezug schwer beschaffbarer Waren gesichert werden kann. Zugunsten gegengeschäftlicher Vereinbarungen wird manchmal auch angeführt, daß eine Unternehmung mit ihrer Hilfe enge Beziehungen zu den Lieferanten herstellen könne. Auf dieses Argument ist zu antworten, daß es der Beschaffung nicht immer um eine enge Bindung an den Lieferanten geht und daß enge Beziehungen nicht unbedingt auch harmonisch sein müssen.

Bei der Beurteilung der Gegengeschäfte aus der Sicht der Beschaffung muß man schließlich auf den Einfluß hinweisen, den der Absatzbereich der eigenen Unternehmung auf den Gegengeschäftspartner ausüben kann. Hier besteht die Gefahr, daß ein nicht sehr leistungsfähiger Vertrieb in der eigenen Unternehmung sich ungünstig auf die Zuverlässigkeit und Leistungsfähigkeit des Lieferanten auswirkt; was wiederum negative Rückwirkungen auf den eigenen Beschaffungsbereich haben kann. Das gilt zunächst einmal von der Termintreue. Hält der eigene Absatz dem Gegengeschäftspartner gegenüber die vereinbarten Liefertermine nicht ein, kann die Beschaffung vom Lieferanten nicht erwarten, daß er immer pünktlich liefert. Diskutiert werden in diesem Zusammenhang auch die Probleme, die dann auftreten, wenn auf der Absatz- und Beschaffungsseite einer Unternehmung unterschiedliche Verkaufs- bzw. Einkaufsbedingungen und Zahlungsbedingungen bestehen. Ein Lieferant, der gleichzeitig Kunde ist, wird einen Versuch der Beschaffung, bessere Zahlungs- und Lieferbedingungen auszuhandeln, vielfach mit dem Hinweis auf die ungünstigen Zahlungs- und Lieferbedingungen, die er als Kunde hinzunehmen hat, abwehren können. In einer derartigen Verhandlungssituation kommt es häufig dazu, daß die Zahlungs- und Lieferbedingungen, die auf der Beschaffungsseite schließlich zum Zuge kommen, sich den entsprechenden Bedingungen auf der Absatzseite anpassen oder auch umgekehrt. Den Einfluß des Absatzbereiches der eigenen Unternehmung auf den Gegengeschäftspartner wird die Beschaffung schließlich auch in den Ausnahmefällen zu spüren bekommen, in denen schlechtes Ausgangsmaterial, das der Lieferant im Gegengeschäftsverkehr bezieht, in ein Produkt eingeht, das die Beschaffung vom Lieferanten erhält. Zusammenfassend läßt sich zu dem Einfluß des Absatzbereiches der eigenen Unternehmung auf den Gegengeschäftspartner und damit zu den Rückwirkungen auf die Beschaffung sagen, daß ein nicht leistungsfähiger Absatz die Stellung der Beschaffung dem Gegengeschäftspartner gegenüber schwächt und umgekehrt, daß ein leistungsstarker Vertriebs- und Produktionsbereich auch eine Stärkung der Position des Einkäufers gegenüber dem Lieferanten zur Folge hat.

Aus absatzwirtschaftlicher Sicht sind Gegengeschäfte ein absatzpolitisches Instrument, ein Marketinginstrument in der Hand der Beschaffung. Hier übernimmt der Einkauf also eine Aufgabe, die bei strengem Ressortdenken vom Absatz wahrzunehmen wäre und deren Erfüllung ja auch dem Absatz zugute kommt. Der Einsatz dieses Marketinginstruments hat zunächst einmal die Gewinnung neuer Kunden und eine Umsatzsteigerung zur Folge. Es wird ferner darauf hingewiesen, daß Gegengeschäfte zu einer Absatzsicherung beitragen können, weil infolge des Druckes, der von gegengeschäftlichen Vereinbarungen ausgehen kann, wenigstens für einen Teil des Umsatzes eine gewisse Garantie gegeben ist, daß der Kunde kurzfristig nicht abspringt.

Ist ein großer Teil des Umsatzes durch Gegengeschäfte abgedeckt, dann besteht langfristig die Gefahr, daß der Verkauf, der bemerkt, daß Umsatzsteigerungen nicht unbedingt von seinen Verkaufsbemühungen abhängig sind, ein Gefühl der Sicherheit entwickelt und seine Anstrengungen auf dem Gebiete der Absatzerweiterung vernachlässigt. Ein Unternehmen, das seine Verkaufserfolge in starkem Maße auf gegengeschäftliche Vereinbarungen gründet und sich auf diese Weise gegen den Konkurrenzdruck auf der Absatzseite abschirmt, fördert geradezu die Entstehung von Schwachstellen in einer Unternehmung.

Der Einsatz der Gegengeschäfte als ein absatzpolitisches Instrument bedeutet im Grunde genommen das Eingeständnis des Verkaufs, daß er nicht in der Lage ist, mit den sonst üblichen Mitteln des Wettbewerbs seine Produkte abzusetzen. Unternehmen, die sich aufgrund der Überlegenheit ihres Produktes und sonstiger Verdienste in einer starken Position gegenüber ihren Wettbewerbern befinden, haben es vielfach gar nicht nötig, den Weg der Gegengeschäfte einzuschlagen.

10.2.7.4 Gegengeschäfte als Problem der Abstimmung zwischen Absatz und Beschaffung

Ein Einkäufer beschafft seiner Unternehmung nicht nur bestimmte Produkte oder Dienstleistungen, sondern mit dem Einkauf verschafft er seiner Unternehmung auch die Möglichkeit, Gegenaufträge hereinzuholen. Diese Möglichkeit, Gegengeschäfte zu tätigen, ist teilweise von Faktoren abhängig, die dem Einfluß des Einkäufers entzogen sind, wie z.B. Einkaufsvolumen, Grad der Diversifikation usw. Aber die Beschaffung ist durchaus auch in der Lage, den möglichen Umfang der Gegengeschäfte dadurch positiv zu beeinflussen, daß sie eine entsprechende Auswahl von Lieferanten vornimmt, daß sie den Betriebsbedarf auf mehrere Lieferanten verteilt oder nach einem dritten Mann für ein indirektes Gegengeschäft sucht. Unterstellt man als Zielsetzung einer Unternehmung die Gewinnmaximierung, dann wird klar, daß man sich im Zusammenhang mit Gegengeschäften in der Beschaffung von engem Ressortdenken lösen muß, bei Aktionen auf dem Beschaffungsmarkt das Wohl der gesamten Unternehmung im Auge haben muß und nicht nur auf die Kosten, sondern auch auf den Ertrag zu achten hat. Denn beide zusammen machen den Gewinn aus.

Bei der Überlegung, ob ein bestimmtes Gegengeschäft gewinnbringend ist oder nicht, sind Vor- und Nachteile einer gegengeschäftlichen Vereinbarung miteinander zu vergleichen, und erst aufgrund dieses Vergleichs läßt sich eine Entscheidung darüber fällen, ob ein Gegengeschäft getätigt werden soll. Da nun die Vorteile fast ausschließlich der Verkaufsabteilung zugute kommen und die Nachteile fast völlig von der Beschaffung zu tragen sind, sollten Entscheidungen über Gegengeschäfte weder allein von der Verkaufsabteilung getroffen werden noch in die alleinige Zuständigkeit der Beschaffung fallen, wie stark oder schwach im einzelnen die Stellung der einen oder der anderen Abteilung innerhalb der Unternehmung auch sein mag. Es muß also entweder zu einer Abstimmung zwischen diesen beiden Abteilungen kommen unter Berücksichtigung des zu erwartenden Nutzens für die gesamte Unternehmung, oder die Geschäftsleitung muß unter Berücksichtigung des Interessenkonfliktes zwischen den Abteilungen Beschaffung und Absatz auf diesem Sektor entscheiden. Erst recht ist es Aufgabe des Top Management, die Grundsatzentscheidung, ob ein Unternehmen überhaupt Gegengeschäfte tätigen soll oder nicht, zu fällen und eindeutige Richtlinien die Gegengeschäfte betreffend festzulegen.

Bei dem Versuch, den zusätzlichen Gewinn zu ermitteln, der durch Gegengeschäfte einer Unternehmung zufließt, wird man auf Schwierigkeiten stoßen. Zwar läßt sich der Vorteil, den eine Unternehmung aus Gegengeschäften erzielt, ziemlich genau ermitteln; er besteht in dem durch die Gegenaufträge erzielten Deckungsbeitrag. Doch lassen sich die durch gegengeschäftliche Vereinbarungen verursachten Kosten aus zwei Gründen schwer erfassen. Erstens handelt es sich bei den Nachteilen der Gegengeschäfte vielfach um nicht exakt quantifizierbare Faktoren, wie Verschlechterung des Image einer Unternehmung, Reduzierung des Wettbewerbs auf den Beschaffungsmärkten, großzügigere Behandlung des Gegengeschäftspartners durch den Einkauf oder Nachlassen der Verkaufsanstrengungen. Zweitens treten diese durch Gegengeschäfte in einer Unternehmung verursachten Kosten in vielen Fällen nicht von heute auf morgen, sondern erst im Laufe der Zeit nach und nach in Erscheinung. Sie sind im Augenblick der Entscheidung häufig nicht exakt zu ermitteln und bleiben deshalb in der Regel bei Überlegungen, ob sich ein Gegengeschäft lohnt oder nicht, unberücksichtigt. In der amerikanischen Literatur bezeichnet man diese langfristig sich allmählich entwickelnden und zu Unrecht vernachlässigten Kosten auch als „creep costs" oder „hidden costs". Es sind also Kosten, von denen man zunächst fälschlicherweise annimmt, daß sie von der Entscheidung nicht betroffen werden, obwohl sie sich schließlich als Folge der Entscheidung doch ändern werden, wenn auch mit einer zeitlichen Verzögerung.

Trotz der Schwierigkeiten, die Nachteile von Gegengeschäften genau zu beziffern, bleibt dem Einkäufer nichts anderes übrig, als möglichst umfassende Informationen über die Vor- und Nachteile eines zur Diskussion stehenden Gegengeschäftes zusammenzutragen und sein Verhalten gegenüber dem Verkauf oder der Geschäftsleitung aus den gesammelten Daten abzuleiten.

10.2.8 Konzerneinkauf

In vielen größeren Multiprodukt-Unternehmen muß man sich mit der Frage auseinandersetzen, ob und nach welchen Grundsätzen bei der Materialbeschaffung konzerninterne Anbieter den sonstigen potentiellen Lieferanten am Markt vorgezogen werden sollen. Bei diesem Problem kollidieren in vielen Fällen die Interessen der nachfragenden und der anbietenden Konzerngesellschaft, und es müssen deshalb zur Realisierung der Ziele der Konzernobergesellschaft die Interessenlagen der beiden beteiligten Partner aufeinander abgestimmt werden. Leitet sich aus dieser Abstimmung und aus den übergeordneten Belangen der gesamten Firmengruppe für den Konzernbezieher ein Zwang zum Konzerneinkauf ab, so können sich aus dieser Abstimmung und aus den übergeordneten Belangen der gesamten Firmengruppe für ihn eine Reihe von Nachteilen ergeben. Diese Nachteile entsprechen fast genau den oben ausführlich behandelten negativen Auswirkungen, die Gegengeschäfte auf die Beschaffung haben können, und sollen deshalb hier nicht noch einmal aufgeführt werden.

Wenn in einem Firmenverbund für bestimmte Produkte – vorübergehend oder dauernd – ein Zwang zum Bezug aus dem Konzern besteht, dann ist es die Aufgabe der Beschaffung des Konzernbeziehers, darauf zu achten, daß die Materialien zwischen den beiden Beteiligten möglichst zu marktgerechten Bedingungen ausgetauscht werden. Denn in der Regel tragen in einem Konzern die einzelnen Sparten für ihr Ergebnis die Verantwortung, und die Konzernspitze braucht als Grundlage für ihre Entscheidungen Informationen darüber, welche realistischen, d.h. am Markt orientierten, Gewinne in den einzelnen Sparten zustande kommen. Ein weiterer Gesichtspunkt muß in diesem Zusammenhang beachtet werden. Es ist auch aus der Sicht des Gesamtunternehmens nicht einerlei, zu welchen Preisen und Konditionen bestimmte Materialien zwischen einzelnen Konzernunternehmen ausgetauscht werden; denn langfristig wird die produzierende Sparte umso effizienter arbeiten, je mehr Wettbewerbsdruck die Beschaffung des beziehenden Unternehmens auf den Hersteller im Konzern auszuüben vermag.

Aus beiden Gründen fällt also dem Einkauf im Rahmen des Konzerneinkaufs die wesentliche Aufgabe zu, darauf zu achten, daß Materialien auf Wettbewerbsbasis ausgetauscht werden. In der Praxis unterscheiden sich deshalb im allgemeinen die Vergabeverhandlungen zwischen zwei Unternehmen, die dem gleichen Konzern angehören, nicht von denen mit Fremdlieferanten.

Selbstverständlich wird in den Fällen, in denen ein bestimmtes Material dauernd und ausschließlich beim konzerninternen Hersteller bezogen wird und die produzierende Sparte nur auf den Eigenbedarf abgestellt ist und nicht auch den Markt beliefert, für den Einkauf die Feststellung nicht leicht sein, ob die geforderten Preise und die angebotenen Konditionen markt- und wettbewerbsgerecht sind. Denn wenn die Fremdlieferanten wissen, daß ein potentieller Bezieher aus einer Firmengruppe lediglich Anfragen tätigt, um andere Konzerngesellschaften kontrollieren zu können, fehlt ihnen verständlicherweise der Anreiz, marktgerechte Preise zu nennen, die Konkurrenz zu unterbieten oder überhaupt Angebote abzugeben. Aus diesem Grunde sollte die Beschaffung in derartigen Situationen darauf drängen, daß wenigstens ein Teil des Betriebsbedarfs auf Fremdlieferanten verlagert wird.

10.3 Beeinflussung der Lieferanten

Zu einer aktiven Lieferantenpolitik gehört neben der Lieferantenstrukturpolitik auch die Fragestellung nach den Möglichkeiten einer Einflußnahme auf den Lieferanten. Das wichtigste Instrument, mit dem die Beschaffung versucht, Einfluß auf den Lieferanten auszuüben, ist die Lieferantenpflege. Ihr obliegt die Aufgabe, für gute Beziehungen zu den Geschäftspartnern zu sorgen und auf diese Weise zur Erhaltung des Leistungsniveaus der Lieferanten beizutragen. Neben der Lieferantenpflege spielt in einigen Unternehmen die Lieferantenwerbung eine gewisse Rolle; mit ihr sollen potentielle Anbieter angesprochen und neue geeignete Lieferanten für das eigene Unternehmen gewonnen werden. Schließlich versucht die Beschaffung, mit Hilfe der Lieferantenerziehung auf ihre Geschäftspartner einzuwirken. Dieses Instrument wird bei aktuellen Lieferanten eingesetzt, mit deren Leistungsniveaus der Abnehmer nicht völlig einverstanden ist bzw. bei denen die Gefahr besteht, daß ihre Leistungen nicht zufriedenstellend sein werden. Alle drei genannten Instrumente sollen im folgenden genauer untersucht werden.

10.3.1 Lieferantenpflege

Mit Hilfe der Lieferantenpflege möchte die Beschaffung ein vertrauensvolles Verhältnis zwischen dem Abnehmer und dem Lieferanten herstellen. Gute Beziehungen zum Geschäftspartner können dazu beitragen, daß die Lieferwilligkeit des Anbieters – insbesondere in Zeiten der Materialverknappung – erhalten bleibt und daß bei bestimmten Schwierigkeiten, wie sie im täglichen Geschäftsverkehr mit einem Lieferanten nun einmal auftreten können, die Suche nach einer für beide Partner akzeptablen Lösung erleichtert wird. Die Beschaffung will mit dem Mittel der Lieferantenpflege dem Anbieter deutlich machen, daß die abnehmende Unternehmung ein fairer und korrekter Geschäftspartner ist, den der Anbieter entsprechend behandeln sollte.

Immer wieder hat sich in der Praxis bestätigt, daß dort, wo ein Lieferant dem Abnehmer gegenüber eine positive Einstellung hat, sich schwierige Beschaffungssituationen leichter meistern lassen und den Problemen der abnehmenden Unternehmung mehr Verständnis entgegengebracht wird.

Der Ruf, den eine Unternehmung bei ihren Lieferanten genießt, wird in starkem Maße von der Art und Weise, wie die Beschaffung ihre Geschäftspartner behandelt, geprägt. Zur Pflege der Lieferantenbeziehungen und zur Etablierung eines guten Abnehmer-Image können folgende Verhaltensweisen des Einkaufs gegenüber den Lieferanten beitragen:

- Sachlichkeit, Ehrlichkeit, Höflichkeit und seriöses Auftreten bei Besprechungen und Verhandlungen mit den Lieferanten.

- Diskrete Behandlung der von Lieferanten erhaltenen vertraulichen Informationen.

- Einhaltung der gegenüber dem Lieferanten eingegangenen Verpflichtungen.

- Möglichst frühzeitige Unterrichtung des Lieferanten über Änderungen im Produktionsplan bzw. -programm.

– Aufgeschlossenheit und Verständnis für die Probleme des Lieferanten und erforderlichenfalls Bereitschaft zur Lieferantenförderung.

– Großzügiges Verhalten beim Auftreten geringfügiger Materialfehler, welche die Produktion nicht beeinträchtigen.

– Vermeidung unangemessenen Preisdrucks in Käufermärkten.

– Vermeidung von Wartezeiten für den Lieferanten oder seinen Vertreter bei Besuchen in der eigenen Unternehmung.

– Unterrichtung derjenigen Anbieter, die Angebote eingereicht haben und aufgrund des Angebotsvergleichs bei Bestellungen nicht berücksichtigt werden, sowie Mitteilung der Gründe für die Nichtberücksichtigung.

10.3.2   Lieferantenwerbung

Die Lieferantenwerbung ist für den Abnehmer ein wichtiges Kommunikationsinstrument, mit dem potentielle Anbieter angesprochen werden sollen. Man will diese Anbieter mit Hilfe der Lieferantenwerbung über den Bedarf der beschaffenden Unternehmung informieren und darauf hinweisen, welche Vorteile aus Geschäftsverbindungen mit dem Abnehmer gezogen werden können. Auf diese Weise versucht der Einkauf, den Bekanntheitsgrad der eigenen Unternehmung als Nachfrager für bestimmte Materialien zu erhöhen und neue leistungsfähige Lieferanten zu finden und zu gewinnen. Der Einsatz dieses Instruments dürfte vor allem dann angebracht sein, wenn auf einem Beschaffungsmarkt Materialknappheit besteht und die Lieferindustrie sich aus vielen kleinen und mittelgroßen Herstellern zusammensetzt, über die die Beschaffung keinen genauen Marktüberblick hat. Insofern dient die Lieferantenwerbung auch dazu, den Beschaffungsmarkt transparenter zu machen.

Als Werbemittel kommen auf der Beschaffungsseite insbesondere Anzeigen in Tageszeitungen und Fachzeitschriften, die öffentliche Ausschreibung, die Ausstellung von fremdbezogenen und eigengefertigten Teilen im Empfangsraum der Einkaufsabteilung sowie der Werbebrief und das Werbegespräch infrage. Im Gegensatz zur Absatzwerbung hat die Lieferantenwerbung in erster Linie informierenden Charakter und ist mehr verstandes- und weniger gefühlsbetont.

Diese werblichen Bemühungen auf der Beschaffungsseite können durch Public Relations und Lieferantpflege unterstützt werden. Denn diese beiden Maßnahmen wollen das Image einer Unternehmung fördern und können deshalb dazu beitragen, daß die Bekanntheit der eigenen Unternehmung als Abnehmer sich erhöht und daß bei den Lieferanten die Überzeugung entsteht, daß der werbende Betrieb eine bedeutende und angesehene Firma ist, mit der es sich lohnt, Geschäftsbeziehungen zu unterhalten.

10.3.3 Lieferantenerziehung

Nicht immer wird man in der Beschaffung einen Lieferanten, mit dessen Leistungen man aus bestimmten Gründen nicht einverstanden ist, sofort durch einen anderen ersetzen wollen oder können. Die Beschaffung wird in vielen Fällen zunächst versuchen, mit Hilfe der Lieferantenerziehung auf den Anbieter einzuwirken, daß dieser sich bemüht, Fehler und Mängel in der Leistungserstellung abzustellen bzw. seine Leistungen auf bestimmten Gebieten zu steigern oder zu verändern. Da eine Veränderung der Lieferantenleistung, die eine Verbesserung der eigenen Beschaffungssituation zur Folge hat, auf den verschiedensten Gebieten möglich ist, können auch die mit der Lieferantenerziehung zu verfolgenden Ziele recht unterschiedlicher Art sein. So kann man z.B. mit Hilfe der Lieferantenerziehung zu erreichen versuchen, daß der Anbieter gegebenenfalls

– sein Qualitätsniveau steigert, so daß die Produkte des Lieferanten den Anforderungen des Abnehmers entsprechen,

– das Qualitätsniveau seiner Produkte den geringeren Anforderungen des eigenen Unternehmens anpaßt und auf diese Weise die Preise senkt,

– seine Termine einhält oder die Lieferzeiten verkürzt,

– Serviceleistungen rasch und zügig erbringt,

– sich bemüht, Kostensteigerungen durch Rationalisierung abzufangen,

– technische Rückfragen prompt beantwortet,

– günstigere Arten der Begleichung der Rechnungen (z.B. durch Sammelrechnungen am Monatsende) ermöglicht oder den Geschäftsverkehr vereinfachen hilft.

Zwecks Realisierung derartiger und ähnlicher Ziele stehen der Beschaffung eine Reihe von Maßnahmen erzieherischer Art zur Verfügung. Als Erziehungsmittel kommen zunächst einmal Lob und Tadel für die durch den Lieferanten erbrachten Leistungen infrage. Einige Unternehmen sind z.B. dazu übergegangen, ihre Lieferanten über das Ergebnis von Angebotsanalysen und -vergleichen zu unterrichten und ihnen Aufschluß darüber zu geben, wie günstig oder ungünstig sie mit ihren Angeboten im Vergleich zur Konkurrenz liegen. Andere Abnehmer teilen ihren Lieferanten gezielt diejenigen Faktoren des Angebotsvergleichs mit, bei denen sie gegenüber den Wettbewerbern schlecht abschneiden. Als Tadel mit erzieherischen Zielen müssen auch Reklamationen aufgefaßt werden, die sich je nach vorliegendem Mangel auf den Termin, die Qualität, die Menge, den Preis oder die Rechnung etc. beziehen können. Diese Informationen mit tadelndem Charakter sollen für den Lieferanten Anregung und Denkanstoß sein, bestimmte Leistungen, mit denen der Abnehmer nicht zufrieden ist, zu verändern bzw. zu verbessern. Lob für hervorragende Leistungen des Lieferanten kann u.a. in Form von Anerkennungsschreiben, von Dankbriefen, durch die Weiterleitung von Anerkennungsschreiben der Kunden an den Lieferanten oder durch die Mitteilung positiver Ergebnisse bei der Qualitätskontrolle erfolgen. Einige amerikanische Firmen ermitteln in regelmäßigen zeitlichen Abständen diejenigen Lieferanten, die in der abgelaufenen Periode am meisten zur Verbesserung des Einkaufsergebnisses beigetragen haben und geben ihre Namen öffentlich bekannt.

Die Beschaffung verfügt allerdings über wirksamere Instrumente der Lieferantenerziehung, als sie Lob und Tadel für erbrachte Leistungen darstellen. Als effizienter gelten im allgemeinen diejenigen erzieherischen Maßnahmen, die mit materiellen Vor- bzw. Nachteilen für den Lieferanten verbunden sind bzw. sein können.

Zur Verdeutlichung dieses Problemkreises seien hier lediglich einige Maßnahmen mit erzieherischem Charakter aufgeführt:

– Der Abnehmer kann bei herausragenden Leistungen eines Lieferanten sich bemühen, diesen Anbieter bei zukünftigen Bestellungen stärker zu berücksichtigen. Diese Form der Anerkennung durch den Abnehmer muß als ein sehr wirkungsvolles Instrument der Lieferantenerziehung angesehen werden. Umgekehrt könnte der Abnehmer mit Lieferanten verfahren, mit denen er unzufrieden ist.

– Hat ein Lieferant schwerwiegende Fehler bei der Belieferung mit Materialien begangen oder Störungen in der Materialversorgung verursacht, kann der Abnehmer überlegen, ob er ihn für einen bestimmten – längeren – Zeitraum aus dem Lieferantenkreis ausschaltet. Vielfach übt schon die Androhung eines Lieferantenwechsels die erforderliche erzieherische Wirkung auf den Lieferanten aus und führt zu einer Verbesserung der Lieferantenleistung.

– Auch das Ausnutzen der dem Einkäufer aus dem Kaufvertrag zur Verfügung stehenden Möglichkeiten (wie Wandlung, Minderung, Schadensersatz) muß in diesem Zusammenhang als erzieherisches Mittel genannt werden. Dabei wird der Abnehmer allerdings vor allem bei langjährigen Geschäftspartnern die ihm gesetzlich gegebenen Möglichkeiten mit Umsicht anwenden.

– Bei kleineren Lieferanten können in bestimmten Fällen Prämien oder Geschenke als Anerkennung für besondere Leistungen eingesetzt werden und einen Anreiz auf weitere Verbesserungen der Materialbereitstellung bzw. auf die Beibehaltung guter Ergebnisse ausüben.

– Zur pünktlichen Lieferung kann der Lieferant durch die Vereinbarung einer Konventionalstrafe angehalten werden.

– Mit der Vereinbarung einer Prämie für vorzeitige Lieferung kann man auf den Lieferanten einwirken, daß er die bestellte Ware möglichst bald dem Abnehmer zur Verfügung stellt.

Schließlich gehört zur Liefeantenerziehung eine dritte Gruppe von Maßnahmen. Hierbei handelt es sich um bestimmte, an den Lieferanten gerichtete Mitteilungen oder Appelle, mit denen die Beschaffung ihrem Geschäftspartner mehr oder weniger deutlich zum Ausdruck bringen will, welche konkreten Ergebnisse sie von ihm erwartet und welche Leistungen er erbringen soll. In diese Kategorie von erzieherischen Mitteln fällt z.B. die Spezifikation. Inhaltlich hat sich eine derartige Spezifikation u.a. nach dem Ziel zu richten, das mit Hilfe der Lieferantenerziehung erreicht werden soll. Wenn etwa ein höheres Qualitätsniveau beim Lieferanten angestrebt wird, so könnte man versuchen, dies dadurch zu erreichen, daß die Bedingungen, unter denen produziert werden soll (z.B. Temperatur, Feuchtigkeit, Druck), spezifiziert werden. Oder man legt in der Spezifikation die Eigenschaften eines Produktes (Reinheitsgrad, Gewicht, Haltbarkeit, Toleranz) fest bzw. schreibt das Fertigungsverfahren vor. Auch die Mitteilung der eigenen Annahmekennlinie an den Lieferanten dient dazu, dem Anbieter eine klare Vorstellung von der zu erbringenden Leistung zu geben und ihn so in die Lage zu versetzen, sich um die Erfüllung der verlangten Anforderungen zu bemühen. Ferner versuchen die Abnehmer durch Erinnerungsschreiben, Vorwarnungen und Mahnungen auf ihre Lieferanten erzieherisch einzuwirken. Als ein Erziehungsmittel mit Appellcharakter müssen auch die in der Einkaufskorrespondenz verwendeten Klebemarken angesehen werden. Sie können sich inhaltlich auf die unterschiedlichsten Aspekte der Lieferantenleistung beziehen. So kann der Text auf einer derartigen Klebemarke etwa lauten: „Lieferzeit überschreiten heißt Vertrauen verlieren" oder „Sie beobachten unsere Aufträge, wir beobachten die Qualität Ihrer Produkte".

Die Erziehung von Lieferanten ist in vielen Fällen ein langwieriger Prozeß, in dem viel Geduld und Energie aufgewendet werden muß. Oft führt erst eine Kombination von verschiedenen erzieherischen Mitteln zu einem zufriedenstellenden Ergebnis.

10.4   Zusammenarbeit mit Lieferanten

10.4.1   Partnerschaft

10.4.1.1   Grundlegende Aspekte

Der Zusammenarbeit mit Lieferanten können die unterschiedlichsten Ziele und Philosophien zugrunde liegen. Sie reicht von der traditionellen, auf kurzfristigen Vorteil abgestellten, Geschäftsbeziehung über längerfristige Abkommen bis zu engen Partnerschaften auf vielen gemeinsam interessierenden Gebieten, wie Produktentwicklung, Qualitätssicherung und Logistik. Dieses auf Zusammenarbeit und gegenseitigem Vertrauen basierende Lieferanten-Abnehmer-Verhältnis ist in besonderem Maße geeignet – wie zahlreiche Beispiele aus der Praxis belegen –, die Versorgung des eigenen Unternehmens langfristig zu sichern und seine Wettbewerbsfähigkeit zu stärken. Das Neue an einer so verstandenen Partnerschaft im Sinne einer *„strategischen Allianz"* besteht im wesentlichen darin, daß Lieferant und Abnehmer Nutzen aus Synergie-Effekten ziehen können, vor allem auf Märkten mit hoher Variationstendenz. Auch die viel beklagte Variantenfülle, verkürzte Produktlebenszyklen, Preisverfall auf Teilmärkten und verschärfte, weltweite Konkurrenz lassen es ratsam erscheinen, auf Alleingänge zu verzichten und näher „zusammenzurücken". Das schließt natürlich nicht aus, daß die Geschäftspartner ihre Kernkompetenz behaupten und sich außerhalb der Kooperationsfelder harten Wettbewerb liefern. Chancen und Risiken bzw. Gewinne und Verluste aus der Zusammenarbeit sollten möglichst gerecht verteilt werden. Eine einseitige Abwälzung bestimmter Kosten, etwa der Lagerhaltungskosten, auf den Lieferanten, würde diesem Grundgedanken nicht nur widersprechen, sondern auch auf lange Sicht keinen Vorteil bringen. Der Abnehmer erwartet von seinem spezialisierten Lieferanten eine kompetentere Erledigung der gestellten Aufgabe als bei Eigenfertigung. Das schließt Rationalisierungsbemühungen und Kostensenkungsprogramme ebenso ein wie die Entwicklung neuer Technologien bei Produkten und Verfahren, wobei spezielle Projektteams zur Seite stehen können. Der Lieferant wiederum erwartet von seinem Abnehmer technologische und evtl. finanzielle Hilfestellung, Abnahmeverpflichtungen durch Langfristverträge und den Verzicht auf leichtfertigen Lieferantenwechsel bei günstigen Gelegenheiten. Weiterhin erfordert die enge Kooperation neben Vertrauen einen wechselseitigen Informationsaustausch und Koordinationsbedarf im Rahmen der Logistik zur Verbesserung der Transparenz auf beiden Seiten. Um dieses komplexe Zusammenspiel besser in den Griff zu bekommen, versucht man, den Kommunikations- und Logistikaufwand im Sinne *„schlanker"* Strukturen möglichst niedrig zu halten. Als Beispiel sei die Tendenz zur Verringerung der Anzahl der Zulieferer genannt. So werden viele Teile häufig nur noch von einem oder höchstens zwei Lieferanten bezogen und immer mehr Teile werden als komplette Baugruppen von Systemanbietern geliefert. Auch die Bevorzugung von Lieferanten, die auf qualitativem Gebiet herausragen und entsprechende Auszeichnungen vorweisen können, zielt in die gleiche Richtung.

10.4.1.2   Probleme

Wenn auch die langfristige und freundschaftliche Bindung gegenüber einer lockeren Geschäftsbeziehung viele Vorteile aufweist, so dürfen mögliche Nachteile nicht übersehen werden. Hier wäre zunächst die gegenseitige Abhängigkeit zu nennen, die gravierende Anpassungsmaßnahmen nach sich ziehen kann. Das ist vor allem dann der Fall, wenn der Lieferant überwiegend auf einen Kunden fixiert ist und als dessen „verlängerte Werkbank" fungiert. Weiterhin kann die Dauerhaftigkeit der

Partnerschaft Probleme aufwerfen, wenn ein Partner eine dominierende Stellung hat, wobei die jeweiligen Machtpositionen unterschiedlich verteilt sein können.

Gelegentlich nehmen Zulieferer eine starke Marktstellung ein, wenn sie bedeutende Eigenentwicklungen betreiben, Patente besitzen oder ihre Erzeugnisse einen hohen Bekanntheitsgrad aufweisen. Manche Anbieter sind auch auf ihrem Spezialgebiet so innovativ, daß sie Forschungs- und Entwicklungsarbeit im Auftrag ihrer Kunden leisten. Die Position des Lieferanten wird auch gestärkt, wenn Teile seiner Angebotspalette knapp und damit Versorgungsengpässe beim Abnehmer zu befürchten sind, oder wenn kartellähnliche Absprachen den potentiellen Lieferumfang begrenzen.

In anderen Fällen dominieren die Abnehmer, was sich an verschiedenen Indikatoren beim Lieferanten in etwa ablesen läßt:

– Übernahme der Qualitätssicherung,
– Vorhaltung von Lagerbeständen,
– Erweiterung der Garantieleistungen,
– Anpassung der Kapazitäten,
– Offenlegung der Kalkulation,
– Eintritt in Datenverbund,
– Verknüpfung der Logistiksysteme.

Problematisch an manchen Erscheinungsformen der partnerschaftlichen Zusammenarbeit ist weiterhin deren *rechtliche* Würdigung und Beurteilung. Das liegt einmal an der Neuartigkeit dieser Beziehungen und zum anderen an der Tatsache, daß sie meistens durch individuelle Abmachungen (z.B. Qualitätssicherungs-Verträge) rechtlich abgesichert werden, so daß manche Vorschriften nicht oder nur ungenügend greifen. Als Beispiel sei auf die sofortige Untersuchungs- und Rügepflicht nach den §§ 377, 378 HGB und auf die Allgemeinen Geschäftsbedingungen verwiesen, die besonders im Rahmen von Just-in-Time-Konzepten bestimmte Vorstellungen eines Partners, meistens des Abnehmers, untermauern sollen. Selbst bei mißbräuchlicher Gestaltung der Partnerschaft ist der Rechtsschutz auf der Basis des Gesetzes gegen Wettbewerbsbeschränkungen (GWB) aus verschiedenen Gründen unbefriedigend.

Ein weiteres Problem der „Zwangsehe" zwischen Lieferant und Abnehmer ist die *Schwierigkeit des Lieferantenwechsels.* Die notwendige Offenheit, die Harmonisierung der Materialflüsse und die Kompatibilität beim Datenaustausch machen einen erstrebten Wechsel zumindest kurzfristig sehr teuer oder gar unmöglich. Die Gewöhnung an einen langjährigen Lieferanten oder auch mangelnde Beschaffungsmarktforschung können sich auf die Dauer nachteilig für den Einkauf auswirken. Das ist auch dann der Fall, wenn die Schere zwischen den Anforderungen des Einkaufs auf der einen und den Marktgegebenheiten auf der anderen Seite zu weit auseinanderklafft. Um solchen Gefahren entgegenzutreten, hat sich das Instrument des „*Reverse Marketing*" bewährt, bei dem die Initiative zur Gestaltung material-wirtschaftlicher Parameter vom Einkäufer statt vom Lieferanten ausgeht.

10.4.2   Kooperationsfelder

10.4.2.1   Technologie

Die enge Verzahnung des Lieferanten mit dem Hersteller wirkt sich besonders ef-fektiv auf dem weiten Gebiet der Technologie aus. Der zum Teil rasante technologi-sche Wandel auf den Absatz- und Beschaffungsmärkten eröffnet Chancen und birgt Risiken für Lieferant und Abnehmer. Aus der Absicht, neue Endprodukte zu entwickeln und anzubieten, um die Wettbewerbsposition zu verbessern oder ein Produkt am Ende seines Lebenszyklus zu ersetzen, folgt häufig eine intensive Be-schaffungsmarktforschung, gepaart mit wert- und preisanalytischen Untersuchun-gen. Weil die Qualität der Endprodukte in immer stärkerem Maße von der Qualität der Zukaufteile abhängt, wirken umgekehrt auch die gegenwärtige Situation am Beschaffungsmarkt ebenso wie die Zukunftsperspektiven auf die eigene Produkt-entwicklung ein. Sowohl Lieferanten als auch Abnehmer werben gelegentlich mit den Produkten ihres jeweiligen Partners. Die schnelle Umsetzung neuer Technolo-gien in neue Produkte fördert nicht nur das Unternehmenswachstum, sondern kann auch in extremen Fällen zu einer Existenzfrage werden. Der Einkäufer, der diese Aufgabe schneller als sein Konkurrent bewältigt, erlangt akquisitorisches Po-tential und trägt zum Unternehmenserfolg bei. Besonders augenfällig schlägt sich der technologische Wandel bei High-Tech-Produkten nieder. Aber auch sonst kann jede Veränderung des Unternehmensumfeldes auf politischem, sozialem oder wirt-schaftlichem Gebiet Aktivitäten im Sinne des Reverse Marketing auslösen. Man denke nur an die zahlreichen neuen Beschaffungsquellen, die sich im Laufe der Zeit ergeben haben, als Ersatz für andere, aber auch völlig neue, bedingt durch den technischen Fortschritt, aber auch durch Gesetzesänderungen, Umweltauflagen, Si-cherheitsvorschriften und den allgemeinen Wertewandel. Als Beispiele seien nur genannt phosphatfreie Waschmittel, FCKW-freie Kühlmittel, Kunststoffe statt Me-tall, synthetische Stoffe statt Naturprodukte, Flüssigkeiten statt Feststoffe.

Dynamische Unternehmer im Sinne Schumpeters treten mit innovativen Lösungen als neue Lieferanten auf den Plan und verdrängen möglicherweise alteingesessene Anbieter. So können Technologien verkrustete Marktstrukturen oder Zugangsbe-schränkungen aufbrechen, damit den Wettbewerb beleben und letztlich den Hand-lungsspielraum des Einkaufs erweitern.

Ein Großteil des Forschungsaufwands entfällt auf die spezielle Produktentwick-lung. Auf diesem Gebiet ist es zweckmäßig, von Anfang an den Einkauf einzuschal-ten, der als Drehscheibe zwischen Markt und Betrieb seiner Technik beratend zur

Seite stehen kann. So trägt er dazu bei, einseitige technische Vorstellungen zu verhindern, die möglicherweise das unternehmerische Gesamtoptimum verfehlen. Zu diesem Zweck sollte der Einkauf darauf achten, daß die Hürden für die Freigabe neuer Teile um die einkäuferischen und logistischen Belange aufgestockt werden. Hier geht es zum Beispiel um Fragen der

- Sortimentsstraffung,
- Normung,
- Spezifikation,
- Qualitätsbeschreibung,
- Verpackung.

Häufig wird diese einkäuferische Mitwirkung durch die Teilnahme an speziellen Projekt- oder Wertanalyseteams institutionalisiert. Wenn es hierbei auch überwiegend um technische Problemlösungen geht, so führt doch die Berücksichtigung des Beschaffungsmarktes das technisch Vorstellbare auf das ökonomisch Gebotene zurück. Man sollte auch nicht vergessen, daß Value Analysis und Value Engineering ihren Ursprung im Einkauf und nicht in der Technik haben. Schließlich will ein Unternehmen in erster Linie ein Produkt einkaufen, das wichtige Funktionen optimal erfüllt und auf unnötige möglichst verzichtet.

Der Einkauf wiederum bezieht seine Kenntnisse und Beiträge z.B. in Brainstorming-Sitzungen vorwiegend aus der Analyse und Beobachtung des Beschaffungsmarktes. Es ist daher naheliegend, Lieferanten in Wertanalyse-Teams des Herstellers einzubinden. Auf diese Weise werden die Geschäftsbeziehungen durch Betonung der Partnerschaft gefestigt und gleichzeitig profitiert der Abnehmer vom Know-how des Lieferanten.

Noch stärker kommt die enge Zusammenarbeit mit den Lieferanten zum Ausdruck, wenn die Entwicklung von Produkten, Maschinen, Werkzeugen und Fertigungsverfahren gleichzeitig erfolgt. Dieses technologische Konzept, auch Simultaneous Engineering genannt, verkürzt die Durchlaufzeiten im Vorfeld der Produktion, weil die sequentielle Planung durch eine parallele ersetzt wird. Die kürzeren Entwicklungszeiten sorgen dafür, daß Produkte schneller auf den Markt kommen und Gewinne eher realisiert werden, sofern die *„Stimmen der Kunden"* richtig gehört wurden.

10.4.2.2   Logistik

Die enge Zusammenarbeit mit den Lieferanten ist auch auf dem Gebiet der Logistik vonnöten, wenn die Durchlaufzeiten insgesamt verkürzt werden sollen. Dieses Ziel ist aber für die meisten Unternehmen angesichts der Wettbewerbssituation sowie der Flüchtigkeit und Ausuferung der Kundenwünsche schon ein Muß geworden, weil nur auf diese Weise die notwendige Flexibilität gegenüber den Markterfordernissen erreicht werden kann. Wenn auch ein gewisses Umdenken hinsichtlich der Variantenexplosion zu verzeichnen ist, so bleibt doch der Kunde in den meisten Firmengrundsätzen König, so daß schnelles Reagieren gefragt bleibt.

Vor diesem Hintergrund sind Logistik-Konzepte zu sehen, die sowohl im eigenen Unternehmen als auch zusammen mit geeigneten Lieferanten unorthodoxe Wege beschreiten, um den neuen Herausforderungen zu begegnen. Hier wären zu nennen:

– Time Based Management,
– Lean Management,
– Just in Time.

Wenn sich die genannten Systeme auch in manchen Details unterscheiden, so weisen sie andererseits viele Gemeinsamkeiten auf, so daß sich in der Sprache der Mengenlehre Schnittmengen ergeben.

Beim *Time Based Management* wird die Zeit für die Entwicklung, Erzeugung und Auslieferung von Produkten als Kosten- und Wettbewerbsfaktor besonders herausgehoben. Hier ergeben sich Überschneidungen mit dem Simultaneous Engineering (kurze Entwicklungszeiten) und dem allgemeinen Ziel der Logistik, die Durchlaufzeiten zu verkürzen. Aber auch die Studie des Massachusetts Institute of Technologie (MIT) zur Zukunft der Automobilindustrie zeigt, daß der Zeitfaktor (z.B. Fertigungszeit eines PKW) Produktivitätsunterschiede zwischen japanischen, amerikanischen und europäischen Montagewerken erklären kann.

Bezüglich der engeren Beschaffungslogistik verfolgen die drei genannten Systeme das gemeinsame Ziel, schnell und zum richtigen Zeitpunkt *(Just in Time)* beliefert zu werden. Eine solche produktionssynchrone Beschaffung beschränkt sich auf die Anlieferung bedarfsgerechter Teilmengen (kleine Einkaufslose) an den Verarbeitungsort unter Verzicht auf Warenannahme und -prüfung. Dabei kommt idealtypisch eine Direktbelieferung zwischen Lieferant und Abnehmer in Betracht, was sich bei kurzen Distanzen anbietet. Bei großen Entfernungen kann der gebrochene Verkehr in Form eines Zwischenlagers zur Problemlösung beitragen. Dabei hat sich die Einschaltung von Spediteuren bewährt, die ihren Aufgabenbereich gerade im Hinblick auf die neuen Herausforderungen im Sinne einer *umfassenden logistischen Dienstleistung* erweitert haben. Um bei dieser Anlieferungsstrategie günstig auf die Transportkostenentwicklung einwirken zu können, empfiehlt sich eine Bündelung und Koordinierung der Verkehrsströme, z.B. durch Verwendung von Gebietsspediteuren.

Eine elementare Voraussetzung für das Gelingen einer Just in Time-Anlieferung ist die absolute Zuverlässigkeit der Lieferanten, die damit eine Schlüsselposition erhalten. Entsprechend werden klassische Aufgabenbereiche des Einkaufs zugunsten

eines „Relationship-Managements" verdrängt. Dabei ist davon auszugehen, daß
für die Realisierung von Just in Time sowohl Modular als auch Single Sourcing
günstige Strategien darstellen. Die geringere Anzahl der Zulieferer für ein Monta-
gewerk liegt ebenfalls im Sinne des *Lean Managements* und wird durch die vorge-
nannte MIT-Studie belegt. Die Tendenz zum schlanken Lieferanten-Abnehmer-
Verhältnis ergibt sich auch aus der Notwendigkeit, dem Materialfluß einen
Informationsfluß vorauseilen zu lassen. Für die kompatible datentechnische Einbindung von Lieferanten (und evtl. Spediteuren) in den Herstellerbetrieb sind umfangreiche Vorarbeiten notwendig, die zwangsläufig die Lieferantenzahl reduzieren.

Schließlich ist auch unter dem Aspekt der Spitzen-Qualität von Jit-fähigen Produkten, die keine Eingangskontrolle mehr durchlaufen, eine Verringerung der Lieferantenzahl zu erwarten, weil nicht alle Lieferanten die hohen Anforderungen erfüllen können. Eine der schwierigsten Aufgaben des Einkaufs in diesem
Zusammenhang ist das Auffinden solcher erstklassiger Lieferanten. Im Einkauf alter Prägung herrschte die Meinung vor, daß gute Qualität teuer sei. Inzwischen hat
sich die Erkenntnis durchgesetzt, daß schlechte Qualität noch teurer ist. Null-Feh-
ler-Programme sollten nicht auf die Raumfahrt beschränkt bleiben, sondern als
Endziel umfassender *Total Quality Management-Konzepte* von Lieferanten und
Abnehmern gleichermaßen beherzigt werden.

10.4.2.3 Lieferantenförderung

Unter Lieferantenförderung soll hier die Beratung und aktive Unterstützung des
Lieferanten durch den Abnehmer bei schwierigen betrieblichen Problemen, die
der Lieferant mit eigenen Mitteln nicht bewältigen kann, verstanden werden. Die
Lieferantenförderung verlangt zwar vom Abnehmer gewisse Vorleistungen an den
zu fördernden Marktpartner; diese werden jedoch in der Erwartung gegeben, daß
die eingesetzten Maßnahmen zu einer Verbesserung der Lieferantenleistungen
führen werden. Voraussetzung für den Einsatz dieses beschaffungspolitischen Instruments ist eine genaue Kenntnis des Lieferanten, seiner Stärken und Schwächen
in wirtschaftlicher und technischer Hinsicht. Vor allem mittlere und kleinere Zulieferer bieten erfahrungsgemäß manche Ansatzpunkte für die Lieferantenförderung
und sind in der Regel auch gern bereit, Verbesserungsvorschläge und Unterstützung durch den Abnehmer zum Vorteil beider Marktpartner zu akzeptieren.

Die konkreten Förderungsmaßnahmen können sich auf die unterschiedlichsten
Gebiete erstecken. Der Schwerpunkt der Lieferantenförderung wird in der Regel
im Produktionsbereich liegen. Hier kann der Abnehmer den Lieferanten unterstützen, indem er technische Hilfe beim Herstellungsprozeß gewährt, Rationalisie-
rungsvorschläge macht, Information und Schulung auf dem Qualitätsgebiet vermit-

telt, über den zu beobachtenden technologischen Trend informiert oder bei der Auswahl von Investitionsgütern berät. Durch diese Hilfestellung kann der Abnehmer auch eine gewisse Ausrichtung der Lieferantenleistung auf die eigenen Belange erreichen.

Förderungsmaßnahmen sind ferner auf dem Gebiet der Beschaffung denkbar. Es kommt in der industriellen Praxis vor, daß die abnehmende Unternehmung den Anbieter auf günstigere Bezugsquellen für seine Vormaterialien hinweist oder ihn bei der Verhandlung mit seinen Lieferanten aktiv unterstützt. Eine besonders enge Kooperation auf dem Gebiete der Beschaffung liegt dann vor, wenn der Abnehmer das vom Lieferanten benötigte Material selbst beschafft und es ihm zur Verfügung stellt. Diese intensivere Form der Zusammenarbeit zwischen Abnehmer und Zulieferer erscheint in den Fällen angebracht, in denen die abnehmende Unternehmung die vom Anbieter benötigten Materialien günstiger beziehen kann als der Zulieferer.

Als weitere Ansatzpunkte für die Lieferantenförderung sind der Verwaltungs- und Personalbereich zu nennen. So ist es z.B. nicht ungewöhnlich für den großen Abnehmer, daß er den kleinen Anbieter etwa bei der Erarbeitung von Kostenrechnungsmethoden oder bei schwierigen Steuerfragen Hilfestellung leistet, daß er das Personal des Lieferanten auf bestimmten Gebieten schult oder auch für einen kürzeren oder längeren Zeitraum eigene geschulte Mitarbeiter dem Lieferanten zur Verfügung stellt. In Einzelfällen mögen sich Förderungsmaßnahmen auch auf den Finanzbereich erstrecken. Der Abnehmer kann einem Lieferanten, der in finanzielle Schwierigkeiten geraten ist, dadurch helfen, daß er Vorauszahlungen leistet, Rechnungen vorzeitig begleicht oder dem Lieferanten Werkzeuge, Anlagen oder Materialien beistellt.

Seltener kommt es in der industriellen Praxis vor, daß der Abnehmer dem Lieferanten liquide Mittel zwecks Überbrückung von finanziellen Schwierigkeiten leiht, weil bei einem derartigen Vorgehen das fördernde Unternehmen wenig Möglichkeiten hat, die Verwendung des geliehenen Kapitals in angemessener Weise zu beeinflussen. Zu den intensiveren Formen der finanziellen Unterstützung wird der Abnehmer in der Regel nur dann bereit sein, wenn eine begründete Aussicht auf eine finanzielle Gesundung des Lieferanten besteht und wenn die fördernde Unternehmung sehr viel Wert auf die Erhaltung des zu fördernden Anbieters legt.

In bestimmten Ausnahmefällen werden sich Förderungsmaßnahmen auch auf den Absatzbereich des Lieferanten beziehen können. So läßt sich hier und da beispielsweise beobachten, daß ein Abnehmer bei der Vermarktung von Lieferantenerzeugnissen dann Hilfestellung leistet, wenn der Anbieter Kuppelprodukte herstellt. Hier hat in bestimmten Fällen der Abnehmer ein Interesse daran, daß der Lieferant den Absatz seines Hauptproduktes ausweitet, damit das von der fördernden Unternehmung bezogene Nebenprodukt in ausreichendem Maße angeboten wird.

Aus dieser Zusammenstellung möglicher Förderungsmaßnahmen auf verschiedenen Gebieten geht hervor, daß einem Abnehmer in diesem Bereich eine Vielzahl unterschiedlicher Mittel zur Verfügung steht. Welches spezielle Mittel der Lieferantenförderung bzw. welche Kombination von Maßnahmen im konkreten Einzelfall zum Einsatz gelangen sollte, hat sich nach den angestrebten Zielen und den beim Lieferanten vorhandenen betrieblichen Schwachstellen zu richten. Aus der obigen Aufzählung läßt sich ferner entnehmen, daß sich die einzelnen Maßnahmen hinsichtlich der Intensität der Kooperation zwischen Lieferant und Abnehmer unterscheiden. In bestimmten Fällen mag es schon genügen, wenn der Abnehmer den Lieferanten auf einen geeigneten Berater hinweist, der dem Anbieter bei der Lösung betrieblicher Probleme behilflich ist. In anderen Fällen werden nur sehr intensive Formen der Lieferantenförderung zur Verbesserung der Lieferantenleistung führen.

Je intensiver der Abnehmer Lieferantenförderung betreibt, desto eher wird zwischen dem Anbieter und der fördernden Unternehmung ein Kooperationsverhältnis entstehen, das über die rein vertraglichen Beziehungen zwischen den beiden Marktpartnern hinausgeht. Lieferantenförderung kann insofern einen wesentlichen Beitrag zur Pflege guter Beziehungen zum Lieferanten leisten.

10.4.2.4   Lieferantenentwicklung

Unter Lieferantenentwicklung soll hier der Aufbau eines völlig neuen, bislang auf einem bestimmen Beschaffungsmarkt noch nicht vertretenen Anbieters seitens des Abnehmers verstanden werden. In der industriellen Einkaufspraxis entsteht die Notwendigkeit der Entwicklung eines neuen Lieferanten z.B. dann, wenn eine Unternehmung ein Produkt beziehen möchte, das auf dem Beschaffungsmarkt bislang noch nicht angeboten wird. Eine derartige Situation kann etwa dadurch zustande kommen, daß die bedarfsanfordernde Stelle eine ganz spezielle, sonst nicht übliche Konstruktion, Ausführung oder Formgebung für ein Einkaufsteil festgelegt hat oder die Verwendung eines im allgemeinen nicht gebräuchlichen Materials bei der Herstellung des zu beschaffenden Artikels verlangt.

Die Notwendigkeit zur Lieferantenentwicklung kann sich allerdings auch dann ergeben, wenn die am Markt vorhandenen Anbieter die nachfragende Unternehmung nicht beliefern wollen oder können.

Eine derartige Lieferunwilligkeit kann darin begründet sein, daß die vorhandenen Anbieter ihre Kapazitäten voll ausgelastet haben oder durch Exklusivverträge an andere Abnehmer gebunden sind. Auch kann es in der Praxis vorkommen, daß ein potentieller Lieferant zu einer Firmengruppe gehört, die als Konkurrenz auf dem Absatzmarkt des Abnehmers auftritt und aus diesem Grunde die nachfragende Unternehmung nicht beliefern möchte.

Unabhängig von der aus bestimmten Marktsituationen resultierenden Notwendigkeit, neue Lieferquellen aufzubauen, ist die Lieferantenentwicklung generell gesehen ein wichtiges Mittel der aktiven Beeinflussung und Formung des Beschaffungsmarktes. Sie ist ein beschaffungspolitisches Instrument, durch dessen Einsatz sich die zukünftigen Beschaffungsmöglichkeiten zugunsten der eigenen Unternehmung wesentlich verbessern lassen. Je nach gegebener Marktsituation kann mit Hilfe der Lieferantenentwicklung beispielsweise erreicht werden.

- daß die auf dem Markt angebotenen Mengen sich in Zukunft erhöhen und sich dem steigenden Bedarf anpassen;

- daß der Wettbewerb auf dem Gebiet der Preise, der Qualität oder der Konditionen sich intensiviert;

- daß sich die nachfragende Unternehmung aus der Abhängigkeit von einem oder einigen wenigen Lieferanten befreit;

- daß Lieferbetriebe in der Nähe des Bedarfsortes entstehen;

- daß den Konzentrationstendenzen auf der Angebotsseite entgegengewirkt wird.

Die der Lieferantenentwicklung zugrunde liegende Idee ist also, daß die Beschaffungsmärkte vom Einkauf nicht als gegeben angesehen werden sollten, sondern sich durch den Einsatz der Lieferantenentwicklung verändern lassen.

Der Prozeß der Lieferantenentwicklung kann sehr langwierig sein; er umfaßt eine sogenannte Planungs- und Kontaktphase sowie die eigentliche Entwicklungsphase, die dann in die Phase der geregelten Geschäftsbeziehungen mit dem aufgebauten Anbieter einmündet. Die im Rahmen der Lieferantenentwicklung erforderlichen Planungen beziehen sich auf die Festlegung des zu erreichenden beschaffungspolitischen Zieles, sie erstrecken sich auf die Suche nach zu entwickelnden Lieferanten und umfassen auch eine grobe Bestimmung möglicher Vor- und Nachteile der Lieferantenentwicklung für Abnehmer und Lieferant. Die Suche nach Unternehmen, die für eine Lieferantenentwicklung infrage kommen, ist vor allem dann besonders schwierig, wenn es sich um ein völlig neues Produkt handelt, für das ein Markt im üblichen Sinne überhaupt noch nicht existiert. Man wird sich in derartigen Fällen bei der Suche nach aufzubauenden Lieferanten schwerpunktmäßig auf bestimmte Unternehmensgruppen beschränken müssen und können. Diese Begrenzung bei der Suche nach einem geeigneten Hersteller kann erfolgen, indem man sich auf denjenigen Unternehmenskreis konzentriert,

- der ähnliche Enderzeugnisse herstellt oder sich mit ähnlichen Produkten befaßt;

- der bereits über Produktionsanlagen verfügt, mit denen der neue Artikel hergestellt werden könnte;

- der gleiches oder ähnliches Material im Produktionsprozeß verwendet und über Erfahrungen im Umgang mit dem einzusetzenden Material verfügt;

– der vom technischen Know-how her in der Lage ist, das betreffende Produkt
   herzustellen;

– der über erfahrene und qualifzierte Mitarbeiter verfügt, die für die Entwicklung
   und Produktion des betreffenden Artikels besonders geeignet erscheinen.

Die Suche nach einem aufzubauenden Lieferanten wird in der Regel um so schwieriger sein, je ausgefallener und neuartiger das zu beschaffende Produkt ist.

In der anschließenden Kontaktphase ist der ausgewählten Unternehmung das geplante Projekt im Detail vorzustellen und zu erläutern. Der in Aussicht genommene Anbieter muß in vielen Fällen erst davon überzeugt werden, daß es für ihn von
Vorteil ist, bei dem Vorhaben mitzumachen. In diese Kontaktphase fallen auch die
Verhandlungen mit dem zu entwickelnden Lieferanten über die Ausgestaltung des
abzuschließenden Vertrags. Man wird vielfach nur dann einen Anbieter für das geplante Projekt gewinnen können, wenn man ihm als Anreiz einen ständigen Fluß
von Bestellungen zu einem angemessenen Preis zusichern kann. Der Lieferant muß
im Falle der Realisierung des Vorhabens damit rechnen können, daß die von ihm
getätigten Investitionen samt Zinsen und Gewinn in Form von Aufträgen wieder
zurückfließen.

Die eigentliche Entwicklungsphase, deren Dauer sich je nach Kompliziertheit und
Neuartigkeit des Produktes auf Wochen, Monate oder Jahre erstrecken kann, ist in
der Regel durch eine sehr enge Kooperation zwischen Abnehmer und Lieferant
gekennzeichnet. Vor allem dann, wenn das geplante Vorhaben sowohl beim
zukünftigen Lieferanten als auch beim Abnehmer mit dem Aufbau neuer Kapazitäten verbunden ist, besteht in besonderem Maße die Notwendigkeit einer guten
Abstimmung und einer Synchronisierung der durchzuführenden Maßnahmen. Der
Abnehmer wird bei kleineren Unternehmen in vielen Fällen die angestrebte Entwicklung mit Hife der Lieferantenförderung vorantreiben müssen. Das Ergebnis
dieser gemeinsamen Bemühungen wird die Konstruktion eines ersten Modells und
die Lieferung eines ersten Musters oder einer Probe sein.

Es ist in der Praxis vielfach nicht exakt auszumachen, wann diese eigentliche Entwicklungsphase endet und das Stadium der geregelten Geschäftsbeziehungen beginnt. Denn in den meisten Fällen läßt sich das einmal entwickelte Produkt noch
weiter verbessern.

Der Aufbau eines neuen Lieferanten ist für den Abnehmer keine völlig problem-
und risikolose Angelegenheit. Es kann in der Praxis vorkommen, daß der Abnehmer viel Zeit und Arbeit in ein Projekt investiert, das schließlich doch wegen Er-
folglosigkeit abgebrochen werden muß. Bei erfolgreichem Abschluß der Entwick-
lungsarbeiten besteht die Gefahr, daß man einen Lieferanten aufgebaut hat, der
nun auch unsere Wettbewerber am Absatzmarkt beliefert, so daß unsere
Bemühungen auf diesem Gebiet auch der Konkurrenz zugute kommen. Schwierig-

keiten können sich aus einer Lieferantenentwicklung für den Abnehmer auch insofern ergeben, als er die bereits am Markt vorhandenen Anbieter mit einer derartigen Aktion verärgert. Nicht einfach zu lösen ist in vielen Fällen zudem die Frage, ob und für welchen Zeitraum man den von der eigenen Unternehmung entwickelten Lieferanten in Zukunft gegenüber anderen Anbietern bevorzugen sollte. Grenzen der Lieferantenentwicklung werden dort erkennbar, wo in starkem Maße die Gefahr besteht, daß der aufgebaute Lieferant nach einer gewissen Zeit dahin tendieren könnte, sein Produktionsprogramm auch auf das Endprodukt des Abnehmers auszuweiten. Schließlich wird man angesichts der bei jeder Lieferantenentwicklung erforderlichen engen Kooperation zwischen den beiden Geschäftspartnern darauf achten müssen, daß kein wertvolles Know-how des Abnehmers über die entwickelte Firma nach außen dringt.

10.5   Die Portfolio-Analyse als Basis einer effizienten Lieferantenpolitik

10.5.1   Der Prozeß der strategischen Planung

Sowohl tiefgreifende Wandlungsprozesse auf den Beschaffungsmärkten als auch Veränderungen der betrieblichen Lage haben in den vergangenen Jahren zu einem stärkeren Problembewußtsein gegenüber strategischen Fragestellungen in der Materialwirtschaft beigetragen. Dabei ist angesichts der Vielzahl und der Verschiedenartigkeit der Einkaufsprodukte schnell deutlich geworden, daß es kaum möglich ist, allgemeine Grundsätze für das strategische Vorgehen im Einkauf zu entwickeln, welche sich auf alle Produkte, Märkte und auf alle Beschaffungssituationen anwenden lassen. Vielmehr kann es im Einkauf eigentlich nur darum gehen, unterschiedliche, auf die jeweiligen Marktverhältnisse und betrieblichen Gegebenheiten abgestimmte Kombinationen von beschaffungspolitischen Instrumenten zu entwickeln und einzusetzen. Eine Möglichkeit, zu derart differenzierten strategischen Einstellungen gegenüber unterschiedlichen Einkaufsprodukten und Beschaffungsmärkten zu gelangen, bietet die Portfolio-Methode. Hier soll dargestellt werden, wie dieses Planungsinstrument auf der Beschaffungsseite eingesetzt werden kann. Die Fülle der Aspekte, die dabei zu beachten ist, macht es erforderlich, daß wir uns auf einige wesentliche Punkte der Portfolio-Technik konzentrieren. Der Prozeß der strategischen Planung mit Hilfe der Portfolio-Technik vollzieht sich in der Regel in bestimmten (idealtypischen) Grundschritten:

– Am Anfang steht eine Analyse der Situation auf den Beschaffungsmärkten und der eigenen Position als Abnehmer. Zwecks objektiver Beurteilung dieser Ausgangsposition sind alle verfügbaren Informationen auszuschöpfen und auszuwerten.

– Im nächsten Grundschritt geht es darum, ausgehend von der vorangegangenen
Analyse die kritischen Einkaufsprodukte und -märkte zu ermitteln und strategische Grundrichtungen zu bestimmen. Dazu bedient man sich einer zweidimensionalen Portfolio-Matrix. Auf der einen Achse einer derartigen Portfolio-Matrix ist in der Regel ein Umweltkriterium und auf der anderen Achse ein
Unternehmenskriterium als Schlüsselfaktor abgetragen.

– In einem weiteren Grundschritt wird sodann versucht, für die einzelnen Felder
der Portfolio-Matrix Norm- oder Standardstrategien zu entwickeln, die als Ent-
scheidungsbasis für einzelne beschaffungspolitische Problemelemente, wie z.B.
Preis-, Mengen- oder Lieferantenpolitik dienen.

– Schließlich erfolgen im letzten Grundschritt – ausgehend von den Standardstrategien – die Auswahl der optimalen Strategie-Alternative, die Feinplanung und
die Ausarbeitung konkreter Aktionspläne.

Im Zuge der theoretischen und praktischen Auseinandersetzung mit dem Problem
des Einsatzes der Portfolio-Technik in der Beschaffung sind inzwischen verschiedene Formen der beschaffungsorientierten Portfolio-Methode entstanden. Sie unterscheiden sich nach der Art der Schlüsselfaktoren, die als maßgeblich für die strategische Position des Abnehmers angesehen werden und mit deren Hilfe eine
zweidimensionale Portfolio-Matrix konstruiert werden kann. In den folgenden
Ausführungen sollen zwei unterschiedliche beschaffungsorientierte Portfolio-Kon-
zepte vorgestellt werden. Während die erste Portfolio-Version das Kräfteverhältnis
zwischen Lieferant und Abnehmer in den Vordergrund rückt, geht die zweite Methode von bestimmten Beschaffungsrisiken als den für die strategische Position relevanten Einflußgrößen aus. Das erste Modell soll hier als „Marktmacht-Portfolio"
bezeichnet werden; für die andere Version wird hier die Kurzbezeichnung „Versor-
gungsrisiko-Portfolio" gewählt.

10.5.2   Das Marktmacht-Portfolio

Das Marktmacht-Portfolio basiert auf einer Analyse der Angebotsmacht der bzw.
des Lieferanten und der Nachfragemacht des Abnehmers und versucht, für unterschiedliche Marktmacht-Konstellationen differenzierte strategische Grundrichtungen zu bestimmen. Dabei bedient man sich der folgenden Portfolio-Matrix:

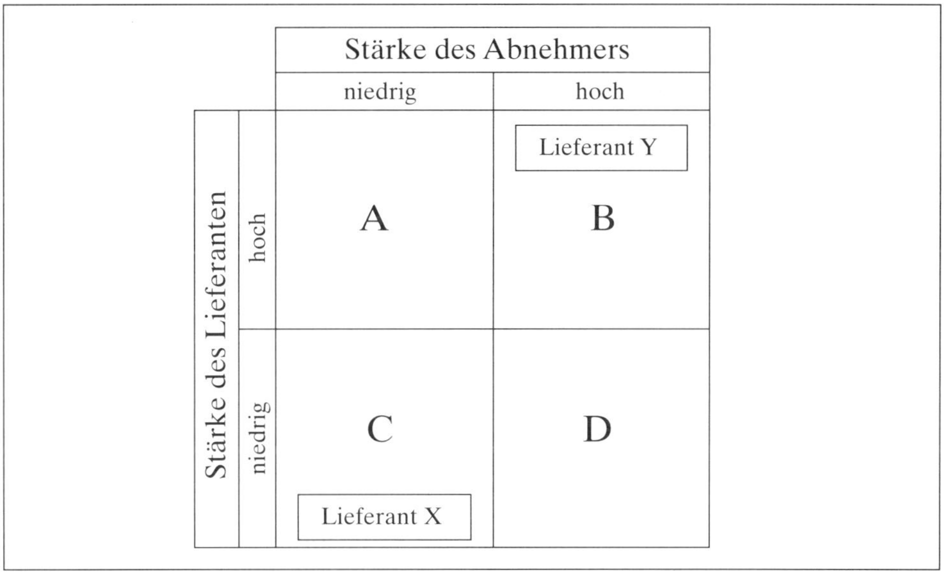

Stärke des Abnehmers	
niedrig	hoch

(Stärke des Lieferanten)

hoch

| A | B |

Lieferant Y

niedrig

| C | D |

Lieferant X

Abbildung 10.3: Positionierung der Lieferanten in der Matrix des Marktmacht-Portfolios

In dieser zweidimensionalen Übersicht sind die Stärken bzw. Schwächen des (der) Lieferanten den Stärken bzw. Schwächen des Abnehmers gegenübergestellt. Auf diese Weise sind insgesamt vier Felder entstanden, aus denen auch vier unterschiedliche Portfolio-Kategorien abgeleitet werden können und denen verschiedene strategische Grundrichtungen zuzuordnen sind:

Im Feld A der Matrix befinden sich diejenigen Lieferanten, die eine relativ starke Position gegenüber dem Abnehmer haben. Angesichts der in dieser Kategorie vorherrschenden Marktmachtverhältnisse kann der Abnehmer nicht damit rechnen, daß er mit beschaffungspolitischen Maßnahmen den (die) Anbieter wesentlich beeinflussen und Zugeständnisse bei Preisen und Konditionen durchsetzen kann. Für dieses Feld der Portfolio-Matrix ist deshalb eine Strategie zu empfehlen, die darauf abzielt, sich mittels interner (= unternehmensorientierter) und externer (= marktorientierter) Maßnahmen von übermächtigen Lieferanten zu befreien oder wenigstens die Abhängigkeit vom Lieferantenmarkt abzubauen und die eigene Position gegenüber den Anbietern zu stärken. Deshalb soll diese Verhaltensweise hier kurz als Emanzipationsstrategie bezeichnet werden.

Ein wesentlicher Bestandteil dieser Strategie ist eine Marktstrukturpolitik, also eine aktive Gestaltung und Beeinflussung der strukturellen Gegebenheiten des Marktes seitens des Abnehmers. Eine derartige Einkaufspolitik kann sich dabei sowohl auf die Angebotsseite als auch auf die Nachfrageseite des Marktes erstrecken. Das endgültige Ziel dieser Emanzipationsstrategie wird darin bestehen müssen, Einkaufsprodukte aus dieser kritischen Beschaffungskategorie in eine günstigere zu überführen.

Im Feld D der Matrix befinden sich diejenigen Lieferanten, deren Position gegenüber dem Abnehmer relativ schwach ist. Hier geht es im Einkauf vor allem darum, die vorhandene Marktmacht zu nutzen, um das Beste für den Abnehmer aus den relativ günstigen Marktgegebenheiten herauszuholen; man wird durch den Einsatz bestimmter beschaffungspolitischer Maßnahmen den Wettbewerb zwischen den am Markt vorhandenen Lieferanten anregen, den einzelnen Anbieter zur Leistungssteigerung bewegen und die gegebenen Chancen so gut wie eben möglich nutzen oder sogar erweitern. Deshalb soll diese Verhaltensweise als Chancenrealisierungsstrategie bezeichnet werden. Der Einkauf kann hier seine Lieferanten bewußt steuern und eine relativ „führende" Rolle spielen, die auch aggressive Elemente enthalten wird. Der Abnehmer hat in dieser Situation gute Aussichten, Preise und Konditionen zu seinen Gunsten zu beeinflussen.

Im Feld B der Matrix steht ein marktmächtiger Abnehmer einem bzw. mehreren ebenfalls starken Lieferanten gegenüber. Wenn zwei marktbeherrschende Unternehmen als Abnehmer und Lieferant einander gegenüberstehen, dann kann in der Regel davon ausgegangen werden, daß sie auch beachtliche Einflußmöglichkeiten aufeinander haben. Ferner wird der Anbieter für seine absatzpolitischen und der Nachfrager für seine beschaffungspolitischen Entscheidungen und Maßnahmen die Marktmacht und die möglichen Reaktionen des jeweils gegenüberstehenden Marktteilnehmers zu berücksichtigen haben. Da keiner in dieser Partnerschaft eindeutig dominiert, aber beide ein Interesse daran haben, mit dem anderen ins Geschäft zu kommen, entwickeln sie eine Verhaltensweise, die hier als Geschäftsfreundestrategie bezeichnet werden soll.

Typisch für diese Marktmacht-Konstellation sind enge persönliche Kontakte, der Aufbau einer Vertrauensbasis, partnerschaftliche Zusammenarbeit, ein intensiver Informationsaustausch und gemeinsame Teams und Projektgruppen zur Erarbeitung von Problemlösungen. Der Kompromißcharakter der Geschäftsfreundestrategie führt in der Praxis dazu, daß die Vergabeverhandlung und die Frage der Einigung eine zentrale Rolle innerhalb dieser marktmachtbedingten Verhaltensweise spielen. Die ausgehandelten Verträge streben in der Regel einen Interessenausgleich der Partner hinsichtlich Erträge, Kosten und Risiken an. Auf die Festsetzung des Preises für das Beschaffungsobjekt wird dabei auch der Preis, den der Abnehmer für sein Endprodukt erzielt, einen gewissen Einfluß haben. Die Geschäftsfreundestrategie besteht zu einem großen Teil aus einem schwierigen Balanceakt zwischen kooperativen und konfliktären Verhaltensweisen. Wegen der Kompliziertheit der strategischen Überlegungen in diesem Bereich, aber auch wegen der Wichtigkeit des Marktpartners und der erforderlichen persönlichen Beziehung zu ihm ist manchmal in der Praxis die Tendenz zu beobachten, daß man die Kontakte zum Anbieter auf eine höhere hierarchische Ebene verlagert.

Im Feld C der Matrix treffen zwei schwache unbedeutende Marktpartner aufeinander. Das Beschaffungsmarketing des Abnehmers wird sich in einer derartigen Situation im wesentlichen darauf beschränken, aus den zur Verfügung stehenden Lieferanten den günstigsten auszuwählen und sich den jeweiligen Marktverhältnissen anzupassen. Die zu verfolgende Verhaltensweise in dieser Portfolio-Kategorie soll deshalb als Anpassungs- und Selektionsstrategie bezeichnet werden. Dabei muß man sich allerdings bewußt sein, daß diese Verhaltensweise wenig wirklich strategische Elemente enthält und daß – im Gegensatz zur Geschäftsfreundestrategie – in dieser Marktmachtkonstellation die Geschäftsbeziehungen einen recht unpersönlichen (anonymen) Charakter annehmen können. Da weder der Anbieter noch der Abnehmer über einen nennenswerten Verhandlungsspielraum verfügen, finden Vergabeverhandlungen nur in geringem Umfang oder sogar überhaupt nicht statt (z.B. Bestellung per Katalog). Der Einkäufer spielt also scheinbar eine relativ passive Rolle. Er wird sich jedoch angesichts seiner Aufgaben auf dem Gebiet der Marktanalyse und Marktbeobachtung sowie der Marktanpassung nicht als reiner Bestellabwickler betätigen dürfen. Abschließend kann also das Bild der strategischen Grundrichtungen für das Marktmacht-Portfolio wie folgt festgehalten werden:

		Stärke des Abnehmers	
		niedrig	hoch
Stärke des Lieferanten	hoch	Emanzipationsstrategie	Geschäftsfreundestrategie
	niedrig	Anpassungs- und Selektionsstrategie	Chancenrealisierungsstrategie

Abbildung 10.4: Bestimmung der strategischen Grundrichtung im Marktmacht-Portfolio

10.5.3 Das Versorgungsrisiko-Portfolio

In diesem Portfolio-Konzept wird das Risiko der Materialbereitstellung mit den Ergebnissen der ABC-Analyse zu einer Portfolio-Matrix kombiniert. Dabei soll in diesem Ansatz davon ausgegangen werden, daß ein Versorgungsrisiko für eine abnehmende Unternehmung dann vorliegt, wenn erstens die Gefahr marktbedingter Lieferunterbrechungen als hoch anzusehen ist und wenn zweitens die betriebliche Anfälligkeit gegenüber Versorgungsstörungen groß ist.

Die schaubildliche Darstellung dieses Portfolio-Konzeptes sieht wie folgt aus:

ABC-Ausprägung		
	A-Artikel	C-Artikel
hoch	Schlüsselprodukte (key products)	Engpaßprodukte (bottleneck products)
niedrig	Hebelprodukte (leverage products)	Unproblematische Produkte (non-critical products)

(Versorgungsrisiko: hoch / niedrig)

Abbildung 10.5: Matrix des Versorgungsrisiko-Portfolios

Die strategische Vorgehensweise bei den einzelnen Produkten dieses Versorgungsrisiko-Portfolios ist durch folgende Besonderheiten gekennzeichnet:

„Schlüsselprodukte" sind diejenigen A-Artikel einer Unternehmung, welche mit einem hohen Versorgungsrisiko verbunden sind. Derartigen Einkaufsteilen wird die Materialwirtschaft einer Unternehmung ihr besonderes strategisches Interesse widmen. Denn hier muß das schwierige Problem gelöst werden, wie man die Materialversorgung sichern kann, ohne daß das Ziel der kostengünstigen Versorgung zu sehr in Mitleidenschaft gezogen wird. In dieser Portfoliokategorie stehen das Sicherungsziel und das Wirtschaftlichkeitsziel zentral im Vordergrund strategischer Überlegungen und Planungen, und man wird sich in der Materialwirtschaft intensiv um den Ausgleich der beiden konkurrierenden Ziele bemühen müssen.

Um die Versorgung bei diesen sensiblen Produkten sicherzustellen, ist es für den Einkauf von großer Bedeutung, möglichst frühzeitig über den zukünftigen Bedarf informiert zu sein. Deshalb ist eine möglichst exakte Bedarfsvorhersage von besonderer Bedeutung. In größeren Unternehmen werden in der Regel relativ langfristige Beschaffungspläne für Schlüsselprodukte aufgestellt. Neben diese Prognose des langfristigen Bedarfs müssen Preis- und Verfügbarkeitsprognosen treten. Voraussetzung dafür ist eine intensive Beschaffungsmarktforschung sowie der Aufbau von Frühwarnsystemen im Bereich der Materialwirtschaft.

„Hebelprodukte" gehören ebenfalls zur Kategorie der A-Artikel; sie unterscheiden sich jedoch von den Schlüsselprodukten dadurch, daß bei ihnen die Lieferbereitschaft nicht gefährdet ist. Aus diesem Grunde stellen Hebelprodukte diejenigen Artikel im Beschaffungsprogramm einer Unternehmung dar, bei denen die Materialwirtschaft die Möglichkeit hat, einen wesentlichen Beitrag zum Betriebsergebnis zu leisten. Dabei wird der „Hebel" zur Ergebnisverbesserung hauptsächlich an zwei Punkten angesetzt: erstens an einer Korrektur des Preis-/ Leistungs-Verhältnisses und zweitens an einer Vermeidung von Kosten aus den Lagerbeständen.

„Engpaßprodukte" sind C-Artikel, die durch ein hohes Versorgungsrisiko gekennzeichnet sind. Die Standardstrategie für diese Portfolio-Kategorie ist selbstverständlich ebenfalls von dem Bestreben geprägt, die Versorgung abzusichern. Allerdings unterscheidet sich die hier praktizierte Vorgehensweise in wesentlichen Punkten von der Strategie für Schlüsselprodukte. Da Engpaßprodukte zu den C-Artikeln zählen, kommen zwecks Sicherung der Materialversorgung durchaus Maßnahmen in Betracht, die mit einer (gewissen) Erhöhung der Beschaffungskosten verbunden sind. Aus wirtschaftlichen Gründen kann man es sich in dieser Portfolio-Kategorie eher als bei den Schlüsselprodukten leisten, drohende Beschaffungsrisiken dadurch zu bekämpfen, daß man als Abnehmer z.B. eine großzügige Preispolitik betreibt oder hohe Vorräte anlegt.

„Unproblematische Produkte" sind C-Artikel ohne ein erkennbares Versorgungsrisiko. In der Materialwirtschaft wird man diesen Produkten keine große Beachtung schenken sondern Wert darauf legen, daß man sich die Arbeit mit ihnen erleichtert und vereinfacht und daß nur in geringem Maße oder nur sporadisch Analysen oder Kontrollen durchgeführt werden.

10.5.4   Beurteilung der Portfolio-Technik

Der Vorteil der Portfolio-Methode liegt zunächst einmal darin, daß sie in einfacher und anschaulicher Weise Aufschluß über die strategische Position des Abnehmers auf dem Beschaffungsmarkt gibt. Daß dieses Planungsinstrument von der Praxis interessiert aufgenommen und mit Erfolg angewendet worden ist, dazu haben die relativ leichte Handhabung sowie die Möglichkeit der Bildung von deutlich unterscheidbaren Strategietypen beigetragen. Da mit Hilfe der Portfolio-Methode die wirklich kritischen – ja existenzbedrohenden – Beschaffungsobjekte einer Unternehmung aus der Vielzahl der einzukaufenden Artikel herausgefunden werden können, muß sie als eine überaus sinnvolle Ergänzung der ABC-Analyse angesehen werden.

Gleichzeitig muß hier jedoch auf bestimmte Schwächen, Grenzen und sogar Gefahren der Portfolio-Methode aufmerksam gemacht werden:

1. Ein erhebliches Problem in der Anwendung dieser Planungsmethode könnte zunächst einmal in der Schwierigkeit liegen, die erforderlichen Informationen zu beschaffen und aussagefähige Kritiken für die jeweils ausgewählten Schlüsselfaktoren (Marktmacht oder Risiko) zu finden.

2. Als problematisch ist ferner anzusehen, daß man in der Portfolio-Analyse versucht, die strategische Stellung eines Abnehmers aus jeweils zwei Grundfaktoren (Angebotsmacht und Nachfragemacht) abzuleiten. Diese Zweidimensionalität des Konzeptes birgt die Gefahr in sich, daß andere Faktoren, die für die strategische Position einer Unternehmung ebenfalls von großer Bedeutung sind, übersehen werden.

3. Die Standardstrategien legen zwar die Grundrichtung des Vorgehens fest; aber bei der Planung konkreter Aktionen wird man in den meisten Fällen doch wieder auf zusätzliche detaillierte Daten als Basisinformation zurückgreifen müssen.

4. Eingeschränkt wird der Wert dieser Planungsmethode auch dadurch, daß sie nicht in der Lage ist, Strategien für sämtliche Einkaufsprodukte aufzustellen. Denn wirklich aussagefähige Standardstrategien werden im Grunde genommen lediglich für Märkte mit extrem günstigen und extrem ungünstigen Verhältnissen entwickelt.

Diese Kritikpunkte deuten an, daß die Portfolio-Modelle im Einkauf, was ihre Detaillierung, ihre sinnvolle und logische Ausgestaltung und was die erforderliche Differenzierung der Schlüsselfaktoren (Marktmacht, Risiko etc.) angeht, sich vorerst noch in der Entwicklungsphase befinden.

Übungsfragen und -aufgaben

1. Erläutern Sie, welche Problemfelder und Wahlmöglichkeiten im Rahmen der Lieferantenstrukturpolitik unterschieden werden können.
2. Welche Auswirkungen hat Modular Sourcing auf den Abnehmer (Assembler)?
3. Beschreiben Sie die herausragende Stellung des Systemlieferanten beim Modular Sourcing.
4. Mit welchen Vorteilen für die beschaffende Unternehmung ist Local Sourcing verbunden?

5. Welche Vorteile für den Abnehmer bietet International Sourcing?
6. Beschreiben Sie die wichtigsten Risiken, die beim Auslandseinkauf auftreten können, und erörtern Sie die Frage, wie man die Risiken reduzieren oder sogar beseitigen kann.
7. Erläutern Sie, welche verschiedenen Formen man beim International Sourcing unterscheiden kann.
8. Nennen Sie Gesichtspunkte, die für eine Streuung des Betriebsbedarfs (bei einem bestimmten Artikel) auf eine größere Anzahl von Lieferanten sprechen, und nennen Sie Vorteile des Single Sourcing.
9. Charakterisieren Sie die beiden grundverschiedenen Alternativen bei der Wahl des Beschaffungsweges.
10. Welche Vorteile und welche Nachteile weist die Zusammenarbeit mit Stammlieferanten auf?
11. Analysieren Sie die Auswirkungen der Gegengeschäfte auf Beschaffung und Absatz.
12. Was verstehen Sie unter Lieferantenpflege, welche konkreten Maßnahmen zählen Sie hierzu? Machen Sie die Beziehungen zwischen Lieferantenpflege und Unternehmenserfolg deutlich.
13. Welche Möglichkeiten sehen Sie für einen Abnehmer, Beschaffungswerbung zu betreiben?
14. Erläutern Sie, mit welchen motivierenden und erzieherischen Maßnahmen man auf Lieferanten einwirken kann, damit sie Mängel in der Leistungserstellung abstellen oder ihre Leistungen steigern.
15. Heute wird in Theorie und Praxis häufig davon gesprochen, daß zwischen Abnehmer und Lieferant ein auf Partnerschaft beruhendes Verhältnis bestehen sollte. Diskutieren Sie die Frage, worauf man bei der Gestaltung dieser Partnerschaft, aus der beide einen Nutzen ziehen sollen, achten muß.
16. Erläutern Sie die Zusammenarbeit zwischen Abnehmer und Lieferant auf dem Gebiet der Technologie.
17. Eine enge Kooperation mit den Lieferanten ist auch auf dem Gebiet der Logistik von nöten. Beschreiben Sie dieses Kooperationsfeld.
18. Welche Maßnahmen bieten sich der beschaffenden Unternehmung im Rahmen der Lieferantenförderung an?
19. Erörtern Sie den zeitlichen Ablauf einer Lieferantenentwicklung.
20. Der Prozeß der strategischen Planung mit Hilfe der Portfolio-Technik vollzieht sich in der Regel in bestimmten (idealtypischen) Grundschritten. Beschreiben Sie diese Grundschritte.
21. Gegeben ist die Matrix des Marktmacht-Portfolios:

		Stärke des Abnehmers	
		niedrig	hoch
Stärke des Lieferanten	hoch	A	B
	niedrig	C	D

a) Welche Standardstrategie schlagen Sie für das Feld A vor? Erläutern Sie diese Standardstrategie.

b) Welche Standardstrategie schlagen Sie für das Feld D vor? Erläutern Sie diese Standardstrategie.

22. Gegeben ist die folgende Portfolio-Matrix:

		Stärke des Abnehmers	
		A-Produkt	C-Produkt
Versorgungsrisiko	groß	Feld A	Feld B
	klein	Feld C	Feld D

a) Welche Standardstrategie schlagen Sie für das Feld C dieser Portfolio-Matrix vor? Erläutern Sie diese Standardstrategie.

b) Welche Standardstrategie schlagen Sie für das Feld D dieser Portfolio-Matrix vor? Erläutern Sie diese Standardstrategie.

23. Wie beurteilen Sie die Portfolio-Technik bezüglich ihrer Anwendbarkeit in der Praxis.

24. Eine wichtige Aufgabe des Einkäufers besteht darin, die Wettbewerbsintensität auf den Beschaffungsmärkten zu beeinflussen:

   – Nennen Sie Beispiele für Wettbewerbsverminderungen, die aus Verhaltensweisen der Einkaufsabteilung resultieren, und machen Sie Änderungsvorschläge.

   – Nennen Sie Beispiele für Wettbewerbsbeschränkungen, die aus Maßnahmen anderer Unternehmensbereiche resultieren. Machen Sie Vorschläge, wie negative Auswirkungen solcher Maßnahmen auf den Einkaufserfolg von der Beschaffung verhindert werden können.

25. Sie bringen durch marktforscherische Recherchen in Erfahrung, daß die Lieferanten für einen bestimmten Artikel, den Sie regelmäßig beziehen, Preisabsprachen treffen. Entwickeln Sie eine Gegenstrategie.

Elftes Kapitel
Entscheidungen im Bereich Eigenfertigung/ Fremdbezug

11.1 Die Spannweite unternehmerischer make-or-buy-Entscheidungen

Der Problemkomplex „Eigenfertigung oder Fremdbezug" schickt sich an, zu einem beherrschenden Thema des Beschaffungsmarketing in diesem Jahrzehnt zu werden. Es hat sich in vielen Unternehmen als notwendig erwiesen, bestehende make-or-buy-Strukturen in der Wertschöpfungskette zu analysieren und in Frage zu stellen sowie strukturelle Verkrustungen auf diesem Gebiet zu durchbrechen und ein Re-Design der zwischenbetrieblichen Wertkette durchzuführen. Dabei kann sich die Fragestellung „make or buy" auf eine Vielzahl unternehmerischer Aktivitäten und Wertschöpfungen erstrecken; im Vordergrund der Betrachtung stehen vor allem die folgenden sechs großen Kategorien betrieblicher Leistungserstellung:

– Vorwiegend denkt man bei der Frage „make or buy" an die unmittelbar in der Produktion benötigten *Materialien* (Rohstoffe, Teile, Baugruppen, Zwischenprodukte, Subsysteme etc.). Allerdings bezieht sich innerhalb dieser Kategorie die alternative Lösungsmöglichkeit des make or buy schwerpunktmäßig auf die Erzeugnishauptstoffe, während sowohl bei den Erzeugnishilfsstoffen als auch bei den Betriebsstoffen der Fremdbezug aus den verschiedensten Gründen (unbedeutende Menge, branchenferner Bedarf etc.) häufig vorprogrammiert ist.

– In manchen Unternehmen muß darüber entschieden werden, ob man bestimmte Arbeitsgänge oder Bearbeitungen von Materialien/Produkten, also *Produktionsprozesse*, in Eigenregie durchführt oder außer Haus erledigen läßt. Diese Verlagerung von Fertigungsvorgängen ist in einigen Branchen, wie z.B. der Lederwarenindustrie oder der Textilindustrie, weit verbreitet. Angesichts der mannigfaltigen Erscheinungsformen einer derartigen Verlagerung hat sich in der Praxis eine Reihe unterschiedlicher Bezeichnungen für diese Vorgehensweise herausgebildet. Man spricht von verlängerter Werkbank, von Lohnveredlung oder Lohnfertigung, von Heimarbeit, Materialbeistellung oder auch von Subcontracting. Auf eine inhaltliche Abgrenzung dieser verschiedenen Begriffe soll hier verzichtet werden.

– In den letzten Jahren werden zunehmend betriebliche *Dienstleistungen* an Fremdunternehmen vergeben. Als einschlägige Beispiele hierfür gelten Verpflegungsleistungen (Catering) oder Reparatur- und Wartungsarbeiten, die Gebäudereinigung und -bewachung oder Buchhaltungsleistungen. In jüngster Zeit

kommen Outsourcing-Erwägungen bei der Datenverarbeitung, bei Druckerei-
diensten oder der Beschaffung von C-Produkten hinzu. Diskussionen über „Fa-
cility Management" scheinen den Bestrebungen nach Outsourcing von Dienstleistungen neuen Auftrieb zu geben.

– Vergleichsweise selten ergibt sich das hier diskutierte Problem bei *Anlagen*. Je
  komplizierter die benötigten Maschinen und Anlagen sind, desto eher wird man
  gezwungen sein, externe Spezialisten einzuschalten. Bei einfachen Aggregaten
  (Sondervorrichtungen, Schablonen oder Formen, die an die speziellen Bedürfnisse der Produktion angepaßt werden müssen) sind vielleicht die eigene Werk-
  statt oder der eigene Werkzeugbau in der Lage, den benötigten Ausrüstungsge-
  genstand selbst herzustellen.

– Praktische Bedeutung kann die Wahl zwischen make or buy auch bei den *Fertigerzeugnissen* (Endprodukten) eines Unternehmens erlangen. Im Fall des Fremdbezugs würde im Sortiment dieser Unternehmung ein eigengefertigtes Erzeugnis durch eine extern beschaffte Handelsware ersetzt; sie wird unverarbeitet
  oder leicht verändert weiterverkauft. Manchmal wählen Unternehmen diesen
  Bereitstellungsweg, um Bedarfsspitzen abzudecken oder weil die externe Bezugsquelle die kostengünstigere Alternative darstellt. In vielen Fällen haben jedoch Handelswaren sortimentserweiternden oder komplementären Charakter.

– Das unternehmerische Wahlproblem Eigen- oder Fremderstellung läßt sich heute vielfach nicht mehr isoliert für das einzelne Beschaffungsobjekt lösen. Vielmehr stehen immer öfter umfangreiche funktionsübergreifende *Bedarfsbündel*
  (Leistungspakete) bestehend aus einer Kombination von unterschiedlichen Gütern und Leistungen zur Disposition. So ist z.B. häufig mit der Beantwortung der
  Frage nach dem Bereitstellungsweg für eine spezielle Baugruppe auch die Entscheidung über make-or-buy von Forschungs- und Entwicklungsleistungen oder
  von logistischen Leistungen verbunden.

Im Rahmen einer unternehmerischen make-or-buy-Politik muß die Frage beantwortet werden, wie weit man mit der Fremdvergabe im einzelnen gehen sollte und
wo die richtige Schnittstelle zwischen Unternehmung und Markt liegt.

11.2   Die Frage der Optimierung der Fertigungstiefe

11.2.1   Der Trend zur Reduzierung der Fertigungstiefe

Heute sind in vielen Bereichen der Wirtschaft eine Abkehr von der Eigenfertigung
und eine Hinwendung zum Outsourcing zu beobachten. Dieses Phänomen läßt sich
auf eine Reihe von Faktoren zurückführen. Zu nennen sind:

- das Vorhandensein von spezialisierten Lieferanten, die Zunahme von know-how bei den Anbietern sowie der Zwang, durch eine Kooperation mit den Lieferanten die Entwicklungszeiten für neue Produkte zu reduzieren.

- Zunehmender Konkurrenz- und Kostendruck, welcher im Einkauf häufig die Suche nach günstigeren Bezugsquellen in Billiglohnländern auslöst.

- Verkürzte Produktlebenszyklen, schnellere Modellwechsel, verkürzte Marktzyklen und zunehmende Unsicherheiten in den Verkaufsprognosen.

- Die zunehmende Kapitalintensität der Produktion und das damit verbundene Risiko der Fixkostenbelastung bei Eigenfertigung.

- Immer speziellere Kundenwünsche, der Trend zu kleineren Stückzahlen und die Zunahme der Variantenvielfalt.

- Der Trend zu immer komplexeren Endprodukten, der zur Erscheinung des modular sourcing beigetragen hat.

Selbstverständlich sollte man in einer Unternehmung aus Gründen der Existenzsicherung und der Erhaltung der Arbeitsplätze nicht leichtfertig zum Fremdbezug übergehen. Man wird darauf zu achten haben, daß nicht durch unbedachtes oder übertriebenes Outsourcing das Unternehmen ausgehöhlt wird. „The fittest (not the leanest) will survive".

11.2.2 Die Frage der Kernkompetenzen und der peripheren Bereiche

Erfolgreiche make-or-buy-Entscheidungen setzen voraus, daß man sich intensiv mit dem Problem befaßt, welche Aktivitäten zu den Kernkompetenzen einer Unternehmung gehören und welche zu den Randbereichen zählen. Der Leitgedanke dieser Überlegungen ist, daß Kernkompetenzen durch make-or-buy-Entscheidungen nach Möglichkeit nicht angetastet werden dürfen: Sie sollten *langfristig* in Eigenregie erstellt werden. Man wird sich in einer Unternehmung voll auf diese Geschäftsfelder/Aktivitäten konzentrieren müssen und alle Hebel in Bewegung setzen, daß in diesem Bereich die Wettbewerbsfähigkeit gestärkt wird und daß man hier eine führende Marktposition erlangt bzw. erhält.

Gleichzeitig sollte man sich um ein konsequentes Outsourcing von peripheren Wertschöpfungen bemühen. Sonst entsteht leicht die Gefahr, daß man sich zu sehr verzettelt und von der Kultivierung der eigentlich wichtigen Kernfähigkeiten abgelenkt wird. Die Wettbewerbskraft der gesamten Unternehmung könnte darunter leiden. Deshalb: „Do what you can do best, outsource the rest".

Will eine Unternehmung für den Einzelfall zu einer konkreten Entscheidung hinsichtlich make-or-buy gelangen, so muß sie sich über die technische/technologische und kommerzielle/marktbedingte Ausgangssituation Klarheit verschaffen. Dabei sind die folgenden Aspekte von besonderer Bedeutung:

1. *Ist das Subsystem/Beschaffungsobjekt strategisch wichtig für den Erhalt oder die Schaffung einer Marktposition?*

2. *Sind die notwendigen Ressourcen (Forschung und Entwicklung/technische Kapazitäten/Fachkräfte etc.) für die Eigenfertigung vorhanden?*

3. *Wie steht es mit unserer Leistungsfähigkeit verglichen mit der Leistung potentieller Lieferanten: Sind wir besser, gleich gut oder schlechter als sie?*

4. *Was würde es kosten, ggf. Lücken zu schließen? Haben wir genügend Mittel und Zeit dafür?*

Mit Hilfe dieser vier zentralen Fragen läßt sich ein Entscheidungsbaum konstruieren, der helfen kann, für die einzelnen Aktivitäten/Wertschöpfungen einer Unternehmung strategisch durchdachte Grundeinstellungen und Vorgehensweisen hinsichtlich der Versorgung zu finden (siehe Abbildung 11.1).

Feld 1 und Feld 2 dieses Entscheidungsbaumes enthalten diejenigen Wertschöpfungen einer Unternehmung, die als Kernkompetenzen angesehen werden können und deren Optimierung konzentrierte Aufmerksamkeit erfordert. Für die Aktivitäten in Feld 3 und Feld 4 bietet sich eine externe Beschaffung an. Dabei wird allerdings der Fremdbezug in Feld 4 einen anderen Charakter aufweisen als die in Feld 3 vorgesehene Einschaltung von Lieferanten. Während es nämlich in Feld 4 hauptsächlich um eine effiziente Erledigung des Einkaufsprozesses geht, steht in Feld 3 eher die enge Kooperation mit einem Wertschöpfungs-/Innovationspartner im Vordergrund. Hier kann in der Regel langfristig nur Lieferant sein, wer über Technologiekompetenz und Innovationskraft, über flexible Kapazitäten und Ressourcen verfügt und wer finanzstark und in seiner Vertrags- und Preisgestaltung anpassungsfähig ist. Outsourcing in diesem Sektor führt nicht selten zu „strategischen Allianzen" zwischen den beiden Marktpartnern.

Eine gewisse Sonderstellung nimmt in Abbildung 11.1 das Feld 5 ein; es stellt den „Kannbereich" dar. Zwar kann grundsätzlich Eigenfertigung empfohlen werden; es bestehen jedoch keine Bedenken, wenn kurz- und mittelfristig auch Lieferanten eingeschaltet werden. Dabei sollte allerdings auf die Rückholbarkeit eines vergebenen Aufgabenpaketes besonders geachtet werden. Reversibles Outsourcing wird heute vielfach als ein Instrument der Steuerung der Kapazitätsauslastung angesehen und eingesetzt.

Abschließend und zusammenfassend läßt sich aus diesen Überlegungen ableiten: Je geringer die strategische Bedeutung eines Artikels und je höher das am Beschaf-

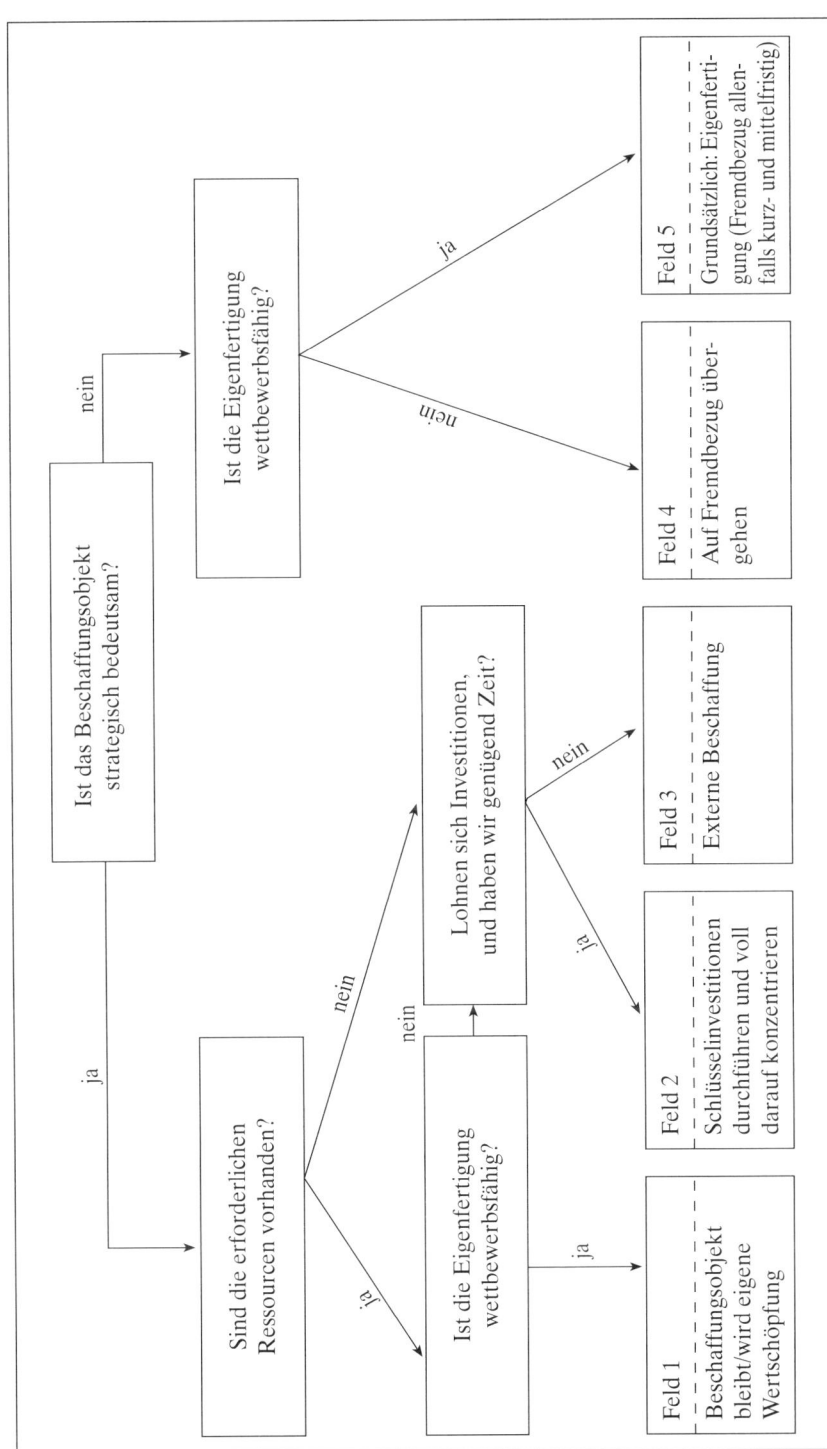

Abbildung 11.1: Entscheidungsbaum zur Frage „make or buy"

fungsmarkt vorhandene Leistungsniveau ist, desto eher sollte auf Eigenfertigung verzichtet und auf Fremdbezug umgeschaltet werden. Das gilt in der Regel für massengutähnliche Komponenten oder standardisierte Produkte, für technisch ausgereifte Produkte oder low-tech-Artikel. Bei diesen Beschaffungsobjekten sind in der Regel die Barrieren für die Auslagerung (wie z.B. die Schutzbedürftigkeit des know-hows, die Gefahr der Abhängigkeit von Lieferanten oder der Einarbeitungsaufwand des Anbieters bei Übernahme der Aktivität) relativ niedrig.

Vorsicht gegenüber Outsourcing ist geboten bei Komponenten/Wertschöpfungen,

– die für die Differenzierung des Endproduktes wichtig und deshalb als Wettbewerbsvorteil ausschlaggebend sind.

– bei denen die eigentlichen Qualitätsvorzüge des Endproduktes und die Präferenzen der Kunden im Vergleich zur Konkurrenz liegen.

– die als Kernstück (Herzstück) des Endproduktes angesehen werden müssen.

– deren Herstellung hochspezialisierte Fähigkeiten in Konstruktion und Fertigung erfordern.

– die das Image des Endproduktes und die Unverwechselbarkeit der Marke entscheidend prägen.

– die als zukunftsträchtig anzusehen sind und deren Herstellung auf einer jungen, entwicklungsfähigen Technologie beruht.

11.3   Wichtige Beeinflussungsfaktoren der make-or-buy-Entscheidung

Neben den oben erwähnten Überlegungen gibt es eine Vielzahl von Faktoren, welche die make-or-buy-Entscheidung und damit die Fertigungstiefe einer Unternehmung beeinflussen. Die einschlägige Literatur behandelt diese Frage in der Regel ziemlich ausführlich und bietet genügend Hinweise darauf (vgl. z.B. Männel, W., 1981, S. 41-47). Hier können lediglich aphoristisch einige bedenkenswerte Argumente, die für den einen oder den anderen Bereitstellungsweg sprechen, aufgeführt werden.

11.3.1   Argumente für Eigenfertigung/gegen Fremdbezug

Mögliche Kosteneinsparungen: Denn in die Preisforderungen fremder Unternehmen werden auch Vertriebs-, Verpackungs- und Frachtkosten sowie der Gewinnzuschlag des Zulieferbetriebes einkalkuliert.

Auslastung vorhandener Kapazitäten: Durch Eigenfertigung läßt sich in konjunkturschwachen Zeiten die Belegung freier Kapazitäten, die kurzfristig nicht abbaubar sind, erreichen.

Geheimhaltung von know-how und Betriebsgeheimnissen: Bei Einschaltung von Lieferanten besteht die Gefahr, daß know-how, Neuentwicklungen und andere Betriebsgeheimnisse nach außen dringen.

Größere Freiheitsgrade bei der Terminplanung: Der Zeitpunkt der Verfügbarkeit kann durch eigenes Prioritätensetzen besser mit den betrieblichen Erfordernissen in Einklang gebracht werden. Außerdem läßt sich die Termineinhaltung genauer kontrollieren, und es entfallen die Transportzeiten.

Vorteile im Qualitätswesen: Die Selbstherstellung bietet in der Regel günstigere Voraussetzungen für eine laufende und wirksame Überprüfung des Fertigungsprozesses und für eine permanente Kontrolle der Qualität.

Vermeidung der Abhängigkeit von Lieferanten: Durch Fremdvergabe kann man in eine Abhängigkeitssituation gegenüber Lieferanten geraten. Eigenfertigung hingegen stärkt die Unternehmensautarkie und macht den Abnehmer unabhängig von Preiserhöhungsforderungen und vom Preisdiktat marktmächtiger Lieferanten.

Schnellere Reaktionsmöglichkeit: Wegen der besseren Informationsdichte und der kürzeren Organisationswege sowie wegen der direkten Weisungsbefugnis kann es bei Eigenfertigung zu schnelleren Reaktionen auf Modelländerungen, Innovationen, Absatzschwankungen etc. kommen.

Verhinderung der Vorwärtsintegration: In bestimmten Fällen besteht bei der Einschaltung eines Lieferanten die Gefahr, daß dieser Marktpartner dahin tendiert, sein Produktionsprogramm auch auf das Endprodukt des Abnehmers auszudehnen. Durch Fremdbezug würde man sich dann die eigene Konkurrenz aufbauen.

Sicherung der Materialversorgung: Ohne Zweifel muß der Aufbau einer Eigenfertigung (z.B. durch Erschließung von Rohstoffvorkommen) als ein relativ starkes marktstrukturpolitisches Instrument zur Versorgungssicherung angesehen werden. Eine derartige Rückwärtsintegration wird in der Praxis verständlicher Weise vor allem dann in Erwägung gezogen, wenn es sich um Materialien handelt, bei denen eine chronische Verknappung zu befürchten ist.

Vermeidung von Transaktionskosten: Werden nicht unternehmensinterne Stellen, sondern wird der Beschaffungsmarkt zwecks Bedarfsbefriedigung in Anspruch genommen, dann können Transaktionskosten entstehen. Hierzu rechnet man im allgemeinen die folgenden Kostenarten:

– Kosten für die Beschaffung von Informationen über mögliche Marktpartner (also z.B. die Kosten für Beschaffungsmarktforschung, die Einholung von Offerten oder die Durchführung von Angebotsvergleichen)

– Kosten für das Aushandeln von Kontrakten

– Kosten für die Kontrolle der Einhaltung der Termine, der Qualitäten, der Preise oder der Prinzipien der Zusammenarbeit einschließlich der Kosten für Reklamationen

– Kosten für erforderliche Anpassungen (z.B. bei Produkt-, Termin-, Qualitäts-, Mengen- oder Preisänderungen während der Laufzeit der Verträge).

Die Eigenfertigung bietet manchmal bessere Ansatzpunkte für effiziente Verfahren der Abstimmung und des Informationsaustausches als der Fremdbezug.

Möglichkeit der Diversifikation: Nicht selten läßt sich beobachten, daß Unternehmen bestimmte Zwischenprodukte nicht nur zur Deckung des eigenen Bedarfs herstellen sondern auch an externe Kunden vertreiben.

Nutzungsmöglichkeit für überschüssige Finanzmittel: Manchmal stellt die Ausweitung der Fertigungstiefe eine sinnvolle und rentable Kapitalanlage dar, die in einigen Betrieben sogar mit Synergieeffekten verbunden sein kann.

11.3.2   Argumente für Fremdbezug/gegen Eigenfertigung

Verminderung des Fixkostenrisikos: Durch eine Intensivierung des Zukaufs von Materialien und Leistungen ist die Möglichkeit gegeben, einen Teil der ständig steigenden Fixkosten in variable Kosten zu verwandeln und damit das Konkursrisiko zu senken und die Gewinnschwelle in günstigere Bereiche zu rücken.

Preisgünstige Versorgung: Falls ein Lieferant auch andere Kunden mit seinem Produkt beliefert, dann kann der Abnehmer von den Economies of large Scale und von eventuellen Lernprozessen beim Lieferanten profitieren. Vor allem bei kleineren Bedarfsmengen sowie bei Standardleistungen ist der Fremdbezug in der Regel die preiswertere Alternative. Außerdem kann der Abnehmer dann versuchen, günstigere Marktsituationen auszunutzen oder bei Lieferanten mit vorteilhaften Kostenstrukturen (z.B. in Niedriglohnländern) einzukaufen.

Zugriff auf externes Spezialwissen: Durch Kooperation mit dem Lieferanten kann der Abnehmer das vorhandene technologische Wissen des Anbieters in die eigene Produktentwicklung einfließen lassen. Manchmal lassen sich auf diese Weise kostspielige eigene Neuentwicklungen vermeiden.

Vermeidung von Betriebsblindheit und Schlendrian: Bei Eigenfertigung entwickelt sich manchmal in den dafür zuständigen Abteilungen eines Unternehmens die Einstellung, daß man einen sicheren Abnehmer (im Hause) habe, den man eigentlich nicht verlieren kann und um dessen Aufträge man deshalb auch nicht mit marktadäquaten Bedingungen kämpfen muß. Eine derartige Einstellung kann rasch zu einem Erlahmen des Leistungswillens, zu Schlendrian und zu entsprechend hohen Kosten und niedriger Qualität führen. Im Falle des Fremdbezugs steht der ausgewählte Lieferant im Wettbewerb mit den anderen Anbietern, und er muß seine Leistungen ständig am Marktgeschehen ausrichten und optimieren. Dieser leistungssteigernde Konkurrenzdruck fehlt bei make.

Erhöhung der Kostentransparenz: Während die bei der Eigenfertigung anfallenden fixen Kosten wenig durchschaubar und begründbar „verrechnet" werden, ist beim externen Bezug der Preis (als variabler Kostenbestandteil) exakt bezifferbar.

Elastizitätsgesichtspunkte: Vor allem hinsichtlich der *qualitativen Elastizität* (= Fähigkeit zur Umstellung auf eine andersartige Leistung) ist der Fremdbezug häufig der Eigenfertigung überlegen. Denn bei Eigenfertigung ist man in der Regel für einen relativ langen Zeitraum an die qualitative Leistungsfähigkeit der errichteten Kapazität gebunden, während man bei Fremdbezug (unter Beachtung der Fristigkeit der abgeschlossenen Verträge) verhältnismäßig leicht einen Wechsel zu einem Lieferanten mit andersgearteten Leistungsprofilen oder Problemlösungen vornehmen kann. Nicht ganz so eindeutig ist das Urteil über die *quantitative Elastizität* (= Fähigkeit, die Mengen kurzfristig zu variieren). Denn auch bei Eigenfertigung gibt es verschiedene Möglichkeiten, sich unterschiedlichen Beschäftigungslagen in mengenmäßiger Hinsicht anzupassen.

Erhöhung des Qualitätsniveaus: Die Übertragung betrieblicher Teilaufgaben auf spezialisierte andere Unternehmen ist in vielen Fällen mit einer Steigerung der Qualität verbunden; denn derartige Betriebe verfügen meist über spezialisierte und moderne Produktionsanlagen, besitzen in der Regel gut ausgebildete Fachkräfte und betreiben häufig auch eine intensive Forschung und Entwicklung auf ihrem Spezialgebiet.

Vorteile im personalwirtschaftlichen Bereich: Bei Eigenfertigung ist man häufig durch Tarifverträge und durch betriebsverfassungsrechtliche Bestimmungen in seinen Gestaltungsmöglichkeiten eingeschränkt und relativ unflexibel. Mögliche Schwierigkeiten in diesem Bereich versuchen einige Unternehmen dadurch zu vermeiden, daß sie Fremdbezug praktizieren.

Vermeidung von Opportunitätskosten: Das Outsourcing von peripheren Bereichen ist vielfach die Voraussetzung für die Spezialisierung des Unternehmens auf die Kernaktivitäten sowie für deren Optimierung und Kultivierung. Falls Unternehmen ihre begrenzten personellen und finanziellen Kapazitäten in wenig attraktiven peripheren Bereichen binden, anstatt sie in den Kernbereichen effizienter und produktiver einzusetzen, entgehen ihnen Vorteile bzw. Gewinne; es entstehen Opportunitätskosten. Im Rahmen von betrieblichen make-or-buy-Analysen werden allerdings diese Opportunitätskosten häufig außer acht gelassen, so daß die Vorteilhaftigkeit der make-Alternative tendenziell überbewertet erscheint.

11.3.3   Sonstige Unterschiede zwischen Eigenfertigung und Fremdbezug

Neben den bisher aufgeführten Unterschieden spielen bei der Wahl zwischen make or buy unter Umständen noch zusätzliche Aspekte eine Rolle. So muß manchmal berücksichtigt werden, daß sich die beiden Bereitstellungsalternativen hinsichtlich des Kapitalbedarfs voneinander unterscheiden. Häufig zeichnet sich der Fremdbezug gegenüber der Eigenfertigung dadurch aus, daß er – kurz- und mittelfristig – die *Liquidität* einer Unternehmung weniger belastet; denn bei Eigenfertigung besteht in der Regel ein größerer Kapitalbedarf für das Anlagevermögen.

Ferner können *Gegengeschäfte bzw. Kompensationsgeschäfte* die Entscheidung darüber beeinflussen, ob ein Artikel oder eine Dienstleistung von auswärts bezogen oder eigengefertigt werden soll. Dabei kann nicht unterstellt werden, daß lediglich bei Fremdbezug der Abschluß von Gegen- bzw. Kompensationsgeschäften möglich ist. Die bei Fremdbezug vorhandene Möglichkeit, zu gegengeschäftlichen Vereinbarungen zu kommen, muß also mit der bei Eigenfertigung gegebenen Möglichkeit verglichen werden.

Auswirkungen auf die Kundennachfrage und damit auf den Absatz einer Unternehmung sind auch dann bei make-or-buy-Entscheidungen zu berücksichtigen, wenn beispielsweise die von einem Lieferanten bezogene Komponente einen *Werbewert* für das Endprodukt des Abnehmers besitzt. Vielfach weisen Unternehmen, die mit solchen Werbewirkungen ihres Lieferanten rechnen, in ihren Werbeaktionen darauf hin, daß bei der Erstellung des Endproduktes das Einbauteil oder die Komponente dieser oder jener bekannten Firma verwendet worden ist. Andererseits läßt sich in der Praxis auch beobachten, daß mitunter von der Verwendung eigengefertigter Baugruppen eine verkaufsfördernde Wirkung ausgeht. Bei solchen Unternehmen könnte Outsourcing mit erheblichen Nachteilen auf der Absatzseite verbunden sein.

Schließlich können auf die Entscheidung zwischen make or buy auch *außerökonomische* Faktoren einwirken. Hinzuweisen ist in diesem Zusammenhang etwa auf soziale Aspekte, auf Prestige-Denken oder auf die Nicht-Akzeptanz des einen oder des anderen Bereitstellungsweges durch interne Bedarfsträger. In der Praxis kann der hier diskutierte Entscheidungsprozeß Emotionen und Manipulationsversuchen der von der make-or-buy-Entscheidung Betroffenen ausgesetzt sein.

11.4 Die Wahl zwischen Eigenfertigung und Fremdbezug als Wirtschaftlichkeitsproblem

11.4.1 Einleitende Bemerkungen

Eine wichtige Einflußgröße bei make-or-buy-Überlegungen sind selbstverständlich die Kosten, die im Fall der Eigenfertigung und im Fall des Fremdbezugs anfallen würden. Die internen make-Kosten sind also mit den am Beschaffungsmarkt realisierten Fremdbezugskosten (Einstandspreis) zu vergleichen. Bei dieser Gegenüberstellung ist darauf zu achten, daß bei der Ermittlung der Kosten der Eigenfertigung nur diejenigen Kosten in die Wirtschaftlichkeitsüberlegungen einfließen, die von der Wahl zwischen den beiden Bereitstellungswegen tatsächlich betroffen sind und beeinflußt werden; d.h. es sollten diejenigen Kosten berücksichtigt werden, die als Folge der Realisierung der betreffenden Alternative entstehen, andernfalls jedoch nicht in Erscheinung treten.

Welche Kostenarten im konkreten Einzelfall zu den entscheidungsrelevanten Kosten der Eigenfertigung zählen, hängt vorwiegend von der Fristigkeit der Wahlüberlegungen sowie von der Beschäftigungslage des Betriebes ab. Deshalb soll in den folgenden Ausführungen auch in erster Linie nach diesen beiden Gesichtspunkten differenziert werden.

11.4.2 Kurzfristige Entscheidungen zwischen make or buy bei Unterbeschäftigung

Bei kurzfristigen Wahlüberlegungen ist von gegebenen (vorhandenen, konstanten) Kapazitäten für die Eigenherstellung auszugehen.

Beispiel 1:
  Eine Unternehmung fertigt auf einer vorhandenen Spezialmaschine u.a. das Einbauteil X, von dem durchschnittlich 600 Stück pro Monat für die Produktion der Enderzeugnisse benötigt werden. Die Kapazität dieser Spezialmaschine ist nicht ausgelastet. Das Rechnungswesen, welches in diesem Unternehmen mit Vollkosten rechnet, hat als (volle) Stückkosten (Herstellkosten pro Stück) für dieses Einbauteil X einen Betrag von 32,– DM/Einheit ermittelt. (Die variablen Stückkosten k_v belaufen sich auf 20,– DM).

  Der zuständige Einkäufer hat nun im Ausland einen Lieferanten ausfindig gemacht, der das Bauteil X zu einem Preis von 25,– DM frei Werk anbietet. Lohnt sich der (kurzfristige) Übergang zum Fremdbezug bei diesem Bauteil X?

Auf der Grundlage der oben durchgeführten Vollkostenrechnung würde die Entscheidung zugunsten des Fremdbezugs fallen. Das wäre jedoch eine Fehlentscheidung, weil in dem Vollkostensatz von 32,– DM/Einheit auch fixe Kostenbestandteile enthalten sind, die von der Entscheidung über make-or-buy überhaupt nicht betroffen sind und die auch dann in unveränderter Höhe anfallen, wenn man sich für Fremdbezug entscheidet. Der Fremdbezug hat lediglich eine Verminderung der variablen Kosten zur Folge.

Aus diesem Grunde sollten lediglich die (zusätzlichen) variablen Kosten (Grenzkosten) in die Kalkulation der Kosten der Eigenfertigung einbezogen werden, wenn Betriebsbereiche, in denen die Eigenfertigung erfolgen soll, nicht ausgelastet sind. In einer derartigen Situation werden also die variablen Stückkosten (k_v) der Eigenfertigung mit dem Fremdbezugspreis (P_L) verglichen und man bleibt bei der Selbstherstellung, solange

$$k_v < P_L$$

ist. Im Beispiel 1 stellt folglich die Eigenfertigung die kostengünstigere Alternative dar.

11.4.3   Kurzfristige Entscheidungen zwischen make or buy in Engpaßsituationen

11.4.3.1   Opportunitätskosten als Kalkulationsbestandteile

Etwas kompliziertere kostenrechnerische Überlegungen sind anzustellen, wenn kurzfristig ein betrieblicher Engpaß wirksam wird.

Beispiel 2:

Aus verschiedenen Gründen ist die aus Beispiel 1 bekannte Spezialmaschine zu einem Engpaß geworden. Auf ihr kann neben dem Einbauteil X auch das Endprodukt A gefertigt werden. Erzeugnis A belastet diesen Engpaß mit 10 Minuten pro Einheit. Es kann zu einem Preis von 36,– DM pro Stück auf dem Markt abgesetzt werden und verursacht variable Stückkosten von 28,– DM.

Das bereits beschriebene Einbauteil X beansprucht den Engpaß mit 15 Minuten pro Stück. (P_L und k_v bleiben unverändert: P_L = 25,– DM; k_v = 20,– DM.)

Soll in dieser Engpaßsituation das Unternehmen einen Auftrag über 300 Einheiten des Endproduktes A annehmen und dafür eine bestimmte Menge des Einbauteils X an den ausländischen Lieferanten vergeben? Und wie hoch sind in diesem Fallbeispiel die relevanten Kosten der Eigenfertigung?

Hier genügt es nicht, wenn man lediglich die variablen Herstellkosten mit dem Einstandspreis vergleicht. Vielmehr ist bei der Ermittlung der relevanten Kosten zusätzlich zu berücksichtigen, daß angesichts des vorliegenden Engpasses die Herstellung (und der Verkauf) des gewinnbringenden Endproduktes A nicht möglich ist, wenn man das Einbauteil X eigenfertigt. Die durch diese Selbstherstellung von X verursachten (relevanten) Kosten umfassen also in diesem Fall außer den variablen Herstellkosten auch den entgangenen Nutzen bei anderweitiger Verwendung der knappen Kapazität, die sogenannten Opportunitätskosten.

Für unser Beispiel 2 errechnen sich die Opportunitätskosten wie folgt: Der Deckungsbeitrag pro Einheit des Endprodukts A beläuft sich auf 8,– DM (= 36,– DM ./. 28,– DM), und somit betrüge der entgangene Gewinn (Deckungsbeitrag) je Engpaßminute 0,80 DM/Min. (= 8,– DM/10 Minuten). Da das Bauteil X den Engpaß mit 15 Minuten pro Stück belastet, verdrängt seine Herstellung folglich mögliche Deckungsbeiträge in Höhe von (15 x 0,8 DM =) 12,– DM. Die relevanten Kosten der Eigenfertigung machen also in dieser Engpaßsituation insgesamt 20,– DM (k_v) + 12,– DM (Opportunitätskosten = k_0) = 32,– DM aus. Somit liegen die relevanten Kosten des Fremdbezugs (P_L = 25,– DM) niedriger als die relevanten Kosten der Eigenfertigung, und unter rein kostenwirtschaftlichen Aspekten ist in diesem Fall buy vorteilhafter als make.

Wenn also Produktionsalternativen bei voll ausgelasteter Kapazität zu entscheiden sind, gilt als Entscheidungsregel: Solange

$$(k_v + k_0) > P_L$$

ist, stellt der Fremdbezug die kostengünstigere Alternative dar.

Im Beispiel 2 wird unterstellt, daß der Auftrag für das Endprodukt A 300 Einheiten umfaßt. Für deren Herstellung sind insgesamt (300 Stück x 10 Min./ST =) 3 000 Minuten auf der Spezialmaschine erforderlich. Angesichts der gegebenen Engpaßsituation lassen sich diese 300 Einheiten von A nur dann herstellen, wenn gleichzeitig 200 Einheiten von X (= 3 000 Min. : 15 Min./Stück) von auswärts bezogen werden.

11.4.3.2 „Engpaßbezogene" Mehrkosten als Entscheidungskriterium

In Beispiel 2 konkurrieren ein Endprodukt und ein selbsthergestelltes Einsatzgut um die Kapazitäten des Engpasses. Ähnliche kostenrechnerische Überlegungen wie in diesem Fall sind anzustellen, wenn auf einer Anlage Einsatzgüter unterschiedlicher Art gefertigt werden, für deren Herstellung jedoch die vorhandene Kapazität nicht ausreicht. In einer derartigen Situation ist darüber zu entscheiden, welche Einsatzgüter in welchen Mengen von auswärts zu beziehen sind und bei welchen Einsatzgütern es aus kostenrechnerischen Erwägungen bei der Eigenfertigung bleiben sollte.

Beispiel 3:

In Abänderung des Beispiels 2 sei eine Situation gegeben, in der auf der bereits bekannten Spezialmaschine die beiden Einbauteile X und Y gefertigt werden, die ohne Qualitätseinbuße auch fremdbezogen werden können. Die Spezialmaschine kann monatlich 170 Stunden in Anspruch genommen werden. Weitere Ausgangsdaten lauten:

Tabelle 11.1: Ausgangsdaten für eine Engpaßsituation

	Einbauteil	
	X	Y
1. Variable Kosten der Eigenfertigung (k_v) – in DM/Stück –	20,–	23,–
2. Fremdbezugspreis (P_L) – in DM/Stück –	25,–	27,–
3. Bedarf – Stück/Monat –	600	450
4. Bearbeitungszeit (t) – Min./Stück –	15	8
5. Kapazitätsbedarf – Min./Monat –	9 000	3 600
Gesamt-Kapazitätsbedarf: Verfügbare Gesamtkapazität:	12 600 Min. 10 200 Min.	
Engpaß:	2 400 Min.	

Die verfügbare Gesamtkapazität reicht also für die Eigenfertigung der gesamten monatlichen Bedarfsmengen beider Einbauteile nicht aus, und es muß die Frage beantwortet werden, welches Einbauteil man in welchen Mengen von auswärts beziehen sollte. Dabei kann davon ausgegangen werden, daß auch ein Nebeneinander von make und buy bei einem Einbauteil möglich ist.

Wenn man ein bestimmtes Einsatzgut, welches bei ausreichenden Kapazitäten günstiger eigenzufertigen wäre, aus Engpaßgründen auf einen Lieferanten verlagert, dann entstehen Kostennachteile in Höhe von (P_L – k_v) DM pro Stück. Unter sonst gleichen Bedingungen würden sich für eine Verlagerung auf den Lieferanten vornehmlich solche Einsatzgüter eignen, bei denen diese verlagerungsbedingten Mehrkosten je Einkauf relativ gering sind.

Man muß allerdings neben den verlagerungsbedingten Mehrkosten auch die unterschiedlichen Effekte des Fremdbezugs bestimmter Teile auf die Kapazität beachten. Wenn man z.B. eine Einheit von X nach außen verlagert, wird der Engpaß um 15 Minuten entlastet; bei Teil Y liegt dieser entsprechende Entlastungseffekt nur bei 8 Minuten. Die verlagerungsbedingten Mehrkosten ($P_L - k_v$) müssen also auf die jeweils freigesetzten Engpaßeinheiten (t) bezogen werden. Man erhält auf diese Weise für die unterschiedlichen Teile die sogenannten *„engpaßbezogenen"* Mehrkosten des Fremdbezugs:

$$\frac{P_L - k_v}{t}$$

Mit Hilfe dieses Kriteriums läßt sich herausfinden, welche Einsatzgüter angesichts des Engpasses zugekauft werden sollten, wenn man die verlagerungsbedingten Mehrkosten insgesamt minimieren will. Man wird immer zunächst jene Teile nach außen geben, bei denen die geringsten „engpaßbezogenen" Mehrkosten des Fremdbezugs entstehen.

Tabelle 11.2: Fazit für Fallbeispiel 3

	Einbauteil	
	X	Y
Verlagerungsbedingte Mehrkosten pro Einheit ($P_L - k_v$) – in DM/Stück –	5,–	4,–
„Engpaßbezogene" Mehrkosten des Fremdbezugs – in DM/Min. –	0,33	0,50
Eigenfertigungsmengen – Stück/Monat –	440	450
Fremdbezugsmenge – Stück/Monat –	160	–

Da die „engpaßbezogenen" Mehrkosten bei Einbauteil X 0,33 DM/Min. (= 5,– DM : 15 Min.) und bei Einbauteil Y 0,50 DM/Min. (= 4,– DM : 8 Min.) betragen, ist es am kostengünstigsten, Teil X auszulagern. Insgesamt muß durch diese Änderung des Bereitstellungsweges die Kapazität der Spezialmaschine um 2 400 Minuten entlastet werden. Folglich müssen insgesamt (2 400 : 15 =) 160 Einheiten von X fremdbezogen werden. Auf diese Weise würden verlagerungsbedingte Mehrkosten in Höhe von 800,– DM (= 160 x 5 bzw. 2 400 x 0,33) entstehen. Hätte man anstelle des Teils X das Teil Y zugekauft, dann würden sich verlagerungsbedingte Mehrkosten in Höhe von 1 200 DM (= 300 x 4 bzw. 2 400 x 0,5) errechnen.

11.4.3.3   Entscheidungen bei mehreren Engpässen

Die Entscheidungssituationen in Beispiel 2 und Beispiel 3 sind dadurch gekennzeichnet, daß lediglich ein einziger Engpaß wirksam wird. Sobald man bei der Wahl zwischen make or buy unterschiedlicher Einsatzgüter mit mehreren betrieblichen Engpässen konfrontiert wird, sind die traditionellen Methoden der Wirtschaftlichkeitsrechnung nicht mehr anwendbar. In derartigen Fällen muß man zu bestimmten Verfahren des Operations Research (z.B. zur linearen Planungsrechnung/zum Simplex-Algorithmus) übergehen.

11.4.4   Langfristige Entscheidungen zwischen make or buy

Bezieht sich die Frage „make or buy?" auf längere Sicht, dann wird unterstellt, daß die Kapazitäten für Eigenfertigung keine gegebene (konstante) Größe darstellen, sondern daß sie durch zusätzliche Investitionen (bzw. durch Desinvestitionen) erweitert (bzw. reduziert) werden können. Deshalb müssen im Rahmen langfristiger Kostenvergleichsrechnungen neben den bereits erwähnten variablen Kosten auch diejenigen fixen Kosten (K_f) berücksichtigt werden, die durch den Aufbau neuer Kapazitäten zusätzlich entstehen bzw. mit dem Abbau der Betriebsbereitschaft entfallen. Man vergleicht also bei langfristigen Entscheidungen die Kosten für den Fremdbezug einerseits mit den variablen Kosten *und* den entscheidungsrelevanten fixen Kosten der Eigenfertigung andererseits. Eigenfertigung würde sich unter Bedingungen, die mit Kapazitätsveränderungen verbunden sind, nur dann lohnen, wenn

$$(k_v + k_f) < P_L$$

ist.

Da man bei der Bereitstellung von Potentialfaktoren für die Eigenfertigung stets bestimmte zeitliche Bindungen eingeht, ist eine genaue Abstimmung mit der Größe und der Dauer des Bedarfs an bereitzustellenden Einsatzgütern erforderlich. Je geringer das Bedarfsvolumen ist, desto eher wird sich der Fremdbezug als der kostengünstigere Bereitstellungsweg erweisen. Make ist erst dann angezeigt, wenn der Bedarf über eine bestimmte „kritische" Menge hinausgeht. Bei derartigen Problemstellungen hat sich in der Praxis nicht selten die break-even-Analyse als eine brauchbare Methode zur Vorbereitung einer fundierten make-or-buy-Entscheidung erwiesen.

11.4.4.1 Die break-even-Analyse als Entscheidungshilfe

Beispiel 4:

In diesem Fallbeispiel wird unterstellt, daß die erwähnte Spezialmaschine eines Tages derart beschädigt wird, daß sie nicht mehr zu reparieren ist. Die Anschaffung einer neuen leistungsfähigeren Spezialmaschine würde Ausgaben in Höhe von 384 000,– DM verursachen. Man schätzt die Nutzungsdauer dieser neuen Anlage auf 5 Jahre; ein Resterlöswert (Liquidationserlös) ist danach nicht mehr zu erwarten.

Die neue Anlage soll linear abgeschrieben werden, und man rechnet in diesem Unternehmen mit einem kalkulatorischen Zinssatz von 10 % p.a. (Es sei unterstellt, daß sonst keine weiteren fixen Bereitschaftskosten mit dieser Investition verbunden sind.) Die entscheidungsrelevanten fixen Kosten pro Jahr (kalkulatorische Abschreibungen + kalkulatorische Zinsen) belaufen sich unter diesen Voraussetzungen auf 96 000,– DM (= 384 000 : 5 + 384 000 x 0,5 x 0,1). Die fixen Kosten pro Monat betragen also 8 000 DM.

Es ist geplant, in Zukunft ausschließlich das Einbauteil X auf der neuen Spezialmaschine zu fertigen; von ihm werden im Durchschnitt 640 Stück pro Monat benötigt. Im Fall des Fremdbezugs müßten für eine Mengeneinheit 25,– DM (= P_L) aufgewandt werden. Im Vergleich hierzu entstünden im Falle der Eigenfertigung mit Hilfe der neuen leistungsfähigen Spezialmaschine nur variable Kosten pro Stück (k_v) in Höhe von 15,– DM.

Lohnt sich die Anschaffung der neuen Spezialmaschine zum Zwecke der Eigenfertigung?

Für die Unternehmung sind in diesem Zusammenhang zwei unterschiedliche Fragestellungen von Interesse:

a) Wo liegt die kritische Bedarfsmenge („break-even-point"), ab der die Selbstherstellung kostengünstiger ist als der Fremdbezug?

b) Wo liegt angesichts des prognostizierten Bedarfs von 640 Einheiten pro Monat die langfristige Preisobergrenze für den Fremdbezug?

ad a): In Abbildung 11.2 wird sowohl für die Eigenfertigung als auch für den Fremdbezug dargestellt, welche Gesamtkosten in Abhängigkeit von unterschiedlichen Bedarfsmengen anfallen. Dieser Abbildung ist zu entnehmen, daß der sog. break-even-point im Beispielfall bei 800 Einheiten/Monat liegt. Erst wenn der Bedarf diese Schwelle übersteigt, ist die Eigenfertigung wirtschaftlicher als der Fremdbezug. Diese kritische Bedarfsmenge läßt sich auch auf rechnerischem Wege leicht ermitteln, indem man die monatlichen fixen Kosten (K_f) durch die Differenz zwischen P_L und k_v dividiert:

$$\text{Kritische Menge} = \frac{K_f}{P_L - k_v} = \frac{8\,000}{25\text{-}15} = 800 \text{ Einheiten/Monat}$$

Diese Berechnungen bedeuten im Ergebnis, daß die Realisierung der im Bedarfsfall gegebenen Investition aus wirtschaftlichen Gründen nicht sinnvoll ist.

ad b): Der maximal zulässige (kritische) Fremdbezugspreis entspricht den vollen Stückkosten bei Eigenfertigung (= $k_v + k_f$), wobei im vorliegenden „Einprodukt"-Fall k_f dadurch ermittelt wird, daß man die monatlich anfallenden fixen Kosten nach dem Durchschnittsprinzip auf den geschätzten Gesamtbedarf (640 Einheiten) verteilt: $k_f = 8\,000 : 640 = 12,50\,\text{DM}$.

Also belaufen sich die vollen Stückkosten (und somit auch der „kritische" Fremdbezugspreis) auf 27,50 DM (= 15,– DM + 12,50 DM). Da der effektive Fremdbezugspreis ($P_L = 25,-$ DM) unter der langfristigen Preisobergrenze von 27,50 DM liegt, ist es wirtschaftlicher, das Einbauteil X beim Lieferanten zu beziehen. Erst wenn P_L langfristig die „kritische" Marke von 27,50 DM übersteigen sollte, würde sich die Eigenfertigung als wirtschaftliche Alternative erweisen und sich die ins Auge gefaßte Investition lohnen.

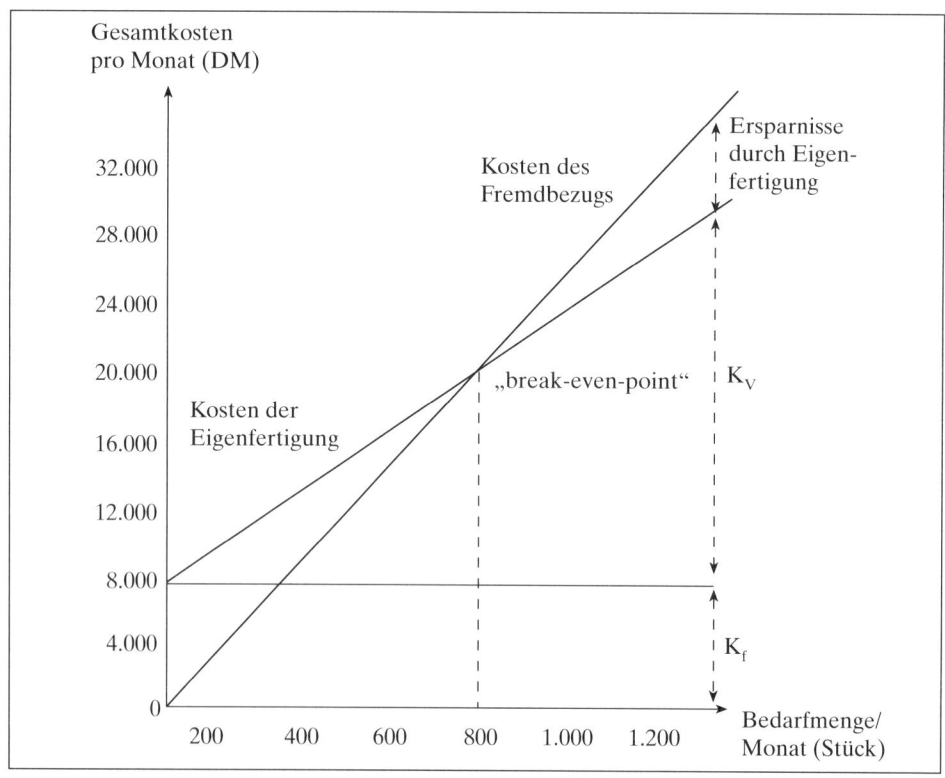

Abbildung. 11.2: Break-even-Analyse für die Wahl zwischen Eigenfertigung und Fremdbezug

In Beispiel 4 wurde mit den Annahmen gearbeitet, daß der erzielbare Preis beim Fremdbezug (P_L) von der jeweiligen Bedarfsmenge unabhängig ist und daß die Eigenerzeugung des Einbauteils X neben den zusätzlichen Bereitschaftskosten nur mengenproportionale Kosten verursacht. Beide Unterstellungen entsprechen häufig nicht der Realität. So besteht etwa beim Fremdbezug nicht selten die Möglichkeit, daß der Lieferant (in Abhängigkeit von der Bedarfsmenge) Mengenrabatte gewährt. Ihre Berücksichtigung kann unter sonst gleichen Umständen dazu führen, daß sich der Break-even-point in den Bereich größerer Bedarfsmengen verschiebt.

Bei Eigenfertigung treten manchmal in der Praxis neben den variablen Kosten und den fixen Bereitschaftskosten noch sog. sprungfixe Kosten in Erscheinung. Ihre Existenz kann der Anlaß dafür sein, daß es in bestimmten betrieblichen Situationen zu einem Nebeneinander von make *and* buy kommt. Eine derartige Situation ist dann gegeben, wenn man zwar grundsätzlich Selbstherstellung betreibt, aber die Kapazitäten für Eigenfertigung angesichts der momentanen Größe des Bedarfs nicht ausreichend sind. Durch die Kombination von make *and* buy möchte man in diesen Fällen vermeiden, daß (unwirtschaftliche) sprungfixe Kosten entstehen.

11.4.4.2 Die Wahl zwischen Eigenfertigung und Fremdbezug als Investitionsproblem

Betrachtet man die in Beispiel 4 skizzierte Entscheidungssituation genauer, so geht es im Kern eigentlich um die Frage, ob es sich lohnt, eine bestimmte Investition durchzuführen. Probleme dieser Art lassen sich in vielen Fällen nicht mit Hilfe der Kostenrechnung lösen. Denn die vorwiegend kurzfristig orientierte Kostenrechnung berücksichtigt nicht genügend, daß die mit einer Investition verbundenen Ausgaben bzw. Einnahmen zu völlig unterschiedlichen Zeiten in unterschiedlicher Höhe anfallen. Um Fehlentscheidungen zu vermeiden, sollten deshalb langfristige Investitionsentscheidungen *mit Hilfe von Investitionsrechnungen* getroffen werden, die dem Zeitaspekt angemessene Beachtung schenken.

Beispiel 5:

In Anlehnung an Beispiel 4 soll von folgenden Daten ausgegangen werden:

1. Investitionssumme für die Spezialmaschine: 384 000 DM
2. Kalkulationszinsfuß: 10 % p.a.
3. Nutzungsdauer der Anlage: 5 Jahre
4. Liquidationserlös der Anlage nach Ablauf der 5 Jahre   0 DM
5. P_L für das Einbauteil X: 25 DM
6. k_v für das Einbauteil X: 15 DM

7. Jährlicher Bedarf an X:

                   1. Jahr: 10 000 Stück
                   2. Jahr: 13 000 Stück
                   3. Jahr: 15 400 Stück
                   4. Jahr: 12 000 Stück
                   5. Jahr: 8 000 Stück

Lohnt sich angesichts dieser Daten die Anschaffung der Spezialmaschine zum Zwecke der Eigenfertigung?

Diese Frage soll im folgenden mit Hilfe der sog. Kapitalwertmethode (Barwertmethode) beantwortet werden. Nach dieser Methode werden sämtliche mit einer Investition verbundenen Ausgaben und Einnahmen mit dem gegebenen Kalkulationszinsfuß auf einen Zeitpunkt (in der Regel auf den Zeitpunkt unmittelbar vor der Investition) abgezinst. Sodann wird von der Summe der diskontierten Einnahmen die Summe der diskontierten Ausgaben abgezogen, und man erhält auf diese Weise den Kapitalwert der Investition. Falls der so ermittelte Kapitalwert größer als Null ist, ist die analysierte Investition als vorteilhaft einzustufen.

In unserem Fallbeispiel müssen die einmalig anfallenden Investitionsausgaben in Höhe von 384 000,– DM den in den nächsten 5 Jahren anfallenden diskontierten Ersparnissen gegenübergestellt werden, die dadurch entstehen, daß man statt des Fremdbezugs die Eigenfertigung wählt. Die notwendigen Berechnungen sind in Tabelle 11.3 zusammengefaßt:

Tabelle 11.3: Ermittlung der Barwerte der Ersparnis bei make im Vergleich zu buy

		Jahre (t)					
	Dimension	0	1	2	3	4	5
1. Investition	DM	384 000					
2. Bedarf (m)	Stück/Jahr		10 000	13 000	15 400	12 000	8 000
3. Laufende Ersparnis bei make gegenüber buy							
a) pro Stück $(P_L - k_v)$	DM/Stück		10	10	10	10	10
b) im Jahr $(P_L - k_v) \cdot m$	DM/Jahr		100 000	130 000	154 000	120 000	80 000
4. Abzinsungsfaktor (bei 10 %)			0,9091	0,8264	0,7513	0,6830	0,6209
5. Barwert der Ersparnis	DM/Jahr		90 910	107 432	115 700	81 960	49 672
6. Kumulierte Barwerte der Ersparnis	DM		90 910	198 342	314 042	396 002	445 674

           Summe Barwerte der Ersparnis: 445 674
–   Investitionssumme: – 384 000
=   Kapitalwert: + 61 674

Das Investitionsvorhaben verspricht somit einen (auf den Zeitpunkt t_0 bezogenen) Gesamtüberschuß (der Einnahmen über die Ausgaben) in Höhe von 61 674 DM. Wenn man in diesem Unternehmen aus finanziellen Gründen nicht Rücksicht nehmen muß auf konkurrierende (rentablere) Investitionsobjekte, wenn man also die hier untersuchte Investition isoliert betrachtet, so kommt man aufgrund der Ergebnisse der Kapitalwertmethode zu dem Schluß, daß die Eigenfertigung in diesem Fall wirtschaftlicher ist als der Fremdbezug und daß sich die Anschaffung der Spezialmaschine lohnt.

Ergänzend sei noch darauf hingewiesen, daß sich für das in Beispiel 5 skizzierte Investitionsvorhaben eine statische Amortisationsdauer (Pay-off-Periode) von 3 Jahren errechnet (384 000 = 100 000 + 130 000 + 154 000) und daß sich der interne Zinsfuß (Effektivverzinsung) auf 16,2 % p.a. beläuft.

11.4.4.3 Die Wahl zwischen Eigenfertigung und Fremdbezug als Desinvestitionsproblem

Heute werden angesichts günstiger Möglichkeiten zum Outsourcing viele Unternehmen mit der Frage konfrontiert, ob man auf längere Sicht von der Selbstherstellung auf den Fremdbezug übergehen und die vorhandenen, bisher für die Eigenfertigung genutzten Kapazitäten abbauen sollte. In einer solchen Situation müssen die Kosten des Fremdbezugs mit denjenigen Kosten verglichen werden, die dadurch entstehen bzw. wegfallen, daß die vorhandene Anlage in Zukunft weiterbenutzt bzw. abgebaut wird. Angesichts der gegebenen Problemstellung gehören im einzelnen die folgenden Kostenkategorien zu den entscheidungsrelevanten Kosten:

1. Die bereits oben erwähnten laufenden *Ersparnisse bei make gegenüber buy:* $(P_L - k_v)$

2. *Abbaufähige (fixe) Bereitschaftskosten:* Als abbaubar sollen hier jene festen Ausgaben verstanden werden, die infolge der Stillegung und des Abbaus einer Anlage in Zukunft tatsächlich wegfallen. Beispiele für solche abbaufähigen Bereitschaftskosten sind Raummieten, bestimmte Personalkosten oder Instandhaltungskosten.

3. *Der „Liquidationswert" der Anlage:* Also jener Geldbetrag, den man beim Verkauf der stillgelegten Anlage erzielen würde (Verkaufserlös minus evtl. anfallende Ausgaben für Abbruch und Verkauf). Dieser Liquidationswert repräsentiert den Kapitalbetrag, der im Falle der Fortführung der Eigenfertigung nicht freigesetzt wird, sondern investiert bleibt. Aus ihm lassen sich deshalb – wenn man mit Hilfe der Kostenrechnung an das vorliegende Entscheidungsproblem herangeht – die kalkulatorischen Zinsen sowie die Kosten für die Anlagent-

wertung ableiten. Je höher also der Liquidationswert der Anlage ist, desto höher sind unter sonst gleichen Umständen die entscheidungsrelevanten Kosten der Eigenfertigung.

4. *Kosten, die aus Sozialplänen resultieren:* Wenn der Übergang zum Fremdbezug in einer Unternehmung dazu führt, daß Betriebsteile stillgelegt werden müssen und die Zahl der Mitarbeiter reduziert werden muß, dann sind in Deutschland unter bestimmten Bedingungen Sozialpläne zu vereinbaren. Die aus solchen Sozialplänen resultierenden Ausgaben sind als (entscheidungsrelevante) Kosten des Fremdbezugs anzusehen.

In der Praxis begeht man häufig den Fehler, daß man bei der Ermittlung von kalkulatorischen Abschreibungen und kalkulatorischen Zinsen für die Eigenfertigung vom Restbuchwert der betreffenden Anlage ausgeht. Dem Restbuchwert kommt in diesem Zusammenhang allenfalls aus steuerlichen Gesichtspunkten eine gewisse Bedeutung zu. Denn die Ausmusterung einer Anlage ist in der Regel mit Sonderabschreibungen verbunden, die unter bestimmten Voraussetzungen eine gewisse Vorverlegung von Steuerminderungen zur Folge haben.

11.5   Mischformen der Bedarfsdeckung

Die traditionelle Themenformulierung „make *or* buy" spiegelt nicht den Facettenreichtum der in der Praxis vorhandenen Formen der Bedarfsdeckung wider. Denn erstens ist diese bipolare Sichtweise deshalb etwas problemverengend, weil heute bestimmte Leistungen durch eine sehr intensive Kooperation zwischen Lieferant und Abnehmer erbracht werden. Und zweitens gibt es neben den beiden Möglichkeiten des *vollständigen* Fremdbezugs und der *vollständigen* Eigenfertigung ein simultanes Nebeneinander (Kombination) von make *and* buy.

Da an anderen Stellen dieses Buches die Kooperation mit Lieferanten behandelt wird und einzelne Kooperationsfelder erläutert werden, soll hier im Rahmen des vorwiegend produktionsorientierten Themas „make or/and buy" lediglich ergänzend auf die durch Lieferant und Abnehmer gemeinschaftlich betriebene Erstellung von Bedarfsgütern hingewiesen werden. Eine Möglichkeit der *kooperativen Bedarfsdeckung* ist z.B. durch die Gründung einer Gemeinschaftsunternehmung („Joint Venture") gegeben, an der beide Marktpartner beteiligt sind. Eine andere Möglichkeit, die z. Zt. in der Automobilindustrie praktiziert wird, besteht darin, daß Fertigungs- und/oder Montageumfänge der Lieferanten in die Produktionsstätten des Abnehmers verlagert werden. In diesen Fällen nehmen teilweise die Mitarbeiter des Lieferanten und die des Abnehmers gemeinsam die Montage und den Einbau der Module in das Endprodukt vor. Beide hier erwähnten Formen der kooperativen Bedarfsdeckung haben den Vorteil, daß der Abnehmer vorgelagerte

Wertschöpfungen besser kontrollieren, steuern und den (wechselnden) Erfordernissen der eigenen Produktion anpassen kann.

Voraussetzung für ein *Nebeneinander von Eigenfertigung und Fremdbezug* ist, daß der Bedarf in quantitativer Hinsicht teilbar ist. So können z.B. bestimmte logistische Leistungen ohne weiteres teilweise vom eigenen Fuhrpark erledigt, teilweise aber auch unternehmensfremden Spediteuren übertragen werden. Die Gründe für ein solches Nebeneinander von Eigenfertigung und Fremdbezug können sehr vielfältig sein. Manchmal zwingt die Begrenztheit der ursprünglich herangezogenen Versorgungsquelle dazu, Eigenfertigung und Fremdbezug nebeneinander zu nutzen. So läßt sich z.B. in der Praxis beobachten, daß bestimmte Unternehmen eine Grundlast mit den eigenen Kapazitäten abdecken und für den Spitzenbedarf fremde Lieferbetriebe einsetzen. In anderen Fällen sind steigende Grenzkosten (Nachtschichten, Überstunden) oder sprungfixe Kosten der Anlaß dafür, neben der Eigenfertigung auch teilweise Fremdbezug zu betreiben. Manchmal empfiehlt sich ein vorübergehendes Nebeneinander von make and buy aus beschäftigungspolitischen Erwägungen; so kann es beispielsweise in einer Phase der Unterbeschäftigung dazu kommen, daß Güter und Leistungen, die sonst ausschließlich von außen bezogen wurden, teilweise auch selbst hergestellt werden.

Manche Unternehmen, die einen bestimmten Artikel grundsätzlich eigenfertigen, reservieren einen Teil ihres Bedarfs (z.B. 20 %) für die Vergabe an externe Marktpartner, um die Wettbewerbsfähigkeit der betriebseigenen Fertigungsstätten zu kontrollieren. Vor allem in großen Konzernen, bei denen der interne Austausch von Lieferungen und Leistungen einen großen Teil des gesamten Beschaffungsvolumens ausmachen kann, dient die Einschaltung konzernfremder Anbieter dazu, zuverlässige Vergleichsdaten für die internen Austauschbeziehungen zu erhalten. Die beziehende Konzerntochter wird darauf zu achten haben, daß Lieferungen und Leistungen zwischen den beiden Beteiligten möglichst zu marktgerechten Bedingungen ausgetauscht werden.

Zu einer temporären Beibehaltung beider Versorgungsarten kann es in der Praxis auch dann kommen, wenn die Aufnahme der Eigenfertigung wegen Schwierigkeiten bei der Bereitstellung der erforderlichen Arbeitskräfte oder der notwendigen finanziellen Mittel nicht sofort in vollem Umfang sondern nur schrittweise erfolgen kann. Darüber hinaus ist daran zu denken, daß manchmal aus risikopolitischen Erwägungen („policy of multiple sources") ein Nebeneinander von Eigenfertigung und Fremdbezug sinnvoll sein kann. Schließlich wird in einigen Unternehmen diese Doppelstrategie praktiziert, um nicht ganz in die Abhängigkeit von Lieferanten zu geraten.

Zusammenfassend kann festgehalten werden, daß sich hinter der Frage „make or/and buy" durchaus ein großer Spielraum unterschiedlicher Möglichkeiten der Bedarfsdeckung verbirgt. Stellt man nun den verschiedenen Ausgangssituationen die möglichen neuen Formen der Bedarfsdeckung gegenüber, dann ergibt sich unter Berücksichtigung der erwähnten Mischformen das in Abbildung 11.3 skizzierte Bild vom Spektrum unternehmerischer make-or/and-buy-Entscheidungen.

Neue Form der Bedarfs-deckung Ausgangs-situation	Vollständiger Fremdbezug	Vollständige Eigenfertigung	Nebeneinander von Eigenfertigung und Fremdbezug	Bedarfsdeckung in Kooperation mit Lieferanten
Vollständiger Fremdbezug	A	B	C	D
Vollständige Eigenfertigung	E	F	G	H
Nebeneinander von Eigenfertigung und Fremdbezug	I	J	K	L
Bedarfsdeckung in Kooperation mit Lieferanten	M	N	O	P
Neuartiges Beschaffungsobjekt	Q	R	S	T

Abbildung 11.3: Das Spektrum unternehmerischer Make-or/and-buy-Entscheidungen

Quelle: In Anlehnung an: Werner Lohrberg, Grundprobleme der Beschaffungsmarktforschung, Bochum 1978, S. 177

In Abbildung 11.3 charakterisieren die Felder A und F make-or-buy-Überlegungen, die ein Festhalten an der bisherigen Situation beinhalten. In den Fällen B, C, D, E, G, H, I, J, L, M, N und O findet hingegen ein Wechsel im Bereitstellungsweg statt. Bei den Feldern K und P kann es durchaus zu einem unterschiedlichen Aufteilungsverhältnis bzw. zu einer unterschiedlichen Ausprägung der bisherigen Form der Bedarfsdeckung kommen. Die Felder Q, R, S und T schließlich beziehen sich auf make-or/and-buy-Entscheidungen bei Vorliegen eines neuen Bedarfs.

11.6 Die Rolle des Einkaufs auf dem Gebiete „Eigenfertigung/Fremdbezug"

Bei der Frage make or/and buy nimmt der Einkauf als Kontaktstelle der Unternehmung zum Beschaffungsmarkt grundsätzlich eine dominierende Stellung ein; sie eröffnet dem Einkauf ein interessantes Betätigungsfeld, auf dem er sich im Betrieb profilieren und Anerkennung verschaffen kann. Allerdings ist es notwendig, daß sich der einzelne Einkäufer dieser Aufgabe mit Engagement und Kreativität stellt. Denn „Purchasing can either be at the center of the outsource decision by the firm, or it can sit by and let it be handled by others" (Cavinato, J.L., S. 10).

Im einzelnen erwartet man in einer Unternehmung vom Einkauf, daß er auf diesem Gebiete die Initiative ergreift und als Impulsgeber tätig wird. Er muß Daten für eine optimale make-or/and-buy-Entscheidung sammeln und ist zu einem großen Teil mitverantwortlich für eine objektive Analyse und Bewertung von internen Wertschöpfungen und vergleichbaren Marktangeboten. Insbesondere fällt dem Einkauf im Rahmen dieser Problematik die Aufgabe zu, beschaffungsseitige Alternativen zur Eigenfertigung aufzuspüren und aufzuzeigen sowie die Effizienz interner Stellen zu überprüfen, indem er sie an der Leistungsfähigkeit potentieller externer Anbieter mißt.

Will ein Einkäufer heute im Fragenkomplex „make-or/and-buy" entscheidend zur Existenzsicherung einer Unternehmung beitragen, so wird er sich in seiner Grundeinstellung zum „schlechten Gewissen der Eigenfertigung" (Kern, F., S. 189) entwickeln müssen. Das kann nicht bedeuten, daß er vorschnell zum Outsourcing tendieren sollte; vielmehr können aus dieser kritischen Grundposition und aus dem Engagement des Einkäufers auch Anregungen zur Verbesserung im Bereich der Eigenfertigung oder generell zur Optimierung der Bedarfsdeckung resultieren. So lassen sich etwa aus Benchmarking-Vergleichen mit potentiellen Anbietern Denkanstöße für die Steigerung der Wettbewerbsfähigkeit der Fertigungsstätten im eigenen Haus gewinnen.

Die Wahrnehmung der skizzierten Aufgaben verlangt selbstverständlich vom Einkäufer, daß er mit hervorragenden Marktkenntnissen ausgestattet ist. Gefragt sind in diesem Zusammenhang vor allem Informationen über

- Preise und Preistendenzen auf bestimmten Märkten,
- Produkte mit speziellen Eigenschaften,
- die Lieferantenszene und deren technische und wirtschaftliche Leistungsfähigkeit,
- neuartige Produktionsverfahren und Neuentwicklungen,
- das Kostenniveau in bestimmten Regionen und Branchen,
- die langfristigen Tendenzen auf bestimmten Beschaffungsmärkten.

Ein Einkäufer wird um so wirkungsvoller an unternehmerischen make-or/and-buy-Problemen mitarbeiten können, je besser es ihm gelingt, leistungsstarke Lieferanten an der Suche nach günstigen alternativen Lösungen für die Bedarfsdeckung zu beteiligen.

Da es sich bei der Wahl zwischen Selbstherstellung und Fremdbezug um ein komplexes Problem handelt, sollten wichtige Entscheidungen in diesem Bereich zweckmäßigerweise in ressortübergreifenden Ausschüssen getroffen werden. Bei seiner Beteiligung an dieser Teamarbeit wird sich der Einkäufer mit den widersprüchlichen Prioritäten und den fixierten Denkweisen anderer Funktionsbereiche bezüglich des zu realisierenden Bereitstellungsweges auseinandersetzen müssen. So wird häufig der Fertigungsleiter die interne Versorgung mit dem Argument rechtfertigen wollen, daß sich durch die Belegung freier Maschinenkapazitäten in Zeiten schlechter Konjunkturlage Einsparungen erzielen lassen. Der Personalmanager wird aus Gründen des Erhalts von Arbeitsplätzen und um sein gutes Einvernehmen mit den Gewerkschaften nicht zu beeinträchtigen, eher gegen Outsourcing plädieren. Unterstützung für die günstigere externe Beschaffung wird dagegen der Einkäufer vielleicht bei seinen Kollegen aus dem Controllingbereich, aber auch hier und da bei Entwicklungsingenieuren erhalten, die häufig der Meinung sind, Lieferanten seien konstruktiven Veränderungen gegenüber aufgeschlossener als interne Stellen.

Nicht jedes make-or-buy-Problem erreicht allerdings eine derartige Dimension, daß sich damit unbedingt eine ganze Projektgruppe befassen sollte. Das gilt insbesondere für viele kurzfristige Entscheidungen, welche festlegen, ob bestimmte Wertschöpfungen mit den eigenen gegebenen Kapazitäten erledigt oder nach außen vergeben werden sollen. Treten derartige Probleme beispielsweise im Produktionsbereich auf, so werden sie häufig kurzerhand durch entsprechende Absprachen zwischen Einkauf und Fertigungssteuerung (Arbeitsvorbereitung) gelöst. Je stärker jedoch eine geplante Veränderung des Bereitstellungsweges die personellen, finanziellen und sachlichen Kapazitäten eines Betriebes und seine Fertigungstiefe oder gar die gesamte Struktur einer Unternehmung beeinflußt, desto früher und intensiver müssen entsprechende Entscheidungen vorbereitet werden, desto eher wird man eine Projektgruppe einschalten und desto höher in der Hierarchie wird die Entscheidungsbefugnis angesiedelt sein. Sehr einschneidende strategische Entscheidungen liegen manchmal auch etwas außerhalb des Blickfeldes des Einkaufs.

Der industrielle Einkäufer wird vielfach durch bestimmte Veränderungen im wirtschaftlichen und technischen Umfeld dazu angeregt, sich mit der Fragestellung auseinanderzusetzen, ob man bei bestimmten Beschaffungsobjekten einen Wechsel im Bereitstellungsweg vornehmen sollte. Wichtige Anlässe für das Aufgreifen dieser Fragestellung können beispielsweise sein:

- Der Bedarf hat sich in quantitativer Hinsicht verändert und einen kritischen Punkt erreicht.

- Es haben sich in qualitativer, quantitativer oder terminlicher Hinsicht unüberbrückbare Schwierigkeiten mit Lieferanten ergeben.

- Der Zeitpunkt für den Ersatz der vorhandenen alten Eigenfertigungsanlage durch eine neue ist gekommen.

- Auf dem Beschaffungsmarkt sind neue leistungsfähige Lieferanten aufgetaucht.

- Bestimmte langfristige Lieferverträge laufen aus.

- Bei einem bestimmten Zukaufteil sind in Zukunft starke und länger andauernde Preissteigerungen zu erwarten.

- Infolge des technischen Fortschritts oder von Forschungsergebnissen drängen neue Technologien auf den Beschaffungsmarkt.

- Aus den verschiedensten Gründen ändert sich das Beschaffungsprogramm.

Umstellungen in den Bereitstellungswegen verlangen vom Einkauf einer Unternehmung ein hohes Maß an qualitativer Flexibilität; denn der Übergang von einer Versorgungsart zu einer anderen bedeutet häufig, daß man sich in Zukunft mit völlig andersgearteten Märkten und Marktbedingungen, mit anderen Anbietern und Produkten auseinandersetzen muß. Manchmal ziehen derartige Richtungswechsel sogar bestimmte organisatorische Änderungen der Einkaufsabteilung nach sich; oder sie haben zur Folge, daß andere Einkaufsspezialisten mit entsprechenden Produkt- und Marktkenntnissen eingestellt werden müssen. Auch kommt es vor, daß Umstellungen in den Bereitstellungswegen Auswirkungen auf die quantitative Kapazität einer Einkaufsabteilung haben.

11.7 Schwachstellen und Probleme der Praxis

Eine durchdachte make-or-buy-Politik kann für die Konkurrenzfähigkeit einer Unternehmung von entscheidender Bedeutung sein. Deshalb ist erstaunlich, daß das Management dazu neigt, der make-or-buy-Problematik so wenig Beachtung zu schenken. Es müßte sich intensiv um die wichtigen Fragen einer zweckmäßigen Abgrenzung zwischen Kern- und Randbereichen kümmern, und es müßte die Verantwortlichkeiten auf dem Gebiete Eigenfertigung/Fremdbezug klären. Außerdem trägt selbstverständlich das Management die Verantwortung für die Formulierung und Verabschiedung einer generellen Unternehmenspolitik zu diesem Problembereich. Aber in vielen Unternehmen fehlen entsprechende politische Leitlinien für die Mitarbeiter.

Schwierigkeiten in der Handhabung und im Management dieses Sektors beruhen sicherlich auch darauf, daß in der Regel viele Abteilungen einer Unternehmung betroffen sind. Die Komplexität des Problems macht es ja erforderlich, daß die Erarbeitung von Entscheidungsvorlagen häufig durch ein interdisziplinäres Team erfolgt. Leider existieren derartige make-or-buy-Teams nur in wenigen Unternehmen.

Ein weiteres Problem stellt die Frage des Kostenvergleichs zwischen Eigenfertigung und Fremdbezug dar. Einerseits sind Kosten naturgemäß eine wesentliche Komponente jeder sorgfältig durchgeführten make-or-buy-Analyse. Andererseits werden in der Praxis – und erst recht in der Theorie – Kostenvergleichsrechnungen in diesem Bereich häufig überbewertet. Die Problematik liegt teilweise darin, daß sich bestimmte Kosten nicht exakt quantifizieren lassen. Verantwortlich für dieses Phänomen sind vorwiegend die fixen Kosten bei Eigenfertigung oder die erwähnten Transaktionskosten oder Opportunitätskosten. Teilweise ist zu bedenken, daß in bestimmten Entscheidungssituationen andere Aspekte die Kostenfrage überlagern und sie deshalb als sekundär zu bezeichnen ist.

Als Schwachstelle ist häufig die in der Praxis fehlende Planmäßigkeit und Systematik des Vorgehens anzusehen. Vielfach stößt man durch Zufall, bei unerwarteten Ereignissen oder bei Störungen in der Materialversorgung auf die Problematik „make-or-buy". Daraus resultiert allerdings die Gefahr, daß man sich in seiner Entscheidung zu sehr von den gerade (kurzfristig) herrschenden Verhältnissen leiten läßt und zu wenig in strategischen Kategorien denkt.

Schließlich ist darauf aufmerksam zu machen, daß in vielen Unternehmen die Fertigungstiefe zu einem wesentlichen Teil von der Tradition und vom Beharrungsvermögen bestimmt ist. So wird in der Praxis häufig zu wenig berücksichtigt, daß im Zuge des Lebenszyklus eines Endproduktes die benötigten Vorprodukte, Komponenten, Baugruppen hinsichtlich der Problematik make or buy einen Wandlungsprozeß durchmachen. Zu Beginn des Lebenszyklus weisen nämlich viele Vorprodukte noch eine hohe strategische Relevanz und ebenfalls relativ hohe Auslagerbarrieren auf, so daß die Eigenfertigung in dieser Phase zweckmäßigerweise dominiert. Im Laufe der Zeit allerdings wandelt sich ein großer Teil der vormals als eindeutig make-Objekte eingestuften Artikel zu buy-Gegenständen. Die erforderliche Umstellung auf die veränderte Situation und die wirtschaftlich sinnvolle Re-Strukturierung der Wertschöpfungsketten werden jedoch in vielen Unternehmen zu spät oder überhaupt nicht vollzogen. Auf diese Weise kann es zu gefährlichen Verkrustungen in der Wertkette und zu einer Ressourcenverschwendung bei der Verteidigung von Eigenfertigungs-Volumina kommen. Auch vor diesem Hintergrund wird deutlich, daß einmal getroffene make-or-buy-Entscheidungen in bestimmten zeitlichen Abständen zu überprüfen und gegebenenfalls zu revidieren sind.

Übungsfragen und -aufgaben

1. Erläutern Sie die Frage, auf welche unterschiedlichen Kategorien betrieblicher Wertschöpfungen sich die Problemstellung „make or buy" vorwiegend bezieht.

2. In vielen Bereichen der Wirtschaft sind heute eine Abkehr von der Eigenfertigung und eine Hinwendung zum Outsourcing erkennbar. Erläutern Sie, welche Faktoren (Gründe) für dieses Phänomen verantwortlich sind.

3. Bei der Entscheidung über „make or buy" und bei der Optimierung der Fertigungstiefe spielt die grundsätzliche Frage, welche Aktivitäten zu den Kernkompetenzen einer Unternehmung zählen und in welchen Bereichen man an Outsourcing denken sollte, eine entscheidende Rolle:
   a) Konkretisieren Sie, bei welchen Beschaffungsobjekten eine Unternehmung eher auf Eigenfertigung verzichten und auf Fremdbezug umschalten sollte.
   b) Konkretisieren Sie, bei welchen Beschaffungsobjekten Vorsicht und Zurückhaltung gegenüber Outsourcing geboten erscheinen.

4. Es gibt eine Vielzahl von Faktoren, welche die make-or-buy-Entscheidungen beeinflussen:
   a) Beantworten Sie die Frage, worin Sie die wesentlichen betriebswirtschaftlichen Vorteile der Eigenfertigung gegenüber dem Fremdbezug sehen.
   b) Beantworten Sie die Frage, worin Sie die wesentlichen betriebswirtschaftlichen Vorteile des Fremdbezugs gegenüber der Eigenfertigung sehen.

5. Stellen Sie im Detail dar, was man sich unter „Transaktionskosten" vorzustellen hat.

6. „Welche Kosten im praktischen Einzelfall zu den entscheidungsrelevanten Kosten der Eigenfertigung zählen, ist davon abhängig, ob es sich bei der Wahl zwischen „make or buy" um Überlegungen auf kurze oder auf lange Sicht handelt und ob eventuell vorhandene Kapazitäten für Eigenfertigung ausgelastet sind oder nicht."
   Verdeutlichen Sie diesen Satz, indem Sie konkrete Angaben zu den jeweils relevanten Kosten der Eigenfertigung in unterschiedlichen Entscheidungssituationen machen.

7. Eine Unternehmung arbeitet in einer bestimmten Fertigungsstelle an der Kapazitätsgrenze. Die Kapazität dieses betrieblichen Teilbereichs kann kurzfristig nicht erweitert werden. In dieser Fertigungsstelle werden sowohl ein bestimmtes Enderzeugnis E als auch ein Teil T gefertigt (welches zur Herstellung eines weiteren Endprodukts benötigt wird).
   Endprodukt E belastet diesen Engpaß mit 20 Min. pro Einheit. Die variablen Kosten liegen bei 50,– DM/Stück; es kann zu einem Preis von 66,– DM/Stück auf dem Markt abgesetzt werden.
   Teil T beansprucht den Engpaß mit 14 Min./Stück. Dieses Teil kann von einem Lieferanten zu einem Preis von 21,– DM pro Stück bezogen werden; die variablen Kosten der Eigenfertigung liegen bei 9,– DM pro Stück.

Frage: Soll in dieser Engpaßsituation das Unternehmen einen zusätzlichen Auftrag über 22 400 Einheiten des Endproduktes E annehmen und dafür eine bestimmte Menge des Teils T von auswärts beziehen? Wie würde sich der Gewinn dieser Unternehmung verändern, wenn der Auftrag angenommen und eine bestimmte Menge des Teils T fremdbezogen würde?

8. Ein Unternehmen benötigt für die Herstellung seiner Endprodukte u.a. die drei Zwischenprodukte a, b und c. Der Bedarf an diesen Zwischenprodukten ist fest vorgegeben; er kann sowohl durch Eigenfertigung als auch durch Fremdbezug befriedigt werden.

Die Produktion der Zwischenprodukte a, b und c erfolgt in einer speziellen Fertigungsstelle, deren Kapazität jedoch zu knapp bemessen ist. Eine kurzfristige Erweiterungsmöglichkeit besteht nicht. Deshalb muß überlegt werden, welche Mengen der Zwischenprodukte a, b oder c fremdbezogen und welche eigengefertigt werden sollen.

Für den zu planenden Monat ist von folgenden Daten auszugehen:

	Zwischenprodukt		
	a	b	c
1. Bedarf (Stück/Monat)	5 000	12 000	2 000
2. Kapazitätsbelastung (Min./Stück)	2,5	2,0	0,5
3. Benötigte Kapazität (Min./Monat)	12 500	24 000	1 000
4. Variable Kosten der Eigenfertigung k_v (DM/Stück)	3	7	6
5. Fremdbezugspreis P_L (DM/Stück)	11	13	8
6. Benötigte Kapazität insgesamt (Min./Monat)	37 500		
7. Verfügbare Gesamtkapazität (Min./Monat)	27 000		

Ermitteln Sie, welches Zwischenprodukt (welche Zwischenprodukte) Sie in welchen Mengen von auswärts beziehen würden. Dabei kann davon ausgegangen werden, daß auch ein Nebeneinander von make and buy bei einer Zwischenproduktsorte möglich ist.

9. Ein Unternehmen sondiert, ob ein bisher von auswärts bezogenes Zwischenprodukt in Zukunft zweckmäßigerweise in Eigenregie hergestellt werden sollte:

– *Kosten des Fremdbezugs:* Der Lieferant verlangt für dieses Zwischenprodukt 30,– DM pro Einheit.

– *Kosten der Eigenfertigung:*

a) Bei Eigenfertigung fallen zunächst einmal (mengenproportionale) variable Kosten je Stück in Höhe von 10,– DM an.

b) Sodann entstehen bei Eigenfertigung fixe Bereitschaftskosten in Höhe von 3 000,– DM pro Periode.

c) Schießlich fallen (*zusätzlich* zu den unter b erwähnten Fixkosten) auch noch sogenannte sprungfixe Kosten für die Entlohnung von einzustellenden Facharbeitern an: Eine solche Arbeitskraft kann maximal 200 Einheiten des Zwischenproduktes pro Periode herstellen. An Löhnen müssen für sie (unabhängig von der effektiven Leistung) 2 000,– DM pro Periode aufgewendet werden.

Frage: Bei welchen Bedarfsmengen sollte diese Unternehmung aus Kostengründen

– Eigenfertigung,
– Fremdbezug oder
– ein Nebeneinander von make and buy

praktizieren? Beantworten Sie diese Frage in Analogie zur Break-even-Analyse auf graphischem Wege für die Bedarfsmengen von 0 bis 800 Einheiten.

10. Machen Sie verständlich, warum bestimmte Entscheidungen im Bereich „Eigenfertigung/Fremdbezug" sinnvoller Weise auf der Basis einer Investitionsrechnung und nicht aufgrund einer Kostenvergleichsrechnung getroffen werden sollten.

11. Obwohl sich aufgrund einer gründlichen Analyse der Kostenverhältnisse der Fremdbezug für ein bestimmtes Beschaffungsobjekt als der wirtschaftlichere Bereitstellungsweg erwiesen hat, entscheidet sich die Unternehmensleitung für die Eigenfertigung.
    Nennen Sie mögliche Beweggründe für diese Entscheidung.

12. In manchen Unternehmen wird das gleiche Beschaffungsobjekt sowohl in Eigenregie gefertigt als auch fremdbezogen. Nehmen Sie zur Frage des Nebeneinanders von „make and buy" Stellung.

13. Diskutieren Sie die Frage, welche Rolle die Materialwirtschaft auf dem Gebiete „Eigenfertigung/Fremdbezug" spielt.

14. Diskutieren Sie die Frage, welche Funktionsbereiche in einem Ausschuß vertreten sein sollten, welcher sich mit der Fragestellung „make or buy?" auseinanderzusetzen hat.

15. Verdeutlichen Sie den Zusammenhang zwischen dem Lebenszyklusmodell und der Fertigungstiefe.

Zwölftes Kapitel
Logistische Fragen

12.1 Logistik und Einkauf im Spannungsfeld

Die Logistik befaßt sich mit dem Informations- und Materialfluß vom Lieferanten bis zum Kunden eines Unternehmens. Entsprechend dieser *ganzheitlichen* Betrachtungsweise erstrecken sich die logistischen Aufgaben auf den Beschaffungs-, Produktions- und Absatzbereich. Zwar waren von jeher logistische Aufgaben in den Unternehmen zu erfüllen, wie Transport, Wareneingang, Lagerung, Kommissionierung, Verpackung und Entsorgung, doch ließen sich erst mit dem Wandel zu integrativen Logistik-Konzepten, die sowohl die Funktionsbereiche als auch die Unternehmensumwelt (Lieferanten, Kunden, Händler, logistische Betriebe) verknüpfen, beachtliche Rationalisierungsreserven, etwa in Form von höheren Logistik*leistungen* und *Synergieeffekten,* ausschöpfen. Die auf das Gesamtsystem abzielende logistische Denkweise wirkt sich aber auch auf die Logistik*kosten* aus, wenngleich eine spezielle Logistik-Kostenrechnung erst in Ansätzen vorliegt. Immerhin aber werden die kostenmäßigen Interdependenzen logistischer Entscheidungen stärker als früher beachtet, und demzufolge verdrängen umfassendere Systeme allmählich die in ihrer Effizienz beschränkten Partialmodelle. Als Beispiele seien einige Schlagwörter erwähnt,

– Lean Production,
– Just in Time,
– Supply Chain Management,
– Integrierte Materialwirtschaft,
– Total Quality Management,

die das Denken und Handeln in Gesamtsystemen unterstreichen.

Die genannten und andere „intelligente" Konzepte haben die Logistik zu einem schlagkräftigen Management Tool im internationalen Wettbewerb heranreifen lassen. Diese Entwicklung hat naturgemäß auch Auswirkungen auf das klassische Rollenverständnis des Einkaufs. Mit der Übernahme der „physischen" Versorgungsfunktionen, gelegentlich auch der Produktionsplanung und -steuerung, trägt die Logistik entscheidend dazu bei, daß sich der Einkauf von manchen Routinetätigkeiten, wie Bedarfs- und Bestellrechnung, abwendet und gewinnorientierten Aufgaben, wie Beschaffungsmarktforschung und -marketing, zuwendet. Die zunehmende Arbeitsteilung zwischen Beschaffungs-Logistik und Einkauf ist auch Ausdruck der gestiegenen Anforderungen an die Versorgungs- und Vorratswirtschaft der Unternehmen (vgl. Arnolds 1993).

So sind auf der einen Seite die Herausforderungen durch neue rechtliche Rahmenbedingungen (z.B. Produkthaftungsgesetz, Umweltschutzgesetze), aber auch die
ökologische Verantwortung des Einkaufs (Förderung umweltbewußter Lieferanten,
Einkauf umweltfreundlicher Materialien), und auf der anderen Seite z.B. neue
Transport-, Lager- und Kommissioniersysteme zu beachten. Das Aufgabenspek-
trum des Einkaufs verringert sich durch den „Vormarsch" der Logistik in keiner
Weise, sondern verschiebt sich von der betrieblichen Ausrichtung zum Beschaffungsmarkt.

Gerade die vieldiskutierten Logistik-Konzepte *Lean Production* und *Just in Time*
bedürfen wegen ihres Ganzheitscharakters der Zusammenarbeit zwischen Einkauf
und Logistik. Beide Systeme wirken sowohl nach „innen" (Produktions-Logistik,
Materialwirtschaft) als auch nach „außen" (Beschaffungs-Logistik, Einkauf). So
setzt die „schlanke" Fabrik entsprechende Organisationsformen, Abläufe und
Technologien in der Produktion ebenso voraus wie in der Beschaffung, wie beispielhaft aus Tabelle 12.1 hervorgeht.

Tabelle 12.1: Lean Production im Vergleich zur Massenproduktion
   (Quelle: Vahrenkamp 1994, S. 204)

	Massenproduktion	Lean Production
Zielsystem	hohe Kapazitätsauslastung	Flußbeschleunigung
Datenmenge auf unterer Ebene	groß	klein
Beschaffung	Standardteile	Systemteile
Fertigungstiefe	hoch	niedrig
Bestände	hoch	niedrig
Varianz der Bearbeitungszeiten	hoch	niedrig
Qualität	mittleres Niveau	Null-Fehler
Zulieferer	Konkurrenzmodell	Kooperationsmodell
Mitarbeiterkooperation	gering	hoch
Hierarchie	groß	flach
Forschung und Entwicklung	arbeitsteilig, langsam	kooperativ, schnell

Auch bei Just in Time sind neben den logistischen Fragestellungen (Transportprobleme, Koordination der PPS-Systeme, Kommunikationsstrukturen) die einkäuferischen gleichrangig zu behandeln. So fällt der *Lieferantenauswahl* im Hinblick auf
Flexibilität und *Zuverlässigkeit* bei Mengen, Qualitäten und Terminen vor dem Hintergrund minimaler Bestandspuffer eine Schlüsselrolle zu. Außerdem macht die
mit dem eigenen Produktionsrhythmus abgestimmte Zulieferung kleinster Partien
eine fortdauernde *enge Zusammenarbeit* mit den Lieferanten auf vielen Gebieten
(z.B. Produktentwicklung, Qualitätssicherung, Vertragsgestaltung) notwendig, wozu der Einkauf prädestiniert ist. Weiterhin ist das Just-in-Time-Konzept für den
Lieferanten meistens mit Umstellungen bei Informations- und Materialflußsyste-
men verbunden, um die notwendige Kompatibilität bzw. Synchronisation herzustellen. In einigen Fällen ist sogar eine Diskussion über den Standort von Zulieferwer-
ken oder über die Einführung japanisch orientierter Steuerungsmechanismen

(Kanban-System) vonnöten. Der Einkauf hat diesen Problemen einerseits durch Beratung und Förderung, andererseits durch den Abschluß von *Langfristverträgen* (u.U. mit Konventionalstrafen) Rechnung zu tragen. Weiterhin können organisatorische und produktionstechnische Anpassungen beim Lieferanten zu Kostensteigerungen führen, die Einkaufsaktivitäten erfordern, um der Einsparung an Lagerhaltungskosten keine höheren Einstandspreise gegenüberzustellen. Vielleicht genügt hier der Hinweis auf gezielte Rationalisierungsmaßnahmen oder die Weiterwälzung des Just-in-Time-Gedankens auf den Vorlieferanten, um eine befriedigende Lösung herbeizuführen.

Schließlich rückt gerade durch die erwähnte Logistikstrategie Just in Time eine Tätigkeit des Einkaufs verstärkt in den Mittelpunkt des Interesses, nämlich der Einkauf von Transportleistungen. Dieser Dienstleistungseinkauf entfällt bei *Frei-Haus-Preisen*, die dem Lieferanten die konkrete Durchführung der Zulieferung überlassen, was einerseits bequem und andererseits nicht unwirtschaftlich sein muß. Dennoch können sich durch Eigeninitiative auf diesem Gebiet – evtl. unterstützt durch spezialisierte Berater – für den Abnehmer (und Berater) Gewinne bei Vereinbarung von Ab-Werk-Preisen ergeben. Das ist vor allem dann möglich, wenn der Einkauf auf Erfahrungen im Verkehrssektor zurückgreifen und eine starke Marktstellung als Verlader vorweisen kann. Dem Einkauf ist außerdem bewußt, daß häufige Anlieferungen in bedarfsgerechten kleinen Mengen zu schlechterer Auslastung von Transportmitteln, verstärkter Belastung der Verkehrsinfrastruktur („Just im Stau"), längeren Wartezeiten an der Warenannahme und letztlich zu höheren Transportkosten und damit Einstandspreisen führen kann. Deshalb versucht er, durch Einflußnahme auf die logistische Kontrollspanne die Kostenvorteile der produktionssynchronen Beschaffung nicht zu verspielen.

12.2   Außerbetrieblicher Materialtransport

Der Einkäufer von Transportleistungen steht einer Vielzahl von Gestaltungsmöglichkeiten gegenüber, weil er die prinzipielle Wahl zwischen mehreren Verkehrsträgern mit jeweils unterschiedlichen Leistungsprofilen hat (z.B. Schnelligkeit, Zuverlässigkeit, Sicherheit).

Im konkreten Verladungsfall mag dann nur eine Variante in Frage kommen, weil z.B. ein eiliger Bedarf vorliegt, Gefahrgut zu versenden ist oder ein Ganzzug mit einem homogenen Massengut zusammengestellt werden kann. In anderen Fällen wird der *Werkverkehr* dem gewerblichen Verkehr vorgezogen, weil z.B. außermonetäre Ziele die Entscheidung bestimmen.

Außer beim flexiblen Straßengütertransport muß der Einkäufer von Transportleistungen beachten, daß ein *Haus-zu-Haus-Verkehr* nur mit einer *Transportkette* zu bewerkstelligen ist, weil neben den Hauptläufen noch die Nebenläufe (z.B. vom Zielbahnhof zum Empfänger) zu planen sind.

Auf der anderen Seite darf er nicht übersehen, daß eine Transportentscheidung stets auf der Basis der Gesamt*kosten* und Gesamt*leistung* zu treffen ist. Wie bei der Materialbeschaffung kann auch beim Einkauf von Transportleistungen der reine Preisvergleich zu falschen Ergebnissen führen. Vielmehr sind ebenfalls wie beim klassischen Angebotsvergleich mehrere Leistungskriterien (z.B. Schnelligkeit, Service, Haftung, Schadensabwicklung, Sicherheit) zur Beurteilung und Auswahl eines logistischen Betriebes heranzuziehen. Ein Beispiel dafür ist der Flugverkehr, dessen hohe Kosten für den Hauptlauf (von Flughafen zu Flughafen) durch Einsparungen vor allem bei den Kapitalbindungskosten (Unterwegsware) ausgeglichen oder überkompensiert werden können. Bei der Schiffahrt wiederum stehen geringen Transportkosten lange Transportzeiten gegenüber, die wegen der Bedarfsstruktur einiger Produkte die Wahl zugunsten dieser Transportart erschwert oder gar verbietet.

Die Art der Anlieferung von Materialien und Teilen wird nicht nur vom Produkt selbst (Stückgut, Massengut, Eilgut, Gefahrgut usw.) bestimmt, sondern maßgeblich auch von der Beschaffungspolitik und Bereitstellungsform. Es liegt auf der Hand, daß Transportfragen bei Global Sourcing wegen der langen Beschaffungszeiten stark ins Gewicht fallen.

Ebenso läßt sich Just in Time nur praktizieren, wenn die Materialien wegen der geringen Sicherheitsreserven zeitgenau und ohne Transportschäden und -verluste angeliefert werden. Auch Modular Sourcing kann die Transportkette beeinflussen, weil hier an die Stelle mehrerer Teile-Lieferanten nur ein Modul-Lieferant tritt, von dem eine komplexe Baugruppe bezogen wird.

Häufig bieten *Spediteure* und andere logistische Dienstleister zur Lösung vielschichtiger Transportprobleme umfassende Leistungspakete an:

– Transport,
– Fuhrpark-Management-Systeme,
– Umschlag,
– Lagerung,
– Verpackung,
– Kommissionierung,
– Entsorgung.

Sie beliefern ihre Kunden *direkt* oder im *gebrochenen Verkehr* durch Einschaltung eines Transitterminals oder über *Speditionsläger,* vor allem bei großen Distanzen zwischen Lieferant und Abnehmer. Manche Einkäufer, z.B. in der Automobilbranche, betrauen einen *Gebietsspediteur* mit der Anlieferung der aus einer Region (z.B. Bundesland) stammenden Teile.

Die Auswahl einer Verkehrsart sollte nicht zuletzt unter *Umweltaspekten* erfolgen. Hier könnte neben der Schiffahrt der Schienenverkehr oder der *kombinierte Verkehr* (Container- und Huckepackverkehr) eine gute Wettbewerbsposition einnehmen, zumal die Bahn in der Rechtsform einer Aktiengesellschaft nach betriebswirtschaftlichen Grundsätzen geführt werden soll. In enger Verbindung mit der Umwelt ist die Entlastung der Verkehrsinfrastruktur zu sehen. Ein „intelligentes" Logistik-Konzept stellen in diesem Zusammenhang die *Güterverkehrszentren* dar, die durch Bündelung der Verkehrsströme zur Leistungsverbesserung (Knotenpunkte mit hohem Serviceniveau) und Transportkostenersparnis durch größere Sendungen und optimierte Routen beitragen. Auf ähnliche Weise können auch *Häfen* und andere Umschlagsanlagen zu leistungsfähigen Fracht- und Dienstleistungszentren ausgebaut werden.

Schließlich sei noch darauf hingewiesen, daß der Wegfall der marktfernen Tarife im europäischen Verkehrsmarkt (Deregulierung) dem preisbewußten Einkäufer von Transportleistungen höhere Verhandlungsspielräume eröffnet.

12.3   Wareneingang

An der Rampe der *Warenannahme* endet der außerbetriebliche und beginnt der innerbetriebliche Materialtransport. Hier werden die Wareneingänge anhand der Lieferpapiere und Bestellunterlagen auf Lieferberechtigung und vereinbarte Mengen und Termine überprüft. Gemäß der §§ 377, 378 HGB hat der Abnehmer die Lieferung unverzüglich zu untersuchen und zu rügen, wenn offene Mängel festgestellt werden. Dabei kann es sich um *Über*lieferungen und *Transportschäden* handeln. Bei *Unter*lieferungen ist es von Bedeutung, ob die Teillieferung mit dem Lieferanten vereinbart war, weil dann eine Mängelrüge entfällt. Bei Mengen- und Terminabweichungen ebenso wie bei erkennbaren Schäden ist in Abstimmung mit Einkauf, Produktion und Vertrieb über die Annahme der Sendung zu entscheiden.

Auf die Freigabe zur *Vereinnahmung* einwandfreier Materialien folgt die Entscheidung über den weiteren Informations- und Materialfluß. Bei Dialogverarbeitung mit vernetzten Dateien werden nach Eingabe der möglichst exakt durch Zählen oder Wiegen ermittelten Mengen die Lager- und Bestellbestände automatisch fortgeschrieben. Der Einsatz von On-line-DV-Systemen ermöglicht auch eine sofortige und papierlose Informationsweitergabe an andere Funktionsbereiche, wie Warenprüfung, Lagerverwaltung und -steuerung, Arbeitsvorbereitung und Rechnungsprüfung.

Nach der Vereinnahmung der Materialien erfolgt in der Regel eine qualitative *Warenprüfung*, um die Zulieferteile für die Fertigung als verfügbar erklären zu können. Eine Ausnahme von dieser Regel stellen Just-in-Time-Konzepte dar, bei denen die Kaufteile direkt in die erste Verarbeitungsstelle gelangen. Umfangreiche

Quantitäts- und Qualitätsprüfungen würden die Effizienz solcher Logistiksysteme beeinträchtigen. Hier sind die Überlassung von Prüfzertifikaten und vertragliche Vereinbarungen nützlich, wonach die Qualitätskontrolle beim Abnehmer entfallen kann. Vielmehr sind möglichst Null-Fehler-Partien anzuliefern, die ohne „Umweg" über Warenannahme und -prüfung sofort der Produktion zugeführt werden können. Dazu sind nur die „besten" Lieferanten in der Lage, deren Auswahl eine der wichtigsen Einkaufsaufgaben darstellt.

Hinweise und Entscheidungshilfen findet der vor allem auf dem Weltmarkt operierende Einkäufer in den Empfehlungen nach DIN EN ISO 9000-9004. Lieferanten, die ein *anerkanntes Zertifikat* über dieses genormte Qualitätssicherungssystem vorweisen können, zeigen jedenfalls, daß sie die Bedeutung der Qualität als Wettbewerbsfaktor erkannt haben. In manchen Unternehmen ist die Wareneingangsprüfung in ein umfassendes Konzept des *Total Quality Management* eingebunden, das auch eine enge Zusammenarbeit mit dem Lieferanten vorsieht. Wie in der Warenannahme, so ist auch in der Warenprüfung die DV-Unterstützung geeignet, den Informationsfluß wesentlich zu verbessern, vor allem bei sehr komplexen Prüfungsvorgängen. So kann das Rechnersystem bei den Anlieferungen artikel- und lieferantenspezifische Prüfparameter anzeigen und nach erfolgter Kontrolle die Ergebnisse auswerten, um z.B. Daten für die Lieferantenbewertung bereitzustellen.

Da die Vereinnahmung und Prüfung der Zulieferung Teilzeiten der Wiederbeschaffungszeit sind, ist schließlich auch für eine gute Ablauforganisation im Wareneingang zu sorgen, um unnötige Bestandserhöhungen zu vermeiden. So ist darauf zu achten, daß die eingehenden Lieferfahrzeuge zügig entladen werden und die dazu notwendigen innerbetrieblichen Transportmittel und -hilfsmittel rechtzeitig zur Verfügung stehen. Die Transporthilfsmittel (Paletten und Behälter in diversen Ausführungen) entfalten ihren vollen Nutzen im Verbund mit den jeweils zweckmäßigsten Transport- oder Fördermitteln (Stetig- und Unstetigförderer in großer Variantenvielfalt). Die Paletten und Behälter nehmen das Ladegut und die Fördermittel (z.B. Stapler) die so gebildete Ladeeinheit auf. Diese soll möglichst lange im Materialfluß verbleiben, um zeitaufwendige und kostspielige Umladungen zu vermeiden. Häufig ist die einmal gebildete Ladeeinheit zugleich Transport- und Lagereinheit. Um dieses logistische Ziel zu erreichen, das maßgeblich zur Einsparung von Handlingkosten beiträgt, sollte die Artenvielfalt bei den Transporthilfsmitteln begrenzt werden und eine Abstimmung mit den Lieferanten erfolgen.

Die Leistung des innerbetrieblichen Transportsystems hängt nicht nur von einer zweckmäßigen Technizität der Hardwareelemente ab, sondern auch und gerade von deren Disposition und Steuerung. Dabei sind viele – und oftmals konfliktäre – Ziele gleichzeitig zu erfüllen. Als Beispiele seien genannt:

– kurze Transportzeiten,
– optimierte Wege,

- hohe Auslastung der Fördermittel,
- geringer Leerfahrtenanteil,
- materialschonende Transportausführung,
- Beachtung von Prioritäten (z.B. Eiltransporte),
- Sicherheit (z.B. Gefahrgut),
- hohe Flexibilität,
- geringe Transportkosten.

Zur Erfüllung solcher komplexer Transportaufgaben sind rechnergestützte Transportsteuerungs-Konzepte geeignet, die als CAM-Baustein in ein umfassendes CIM-System integriert werden können. So werden die innerbetrieblichen Transportprobleme nicht länger isoliert für einzelne Funktionsbereiche, wie hier für den Wareneingang, sondern als logistisches Gesamtkonzept gesehen.

In einem solchen System speichert der Transportrechner die Transportaufträge, weist sie möglichst nach Optimierungskriterien den einzelnen bedienten oder fahrerlosen Transportsystemen (FTS) zu und erhält über ausgeführte Anweisungen Rückmeldungen (Regelkreissystem). Dabei können die unterschiedlichsten Transportdaten (z.B. Fahrzeug-, Ladehilfsmittel- und Personalsituation) berücksichtigt, drahtlose Übertragungstechniken (Funk, Infrarot) genutzt sowie das Transportgut und sein Fahrzeug durch geeignete Codierungssysteme identifiziert werden (vgl. Schulte 1991, S. 82 ff.).

12.4 Lagerwirtschaft

12.4.1 Lagerfunktion

Eine lagerlose Fertigung gemäß einer Just-in-Time-Logistik ist nicht für alle Produkte zweckmäßig oder machbar. So werden auch in Zukunft die meisten Materialien und Teile eines Beschaffungssortiments vor ihrer Verarbeitung oder Montage gelagert. Das kann trotz hoher Kosten aus verschiedenen Gründen sinnvoll oder nicht zu umgehen sein. Wenn die Liefermenge aus wirtschaftlichen Erwägungen (Mindestabnahmen, Transportaspekte) größer ist als die Verbrauchsmenge in der Fertigung des Abnehmers, dann muß das Material- oder Eingangslager diese Mengendifferenz ausgleichen *(Ausgleichs- oder Pufferfunktion).*

Ein weiteres Motiv der Lagerhaltung besteht darin, die Versorgung der Produktion mit Einsatzstoffen nicht zu gefährden *(Sicherheitsfunktion),* weil Fehlmengenkosten eine beachtliche Höhe erreichen können. Solche Kosten fallen z.B. an, wenn vereinbarte Lieferzeiten nicht eingehalten oder Transportzeiten überzogen werden. Dahinter können die verschiedensten Gründe stecken, wie Schwierigkeiten im Lieferwerk oder bei Vorlieferanten, Nebel und Eis auf Straßen und Flüssen oder politisch motivierte Blockaden, die außerbetriebliche Transportmittel an der Weiterfahrt hindern. Sicherheitsbestände werden weiterhin benötigt bei Fehllieferungen in Form von beschädigten oder falschen Produkten und nicht vereinbarten Teilmengen. Sicherheitsaspekte sind auch im Spiel, wenn Zukäufe getätigt werden, um drohenden Materialverknappungen (Streik, Ernteausfall, hoher Bedarf) vorzubeugen, wie Praxisbeispiele bei wechselnden Produkten immer wieder zeigen. Einer Spekulationsfunktion des Lagers kommt es dagegen gleich, wenn der Einkauf in Erwartung von Preissteigerungen (angekündigten oder nur vermuteten) eine Lageraufstockung beschließt.

Schließlich muß das Materiallager in der Lage sein, ungeplanten Verbrauch (z.B. durch höheren Fertigungsausschuß, durch unsachgemäße Materialverwendung oder Fehler in der Bedarfsrechnung) in der Produktion aufzufangen.

In manchen Fällen nimmt das Lager *Umformfunktionen* wahr, um das Material gewissermaßen für den Verarbeitungsprozeß vorzubereiten. Dazu gehören Mischungs-, Gär- und Trocknungsvorgänge, aber auch Veränderungen in der Abmessung (z.B. Ablängen von Stangenmaterial).

Schließlich darf die *Entsorgungsfunktion* des Lagers nicht unerwähnt bleiben, weil die Entsorgung ein wichtiger Bestandteil der integrierten Materialwirtschaft ist. Sie besteht hier vor allem im Sammeln und Sortieren von Abfall- oder Überschußmaterial.

12.4.2   Lagertechnik

Die technische Lagerausführung nach Bauart und Ausstattung hängt von vielen betrieblichen und güterseitigen Bedingungen ab. Als Beispiel sei nur auf die Beschaffenheit und Eigenschaften der Lagergüter hingewiesen. Während etwa für homogenes Schüttgut eine flächenintensive Freilagerung (Haldenlagerung) ausreicht, setzen die heterogenen Stückgüter meistens ein Hallenlager voraus. Dabei kann es sich um ein- oder mehrgeschossige Hallen, um eine Traglufthalle und um Hallen mit oder ohne Regaleinrichtungen handeln. In Lägern ohne Regalsystem bestimmt vor allem die Stapelbarkeit der Lagereinheiten über eine Boden- oder Blocklagerung. Die Stapelung in Blöcken nutzt zwar die dritte Dimension aus, gestattet dem Fördermittel aber nur einen sequentiellen Zugriff nach dem Lifo-Prinzip.

Verbesserungen bei der Lagerleistung ergeben sich durch Regaleinrichtungen in Verbindung mit Fördermitteln und -hilfsmitteln. Die Technizität der Regalsysteme weist eine große Vielfalt auf und kann daher den unterschiedlichsten Lageranforderungen genügen. Man unterscheidet feste und bewegliche Regaleinrichtungen. Zur ersten Kategorie gehören die Flach- und Hochregalläger und zur zweiten die Umlauf- und Verschieberegalläger. Bei den letzteren können die Regale in Bewegung gesetzt werden, entweder durch einen horizontalen oder vertikalen (Paternoster-)Umlauf oder durch das Verschieben von Regalen, um einen Bediengang aufzufahren. Beide Regaltypen sind wegen des beschränkten direkten Zugriffs nicht für Lagergüter mit hohem Durchsatz, z.B. Material für Serienfertigung, sondern eher für Werkzeuge, Ersatzteile oder Modelle geeignet. Eine Mittelstellung nimmt das Durchlaufregallager ein, weil hier die Regale fest und nur die Lagereinheiten beweglich sind. Sie laufen nämlich auf horizontalen oder geneigten Stetigförderern (z.B. Rollenbahnen), die das Lagergut automatisch von der Beschickungsseite zur gegenüberliegenden Entnahmeseite führen. Auf diese Weise wird das für leicht verderbliche Produkte unverzichtbare Fifo-Prinzip realisiert, während beim Einfahrregallager umgekehrt ein Lifo-Zugriff besteht. Als Regalbediengeräte kommen Flurförderzeuge, insbesondere Gabel- und Hubstapler, in Betracht.

Besonders hohe Anforderungen an die Lagertechnik werden beim Hochregallager gestellt, das überwiegend in Silobauweise errichtet wird. Dabei trägt das zuerst installierte Regalsystem die Außenverkleidung und die Decke. Die einzelnen Regalzeilen sind durch Gassen voneinander getrennt, deren Breite sich nach dem verwendeten Lagerhilfsmittel (z.B. Palette) richtet. Bei genügend großem Lagerumschlag fährt pro Gasse ein Regalförderzeug, um die Ein- und Auslagerungsaufträge zu erfüllen. Die Steuerung der Regalförderzeuge, die mit dem Regalsystem eine technologische Einheit („Lagermaschine") bilden, erfolgt häufig mit Rechner-Unterstützung.

Bei der technischen Gestaltung der Läger sind aber nicht nur das Layout (Verkehrswege, Arbeitsflächen, Expansionsmöglichkeiten), die Bauformen und Regalsysteme von Bedeutung. Es sind auch Sicherheitsaspekte zu beachten, die in verschiedenen Normen (z.B. DIN), Richtlinien (z.B. VDI), Unfallverhütungs-Vorschriften (UVV), Verordnungen (z.B. Arbeitsstättenverordnung) und Gesetzen ihren Niederschlag finden (vgl. zu diesem Themenkreis etwa Eichner 1990, S. 20 ff.). Die Sicherheitsmaßnahmen beziehen sich dabei auf

- Personal (Unfallschutz),
- Lagergüter (Brandschutz, Schutz gegen Verderb, Diebstahl u.ä.),
- Umwelt (Umweltschutz).

Durch das zunehmende allgemeine *Umweltbewußtsein* gewinnt auch der Umweltschutz im Lager an Bedeutung. Hier sind vor allem solche Lagergüter (z.B. brennbare und wassergefährdende Flüssigkeiten, Farben, Verdünner, Klebstoffe, Öle) angesprochen, die ohne besondere Vorkehrungen eine Gefahr für die Umwelt oder bei gemeinsamer Lagerung für die übrigen Produkte darstellen. Umgekehrt ist auch für den Schutz der Lagergüter vor schädigenden Umwelteinflüssen durch artikelspezifische Maßnahmen, wie Lüften, Rühren, Wenden, Kühlen, Umfüllen zu sorgen, um mögliche Qualitäts- und Quantitätseinbußen zu verhindern.

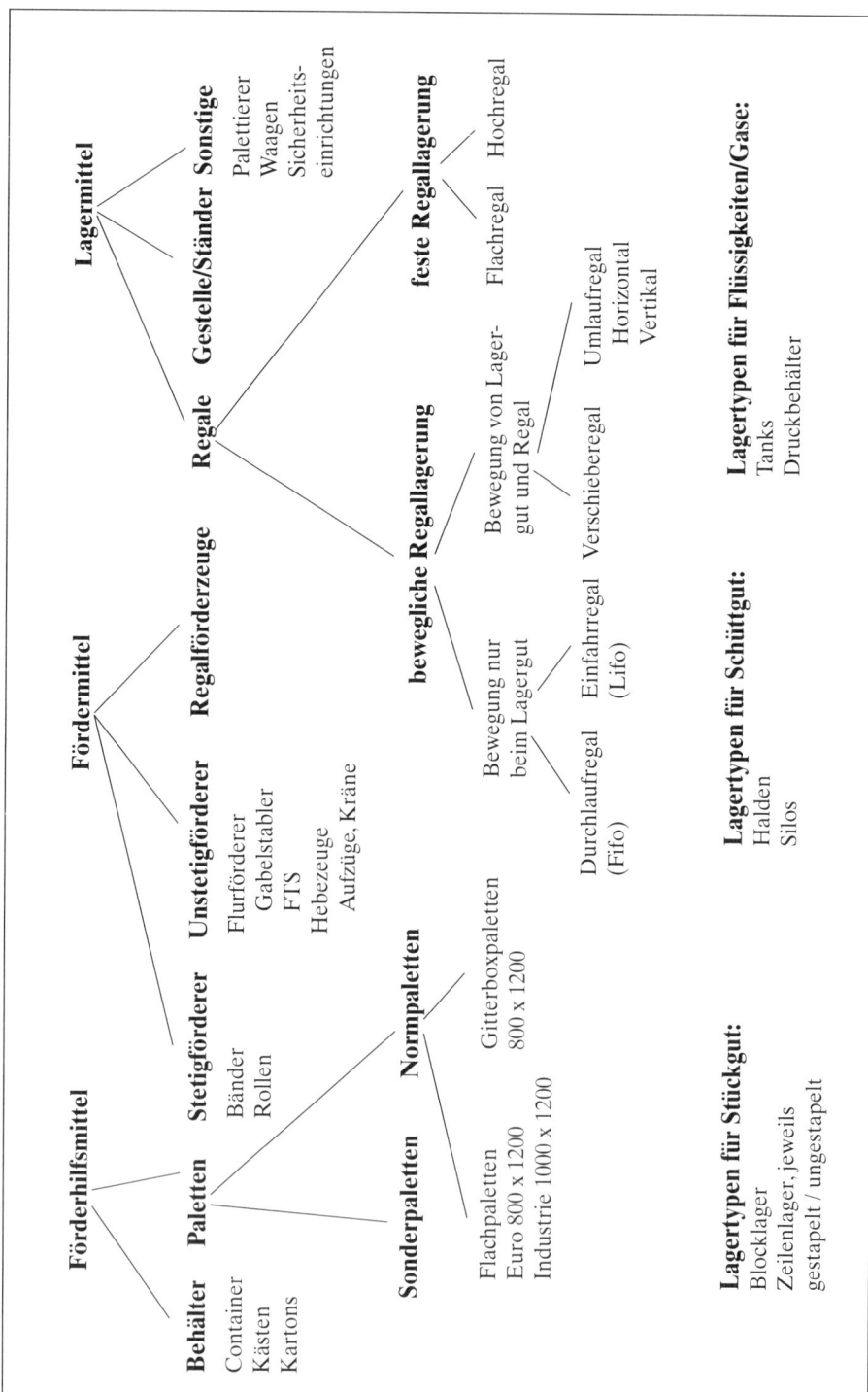

Abbildung 12.1: Technische Systemkomponenten der Vorratshaltung

Dem Bau von Lagerhallen und -einrichtungen sollten stets sorgfältige Planungen unter Berücksichtigung der Versorgungs- und Vorratspolitik vorangehen, die alle relevanten Alternativen erfassen und bewerten. In manchen Fällen stellt die Entscheidung für ein *Konsignationslager,* vorratslose Versorgung (Just in Time) und die Lagerhaltung beim Lieferanten oder Spediteur eine bessere Lösung als für Neu-, An- oder Umbauten im Lagerbereich dar.

In Abbildung 12.1 sind die erwähnten technischen Systemkomponenten der Lagerwirtschaft zusammenfassend dargestellt.

12.4.3   Lagerverwaltung und -steuerung

Die Lagerverwaltung und -steuerung sorgt für den Informations- und Materialfluß im Lager, an das wegen der Fortschritte auf dem Gebiet der Logistik und Datenverarbeitung hohe Anforderungen gestellt werden. Das kommt z.B. in der Vielzahl von Einzelaufgaben zum Ausdruck, die ein solches System erfüllen muß. Beispielhaft seien erwähnt:

– Erfassung der Lagerbewegungen (Ein- und Auslagerungen),
– Unterstützung der Inventur,
– Auswertungen für das Lagermanagement,
– Bestandsübersichten,
– Statistiken (ABC-Analysen, Umschlagshäufigkeiten, Reichweiten),
– Führung des Lagerspiegels (freie und belegte Plätze),
– Einlagerungsbefehle,
– Auslagerungsbefehle,
– Wegeoptimierung,
– Beachtung von Prioritäten,
– Einhaltung des Fifo-Prinzips,
– Steuerung der Zu- und Abförderer,
– Vorkehrungen für den Notbetrieb.

Vor diesem komplexen Hintergrund ist es nicht überraschend, daß in großen Unternehmen die Verwaltungs- und Steuerungsaufgaben nicht mehr nur von einem Lagerrechner wahrgenommen werden. Dabei stehen modulare und hierarchisch strukturierte Programmkonzepte im Vordergrund, um die Flexibilität der Systeme zu erhöhen. So können ein Lagerverwaltungsrechner und ein separater Lagersteuerungsrechner, auch Prozeßrechner genannt, mit einem übergeordneten Host-Rechner kommunizieren.

Die Bedeutung eines Prozeßrechners etwa ergibt sich schon allein aus der Einzelfunktion *Einlagerung.* Diese erfolgt zunehmend „*chaotisch*", womit ausgedrückt werden soll, daß jeder beliebige freie Lagerplatz angesteuert werden kann. Die

Auskunft über freie und belegte Fächer erteilt der Rechner, der die Belegung der Lagerorte (Lagerspiegel) verwaltet. Die Führung des Lagerspiegels ist zwar prinzipiell auch ohne *Datei* möglich (z.B. mit Voll- und Leerplatz*kartei*), doch können mit der Rechnerunterstützung verschiedene Nebenbedingungen (z.B. Prioritäten, Einhaltung des Fifo-Prinzips) im Rahmen der Steuerungsaufgaben leichter bzw. überhaupt erst erfüllt werden. Der entscheidende Vorteil der chaotischen Lagerung gegenüber dem *Festplatzprinzip* liegt in der Lagerplatzersparnis, die bei manchen Lagerplanungen ein gewichtiges Argument sein kann. Durch Erfassung der Einlagerungstermine steht die zufallsabhängige Platzzuordnung auch der unter Umständen notwendigen Einhaltung des Fifo-Prinzips nicht im Wege.

Eine Mischform zwischen fester und freier Lagerung stellt die *Fachzoneneinteilung* dar, bei der die Lagerplätze in Zonen aufgeteilt werden, um artikelspezifischen Merkmalen (z.B. Molkereiprodukte) lagertechnisch Rechnung zu tragen (z.B. Kühlzonen).

Zur Auslagerung gibt der Steuerungsrechner die Koordinaten des Lagerfaches an, aus dem eine Lagereinheit entnommen werden soll. Für ein Hochregallager z.B. sind dazu folgende Informationen nötig:

– Gassen-Nummer,
– Länge,
– Höhe,
– rechte oder linke Regalwand.

Besonders in Hochregallägern mit *On-line*-Steuerung der Regalförderzeuge sowie der zu- und abführenden Fördersysteme ist ein hohes Maß an Automatisierung (aber auch an Starrheit) erreicht. Dabei lassen sich noch Verknüpfungen von Ein- und Auslagerungen (Doppelförderspiele) zur Leerfahrtenreduktion und Wegeoptimierung realisieren.

Bei vernetzten Dateien lassen sich die Ein- und Auslagerungen mit ihren vor- und nachgelagerten Funktionen verbinden, d.h. mit dem Wareneingang und dem Warenausgang.

12.5 Warenausgang

Der Warenausgang als letztes Glied in der Kette der Beschaffungslogistik bildet die Schnittstelle zwischen Lagerwirtschaft und Produktion. Er beinhaltet zwei Funktionen:

– Kommissionierung und
– Bereitstellung.

Die Kommissionierung bedeutet in Verbindung mit dem Materiallager die Zusammenstellung der ausgelagerten Einheiten nach innerbetrieblichen Bedarfsanforderungen. Sie erhält ein besonderes Gewicht im Rahmen der Absatzlogistik, wenn die Lagergüter nach Kundenaufträgen zu sortieren sind, so daß dieser Problemkreis hier nur kurz angesprochen werden soll. Es können auch nur einige generelle Hinweise gegeben werden, weil die Kommissionierleistung in der Praxis von zahlreichen Einflußfaktoren, wie Güter-, Personal-, Lager- und Bedarfsstruktur, abhängt und nicht selten eine Mischung verschiedener Systeme anzutreffen ist.

An dieser Stelle werden nur zwei Begriffspaare von Kommissioniersystemen betrachtet, die sich auf die technische und organisatorische Ausprägung beziehen.

In bezug auf die *Technik* werden die zwei Prinzipien unterschieden:

1. Mann zur Ware (statisch)
2. Ware zum Mann (dynamisch)

Das erste Prinzip besagt, daß sich der Kommissionierer zu den Lagergütern begibt, wobei manuell bediente Regalförderzeuge oder spezielle Kommissionierstapler zum Einsatz gelangen können. Typische Lagerformen für diese Kommissionierart sind z.B. das Blocklager, das Verschieberegallager und Regallager ohne Lagerhilfsmittel (Fachbodenregale).

Beim dynamischen Prinzip werden umgekehrt die Lagereinheiten zum festen Arbeitsplatz des Kommissionierers verbracht, wo die benötigten Teilmengen entnommen und die Restmengen normalerweise wieder ins Lager zurückgebracht werden. Typische Beispiele sind das Umlauf- und Paternosterregal sowie Hochregale mit rechnergesteuerten Regalförderzeugen. Solche automatisierten Hochregallager sind reine Reserveläger, aus denen der Nachschub in räumlich getrennte Kommissionier- oder Greiferläger erfolgt. Die Greifvorgänge können in manchen Fällen auch von Kommissionierautomaten (Robotern) vorgenommen werden, wenn z.B. das Lagersortiment eine gewisse Einheitlichkeit und Stetigkeit aufweist.

Unter *organisatorischen* Aspekten unterscheidet man die zwei Strategien:

1. Einstufige (auftragsorientierte) und
2. Zweistufige (artikelorientierte) Kommissionierung.

Bei der einstufigen Kommissionierung werden die Aufträge nacheinander abgearbeitet, so daß unter Umständen lange Wege zurückzulegen sind. Die zweistufige Kommissionierung bietet sich an, wenn in mehreren Anforderungen die gleichen Materialpositionen auftreten. Dann können in der ersten Stufe alle Artikel eines internen Sammelauftrages gemeinsam gegriffen und in der zweiten Stufe wieder vereinzelt und dem konkreten Auftrag zugeführt werden.

Ansatzpunkte zur Rationalisierung der Kommissioniervorgänge ergeben sich aus der Überprüfung des Material- und Informationsflusses. So können die mobilen Kommissioniergeräte bzw. die festen Arbeitsplätze mit Bildschirmen zur Ein- und Ausgabe der vielfältigen Informationen ausgerüstet werden, womit ein großer Schritt in Richtung der papierarmen oder gar papierlosen Kommissionierung zurückgelegt wird.

Die *Koordinierung* zwischen Lager- und Produktionswirtschaft ist davon abhängig, ob der Warenausgang nach dem Bring- oder Holsystem gestaltet wird.

Beim *Bringsystem* übernimmt die Lagerwirtschaft den betrieblichen Transport der Einsatzgüter zur Verwendungsstelle. Dabei kann die rechnergestützte Transportsteuerung für den produktiven Einsatz von Lagerpersonal und Transportmitteln optimierte Fahrtrouten und die zeitlich exakte Bereitstellung der Lagergüter, insbesondere der Rohstoffe, sorgen.

Beim *Holsystem* sind die Bedarfsträger selbst für die Beschaffung der zuvor kommissionierten Materialien verantwortlich. Dieses System kann bei kurzen Entfernungen zwischen Warenausgang und Einsatzort, schwieriger Planbarkeit der Zustellung und geringer Häufigkeit der Bedarfsfälle zweckmäßig sein. Das Holsystem ist darüber hinaus ein wesentlicher organisatorischer Bestandteil des japanischen Kanban-Systems.

Übungsfragen und -aufgaben

1. Machen Sie die Vorteile einer Zusammenarbeit zwischen Einkauf und Logistik deutlich.
2. Erläutern Sie die Begriffe: Lean Production und Just in Time.
3. Stellen Sie die Vor- und Nachteile des Just-in-Time-Konzepts dar.
4. Welche Aspekte sind beim Einkauf von Transportleistungen zu beachten?
5. Beschreiben Sie das Leistungsprofil der verschiedenen Verkehrsträger.
6. Nennen Sie Gründe für den hohen Anteil (über 80 %) des Straßengüterverkehrs an der beförderten Gütermenge.
7. Welche Maßnahmen muß nach Ihrer Auffassung die marktwirtschaftlich orientierte Bahn ergreifen, um ihre Wettbewerbsfähigkeit zu erhöhen?
8. Warum stehen kombinierte Verkehre und Güterverkehrszentren bei vielen Verkehrspolitikern hoch im Kurs?
9. Beschreiben Sie den Informations- und Materialfluß im Wareneingang.
10. Führen Sie die wichtigsten Fördermittel und -hilfsmittel sowie deren Einsatzgebiete auf.
11. Erläutern Sie die verschiedenen Lagermotive und Lageraufgaben.
12. Welche Vorteile und Voraussetzungen hat die chaotische Lagerung?
13. Beschreiben Sie kurz die charakteristischen Merkmale der technischen Lagervarianten.
14. Welche Aufgaben würden Sie einem Lagerrechner übertragen?
15. Welcher Koordinierungsbedarf besteht im Warenausgang?

Dreizehntes Kapitel
Qualitätsmanagement der Zulieferungen

13.1 Bedeutung der Qualität als Wettbewerbsfaktor

Qualität war, ist und bleibt ein wichtiges Thema in Fertigungsbetrieben, Handels- und Dienstleistungsunternehmen. Jedem Einkäufer ist die simple Tatsache bewußt, daß die Preise von Materialien und Teilen *allein* kein ausreichendes Kriterium bei der Lieferantenauswahl darstellen. Vielmehr müssen alle Bewertungsfaktoren gebührend berücksichtigt werden, um das unternehmerische Gesamtoptimum nicht zu verfehlen.

Mit der Verringerung der Fertigungstiefe wächst zwangsläufig der Anteil zugekaufter Produkte, denen damit eine Schlüsselrolle im Qualitätswettbewerb zufällt, weil das eigene Endprodukt nur so überzeugend sein kann wie die Summe seiner Bestandteile. Einen weiteren Impuls erlebt die Qualitätsdiskussion im Zusammenhang mit Just-in-Time-Konzepten, die bekanntlich eine hohe Terminzuverlässigkeit bei minimalen Beständen anstreben. Eine solche lagerarme Materialbereitstellung ist aber nur bei gleichzeitiger höchster Qualitätsverläßlichkeit der Lieferanten zu erreichen, die möglichst bei *Null-Fehlern* liegt. Das gleiche gilt für bedarfsgerechte Anlieferungen standardisierter Behälter nach dem sich selbst steuernden Kanban-System. Da dieses eine allmähliche Verringerung der Sicherheitsbestände durch Wiederholungseffekte bei den Produktionszyklen anstrebt, muß der Qualitätsstandard sehr hoch sein.

Auch eine geänderte Einstellung zum Lieferanten lenkt das Augenmerk vieler Einkaufsabteilungen verstärkt auf Qualitätsfragen, sei es im Zusammenhang mit global und single sourcing oder mit *engen Partnerschaften* auf verschiedenen Gebieten (partnership management). Weiterhin beschleunigen der rasante technische Fortschritt und die Öffnung der Märkte die Qualitätsbemühungen von Herstellern oder Assemblern und ihren Zulieferern, weil sie den Wettbewerb verschärfen und die Produktlebenszyklen verkürzen. Deshalb muß im Einkauf versucht werden, durch Verlagerung von Entwicklung, Produktion und Dienstleistungen (outsourcing) möglichst viel Know-how der Zulieferanten zu integrieren, um Qualitätsstandards zu verbessern und Entwicklungszeit einzusparen (simultaneous engineering). Wer zuerst eine Neuentwicklung zur Marktreife führt und erfolgreich eine Marktnische besetzt, erlangt einen Wettbewerbsvorsprung, den die Konkurrenten erst einmal aufholen müssen.

Schließlich kann auch von der Kostenseite her das gestiegene Interesse an Qualitätsproblemen begründet werden. So weiß man aus speziellen Untersuchungen (z.B. dem PIMS-Programm), daß Kunden für anspruchsvollere Qualität auch höhere Preise akzeptieren. Außerdem strahlen anerkannte Qualitätsvorstellungen durch ihre Imagebildung positiv auf den Absatzmarkt aus, was die eigene Wettbewerbskraft erhöht. Andererseits müssen Qualität und Zuverlässigkeit nicht teuer sein. Hohe Qualitätskosten fallen nämlich als Fehlerkosten an, die in der Fertigung und während der Kundennutzung entstehen. Als Beispiel seien Kosten genannt für:

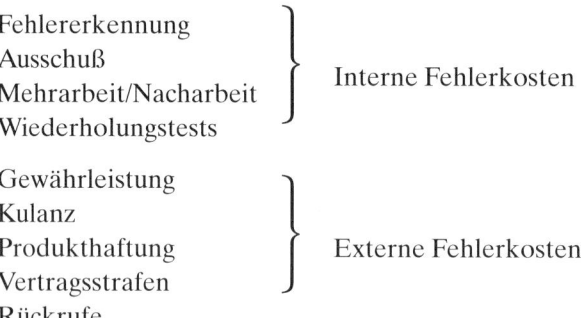

Fehlererkennung
Ausschuß
Mehrarbeit/Nacharbeit   Interne Fehlerkosten
Wiederholungstests

Gewährleistung
Kulanz
Produkthaftung   Externe Fehlerkosten
Vertragsstrafen
Rückrufe

Die Fehlerkosten können in Einzelfällen die *Fehlerverhütungskosten,* wie Kosten für Lieferantenauswahl und -schulung, Produktgestaltung, Audits, und die *Prüfkosten* (Eingangskontrollen, Bereitstellung von Prüfmitteln, Materialverbrauch bei zerstörenden Tests) erheblich übersteigen. So gesehen ist nicht die Fehlerfreiheit der Produkte kostspielig, sondern im Gegenteil die Fehlerhaftigkeit, besonders wenn sie sich auf den zukünftigen Umsatz auswirkt.

Qualitätssicherung ist gerade wegen ihrer Bedeutung für die Wettbewerbsfähigkeit eine Angelegenheit, die *alle* Beteiligten im Unternehmen tangiert. Ein eigenständiger betrieblicher Funktionsbereich, wie immer er auch genannt und wem er unterstellt sein mag, der über die Qualität wacht, die andere erzeugen sollen, stellt keine zufriedenstellende Lösung dar, weil man Qualität in ein Produkt nicht hineininspizieren kann. Vielmehr ist das Qualitätswesen als ein komplexes System zu betrachten, das sich auf das Unternehmen *und* sein Umfeld, d.h. z.B. auf Kunden und Lieferanten, bezieht. Diese Ganzheitsbetrachtung soll der Begriff *Total Quality Management,* abgekürzt TQM, zum Ausdruck bringen. Er ist weiter gefaßt als der engere Terminus Qualitätssicherung, den er weitgehend abgelöst hat. Dabei liegt die Betonung neben Total auf Management, das sich um die Durchsetzung des Qualitätsgedankens auf allen hierarchischen Ebenen und bei allen Mitarbeitern des eigenen Unternehmens zu sorgen hat. TQM kann deshalb als ein *Führungsmodell* interpretiert werden, das die aus den Kundenwünschen (voice of customers) abgeleiteten Qualitätsziele bestmöglich zu erreichen versucht. Die *Kundenorientierung* ist eine tragende Säule des „Qualitätshauses", weil die Produktion ohne Kenntnis der Kundenwünsche einer „black box" gleichkäme. Dabei ist zu beachten, daß die Unternehmen sowohl Kunden haben als auch selber Kunden sind, nämlich im Verhältnis zum Lieferanten. Dieser Gedanke wird bei TQM dahingehend erweitert, daß auch *innerhalb* des Unternehmens zwischen Kunden, die eine Leistung empfangen, und Lieferanten, die sie erstellen, unterschieden wird. Wie im externen Verhältnis, so hängt auch bei interner Betrachtung die eigene „Lieferung" sehr stark von den „Vorlieferungen" ab. So gesehen stellt Lieferantenhilfe auf qualitativem Gebiet zugleich Selbsthilfe dar. Als bewährtes Hilfsmittel zur gezielten Umsetzung der Kundenanforderungen in Produkte und Prozesse ist *Quality Function Deployment* (QFD) anzusehen, das hier nicht näher ausgeführt werden soll.

Quality Management weist im Gegensatz zu Quality Assurance eine dynamische Komponente auf, die sich der unaufhörlichen Weiterentwicklung von Konzepten und Abläufen bewußt ist, was als *kontinuierlicher Verbesserungsprozeß* (KVP) bezeichnet wird (japanisch: Kaizen). In diesem Sinne gibt es keinen Qualitätsstandard, der nicht verbessert werden könnte gemäß dem Motto:

„There is no best, only better."

Es ist deshalb zweckmäßig, Idealvorstellungen oder Visionen zu entwickeln und den Weg dorthin kritisch zu verfolgen (vgl. Abbildung 13.1 mit Null-Fehlern als Ziel).

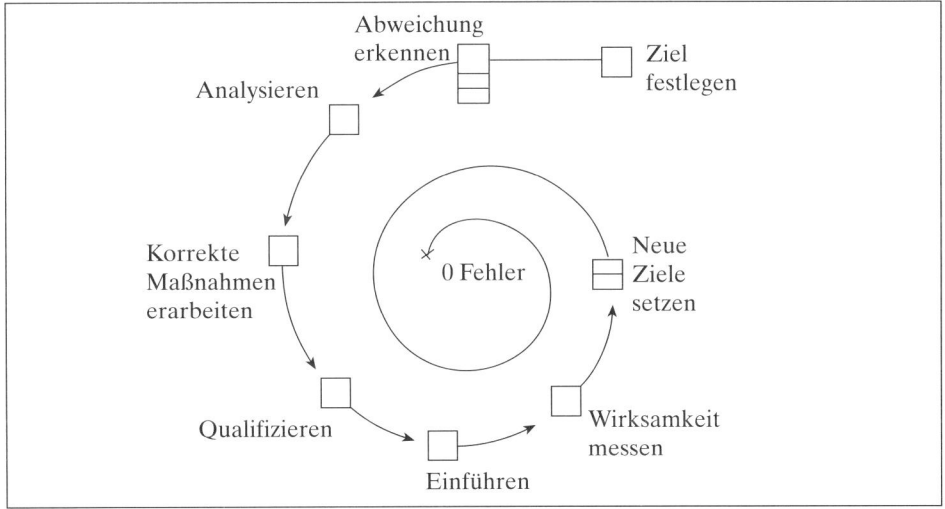

Abbildung 13.1: Prinzip der kontinuierlichen Verbesserung
(Quelle: Haist, Fromm 1989, S. 4)

Häufig ist es nur möglich, auf dem Weg zur ständigen Verbesserung in kleinen Schritten voranzukommen, wenngleich aus Wettbewerbsgründen gelegentlich auch „Quantensprünge" (vgl. KVP[2] von VW) gefordert werden. In diesem Zusammenhang ist auch *Benchmarking* zu sehen, d.h. der Vergleich der eigenen Qualität mit den Bestleistungen der Konkurrenz. Diese bilden den Meßpunkt (Benchmark) für die eigenen Verbesserungsmaßnahmen, um mindestens an die Mitbewerber heranzukommen. Sie sollten jedoch besser als Sprungbrett für Innovationen genutzt werden, um den Wettbewerb zu überflügeln („Beat the Best").

Ein weiteres Grundprinzip von TQM ist die *Vorbeugung,* die in dem häufig verwendeten Motto „Mach' es von Anfang an richtig" ihre treffende Kennzeichnung erfährt. In der Vergangenheit waren die Bemühungen der Qualitätsverantwortlichen einseitig auf die Entdeckung und Beseitigung von Fehlern gerichtet, also gewissermaßen auf „Vergangenheitsbewältigung". Erst allmählich setzte sich im Qualitätswesen wie in der Abfallwirtschaft die alte Volksweisheit durch, daß Vorbeugen besser als Heilen ist. Durch Vorbeugung können im Gegensatz zur Kontrolle *zukünftige* Fehler ausgeschlossen, Kunden zufriedengestellt und Marktpositionen ausgebaut werden. Hinzu kommt, daß Investitionen in präventive Maßnahmen wesentlich geringer sind als solche in kontrollierende oder gar fehlerbeseitigende, weil sie hauptsächlich in der Produkt*entwicklungsphase* greifen, wo erfahrungsgemäß die meisten Fehler entstehen. So kann eine Mehrinvestition in Präventivmaßnahmen die gesamten Qualitätskosten verringern, wie Abbildung 13.2 zeigt.

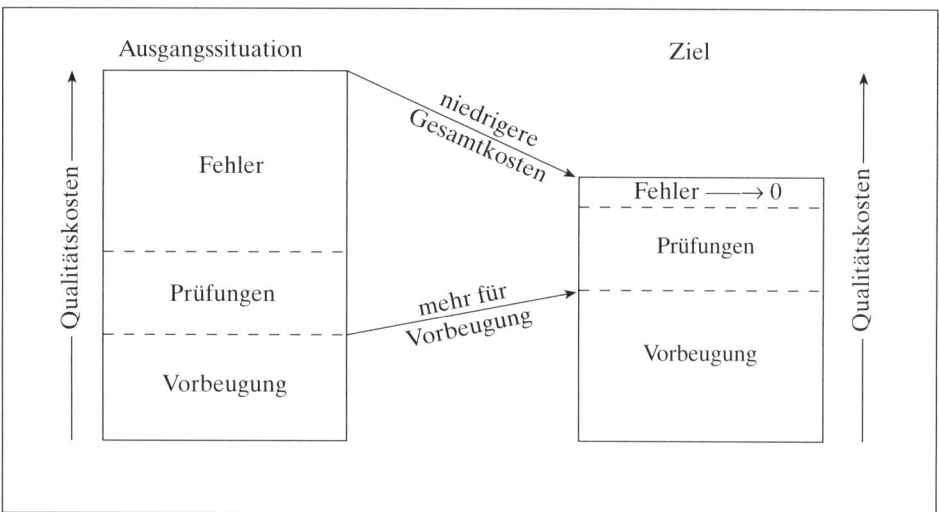

Abbildung 13.2: Senkung der Qualitätskosten durch mehr Vorbeugung
(Quelle: Haist, Fromm 1989, S. 58)

Zu den Kosten für die Vorbeugung zählen u.a. die

– Qualitätsplanung mit
  • Quality Function Deployment, QFD
  • Failure Mode and Effects Analysis, FMEA
  • Fehlerbaumanalyse, FTA

- • Design of Experiments, DOE
- – Qualitätsvergleiche (siehe auch Benchmarking)
- – Motivationsprogramme (z.B. „Qualität geht uns alle an")
- – Qualitätsausbildung und -schulung
- – Vorbeugende Wartung („Schornsteinfegerprinzip")
- – Entwurfsanalyse
- – Prototypen
- – Simulation

Auch der Einkauf kann durch Lieferantenauswahl, -schulung und -förderung maßgeblich zur vorbeugenden Qualitätssicherung beitragen.

Die besondere Bedeutung von TQM gegenüber früheren Betrachtungsweisen liegt nicht zuletzt in der konsequenten Einbeziehung der Lieferanten in die verschiedenen Qualitätsaktivitäten des Herstellers. Die früheren Geschäftspartner werden deshalb heute bevorzugt als *Wertschöpfungspartner* bezeichnet, die gewissermaßen mit ihrem Auftraggeber eine starke „Gruppe" (in Japan Keiretsu genannt) bilden. Dabei findet die Integration meistens in einer frühen Planungsphase statt, um die Produkt-, Maschinen- und Verfahrensentwicklung (Engineering) möglichst parallel zu organisieren. So wie das flexible Team von guten Facharbeitern (z.B. teilautonome Arbeitsgruppe) die alten Vorstellungen über den Nutzen der tayloristischen Arbeitsteilung korrigiert, so tritt die Übertragung von Qualitätsverantwortung auf gute Lieferanten an die Stelle übertriebener Eingangskontrollen. Die Zeit für den Wareneingang, bestehend aus Warenannahme und Warenprüfung, gehört ebenso wie die Einlagerungszeit einschließlich der notwendigen Handlingvorgänge zur Wiederbeschaffungszeit. Wenn es also dem Hersteller gelingt, durch entsprechende Lieferantenauswahl diese Zeitspanne zu verkürzen, so verbessern sich seine Servicebereitschaft und letztlich seine Wettbewerbsposition, weil schnellere Reaktionen auf Änderungswünsche der Kunden ermöglicht werden.

Der geschilderte Hintergrund stellt eine große Herausforderung für den Einkauf dar, dem eine Reihe neuer, vor allem *strategisch* orientierter, Aufgaben zuwächst. Diese kann er in manchen Fällen, z.B. bei äußerst komplexen Qualitätsproblemen mit Lieferanten, nicht allein, sondern nur mit Beratung und Unterstützung durch andere Experten, z.B. in Form von buying center, zufriedenstellend lösen.

13.2   Der qualitative Materialbedarf

13.2.1   Qualitätsbeschreibung

Um die besondere Stellung des Einkaufs im Unternehmen zu beschreiben, wird häufig seine *Drehscheibenfunktion* zwischen Markt und Betrieb herausgestellt. Er blickt nämlich wie ein Januskopf in zwei Richtungen, auf den Beschaffungsmarkt und den

Bedarfsträger. Daraus ergeben sich für ihn bezüglich des Materialbedarfs auch zwei typische Aufgaben. Einerseits nimmt er die betrieblichen Bedarfsmeldungen entgegen und andererseits wandelt er sie in geeignete Bestellungen hinsichtlich Kontrakte, Konditionen usw. um. Bevor also Lieferungen zu prüfen oder anderweitig zu behandeln sind, müssen im ersten Schritt die erforderlichen Materialien und Teile qualitativ festgelegt werden. Das ist in erster Linie zweifellos Aufgabe der jeweiligen Bedarfsträger, die das Material als Input für den Produktionsprozeß oder die Teile für die Montage benötigen. Nun haben aber die technisch orientierten Konstrukteure und Betriebsingenieure häufig andere Vorstellungen über gewünschte Qualitätseigenschaften als die mehr kaufmännisch denkenden Einkäufer, die das technisch Geforderte mit dem am Markt Erhältlichen abgleichen. Wenn man die schlechte Regelung außer Acht läßt, wonach der Einkäufer als reiner „Bestellabwickler" für den Betrieb in Erscheinung tritt, dann muß zwischen divergierenden Interessen ein Ausgleich gesucht werden. Das kann in loser Form oder besser durch bindende Regelungen erfolgen, um den einkäuferischen und logistischen Aspekten des qualitativen Materialbedarfs gebührend Rechnung zu tragen. So kann der Beschaffungsseite ein *Widerspruchsrecht* eingeräumt werden, etwa durch einschlägige Bestimmungen im Qualitätsmanagement-Handbuch. Weiterhin hat sich die Heraufsetzung der Hürden zur Freigabe neuer Teile in diesem Zusammenhang bewährt. Dabei werden die konstruktiven Vorgaben nur gebilligt, wenn sie die materialwirtschaftlichen Belange berücksichtigen. Schließlich ist die Mitwirkung des Einkaufs im Wertanalyseteam ein äußerst zweckmäßiges Mittel, die schwierigen Fragen im Rahmen der Qualitätsbeschreibung einvernehmlich zu klären.

Die qualitativen Anforderungen an die Zukaufteile sind sorgfältig und in Abstimmung mit Abteilungen im eigenen Haus (Entwicklung, Produktion, Marketing) und den Lieferanten festzulegen. Dabei sollte auf Eindeutigkeit der Formulierungen, auf Verständlichkeit für alle Beteiligten und auf Vollständigkeit bezüglich der interessierenden Qualitätsmerkmale geachtet werden.

Die Qualitätsbeschreibung kann in den unterschiedlichsten Formen vorkommen. Der bequemste Weg besteht darin, daß der Bedarfsträger *Markenfabrikate* anfordert, weil er damit gute Erfahrungen gesammelt hat. Es ist auch möglich, daß die eigenen Kunden eine bestimmte Marke beim Vorprodukt präferieren, was der Hersteller dann einfach dulden muß, um wettbewerbsfähig zu bleiben. Aus der Sicht des Einkaufs ist diese Vorgehensweise grundsätzlich abzulehnen, wenn sie ihm auch den Wiederholkauf erleichtert, weil auf potentielle Substitute verzichtet wird. Außerdem können Target-Costing-Konzepte die Verwendung teurer Markenprodukte einschränken oder gar verbieten.

Beim Einkauf von bestimmten Produkten (z.B. Weizen, Baumwolle) treten *Handelsklassen* an die Stelle ausführlicher Beschreibungen. Bei anderen Materialien sind Muster geeignet, um sich ein Bild von der äußeren Erscheinung, der Farbe, der Maserung oder ähnlichen visuellen Merkmalen zu machen.

Die entwickeltste Form der Qualitätsbeschreibung stellen die *Spezifikationen* dar, die bei sehr komplexen Lieferobjekten als Teil der umfassenderen Technischen Lieferbedingungen (kurz TLB) anzusehen sind, die wiederum die kommerziellen Bestellunterlagen ergänzen. Die Spezifikationen können sich auf den Werkstoff, die Fertigungsverfahren, die physikalischen und chemischen Eigenschaften oder auf die Funktion eines Produkts oder einer Anlage beziehen. Da sie neben der Aufstellung auch die Tests auf Einhaltung einschließen, sind sie in der Regel sehr aufwendig. Dafür weisen sie den Vorteil auf, daß der Einkäufer identische Produkte trotz verschiedener Lieferquellen erhält. In manchen Fällen lohnt sich die Festlegung ausführlicher Spezifikationen nicht, etwa wenn die Bezugsmengen klein ausfallen oder ihre Kontrolle schwierig ist, weil die Qualitätseigenschaften nicht meßbar sind. Weiterhin muß auf Spezifikationen verzichtet werden, wenn sie Rückschlüsse auf Prozesse erlauben, die der Geheimhaltung oder dem Patentschutz unterliegen.

Die angemessene Qualitätsbeschreibung durch Spezifikationen ist keine leichte Aufgabe. Auf der einen Seite können übertriebene Forderungen Lieferanten von einem Angebot abschrecken und andererseits vage Fassungen Mißverständnisse und teure Folgeschäden hervorrufen. Sehr enge Spezifikationen wirken sich nachteilig aus, wenn sie das Innovationspotential des Lieferanten unnötig einschränken. Warum sollte ein Autohersteller z.B. dem Spezialisten für Türinnenverkleidungen restriktive Vorschriften machen? Weit gefaßte Spezifikationen erhöhen evtl. den Radius des Lieferantenkreises und den Preisspielraum, begünstigen aber Fehlentwicklungen beim Lieferanten. So hat man bei der Analyse von Reklamationsfällen schon häufiger erfahren, daß Lieferanten mangels eindeutiger Spezifikationen keine ausreichenden Kenntnisse über das vom Abnehmer erwartete Qualitätsniveau besaßen. Nach entsprechender Aufklärungsarbeit konnten dann einwandfreie Lieferungen entgegengenommen werden.

Die Qualitätsbeschreibung wird aus verschiedenen Quellen gespeist:

- Normen und Richtlinien,
- Individual- und Branchenstandards,
- Gesetze und Verordnungen,
- Sicherheitsvorschriften,
- Umweltauflagen,
- Ergebnisse aus der Wertanalyse.

Mit den Fragen im Rahmen der Spezifikationen ist das *Toleranzproblem* eng verbunden. Definiert man ein Produkt als fehlerfrei, dessen Merkmalsausprägungen innerhalb der vorgegebenen Grenzen liegen, so übersieht man die Folgen einer Toleranzenkumulation. Als Beispiel seien komplexe Erzeugnisse genannt, die aus vielen Teilen zusammengebaut werden, von denen einige an der oberen und andere an der unteren Grenze liegen, was beim Zusammenbau die Qualität insgesamt negativ beeinflußt. Außerdem sind nach Untersuchungen des Japaners *Taguchi* schon bei geringfügigen Abweichungen vom Sollwert Qualitätsverluste festzustellen, wie Abbildung 13.3 zeigt.

Beispiele aus der Praxis belegen, daß Reklamationen vorrangig solche Produkte betreffen, die den zulässigen Toleranzbereich ausschöpfen, also nach herkömmlicher Auffassung mit den Spezifikationen übereinstimmen. Es ist von daher wünschenswert, wenn der Null-Fehler-Begriff nur auf den Fall Anwendung findet, wo tatsächlich der Zielwert getroffen wird.

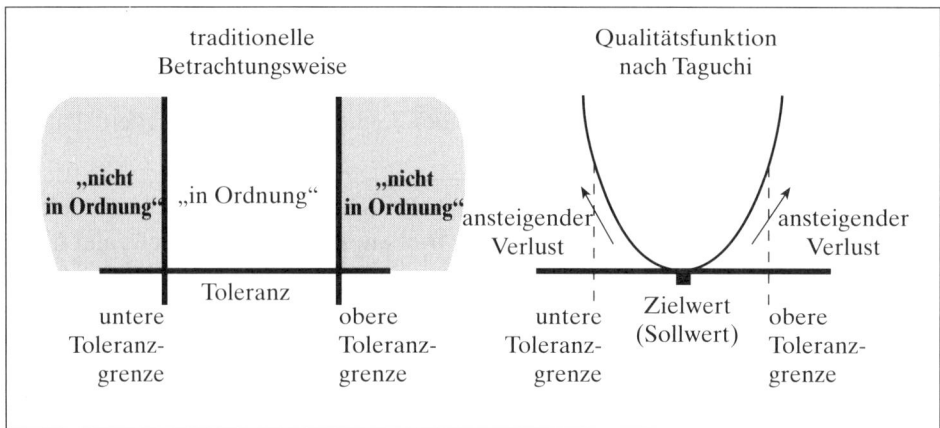

Abbildung 13.3: Qualitätsverlustfunktion nach Taguchi
(Quelle: Kamiske, Brauer 1993, S. 84)

13.2.2   Der „beste Kauf"

In diesem Sinne muß der traditionelle Einkauf umdenken, der breite Toleranzfelder zur Verbesserung der Beschaffbarkeit von Produkten begrüßt. Andererseits hat er darauf zu achten, daß Zukaufteile mit diesen Eigenschaften nicht zu teuer werden. Er steht daher vor der schwierigen Entscheidung, den *„besten Kauf"* (Leenders u.a. 1989, S. 128 ff.) zu tätigen. Das ist deshalb so problematisch, weil neben dem technischen Aspekt beim Einkauf auch sonstige Betrachtungen eine Rolle spielen, wie Transport-, Lager-, Verpackungs- und Entsorgungsfragen. Auch die Lieferantensituation ist für den mitspracheberechtigten Einkäufer ein wichtiges Kriterium. Wenn der technisch vollkommene Lieferant z.B. eine Monopolstellung mißbraucht, die gewünschte Menge nicht liefern kann oder sich finanziellen Engpässen gegenübersieht, dann muß der Einkäufer nach Alternativen suchen. Das ist auch in den Fällen angebracht, wo sich die Preise bestimmter Materialien so stark verteuern, daß Substitute die günstigere Lösung darstellen. Bei manchen Produkten mögen die qualitativen Eigenschaften, welcher Art auch immer, hinter anderen Vorzügen zurückstehen, wie

- bequeme Handhabung,
- leichte Installation,
- schnelle Reparatur,
- einfache Entsorgung.

Wieder andere Objekte, z.B. Anlagen, entfalten ihr volles Qualitätsimage erst in Verbindung mit dem *Service,* der verschiedene Funktionen umfassen kann, wie:

- Beratung,
- Schulung,
- Installation,
- Reparatur,
- Instandhaltung,
- Kontrolle,
- Garantien.

Zum Service kann auch die Bereitschaft des Lieferanten zählen, kurzfristige Änderungswünsche des Einkäufers abzuwickeln, mit kleinen Bestellmengen zufrieden zu sein, sich an Problemlösungen aktiv zu beteiligen und auf eine kalkulatorische Erfassung der Servicekosten zu verzichten.

Von bestimmten Produkten wird gewöhnlich eine lange Lebensdauer erwartet, bei anderen ist das eher eine sekundäre Kaufentscheidung. Dafür wird dann aber gefordert, daß keine Ausfälle während der Betriebszeit auftreten, wie bei vielen elektronischen Produkten. Damit wird die *Zuverlässigkeit* angesprochen, die als Qualität auf Dauer unter vorgegebenen Bedingungen definiert werden kann. Bei vielen Beschaffungsvorgängen ist die zeit*raum*bezogene Zuverlässigkeit mindestens so wichtig wie die Qualität, definiert als zeit*punkt*bezogene Übereinstimmung mit den Standards. Entsprechend dieser Bedeutung hat sich ein spezieller Zweig der Qualitätslehre entwickelt, der als Zuverlässigkeitstheorie (reliability engineering) bezeichnet wird. Es gehört zum Themenbereich des „bestens Kaufs", Erkenntnisse aus diesen stark wahrscheinlichkeitstheoretischen Untersuchungen zu beherzigen, denn Unzuverlässigkeit ist durch Sicherheitsbestände zu kompensieren. So sollte der Einkäufer die Ausfallrate in Abhängigkeit vom Betriebsalter, die grafisch betrachtet als *„Badewannenkurve"* bekannt ist, in seine Kaufentscheidungen einfließen lassen. Nach dieser Kurve werden folgende drei Phasen unterschieden:

1. Frühausfälle („Kinderkrankheiten"),
2. Zufallsausfälle (Brauchbarkeitsdauer),
3. Altersausfälle (Verschleiß u.a.).

Alle drei Ausfallerscheinungen sind Gegenstand der Qualitätsbemühungen um ständige Verbesserung, wobei sich das Instrument der Fehlermöglichkeits- und

-einflußanalyse (FMEA), das aus der Raumfahrt hervorgegangen ist, sehr bewährt hat. Der Einkäufer hat sein Augenmerk vor allem auf die ärgerlichen *Frühausfälle* zu richten, denn die Altersausfälle lassen sich nur begrenzt beeinflussen.

Ein weiterer Sachverhalt verdient in diesem Zusammenhang die Aufmerksamkeit des Einkäufers, daß nämlich Komplexität und Zuverlässigkeit nicht leicht zu vereinbaren sind. Daraus leitet sich das Beschaffungspostulat ab, möglichst auf Einfachheit bei den Zukaufprodukten hinzuwirken, zumal technische Neuerungen in der Regel den Komplexitätsgrad erhöhen. Zur Vereinfachung zählen die Standardisierung und die Straffung des Materialsortiments, die allein oder kombiniert angewendet werden können.

Die Standardisierung der Vorprodukte, *Normung* genannt, weist eindeutige einkäuferische und logistische Vorteile auf. Die Beschaffungsmöglichkeiten und die Lagertransparenz werden erhöht, der administrative Aufwand und die Einstandspreise gesenkt. Durch Verwendung des Baukastensystems können außerdem die kostensenkenden Effekte der Normung auf den unteren Fertigungsstufen mit dem Wunsch nach Typenvielfalt auf der Absatzseite gekoppelt werden. Der versierte Einkäufer achtet jedoch mit darauf, daß von *übertriebener* Normung keine Beeinträchtigung des Lieferanten-Wettbewerbs ausgeht, auch und gerade im Zeichen von Global Sourcing.

Die *Straffung* der Material- und Teilepalette im Sinne von Begrenzung bringt ähnliche Vorteile wie der Normgedanke mit sich. Die Verringerung der Positionen begünstigt für jede einzelne Materialart den Einkauf größerer Mengen, vielleicht in optimalen Losgrößen. Das führt sowohl zu einer Senkung der Anschaffungskosten durch Mengenrabatte und Frachtersparnisse als auch der Bestell- und Lagerhaltungskosten durch Optimierungsrechnungen. Verzichtet man aber auf Losgrößenbetrachtungen, so hat die Straffung und Vereinheitlichung des Sortiments auf jeden Fall eine Senkung der Materialfluß- und Lagerhaltungskosten und eine Verringerung des Bestandsrisikos zur Folge. Die richtige Grenzlinie zu finden zwischen Vereinheitlichung auf der einen und Erfüllung marktgerechter Sonderwünsche auf der anderen Seite ist eine schwierige Aufgabe, der sich der Einkäufer durch seine Mitwirkung bei der qualitativen Bedarfsermittlung angesichts des technischen Fortschritts immer wieder neu stellen muß.

13.3   Lieferantenauswahl

13.3.1   Lieferantenbesuch und Selbstauskunft

Wenn der qualitative Materialbedarf durch Zusammenarbeit zwischen Bedarfsträgern und Facheinkäufern ermittelt wurde, sind die geeigneten Lieferanten auszuwählen. Diese Aufgabe zählt zu den Kernfunktionen des Einkaufs, die das Unternehmensergebnis bei hohen Zukaufquoten nachhaltig beeinflussen. Dabei ist es oftmals ratsam oder auch unumgänglich, daß der Einkäufer zur Feststellung der Qualitätsfähigkeit von Lieferanten mit der Technik, dem Absatz und den Qualitätsverantwortlichen im Team zusammenarbeitet. Das gilt z.B. für die Erarbeitung eines *Sollprofils* des Lieferanten, das die gewünschten Qualitätsanforderungen des Abnehmers im großen und ganzen widerspiegelt. Hier sind praktisch alle Funktionsbereiche des Lieferantenbetriebes von der Entwicklung über den Wareneingang und die Fertigung bis zum Versand, einschließlich Transport, Verpackung und Lagerung, in die Betrachtung einzubeziehen. Besonderes Augenmerk ist dabei auf das Qualitätsmanagement-System des Lieferanten zu richten, weil es in unmittelbarem Zusammenhang mit der Qualitätsbeurteilung steht. Daneben kann es aber auch zweckmäßig sein, allgemeine Informationen über den Lieferanten (z.B. Umsatz, Mitarbeiter, Firmenzugehörigkeit, Versorgungssicherheit, Flexibilität) oder auch den Vorlieferanten einzuholen. Bei geplanten engen Partnerschaften spielt auch die kommunikative Einbindung des Lieferanten in das Abnehmerwerk eine Rolle. Hier wäre zu denken an eine CAD-Kopplung für gemeinsame Entwicklungsvorhaben oder an einen Datenverbund im Rahmen späterer Jit-Lieferungen.

Dem Sollprofil ist das *Istprofil* gegenüberzustellen, das mit Hilfe verschiedener Maßnahmen eingeschätzt werden kann, wozu Lieferantenbesuche und Selbstauskunftsbögen gehören. Diese Maßnahmen sind besonders bei *neuen* Lieferanten nützlich, über die keine Erfahrungen oder Referenzen vorliegen. Doch können sie auch bei eingeführten Lieferanten notwendig werden, wenn diese z.B. Qualitätsprobleme haben oder andere Produktionsverfahren, Werkstoffe und Werkzeuge verwenden. Man kann auch nicht immer erwarten, daß Lieferanten von Anfang an den Qualitätsansprüchen in vollem Umfang genügen. Deshalb werden bei Bedarf oder auf Grund von Branchenstandards zusätzlich *Erstmuster* geprüft und *Vorserien* verlangt.

Die *Lieferantenbesuche* werden meistens mit den *Selbstauskunftsbögen* gekoppelt, die in standardisierter Form oder auch maßgeschneidert vorkommen. Sie enthalten u.a. allgemeine Angaben zur Firma, wie Umsatz, Mitarbeiter, Rechtsform, Produktionsprogramm, Konzernverbund, Informationen über den Maschinenpark, wie Alter, Pflegezustand, Modernisierungsgrad, die eingesetzten Fertigungsverfahren und Werkstoffe, die Entwicklungsarbeit (Eigenentwicklung, Lizenzen), die Aufbau- und Ablauforganisation und die Logistik (Erfahrungen mit Jit, Kanban, Lager- und Transportmöglichkeiten). Von besonderer Bedeutung sind naturgemäß Auskünfte zu Fragen des Qualitätsmanagements, die beispielhaft aus Abbildung 13.4 hervorgehen (Quelle: Kastreuz 1994, S. 169, Teil von Anhang 10):

Qualitätssicherung

		Ja	Nein
1	Verfügt Ihr Unternehmen/Produktionsbetrieb über ein formales Qualitätssystem?		
2	Können sie uns das Qualitätshandbuch zur Verfügung stellen?		
3	Entspricht dieses QS-System international anerkannten Normen, wie z.B. ISO 9001, 9002, 9003 oder vergleichbaren Normen? Welchen?		
4	Gibt es in Ihrer Organisation einen Verantwortlichen für das Qualitätssystem?		
5	Ist für die Mitarbeiter des Qualitätsbereiches ein Aus- und Weiterbildungsprogramm vorhanden?		
6	Bestehen für die Qualitätssicherung umfassende Prüfpläne?		
7	Werden die zugelieferten Materialien systematisch beim Wareneingang geprüft?		
8	Bestehen mit den Unter-/Vorlieferanten Qualitätssicherungsvereinbarungen?		
9	Erfolgt eine systematische Qualitätskontrolle während des Fertigungsprozesses zur Sicherstellung der Prozeßqualität?		
10	Werden dafür systematische Fehlermöglichkeits-Analysen (FMEA) und statistische Prozeßüberwachungen (SPC) angewendet?		
11	Werden die fertigen Produkte einer Endprüfung unterzogen?		
12	Werden alle Ergebnisse und Prüfdaten dokumentiert, ausgewertet und uns gegebenenfalls zur Verfügung gestellt?		
13	Werden die Prüfmittel systematisch überwacht?		
14	Werden in Ihrem Haus interne Qualitätsaudits durchgeführt?		
15	Sind Sie bereit, unseren für die QS zuständigen Personen, im Sinne eines Q-Audits, nach Abstimmung Zutritt in jenen Bereichen zu gewähren, in denen unsere Produkte hergestellt, geprüft und gelagert werden?		

Abbildung 13.4:   Ausschnitt aus einem Selbstauskunftsbogen

Diese Aufzählung ist nur exemplarisch und kann je nach Branche, Liefergegenstand und Bedeutung des Erstlieferanten für den Abnehmer kürzer oder länger ausfallen und um Fragen ergänzt werden, die ganz spezielle Probleme klären sollen. Letzteres kann z.B. zweckmäßig sein, wenn komplexe Anlagen oder problematische Produkte zu beschaffen sind. Die Fragebögen stellen für beide Partner ein hilfreiches Werkzeug dar. Dem Einkäufer vermitteln die Selbstauskünfte der Lieferanten Einblicke in deren Unternehmen mit Schwerpunkt Qualitätswesen. Der Lieferant wiederum kann solche Fragestellungen zum Anlaß nehmen, eventuelle Schwachstellen in seinem Betrieb aufzudecken und zu beseitigen oder im Gegenteil sich seine Qualitätsbemühungen bestätigen zu lassen.

13.3.2 Auditierung der Lieferanten

Ähnliche Ziele werden mit der *Auditierung* der Lieferanten verfolgt, die nicht mit Kontrolle im herkömmlichen Sinne verwechselt werden sollte. Vielmehr ist sie als Führungsinstrument zur Absicherung der Auswahlentscheidung und sogar als Qualitätsberatung und -förderung durch den Abnehmer zu betrachten. Deshalb ist auch eine enge Zusammenarbeit nützlich, zumal eine Auditierung von beiden Partnern gründlich vorbereitet werden muß, was gute Fachkenntnisse und Teamarbeit voraussetzt. So sind in Vorgesprächen die Ziele, Inhalte, Abläufe und Bereiche der Auditierung sowie eventuell die Auditsprache festzulegen. Dabei hat sich die Erstellung geeigneter Checklisten sehr bewährt, die die spätere Durchführung der Audits und die Dokumentation der Ergebnisse erleichtern. Da der Abnehmer durch die Auditierung zwangsläufig Einblicke in das Know how des Lieferanten bei Entwicklungen und Fertigungsprozessen erhält, können auch Fragen der Geheimhaltung eine Rolle spielen, die eine Einschränkung und äußerstenfalls eine Verweigerung des Audits nach sich ziehen. Andererseits sollte der Vorgang der Auditierung von Vertrauen und Partnerschaft getragen sein, um das *gemeinsame* Ziel hoher Produktqualität zu erreichen. Wie den Fragebogen kann der Lieferant auch das Audit gewissermaßen als Instrument zur Aufdeckung von Schwachstellen und Veranlassung von Verbesserungen betrachten.

Man unterscheidet drei Arten von Audits:

1. Produktaudit,
2. Verfahrensaudit,
3. Systemaudit.

Beim *Produktaudit* wird eine ausgewählte Anzahl (Stichprobe) von Lieferantenprodukten auf Übereinstimmung mit den geforderten Qualitätseigenschaften geprüft, wobei in Abhängigkeit vom Produkt unterschiedliche Schwerpunkte gesetzt werden können, wie Funktion („fitness for use"), Sicherheit oder Aussehen (Aesthetik). Eine Klassifizierung möglicher Produktfehler kann hierbei nützlich sein, etwa in Form der klassischen Dreiteilung:

– Kritische Fehler (Gefährdung von Menschenleben),
– Hauptfehler (starke Beeinträchtigung der Brauchbarkeit),
– Nebenfehler (schwache Beeinträchtigung der Brauchbarkeit).

Zur Beurteilung kann der Auditor die verschiedensten Unterlagen heranziehen, wie:

„– Spezifikationen, Pflichtenhefte,
– Zeichnungen,
– Normen,

– Werkstoffblätter,
– genehmigte Bauabweichungen,
– Fehlerkataloge,
– gesetzliche Vorschriften,
– Prüfpläne."
  (Hering u.a. 1993, S. 250)

Das *Verfahrensaudit* bezieht sich auf die beim Lieferanten eingesetzten Produktionsprozesse und sonstigen Abläufe, die einen Einfluß auf die Qualität der Zukaufteile ausüben können. Auch bei diesem Audit kommt es in erster Linie darauf an, Verbesserungen zu erkennen und umzusetzen, weil Fehlervermeidung stets Vorrang vor Fehleraufdeckung genießt. Sofern der Lieferant von der statistischen Prozeßregelung Gebrauch macht, kann der Abnehmer u.U. auf das Verfahrensaudit verzichten.

Das *Systemaudit* stellt eine systematische Überprüfung des Qualitätsmanagement-Systems des Lieferanten dar, die sich auf alle oder auch nur einzelne Elemente desselben beziehen kann. Es kommt im Gegensatz zu den beiden anderen Auditformen überwiegend als *externes* Audit durch den Abnehmer oder eine neutrale Stelle vor und hat sich vor allem bei neuen Lieferanten bewährt, deren grundsätzliche Qualitätsfähigkeit in Erfahrung zu bringen ist. Diese Aufgabe wird dem Einkäufer erleichtert, wenn der Lieferant seine Qualitätspolitik in Form eines *Qualitätsmanagement-Handbuchs* dokumentiert und zur Einsicht offeriert.

Das Systemaudit hat besonders in Verbindung mit der branchenneutralen Normenreihe DIN EN ISO 9000-9004 Bedeutung erlangt. Sie hat folgenden Inhalt:

9000 Qualitätsmanagement- und Qualitätssicherungsnormen
       Leitfaden zur Auswahl und Anwendung
9001 Qualitätssicherungssysteme
       Modell zur Darlegung der Qualitätssicherung in Design/Entwicklung, Produktion, Montage und Kundendienst
9002 Qualitätssicherungssysteme
       Modell zur Darlegung der Qualitätssicherung in Produktion und Montage
9003 Qualitätssicherungssysteme
       Modell zur Darlegung der Qualitätssicherung bei der Endprüfung
9004 Qualitätsmanagement und die Elemente eines Qualitätssicherungssystems

Neben dem Abnehmer kann auch eine *neutrale* Zertifizierungsstelle die Auditierung durchführen. Das ist insbesondere dann der Fall, wenn der Lieferant die Anforderungen gemäß DIN EN ISO 9001-9003 erfüllt, was er sich durch ein begehrtes *Zertifikat* bescheinigen lassen kann, das inzwischen zum Standard im Rahmen eines Angebots geworden ist. Der gut unterrichtete Einkäufer achtet darauf, daß ihm nur Zertifikate von Firmen vorgelegt werden, die bei der Trägergemeinschaft für

Akkreditierung (TGA) geführt werden, die also die notwendige Reputation und Kompetenz aufweisen. Er weiß außerdem, daß ein Normenwerk, das nur *Rahmen-empfehlungen* enthält, noch keine Garantie für qualitativ einwandfreie Produkte darstellt. Auf der anderen Seite erleichtert es ihm die Lieferantenauswahl, besonders bei global sourcing wegen seiner *internationalen* Gültigkeit. Auf der Basis dieser Normenreihe sollten beide Partner versuchen, über die „Modelle zur Darlegung der Qualitätssicherung" hinaus im Sinne des kontinuierlichen Verbesserungsprozesses letztlich zum TQM zu gelangen. Wenn auch die ISO-Norm mit ihren verschiedenen Einzelelementen, wozu auch die „Beschaffung" gehört, schon recht anspruchsvoll ausfällt, so steht sie bezüglich der qualitativen Anforderungen hinter folgenden drei bedeutenden Qualitätspreisen zurück:

1. Deming-Preis,
2. Malcolm-Baldrige-National-Quality-Award,
3. European-Quality-Award.

Daneben legen einige Hersteller Wert darauf, daß ihre Lieferanten spezielle Qualitätsrichtlinien erfüllen und eventuell entsprechende Auszeichnungen erhalten.

13.4   Wareneingangskontrolle

13.4.1   Grundlegende Betrachtungen

Nach Feststellung der Qualitätsfähigkeit des Lieferanten durch Besuche, Audits sowie eventuell durch Erstmuster und Vorserien kann die Lieferbeziehung aufgebaut werden. Dazu eignet sich der Abschluß einer *Qualitätsmanagement-Vereinbarung,* die eine Abstimmung aller gemeinsam interessierender Qualitätsfragen beinhaltet. Sie legt im allgemeinen in einer *Präambel* den Zweck und Geltungsbereich sowie die Ziele und Grundsätze der Zusammenarbeit nieder. Im *Hauptteil* sind alle Punkte aufzunehmen, die zur Qualitätssicherung beitragen. Als Beispiele seien genannt:

– Dokumentation von technischen Unterlagen,
– Prüfungen bei Lieferant und Abnehmer,
– Dokumentation der Prüfergebnisse,
– Kennzeichnung der Lieferlose,
– Informationspflichten von Lieferant und Abnehmer,
– System zur Lieferantenbewertung,
– Behandlung fehlerhafter Teile,
– Unterlieferanten.

Solche Vereinbarungen, die nicht nur für Jit-Konzepte zweckmäßig sind, sollen mit dazu beitragen, die Wareneingangskontrollen durch *Qualitätslenkung* beim Lieferanten zu ersetzen. Prüfungen gehören nicht zu den wertschöpfenden Tätigkeiten, sind oftmals arbeitsintensiv, in bestimmten Fällen mit Zerstörung der Prüflinge verbunden, erfordern Prüfpläne, Tests, Auswertungen und die Bereitstellung und Pflege von Prüfmitteln. Dieser Aufwand erhöht sich beträchtlich, wenn man die Betrachtung beim Lieferanten beginnen und beim Kunden enden läßt, wie es für logistische Untersuchungen typisch ist. Häufig wenden nämlich beide Partner die gleiche Prüfung an:

– Eingangsprüfung,
– Zwischenprüfung,
– Endprüfung.

Wenn man bedenkt, daß zwischen der Endprüfung beim Lieferanten und der Eingangsprüfung beim Abnehmer nur die Anlieferung liegt, so fällt die Fragwürdigkeit des doppelten Prüfvorgangs sofort auf. Da ist auch die Tatsache kein Trost, daß nur in besonders gelagerten Ausnahmefällen (z.B. beim Vorliegen kritischer Fehler) eine Stück-für-Stück-Prüfung (100 %-Kontrolle) durchgeführt wird. Die gängigen *Stichprobenprüfungen* sind noch umständlich genug, vor allem bei Entscheidungen, die zur Rückweisung des Prüfloses führen. Hier ist nämlich zu klären, ob eine Rücksendung, Nacharbeit, Verschrottung oder eine andere Verwendung in Frage kommen. Es spielt auch bezüglich des Aufwands keine Rolle, ob die Prüfung im Wareneingang oder beim Lieferanten durch Qualitätsinspektoren erfolgt, was als *Abnahmeprüfung* bezeichnet wird und z.B. bei Investitionsgütern sinnvoll ist. In jedem Fall gilt der schon erwähnte Grundsatz, wonach man Qualität *produzieren* muß, wenn man sie bekommen möchte, weil man sie nicht nachträglich in das Produkt hinein*inspizieren* kann. So vermag eine Kontrolle die Teile bestenfalls nur in gute und schlechte zu trennen. Bei statistischen Qualitätskontrollen ist diese Fähigkeit zwangsläufig unvollkommen, weil die Stichprobe nur einen Teil der Grundgesamtheit repräsentiert. Wenn auch die mathematisch-statistische ebenso wie die organisatorisch-technische Ausgestaltung der üblichen Stichprobensysteme hoch entwickelt ist, so bleibt der grundsätzliche Mangel aller Prüfaktivitäten bestehen. Aber auch bei 100 %-Kontrollen findet der Prüfer aus verschiedenen Gründen (z.B. Ermüdung) nicht immer alle defekten Stücke. Wenn er sie aber aufdeckt, ist der Nutzen auch nicht besonders hoch, denn die schadhaften Teile scheiden für die Produktion aus. Im Rahmen der Eingangskontrolle ist es außerdem sehr schwer, eine zuverlässige Rückverfolgung der gefundenen Fehler bis an den Ort ihrer Entstehung vorzunehmen, besonders wenn sie u.U. auf den Vorlieferanten auszudehnen ist.

Die Prüfung der Materialien im Wareneingang erfolgt in der Regel auf die *Attribute* „in Ordnung" bzw. „defekt" im Hinblick auf den vorgesehenen Verwendungszweck. Diese typische Lehrenprüfung ist in der Durchführung einfacher als die messende Prüfung, auch Variablenprüfung genannt. Die Attributprüfung basiert in statistischer Hinsicht auf der Binomial- bzw. Poisson-Verteilung, während die Variablenprüfung in der Regel den Gesetzen der Normalverteilung gehorcht. Die Prüfarten richten sich nach dem Produkt und seinen verschiedenen Eigenschaften, seien sie meßbar oder nicht. Als Beispiele mögen dienen:

- Sichtprüfung,
- Maßprüfung,
- Härteprüfung,
- Oberflächenprüfung,
- Rißprüfung,
- Funktionsprüfung.

Bei zerstörenden Prüfverfahren (Crash-Tests, Brenndauerversuche) sind aus sachlogischen Gründen kleinstmögliche Stichprobenumfänge zu wählen.

Unter den attributiven Stichprobensystemen hat sich vor allem das *AQL-System* durchgesetzt. Es basiert auf dem AQL-Wert (Acceptable Quality Level), der den maximal zulässigen Anteil fehlerhafter Einheiten in Prozent des Prüfloses angibt. Dieser Wert, der mit dem Lieferanten vereinbart wird, spiegelt das eingeschätzte Prüfrisiko wider. Selbstverständlich darf der AQL-Wert vom Lieferanten nicht dahingehend interpretiert werden, daß der Abnehmer den vorgegebenen Fehleranteil im Los gewissermaßen als „Schmerzgrenze" akzeptieren würde.

Für die erleichterte Durchführung der komplexen Wareneingangskontrolle ist die Rechnerunterstützung, möglichst in Form von ganzheitlichen CAQ-Systemen (Computer Aided Quality Assurance), von großer Bedeutung. So stehen die notwendigen Informationen, z.B. über:

- Prüfarten (attributiv, messend),
- Prüfpläne (Einfach-, Doppel- oder Sequentialtest),
- Prüfstufen (Beziehung zwischen Los- und Stichprobenumfang),
- AQL-Werte (getrennt nach Fehlerarten oder Merkmalen),
- Sprunganweisungen (normale, verschärfte, reduzierte Prüfung),
- Skip-Lot-Verfahren (Überspringen einzelner Partien),
- Prüfmittel und deren Überwachung

schnell zur Verfügung. Der volle Nutzen von CAQ ergibt sich vor allem aus der Verknüpfung einzelner Teilfunktionen des Qualitätswesens bei Planung, Durchführung und Kontrolle auf der Basis einer *Qualitätsdatenbank* zu einem echten Management-Informationssystem.

Die mit den Prüfplänen verbundenen Risiken können Lieferant und Abnehmer aus *Annahmekennlinien,* auch Operations-Charakteristiken genannt, ablesen. Aus der Sicht der Beschaffung ist das AQL-System eher negativ zu bewerten, weil die Annahmewahrscheinlichkeit des Prüfloses auf Grund des Stichprobenergebnisses auch dann noch relativ hoch ist, wenn die Ausschußquote über dem vereinbarten AQL-Wert liegt. Auf keinen Fall sollte der AQL-Wert vom Lieferanten als Alibi für versäumte Chancen zur Qualitätssteigerung benutzt werden.

Der mit Qualitätsfragen vertraute Einkäufer sollte vielmehr auf Qualitätsbemühungen drängen, die sich in Fehleranteilen im Bereich von *parts per million* (ppm) ausdrücken. Das bringt nebenbei noch psychologische Vorteile mit sich, wenn kleine Ausschußquoten durch eine Maßeinheit ersetzt werden, die sie als groß erscheinen läßt. So entspricht eine Fehler*kleinheit* von 0,1 % einer Fehler*größe* von 1000 ppm, die als neues Qualitätsziel dienen kann (vgl. Haist, Fromm 1989, S. 47). Darüber hinaus ist grundsätzlich anzustreben, daß Null-Fehler-Produkte geliefert werden, die das Aussortieren völlig überflüssig machen. Der Null-Fehler-Gedanke ist keineswegs nur als Motivationsprogramm zu verstehen, sondern ein durchaus erreichbares Ziel. „Im privaten Leben akzeptieren wir Fehler viel weniger: Wir gehen davon aus,

– daß uns im Konzertsaal die Musik ohne falsche Töne und in vollendeter Interpretation dargeboten wird,

– daß uns die Bank die Zinsen für unser Konto korrekt berechnet,

– daß die Bremse unseres Autos bei 1000 Bremsungen 1000 mal funktioniert"

(Haist, Fromm 1989, S. 45).

Die Auswirkungen von Fehlern im Rahmen von Raumfahrtprojekten, wo die Zero-Defects-Idee geboren wurde, leuchten unmittelbar ein. Einwandfreie Produkte haben aber in allen Anwendungsbereichen positive Ausstrahlungen. Bestellmengen können um einen Teil des Sicherheitsbestandes gekürzt, Raum und Personal für Kontrollen und Lagerung bis zur Freigabe (Sperrlager) eingespart und die Materialien sofort in die Fertigung weitergeleitet werden.

13.4.2   Qualitätsziffern zur Lieferantenbewertung

Die Wareneingangskontrolle dient einmal der Aufdeckung von Fehlern bei den Zukaufteilen, um zur störungsarmen Produktion beizutragen. Zum anderen können aus der Dokumentation der Prüfergebnisse wertvolle Hinweise für die qualitative Lieferantenbewertung gewonnen werden, besonders wenn im Laufe vieler Lieferungen eine *Qualitätsgeschichte* entsteht.

Die einfachste Möglichkeit zur Bildung eines Qualitätsindex besteht darin, den Prozentsatz der nicht beanstandeten Lieferungen zu ermitteln. Dabei bleiben allerdings viele nützliche Informationen unberücksichtigt, wie

– der Umfang des Prüfloses,

- die Fehlerklassifizierung,
- die Folgen der Beanstandung.

Da die Art der vorgefundenen Fehler, wie Haupt- oder Nebenfehler, und die daraus abgeleiteten Entscheidungen, wie Aussortieren, Nacharbeit oder Verschrottung, unterschiedlich zu betrachten sind, muß jeweils eine geeignete Gewichtung gefunden werden. Bei einem umfangreichen Liefervolumen ist diese Aufgabe ohne Rechnerunterstützung nur schwer zu lösen, besonders wenn jedes Produkt des Lieferanten in dieser Weise analysiert werden soll. Die Praxis hat eine Fülle von Verfahrensvarianten auf diesem Gebiet entwickelt, die sich im wesentlichen durch das Ausmaß der berücksichtigten Einflußfaktoren unterscheiden. Hier soll nur stellvertretend für viele das Softwarepaket der Firma MTU Friedrichshafen kurz vorgestellt werden, das aus Abbildung 13.5 hervorgeht (Quelle: Hering u.a. 1993, S. 311 f.).

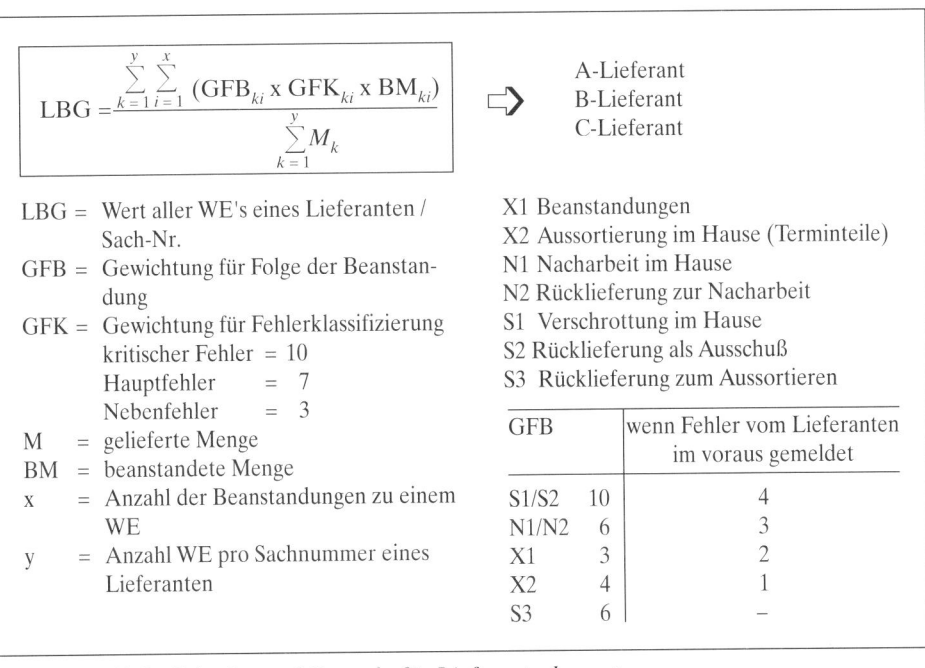

$$LBG = \frac{\sum_{k=1}^{y} \sum_{i=1}^{x} (GFB_{ki} \times GFK_{ki} \times BM_{ki})}{\sum_{k=1}^{y} M_k}$$

⇒ A-Lieferant
B-Lieferant
C-Lieferant

LBG = Wert aller WE's eines Lieferanten / Sach-Nr.
GFB = Gewichtung für Folge der Beanstandung
GFK = Gewichtung für Fehlerklassifizierung
kritischer Fehler = 10
Hauptfehler = 7
Nebenfehler = 3
M = gelieferte Menge
BM = beanstandete Menge
x = Anzahl der Beanstandungen zu einem WE
y = Anzahl WE pro Sachnummer eines Lieferanten

X1 Beanstandungen
X2 Aussortierung im Hause (Terminteile)
N1 Nacharbeit im Hause
N2 Rücklieferung zur Nacharbeit
S1 Verschrottung im Hause
S2 Rücklieferung als Ausschuß
S3 Rücklieferung zum Aussortieren

GFB		wenn Fehler vom Lieferanten im voraus gemeldet
S1/S2	10	4
N1/N2	6	3
X1	3	2
X2	4	1
S3	6	–

Abbildung 13.5: Kriterien und Formeln für Lieferantenbewertung

Die jeweils erreichte Qualitätszahl LBG führt zu der materialabhängigen Einteilung in A-, B-, oder C-Lieferant. Da bei diesem Verfahren die Materialien eines Lieferanten getrennt beurteilt werden, kann der gleiche Lieferant je nach Produkt anders eingestuft sein.

Ein detailliertes und möglichst objektives Lieferantenbewertungssystem kann für beide Partner von Nutzen sein. Der Abnehmer erhält Informationen über den

Qualitätsstandard, den der Lieferant gerade hält. Treten Veränderungen im Qualitätsniveau oder gar Qualitätseinbrüche auf, so können gemeinsame Korrektivmaßnahmen überlegt und eingeleitet werden. So kann der Einkauf die Qualitätsinformationen aus der Wareneingangskontrolle bei neuen Abschlußverhandlungen gezielt in Auftragsvergaben umsetzen, den erreichten Qualitätsstandard bei der Entwicklung neuer Lieferanten zugrunde legen und auf diese Weise allmählich einen zuverlässigen Lieferantenstamm aufbauen. Die Kontrollbefunde dienen andererseits dem Lieferanten zur gezielten Qualitätssteuerung, indem sie auf mögliche Schwachstellen hinweisen und Prioritäten bei den Maßnahmen zur Fehlerbeseitigung und Qualitätsverbesserung aufzeigen.

Die Ermittlung von Qualitätsziffern stellt mit Rechnerunterstützung zwar keine Schwierigkeit dar, aber die Ergebnisse dürfen auch *nicht überbewertet* werden. So bleibt die Vergabe von Gewichtungsfaktoren eine subjektive Angelegenheit und häufig spielen zusätzliche Faktoren eine Rolle, die in der verwendeten Formel nicht auftauchen, weil sie schwer oder gar nicht quantifiziert werden können. Als Beispiel sei das Qualitätsbewußtsein der Mitarbeiter des Lieferantenbetriebs oder deren grundsätzliche Einstellung zu Qualitätsfragen erwähnt. Wenn weiterhin Wareneingangskontrollen nicht durchgeführt und stattdessen spezielle Verträge abgeschlossen werden, müssen anderweitige Informationen über die Produktqualität des Lieferanten eingeholt werden, z.B. aus Audits und der Reklamationsbearbeitung.

13.5   Prüfverzicht im Wareneingang

13.5.1   Technische Aspekte

13.5.1.1   Prinzip und Bedeutung der Prozeßkontrolle

Die vorstehenden Ausführungen haben deutlich gemacht, daß die Kontrolle am fertigen Produkt in technischer Hinsicht äußerst fragwürdig ist. Die Prüfung als solche fügt dem Produkt keine qualitativen Eigenschaften zu, und eine zweifache Kontrolle (End- *und* Eingangsprüfung) an guten Erzeugnissen ist auch eine doppelte Verschwendung. So ist es naheliegend, die Produktkontrolle durch die Prozeßkontrolle beim Lieferanten zu ersetzen. Da hochwertige Produkte nur mit *beherrschten* und fähigen Prozessen entstehen können, wird mit der Prozeßkontrolle das Schwergewicht der Qualitätssicherung auf das technische Umfeld gelegt („quality at the source"). Die Prozeßkontrolle basiert wie die Produktkontrolle auf Stichproben, ist also statistischer Natur. Sie wird daher als statistische Prozeßregelung (SPR) bezeichnet, wie man Statistical Process Control (SPC) am treffendsten übersetzt. Dieses unentbehrliche Werkzeug ist nämlich als kybernetisches System der Rückkopplung zu verstehen, wie es aus der Regelungstechnik bekannt ist (vgl. Abbildung 13.6).

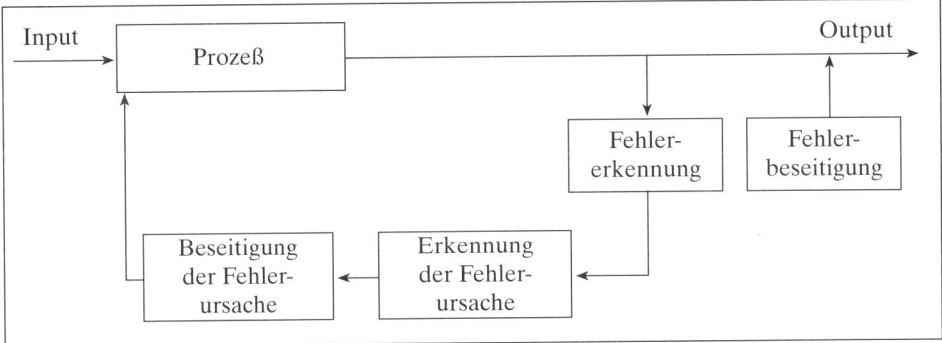

Abbildung 13.6: Das kybernetische Prinzip der Prozeßkontrolle
(Quelle: Haist, Fromm 1989, S. 12)

Von besonderer Bedeutung in Abbildung 13.6 sind die Elemente „Erkennung" und „Beseitigung" der Fehlerursache, weil hiermit *aktiv* die Korrektur des Prozesses in Gang gesetzt wird.

SPR ist eine konsequente Weiterentwicklung der alten Kontrollkartentechnik aus den 30er Jahren. Mit dem Angebot spezieller Software, dem Einbau in umfassendere CAQ-Systeme und als Teilbereich von TQM sind die Möglichkeiten von SPR so gewachsen, daß dieses Instrument vor allem in der Großserienfertigung sehr geschätzt wird.

13.5.1.2 Maschinen- und Prozeßfähigkeitsuntersuchungen

Wenn ein Prozeß unter statistischer Kontrolle, d.h. beherrscht ist, dann sind Maschinen- und Prozeßfähigkeitsuntersuchungen von großem Nutzen,

Mit der *Maschinenfähigkeitsuntersuchung* (MFU) soll der Nachweis erbracht werden, daß die betreffenden Maschinen den gestellten Produktionsanforderungen entsprechen. Die Beurteilung beruht auf einer Stichprobe aus den gefertigten Produkten. MFU kann als Vorstufe zur Prozeßfähigkeitsuntersuchung genutzt werden, weil ein beherrschter Prozeß nur mit entsprechenden Aggregaten zu realisieren ist. Daneben kann MFU auch als Hilfsmittel zur Freigabeentscheidung bei Maschinenabnahmen dienen.

Die *Prozeßfähigkeitsuntersuchung* (PFU) ist aufwendiger als MFU, da *alle* Einflußgrößen des Fertigungsprozesses zu analysieren und bewerten sind. Im Gegensatz zu MFU ist PFU eine *Langzeituntersuchung,* für die genügend viele Einzelstichproben zu ziehen sind. Sowohl für MFU als auch PFU werden Kenngrößen auf der Basis der Normalverteilung ermittelt, aus denen das Ausmaß der Maschinen- bzw. Prozeßfähigkeit hervorgehen.

Für MFU lauten die Kennziffern:

  cm (*c*apability *m*achine) und
  cmk

Für PFU gilt analog:

  cp (*c*apability *p*rocess) und
  cpk

Die Kennziffern cm und cp stellen den Quotienten aus zulässiger Toleranz (Differenz zwischen oberem und unterem Grenzwert) und natürlicher Streuung (sechs Standardabweichungen) dar. Werte über Eins sind wünschenswert, Werte unter Eins sind ungünstig. In Abbildung 13.7 sind alle drei Möglichkeiten dargestellt.

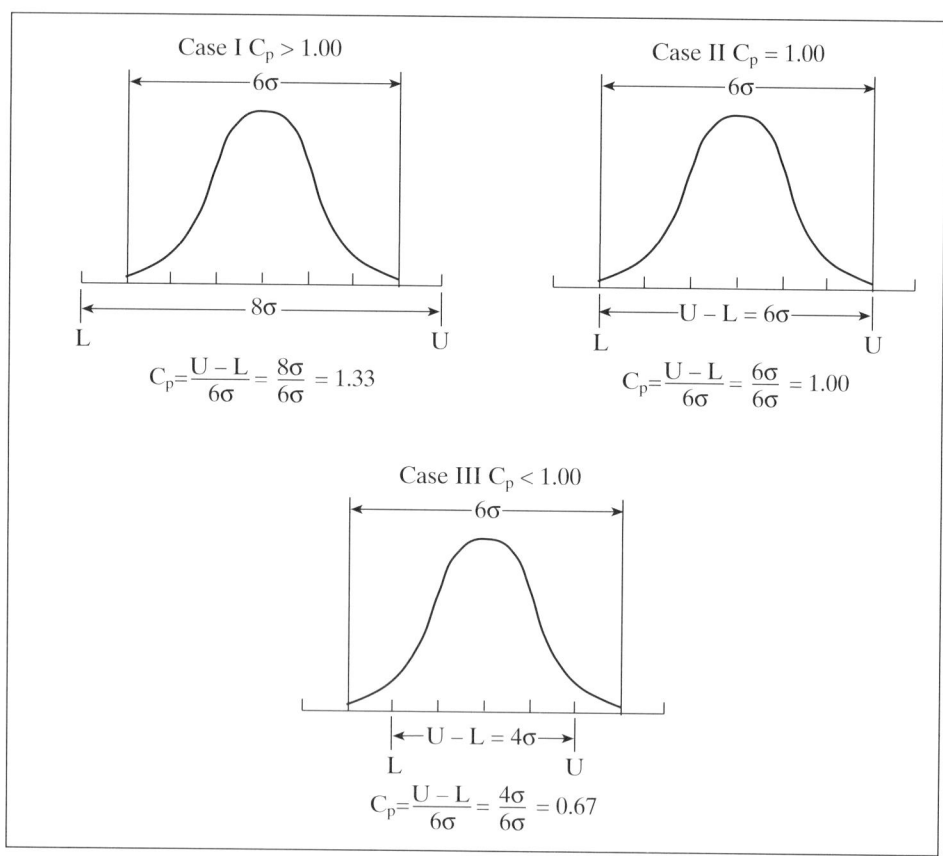

Abbildung 13.7: Die drei Fälle des cp-Index
(*Quelle:* Besterfield 1990, S. 107)

In den Schaubildern bedeuten:

U = Upper (Obere Toleranzgrenze)
L = Lower (Untere Toleranzgrenze)

In Fall I ist der Prozeß *fähig*, was nicht bedeutet, daß keine weiteren Verbesserungen möglich wären. Je höher der Wert ausfällt, um so besser ist der Prozeßstandard.

Der Fall II spiegelt eine labile Situation wider, weil jede Verschiebung der Kurve dazu führt, daß einzelne Merkmale außerhalb der Toleranz liegen.

Im Fall III ist die Prozeßstreuung größer als das Toleranzfeld, so daß defekte Erzeugnisse hergestellt werden. Der Prozeß ist also *nicht fähig*, die gewünschten Anforderungen zu erfüllen, erst recht nicht bei Verschiebungen aus der Zentrallage.

Bei den Kennziffern cmk und cpk wird die *Lage* der Normalverteilung im Toleranzfeld berücksichtigt. Die (wichtigere) Kennziffer cpk ist wie folgt definiert:

$$cpk = \frac{\text{Kleinster Abstand des Prozeßdurchschnitts zur Toleranzgrenze}}{\text{Halbe Prozeßstreubreite}}$$

Bei zentrierten Prozessen sind die Kennziffern cp und cpk identisch. Sonst ist cpk stets gleich oder kleiner als cp (wegen des *kleinsten* Abstands). Kennziffern von cpk größer 1.33 sind erwünscht (Prozeß ist in Ordnung), Werte zwischen 1 und 1.33 sind befriedigend (Prozeß ist bedingt in Ordnung) und Werte kleiner 1 sind abzulehnen (Prozeß ist nicht in Ordnung). Das Ziel dieser Untersuchungen besteht darin, auf der Basis des Erreichten eine Verbesserung der Prozeßfähigkeit zu erreichen, z.B. durch Aufdeckung von Fehlerursachen, die die zufälligen Streuungen verringern helfen. Ein Zahlenbeispiel möge dem technisch weniger versierten Einkäufer die Zusammenhänge verdeutlichen (entnommen aus Hering u.a. 1993, S. 210-214). Die dort aufgeführten Zahlen stammen von der Mercedes Benz AG, CIN/ZQ).

Ausgangspunkt der Berechnungen ist folgende Urliste mit 110 Meßwerten für den Außendurchmesser einer Welle (Tabelle 13.1).

Folgende Daten sind vorgegeben:

– Losgröße = 1320 Stück
– Stichprobenumfang = 110 Stück (22 Stichproben à 5 ST)
– Oberer Grenzwert (OGW) = 35,025 mm
– Unterer Grenzwert (UGW) = 35,009 mm
– Toleranz (OGW-UGW) = 16 μm

Berechnet man für alle Stichproben (vom Umfang 5) aus Tabelle 13.1 die Mittelwerte x̄, so ergeben sie nach dem zentralen Grenzwertsatz graphisch eine Normalverteilung. Deren Mittelwert x̄ wird als *Prozeßdurchschnitt* interpretiert. Er beträgt:

Tabelle 13.1: Urliste zur Berechnung von cp und cpk

15	14	16	16	16	18	21	16	18	18	16
16	20	20	14	17	17	18	15	17	19	15
15	17	19	17	15	17	19	17	19	17	16
17	18	15	16	17	20	19	14	17	19	17
16	17	18	13	20	17	18	18	16	18	15
20	20	14	17	17	19	18	15	19	19	17
18	19	17	15	20	18	17	14	17	16	19
17	18	16	17	17	21	15	18	16	17	18
14	15	13	20	18	18	16	17	18	18	19
17	16	16	16	17	19	14	16	17	17	18

(Abweichungen vom Nennmaß Ø 35 mm in µm)

(Quelle: Hering u.a. 1993, S. 214)

$$\bar{\bar{x}} = \frac{16 + 17 + 18 + 15 + ... + 18}{22} = 17 \ \mu m$$

Als Streuungsmaß wird zunächst die Prozeß-Spannweite $\bar{R}$ (R für Range) ermittelt:

$$\bar{R} = \frac{2 + 6 + 5 + 5 + ... + 2}{22} = 3,7 \ \mu m$$

Daraus erhält man mittels eines Umrechnungsfaktors einen Näherungswert für die Prozeß-Standardabweichung $\bar{s}$. Für eine Stichprobe vom Umfang 5 ist der Faktor 0.4:

$$\bar{s} = 0.4 \cdot 3,7 = 1,5 \ \mu m$$

Damit ergeben sich folgende Prozeßfähigkeits-Kennwerte:

a) $cp = \dfrac{\text{Toleranz}}{\text{Prozeßstreuung}} = \dfrac{T}{6 \cdot \bar{s}} = \dfrac{16}{6 \cdot 1,5} = 1.78$

b) $cpk = \dfrac{Z \ (\text{kritisch})}{\text{Halbe Prozeßstreuung}} = \dfrac{Z_k}{3 \cdot \bar{s}} = \dfrac{8}{3 \cdot 1,5} = 1.78$

Z (kritisch) = Kleinste Differenz vom Mittelwert zur jeweiligen Toleranzgrenze

In diesem Beispiel sind die Werte cp und cpk identisch, weil die Verteilung innerhalb der Toleranzgrenzen zentrisch ist. Der Prozeß verläuft bei dem beispielhaften cpk-Wert in hohem Maße unter Kontrolle, so daß Ausschuß und Nacharbeit entfallen. Eine Eingangskontrolle wäre für Partien aus einem solchen Fertigungsprozeß des Lieferanten überflüssig. Von daher ist es für den Einkauf von größter Bedeutung, sich mit den Grundlagen der Prozeßkontrolle auseinanderzusetzen.

13.5.1.3 Qualitätsregelkarten

Mit Hilfe von Qualitätsregelkarten soll die Fertigungslage und deren Abweichung durch statistische Kennwerte (Mittelwerte, Streuungsmaße) systematisch überprüft und gelenkt werden.

Es ist hier nicht der Ort, wo die Vielzahl der Regelkartentypen, ihre statistischen Hintergründe und Darstellungsarten ausführlich zu behandeln wären. In allen Fällen werden Kontrollgrenzen für Mittelwerte und Streuungen festgelegt und mit den gemessenen Werten verglichen. Liegen die Meßwerte, die variabel oder attributiv sein können, innerhalb der Kontrollgrenzen, so liegen rein zufallsbedingte Streuungen vor. Werden Kontrollgrenzen, oft differenziert nach Warn- und Eingriffsgrenzen, überschritten, so ist Vorsicht geboten. Meßwerte außerhalb der Eingriffsgrenzen (obere oder untere) lassen auf *systematische* Einflüsse, wie Werkzeugverschleiß, und damit auf nicht mehr beherrschte Prozesse schließen. Sie führen zu Korrekturmaßnahmen bei den Parametern der Fertigung und vermeiden auf diese Weise weiteren Ausschuß.

Besonders zuverlässig und schnell können Fehler aufgedeckt und beseitigt werden, wenn die Meßstationen direkt mit dem CAQ-System verbunden sind, ein Rechner selbst Prüfungen, z.B. Funktionsprüfungen, durchführt, aber auch wenn eine *Werkerselbstkontrolle* statt einer Fremdkontrolle praktiziert wird. Auf diese Weise läßt sich die Durchlaufzeit verkürzen, die sich wiederum günstig auf die Lieferzeit auswirkt, was sich letztendlich positiv im Angebotsvergleich niederschlägt.

Den grundsätzlichen Aufbau der Regelkarte zeigt Abbildung 13.8:

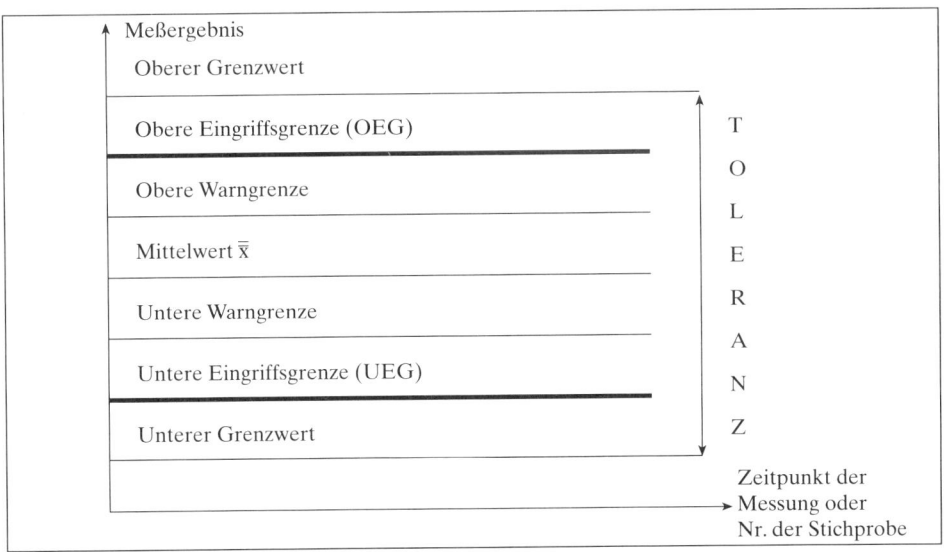

Abbildung 13.8: Grundsätzlicher Aufbau einer Qualitätsregelkarte

Für die gängige x̄/R-Regelkarte, die auch ohne Rechnerunterstützung leicht geführt werden kann, lauten die Eingriffsgrenzen (bei 99,7 % Aussagewahrscheinlichkeit):

1. x̄-Karte:
$$OEG = \bar{\bar{x}} + A_E \cdot \bar{R}$$
$$UEG = \bar{\bar{x}} - A_E \cdot \bar{R}$$

2. R-Karte:
$$OEG = D_B \cdot \bar{R}$$
$$UEG = C_B \cdot \bar{R}$$

Zur schnelleren Ermittlung der Faktoren A, C und D dienen spezielle Tabellen:

Tabelle 13.2: Faktoren zur Eingriffsgrenzenermittlung der x̄/R-Karte

Anzahl Meßwerte der Einzelstichprobe n	Faktoren		
	A_E	D_B	C_B
2	1,880	3,267	0
3	1,023	2,575	0
4	0,729	2,282	0
5	0,577	2,115	0
6	0,483	2,004	0
7	0,419	1,924	0,076
8	0,373	1,864	0,136
9	0,337	1,816	0,184
10	0,308	1,777	0,223

(Quelle: Hering u.a. 1993, S. 203)

Für das Zahlenbeispiel aus dem vorigen Abschnitt lauten die entsprechenden Werte (x̄ = 17 µm, R̄ = 3.7 µm, n = 5):

1. x̄-Karte:
$$OEG = 17 + 0.577 \cdot 3{,}7 = 19{,}135 \ \mu m$$
$$UEG = 17 - 0.577 \cdot 3{,}7 = 14.865 \ \mu m$$

2. R-Karte:
$$OEG = 2.115 \cdot 3{,}7 = 7.826 \ \mu m$$
$$UEG = 0 \cdot 3.7 = 0$$

Ein Blick auf Tabelle 13.1 zeigt, daß 10 von 110 Meßwerten die obere Eingriffsgrenze überschreiten und 9 die untere Eingriffsgrenze unterschreiten. Das ist natürlich kein Grund zum Einschreiten, weil die Regelkarten sich ausschließlich an *Mittelwerten* orientieren, die hier allesamt, d.h. für jeden Fünferblock, innerhalb der berechneten Grenzen liegen. Alle Meßwerte befinden sich außerdem innerhalb der vorgegebenen Toleranz, denn der höchste Meßwert beträgt 35.021 mm und der niedrigste 35.013 mm, was 8 μm Differenz ist bei einer Toleranz von 16 μm.

Neben der Führung bedarf vor allem die Auswertung der Qualitätsregelkarte einer guten Sachkenntnis und einiger Erfahrung seitens der beteiligten Fachkräfte, um keine voreiligen Schlüsse zu ziehen. Das Verständnis für die teilweise komplizierten Zusammenhänge wird durch interne und externe (z.B. DGQ) Schulungen, leicht verständliche Unterlagen, Übungen am PC, Plakate („Qualität macht Freude", „Pfuschi gehört in den Knast" u.ä.) und Comics mit lustigen Versen, Sprüchen und Bildern erleichtert.

Abschließend sei auf die *Einführung* von SPR beim Lieferanten verwiesen. Mit der starken Betonung der Prozeßorientierung im Rahmen von TQM sind einige Unternehmen mit starker Marktstellung dazu übergegangen, von ihren Lieferanten die schnelle Einführung qualitätsfördernder und -lenkender Maßnahmen zu verlangen. Um ein solches Projekt zum Nutzen beider Partner erfolgreich zu managen, bedarf es einer guten Vorbereitung und eines regen Informationsaustausches. In dieser Phase findet der gewinnorientierte Einkäufer ein reiches Betätigungsfeld, denn die Auswahl erstklassiger Lieferanten und der Wegfall der Eingangskontrollen baut die Wettbewerbsposition des eigenen Unternehmens beim Zeit-, Kosten- und Qualitätsmanagement aus.

13.5.2 Rechtliche Aspekte

Der Verzicht auf die Wareneingangskontrolle sollte unter rechtlichen Aspekten sehr genau geprüft werden, weil auf diesem Gebiet eine gewisse Unsicherheit herrscht. Auf der einen Seite steht das Handelsgesetzbuch von 1897 und auf der anderen Seite die Vielfalt der Meinungen und Auslegungen, dargeboten in Literatur und Rechtsprechung.

Der Abnehmer hat in der Warenannahme wenigstens die Lieferberechtigung, die mitgelieferte Menge und die Materialien auf Transportschäden zu überprüfen. Darüber hinaus muß er (als Kaufmann) sich gemäß §§ 377, 378 HGB von der Qualität der Zulieferprodukte überzeugen. Sowohl die Untersuchung als auch die eventuelle Mängelanzeige sind *unverzüglich*, d.h. ohne schuldhaftes Verzögern, durchzuführen, um die *Gewährleistungsansprüche* nicht zu verlieren. Diese bestehen (bei Kaufverträgen) aus:

- Wandlung,
- Minderung,
- Ersatzlieferung (bei Gattungskauf),
- Nachbesserung (bei Vereinbarung),
- Schadenersatz bei
  a) Fehlen einer zugesicherten Eigenschaft,
  b) arglistigem Verschweigen eines Mangels.

Unter Umständen kann noch eine Haftung wegen positiver Forderungsverletzung hinzukommen. Unterläßt der Abnehmer Untersuchung und Anzeige des Mangels beim Hersteller, so „gilt die Ware als genehmigt" (§ 377, 2 HGB). Das zieht den baldigen Verlust der Gewährleistungsansprüche nach sich, natürlich vor der Verjährungsfrist von sechs Monaten.

Diese unverzügliche Untersuchungs- und Rügepflicht ist kein zwingendes Recht, sondern eine *Obliegenheit*, d.h. eine Verpflichtung gegen sich selbst. Deshalb kann der Abnehmer in Form eines *Individualvertrages* – und nur durch einen solchen – mit seinen Lieferanten anderweitige Regelungen treffen, solange sie nicht gegen andere Vorschriften verstoßen (z.B. § 138 BGB). Die *Abbedingung* der in Frage stehenden Obliegenheit darf dagegen nicht in Form der Allgemeinen Geschäftsbedingungen (AGB) erfolgen. Diese *vorformulierten* und einheitlichen Bestimmungen für alle Geschäfte eines Unternehmens oder einer Branche können zwar Vertragsbestandteil werden, unterliegen aber den Einschränkungen des AGB-Gesetzes. So ist gemäß § 9, 2 Nr. 1 AGBG eine unangemessene Benachteiligung des Vertragspartners (hier: Lieferant) im Zweifel anzunehmen, wenn eine Bestimmung „mit wesentlichen Grundgedanken der gesetzlichen Regelung, von der abgewichen wird, nicht zu vereinbaren ist". Nach einer Entscheidung des BGH vom 19.6.1991 trifft dieser Sachverhalt auf die *uneingeschränkte* Abbedingung der §§ 377, 378 HGB zu.

Als Umkehrschluß ist deshalb festzuhalten, daß nur in individuell gestalteten Verträgen, wie:

- Qualitätssicherungs-Verträgen,
- Just-in-Time-Verträgen,
- Ship-to-Stock-Verträgen,

eine Abbedingung möglich, wenngleich das auch umstritten ist. Diese Verträge sollten folgende Regelungen enthalten (Kastreuz 1994, S. 81 f.):

- „Der Hersteller verpflichtet sich, daß die von ihm gelieferten Produkte die definierten Anforderungen erfüllen.

- Der Hersteller übernimmt Gewährleistung und Produkthaftpflicht gegenüber dem Endverbraucher, soweit er allfällige Ansprüche zu verantworten hat.

– Anforderungen im Entwurf, Herstellverfahren, Wechsel wichtiger Unterliefe- ranten sind genehmigungspflichtig.

– Der Hersteller räumt dem Abnehmer ein Besuchs-, Audit-, Inspektionsrecht ein.

– Der Hersteller gewährt dem Abnehmer Einblick in Qualitätsaufzeichnungen, in FMEA-Protokolle und andere zu definierende Unterlagen."

Daneben können Geheimhaltungspflichten für beide Partner und Rückrufbestim- mungen das Vertragswerk ergänzen. Im übrigen sind dem Gestaltungsspielraum bei *dispositivem* Recht, insbesondere vor dem Hintergrund der Produktvielfalt und Betriebsindividualitäten, kaum Grenzen gesetzt.

Neben der vertraglichen und deliktischen Haftung können seit dem 1.1.1990 auch Ansprüche gegen den Hersteller für Schäden begründet sein, die aus dem fehlerhaf- ten Produkt resultieren, wenn der Nachweis der Kausalität erbracht ist (*Produkthaf- tungsgesetz*). Sie umfassen Personenschäden bis 160 Mio. DM und Sachschäden im privaten Bereich über 1125 DM. Das fehlerhafte Produkt selbst wird von der ver- traglichen Haftung abgedeckt. Eine Zahlung von Schmerzensgeld ist im deutschen Produkthaftungsgesetz nicht vorgesehen. Ein genereller Ausschluß dieser „Gefähr- dungshaftung" ist unwirksam und die Entlastungsmöglichkeiten des Herstellers sind begrenzt, z.B. auf den Einwand des Entwicklungsfehlers, d.h. wenn der Stand von Wissenschaft und Technik zum Zeitpunkt des Inverkehrbringens des Produkts einge- halten wurde. Der Begriff des „Herstellers" ist im Produkthaftungsgesetz in dem Sin- ne weit gefaßt, daß alle in der Kette gesamtschuldnerisch haften, wozu auch Liefe- ranten, Händler und Importeure zählen können. Die Zulieferer sind von der Haftung nur befreit, wenn Fehler, die den Schaden verursacht haben, durch spezielle Anleitungen des Herstellers aufgetreten sind. Diejenigen Unternehmen, die auf Grund ihrer Produkte von dieser Haftung leicht betroffen sein können, versuchen sich durch verstärkte Qualifikationsbemühungen, aber auch durch entsprechende Rückstellungen und Versicherungen zu schützen. Dabei spielt nicht zuletzt auch das Risiko eine Rolle, auf Wareneingangsprüfungen verzichten zu wollen.

Übungsfragen und -aufgaben

1. Warum ist Qualität ein bedeutender Wettbewerbsfaktor?
2. Erläutern Sie die Beziehungen zwischen der Qualität und dem Preis eines Pro- duktes.
3. Wie kann man die Qualitätskosten einteilen?
4. Was soll mit dem Begriff TQM zum Ausdruck gebracht werden?
5. Welche Probleme tauchen bei der Festlegung des qualitativen Materialbedarfs auf? Begründen Sie außerdem die Notwendigkeit der einkäuferischen Mitwir-

402 Qualitätsmanagement der Zulieferungen

kung bei dieser Aufgabe.

6. Machen Sie den Unterschied zwischen Qualität und Zuverlässigkeit deutlich.
7. Wann sind Lieferantenbesuche sinnvoll und wie können sie unter qualitativen Gesichtspunkten organisiert werden?
8. Nennen Sie Arten und Ziele von Lieferantenaudits.
9. Welche Bedeutung hat die Zertifizierung nach DIN EN ISO 9001 bis 9003 im Rahmen der Lieferantenauswahl?
10. Nehmen Sie die Warenprüfung nach dem AQL-System kritisch unter die Lupe.
11. Sind Null-Fehler machbar und erstrebenswert? Diskutieren Sie diese Frage.
12. Auf welche Weise können Serienlieferungen bewertet werden? Zeigen Sie weiterhin Stärken und Schwächen von Qualitätsindices auf.
13.

Lieferungen mit	Prädikat	Anzahl	Faktor	Anzahl x Faktor
Keinen Fehlern	1	5	1	5
Nebenfehlern	2	3	5	15
Hauptfehlern	3	2	30	60
Kritischen Fehlern	4	0	100	0
Summe		10		80

Interpretieren Sie die nachstehende Tabelle:

$80:10=8$
Qualitätswertzahl $= 101 - 8 = 93$

In welchen Grenzen kann die Qualitätswertzahl nach diesem Schema schwanken?

14. Welche technischen Aspekte weist der Prüfverzicht im Wareneingang auf?
15. Erläutern Sie die Begriffe MFU, PFU und SPR und stellen Sie die Zusammenhänge her.
16. Erklären Sie den grundsätzlichen Aufbau einer Qualitätsregelkarte und ihre Rolle im Rahmen der Qualitätslenkung.
17. Wie ist der Verzicht auf Wareneingangskontrollen rechtlich zu beurteilen?

Vierzehntes Kapitel
Betriebliche Abfallwirtschaft

14.1 Begriffe, Aufgaben und Bedeutung der betrieblichen Abfallwirtschaft

Bei der betrieblichen Leistungserstellung fallen in fast allen Industrieunternehmen aus den verschiedensten Gründen Produkte an, die weder in der eigenen Fertigung noch in anderen Betriebsbereichen verwendet werden können. Für diese „überflüssigen" Produkte haben sich in Theorie und Praxis unterschiedliche Ausdrücke eingebürgert, wie z.B. Abfallmaterial, Rückstände, Müll, Entfallstoffe, Reststoffe, Ausschuß, Nebenprodukt, Verschnitt, Überlauf, Leergut, Altmaterial, Überschmußmaterial, Schrott etc. Diese Ausdrücke sind z.T. als Synonyme anzusehen, teilweise deuten sie auf spezielle Branchen (wie z.B. „Entfallstoffe" auf die Stahlindustrie) oder auf bestimmte Entstehungsursachen für das nicht mehr benötigte Produkt (wie z.B. Leergut) hin. Hier soll der Begriff *Abfall* als Sammelbegriff für alle Arten von Produkten dienen, welche für den eigentlichen Betriebszweck nicht mehr benötigt werden.

In Abhängigkeit von den wesentlichen Entstehungsgründen für betrieblich nicht benötigte Güter lassen sich verschiedene Kategorien von Abfall unterscheiden:

– Zunächst einmal fallen in der Fertigung Rückstände an Roh-, Hilfs- und Betriebsstoffen an, die für den ursprünglichen Verwendungszweck unbrauchbar geworden sind. Sie sollen hier als *Materialabfälle* bezeichnet werden. Derartige Materialabfälle entstehen bei fast jedem Fertigungsverfahren und auf fast allen Stufen der Produktion.

– Davon zu unterscheiden sind sodann die ungängigen und überzähligen Materialvorräte, für die der Begriff *„Lagerhüter"* verwendet werden soll. Es handelt sich hierbei um Materialbestände, bei denen in einem überdurchschnittlich langen Zeitraum keine Lagerbewegungen stattgefunden haben (verbrauchsorientierte Definition) und/oder für die voraussichtlich in absehbarer Zukunft kein Bedarf in der Unternehmung vorhanden sein wird (bedarfsorientierte Definition).

– Ferner rechnet zum betrieblichen Abfall der sogenannte *Fertigungsausschuß*. Darunter versteht man mit Fehlern der unterschiedlichsten Art und Schwere behaftete Zwischen- und Endprodukte, die aufgrund ihrer mißratenen Herstellung für den ursprünglichen Verwendunszweck unbrauchbar geworden sind. Wann und ob ein Produkt zum Ausschuß zu zählen ist, darüber entscheidet in der Regel die Produktionsabteilung.

- Auch die *nicht absetzbaren Endprodukte* sowie die *Zwischenprodukte mit feh-lender Verwendungsmöglichkeit* müssen unter bestimmten Bedingungen zum betrieblichen Abfall gerechnet werden. Eine derartige Überschußproduktion ist in vielen Fällen das Ergebnis einer zu optimistischen Absatzprognose.

- Eine Abfallkategorie besonderer Art bilden die nicht verwendbaren *Leergüter.* Verpackungsmaterialien wie z.B. Kartonagen, Holzkisten, Verschläge, Hob-bocks oder Bandeisen sammeln sich in fast allen Industrieunternehmen an.

- Des weiteren hat man sich in der betrieblichen Abfallwirtschaft mit den in einer Unternehmung nicht mehr benötigten Ausrüstungen (wie z.B. veralteten Inve-stitionsgütern oder Büroeinrichtungen) und Reserveteilen zu befassen.

- Schließlich stellen die vom Verbraucher zurückgegeben (ausgedienten) Endpro-dukte (wie z.B. Batterien, Autos oder Elektronikschrott) eine noch relativ neue Kategorie von Abfällen für die Unternehmung dar.

Die betriebliche Abfallwirtschaft umfaßt die beiden Aufgabenbereiche der *Abfall-vermeidung* und der *Abfallbehandlung,* die in der Literatur häufig auch als *Entsor-gung* bezeichnet wird (siehe Abbildung 14.1). Die Abfallvermeidung bemüht sich um die Analyse der Ursachen des Anfalls von Abfall und setzt sich mit dem Pro-blem auseinander, mit welchen Maßnahmen das Entstehen von Abfall verhindert bzw. der Abfallanfall möglichst niedrig gehalten werden kann. Im Rahmen der Ab-fallbehandlung kümmert man sich um den entstandenen Abfall. Soweit es in einer Unternehmung gelingt, die Entstehung von Abfall zu verhindern, erübrigen sich Aktivitäten auf dem Gebiete der Abfallbehandlung. Insofern hängt der Umfang

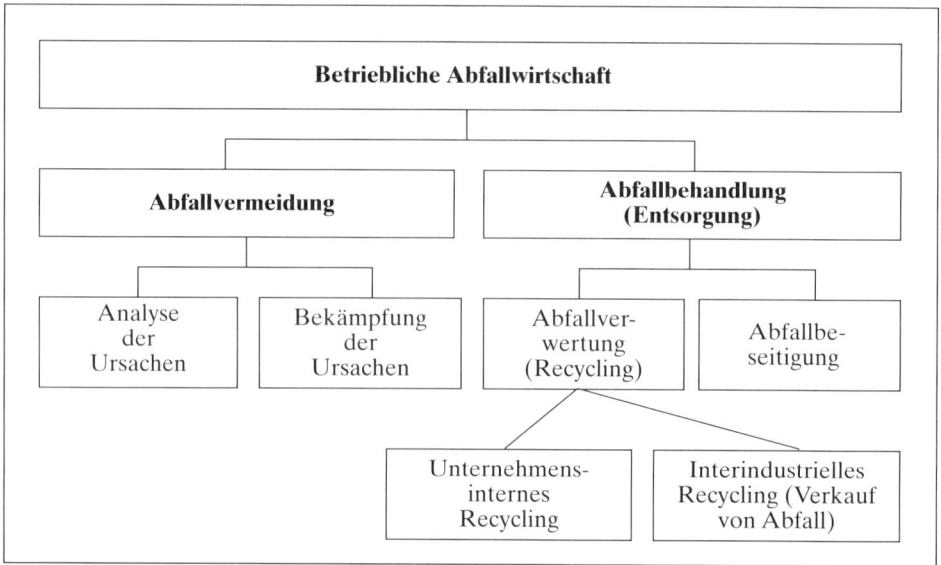

Abbildung 14.1: Überblick über die Aufgaben der betrieblichen Abfallwirtschaft

der Maßnahmen im Bereich der Abfallbehandlung von den Erfolgen auf dem Gebiete der Abfallvermeidung ab.

Die Abfallbehandlung kann im allgemeinen als der Kern der betrieblichen Abfallwirtschaft angesehen werden. Sie besteht entweder aus einer *Abfallverwertung,* die auch als *Recycling* bezeichnet wird, und aus einer *Abfallbeseitigung.* Unter Abfallverwertung versteht man dabei die Nutzbarmachung der Abfälle in der eigenen Unternehmung (unternehmensinternes Recycling) oder den Verkauf der Abfälle an andere Unternehmen (interindustrielles Recycling). Von Abfallbeseitigung spricht man, wenn die Abfälle an die Umwelt, wie Deponien, Gewässer, Luft etc., abgegeben werden; dabei haben heute die Unternehmen in zunehmendem Maße ökologische Aspekte zu berücksichtigen. Beiden Möglichkeiten der Abfallbehandlung sind in der Regel bestimmte vorbereitende Maßnahmen vorgeschaltet. Zu diesen vorbereitenden Aktivitäten der Abfallbehandlung können z.B. das Aufspüren, das Erfassen, das Sammeln und Transportieren oder das Lagern der Abfälle gerechnet werden. In bestimmten Fällen ist es ferner erforderlich, den Abfall wieder aufzubereiten, bevor er verwertet oder beseitigt werden kann.

Die Bedeutung der betrieblichen Abfallwirtschaft für das industrielle Unternehmen ergibt sich daraus, daß durch sie die Rentabilität einer Unternehmung in starkem Maße beeinflußt werden kann. Während sich durch eine sinnvolle Verwertung der Abfälle, die in vielen Betrieben beträchtliche Werte repräsentieren, vor allem die Erlöse verbessern lassen, können eine funktionierende und durchdachte Abfallvermeidung und -beseitigung positive Auswirkungen auf die Kostenseite einer Unternehmung haben. Deshalb kommt einer auf Wirtschaftlichkeitsüberlegungen basierenden Abfallwirtschaft, die jedoch gleichzeitig ökologische Aspekte nicht außer acht lassen darf, sowie einer betriebswirtschaftlich sinnvollen Einordnung dieser Aufgabe in die Organisationsstruktur einer Unternehmung große Bedeutung zu.

Daß man zukünftig in den Industrieunternehmen der betrieblichen Abfallwirtschaft eine noch stärkere Beachtung schenken wird und muß, dafür gibt es eine Reihe von Gründen. Zu diesen Gründen zählen u.a.:

– die zunehmende Verknappung natürlicher Ressourcen und die damit verbundenen Preissteigerungstendenzen bei Rohstoffen,

– die wachsende Belastung der Umwelt mit industriellen Schadstoffen,

– das erhöhte Umweltbewußtsein der Öffentlichkeit,

– die verschärfte Gesetzgebung auf dem Gebiete des Umweltschutzes und

– die durch den technischen Fortschritt erreichten, verbesserten und erweiterten Lösungsmöglichkeiten auf dem Gebiete des Recycling.

14.2   Abfallvermeidung

Der Anfall von Abfällen in Industrieunternehmen ist meistens eine unbeabsichtigte Folge der Herstellung bestimmter Erzeugnisse und wird im Interesse der Sach- und Formalziele eines Unternehmens in Kauf genommen; er ist nicht das eigentliche Ziel der Fabrikation. In bestimmten Fällen wird die Entstehung von Abfall aus technischen Gründen unvermeidbar sein und/oder aus wirtschaftlichen Erwägungen hingenommen. In anderen Fällen wird man in den Industrieunternehmen Überlegungen anzustellen haben, wie man unter Berücksichtigung ökonomischer Aspekte den Abfallanfall in Grenzen halten kann und – wenn möglich – reduzieren kann. Es wird zwar in der Regel nicht gelingen, den aus den vielfältigsten Gründen entstehenden Abfall völlig zu vermeiden. Aber man wird in einer Unternehmung den Abfall unter laufender Kontrolle halten müssen und genauer zu analysieren haben:

– Wie hoch ist der Abfallquotient (= Abfallmenge x 100 : eingesetzte Materialmenge), und/oder wie hoch ist die technische Ergiebigkeit bzw. Materialausbeute (= Ausbringungsmenge x 100 : eingesetzte Materialmenge)?

– Wie haben sich diese beiden Kennzahlen im Laufe der Zeit verändert, und wo liegen sie, gemessen an den Ergebnissen zwischenbetrieblicher Vergleiche?

– Welche konkreten Ursachen sind in einer Unternehmung für die Entstehung von Abfall verantwortlich, und mit welcher Häufigkeit treten diese Entstehungsursachen in Erscheinung?

– Welche wertmäßigen Auswirkungen auf den Unternehmenserfolg sind diesen Entstehungsursachen zuzuordnen?

Erst aus dieser Abfallüberwachung und Erforschung der Abfallursachen können sich in vielen Fällen Ansatzpunkte für die Einleitung konkreter Korrekturmaßnahmen ergeben, die dann häufig eine Reduzierung der Abfallmengen zur Folge haben und damit dazu beitragen, daß negative Auswirkungen des Abfalls auf das Unternehmensergebnis in Grenzen gehalten werden. Abfallbekämpfung bedeutet vor allem die Ausschaltung von Abfallursachen oder die Einschränkung ihrer negativen Auswirkungen. Bei diesen Überlegungen zur Abfallvermeidung wird man zweckmäßigerweise stärker nach einzelnen Abfallkategorien zu unterscheiden haben.

Als Hauptursache für die Entstehung von *Materialabfällen* müssen die Art des Fertigungsprozesses sowie Qualität und Eigenschaften der Einsatzstoffe angesehen werden. Arbeitsgänge wie Stanzen, Sägen, Fräsen oder Hobeln führen zwangsläufig zu bestimmten Reststoffen, wie z.B. Sägemehl, Metallspänen, Abfallholz oder -blech, Stanzabfall oder Stangenabfällen. Auch die in einer Gießerei anfallenden Trichter und Angüsse oder die Stoffreste in einem Konfektionsbetrieb sind Beispiele für derartige Abfälle. Dabei weisen derartige Reststoffe in ihrer Substanz keine wesentlichen Unterschiede zum Ausgangsstoff auf. In anderen Fertigungsprozessen fallen als Kuppelprodukte (Nebenprodukte) Rückstände, wie z.B. Schlacken, Aschen, Abgase, Teer, Ammoniak oder Salzsäure, an, deren Substanz sich erheblich vom eingesetzten Material unterscheidet. Das Verhältnis zwischen dem eingesetzten Material und dem anfallenden Nebenprodukt ist in derartigen Fertigungsprozessen relativ konstant und kann in der Regel kaum beeinflußt werden.

Will man die Entstehung von Materialabfällen verhindern bzw. die Abfallmengen reduzieren, wird man in einigen Fällen eine konsequente Änderung des Fertigungsprozesses vornehmen müssen. In anderen Fällen besteht die Möglichkeit, einen Teil des Abfalls durch eine andere Dimensionierung, durch eine bessere Ausnutzung der Fertigungsstoffe oder durch eine konstruktive Änderung der eingesetzten Werkstoffe und/oder des Fertigerzeugnisses zu verhindern. Manchmal kann in einer Unternehmung der Anfall von Materialabfall auch dadurch in Grenzen gehalten werden, daß ein anderer als der bisher übliche Werkstoff (z.B. Kunststoff statt Blech bei der Herstellung von Gehäusen) verwendet wird. Nicht völlig vermeiden läßt sich, daß aufgrund eines Irrtums der Material anfordernden oder ausgebenden Stelle oder wegen eines eiligen Kundenauftrages mehr Abfall entsteht, als unbedingt erforderlich ist. Auch bei der Herstellung einer kleinen Serie kann es vorkommen, daß der aus Abfallgesichtspunkten ungünstigere Fertigungsstoff eingesetzt wird, weil eine Umrüstung der Maschinen nicht lohnend erscheint.

Völlig andere Aspekte sind zu berücksichtigen, wenn man vermeiden möchte, daß ungängige und überzählige Materialien im Lager mitgeschleppt werden und kostspieligen Lagerplatz belegen. Die Ursachen, die zur Entstehung dieser *Lagerhüter* führen können, sind mannigfacher Art. Nur die wichtigsten Gründe sollen hier erwähnt werden:

– mangelhafte Planung und falsche Disposition in quantitativer und qualitativer Hinsicht,

– Änderungen des Produktionsprogramms,

– eine zu lange Lagerdauer, die z.B. Veralterung, Verderben, Verkrümeln oder Korrosion zur Folge hat,

– unsachgemäße Lagerung oder Beförderung, Bruch,

– Konstruktions- und Stücklistenänderungen, die z.B. durch den technischen Fortschritt bedingt oder aufgrund von Neuentwicklungen erforderlich sind,

– Stillegung von Anlagen, die dazu führt, daß in Zukunft bestimmte Reserveteile nicht mehr benötigt werden.

Überlegt man in einer Unternehmung, mit welchen Mitteln die Entstehung von kostenverursachenden Lagerhütern vermieden werden kann, so wird man u.a. auf die folgenden Möglichkeiten der Abfallreduzierung in diesem Bereich stoßen:

– Einsatz der programmgesteuerten Disposition,

– engere Zusammenarbeit zwischen Absatz, Produktion, Entwicklung und Einkauf,

– stärkere Verwendung von Normteilen,

– lagerlosen Einkauf,

– die Vornahme von Konstruktionsänderungen zu dem Zeitpunkt, an dem das bisher eingesetzte Material aufgebraucht ist,

– Verbesserung der Lagerungsmöglichkeiten und des Schutzes der Lagergüter.

Ursache für die Entstehung von *Fertigungsausschuß* ist häufig der Einsatz defekter, mangelhaft gepflegter oder veralteter Produktionsanlagen. Ferner können in der eigenen Fertigung mißratene Halb- und Fertigerzeugnisse dann vorkommen, wenn ungeeignetes oder falsches Material im Produktionsprozeß verwendet wird. Auch beim Einfahren oder nach Umstellung einer Fertigungseinrichtung kann Ausschuß entstehen. Vor allem bei der Herstellung komplizierter Halb- oder Fertigerzeugnisse muß damit gerechnet werden, daß beim Anlaufen der Serie die ersten Stücke mit Fehlern behaftet sind. Ebenso können die Unzulänglichkeit der eingesetzten menschlichen Arbeitskraft in Fertigung und Konstruktion sowie die unsachgemäße Lagerung von Halb- und Fertigprodukten eine entscheidende Rolle bei der Entstehung von Fertigungsausschuß spielen.

In jedem Unternehmen wird man sich darum bemühen müssen, die Entstehung von Fertigungsausschuß auf das unvermeidbare Mindestmaß zu beschränken. Es ist von Fall zu Fall zu prüfen, ob etwa durch das Erweitern zu enger Toleranzen oder durch die Einführung von engeren Toleranzen die Entstehung von Ausschuß bekämpft werden kann, oder ob die Umgestaltung von Fertigprodukten bzw. das Abändern oder Ersetzen von Produktionsanlagen oder Materialien zur Reduzierung von Fertigungsausschuß beitragen können. In manchen Fällen stellen die Verbesserung der Qualitätsprüfung und -sicherung bei Zulieferungen oder die Schulung und Motivation der Mitarbeiter, die Einführung von Qualitätszirkeln oder von Abfallersparnis-Prämien wichtige Maßnahmen dar, um das Entstehen von Fertigungsausschuß zu verhindern. In anderen Fällen kann es sehr hilfreich sein, wenn die Mitarbeiter in der Produktion bereits vorbeugend auf ausschußanfällige Stellen in der Fertigung hingewiesen werden. In bestimmten Branchen dienen regelmäßig stattfindende Ausschußbesprechungen dem Ziel, die Ausschußquote zu senken bzw. niedrig zu halten.

Unerläßliche Voraussetzung für eine erfolgreiche Bekämpfung von Fertigungsausschuß sind der Einsatz geeigneter Meß- und Kontrolleinrichtungen während der Produktion und eine permanente und zeitnahe Überwachung der Entstehung von Fertigungsausschuß. Denn je weiter der Produktionsprozeß beim Entdecken der (des) Fehler(s) bereits fortgeschritten ist, desto größer dürfte in der Regel die Vergeudung von Materialien, Arbeitskräften und Anlagennutzung sein, die mit der Entstehung von Fertigungsausschuß verbunden ist.

14.3 Abfallbehandlung

14.3.1 Vorbereitende Maßnahmen zur Abfallbehandlung

Soweit in einer Unternehmung Abfälle entstehen, ist darauf zu achten, daß sie vollständig erfaßt und gesammelt werden. Es ist ferner zu klären, wo sie gelagert werden sollen und wie der innerbetriebliche Transport stattfinden soll. Außerdem ist in vielen Fällen eine gewisse Aufbereitung erforderlich, da die Abfälle selten in einem derartigen Zustand anfallen, daß sie unmittelbar verwertet oder beseitigt werden können.

Eine vollständige *Abfallerfassung* bzw. *-sammlung* läßt sich in einer Unternehmung durch den Einsatz sinnvoller technischer Einrichtungen und durch zweckentsprechende organisatorische Regelungen erreichen. Als Beispiel für derartige technische Einrichtungen seien hier erwähnt: Sammelbehälter oder Transportwagen (z.B. für Materialabfälle), Absaugeinrichtungen für Rückstände mit kleiner Dimensionierung (beispielsweise für Papierschnitzel, Abgase, Staub, Sägespäne) oder der Abwurfschacht mit darunter liegendem Bunker (z.B. für Metallteile). Bei dieser Sammlung sollte man in einer Unternehmung durch zweckmäßige organisatorische Maßnahmen darauf hinwirken, daß die einzelnen Abfallarten möglichst getrennt und sortenrein bleiben und nicht mit anderen Rückständen vermischt werden. Denn je größer der Reinheitsgrad der Abfälle ist, desto günstiger wird im allgemeinen die spätere Verwertbarkeit sein. Damit beim Sammeln von Abfall Verwechslungen auf diesem Gebiet weitgehend vermieden werden, empfiehlt sich in vielen Fällen die farbliche oder numerische Kennzeichnung der bereitgestellten Behälter.

Zwecks Erfassung ungängiger und überzähliger Lagerbestände dürfte es sinnvoll sein, wenn das Unternehmen über ein maschinelles Kontrollinstrument verfügt, welches das Bestandsmanagement auf Lagerhüter hinweist. Diese Erfassung der Lagerhüter kann dadurch erfolgen, daß man den mengenmäßigen Bestand jeder einzelnen Lagerposition, der sich aus der Inventur ergibt, entweder dem Verbrauch in der Vergangenheit oder dem Bedarf in der Zukunft gegenüberstellt und aus diesem Vergleich ableitet, welche Artikel als Lagerhüter zu bezeichnen sind. Dabei wird es für die Definition der Bestände mit eingeschränkter oder fehlender Verwendungsmöglichkeit keine allgemeingültigen Festlegungen geben können. Insbesondere die Frage, ob man sich bei der Definition der Lagerhüter an der Vergangenheit oder der Zukunft orientiert und welcher Zeitraum als Maßstab für die

Bestimmung der Lagerhüter dient, muß betriebsindividuell und manchmal sogar produktspezifisch beantwortet werden. Sofern mit Hilfe derartiger Regeln Lagerhüter in den Vorräten festgestellt werden, wird es erforderlich sein, das Lager gelegentlich von den überzähligen Beständen zu befreien.

Gewisse Schwierigkeiten bereitet in der Praxis vielfach auch die Erfassung derjenigen Gegenstände und Materialien, die nutzlos an bestimmten Stellen in der Produktion oder in anderen betrieblichen Bereichen lagern. Um sie zu erfassen, empfiehlt es sich, von Zeit zu Zeit sog. Säuberungs- oder Rückführungsaktionen durchzuführen; sie sollen bezwecken, daß diese Gegenstände oder Materialien dem Lager wieder zur Verfügung gestellt werden und daß geprüft werden kann, ob für sie in der Unternehmung ein Bedarf existiert.

Um eine möglichst gute Verwertbarkeit der Abfälle zu gewährleisten bzw. um die Abfallbeseitigung vornehmen zu können oder zu erleichtern, ist es manchmal erforderlich, daß Abfälle einer *Aufbereitung* unterzogen werden. Darunter kann verstanden werden:

– Das Reinigen von verschmutzten Abfällen: Hier wäre etwa das Reinigen von gebrauchtem Maschinenöl zu nennen. Andere Rückstände werden durch Abbrennen, Abwaschen oder durch Klären gesäubert.

– Das Sortieren von gemischten Abfällen: Diese Maßnahme der Aufbereitung kann u.U. recht kostspielig sein.

– Das Umarbeiten von Abfall: Manchmal lassen sich nicht-genormte Artikel in marktgängige Normteile verwandeln.

– Die Abfallverdichtung: Lose und sperrige Abfallstoffe, wie z.B. Papier, Kartonagen oder Kunststoff-Folien, müssen verdichtet werden, damit sie rationeller transportiert werden können. Oft ist das Einpressen der Rückstände in eine Ballenform die Voraussetzung für eine wirtschaftliche Beseitigung bzw. Verwertung.

– Das Demontieren oder Ausschlachten von Produkten: Dies kann beispielsweise bei alten Ausrüstungen oder beim Fertigungsausschuß in Frage kommen.

– Das Zerstören oder Vernichten von Produkten: Manchmal müssen aus Image-Gründen nicht-absetzbare Endprodukte oder der Fertigungsausschuß derart verändert werden, daß diese Artikel und ihre Herkunft nicht mehr erkennbar sind, wenn sie auf der Abfallhalde landen. Auch an die Aktenvernichtung sei in diesem Zusammenhang erinnert.

Wie die aufgeführten Beispiele für unterschiedliche Methoden der Vorbehandlung verdeutlichen, richtet sich die Art der Aufbereitung u.a. nach der Kategorie und dem Zustand des Abfalls sowie nach der geplanten weiteren Abfallbehandlung. Falls bestimmte Rückstände weder unternehmensintern noch durch Verkauf zu verwerten sind, gilt es zu überlegen, ob gegebenenfalls durch und nach Aufbereitung des Abfalls eine gewinnbringende Verwertung zu erreichen ist.

14.3.2 Abfallverwertung

14.3.2.1 Vorbemerkung

Die Verwertung der angefallenen Abfälle gehört mit zu den wichtigsten Teilaufgaben der betrieblichen Abfallwirtschaft. Es geht hier zunächst einmal um die Klärung der Frage, welche verschiedenen Verwertungsmöglichkeiten es überhaupt für einen bestimmten Abfall gibt. Vielfach müssen erst Ideen entwickelt und Kontakte geknüpft werden, um unterschiedliche Verwertungsmöglichkeiten zu finden. Sodann ist in jedem Fall vor der Entscheidung über die Abfallnutzung zu prüfen, welche der in Betracht kommenden Alternativen auf dem Gebiete der Verwertung dem Unternehmen den größten Nutzen bringt bzw. – falls eine aus ökonomischen Erwägungen wünschbare Abfallbeseitigung nicht möglich ist – den geringsten Schaden zufügt.

Ob und in welchem Ausmaß sich eine Verwertung von betrieblichen Abfällen als wirtschaftlich sinnvoll erweist, das hängt von einer Reihe von Faktoren ab. Die wichtigsten sind:

– Die Menge des Abfalls,
– die Preise der originären Rohstoffe,
– die Kosten des Recycling,
– die Erträge des Recycling,
– die Kosten der Abfallbeseitigung.

Vor allem in Unternehmen mit hoher Abfallquote wird man sich intensiv um das Auffinden neuer Verwendbarkeiten und um das Ermöglichen wirtschaftlicher Lösungen sowohl im innerbetrieblichen Recycling als auch beim Verkauf von Abfall bemühen müssen. Diese beiden grundsätzlich verschiedenen Verwertungsmöglichkeiten sollen im folgenden ausführlicher behandelt werden.

14.3.2.2 Unternehmensinternes Recycling

Üblicherweise werden heute drei Formen des Recycling unterschieden:

– Die Wiederverwendung,
– die Wiederverwertung,
– die Weiterverwertung oder -verwendung.

Von *Wiederverwendung* spricht man, wenn das eingesetzte Produkt für den gleichen oder einen ähnlichen Verwendungszweck wiederholt genutzt wird. Es kann sich hier beispielsweise um den mehrmaligen Einsatz von bestimmten Behältern (z.B. Flaschen, Fässern) oder um den Rücklauf von bestimmten Betriebsstoffen (z.B. Prozeßwasser, gereinigtes Altöl) handeln.

Bei der *Wiederverwertung* wird der Abfall – in der Regel nach einer gewissen Vorbehandlung und Aufbereitung – als Erzeugnisstoff in den gleichen Fertigungsprozeß, aus dem er stammt, wieder eingesetzt. Als Beispiele hierfür sind die Verwertung von Kunststoffabfällen in der Kunststoffverarbeitung, der Einsatz von Eigenschrott in der Stahlindustrie, das Einschmelzen von Metallabfällen in Gießereien, von Goldabfällen in der Schmuckindustrie oder von Wachsabfällen bei der Kerzenherstellung zu nennen.

Von der Wiederverwertung unterscheidet sich die *Weiterverwertung oder -verwendung* dadurch, daß bei dieser Form des Recycling die Abfälle in anderen Fertigungsprozessen und/oder für die Herstellung anderer Produkte als der ursprünglichen Prozesse bzw. Produkte eingesetzt werden. So können mit brennbaren Abfällen Öfen betrieben und aus Fischabfällen kann Fischmehl gewonnen werden.

Bei den Bemühungen um ein unternehmensinternes Recycling von Abfall wird man den Besonderheiten der verschiedenen Abfallkategorien Rechnung zu tragen haben. Wie die aufgeführten Beispiele für unterschiedliche Formen des Recycling verdeutlichen, liegt der Schwerpunkt des unternehmensinternen Recycling bei den *Materialabfällen.* Dabei fällt in diesem Bereich zusätzlich auf, daß Wiederverwertung eigentlich nur bei denjenigen Reststoffen möglich ist, welche die gleiche Substanz wie das Ursprungsmaterial aufweisen (z.B. Wachsabfälle), während für Kuppelprodukte lediglich die Weiterverwertung in Frage kommt.

Letzteres gilt in der Regel auch für *Lagerhüter*, es sei denn, es handelt sich bei den Lagerhütern um beschädigte Teile oder Baugruppen, die nach Ausbesserung einer unternehmensinternen Wiederverwertung zugeführt werden können. Sonst wird man in Zusammenarbeit mit Entwicklung/Konstruktion zu klären haben, ob Lagerhüter – evtl. in weiterverarbeiteter oder veränderter Form – einem anderen betrieblichen Verwendungszweck zugeführt bzw. in einem anderen Produkt eingesetzt werden können. Sofern (unbeschädigte) Teile oder Baugruppen, die in der Vergangenheit zur Herstellung bestimmter technischer Aggregate (z.B. Maschinen) benötigt wurden, zu Lagerhütern geworden sind, besteht in bestimmten Fällen die Möglichkeit, diese überzähligen Fertigungsstoffe in Zukunft für den Ersatzteilbedarf der Kunden zu verwenden.

Auch beim *Fertigungsausschuß* kommen in der Praxis unterschiedliche Verfahren eines unternehmensinternen Recycling vor. Nach Möglichkeit wird man in einer Unternehmung den Fertigungsausschuß einer (zusätzlichen) Nachbearbeitung unterziehen und ihn dann als vollwertiges End- bzw. Zwischenprodukt herausbringen. Es ist u.a. von der Schwere und der Besonderheit des aufgetretenen Fehlers, vom Wert des fehlerhaften Produktes und von der Anzahl gleichartiger Ausschußstücke, von den Kosten der erforderlichen Nachbesserung sowie von den sonstigen Nutzungsmöglichkeiten abhängig, ob sich die Nachbearbeitung lohnt. Sofern diese oder andere Faktoren eine Nachbearbeitung ausschließen, wird man prüfen müssen, ob eine Weiterverwertung in Frage kommt. So wird man z.B. in bestimmten Fällen zu stark abgedrehte oder abgefräste Teile noch für die Herstellung anderer Produkte verwenden können, die derartige Maßabweichungen verkraften können. Handelt es sich beim Fertigungsausschuß um Enderzeugnisse, die mit kleineren Fehlern behaftet sind, so kann man versuchen, diese fehlerhaften Produkte als sog. II. Wahl zu einem ermäßigten Preis auf den Markt zu bringen. Dieses Verfahren ist z.B. bei Porzellan, Geweben oder Kleidungsstücken in der Praxis üblich. Wenn auch diese Möglichkeit nicht gegeben ist, wird man schließlich in bestimmten Fällen überlegen, ob es sich lohnt, daß man den Fertigungsausschuß in seine Bestandteile zerlegt, die dann einer früheren Produktionsstufe im Sinne einer Wiederverwertung zugeführt werden.

Ein unternehmensinternes Recycling bei *nicht mehr benötigten Ausrüstungen* kommt hauptsächlich in zwei Formen vor. Zunächst einmal kann man unter Maschinenrecycling verstehen, daß sich eine an der bisherigen Stelle nicht mehr verwendbare Maschine – in veränderter oder unveränderter Form – in einem anderen Teilbereich des Unternehmens einsetzen läßt. Um Möglichkeiten einer unternehmensinternen Wiederverwendung von Maschinen und Ausrüstungen, die am bisherigen Standort nicht mehr benötigt werden, zu erkunden, werden in Großunternehmen derartige „überflüssige" Ausrüstungen periodisch in Listen erfaßt, welche dann den evtl. interessierten Unternehmensbereichen zur Information zugeleitet werden. Als ein völlig anderes Verfahren des unternehmensinternen Maschinenrecycling muß die Grunderneuerung von veralteten Maschinen und Anlagen angesehen werden. Sie ist vor allem bei teueren und komplizierten Großmaschinen und ganzen Fertigungsstraßen in vielen Fällen eine kostengünstige Alternative zur Neuinvestition. Durch An- und Einbau zusätzlicher Einrichtungen, wie z.B. Hydraulik, Pneumatik oder elektronischer Steuerung, oder durch den Umbau bestimmter Baugruppen kann heute zum Teil erreicht werden, daß ältere Anlagen dem neuesten Stand der Technik angepaßt werden und auf diese Weise eine Leistung erbringen, die mit den neuen Modellen durchaus konkurrieren kann. Eine durchdachte Grunderneuerung gebrauchter Maschinen und Anlagen stellt deshalb für viele Unternehmen eine Möglichkeit dar, mit der gefährlichen Überalterung der Fertigungsanlagen fertig zu werden. Selbstverständlich sollte die Frage nach einer möglichen Grunderneuerung nicht erst bei der eingetretenen Veralterung bereits vorhandener Anlagen gestellt werden, sondern es ist sinnvoll, daß schon beim Neubau und beim Kauf von Anlagen darauf geachtet wird, daß Investitionsgüter recyclingorientiert gestaltet sind und eine spätere Grunderneuerung zulassen und erleichtern.

Ähnlich wie bei nicht mehr benötigten Anlagen sind in der Regel auch bei *nicht absetzbaren Endprodukten* sowie bei *Leergütern* die Möglichkeiten des betriebsinternen Recycling relativ begrenzt. Nur in Ausnahmefällen lassen sich in Abstimmung mit den Lieferanten die Verpackungsmaterialien, die bei der Anlieferung eingekaufter Produkte anfallen, so gestalten, daß sie auch für die Verpackung der eigenen Enderzeugnisse in Frage kommen. Diese Art der Wiederverwendung ist z.B. bei Paletten und bei bestimmten Kunststoff-Folien in der Praxis üblich. Soweit es sich bei Leergütern um brennbare Produkte handelt, können sie in denjenigen Unternehmen, die über Verbrennungsanlagen verfügen, in Energie verwandelt werden.

Die hier aufgezeigten Möglichkeiten der Verwertung von Abfall sind einerseits von bestimmten innerbetrieblichen Gegebenheiten (wie z.B. vorhandenen technischen Ausrüstungen) abhängig. Andererseits setzt unternehmensinternes Recycling voraus, daß beim Verkauf der Abfälle keine größeren Deckungsbeiträge für die Unternehmung erwirtschaftet werden können als beim unternehmensinternen Recycling. Ist diese Voraussetzung nicht gegeben, kommt in der Regel nur der Verkauf von Abfall in Frage.

14.3.2.3   Verkauf von Abfall

Der Verkauf von Abfall hat so zu erfolgen, daß dabei ein möglichst großer Erlös erzielt wird. Bei Unternehmen, in denen in erheblichem Umfang und laufend Abfälle anfallen und verkauft werden, können diese Erlöse einen wichtigen Posten in der GuV-Rechnung darstellen. Damit ein optimales Ergebnis beim Verkauf von Abfall erzielt wird, sind in einer Unternehmung die Suche nach potentiellen Abnehmern und die Auswahl des günstigsten Abnehmers für einen bestimmten Abfallstoff mit großer Sorgfalt durchzuführen. Als mögliche Abnehmer von Abfall kommen hauptsächlich die Lieferanten, die Abfallhändler sowie die direkten industriellen Verwender von Abfallstoffen in Betracht.

Der Lieferant ist in der Regel dann als der günstigste Abnehmer anzusehen, wenn es sich beim Abfall um Lagerhüter handelt. Da der Lieferant in diesem Fall normalerweise die bei dem Kunden angefallenen überflüssigen Produkte wieder seinem eigenen Verkaufslager zuführen kann, ist er häufig bereit, 90-95 % des ursprünglich gezahlten Einkaufspreises dafür zu vergüten. Die Rückgabe von Lagerhütern an den Lieferanten beruht in der Praxis entweder auf dem Entgegenkommen und der Kulanz der Anbieter, oder sie ist dadurch abgesichert, daß bereits im ursprünglichen Kaufvertrag die Rückgabemöglichkeit mit dem Lieferanten vereinbart worden ist.

Auch für das Leergut ist manchmal der Lieferant der geeignete Abnehmer. Allerdings darf in diesem Zusammenhang der mit der Rücksendung des Leergutes verbundene Kommunikations-, Überwachungs- und Transportaufwand nicht übersehen werden. Beim Abnehmer müssen sich ja in der Regel verschiedene Abteilungen (Wareneingang, Einkauf, Rechnungsprüfung, Versandabteilung) mit der Abwicklung von Leergut-Rücksendungen befassen, und angesichts der durch die Rücksendung verursachten Kosten stellt sich in der Praxis ständig die Frage, ob sich eine Leergut-Rückgabe an den Lieferanten überhaupt lohnt. In die hier anzustellenden Wirtschaftlichkeitsüberlegungen sind neben diesen Abwicklungskosten (einschließlich Frachtkosten) selbstverständlich auch der von dem Lieferanten für die zurückgesendeten Emballagen zu vergütende Betrag sowie die sonstigen Verwendungsmöglichkeiten für Leergut einzubeziehen. Mehr und mehr neigt man heute in Industrie und Handel dazu, Leergut-Rückgabe nur noch dann vorzusehen, wenn der Wert des Leergutes relativ hoch und wenn die Rücklieferungskosten niedrig gehalten werden können. Das Letztere gelingt etwa dann, wenn sofort nach Anlieferung der Ware die Entleerung vorgenommen werden kann, so daß der Lieferer die Verpackung wieder aufladen kann oder wenn die Rücklieferung günstig durch eigene Fahrzeuge erfolgen kann, weil Fahrten in die Nähe des Lieferantenwerkes durchgeführt werden müssen.

Es wird sich ferner bei bestimmten Materialabfällen als sinnvoll erweisen, sie dem Lieferanten anzubieten und zu verkaufen. Das gilt insbesondere für diejenigen Reststoffe, welche in ihrer Substanz keine wesentlichen Unterschiede zum eingekauften Produkt aufweisen. Da in derartigen Fällen der Lieferant in der Regel die Möglichkeit der Wiederverwertung, der Umformung oder Regenerierung hat, kann man bei ihm häufig günstigere Preise für Materialabfälle erzielen als beim Aufkaufhandel für Abfall. Vor allem Abfälle aus wertvollen metallischen Rohstoffen, wie z.B. Silber, Kupfer oder dessen Legierungen, werden in der Praxis relativ oft an den Lieferanten zurückgegeben, so daß dieser den kostbaren Rohstoff wieder im Produktionsprozeß einsetzen und seine ursprüngliche Form wiederherstellen kann. Sofern ein Abnehmer aufgrund einer derartigen Beistellung neue Produkte vom Lieferanten bezieht, erfolgen die erforderlichen Verrechnungen zwischen den beiden Geschäftspartnern im allgemeinen über eine Wiederaufbereitungsgebühr (z.B. für das Einschmelzen von Goldabfall), die der Abnehmer dem Lieferanten zu zahlen hat. Diese Form der Beistellung ist in Zeiten von Versorgungsengpässen und -störungen manchmal die einzige Möglichkeit für den Abnehmer, die Versorgung mit knappen Rohstoffen sicherzustellen und gleichzeitig relativ günstig einzukaufen.

Einen großen Teil ihrer Abfälle verkaufen die Industrieunternehmen an Altmaterialhändler. Das gilt für viele Materialabfälle, für Altpapier und auch für nicht mehr benötigte Ausrüstungen. Solche Verkäufe werden in der Regel durchgeführt, indem aus mehreren interessierten Händlern derjenige als Abnehmer ausgewählt wird, der den günstigsten Preis bietet. Da zwischen den Altmaterialhändlern gewöhnlich ein reger Wettbewerb herrscht, bewegen sich die angebotenen Preise im allgemei-

nen in engen Grenzen. Ortsansässige Händler haben vielfach gegenüber weiter
entfernten Händlern einen Standortvorteil, der sich in niedrigeren Transportkosten, einer größeren Flexibilität in den Abnahmezeitpunkten sowie in der besseren
Möglichkeit eines persönlichen Kontaktes ausdrückt.

Relativ hohe Preise lassen sich für Abfall dann erzielen, wenn es gelingt, Abnehmer
ausfindig zu machen, welche den angefallenen Abfall in ihrem Produktionsprozeß
einsetzen können. Deshalb sollte man dieser Möglichkeit des Verkaufs von Abfall
nachgehen, bevor man sich entschließt, Altmaterialhändler einzuschalten. Allerdings ist die Suche nach direkten industriellen Verwendern von Abfallstoffen und
ihre Aufnahme in eine entsprechende Abnehmerliste im allgemeinen nur dann
sinnvoll, wenn es sich bei dem betreffenden Abfall um größere Mengen handelt. Es
ist deshalb nicht verwunderlich, daß insbesondere Großunternehmen (z.B. aus der
Automobilbranche oder der Mineralölindustrie) große Teile ihres Abfalls unmittelbar an derartige direkte Verwender abgeben.

Eine gute Möglichkeit, geeignete Abnehmer von Abfallstoffen ausfindig zu machen und gleichzeitig die auf dem Abfallmarkt herrschenden Preise in Erfahrung
zu bringen, bieten die sog. „Abfallbörsen". Sie sind im Gefolge der Erdölkrise 1974
von den westdeutschen Industrie- und Handelskammern eingerichtet worden und
vermitteln kostenlos auf schriftlichem Wege Angebot und Nachfrage von verwertbaren Abfallstoffen. Der Besitzer von Abfall kann dieser Institution seine Rückstände melden und teilt ihr dazu die wichtigsten Daten mit (wie z.B. die Zusammensetzung und Verunreinigung des Abfalls, die anfallende Menge, die Art der
Verpackung und den Ort, an dem die Rückstände anfallen). Die Abfallbörse veröffentlicht diese Angaben in speziellen Mitteilungsblättern und Nachrichtendiensten
und leitet die eingehenden Zuschriften an die Anbieter weiter. In allen Fällen tritt
die Abfallbörse nur als Vermittler auf; die Vereinbarung des Preises und der sonstigen Vertragsbestandteile bleibt den interessierten Parteien überlassen.

Es wird u.a. von der Art des Abfalls, von der Menge der anfallenden Rückstände
sowie von der Situation auf dem Markt für Abfallstoffe abhängig sein, wie man
sinnvoller Weise die Verträge mit den Abnehmern gestaltet. Bei regelmäßig anfallenden Abfällen haben viele Firmen mit ihren Abnehmern längerfristige Verträge
abgeschlossen. Sofern darin feste Preise vereinbart werden, laufen derartige Verträge gewöhnlich über den Zeitraum eines Jahres. Bei Abfällen aus Börsenprodukten oder dann, wenn Marktpreise für bestimmte Abfallstoffe (z.B. Schrott) regelmäßig in bestimmten Fachzeitschriften veröffentlicht werden, wird man als
Leitwert für die Preisfestsetzung die jeweiligen Tagesnotierungen zum Zeitpunkt
der Abgabe des Abfalls dem Vertrag zugrunde legen.

In manchen Fällen ist der Verkäufer bestrebt, sich gegenüber dem Abnehmer vor
einer Inanspruchnahme aufgrund der Sachmängelhaftung zu schützen. Er kann
dies durch Verwendung bestimmter Klauseln erreichen, wie z.B. „tel quel", „Ver-

kauf en bloc", „wie beschaffen", „wie besehen", „wie übernommen" oder „as is". In anderen Fällen wird er versuchen, die Konkretisierung der zu liefernden Abfall-menge im Vertrag zu vermeiden. Denn die anfallenden Rückstände sind teilweise erheblichen Mengenschwankungen unterworfen. Damit kurzfristig sich bietende günstigere Verkaufsgelegenheiten wahrgenommen werden können, sollten nach Möglichkeit langfristige Verträge auch nicht die Verpflichtung enthalten, daß alle anfallenden Mengen bei einem bestimmten Abfallstoff nur an den betreffenden Abnehmer abzugeben sind.

Eine wichtige Voraussetzung für das Erzielen möglichst hoher Erlöse bei der Ver-äußerung von Abfall ist die Wahl des richtigen Verkaufs- bzw. Abgabezeitpunktes. Das gilt insbesondere für diejenigen hochwertigen Abfallstoffe, deren Preise im Laufe der Zeit starke Schwankungen aufweisen. Es wird die Aufgabe der mit der Abfallverwertung betrauten Stelle sein, die Preisentwicklung für derartige Stoffe ständig zu verfolgen, so daß – unter Berücksichtigung der Lagerkosten und der vor-handenen Lagerkapazitäten – ein möglichst günstiger Verkaufs- bzw. Abgabezeit-punkt gewählt werden kann.

Eine Reihe von Besonderheiten tritt bei der Veräußerung von nicht mehr benötig-ten Sachanlagen auf. Im allgemeinen erfolgen Anfall und Verkauf derartiger Ge-genstände diskontinuierlich, und sie beziehen sich häufig auf einzelne Stücke, die teilweise beträchtliche Werte verkörpern. In manchen Fällen lassen sich veraltete Ausrüstungen beim Kauf einer neuen Anlage in Zahlung geben. Zum Beispiel bie-ten bestimmte Lieferanten von Kraftfahrzeugen, Büromaschinen oder Motoren diese Möglichkeit an, soweit die angebotenen Gegenstände noch verwendungs-fähig und instandsetzungsfähig sind. In anderen Fällen wird man nicht mehr benötigte Sachanlagen an den Gebrauchtmaschinen-Händler oder an den Schrott-handel verkaufen. Schwieriger und zeitraubender wird es in der Regel sein, einen anderen direkten Benutzer für eine derartige Ausrüstung zu finden und zu interes-sieren, da hier der Zeitpunkt der gewünschten Abgabe durch den Verkäufer und der Bedarfszeitpunkt beim direkten Verwender einigermaßen übereinstimmen müssen.

Bei dem Bemühen, Kaufinteresse für nicht mehr benötigte Anlagen zu wecken bzw. zu erkunden, Kaufgebote hereinzuholen und den Nachfragewettbewerb anzu-regen, können Rundschreiben an potentielle Abnehmer oder in Fachzeitschriften aufgegebene Anzeigen wertvolle Hilfe leisten. Da ein Marktpreis für veraltete An-lagen meistens nicht existiert, ist es für den Verkäufer von großer Wichtigkeit, daß er sich durch Kontakte zu potentiellen Abnehmern eine ungefähre Vorstellung vom erzielbaren Preis der zu veräußernden Anlage verschafft, bevor er sie endgül-tig verkauft. Um Mißverständnisse zu vermeiden und um marktgerechte und dem Zustand der Anlage angemessene Kaufgebote zu erhalten, wird es sich vielfach als zweckmäßig erweisen, den potentiellen Abnehmern die Möglichkeit zu geben, die angebotene Ausrüstung zu besichtigen. Das eigentliche Aushandeln des Preises zwischen dem Anbieter und dem Nachfrager von gebrauchten Anlagen erfordert wegen des Fehlens von Leitwerten für die Preisfindung vom Verkäufer viel Fingerspitzengefühl und Erfahrung und hat in der Praxis teilweise den Anstrich eines Pferdehandels. Wer dieses Aushandeln vermeiden möchte, kann durch die Veranstaltung einer Auktion versuchen, nicht mehr benötigte Anlagen abzustoßen. Allerdings ist diese Methode im allgemeinen nur dann als geeignet anzusehen, wenn es um den Verkauf größerer Bestände an überflüssigen Sachanlagen geht.

Die Art und Weise der Verwertung einer nicht mehr benötigten Ausrüstung richtet sich u.a. nach der Beschaffenheit der Anlage und den erzielbaren Preisen für unterschiedliche Verwendungsrichtungen. So muß z.B. überprüft werden, ob es günstiger ist, eine veraltete Maschine als ganze, in ausgeschlachteter Form oder als Schrott zu verkaufen. In bestimmten Fällen ist aus Geheimhaltungsgründen sicherzustellen, daß eine Maschine, die wichtiges technisches know-how einer Unternehmung in sich birgt, zerstört wird, bevor man sie verkauft. Viele alte Anlagen enthalten Baugruppen (z.B. Motoren) oder Teile, die ausgebaut dem innerbetrieblichen Recycling zugeführt werden können, so daß lediglich der Rest zum Verkauf ansteht. Schließlich kommt auch das Verschenken als Verwendungsmöglichkeit für derartige Gegenstände in Betracht. Industriefirmen stellen teilweise nicht mehr benötigte Ausrüstungen bestimmten Bildungsstätten oder karitativen Einrichtungen zur Verfügung. Mit einer solchen Schenkung können die Schaffung von good will, aber unter Umständen auch gewisse Steuervorteile verbunden sein.

14.3.3   Abfallbeseitigung

Auch wenn man sich in einer Unternehmung sehr darum bemüht, den Abfall gewinnbringend zu verwerten, so bleiben doch Rückstände übrig, bei denen ein Recycling nicht möglich ist. Diese nicht-verwertbaren Abfälle müssen – zum Teil mit erheblichem Aufwand – beseitigt werden. Die meisten festen Industrieabfälle werden zusammen mit dem Hausmüll auf Deponien gelagert. Andere betriebliche Abfallstoffe können in Verbrennungsanlagen beseitigt werden. Heute werden noch viele flüssige Rückstände in Flüsse, Bäche und Seen geleitet; Abgase und Rauch werden an die Atmosphäre abgegeben. Sofern es sich bei den zu beseitigenden Abfällen um ökologisch schädliche Produkte handelt, ist häufig eine kostspielige Spezialbehandlung erforderlich.

Zweifellos ist in den vergangenen Jahrzehnten eine schadlose Beseitigung von betrieblichen Abfällen nicht immer erfolgt. Die Notwendigkeit, in stärkerem Maße als in der Vergangenheit auf die Umwelt Rücksicht zu nehmen, aber auch die steigenden Kosten sowohl beim Transport als auch bei der Ablagerung von Abfällen (Deponiegebühren) haben inzwischen dazu geführt, daß sich die Abfallbeseitigung in vielen Unternehmen zu einem schwierigen und problematischen Teilgebiet der betrieblichen Abfallwirtschaft entwickelt hat. Wer heute versucht, Abfälle möglichst kostengünstig zu beseitigen, wird schnell feststellen, daß die Verringerung der Anzahl der Deponien, Reaktionen der Öffentlichkeit, gesetzliche Bestimmungen sowie Verordnungen von Bund und Ländern seinem Handlungsspielraum enge Grenzen setzen.

In der Bundesrepublik Deutschland ist die Chemieindustrie der größte Erzeuger von Sonderabfall. Weitere Wirtschaftszweige mit hohem Sonderabfallaufkommen sind die Zellstoff-, Papier- und Pappeherstellung, die Nichteisenmetall-Industrie sowie große Teile der metallverarbeitenden Industrie. Ohne Zweifel liegen gerade im Sonderabfallbereich heute noch zahlreiche ungelöste Probleme, wie z.B. das Fehlen ausreichender Abfallbeseitigungsanlagen für Sonderabfall.

Wer sich als Verantwortlicher für Entsorgungsfragen in einer Unternehmung einen Überblick über seinen Handlungsspielraum auf dem Gebiete der Abfallbeseitigung verschaffen möchte, tut gut daran, einen Blick in die Müllsatzung der zuständigen Kommune bzw. Gebietskörperschaft zu werfen. Auch ein Gespräch mit dem verantwortlichen Dezernenten bei der zuständigen Behörde kann Klarheit über die Möglichkeiten einer kostengünstigen Beseitigung von Abfällen schaffen. Auskunft darüber können vielfach ferner die Industrie- und Handelskammern erteilen.

14.4 Gesetzliche Grundlagen für die betriebliche Abfallwirtschaft

Wer sich heute in einer Unternehmung mit Problemen der Abfallwirtschaft befaßt, wird sich mit einer Flut von Gesetzen und Verordnungen auseinandersetzen müssen. Sie können vom Bund und von den Ländern erlassen werden und dienen hauptsächlich dem Zweck, die Entstehung von Umweltbelastungen zu verhindern. Hier kann lediglich auf einige wichtige Gesetze und Verordnungen, die bei Entscheidungen im Bereich der betrieblichen Abfallwirtschaft zu berücksichtigen sind, aufmerksam gemacht werden.

Eine zentrale Rechtsnorm für die betriebliche Abfallwirtschaft stellt das *„Gesetz über die Vermeidung und Entsorgung von Abfällen"* (Abfallgesetz – AbfG) dar. Es geht von einer auf Prävention ausgerichteten Abfallwirtschaft aus und räumt der Abfallvermeidung und -verwertung Vorrang vor der Abfallbeseitigung ein. Im Abfallgesetz schreibt der Gesetzgeber vor, daß Abfälle so zu beseitigen sind, daß das Wohl der Allgemeinheit, insbesondere die Gesundheit der Menschen, nicht beeinträchtigt wird und daß Flora und Fauna keinen Schaden erleiden. Deshalb dürfen Abfälle nur in den von den zuständigen Behörden zugelassenen Anlagen und Einrichtungen (Abfallbeseitigungsanlagen) behandelt und gelagert werden. Die Unternehmen haben ihre Abfälle dem Entsorgungspflichtigen zu überlassen. Dies

sind in der Regel die Gebietskörperschaften. Diese können sich jedoch zur Erfüllung ihrer Pflichten Dritter bedienen. Sie dürfen Abfälle von der Entsorgung ausschließen, soweit sie diese nach ihrer Art und Menge nicht zusammen mit dem
Hausmüll entsorgen können. In diesen Fällen ist der Besitzer zur Entsorgung der
Abfälle verpflichtet.

Aus verständlichen Gründen sind mit der Entsorgung von Abfällen, die gesund-
heits-, luft- oder wassergefährdend, explosiv oder brennbar sind, besonders strenge
gesetzliche Auflagen verbunden. Unternehmen, in denen diese sog. *„besonders
überwachungsbedürftigen Abfälle"* anfallen, unterliegen einer Anzeige- und Nach-
weispflicht und dürfen diese Produktionsrückstände nur einem zum Einsammeln
und Befördern von derartigen Abfällen Befugten überlassen. Außerdem sind Betreiber von Anlagen, in denen regelmäßig besonders überwachungsbedürftige Abfälle anfallen, verpflichtet, einen Betriebsbeauftragten für Abfall zu bestellen. Dieser hat einerseits den Weg dieser Abfälle von ihrer Entstehung bis zu ihrer
Beseitigung zu überwachen, auf die Einhaltung der Vorschriften zu achten und die
Betriebsangehörigen über schädliche Umwelteinwirkungen aufzuklären, die von
Abfällen ausgehen können. Er soll andererseits darauf hinwirken, daß

– Verfahren, bei denen weniger Abfälle entstehen, entwickelt und eingeführt werden,

– die im Betrieb entstehenden Reststoffe ordnungsgemäß und schadlos verwertet
werden,

– (soweit dies technisch nicht möglich oder wirtschaftlich nicht vertretbar ist) diese Abfälle umweltverträglich beseitigt werden.

Das Abfallgesetz ist durch eine Reihe von Rechtsverordnungen konkretisiert worden. Sie zielen u.a. darauf ab, den Abfall vom Zeitpunkt seiner Entstehung an zu
erfassen, ihn zu analysieren und zu bestimmen, Entsorgungswege zuzuweisen und
die Einhaltung dieser Wege zu kontrollieren. Wichtige Verordnungen des Abfall-
rechts sind u.a.:

– *Abfallbestimmungsverordnung:* Sie legt diejenigen Abfälle fest, die nach Art,
Beschaffenheit und Menge besonders umweltgefährdend sind.

– *Verordnung über Betriebsbeauftragten für Abfall:* Darin wird geregelt, unter welchen Voraussetzungen ein Betrieb einen oder mehrere Abfallbeauftragte be-
nennen muß.

– *Altölverordnung:* Nach dieser Verordnung müssen Unternehmen, die gewerbs-
mäßig Getriebe- oder Verbrennungsmotorenöle an private Endverbraucher abgeben, Altöle bis zur ursprünglich gekauften Menge zurückzunehmen. Weiterhin regelt die Verordnung das Aufbereiten von Altölen zu Grundölen oder
weiterverwendbaren Produkten.

– *Verordnung über die Vermeidung von Verpackungsabfällen (Verpackungsverord-nung – VerpackV):* Darin wird bestimmt, daß Verpackungen aus umweltverträg-lichen und die Umwelt nicht belastenden Materialien herzustellen sind. Abfälle aus Verpackungen sind ferner dadurch zu vermeiden, daß man Größe und Ge-wicht der Verpackungen auf das unbedingt notwendige Maß beschränkt und daß man sie wiederverwendet, sofern dies technisch möglich und zumutbar ist. Falls eine Wiederbefüllung nicht möglich ist, muß das Verpackungsmaterial ei-ner stofflichen Verwertung zugeführt werden. Hersteller und Vertreiber von Verpackungen sind verpflichtet, Verpackungen zurückzunehmen. Diese Rück-nahmepflicht bezieht sich auf sämtliche Verpackungen (Transportverpackun-gen, Verkaufsverpackungen, Umverpackungen). Von der Rücknahmepflicht für Verkaufsverpackungen wurde der Handel entbunden, da ein flächendeckendes Sammelsystem eingerichtet wurde (Duales System Deutschland). Bei Trans-portverpackungen hat die Rücknahme am Ort der tatsächlichen Übergabe der Ware zu erfolgen.

Das zur Zeit geltende Abfallgesetz ist inzwischen novelliert und zu einem Kreis-laufwirtschafts- und Abfallgesetz (*„Gesetz zur Förderung der Kreislaufwirtschaft und Sicherung der umweltverträglichen Beseitigung von Abfällen"*) fortentwickelt und erweitert worden. Laut Kreislaufwirtschaftsgesetz, das ab September 1996 in Kraft tritt, tragen der Hersteller oder Vertreiber einer Ware während der gesamten Lebensdauer eines Produktes die Verantwortung dafür, daß die Ziele der Kreis-laufwirtschaft erreicht werden. Zwecks Erfüllung dieser Produktverantwortung sind Erzeugnisse möglichst so zu gestalten, daß bei deren Herstellung und Ge-brauch das Entstehen von Abfällen vermindert wird und die umweltverträgliche Verwertung und Beseitigung der nach deren Gebrauch entstandenen Abfälle si-chergestellt ist.

Außerdem müssen Erzeuger, bei denen jährlich mehr als insgesamt 2000 kg beson-ders überwachungsbedürftige Abfälle oder jährlich mehr als 2000 Tonnen überwa-chungsbedürftige Abfälle je Abfallschlüssel anfallen, nach dem Kreislaufwirt-schaftsgesetz ein Abfallwirtschaftskonzept über die Vermeidung, Verwertung und Beseitigung der anfallenden Abfälle erstellen. Dieses Abfallwirtschaftskonzept dient als internes Planungsinstrument und ist auf Verlangen der zuständigen Behörde zur Auswertung für die Abfallwirtschaftsplanung vorzulegen. Ferner muß dieser Erzeugerkreis jährlich – erstmalig zum 1. April 1998 – eine Abfallbilanz er-stellen, aus der Art, Menge und Verbleib der verwerteten oder beseitigten beson-ders überwachungsbedürftigen und überwachungsbedürftigen Abfälle hervorgeht. Diese Abfallbilanz ist auf Verlangen der zuständigen Behörde vorzulegen.

Neben diesem Kreislaufwirtschaftsgesetz (bzw. Abfallgesetz) sind in der betriebli-chen Abfallwirtschaft desweiteren u.a. das Gefahrgutgesetz, das Bundesimmissi-onsschutzgesetz sowie das Chemikaliengesetz zu beachten:

– Das *„Gesetz über die Beförderung gefährlicher Güter"* (Gefahrgutgesetz – GGG) regelt in der Bundesrepublik Deutschland die innerstaatliche Beförderung gefährlicher Güter. Dabei versteht das Gesetz unter „Beförderung" nicht nur den Vorgang des Transports, sondern auch die Übernahme und Ablieferung des Gefahrgutes sowie zeitweilige Aufenthalte im Verlauf der Beförderung (Verpacken und Auspacken, Be- und Entladen), auch wenn diese Handlungen nicht vom Beförderer ausgeführt werden. Dementsprechend ist also eine Reihe von Personen mit der Beförderung befaßt und nach dem Gesetz als verantwortlicher Personenkreis anzusehen.

Das GGG enthält (in § 3) eine Ermächtigung für die Bundesregierung, Rechtsverordnungen über die Beförderung gefährlicher Güter zu erlassen. Davon hat die Bundesregierung Gebrauch gemacht, indem sie für die verschiedenen Verkehrsträger spezielle Verordnungen erlassen hat:

– Gefahrgutverordnung Straße (GGVS)
– Gefahrgutverordnung Eisenbahn (GGVE)
– Gefahrgutverordnung See (GGVSee)
– Gefahrgutverordnung Binnenschiffahrt (GGVBinSch)

Da in Deutschland der größte Teil der Gefahrguttransporte über die Straße abgewickelt wird, soll hier wenigstens stichwortartig auf einige wichtige Sachverhalte hingewiesen werden, die in der GGVS geregelt sind. Die Vorschriften der GGVS betreffen sowohl das Gefahrgut selbst als auch dessen Beförderung und enthalten beispielsweise Regelungen über:

– die Einteilung der gefährlichen Güter in Gefahrklassen,
– die Verpackung und das Zusammenpacken von gefährlichen Gütern,
– die Kennzeichnung der Verpackung mit Gefahrzetteln,
– das Mitführen von Beförderungspapieren,
– die zugelassenen Fahrzeugarten und ihre Ausrüstung,
– das Be- und Entladen sowie die Handhabung der Gefahrgüter,
– das Mitführen von Unfallmerkblättern,
– die Kennzeichnung der Fahrzeuge mit Warntafeln,
– die Schulung der Fahrzeugführer.

Mit dem Ziel, mehr Sicherheit beim Befördern von gefährlichen Gütern zu erreichen, wurde 1989 die „Verordnung über die Bestellung von Gefahrgutbeauftragten und die Schulung der beauftragten Personen in Unternehmen und Betrieben" (Gefahrgutbeauftragtenverordung – GbV) erlassen. Danach müssen Unternehmen einen Gefahrgutbeauftragten (bzw. mehrere Gefahrgutbeauftragte) schriftlich bestellen, wenn sie im Kalenderjahr bestimmte Mengen gefährlicher Güter befördern. Dieser Gefahrgutbeauftragte hat überwiegend Überwachungs-, Schulungs- und Aufzeichnungspflichten zu erfüllen.

– Das *Bundesimmissionsschutzgesetz* (BImSchG) dient der umfassenden bundes-
einheitlichen Regelung der Luftreinhaltung und der Lärmbekämpfung, um
Menschen, Tiere und Pflanzen vor schädlichen Umwelteinwirkungen, die
hauptsächlich durch die industrielle Produktion entstehen, zu schützen. Nach
dem Vorsorgeprinzip sollen Umweltbelastungen durch vorbeugende Maßnahmen vermieden werden. Zugleich muß der Verursacher der Belastungen die Kosten für deren Beseitigung und Vermeidung tragen. Zu den bekanntesten Verordnungen und Verwaltungsvorschriften zum BImSchG zählt die „Technische
Anleitung zur Reinhaltung der Luft" (TA-Luft). Sie legt u.a. Grenzwerte für
Schadstoffe (Stickstoffoxid, Schwefeldioxid etc.) fest.

– Das *„Gesetz zum Schutz vor gefährlichen Stoffen"* (Chemiekaliengesetz –
ChemG) will Menschen und Umwelt vor schädlichen Einwirkungen gefährlicher Stoffe bewahren. Entsprechend dieser umfassenden Zielsetzung enthält
das Chemiekaliengesetz Vorschriften des allgemeinen Gesundheits- und Ver-
braucherschutzes, des Arbeits- und Umweltschutzes. Nach Chemiekaliengesetz
und der *„Verordnung zum Schutz vor gefährlichen Stoffen"* (Gefahrstoffverord-
nung – GefStoffV) gelten Alt- und Neustoffe als gefährlich, wenn sie eine oder
mehrere der nachfolgend genannten Eigenschaften aufweisen:

explosionsgefährlich, brandfördernd, hochentzündlich, leichtentzündlich, ent-
zündlich, sehr giftig, giftig, mindergiftig, ätzend, reizend, sensibilisierend, krebs-
erzeugend, fortpflanzungsgefährdend, erbgutverändernd, umweltgefährlich,
chronisch schädigend.

Werden festgelegte Konzentrationswerte bestimmter Stoffe überschritten, dann
sind die Produkte kennzeichnungspflichtig. Die Kennzeichnung erfolgt auf der
Verpackung. Es werden dabei Aufkleber verwendet, die das Gefahrensymbol
und zusätzlich die Gefahrenbezeichnung enthalten.

Für die Zukunft ist mit weiteren neuen Gesetzen bzw. Verordnungen, welche die
betriebliche Abfallwirtschaft betreffen, zu rechnen. Insbesondere sind zusätzliche
Rücknahmeverordnungen geplant; im Entwurf liegen bereits vor:

– Verordnung über die Vermeidung, Verringerung und Verwertung von Abfällen
gebrauchter elektrischer und elektronischer Geräte (Elektronik-Schrott-Ver-
ordnung),

– Verordnung über die Vermeidung und Verwertung von Abfällen aus Drucker-
zeugnissen sowie aus Büro- und Administrationspapieren (Altpapier-Verord-
nung),

– Verordnung über umweltverträgliche Entsorgung von Kraftfahrzeugen (Altau-
to-Verordnung),

– Batterie-Verordnung.

14.5 Aufgaben der Materialwirtschaft im Rahmen der betrieblichen Abfallwirtschaft

Es wird in einer Unternehmung stets ein schwieriges Unterfangen bleiben, die Zuständigkeiten auf dem Gebiete der betrieblichen Abfallwirtschaft sinnvoll zu regeln. Diese Schwierigkeiten einer zweckmäßigen aufbauorganisatorischen Regelung auf diesem Gebiet hängen u.a. damit zusammen, daß die betriebliche Abfallwirtschaft aus einer Vielzahl von heterogenen Teilaufgaben besteht. Außerdem tangiert sie verschiedene Grundfunktionen der Unternehmung (wie Fertigung, Absatz, Materialwirtschaft), während gleichzeitig ihre einzelnen Teilbereiche z.T. durch Wirtschaftlichkeitsüberlegungen eng miteinander verknüpft sind. Aus diesen Günden sind auf dem Gebiete der betrieblichen Abfallwirtschaft ein reger Informationsaustausch und oft auch eine enge arbeitsmäßige Kooperation zwischen den betroffenen Unternehmensbereichen erforderlich.

Bei dem Bemühen um eine zweckmäßige organisatorische Regelung in diesem Bereich wird man stärker nach einzelnen Verrichtungen der betrieblichen Abfallwirtschaft sowie nach unterschiedlichen Abfallkategorien differenzieren müssen. Soweit die Materialwirtschaft als Träger bestimmter Teilaufgaben der betrieblichen Abfallwirtschaft zur Diskussion steht, liegen die Zuständigkeiten manchmal stärker beim Einkauf, in anderen Fällen mehr beim Lager und in einigen wenigen Fällen auch bei der Disposition.

Mit dem Problem der *Abfallvermeidung* werden sich schwerpunktmäßig diejenigen Stellen in einer Unternehmung auseinandersetzen müssen, bei denen der Abfall entsteht. So wird sich beispielsweise die Fertigung um die Reduzierung des Materialabfalls und des Fertigungsausschusses zu kümmern haben, während die Materialwirtschaft (Einkauf, Lager und Disposition) versuchen muß, das Entstehen von Lagerhütern zu vermeiden. Bei den *vorbereitenden Maßnahmen zur Abfallbehandlung* kommt in der Regel der Lagerverwaltung eine zentrale Bedeutung zu. Sie wird bestimmte Arbeitsvorgänge der Aufbereitung des Abfalls in arbeitsmäßiger Kooperation mit der Fertigung durchführen. Auf dem Gebiete des *unternehmensinternen Recycling* kann die Materialwirtschaft eine beratende und kontrollierende Rolle spielen. Der Einkauf wird aufgrund seiner Marktkenntnisse insbesondere bei der Lösung des Problems mitzuwirken haben, ob aus ökonomischen Erwägungen der Abfall innerbetrieblich verwertet oder verkauft werden sollte. Man kann sich vorstellen, daß bei sehr schwierigen Problemen des innerbetrieblichen Recycling oder der Abfallvermeidung Projektgruppen, die sich aus Vertretern der betroffenen Bereiche zusammensetzen, gebildet werden und Lösungsmöglichkeiten erarbeiten.

In der Regel wird sich eine Eingliederung des *Verkaufs von Abfall* in den Zuständigkeitsbereich des Einkaufs als eine zweckmäßige organisatorische Maßnahme

erweisen. Zwar ist das „Verkaufen" grundsätzlich nicht Sache der Materialwirtschaft, sondern Aufgabe des Absatzes. Aber für die Einordnung des Verkaufs von
Abfall in den Einkaufsbereich sprechen die folgenden Gründe:

–   Die Beschaffungsobjekte sind vielfach mit dem Verkaufsobjekt „Abfall" tech-
    nisch verwandt; die Mitarbeiter in der Einkaufsabteilung besitzen also die im
    Umgang mit Abfall erforderlichen technischen Kenntnisse.

–   Die Einkäufer verfügen in vielen Fällen aus ihrer eigentlichen Beschaffungs-
    tätigkeit über Kontakte zu potentiellen Abnehmern von Abfällen. Der Beschaf-
    fungsmarkt (die Lieferanten) eignet sich oft eher für den Verkauf und die Ab-
    nahme von Abfällen als der Absatzmarkt.

–   Die Beschaffung hat wegen ihrer ständigen Kontakte zum Markt gute Möglich-
    keiten, sich über Preistrends und Preiskonstellationen für Abfälle einen
    Überblick zu verschaffen.

Es hat sich vielfach als sinnvoll erwiesen, wenn die Aufgaben des Verkaufs von Abfall einem einzelnen Mitarbeiter bzw. einer besonderen Stelle übertragen werden.
Diese organisatorische Regelung würde die auf diesem Sektor erforderliche innerbetriebliche Kooperation und den notwendigen Informationsaustausch erleichtern.
In großen Unternehmen, in denen sehr viel Abfall zu vermarkten ist, mag es gerechtfertigt sein, wenn eine eigene Abteilung, die der Geschäftsleitung unterstellt
sein kann, sich mit dem Verkauf von Abfall befaßt.

Die Materialwirtschaft ist in zahlreichen Unternehmen ebenfalls für wesentliche
Bereiche der *Abfallbeseitigung* verantwortlich. Sie hat in Zusammenarbeit mit anderen Stellen in der Unternehmung (wie z.B. mit dem Betriebsbeauftragten für Abfall) über die Art der Abfallbeseitigung zu entscheiden. Speziell der Einkaufsabteilung obliegen im Rahmen der Abfallbeseitigung die Auswahl der Entsorger und
die Gestaltung der Verträge mit den Entsorgern.

Übungsfragen und -aufgaben

1. In Abhängigkeit von den Entstehungsgründen für betrieblich nicht benötigte
    Güter lassen sich verschiedene Kategorien von Abfall unterscheiden. Nennen
    Sie die wichtigsten Abfallkategorien.
2. Geben Sie einen systematischen Überblick über die Aufgaben der betriebli-
    chen Abfallwirtschaft, und erläutern Sie, welche Beziehungen zwischen den un-
    terschiedlichen Teilaufgaben der betrieblichen Abfallwirtschaft bestehen.
3. Warum glauben Sie, daß die Industrieunternehmen in Zukunft der betriebli-
    chen Abfallwirtschaft stärkere Beachtung als in der Vergangenheit schenken
    müssen?

4. Erläutern Sie am Beispiel der Materialabfälle, der Lagerhüter oder des Fertigungsausschusses, was unter Abfallvermeidung zu verstehen ist.

5. Zu den vorbereitenden Maßnahmen der Abfallbehandlung zählt in bestimmten Fällen eine gewisse Aufbereitung der Abfälle. Was kann in diesem Zusammenhang unter Aufbereitung verstanden werden?

6. Wie lassen sich in der Praxis die Lagerbestände mit eingeschränkter oder fehlender Verwendungsmöglichkeit erfassen?

7. Es hängt von einer Reihe von Faktoren ab, ob und in welchem Ausmaß eine Verwertung von betrieblichen Abfällen rentabel ist. Nennen Sie die wichtigsten Einflußfaktoren auf die Rentabilität des Recycling.

8. Üblicherweise werden heute drei Formen des Recycling unterschieden, nämlich die Wiederverwendung, die Wiederverwertung sowie die Weiterverwertung oder -verwendung. Wie unterscheiden sich diese drei Formen des Recycling? Nennen Sie Beispiele für diese unterschiedlichen Recyclingformen.

9. Als Abnehmer für betriebliche Abfälle kommen hauptsächlich Lieferanten, Abfallhändler sowie direkte industrielle Verwender von Abfallstoffen in Betracht. Diskutieren Sie die Vor- und Nachteile dieser drei Gruppen als Abnehmer für Abfall.

10. Beschreiben Sie die Funktion einer „Abfallbörse".

11. Welche Besonderheiten können Verträge über die Abgabe von Abfall aufweisen?

12. Erläutern Sie die Besonderheiten, die bei der Veräußerung von nicht mehr benötigten Sachanlagen auftreten.

13. Beschreiben Sie den wesentlichen Inhalt des Abfallgesetzes, soweit er die Industrieunternehmen betrifft.

14. Beschreiben Sie den wesentlichen Inhalt des Gefahrgutgesetzes und des Bundesimmissionsschutzgesetzes.

15. Welche Teilaufgaben der betrieblichen Abfallwirtschaft würden Sie der Materialwirtschaft zuordnen?

Fünfzehntes Kapitel
Aufbau- und ablauforganisatorische Fragen

Die Materialwirtschaft ist Gegenstand vielfältiger organisatorischer Überlegungen, da sie in ihrer Aufgabenfülle verschiedenartige Ansatzpunkte für Stellenbildungen bietet und die Arbeitsprozesse sich durch einen hohen Wiederholungsgrad auszeichnen. Der Gesamtbereich der Organisation wird in die Aufbau- und Ablauforganisation unterteilt.

Die *Aufbauorganisation* beschäftigt sich mit der Zuordnung von Aufgaben zu Aufgabenträgern, mit der Stellenbildung und der Einordnung der Materialwirtschaft in die Unternehmenshierarchie. Es werden Kompetenzen und Kommunikationswege zwischen den Aufgabenträgern so geregelt, daß alle Mitarbeiter in geordneten Instanz- und Informationsbeziehungen stehen.

Die *Ablauforganisation* versucht, Reibungsverluste in der täglichen Arbeit zu vermeiden. Hierzu gehören die Festlegung der zeitlichen Reihenfolge bestimmter Beschaffungsaktivitäten, die räumliche Verknüpfung einzelner Arbeisprozesse und die Prüfung von Einsatzmöglichkeiten von Datenverarbeitungsanlagen. Zu ihren Aufgaben zählt auch die Entwicklung leistungsfähiger Formulare für die vielfältigen Kommunikationsprobleme sowie geeigneter Archivierungsmöglichkeiten für die vielen im materialwirtschaftlichen Bereich anfallenden Daten.

Aufbau- und Ablauforganisation hängen eng zusammen, da sie beide von der Gestaltung der Versorgungsfunktion ausgehen. Änderungen in der Aufbauorganisation werden stets solche der Ablauforganisation zur Folge haben und umgekehrt.

15.1   Aufbauorganisation

Im materialwirtschaftlichen Bereich vollzogen sich in den letzten Jahren erhebliche Wandlungen in der Aufbauorganisation, weil sich die diesem Bereich übertragenen Aufgaben erweiterten. Die Beratungstätigkeit gegenüber anderen Unternehmensbereichen wurde umfangreicher, und die Funktionspalette der Aufgabenträger erweiterte sich stark in Richtung entscheidungsorientierter Tätigkeiten.

15.1.1   Stellung der Materialwirtschaft in der Unternehmenshierarchie

Aus diesen Gründen wird die Materialwirtschaft heute in die zweite oder dritte Führungsebene eingeordnet (Abbildung 15.1 und 15.2). Hierin kommt auch ihre große Bedeutung für das Betriebsergebnis und die Wettbewerbskraft der Unternehmung zum Ausdruck. Die hochrangige Ansiedlung entspringt ferner der Erkenntnis, daß ohne konstruktive Zusammenarbeit mit den anderen Unternehmensbereichen kein befriedigendes Einkaufsergebnis erzielt werden kann.

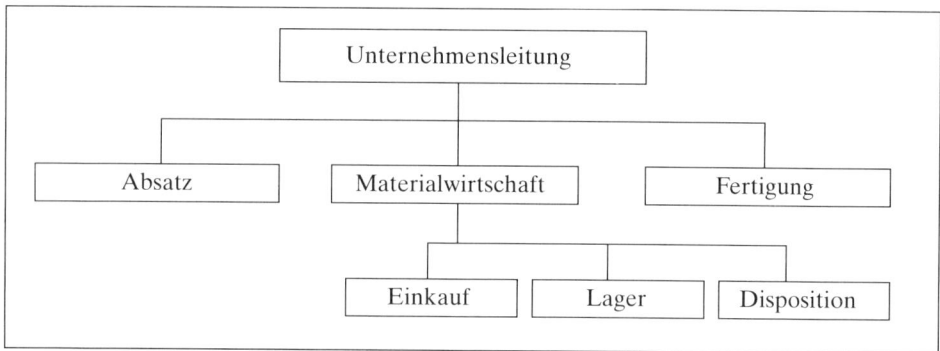

Abbildung 15.1: Einordnung der Materialwirtschaft in der zweiten Führungsebene

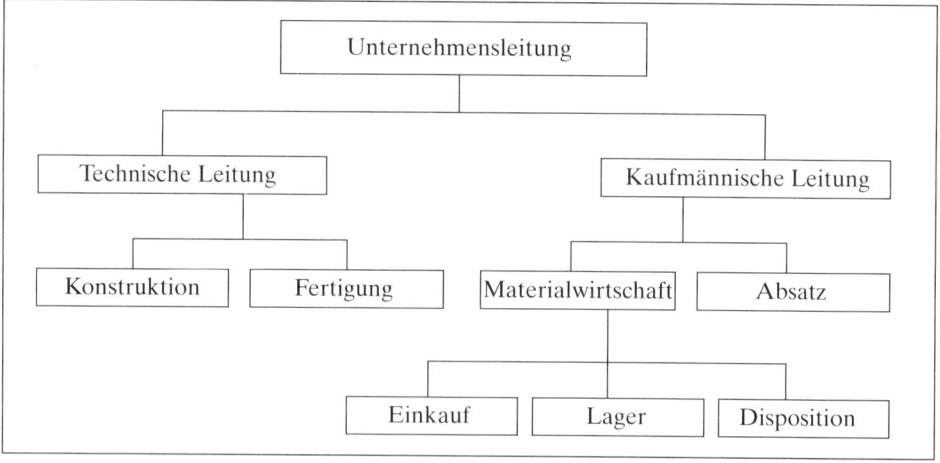

Abbildung 15.2: Einordnung der Materialwirtschaft in der dritten Führungsebene

Eine derartige Eingliederung schafft durch die Gleichrangigkeit mit den übrigen Grundfunktionen die Voraussetzungen dafür, daß die strategischen Ansätze zur Verbesserung des materialwirtschaftlichen Optimums zur Anwendung kommen. Jede Grundfunktion leitet aus dem Unternehmensgesamtziel Teilziele für ihren

Bereich ab. So wird beispielsweise der Absatz eine Erhöhung des Marktanteils, ein sehr breites Sortiment zur Befriedigung aller Kundenwünsche oder auch die Forcierung von Gegengeschäften anstreben. Die an niedrigen Stückkosten interessierte Fertigung wird ihr Hauptaugenmerk auf eine geringe Typenzahl der Fertigerzeugnisse, einen hohen Beschäftigungsgrad und einen hohen Lieferbereitschaftsgrad der Eingangsläger richten.

Ist die Materialwirtschaft diesen Unternehmensbereichen nicht gleichrangig zugeordnet, wird sie nicht die Kraft und das Ansehen haben, eigene beschaffungspolitische Ziele aufzustellen und durchzusetzen. Auch wird sie nicht ungünstige Auswirkungen von anderen Unternehmensbereichen auf das Einkaufsergebnis verhindern können. Sie wird in den obigen Beispielen kaum in der Lage sein, die negativen Auswirkungen von Gegengeschäften auf das materialwirtschaftliche Optimum dem Absatz gegenüber darzulegen oder dem Fertigungsbereich die hohen Lagerhaltungskosten zu verdeutlichen, die sein Streben nach unbedingter Lieferbereitschaft der Läger verursacht. Somit kommt es zu Kostenverlagerungen innerhalb des Unternehmens zu Lasten der Materialwirtschaft, was bei ihrer Bedeutung für das Gesamtunternehmensergebnis unbedingt verhindert werden muß.

Die Einordnung in die oberen Führungsebenen ist aber auch deshalb wichtig, um der Materialwirtschaft einen genügenden Einfluß auf die Beschaffungsprogrammpolitik bzw. auf die Bestimmung der qualitativen Komponente des Betriebsbedarfs zu sichern. Wieviel wertanalytische Anregungen und innovative Prozesse im Rahmen des Beschaffungsmarketings könnten sonst durch Intervention anderer übergeordneter Instanzen zum Schaden der Wettbewerbskraft der Unternehmung nicht weiterverfolgt bzw. blockiert werden?

15.1.2 Zentrale oder dezentrale Erledigung der Versorgungsfunktion

Dieses Problem ist eng mit den vorstehenden Ausführungen verknüpft. In eingliedrigen Unternehmen, d.h. in Unternehmen mit nur einer Fertigungsstätte, wird die Versorgungsfunktion zur Untermauerung des Mitspracherechts gegenüber anderen Unternehmensbereichen fast nur noch zentral abgewickelt, während in mehrgliedrigen Unternehmen bzw. Konzernen auch eine gewisse Dezentralisierung anzutreffen ist.

Unter einer zentralen Materialwirtschaft ist zu verstehen, daß nur eine Abteilung befugt ist, auf den Beschaffungsmärkten aktiv zu werden und Kaufverträge abzuschließen. Diese Organisationsform hat mehrere Vorteile:

- Zunächst wird der gesamte gleichartige Betriebsbedarf zusammengefaßt, was zu erheblichen Preiszugeständnissen der Lieferanten führen kann. Darüber hinaus sind größere Abnahmemengen ein gutes Mittel, bessere Preisnebenbedingungen, verstärkten Service und gute logistische Zusammenarbeit durchzusetzen. Diese Vorteile können durch einen Zentraleinkauf auch bei ungleichartigen Materialien realisiert werden, wenn die unterschiedlichen Artikel alle bei einem Lieferanten bezogen werden. Durch eine derartige Zentralisation kann den Marktsegmentierungsbestrebungen der Lieferanten entgegengewirkt und verhindert werden, daß einzelne Betriebsabteilungen bei einem Lieferanten für den gleichen Artikel unterschiedliche Preise und Konditionen erhalten.

• Der zweite Vorteil eines Zentraleinkaufs liegt in der qualifizierteren Erledigung der einzelnen Beschaffungstätigkeiten, speziell im Bereich Beschaffungsmarktforschung, Wertanalyse, Preisstrukturanalyse und Verhandlungsführung. Der Einsatz von full-time-Einkäufern ermöglicht die Bearbeitung überregionaler Beschaffungsmärkte, die Senkung von Sicherheitsbeständen und den Einsatz spezieller EDV-Programme im Rahmen einer betrieblichen Gesamtplanung. Auch können strategische und beschaffungspolitische Überlegungen zur Verbesserung des Einkaufsergebnisses nur in die Tat umgesetzt werden, wenn es eine eigenständige Abteilung Materialwirtschaft gibt, die die volle Verantwortung für die kostengünstige Versorgung des Unternehmens trägt.

Ab einer bestimmten Unternehmensgröße, vor allem aber, wenn mehrere weit entfernte Betriebsstätten bestehen oder gänzlich unterschiedliche Fertigerzeugnisse hergestellt werden, bringt die Zentralisation jedoch auch Nachteile mit sich.

Diese resultieren aus dem erschwerten Informationsaustausch zwischen der Zentrale und den Bedarfsträgern.

Die bedarfsauslösenden Stellen haben bei dieser Organisationsform keinen direkten Kontakt zu den Beschaffungsmärkten und müssen deshalb über alle Marktveränderungen unterrichtet werden. Dies führt nicht nur zu Zeitverlusten und Filtereffekten, sondern beeinträchtigt auch Kostenbewußtsein und Kostenverantwortung der Bedarfsträger. Andererseits leidet die Zentrale unter einer gewissen Betriebsferne und muß über alle Verbrauchsänderungen, technischen Probleme und Anwendungsschwierigkeiten von den Betriebsabteilungen informiert werden.

Deshalb führt besonders in Konzernen eine strikte Zentralisierung der Materialwirtschaft zu einer Verbürokratisierung, durch die die Bestellabwicklungskosten steigen, die notwendige Flexibilität verlorengeht und plötzlich auftretende Versorgungsengpässe bzw. Eilbedarf rasch zu Fehlmengenkosten führen.

Um diese Nachteile auszuschalten, wurden zahlreiche Mischformen entwickelt, denen bei aller unternehmensspezifischen Ausgestaltung nachfolgend beschriebene Konzepte zugrunde liegen.

In Konzernen mit mehreren Werken bzw. Tochtergesellschaften wird eine zentrale Materialwirtschaft in der Konzernleitung eingerichtet. Die einzelnen Werke bzw. Tochtergesellschaften erhalten eine für den Teilbereich zuständige Einkaufsabteilung.

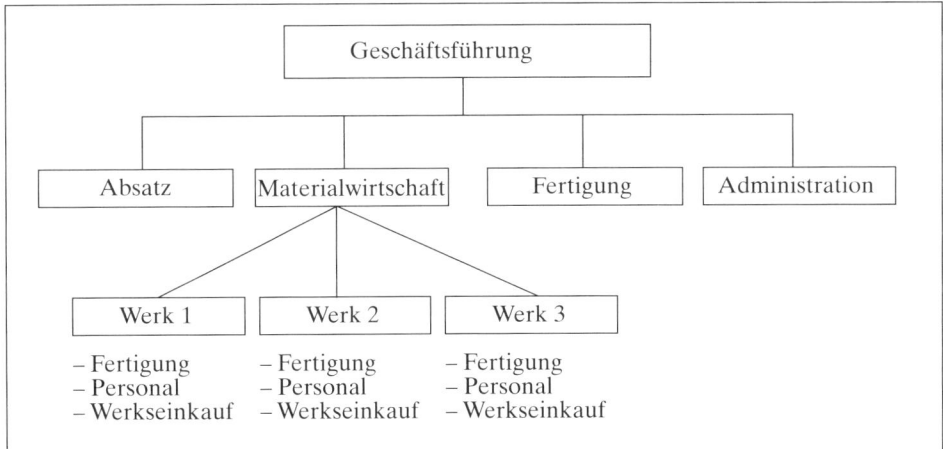

Abbildung 15.3: Gemischt zentral-dezentrale Materialwirtschaft in einem Konzern mit 3 Betriebsstätten

In Großunternehmen mit Spartenorganisation findet man häufig eine zentrale Materialwirtschaftsabteilung im Rahmen der Dienstleistungs- bzw. Querschnittsfunktionen. Jeder einzelnen Sparte ist zusätzlich ein eigener Sparteneinkauf zugeordnet.

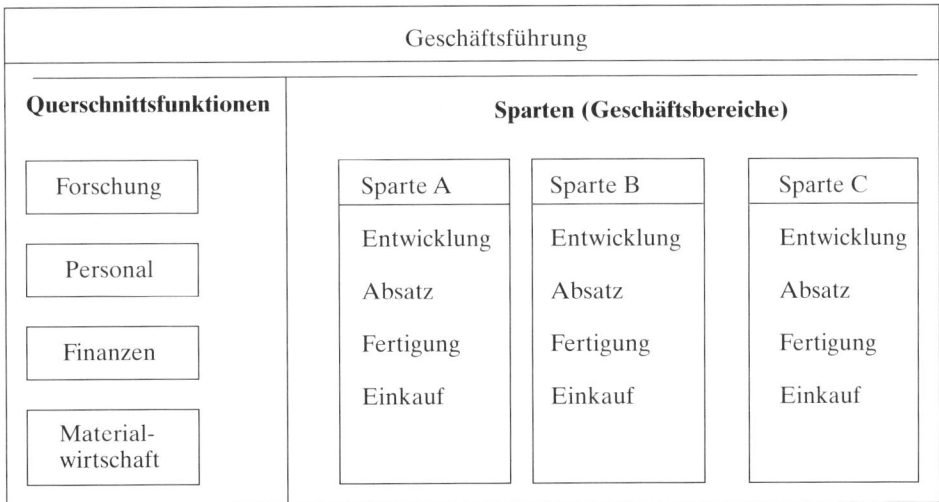

Abbildung 15.4: Gemischt zentral-dezentrale Materialwirtschaft in einem Großunternehmen mit Spartenorganisation

In derartigen Mischformen ist die *Zentralinstanz* zuständig für

- den Abschluß aller Kaufverträge von übergreifendem Bedarf, d.h. für Materialien, die in allen oder mehreren Werken/Sparten benötigt werden (Abrufaufträge),

- die Vertretung aller materialwirtschaftlichen Interessen gegenüber der Geschäftsführung und anderen Unternehmensbereichen,

- die Mitwirkung bei der integrierten Gesamtplanung,

- die Aktualisierung und Überwachung von Bonus- und Rabattvereinbarungen mit wichtigen Lieferanten,

- die Abwicklung von Kompensations- und Gegengeschäften,

- die Unterstützung der Werks-/Sparteneinkaufsabteilungen beim Investitionsgütereinkauf und bei speziellen Fragen der Beschaffungsmarktforschung (Auslandsmarktforschung).

Dem *Werks-/Sparteneinkauf* obliegen folgende Aufgaben:

- Einkauf aller Materialien, die nur in seinem Bereich benötigt werden,

- abwicklungstechnische Betreuung aller Abrufaufträge für den eigenen Bereich,

- Einkauf aller benötigten Investitionsgüter, Ersatzteile und Dienstleistungen für den eigenen Bereich,

- Beratung der Zentrale in Fragen der Lieferantenbewertung, Qualitätssicherung und Versorgungslogistik,

- Kontaktpflege zu kleineren Lieferanten am Ort und ihre Berücksichtigung bei der Auftragsvergabe.

Die Zusammenarbeit zwischen der Zentrale und den einzelnen Werks-/Sparteneinkaufsabteilungen ist Belastungen ausgesetzt. Schwierigkeiten können sich daraus ergeben, daß der Werks-/Sparteneinkauf fachlich dem Zentralbereich, disziplinarisch jedoch der Werks-/Sparteneitung unterstellt ist. Auch besteht die Gefahr, daß die Werks-/Sparteneinkäufer durch die Aktivitäten der Zentrale demotiviert werden. Wenn es ihnen beispielsweise möglich ist, bessere Konditionen zu erreichen als die Zentrale, können sie derartige Erfolge nicht realisieren, da ihnen die Abschlußkompetenz fehlt und sie an Rahmenabkommen gebunden sind. Im Bereich der Investitionsgüter- und Ersatzteilbeschaffung sind die Werkseinkäufer verstärkt dem Einfluß der anfordernden Stellen und der Werksleitung ausgesetzt, so daß sie sich häufig als Besteller fühlen.

Es bedarf daher großer Anstrengungen des Zentralbereichs Materialwirtschaft, die Leistungsfähigkeit der Werks-/Sparteneinkaufsabteilungen zu stärken bzw. zu erhalten. Nur durch sie sind die Effektivität, Schnelligkeit und Flexibilität des Gesamtsystems gewährleistet. Ein wichtiges Instrument bei diesen Bestrebungen kann das *Mandatssystem* darstellen, bei dem die Abschlußkompetenz für Gemeinschaftsmaterial nicht bei der Zentrale liegt, sondern bei demjenigen Werks-/Sparteneinkauf, der den größten Verbrauch aufweist. Dieser tritt als Repräsentant des Gesamtunternehmens nach außen in Erscheinung, während alle anderen Werks-/Sparteneinkäufer lediglich intern ihren Bedarf bei dem Mandatsträger abrufen.

15.1.3 Innerer Aufbau der Abteilung Materialwirtschaft

Die Stellenbildung im materialwirtschaftlichen Bereich erfolgt nach dem Prinzip der Zentralisation, d.h. gleichartige Teilaufgaben werden in einer Stelle zusammengefaßt, oder dem Prinzip der Dezentralisation, d.h. ungleichartige Teilaufgaben werden in einer Stelle vereinigt. Die Gleichartigkeit der Teilaufgaben kann sich beziehen auf zu bearbeitende Objekte, die Art der Tätigkeiten sowie auf die Merkmalsausbildung der Tätigkeiten in Bezug auf Entscheidungs-, Kontroll-, Planungs- oder Verwaltungscharakter. Objektzentralisation bedeutet demnach, daß alle Tätigkeiten an einem Objekt in einer Stelle zusammengefaßt werden, während bei einer Verrichtungszentralisation alle gleichartigen Verrichtungen in einer Stelle vereinigt werden.

Objektorientierte Stellenbildung in der Materialwirtschaft besagt, daß der Mitarbeiter eine bestimmte Produktgruppe betreut und für diese alle Verrichtungen (Beschaffungsmarktforschung, Preisanalyse, Bestellentscheidung und -abwicklung) durchführt. Die Festlegung der zu bearbeitenden Produktgruppen kann nach folgenden Gesichtspunkten erfolgen:

– Technisch verwandte Artikel
  z.B. Stahl-, Elektro-, Holzerzeugnisse

– Artikel für ein Endprodukt
  z.B. Artikel für Endprodukt A

– Artikel für eine Betriebsstätte
  z.B. Gießereibedarf, Schreinereibedarf

Diese Auswahlkriterien haben spezielle Vor- und Nachteile für die Aufgabenerfüllungen.

Eine objektorientierte Stellenbildung nach technisch verwandten Artikeln führt:

– zu hohem technischen Wissensstand, da sich der Stelleninhaber nur mit einer technisch eng umrissenen Materialgruppe beschäftigt,

– zu geringem Informationsaustausch, da er alle Verrichtungen für diese Materialgruppe selbst ausübt, deren Ergebnisse zwangsläufig kennt und verarbeitet,

–   zu der Möglichkeit, daß der Mitarbeiter qualifizierte Entscheidungen selbst tref-
    fen und somit das Führungsprinzip der Delegation von Verantwortung Anwen-
    dung finden kann,

–   zu einer Zusammenfassung des gesamten technisch gleichartigen Bedarfs in ei-
    ner Stelle, was die Nachfrageposition stärkt,

–   zu einer Ausschaltung mancher Nachteile der im vorigen Abschnitt dargestell-
    ten Zentralisation der Materialwirtschaft. So bleibt die technische Qualifikation
    der Einkäufer erhalten, der Informationsaustausch mit den Bedarfsträgern hält
    sich in Grenzen und auch Schnelligkeit und Flexibilität werden gewährleistet.

Jedoch hat die objektbezogene Stellenbildung folgende Nachteile:

–   Es kommt zu Parallelarbeit innerhalb der Abteilung, da jeder Einkäufer Be-
    schaffungsmarktforschung, Preisstrukturanalyse, Bestellvorbereitung, Termin-
    kontrolle usw. betreibt. Dieser Einwand ist jedoch nur bedingt berechtigt, da we-
    gen des unterschiedlichen Charakters der einzukaufenden Artikel kaum von
    echter Parallelarbeit gesprochen werden kann.

–   Da der Aufgabenträger eine Vielzahl von Verrichtungen im Bereich seiner Wa-
    rengruppe ausführen muß, kann er nicht jede Tätigkeit mit höchster Qualität
    ausüben. Auch führt diese Verrichtungsvielfalt zu einer Überlastung. Dieser
    Nachteil ist gravierend, so daß in der Praxis viele Anstrengungen unternommen
    werden, hier Abhilfe zu schaffen. Es sei auf die ABC-Analyse hingewiesen und
    auf ablauforganisatorische Hilfen, speziell auf die Anwendung der elektroni-
    schen Datenverarbeitung. Der objektorientierte Einkäufer kann aber auch zu
    seiner Entlastung alle Tätigkeiten, die keine technischen Kenntnisse erfordern
    und keine Entscheidungsrelevanz besitzen, auf andere Mitarbeiter in der Abtei-
    lung übertragen, falls solche vorhanden sind.

Eine objektorientierte Stellenbildung nach dem Gesichtspunkt „Fertigungsmaterial für ein Endprodukt bzw. für eine Betriebsstätte" ist in der Praxis selten anzutreffen.

Sie ist eigentlich nur zu rechtfertigen, wenn der Einkäufer sehr genau über die speziellen Anwendungsprobleme der von ihm eingekauften Artikel beim Herstellungsprozeß oder über die Marketingkonzeption der Fertigerzeugnisse Bescheid
wissen muß. Durch eine derartige Stellenbildung wird es dem Einkäufer möglich,
auf betriebliche Änderungen und Probleme äußerst rasch zu reagieren und im
wertanalytischen Sinn beratend tätig zu werden. Diesen Vorteilen steht neben den
bereits obengenannten Nachteilen die Aufsplitterung des Betriebsbedarfs entgegen.

Auch führt die enge Verzahnung von Einkaufsaspekten mit Produktions- oder
Marketinginteressen zu einer Vernachlässigung einkäuferischer Zielvorstellungen
gegenüber solchen der anderen Bereiche.

Unter *verrichtungsorientierter Stellenbildung* versteht man in der Materialwirtschaft, daß bestimmte gleichartige Teilaufgaben von einem Aufgabenträger erledigt werden. Eine Stelle ist zuständig für Beschaffungsmarktforschung, eine andere für die Durchführung von Angebotsvergleichen, eine dritte für die Terminkontrolle usw. Dabei ergibt sich zwangsläufig, daß die gleichartigen Verrichtungen an vielen, häufig allen einzukaufenden Materialien vom jeweiligen Aufgabenträger zu erfüllen sind (Objektdezentralisation). Durch die ständige Erledigung ein und derselben Teilaufgabe steigt die Qualität der Verrichtung, die der Aufgabenträger auch wegen des Übungsnutzens schneller erledigen kann. Ferner ist es vom Kostengesichtspunkt her vertretbar, ihm geeignete Hilfsmittel zur Verfügung zu stellen, was diese Vorteile noch erhöht. Auch wird durch eine verrichtungsorientierte Stellenbildung im Einkauf die Parallelarbeit vermieden und eine eindeutige Verantwortlichkeit der Aufgabenerledigung erreicht. Letzteres ist besonders bei solchen Teilaktivitäten nützlich, deren Erfüllung nicht zwangsläufig mit der Realisation des Bestellvorgangs sichergestellt ist oder die neu in die Beschaffungsabteilung eingeführt werden. Dies trifft heute für die Beschaffungsmarktforschung, Wert- und Preisstrukturanalyse und die Qualitätssicherung zu. Ihre Erfüllung wird dadurch besser gesichert sein, daß man sie einem verrichtungsorientierten Mitarbeiter als Hauptaufgabengebiet anvertraut als einem objektorientierten Einkäufer als Teilaufgabe neben anderen zuordnet.

Da aber der Aufgabenträger die ihm zugewiesene Verrichtung an allen einzukaufenden Artikeln auszuführen hat, dürfte es ihm unmöglich sein, fundierte technische Kenntnisse über das Einkaufssortiment zu besitzen.

Gerade das ist aber im Beschaffungsbereich notwendig, wenn es sich nicht um problemlose Waren handelt. Es ist für einen Beschaffungsmarktforscher nicht möglich, die Untersuchungsobjekte Qualität, Lieferant und Preis erfolgversprechend zu erforschen, wenn er keine technischen Kenntnisse über die Ware hat. Diese kann er sich aber bei verrichtungsorientierter Stellenbildung nicht aneignen, da zu seinem Aufgabengebiet eine Vielzahl technisch heterogener Waren gehört. Auch wird durch eine verrichtungsorientierte Stellenbildung das Informationsvolumen zwischen den einzelnen Mitarbeitern in der Beschaffungsabteilung wesentlich erhöht, da keiner ohne die Ergebnisse der Arbeit seiner Kollegen auskommt. Abschließend sei darauf hingewiesen, daß eine verrichtungsorientierte Stellenbildung im Einkauf die Schnelligkeit der Materialbereitstellung dadurch gefährdet, daß die Kaufentscheidung von einer übergeordneten Stelle getroffen werden muß, da keiner der Mitarbeiter aufgrund seines Informationsstandes dazu in der Lage ist.

Daraus folgt, daß der Umfang von Führungsstellen erheblich von der Anwendung der beiden vorstehend besprochenen Prinzipien abhängt. Führungsstellen entstehen durch die Zusammenfassung von Entscheidungsaufgaben (Rangzentralisation). Durch die Aussonderung von Entscheidungsaufgaben aus den Linienstellen und ihre Zusammenfassung in eigenen Stellen entsteht eine Unter- bzw. Überord-

nung, die zu einem bürokratischen Instanzenaufbau führt. Dies hat im materialwirtschaftlichen Bereich eine unerwünschte Schwerfälligkeit und eine Verzögerung
der Materialbereitstellung zur Folge. Aber auch die neueren Erkenntnisse der Mit-
arbeiterführung lassen eine Verringerung rangorientierter Stellen wünschenswert
erscheinen. Deshalb kommt es verstärkt zu einer objektorientierten Stellenbildung
in der Materialwirtschaft, da hierdurch der Stelleninhaber mit Entscheidungskompetenz ausgestattet werden kann.

Lediglich die anfallenden Planungs- und Bestellabwicklungsaufgaben werden verrichtungsorientierten Stellen zugewiesen, da bei ihrer Erledigung die Vorteile dieser Stellenbildung (Übungsnutzen, Einsatz von Hilfsmitteln usw.) voll zum Tragen
kommen und die Nachteile nicht gravierend sind.

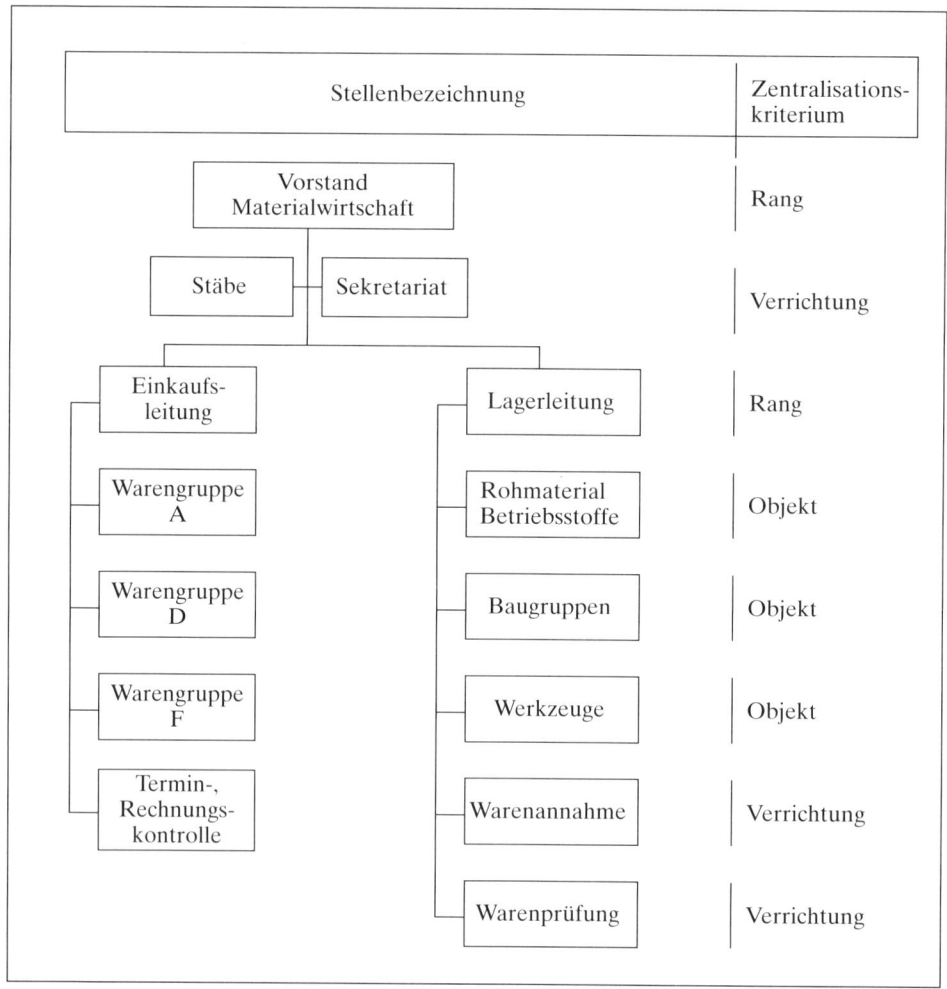

Abbildung 15.5: Organigramm einer Abteilung Materialwirtschaft

Somit kann sich vorstehende Aufbauorganisation der materialwirtschaftlichen Abteilung ergeben. (Vgl. Abbildung 15.5).

15.1.4   Stabs- und Linienstellen in der Materialwirtschaft

Unter einer Stabsstelle versteht man eine Stelle, die keine Anweisungsbefugnis anderen Stellen gegenüber besitzt und diese durch Beratung, Informationssammlung usw. bei der Entscheidungstätigkeit unterstützt. Linienstellen hingegen sind solche Stellen, die in die Unternehmenshierarchie integriert sind, Weisungen von übergeordneten Linienstellen erhalten, gewisse Entscheidungen treffen und Anordnungsbefugnisse gegenüber nachgeordneten Stellen haben.

In der Materialwirtschaft sind die Stellen des Leiters der Materialwirtschaft, der Gruppenleiter und Sachbearbeiter Linienstellen. Auch die mit rein exekutiven Aufgaben betrauten Stellen werden den Linienstellen als Hilfsstellen unterstellt und so in den Abteilungsaufbau eingegliedert.

Stabsstellen haben im Gegensatz zu diesen Hilfsstellen keine rein exekutiven Aufgabenbereiche, sondern spezialisierte Tätigkeitsgebiete, die einen qualifizierten Aufgabenträger erfordern und immer in einem engen Zusammenhang mit der Entscheidungstätigkeit der zugeordneten Stelle stehen. So wird man beispielsweise eine Stelle, deren Aufgabengebiet Schreib- und Karteiarbeiten sind, stets als Linienstelle der Stelle zuordnen, die diese Arbeiten veranlaßt, während man sich eine Stelle, die Preisstrukturanalysen durchführt, sehr gut als Stabsstelle der Einkaufsleitung vorstellen kann. Dies umso mehr, wenn man bedenkt, daß sich neben der Einkaufsleitung auch die anderen Einkäufer der Abteilung beraten lassen können. Es würde hier zu weit führen, die ganze Problematik der Stabsarbeit zu besprechen. Tatsache ist jedoch, daß Stabsstellen die Linienstellen entlasten und deren Entscheidungen positiv beeinflussen können. Beide Aspekte sind im materialwirtschaftlichen Bereich aktuell, so daß Stabsstellen im Rahmen der Beschaffungsmarktforschung und Wertanalyse häufig anzutreffen sind.

Schwierigkeiten beim Einsatz von Stabsstellen im Bereich der Beschaffungsmarktforschung ergeben sich aus den geringen technischen Kenntnissen des Stabsstelleninhabers. Es bietet sich deshalb an, die Stabsarbeit auf die Ausarbeitung von Branchenanalysen auszurichten, wobei eine kurze technische Vorbereitung des Stelleninhabers jeweils vorgeschaltet wird. Ebenso gangbar ist der Weg, durch die Stabsstelle nur die Problemkreise erforschen zu lassen, die geringe technische Detailkenntnisse erfordern, wie Konjunktur-, Marktstruktur- und Auslandsmarktforschung. Lieferanten-, Produkt- und Preisbeobachtung verbleiben den technisch versierten Linienstellen.

Weiterhin muß beim Einsatz von Stabsstellen im Sektor Beschaffungsmarktforschung an die Fülle der Informationen gedacht werden, die zwischen Stab und Linie ausgetauscht werden müssen, da viele Beschaffungsmärkte ständigen Veränderungen unterliegen.

Auch ist eine gut abgestimmte Zusammenarbeit zwischen Stab und Linie nötig, weil beide die gleichen Informationsquellen benutzen. Es bedarf sicherlich oft der Autorität der Linie, der Stabsstelle die Informationen durch Lieferantenbesuche oder Auskünfte befreundeter Abnehmer zu erschließen.

Wenn diese Schwierigkeiten beachtet werden, kann der Einsatz von Stabsstellen in der Beschaffungsmarktforschung gute Ergebnisse bringen, da der Stab erhebliche Vorteile in verrichtungsspezifischen Fragen aufweist und genügend Zeit für seine Arbeit besitzt.

Es mag zunächst vom Gedanken wertanalytischer Tätigkeit, die doch das Arbeitsteam erfordert, zweifelhaft erscheinen, in diesem Bereich Stabsstellen einzusetzen. Wenn dies dennoch geschieht, so in der Weise, daß die Stabsstelle die vorbereitenden Maßnahmen wertanalytischer Arbeit übernimmt, nämlich

– Sammlung aller Wertanalysevorschläge,
– Auswahl der Arbeitsprojekte,
– Zusammenstellung der Teams,
– Erledigung aller mit den Projekten anfallenden Verwaltungsarbeit,
– Schulung der Teammitglieder in wertanalytischen Fragen.

Es hat sich nämlich gezeigt, daß die Wertanalyse in der Praxis darunter leidet, daß keine Stelle im Betrieb dafür verantwortlich zeichnet. Die Geschäftsleitung, die meist die Initialzündung gibt, ist auf Dauer nicht in der Lage, die Projekte zu verfolgen, andere Stellen fühlen sich wegen der wechselnden Schwerpunkte wertanalytischer Projekte kaum zur Initiative berufen. Deshalb hat sich die Einrichtung von Stabsstellen in der Form der Wertanalysekoordination bewährt, zumal sie wegen ihrer Anbindung an Linienstellen der höchsten Leitungsebene den wertanalytischen Bemühungen den nötigen Nachdruck verleihen können.

15.1.5   Aufbauorganisatorische Gestaltung der Zusammenarbeit mit anderen Unternehmensbereichen

Die Materialwirtschaft gehört, besonders wenn ihre Aktivitäten zentralisiert sind, zu den Abteilungen, die einerseits über die Vorhaben und Probleme anderer Unternehmensbereiche informiert sein und andererseis ihr Wissen diesen zur Verfügung stellen müssen. Diesem Zweck dient ein umfangreiches Berichtswesen, das im Rahmen der Ablauforganisation besprochen wird. Sofern es sich um Informationen handelt, die sich einer exakten, möglichst zahlenmäßigen Beschreibung entziehen oder deren Bedeutung erst durch interpretative Beratung sichtbar wird, greift die Praxis auf zeitlich begrenzte Zusammenkünfte zurück, die als Konferenz, Kom-

mission, Ausschuß oder Team bezeichnet werden. Hauptaufgaben dieser aufbauorganisatorischen Gebilde sind die gegenseitige Information und die Beratung
schwieriger Probleme bis zur Entscheidungsreife.

In Informationsausschüssen werden Mitteilungen der Ausschußmitglieder ge-
sprächsweise ausgetauscht. Man könnte dies auch auf schriftlichem Weg erreichen,
der aber häufig zu langsam und bei Rückfragen zu schwerfällig ist.

Eine größere Bedeutung spielen im Beschaffungsbereich Beratungsausschüsse, in
denen vornehmlich Mitarbeiter von Produktion, Controlling und Beschaffung spezielle Sachverhalte erörtern, um anstehende Entscheidungen dadurch zu qualifizieren, daß diese unter den verschiedenen Gesichtspunkten der Mitglieder betrachtet
werden.

Ein weites Anwendungsgebiet finden derartige Ausschüsse im Bereich der Anlagenbeschaffung, hier oft Projektgruppe genannt. Bei der Beschaffung einer
Werkzeugmaschine müssen beispielsweise vielfältige Probleme der Fertigung,
der Ersatzteilbeschaffung, der Finanzierung, der Vertragsgestaltung, der Garan-
tieregelung und der Abwicklung bedacht werden, um eine ausgewogene Entscheidung zu treffen.

Auch im Bereich der Wertanalyse ist das Wertanalyseteam als Beratungsgremium
nicht mehr wegzudenken, da oft erst durch Nutzung der Spezialkenntnisse und der
unterschiedlichen Denkweise seiner Mitglieder Innovationsprozesse zu erwarten
sind.

Gleiches gilt für Fragen der Eigenfertigung bzw. des Fremdbezugs, der Gegengeschäfte, der antizyklischen Lageraufstockung, der Normierung, Typisierung und der
Preisstrukturanalyse.

Abschließend sei darauf hingewiesen, daß die Mitarbeit der Materialwirtschaft in
Beratungs- und Informationsausschüssen in dem Maße steigt, in dem ihr
Gleichrangigkeit und Entscheidungskompetenz zugestanden werden.

15.2   Ablauforganisation

Das Ergebnis der Aufbauorganisation ist ein Aufgabengefüge, in dessen strukturel-
lem Rahmen die Mitarbeiter die ihnen übertragenen Teilaufgaben der Versorgungsfunktion erfüllen. Auf dieser Grundlage regelt die Ablauforganisation durch
die Installation eines *Kommunikationssystems* den Austausch von Informationen
zwischen den einzelnen Stellen innerhalb der Abteilung und mit den übrigen Unternehmensbereichen. Hierdurch werden operative Beziehungszusammenhänge
hergestellt und die verschiedenen Arbeisprozesse miteinander verbunden. Dieses

Ziel strebt die Ablauforganisation ferner durch die Errichtung eines Arbeitssystems an, das den *Materialfluß* zwischen verschiedenen Stellen als Verbindungselement benutzt.

Insofern ergänzt die Ablauforganisation die aufbauorganisatorischen Mittel der Stellenverbindung, deren Schwerpunkt in der Gremienbildung und der Einrichtung von Leitungssystemen bzw. Verkehrswegen zu sehen ist. Das Schwergewicht ablauforientierter Regelungen liegt auf dem Austausch rechenhafter, nicht interpretationsbedürftiger, operativer Daten, während sich der Informationsaustausch in der Aufbauorganisation auf interpretationsbedürftige, selten exakt quantifizierbare, strategische Daten sowie Leitungsanweisungen bezieht.

15.2.1   Allgemeiner Überblick

Innerhalb der Abteilung Materialwirtschaft, aber auch abteilungsübergreifend, müssen viele operative Informationen zusammengeführt werden, um den Versorgungsprozeß ablaufen zu lassen. Auch ist eine gute Ablauforganisation die Voraussetzung für die *sichere, schnelle* und *kostengünstige* Erledigung der anfallenden Arbeiten sowie für eine nicht unerhebliche *Entlastung der Einkäufer* von Verwaltungsarbeiten.

Das erhöhte Streben nach *Sicherheit* wird verständlich, wenn man sich die Vielzahl der einzukaufenden Artikel mit ihren technisch anspruchsvollen Bezeichnungen, vielfältigen Abmessungen und ständig schwankenden Preisen vorstellt. Hier liegt eine Quelle vielfältiger Hör-, Schreib- und Übermittlungsfehler, die sowohl im Verkehr zwischen Bedarfsträger und Einkauf als auch zwischen Einkauf und Lieferant zu erheblichen Schwierigkeiten führen können. Die einwandfreie Gestaltung der informationellen Arbeitsprozesse führt auch zu einem *schnelleren* Informationsaustausch. Dies betrifft einmal den Informationsaustausch zwischen Bedarfsträger, Warenannahme und -prüfung, Terminkontrolle, Lager und Einkauf bezüglich betrieblicher Daten. Zum anderen müssen vom Einkauf an diese Stellen viele Markt- und Lieferanteninformationen weitergegeben werden, was bei der zunehmenden Tendenz zur Zentralisierung im Beschaffungswesen von erhöhter Bedeutung ist.

Wie bereits erläutert, besteht für den objektorientierten Einkäufer die ständige Gefahr, daß er durch vermeidbare Verwaltungs- und Kontrolltätigkeit von seiner eigentlichen Arbeit abgehalten wird. Hier bietet eine gute Organisation der informationellen Arbeitsprozesse die große Chance, ihn zu *entlasten,* indem er von zeitraubenden Rückfragen, Recherchen, Diktaten und Vollzugskontrollen in Routineangelegenheiten befreit wird. Endlich sei darauf hingewiesen, daß eine leistungsfähige Ablauforganisation zu einer Senkung der Bestellabwicklungskosten beiträgt, indem Personal- und Sachkosten dadurch eingespart werden, daß

– bereits erfaßte Daten durch die Mitarbeiter nicht erneut erfaßt, übertragen oder verarbeitet werden;

– zu jedem Vorgang eine einzige vollständige Dokumentation erstellt wird, die den Informationsbedürfnissen aller Benutzer gerecht wird.

Bei der Gestaltung des Informationsflusses bedient man sich zwar noch konventioneller Organisationsmittel. Seit Einführung des On-line-Verfahrens und der Entwicklung von Kleincomputern und Schreibautomaten werden jedoch zunehmend die Möglichkeiten der elektronischen Datenverarbeitung genutzt. Hierdurch wird

– eine wirtschaftliche Speicherung mit schnellem Zugriff zu allen vorhandenen Daten ermöglicht,

– die Integration des Datentransfers und der Datenverarbeitung zwischen der Materialwirtschaft und allen übrigen Unternehmensbereichen sichergestellt,

– die Vorbereitung und Auslösung von Bestellentscheidungen und Sonderaktivitäten gewährleistet.

Der Einsatz der EDV bringt also große Vorteile, jedoch sind auch mit konventionellen Organisationsmitteln brauchbare, wenn auch zeitaufwendigere Regelungen des Informationsaustausches möglich. In jedem Fall muß das Kommunikationssystem umfassend und durchdacht sein, da eine EDV-Organisation eine funktionierende Basisorganisation voraussetzt, wenn nicht ungelöste Probleme die hohen Erwartungen zunichte machen sollen. Zu diesen Fundamenten gehören:

– brauchbare Nummernsysteme,
– leistungsfähige Karteien/Dateien,
– anwendungsfreundliche Formulare.

15.2.2   Nummernsysteme

Als Artikel-, Lieferanten-, Bestell- und Lagerstättennummern werden Nummernsysteme im materialwirtschaftlichen Bereich häufig benutzt, um lange verbale Bezeichnungen zu vermeiden und den Informationsaustausch zu erleichtern. Man unterscheidet

– identifizierende Nummernsysteme,
– klassifizierende Nummernsysteme,
– alpha-numerische Nummernsysteme,
– parallele Nummernsysteme.

Die *identifizierenden* Nummern teilen jedem Gegenstand eine Nummer zu. Es ist darauf zu achten, daß jede Nummer nur einmal vergeben wird. Eine solche durchlaufende Nummerierung ist in Einführung und Handhabung recht einfach. Auch kann sie nach der Einführung durch vermehrten Anfall von neuen Gegenständen nicht gesprengt werden, so daß keine Leernummern vorgesehen werden müssen. Außerdem ist schon ein vierstelliger Identnummernschlüssel in der Lage, 9 999 Vorgänge eindeutig zu ordnen. Identnummern gewähren dem Benutzer jedoch keine weiteren Informationen, die er sich durch nähere Beschäftigung mit dem Gegenstand bzw. Vorgang oft recht zeitaufwendig beschaffen muß. Deshalb werden insbesondere bei der Nummernvergabe für Lagerartikel, Baugruppen und Stücklistenpositionen *klassifizierende* Nummernschlüssel angewandt, die dem Benutzer zusätzliche Informationen liefern über

– technische Fragen (z.B. Roh-, Hilfs- oder Betriebsstoff, Abmessungen, Farbe, Bauart, übergeordnete Baugruppe usw.),

– kaufmännische Fragen (Preisstellung, Maßeinheiten, ABC-Klassifizierung usw.),

– organisatorische Fragen (zuständiger Einkäufer, Lagerplatz, Budgetzugehörigkeit usw.),

– dispositive Fragen (Bestellpunkt- oder Bestellrhythmusdisposition, Mehrfach- oder Einmalverwendungsteil usw.).

Beispiel:
Artikel-Nr. für Aluminium-Folie, blau, Stärke 0,12 mm 318140081221

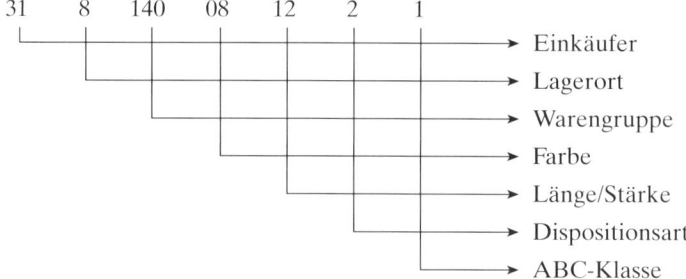

Klassifizierende Nummernsysteme ermöglichen es, innerhalb der zu ordnenden Gesamtheit Gruppen zu bilden (Lagerplatz, Warengruppe), was insbesondere für die Speicherung im Rahmen der EDV von Wichtigkeit ist.

Leider sind umfassend informierende Nummernsysteme wegen ihrer Länge und Unübersichtlichkeit schwer zu handhaben. Deshalb werden gern *alpha-numerische* Schlüssel gewählt, die bestimmte Informationskriterien nicht in Zahlen, sondern in Buchstaben ausdrücken. Hierdurch wird die manuelle Bearbeitung bzw. Verwendung von Nummernsystemen erleichtert.

Beispiel:
Artikel-Nr. für Aluminium-Folie, blau, Stärke 0,12 mm 31AS0812PA

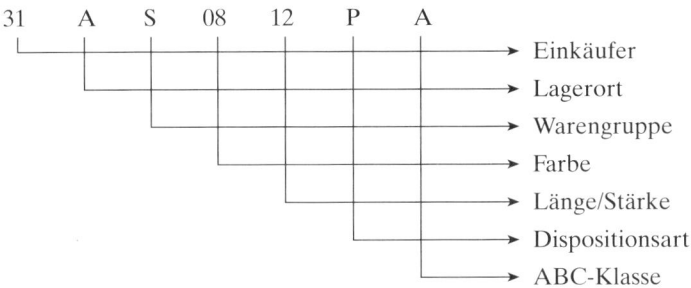

Eine andere Möglichkeit, die Praktikabilität klassifizierender Nummernsysteme zu erhöhen, ist die *Parallelverschlüsselung*. Hierbei erhält jedes Teil der zu ordnenden Gesamtheit zunächst eine Identnummer, die es einwandfrei bestimmt. Ihr nebengeordnet oder von ihr vollständig losgelöst, werden in einer Klassifizierungsnummer wichtige Informationen verschlüsselt.

Für Routinearbeiten (Bedarfsmeldung, Bestellung, Terminkontrolle, Warencingangsmeldung usw.) wird die kurze Identnummer angewandt. Die verschiedenen Betriebsbereiche können mittels eines ihnen vorliegenden Textschlüssels jederzeit aus der Klassifizierungsnummer für sie wichtige Zusatzinformationen rasch entnehmen.

Beispiel:

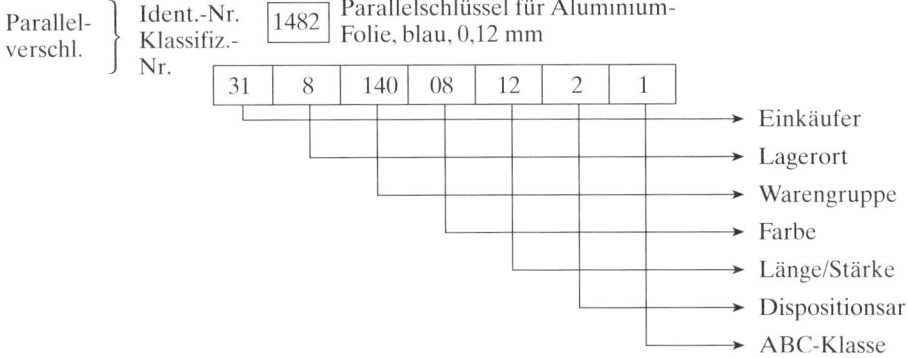

15.2.3 Karteien/Dateien

Erleichtern die verschiedenen Nummernsysteme die Arbeiten im materialwirtschaftlichen Bereich durch Realisierung bestimmter Ordnungsprinzipien, so erleichtern Karteien den Arbeitsablauf durch eine sichere Archivierung der vielfältigen Informationen.

Aus der Erkenntnis heraus, daß der Wert jeder Kartei vom Grad ihrer Pflege abhängt und Einkäufer infolge ihrer sonstigen Arbeit als Karteiführer nicht in Frage kommen sollten, gelten für die Karteiführung im Einkauf folgende Grundsätze:

Nicht jede Einkaufsgruppe bzw. jeder Einkäufer sollte Karteien besitzen, sondern es sollten nur Karteien zentral für den gesamten Bereich geführt werden. Ideal ist ihre Anbindung an ein zentrales Schreibbüro, wobei eine rasche Zugriffsmöglichkeit für die Benutzer gewährleistet sein muß.

Da die Karteiführung mit vielfältigen Übertragungsarbeiten angefallener Informationen verbunden ist, sollten nur drei Karteien als

– Lieferantenkartei,
– Material-/Preiskartei,
– Bestell-/Terminkartei

geführt werden, wobei die letztere je nach Organisationsstand und Materialstruktur in die Lieferanten- oder Materialkartei integriert werden kann.

Die *Lieferantenkartei* hält die Ergebnisse der Lieferantenforschung fest. Ordnungsprinzip ist also der Lieferant, für den ein Karteiblatt angelegt wird, das nach alphabetischer Ordnung (DIN 5007) in die Kartei aufgenommen wird. Man kann die Kartei auch nach Lieferantennummern ordnen, was sich insbesondere beim Einsatz von EDV-Anlagen empfiehlt. Die Lieferantenkarteikarte enthält folgende Informationen:

– Anschrift/Telefon/Telex/Zahlungsanschrift/zuständige Sachbearbeiter,
– Lieferantennummer,
– Zahlungsbedingungen/Rabattsätze,
– Einkaufsvolumen des Vorjahres,
– Lieferantenkennzahl des Vorjahres,
– Zahl der Mängelrügen im lfd. Jahr,
– Zahl der Lieferzeitüberschreitungen im lfd. Jahr,
– Lieferprogramm.

Die Lieferantenkartei dient in erster Linie der Angebotsbearbeitung und der Bestellabwicklung. In seltenen Fällen kann sie durch Aufdruck einer Terminleiste und durch Eintragung der jeweiligen Bestellungen mit gleichzeitigem Aufsatz von Blattreitern als Terminkartei benutzt werden.

Ordnungsprinzip der *Materialkartei* ist der einzukaufende Artikel, für den ein Karteiblatt angelegt wird, das überwiegend nach der Artikelnummer in die Kartei eingestellt wird. Hierdurch wird im Gegensatz zur alphabetischen Ordnung eine Synchronisierung mit den in der Disposition/Arbeitsvorbereitung geführten Teilestamm- und Erzeugnisstrukturkarteien erleichtert, die Zusammenfassung der verschiedenen Artikel zu Warengruppen ermöglicht und der Mehrfachführung von

Artikeln infolge unterschiedlicher Artikelbezeichnungen entgegengewirkt. Die Materialkarteikarte hält folgende Daten fest:

- Artikel-Nr.,
- Artikelbezeichnung,
- Lagerort,
- zuständiger Einkäufer,
- ABC-Kennzeichen,
- Minimalbestellmenge wegen Mindermengenzuschläge,
- Lagerhaltungsrestriktionen wegen optimaler Bestellmenge,
- potentielle Lieferanten.

Neben diesen artikelspezifischen Grunddaten werden häufig noch wertmäßige Angaben aufgenommen, wie Stückpreise der jeweiligen Bestellungen bzw. Jahresdurchschnittspreise, Einkaufsmenge und -wert des Vorjahres usw. Werden diese Angaben so erweitert, daß auf die Karteikarte alle Bestellungen (Menge/Preis, Liefertermin, Lieferant) übertragen werden, so kann eine solche Kartei gleichzeitig als Bestell- und Terminkartei mitbenutzt werden. Gegen ein solches Verfahren erheben sich jedoch zwei Einwände:

- Zusätzliche Schreibarbeit besonders bei Mehrpositionsbestellungen an einen Lieferanten durch die Übertragung der Daten von der Bestellung auf die einzelnen Karteikarten,

- Keine lieferantenbezogene Zusammenfassung überfälliger Lieferungen, was zu erheblichem Aufwand wegen der unkoordinierten, häufigen Mahnungen für jeden einzelnen Artikel führt.

Fächert sich das Einkaufsprogramm in eine Vielzahl von Lieferanten und Artikeln auf, ist es zweckmäßiger, neben der Lieferanten- und Materialkartei eine eigene *Terminkartei* anzulegen. Zur Vermeidung von Übertragungsarbeiten und damit verbundenen Übertragungsfehlern wird diese Kartei häufig gleichzeitig mit der Bestellung erstellt, indem der letzte Durchschlag des Bestellformulars aus kräftigem Papier mit Terminleiste bzw. als Karteikarte ausgebildet wird. Durch einfaches Zusammenfalten dieser Karteikarten entstehen Aktentaschen, die alle mit der Bestellabwicklung zusammenhängenden Unterlagen (Auftragsbestätigung, Abrufe, Änderungsmitteilungen, Mahnungen) aufnehmen. Die so geschaffenen Vorgänge können sowohl lieferantenalphabetisch als auch nach einem Bestellnummernsystem eingeordnet werden. In jedem Fall wird eine übersichtliche Dokumentation aller laufenden Bestellungen mit bearbeitungsspezifischen Blattreitern erreicht, wobei alle zur Bestellung gehörenden Schriftstücke zusammengefaßt sind.

Mit dem Vordringen der EDV und der Entwicklung des On-line-Verfahrens sind die vorstehend besprochenen Karteien vielfach überflüssig geworden.

Es existiert dann im Unternehmen nur eine einzige Material-, Lieferanten-, Stück-
listen- und Textdatei, deren Datenpflege teilweise systemimmanent, teilweise durch
eine Stammdatenverwaltung erfolgt. Jeder Mitarbeiter hat mittels Bildschirmgerät
Zugang zu allen Daten, für die er Zugriffsberechtigung hat, wodurch der innerbetriebliche Informationsverbund weitgehend sichergestellt ist und sich weitere Karteien in den einzelnen Abteilungen erübrigen.

Die Verarbeitung der gespeicherten Daten erfolgt mittels spezieller Programme,
die bestimmte Verkettungen zwischen den einzelnen Dateien herstellen. Dies kann
automatisch geschehen oder von zugriffsberechtigten Mitarbeitern veranlaßt werden. Letzteres geschieht häufig in der Materialwirtschaft (z.B. Bestellschreibung),
um bestimmte Einmaldaten/Variable berücksichtigen zu können. Im Rahmen dieser Abhandlung ist es nicht möglich, alle Aspekte eines EDV-gestützten Kommunikationssystems zu erörtern, weshalb auf die umfängliche, leistungsfähige Speziali-
teratur verwiesen werden muß.

15.2.4   Formulare

Im Rahmen der Gestaltung der informationellen Arbeitsprozesse im Beschaffungswesen spielen Formulare als Informationsträger zwischen den einzelnen Ablaufstationen des Beschaffungsvorgangs eine wichtige Rolle. Auch können mit
ihrer Hilfe klare Wegdefinitionen festgelegt und die speziellen Informationsbedürfnisse der einzelnen Funktionsbereiche gezielt befriedigt werden. Schließlich
erlauben sie eine fälschungssichere Dokumentation der Mitteilungen. Ihr Einsatz
im materialwirtschftlichen Bereich wird dadurch gefördert, daß ein großer Teil der
operativen Daten einen hohen Standardisierungsgrad und ausgeprägten Wieder-
holcharakter aufweist. Für Bedarfsanforderungen von Lagerartikeln ist die Lager-
bewegungs- oder Pendelkarte bei konventioneller Organisation noch immer gebräuchlich. Sie enthält neben der Artikelnummer, Artikelbezeichnung, Lagerort
und ABC-Klassifizierung Angaben über die für den Artikel in Frage kommenden
Lieferanten. Bei Erreichen des Meldebestands schickt die Lagerverwaltung diese
Karte zum Einkauf und löst damit den Bestellvorgang aus.

Durch mehrere Verfahren (Fotokopie, Umdruck oder Beifügung eines Datenträ-
gers, auf dem die bestellrelevanten Daten abgelocht sind) kann ohne erneute
Schreibarbeit von der Pendelkarte die Anfrage bzw. Bestellung erstellt werden. Da
die möglichen Lieferanten bereits auf der Pendelkarte festgehalten sind, entfällt
das Nachsuchen in der Lieferanten- und Materialkartei. Nach erfolgter Bestellung
wird die Pendelkarte an die Lagerverwaltung zurückgesandt, wobei vorher in vielen Unternehmen der ausgewählte Lieferant, die Bestellmenge und der vereinbarte Preis auf der Karte festgehalten werden.

Gewiß können gegen diesen weitgehenden Gebrauch von Pendelkarten Bedenken geltend gemacht werden, wobei besonders auf die Gefahr des Verlustes der Pendelkarte und auf die Tendenz zum Stamm- bzw. Hoflieferanten hingewiesen sei. Deshalb scheint es angebracht, sie vornehmlich bei B- und C-Artikeln einzusetzen, weil sie hier die Relation Wert/Arbeitsaufwand entscheidend verbessert.

Aber auch bei Erzeugnisstoffen zur Einmal-Verwendung haben sich formularmäßig gut gestaltete Bedarsanforderungen als Informationsträger zwischen Disposition/Bedarfsträger und Einkauf bestens bewährt, da sie gegenüber einer mündlichen Bedarfsaufgabe den Zeitaufwand senken, die Arbeitsabläufe im Einkauf besser planbar machen und Übermittlungsfehler ausschalten.

Ein Kernstück informationeller Verknüpfung verschiedener Funktionsbereiche im Unternehmen (Bedarfsträger, Registratur, Terminkontrolle, Warenprüfung und Rechnungsprüfung) und dem Einkauf ist das Bestellformular, das darüber hinaus auch noch den Informationsaustausch zwischen Lieferant und Einkauf über die erfolgte Bestellung dokumentativ gewährleistet. Die Fülle von Daten wird in einem Arbeitsgang bei der Bestellschreibung erstellt und für alle Ablaufstationen des Bestellvorgangs gleichzeitig festgehalten, wenn der Bestellformularsatz genügend Kopien enthält. Die Berücksichtigung spezieller Informationsbedürfnisse der einzelnen Adressaten, wie beispielsweise

– Lieferant: klare Versandvorschriften
– Terminkontrolle: genaue Terminangaben
– Warenannahme: Behandlung von Teillieferungen, innerbetrieblicher
        Empfänger
– Rechnungsprüfung: Einzel- und Gesamtpreis, Zahlungskonditionen

erleichtert und beschleunigt zusätzlich den Informationsprozeß.

Das Bestellformular fördert auch den Gebrauch verschiedener Nummernsysteme (Lieferanten-, Bestell- und Artikelnummern), worauf bei der Formulargestaltung ebenfalls Rücksicht zu nehmen ist.

Auch das Eintreffen der bestellten Ware muß mehreren Funktionsbereichen rasch mitgeteilt werden: Einkauf, Terminkontrolle, Qualitätsprüfung, Bedarfsträger, Rechnungsprüfung. Deshalb ersetzt die Praxis vielfach den Lieferschein des Lieferanten durch einen betriebsindividuellen Wareneingangsschein mit etwa 6 Kopien. Der Wareneingangsschein kann gleichzeitig mit der Bestellung erstellt und bis zum Eingang der Ware bei der Warenannahme deponiert werden. Manche Unternehmen übersenden ihn auch mit der Bestellung an den Lieferanten mit der Aufforderung, ihn bei Lieferung der Ware beizufügen.

Im Gegensatz zum Lieferschein des Lieferanten kann der Wareneingangsschein

– die Informationsbedürfnisse der betrieblichen Funktionsbereiche besser be
 rücksichtigen,

– die reibungslose Benutzung der betriebsindividuellen Nummernsysteme und Formularsätze gewährleisten,

– im Wareneingang umfangreiche Schreibarbeiten überflüssig machen,

– eine rasche Information aller interessierten Stellen gewährleisten und den festgelegten Materialfluß von der Warenannahme zur Bedarfsstelle sichern.

Der Materialentnahmeschein stellt einerseits die informationelle Verknüpfung zwischen Bedarfsträger und der Lagerverwaltung her. Andererseits unterrichtet er die Administration über den Verbrauch der Fertigungsstoffe, ohne den eine leistungsfähige Kostenrechnung nicht möglich ist. Außerdem dient er als Grundlage der Lagerbuchführung, sofern dies nicht von der Lagerverwaltung selber durchgeführt wird. Beim Materialentnahmeschein kommt es auf eine einwandfreie Angabe von Art und Menge des verbrauchten Materials an. Auch muß er eine Anzahl kostenrechnerisch relevanter Angaben enthalten, weshalb er oft im Rahmen der Stücklistenauflösung für Fertigungsmaterial von der Arbeitsvorbereitung angefertigt und von den Fertigungsstellen lediglich in Umlauf gesetzt wird.

Beim EDV-Einsatz entfallen einige Formulare (Pendelkarte, Materialentnahme- und Wareneingangsschein, Bedarfsanforderung) vielfach ganz. Ihre Funktionen werden dann entweder von den Stammdateien oder bestimmten Programmmodulen übernommen. Bei anderen Formularen fallen fast alle Kopien fort, da ihre Informationsfunktion vom Computer übernommen wird. Sollte über EDV auch die Textverarbeitung eingeführt werden, müssen die Formulare den Textautomaten angepaßt, standardisiert und zeilengerecht gestaltet werden, wobei in letzter Konsequenz ein Formular als Bestellung, Lieferschein und Buchungsbeleg dienen kann.

Übungsfragen und -aufgaben

1. Welche Ziele verfolgt die Aufbauorganisation?
2. Weshalb sollte die Materialwirtschaft gleichrangig mit den anderen Unternehmensbereichen in der Unternehmenshierarchie eingestuft werden?
3. Welche Vorteile ergeben sich aus einer zentralen Erledigung der Versorgungsfunktion?
4. Welche Nachteile ergeben sich aus einer zentralen Erledigung der Versorgungsfunktion?
5. Welche Mischformen zentral-dezentraler Materialwirtschaft kennen Sie, und wie ist in ihnen die Aufgabenverteilung geregelt?
6. Was verstehen Sie unter dem Mandatssystem?
7. Was verstehen Sie unter objektorientierter Stellenbildung, in we!chen Bereichen wird sie angewandt, und wie beurteilen Sie diese Art der Stellenbildung?

8. Was verstehen Sie unter funktionsorientierter Stellenbildung, in welchen Bereichen wird sie angewandt, und wie beurteilen Sie diese Art der Stellenbildung?

9. Was verstehen Sie unter Stabsstellen, und wo bringt ihre Einrichtung in der Materialwirtschaft Vorteile?

10. Welche Aufgaben haben Teams in der Materialwirtschaft?

11. Welche Ziele verfolgt die Ablauforganisation in der Materialwirtschaft bezüglich des Austausches von Informationen?

12. Welche Bedeutung hat die Gestaltung des Materialflusses in der Materialwirtschaft?

13. Nennen Sie wichtige Organisationsmittel im materialwirtschaftlichen Bereich.

14. Was verstehen Sie unter dem On-line-Verfahren?

15. Welche Vorteile bietet die EDV der Materialwirtschaft?

16. Welche Auswirkungen hat der vermehrte EDV-Einsatz auf die konventionellen Organisationsmittel Karteien und Formulare?

17. Erläutern Sie verschiedene Nummernsysteme.

18. Welchen Zwecken dient das Bestellformular?

19. Welche Informationen sollten zwischen den Stellen
    – durch Ausschüsse
    – auf dem Instanzenweg
    – mittels Formulare
    – mittels spezieller DV-Programme
    ausgetauscht werden?

20. Zeigen Sie Beziehungen zwischen aufbau- und ablauforganisatorischen Regelungen in der Materialwirtschaft auf.

Sechzehntes Kapitel
Controlling im Versorgungsbereich

16.1 Allgemeine Überlegungen

Funktionserweiterung und hierarchischer Aufstieg der Materialwirtschaft haben zu einem Umdenken bei der Erfolgsmessung für diesen Unternehmensbereich geführt. Das Vordringen entscheidungsvorbereitender und beratender Tätigkeiten sowie die Verlagerung von Entscheidungsprozessen in die Materialwirtschaft haben den Anteil der früher überwiegend rein exekutiven Tätigkeiten stark zurückgedrängt. Aber gerade auf letztere bezogen sich viele Kontrollmaßstäbe, die über die Messung der quantitativen Arbeitsergebnisse – wie bei exekutiven Arbeiten üblich – die Einkaufsleistung dokumentieren. Kennziffern wie

– Zahl der Bestellungen pro Einkäufer,
– Zahl der getätigten Anfragen pro Bestellung,
– Einkaufsvolumen pro Einkäufer,
– Bestellkosten pro Bestellung

haben ihre Bedeutung weitgehend verloren. Sie versagen bei der Beurteilung beratender, entscheidungsvorbereitender und entscheidender Tätigkeiten, geistiger Aktivitäten, die sich der Beurteilung durch Kennzahlen entziehen und sich letztlich nur am Ergebnis bzw. Erfolg würdigen lassen. Aber worin besteht der Einkaufserfolg, und wie ist er zahlenmäßig belegbar? Wie gewinnbringend und wettbewerbsstärkend werden die großen Ausgaben des materialwirtschaftlichen Bereichs eingesetzt? Hier versagen Kennzahlen, die auf rein quantitativer Basis aufgebaut sind. Es wurden in den letzten Jahren Beurteilungskriterien entwickelt, die eine Erfolgskontrolle indirekt über eine *Kostenkontrolle* oder direkt über eine *Leistungskontrolle* der Materialwirtschaft gewährleisten. Bevor im folgenden hierauf näher eingegangen werden soll, muß darauf hingewiesen werden, daß selbst bei befriedigender Lösung des sicheren Nachweises bestimmter Ergebnisse im materialwirtschaftlichen Bereich die Tatsache bestehen bleibt, daß diese Erfolge bzw. Mißerfolge in ganz erheblichem Maß von abteilungsexternen Faktoren beeinflußt werden. Zu diesen externen Faktoren gehört der Beschaffungsmarkt, der durch Konjunktur- und Marktstrukturbewegungen, Aufkommen neuer Problemlösungen und außerökonomischer Engpaß- bzw. Überschußsituationen die Ergebnisse materialwirtschaftlicher Tätigkeit herabmindern bzw. überhöhen kann. Die gleichen Wirkungen können ferner von anderen Bereichen des eigenen Unternehmens ausgehen, wobei beispielhaft auf Eilanforderungen durch den Fertigungsbereich und das Drängen auf Gegengeschäfte von seiten des Absatzes hingewiesen sei. Endlich

wird das materialwirtschaftliche Ergebnis ohne Zutun der dort Tätigen durch Maßnahmen der Beschaffungspolitik beeinflußt, etwa durch Festlegung bestimmter
Vergleichsfaktoren und deren Gewichtung sowie eine bestimmte Markt- und Lieferantenpolitik. Diese abteilungsfremden Einflußgrößen müssen bei jeder Art der
Kosten- und Leistungskontrolle berücksichtigt werden.

Da die Kontrolle der Leistung des materialwirtschaftlichen Bereichs allein über Ko-
stenkontrollen nicht möglich ist, sondern eher Faktoren wie Qualität der eingekauften Erzeugnisse, sichere Materialversorgung usw. berücksichtigt werden müssen, und
andererseits bei der Leistungskontrolle geistige und kreative Aktivitäten sich jeder
quantitativen Erfassung entziehen, wird die Kontrolle der materialwirtschaftlichen
Funktionserfüllung von einigen Seiten überhaupt abgelehnt. Als Begründung wird
neben den bereits genannten Schwierigkeiten darauf hingewiesen, daß

– schlechte Ergebnisse der materialwirtschaftlichen Funktionserfüllung in anderen Unternehmensbereichen (Fertigung, Rechnungsprüfung) erkannt werden;

– sachverständige Prüfer für eine wirklich qualifizierte Kontrolle schwer zu finden
  sind, so daß die Kontrolltätigkeit der Einkaufsleitung erweitert werden müßte,
  was die subjektive Komponente des Prüfvorgangs jedoch erheblich ausdehnen
  würde;

– die Kontrollkosten, gemessen am Erfolg, zu hoch sind, da der moderne Einkäufer
  ein außerordentliches Maß an Unempfindlichkeit und Unangreifbarkeit besitzt.

Diese resignative Grundhaltung wird zunehmend von *Controllingaktivitäten* abgelöst, die wie folgt beschrieben werden können:

– zukunftsbezogene Denkweise,
– Ausrichtung auf das Betriebsergebnis,
– abteilungsübergreifende Betrachtungsweise,
– gezielte Informationsversorgung aller Entscheidungsträger.

Hierbei wird auch die strategische Orientierung der Versorgungsfunktion berücksichtigt, da Beschaffungs- und Logistikstrategien erst mit einer gewissen Zeitverzö-
gerung operative Einkaufserfolge ermöglichen.

Derartige Controllingkonzepte tragen dazu bei,

– Schwachstellen im Versorgungsbereich frühzeitig zu erkennen und deren Beseitigung anzustreben,

– Bereichsegoismen zu überwinden,

– Schnittstellen durch Kooperationen zu überbrücken,

– eine Gesamtkostenbetrachtung gegenüber isolierten Teilkostenaspekten sicherzustellen.

Controlling unterstützt somit die innerbetriebliche Akzeptanz der Versorgungsfunktion und erhöht die Anziehungskraft dieses Unternehmensbereichs für den qualifizierten Nachwuchs.

16.2 Instrumente des Controlling

Controlling befaßt sich zunächst mit der *Entwicklung von Plangrößen* in Form von

- Kennzahlen,
- Budgetierung,
- Zielvorgaben.

Diese Planzahlen können teilweise aus dem betrieblichen Rechnungswesen und der Gesamtplanung abgeleitet werden. Teilweise muß sich der Controller derartige Größen jedoch selbst erarbeiten, wobei er auf die Mitwirkung der materialwirtschaftlichen Aufgabenträger wegen ihrer technischen und marktseitigen Spezialkenntnisse angewiesen ist.

Die *ständige Kontrolle* dieser Plangrößen mittels

- Zeitvergleich,
- Betriebsvergleich,
- Soll-/Istvergleich

bildet einen zweiten Schwerpunkt des Controlling.

Der Zeitvergleich scheidet im materialwirtschaftlichen Bereich weitgehend aus, da sich die Beschaffungsmärkte im Zeitverlauf ständig verändern und auch der Betriebsbedarf in quantitativer und qualitativer Hinsicht schwankt. Auch der Betriebsvergleich kommt selten zur Anwendung, da die Rahmenbedingungen von Unternehmen zu Unternehmen stark variieren, so daß der Soll-/Istvergleich überwiegend Anwendung findet.

Die *Abweichungsanalyse* versucht abschließend, die Ursachen für festgestellte Abweichungen zwischen Plan- und Istgrößen herauszuarbeiten und sie den Entscheidungsträgern nahezubringen.

16.3 Sollgrößen des Materialwirtschaftscontrolling

Die in Zahlen gefaßten Zielvorgaben für den operativen Bereich bzw. die in Aktionsprogrammen festgehaltenen strategischen Ansätze bilden die Basis aller Controllingkonzepte. Sie beziehen sich einmal auf die verschiedenen Kostenarten des materialwirtschaftlichen Optimums, zum anderen auf Faktoren, die Rückschlüsse auf die Leistungsfähigkeit der Funktionsträger ermöglichen.

16.3.1   Allgemeine Kennzahlen

Da die Versorgungsfunktion durch die abnehmende Fertigungstiefe das Betriebsergebnis, die Liquidität und die Wettbewerbskraft beeinflußt, sollen allgemeine Kennzahlen ihre Bedeutung für das Gesamtunternehmen verdeutlichen. Hierzu dienen folgende Größen:

– %-Anteil der Materialkosten an den Gesamtkosten,
– %-Anteil der Vorräte an der Bilanzsumme,
– Zahl der eingekauften Artikel,
– Zahl der Lieferanten,
– Höhe der Materialgemeinkosten.

Hierdurch soll die Erkenntnis gefördert werden, daß die Versorgungsfunktion häufig den größten Kostenblock bzw. ein großes Erfolgspotential der Unternehmung darstellt. Dies fördert die Bereitschaft anderer Unternehmensbereiche, die für Einkaufserfolge unerläßliche Zusammenarbeit auf der Basis horizontaler Kooperation statt vertikaler Unterordnung zu praktizieren.

16.3.2   Kennzahlen zur Kostenkontrolle

Derartige Kennzahlen sind in vielfältiger Form in der betrieblichen Praxis anzutreffen, da sie relativ leicht aus dem Rechnungswesen abgeleitet und im operativen Bereich gut verwendet werden können.

16.3.2.1   Kontrolle der Anschaffungskosten

Die Anschaffungskosten als Produkt von Einkaufsmenge und Einstandspreis stellen den Hauptkostenblock innerhalb der Materialgesamtkosten dar. Aus der Überlegung, daß die Einkaufsmengen bei der Untersuchung der Lagerkosten berücksichtigt werden bzw. die Verantwortung für die Mengen anderen Unternehmensbereichen zuzuordnen ist, werden zur Kontrolle der Anschaffungskosten Beurteilungsmaßstäbe aufgebaut, die auf den erzielten Einstandspreisen beruhen. Derartige Beurteilungsmaßstäbe sind in der Praxis beliebt, da der Preis einer Ware ein leicht quantifizierbarer Maßstab ist.

16.3.2.1.1 Preise vergangener Perioden

Jeder ordnungsgemäß geführte Einkauf verfügt über Preiskarteien bzw. Einkaufs-statistiken, aus denen die Preisveränderungen der letzten Jahre ersichtlich sind. Diese Preise vergangener Perioden werden als Maßstab für die Preise der Gegen-wart benutzt, wobei auf den Veränderungen die Beurteilung beruht. Damit wird aber auch die Unzulänglichkeit des reinen Zeitvergleichs sichtbar. Die vergange-nen Einstandspreise den neuen Istpreisen gegenüberzustellen, bedeutet nichts an-deres, als weder betriebsseitig analysierte noch um Mengen-, Konjunktur- sowie Saisonschwankungen bereinigte Preise zu benutzen. Außerdem birgt dieses Vorge-hen – wie jeder Zeitvergleich – die Gefahr in sich, überhöhte Preise mit überhöhten Preisen zu vergleichen.

Trotz aller Mängel wird der Vergangenheitspreis dort unentbehrlich bleiben, wo es keinen anderen Maßstab gibt, wo man ihn als Grundlage für den Aufbau eines Soll-Istvergleichs mit Normal- oder Standardeinkaufspreisen benötigt und wo er dazu dient, Gewohnheitsrenten bei langjährigen Lieferanten aufzudecken.

16.3.2.1.2 Durchschnittsmarktpreise

Zumindest theoretisch kann dieses Verfahren dadurch verbessert werden, daß der erzielte Einstandspreis am gegenwärtigen Durchschnittsmarktpreis gemessen wird, da dann alle Einflüsse aus den Bewegungen des Beschaffungsmarktes eliminiert werden. Zwar würde die Beurteilung der Einkaufsleistung immer noch durch be-triebliche Einflußfaktoren und Änderungen der Einkaufsmengen beeinträchtigt, jedoch lassen sich diese leichter in den Griff bekommen. Die große Schwierigkeit ist vielmehr die Ermittlung des Durchschnittsmarktpreises. Insbesondere bei zeich-nungsgebundenen Teilen und nicht normierten Halbfabrikaten handelt es sich um Märkte mit äußerst geringer Markttransparenz, die einen schnell zugänglichen Durchschnittsmarktpreis illusorisch erscheinen lassen.

In diesen Fällen kann der Durchschnittsmarktpreis oft durch den mittleren Ange-botspreis ersetzt werden. Dieser ergibt sich aus dem arithmetischen Mittel aller für ein zu beschaffendes Teil eingeholten Angebote:

$$\text{Einkaufsergebnis} = \begin{matrix} \text{mengenmäßiges} \\ \text{Auftrags-} \\ \text{volumen} \end{matrix} \quad \times \quad \left(\frac{\text{Summe aller Angebotspreise}}{\text{Anzahl der Angebote}} - \text{effektiver Kaufpreis} \right)$$

Auszusetzen an diesem Verfahren ist, daß hierbei der Einkäufer vielleicht weniger auf eine Ergebnisüberprüfung achtet, als vielmehr auf eine möglichst positive Darstel-lung seines Einkaufsergebnisses. Das kann er sehr leicht dadurch erreichen, daß er be-wußt eine Anzahl teurer Lieferanten anbieten läßt, die dann den mittleren Ange-botspeis in die Höhe treiben und den Einkäufer mit seinem effektiven Kaufpreis in einem möglichst positiven Licht erscheinen lassen. Trotzdem kann man sagen, daß der mittlere Angebotspreis ein erster Ansatz für ein brauchbares Controlling ist.

16.3.2.1.3 Einkaufsstandardwerte

In den Abteilungen, in denen die mengenmäßige Leistung schwer meßbar und die Irrationalität des Marktes vorherrschend ist, werden zur Ergebniskontrolle erwartete zukünftige Istkosten (Objectives, Budgetkosten) zu Beginn einer Periode prognostiziert, woran man am Ende der Periode die tatsächlich erzielten Ergebnisse messen kann.

Auch im materialwirtschaftlichen Bereich haben diese Überlegungen in Form von Einkaufsstandardwerten Eingang gefunden. Hierzu hat auch die Tatsache beigetragen, daß durch die Bewertung der durch Absatz- und Produktionsprogramm vorgegebenen Verbrauchsmengen mit den Einkaufsstandardwerten eine fundierte zukunftsorientierte Finanz- und Ertragsplanung erreicht wird. Die Problematik dieses Systems liegt in der Frage, wie diese Werte zustandekommen, die im zukünftigen Beschaffungszeitpunkt anfallen.

Sehr viel spricht für die Lösung, daß nur der Einkäufer selber die Einkaufsstandardwerte festlegen kann, da nur er aufgrund seiner speziellen Marktkenntnisse hierzu in der Lage ist. Um jedoch zu vermeiden, daß er durch möglichst hohen Ansatz der Einkaufsstandardwerte seine Leistung ungerechtfertigt erhöht, können folgende Vorkehrungen getroffen werden:

– Die Einkaufsstandardwerte werden in Zusammenarbeit Einkäufer – Einkaufsleiter bzw. Controller festgelegt.

– Als Beurteilungskriterium dient nicht die Differenz zwischen Einkaufsstandardwert und tatsächlich erzieltem Einstandspreis, sondern der Grad ihrer Übereinstimmung am Ende der Periode.

16.3.2.1.4 Einkaufszielpreise

Bei der Entwicklung von Einkaufszielpreisen wird versucht, längerfristige Konzepte zur Senkung der Anschaffungskosten in die Betrachtung einzubeziehen. Einkaufszielpreise ergeben sich aus einer Kombination vielfältiger Überlegungen, was beispielhaft folgende Vorgehensweise zeigt:

Pro Artikel wird dem Einkaufswert des Vorjahres, korrigiert um etwaige Mengenveränderungen zu Vorjahrespreisen, die sich aus den aktuellen Angeboten ergebende Bruttoverteuerung gegenübergestellt. Sodann wird geprüft, ob durch

– Wertanalyse (Substitution),
– Einkaufsaktivitäten (Lieferantenwechsel),
– beschaffungspolitische Maßnahmen

eine Reduzierung der Bruttoverteuerung erreicht werden kann.

Die Entwicklung derartig aufgebauter Einkaufspreise sollte wegen des damit verbundenen Aufwands auf strategische und Hebelprodukte beschränkt werden, die sich aus Überlegungen der ABC-, XYZ- oder Portfolio-Analyse gewinnen lassen. Außerdem sollten derartige Soll-/Istvergleiche wegen der langfristigen Bemühungen von Prämissen- und Planfortschrittskontrollen begleitet werden.

16.3.2.2 Kontrolle der Bestellabwicklungskosten

Ein anderes Verfahren der Kostenkontrolle baut auf den Erkenntnissen der Kostenarten- und Kostenstellenrechnung auf und stellt einen anderen Kostenblock der gesamten Beschaffungskosten, die Bestellabwicklungskosten, in den Mittelpunkt seiner Überlegungen. Diese Kosten, die bei der Vorbereitung und Abwicklung einer Bestellung anfallen und Aufgaben wie Beschaffungsmarktforschung, Wertanalyse, Aufbau eines Beschaffungsplans, Einholen von Angeboten, Angebotsbearbeitung usw. einschließen, werden in jeder Kostenarten- und Kostenstellenrechnung erfaßt. Sie stehen seit jeher im Blickpunkt des materialwirtschaftlichen Geschehens und werden zur Kontrolle des materialwirtschaftlichen Bereichs benutzt. Im Rahmen der Prozeßkostenrechnung werden neuerdings aus diesen Untersuchungen weitreichende Konsequenzen für ihre Reduzierung gezogen.

Zunächst spielen die Kosten pro Bestellung eine große Rolle, die durch einfache Division ermittelt werden:

$$\frac{\text{monatliche Kosten der Beschaffungsabteilung}}{\text{monatliche Anzahl der Bestellungen}} = \text{Kosten einer Bestellung}$$

Da diese Meßzahl eine rein rechnerisch ermittelte Größe ist, die eine spezielle Wertung der Bestellvorgäng vermissen läßt, wird zusätzlich der durchschnittliche Wert einer Bestellung ermittelt:

$$\frac{\text{Gesamtbestellwert pro Monat}}{\text{monatliche Anzahl der Bestellungen}} = \text{durchschnittl. Wert einer Bestellung}$$

Um Manipulationen dieser Kontrollgrößen durch die Zahl der Bestellungen, die ja in großem Umfang vom Einkauf gesteuert werden kann, zu vermeiden, wurde eine dritte Meßzahl entwickelt:

$$\frac{\text{Gesamtbestellwert pro Monat}}{\text{Kosten der Beschaffungsabteilung pro Monat}} = \text{Bestellwert pro 1,– DM Kosten}$$

Diese letzte Kennzahl ist zur Kontrolle der Bestellabwicklungskosten deshalb zu empfehlen, weil insbesondere die Kennzahl „Kosten einer Bestellung" die Einkäufer nicht mehr dazu anhalten würde, durch große Bestellmengen – gegebenenfalls in Form von Abrufaufträgen – die reinen Verwaltungskosten zu senken und außerdem günstige Rabattsätze und niedrige Frachtraten zu erzielen. Im Gegenteil würden sie fast dazu herausgefordert, möglichst viele Bestellungen zu veranlassen, was sicherlich zur Unwirtschaftlichkeit führt, die man doch gerade vermeiden will.

16.3.2.3   Kontrolle der Lagerhaltungs- und Logistikkosten

Einen weiteren wichtigen Kostenblock innerhalb der gesamten Beschaffungskosten stellen die Lagerhaltungs- und Logistikkosten dar. Für ihre Beurteilung bieten sich folgende Kennzahlen an:

$$\text{Lagerhaltungskostensatz} = \frac{\text{Lagerhaltungskosten}}{\text{Ø Lagerwert}} \times 100$$

$$\text{Lagerumschlagshäufigkeit} = \frac{\text{Materialverbrauch pro Periode}}{\text{Ø Lagerbestand}}$$

Diese Kennzahlen, die betriebsindividuell weiter verfeinert werden können, zeigen, wie wirkungsvoll das Kapital eingesetzt wird. Ein hoher Lagerumschlag läßt beispielsweise auf eine geringere Kapitalbindung schließen, reduziert aber auch andere Kostenarten des Lagerbereichs, wie Schwund und Überalterung. Auch von der richtigen Bemessung der Sicherheitsbestände und der Wahl geeigneter Anlieferungsverfahren hängt die Höhe des in Vorräten gebundenen Kapitals und der Logistikkosten ab.

16.3.3   Kennzahlen zur Leistungskontrolle

Die Auswirkungen entscheidungsrelevanter und kreativer Aktivitäten im Versorgungsbereich spiegeln sich nicht nur in kostenrelevanten Kennzahlen wider. Der Grad der Funktionserfüllung läßt sich vielmehr auch anhand folgender Kennzahlen beurteilen:

- Beanstandungsquote $= \dfrac{\text{Zahl der Reklamationen}}{\text{Gesamtzahl der Lieferungen}}$

- Verzugsquote $= \dfrac{\text{Zahl der verspäteten Lieferungen}}{\text{Gesamtzahl der Lieferungen}}$

- Servicegrad $= \dfrac{\text{Zahl der befriedigten Bedarfsmeldungen}}{\text{Gesamtzahl der Bedarfsmeldungen}}$

- Anzahl der Wertanalyseteams mit materialwirtschaftlicher Beteiligung

- Anzahl der Lieferanten, die einer kontinuierlichen Bewertung unterzogen werden

- Anzahl der Lieferanten, mit denen langfristige Partnerschaftsverträge abgeschlossen wurden

Das ausführliche Mitarbeitergespräch bietet eine weitere Hilfe der Leistungskontrolle im materialwirtschaftlichen Bereich. Daneben bieten solche persönlichen Kontakte die Möglichkeit, aufgedeckte Schwachstellen näher zu ergründen, d.h. auf externe, interne oder im Aufgabenträger liegende Ursachen zurückzuführen. Aus derartigen Erkenntnissen können dann in der Abweichungsanalyse geeignete Korrekturmaßnahmen erarbeitet werden. Auch ist das Vorhandensein einer dokumentierten Materialwirtschaftspolitik ein Indiz für eine leistungsfähige Materialwirtschaft.

16.4 Zusammenfassung

Controlling in der Materialwirtschaft kann einen wesentlichen Beitrag zur Verbesserung des Unternehmenserfolgs leisten. Durch die konsequente Steuerung der Materialgemeinkosten und der Lagerbestände können Kostensenkungen bewirkt und Kostenverlagerungen innerhalb des Unternehmens vermieden werden. Durch die verbesserte Kooperation zwischen bedarfsauslösenden Stellen und der Materialwirtschaft werden wertanalytische Bemühungen um die Senkung der Materialkosten ebenso begünstigt wie gezielte Verhaltensweisen auf einzelnen Beschaffungsmärkten. Ferner weist Controlling auf Lösungsansätze zur Kostensenkung hin, die in der Hektik des Tagesgeschäfts und durch abteilungsbezogene Denkweise übersehen oder nicht mit der genügenden Energie weiterverfolgt werden.

Durch die Vernetzung der einzelnen Kennzahlen zu Kennzahlensystemen werden die Wechselbeziehungen zwischen den verschiedenen Größen aufgezeigt. Hierbei bietet es sich an, Vergleichsmaßstäbe zu kombinieren, die kontroverse Kostenverläufe innerhalb der Materialgesamtkosten symbolisieren, etwa

- Umschlagshäufigkeit (↔) Servicegrad (vgl. Abbildung 16.1)
- Durchschnittsmarktpreise (↔) Beanstandungsquote
- Bestellabwicklungskosten (↔) Lieferantenbewertung

Hierdurch wird der Informationsgehalt einzelner Kennzahlen erhöht und voreiligen Schlußfolgerungen infolge isolierter Betrachtungsweise vorgebeugt.

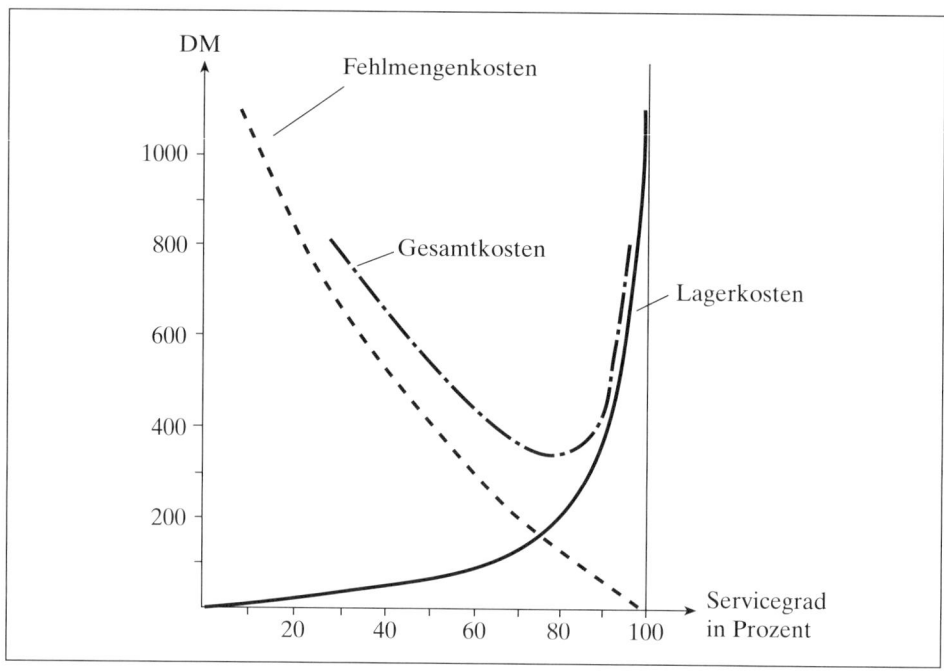

Abbildung 16.1: Gesamtkosten als Funktion des Servicegrades

Übungsfragen und -aufgaben

1. Welche Ziele verfolgt das Materialwirtschaftscontrolling?
2. Warum schenkt das Controlling dem Versorgungsbereich große Beachtung?
3. Auf welche Objekte bezieht sich das Materialwirtschaftscontrolling?
4. Weshalb sind Untersuchungen über den Beitrag der Materialwirtschaft zum Unternehmensergebnis schwierig?
5. Nennen Sie einige Meßgrößen, um die verschiedenen Kostenarten im materialwirtschaftlichen Bereich zu überprüfen.
6. Wie arbeitet der Soll-/Ist-Vergleich auf der Grundlage von Einkaufsstandardwerten, und wie beurteilen Sie dieses Verfahren?
7. Wie errechnen Sie die Lagerumschlagshäufigkeit, und was sagt Ihnen diese Kennzahl?
8. Warum gewinnt die Leistungskontrolle gegenüber der Kostenkontrolle eine größere Bedeutung?
9. Nennen Sie einige Kriterien zur Beurteilung der Leistungsfähigkeit der Versorgungsfunktion.
10. Warum ist die Vernetzung mehrerer Kennzahlen zu einem Kennzahlensystem erstrebenswert, und wie gehen Sie dabei vor?

Siebzehntes Kapitel
Sonderprobleme der Beschaffung

17.1 Besonderheiten des Investitionsgütereinkaufs

Die Beschaffung von Investitionsgütern findet in vielen Unternehmen besondere Beachtung. Anlagenintensive Betriebe haben häufig spezielle Organisationseinheiten gebildet, die sich unter den Bezeichnungen „technischer Einkauf" oder „Anlagenbeschaffung" getrennt von der übrigen Materialwirtschaft diesem Spezialgebiet widmen.

Bei Investitionsvorhaben werden langfristige Weichenstellungen vorgenommen und große finanzielle Mittel gebunden. Deshalb ist das Interesse der Unternehmensleitungen sehr groß. Außerdem befassen sich die technischen Unternehmensbereiche intensiv mit der Anlagenbeschaffung, sei es, daß sie generelle Machbarkeitsanalysen vornehmen oder auf andere Weise den Rahmen künftiger Investitionsentscheidungen bereits im Vorfeld festlegen.

Ein wesentliches Merkmal des Investitionsgütereinkaufs ist somit die enge Verzahnung maßgeblicher Unternehmensbereiche mit allen Vor- und Nachteilen von Gremienarbeit. Einer ausgewogenen, von allen Beteiligten getragenen, Entscheidungsfindung stehen Zeitverluste und die menschliche Kontakte belastenden Interessenkonflikte gegenüber, wie Abbildung 17.1 verdeutlicht.

Technik	Unternehmensleitung Einkauf
1. Leitmotive	
– Funktionsdenken – Sicherheitsdenken	Versorgungsdenken Kosten-/Nutzendenken
2. Konfliktgründe	
– Interesse an modernster Technik im Interesse der Qualität der Enderzeugnisse	– Interesse an Marktforschung, intensivem Wettbewerb der Hersteller und Verfahrensalternativen
– Streben nach zügiger Abwicklung nach Abschluß der Vorplanungen	– Beachtung der Folgekosten, was zu Änderungen im technischen Konzept führen kann
– Furcht vor Einengung des eigenen Handlungsspielraumes durch Qualitäts-, Abmessungs- und Toleranzvorschriften	– Vermeidung von Quasimonopolen der Hersteller durch Vorschriften über Bauart, Ersatzteilversorgung und spezielle Betriebsstoffe

Abbildung 17.1: Leitmotive und Konflikte bei Technik und Unternehmensleitung/Einkauf

Im Beschaffungsbereich hat sich eine Unterteilung der Investitionsgüter in

– Erstkauf,
– modifiziertem Wiederholungskauf,
– unmodifiziertem Wiederholungskauf

durchgesetzt, da hierdurch u.a. der sehr unterschiedliche Informationsbedarf der Entscheidungsträger berücksichtigt wird (vgl. Abbildung 17.2).

Dimension \ Typ	Neuheit des Problems	Informations- bedarf	Beachtung von Alternativen
Erstkauf	hoch	groß	wichtig
modifizierter Wiederholungskauf	mittel	einge- schränkt	begrenzt
unmodifizierter Wiederholungskauf	gering	gering	keine

Abbildung 17.2: Informationsbedarf bei unterschiedlichen Kaufklassen

Bei modifizierten und besonders bei unmodifizierten Wiederholungskäufen verfügen alle Beteiligten bereits über vielfältige Informationen und Erfahrungen, so daß kein großer Unterschied zum Einkauf von laufendem Produktionsbedarf besteht. Beim Erstkauf von Einzelaggregaten und ganzen Fertigungsstraßen hingegen ist wegen der Einmaligkeit und der langfristigen Auswirkungen des Investitionsvorhabens eine andere Verfahrensweise üblich. Der Entscheidungsprozeß zerfällt in zwei Teilbereiche, und zwar in eine

– Grundsatzentscheidung, die mittels Absatzmarktforschung, Investitionsrechnungen und technischer Analysen die Frage klärt, ob investiert werden soll oder nicht,

und eine

– Kaufentscheidung, die nach positiver Klärung der ersten Frage festlegt, welches Aggregat bei welchem Lieferanten in Auftrag gegeben wird.

Die folgenden Ausführungen beschäftigen sich mit dem zweiten Fragenkomplex, obwohl auch bei den Grundsatzentscheidungen der Einkauf wertvolle Beiträge liefern kann.

17.1.1 Charakteristika von Investitionsgütermärkten

Investitionsgütermärkte weisen häufig eine oligopolistische bzw. monopolistische Marktstruktur auf. Ursache ist die Nischenpolitik vieler Hersteller. Auf ihrem Spezialgebiet verfügen sie über ein hervorragendes Know-How, Gebrauchsmuster-

und Patentrechte sowie partnerschaftliche Beziehungen zu den technischen Abteilungen ihrer Kunden. Hieraus kann sich eine beträchtliche Reduzierung des Wettbewerbs ergeben mit negativen Folgen für das Preis-/Leistungsverhältnis.

Ein weiteres Merkmal der Investitionsgütermärkte ist ihre ausgeprägte Konjunkturempfindlichkeit. Die Anbieter verfügen über eine relativ starre Fertigungskapazität und einen festen Stamm von Fachkräften, so daß sie an einer gleichmäßigen Beschäftigung interessiert sind. Diese ist jedoch oftmals gefährdet, da die Abnehmer auf Grund spezieller Branchenkonjunkturen oder zeitlich befristeter steuerlicher Investitionsanreize ein stark schwankendes Nachfrageverhalten zeigen. Diese Diskrepanzen führen im Boom zu erheblichen Verlängerungen der Lieferzeit und Preisanhebungen, während im Konjunkturtief Preiszugeständnisse zu beobachten sind. Auch versuchen die Anbieter, über eine Pflege des Ersatzteilgeschäfts sowie durch ständige Entwicklung neuer Zusatzaggregate und Nachrüstungsangebote bestehender Anlagen eine Absicherung der Kapazitätsauslastung zu erreichen.

Die Angebotspreise entziehen sich im Investitionsgüterbereich häufig einer zufriedenstellenden Beurteilung. Dies ist einmal auf die technische Komplexität der Anlagen zurückzuführen, zum anderen auf die vielfältigen Serviceleistungen der Hersteller bei der Planung, Installation und Inbetriebnahme von Anlagen. Zusätzlich verfolgen viele Anbieter eine Preispolitik, die den Preis der Grundmaschine in einem günstigen Licht erscheinen läßt, während sie bei Ersatzteilen, Wartungsarbeiten sowie speziellen Betriebsstoffen eine Hochpreispolitik betreiben.

Um dennoch eine ausreichende Markttransparenz zu erreichen, bedarf es besonderer Anstrengungen. Diese reichen von der Einschaltung externer Berater bis zur intensiven Vorbereitung von Besuchen wichtiger Spezialmessen, die häufig jedoch nur in mehrjährigem Rhythmus veranstaltet werden. Sorgfältig ausgearbeitete Anfragen/Leistungsverzeichnisse können zu aufschlußreichen Informationen der Hersteller beitragen. Eine weitere beachtenswerte Informationsquelle stellen die Referenzlisten der Hersteller dar, jedoch nur dann, wenn die bisherigen Betreiber der Anlagen auch systematisch nach ihren Erfahrungen befragt werden. Erheblichen Zeitaufwand erfordert das Studium von Fachzeitschriften, deren hohes Niveau gute Ergebnisse verspricht.

17.1.2   Die Folgekostenproblematik

Im Gegensatz zu Erzeugnisstoffen, bei denen neben den Anschaffungskosten die Lager-, Bestellabwicklungs- und Fehlmengenkosten beachtet werden müssen, spielen bei der Anlagenbeschaffung neben den Anschaffungskosten die Folgekosten eine große Rolle. Sie resultieren aus der Tatsache, daß mit dem Kauf einer Anlage langfristige Konsequenzen bezüglich der Planungs-, Nutzungs- und Instandhaltungskosten verbunden sind. Diesen Gedanken verdeutlicht das Life Cycle Cost-

Konzept, das die Gesamtkosten eine Anlage auf folgende Bestimmungsgründe zurückführt (vgl. Abbildung 17.3).

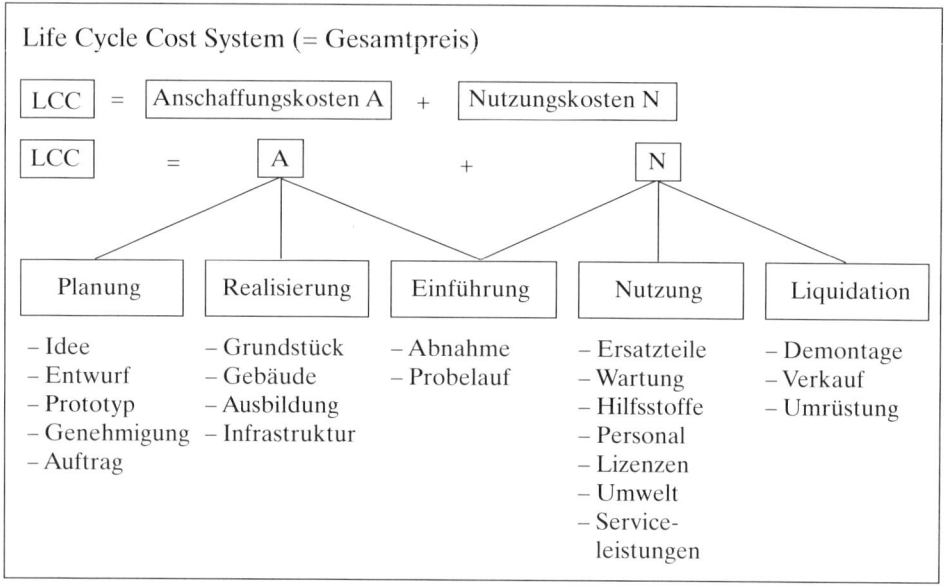

Abbildung 17.3: Life Cycle Cost System

Es ist deshalb wichtig, bei der Entscheidungsfindung Faktoren zu berücksichtigen, die die Folgekosten beeinflussen. Hierzu zählen

- Leistungs- und Verbrauchszahlen,
- technische Dokumentation, reparaturgerechte Konstruktion/Ausfallrisiko,
- Ersatzteilversorgung,
- Umbau- und Erweiterungsmöglichkeiten,
- Raumbedarf,
- Serviceleistungen des Lieferanten bei Installation, Probelauf und Wartung,
- Image des Lieferanten/Gebrauchtmaschinenmarkt für den jeweiligen Maschinentyp,
- Finanzierungshilfen des Lieferanten.

Aus diesen allgemeinen Überlegungen müssen speziell auf das einzelne Investitionsgut ausgerichtete Beurteilungskriterien abgeleitet werden, die neben dem Preis (Gleit- oder Festpreis) der Anlage zum Zweck der Gesamtkostenbetrachtung zu beachten sind.

17.1.3 Juristische Aspekte

Rechtliche Basis der Anlagenbeschaffung ist weitgehend das Werkvertragsrecht (§§ 631 ff. BGB), ergänzt durch Spezialverordnungen (z.B. VOB). Wesentliche Unterschiede zum Kaufvertragsrecht bestehen darin, daß

– die unverzügliche Prüfung und Mängelrüge durch die Abnahme ersetzt wird,

– zugesicherte Eigenschaften häufig anzutreffen sind,

– bei Fehlern und Fehlen einer zugesicherten Eigenschaft in erster Linie die Nachbesserung vorgesehen ist,

– längere Verjährungsfristen gelten.

Das gleiche trifft auch für die in der Industrie häufig anzutreffenden Werklieferungsverträge zu, bei denen im Unterschied zum Werkvertrag der Hersteller das Material beistellt und es sich um eine nicht vertretbare Sache handelt. Sind vertretbare Sachen Gegenstand eines Werklieferungsvertrages, gilt weitgehend Kaufvertragsrecht.

Die Individualität und Einmaligkeit des Investitionsgütereinkaufs verhindern die Anwendung der im Einkauf üblichen „Allgemeinen Einkaufsbedingungen". Vielmehr sollten alle Rechte und Pflichten der Vertragsparteien in Individualverträgen genauestens festgehalten werden, um Risikoverlagerungen und zu Mehrkosten führende Unklarheiten auszuschalten. Auch wird die Durchsetzung von Ansprüchen bei Leistungsstörungen erleichtert. In diesem Zusammenhang sei besonders auf Ansprüche aus Garantien/zugesicherten Eigenschaften, Termin/Fixgeschäft und Konventionalstrafen hingewiesen, über die eine umfangreiche Spezialliteratur Auskunft gibt.

In Randbereichen der Anlagenbeschaffung gilt bei beratenden Serviceleistungen von Lieferanten oder Dienstleistungen externer Berater Dienstvertragsrecht (§§ 611 ff. BGB). Die Abgrenzung beider Rechtsgrundlagen bereitet bezüglich der Wartungs-/Instandsetzungsverträge Schwierigkeiten. § 611 Abs. 2 BGB nennt als Vertragsgegenstand von Dienstverträgen „Dienste jeder Art", während § 631 BGB auf die Herstellung eines Werkes abstellt. Nach gängiger Rechtsprechung werden Wartungsverträge heute als Werkverträge angesehen, wenn nicht besondere Umstände des Einzelfalls dagegen sprechen.

Bei allen im Investitionsgüterbereich anfallenden Dienstverträgen ist auf eine exakte Beschreibung des zu erbringenden Dienstes und die Qualifikation des Dienstleistenden zu achten. Dieser muß zwar den vereinbarten Dienst leisten, schuldet aber nicht den vom Auftraggeber damit angestrebten Erfolg. In den Vorschriften des Dienstvertragsrechts fehlen jegliche Regelungen über Schlechterfüllung, so daß nur auf die Grundsätze über die Haftung für positive Vertragsverletzung (Verletzung von Sorgfaltspflichten) zurückgegriffen werden kann.

17.1.4 Finanzierungsfragen

Der hohe Wert der Anlagen hat erhebliche Auswirkungen auf den Finanzbereich der Unternehmen. Deshalb ist den Zahlungsbedingungen und der finanziellen Solidität der Hersteller besondere Aufmerksamkeit zu widmen. Häufig müssen vor der Fertigstellung der Anlage beträchtliche Anzahlungen geleistet werden. Die Finanzkraft des Abnehmers wird zusätzlich dadurch belastet, daß die zu zahlenden Gelder nicht immer aus dem normalen Umsatzprozeß gewonnen werden können, sondern eine Sonderfinanzierung (Eigenkapital, einbehaltene Gewinne, Darlehen) erfordern. Da langfristiges Kapital oftmals fehlt und zudem hohe Kosten verursacht, tritt gelegentlich an die Stelle des Kaufs das Leasing. Zu den Leasing-Gebern zählen u.a.

- Immobilienfonds (z.B. bei Gebäuden),
- Leasinggesellschaften (z.B. bei Maschinen),
- Hersteller (z.B. DV-Anlagen/Autos).

Leasing-Nehmer ist in erster Linie die Industrie, der ein Kapazitätsauf- bzw. -ausbau ohne sofortige Bereitstellung großer Kapitalbeträge ermöglicht wird. Darüberhinaus übernimmt der Leasing-Geber gegen entsprechendes Entgelt häufig zusätzliche Wartungs- und Reparaturleistungen.

Der Grundgedanke des Leasing liegt darin, daß zur wirtschaftlichen Nutzung eines Objekts der Besitz und nicht das Eigentum im juristischen Sinn im Vordergrund steht. Von der Miete im Sinne des BGB kaum zu unterscheiden ist das Operating-Leasing, das auf einem von beiden Partnern kurzfristig kündbaren Vertrag beruht. In der Praxis bedeutsamer ist das Financial-Leasing, das im Gegensatz zum Operating-Leasing eine feste Grundmietzeit vorsieht, in der der Vertrag nicht gekündigt werden kann.

Ein zusätzliches Interesse am Leasing aus der Sicht des Leasing-Nehmers besteht in der steuerlichen Abzugsfähigkeit der Leasingraten. Dazu hat der Bundesfinanzhof 1970 Leitsätze aufgestellt und der Bundesminister für Finanzen verschiedene Erlasse herausgegeben. Danach wird das Leasingobjekt dem Leasinggeber nur dann bilanziell zugerechnet – Voraussetzung für die Abzugsfähigkeit der Raten beim Leasingnehmer – wenn die Grundmietzeit mindesens 40 % und höchstens 90 % der betriebsgewöhnlichen Nutzungsdauer beträgt.

Beim *Vollamortisationsvertrag* werden die Raten so kalkuliert, daß die Kosten des Leasing-Gebers nach Ablauf der Grundmietzeit gedeckt sind und ein Gewinn verbleibt. Die Kosten umfassen die Anschaffungs- oder Herstellungskosten, alle Nebenkosten (z.B. Verwaltungskosten) und die Finanzierungskosten (z.B. die Kosten der Refinanzierung). Da die Kosten- *und* Gewinnvorstellungen der Leasinggesellschaften die Höhe der Raten bestimmen, ist es nicht verwunderlich, daß der Kreditkauf meistens günstiger abschneidet. Ein anderes Bild könnte sich unter Um-

ständen dadurch ergeben, daß die Dispositionen im Anschluß an die Grundmietzeit vorteilhaft ausfallen. Als solche kommen in Betracht:

– Keine Option:
  Nach Ablauf der Grundmietzeit wird das Objekt an die Leasinggesellschaft
  zurückgegeben.

– Kaufoption:
  Leasing-Nehmer kann das Objekt kaufen, wobei der Preis nicht niedriger als der
  Buchwert bei linearer AfA sein darf, wenn die steuerlich günstige Zurechnung
  beim Leasing-Geber gesichert sein soll.

– Mietverlängerungsoption:
  Die Anschlußmiete darf nicht niedriger sein als die lineare AfA, wenn das Objekt dem Leasing-Geber zugerechnet werden soll.

Die steuerlich attraktive Zurechnung des Leasingobjektes beim Leasing-Geber erfolgt beim *Teilamortisationsvertrag,* wenn der Leasing-Nehmer das *Restwertrisiko*
trägt. Das wiederum hängt im einzelnen davon ab, wie der Vertrag abgefaßt ist, d.h.
ob mit

– Andienungsrecht:
  Leasing-*Geber* erhält das Recht, das Objekt nach Ablauf der Grundmietzeit an
  Leasing-Nehmer zu verkaufen oder anderweitig zu verwerten. Je nach Vertragsbedingungen kann eine eventuelle Mehrerlösbeteiligung des Leasing-Nehmers
  vorgesehen sein.

– Kündigungsrecht:
  Leasing-*Nehmer* erhält das Recht, nach Ablauf einer Mindest-Grundmietzeit zu
  kündigen. Eine Anschlußzahlung kann vereinbart werden, die um einen eventuellen Verwertungserlös zu kürzen ist.

Wenn die genannten Regelungen nicht erfüllt werden, dann wird das Leasing-Objekt
dem Leasing-Nehmer zugerechnet. Das ist außerdem der Fall beim *Spezial-Leasing,*
wo das Objekt auf die speziellen Bedürfnisse des Leasing-Nehmers zugeschnitten ist,
der es auch als einziger nach Ablauf der Grundmietzeit weiterverwerten kann. Die
Leasing-Gesellschaften haben sich aber mit der Vertragsformulierung auf die Vorschriften zur steuerlichen Behandlung des Leasing eingestellt, so daß die Zurechnung
beim Leasing-Nehmer hier nicht weiter erörtert werden soll.

Leasing wird vielfach nur unter finanztechnischen und -politischen Aspekten diskutiert. Die Entscheidung für Kauf oder Leasing hat aber eine umfassendere betriebswirtschaftliche Dimension. Unabhängig von der Vorteilhaftigkeit der Finan-
zierungsform ist das betreffende Objekt zu beschaffen, so daß auf jeden Fall der
Einkauf mitwirken muß. Das schließt nicht aus, daß bei schwierigen Detailfragen
die Rechts- und Finanzabteilung hinzuzuziehen ist.

Ein besonderer Schwerpunkt beim Leasing liegt neben der Finanzierungsfunktion in der Technikfunktion. Der schnelle technische Fortschritt führt häufig dazu, daß Anlagegüter im Verhältnis zu ihrer Lebensdauer technisch und wirtschaftlich überholt werden. Das Leasing-Konzept in der vorherrschenden Form macht die Unternehmen flexibel, weil

– die Grundmietzeit kürzer als die erwartete Nutzungsdauer ist,
– der Leasing-Nehmer nur zahlt, solange er das Objekt produktiv nutzt („pay as you earn"),
– der Leasing-Nehmer das Know-How des Leasing-Gebers in Anspruch nehmen kann,
– der Leasing-Geber häufig Full-Service-Angebote unterbreitet (z.B. Autoleasing, Immobilienleasing).

Es ist allerdings darauf zu achten, daß solche Vorzüge nicht durch andere Nachteile kompensiert werden. Als Beispiele seien Beschränkungen bei der Nutzung und den Laufzeiten der Objekte sowie bei der Auswahl von Lieferanten für komplementäre Anlagegüter oder Materialien genannt. So sollte besonders vom Einkauf wegen seiner allgemeinen Erfahrung im Umgang mit Lieferanten ein Urteil über den Leasing-Geber sowie über Vertragsformen und -inhalte eingeholt werden, wenn er nicht ohnehin federführend agiert.

17.1.5   Strategien zur Aufrechterhaltung der Betriebsbereitschaft

Im Gegensatz zu Erzeugnisstoffen sind in die Bestellentscheidung bei Investitionsgütern unbedingt die Ergebnisse der Überlegungen zur Aufrechterhaltung der Betriebsbereitschaft einzubeziehen. In der Praxis werden folgende Instandhaltungsstrategien unterschieden:

1. Instandsetzung bei Funktionsuntüchtigkeit, auch Feuerwehrprinzip oder Breakdown-Strategie genannt.
   Hierbei verschiebt man Instandhaltungsmaßnahmen bis zum akuten Reparaturfall, wobei alle Aktivitäten auf eine möglichst rasche Wiederinbetriebnahme gerichtet sind.

2. Vorbeugende Instandhaltung, auch Schornsteinfegerprinzip oder Preventive-Maintenance-Strategie genannt.
   Nach langfristigen Instandhaltungsplänen werden bei dieser Strategie die einzelnen Anlagen überprüft bzw. bestimmte Teile ausgetauscht. Man wartet also nicht bis zum Ausfall der Anlage, sondern macht die Reparatur von einer bestimmten Betriebsstundenzahl abhängig. Fast alle gesetzlichen Wartungsauflagen bedienen sich dieses Prinzips.

Um zu verhindern, daß bei derartigen Pauschalaktionen noch intakte Teile ausgetauscht bzw. unnötige Reparaturarbeiten durchgeführt werden, bedient man sich vielfältiger Fehleridentifikationsmethoden, um den tatsächlichen Zustand der einzelnen Komponenten einer Maschine beurteilen zu können.

3. Strategie der Doppelanordnung, auch Zwillingssystem genannt. Hat die Anlagenverfügbarkeit eine hohe Priorität bzw. sind die benötigten Maschinenkomponenten nicht zu teuer, findet diese Strategie Anwendung. Man hält komplette Baugruppen und Anlagen vor, um bei Ausfall durch einfaches Umschalten die Betriebsbereitschaft aufrecht zu erhalten.

Die Aufrechterhaltung einer ausreichenden Betriebsbereitschaft setzt eingehende Analysen und Planungen voraus, um ein Optimum zwischen den Kosten einer Betriebsunterbrechung und den Kosten für Lagerhaltung von Ersatzteilen und Durchführung von Reparatur- und Wartungsarbeiten zu finden.

Anhaltspunkte für die im Einzelfall beste Instandhaltungsstrategie sind für den technischen Bereich u.a.

– Ausgereiftheit der Anlage,
– Einzelaggregat oder Teilkomponente einer Fertigungsstraße,
– Existenz einer unternehmenseigenen Instandhaltungsabteilung,
– Auswirkungen eines Anlageausfalls auf andere Unternehmensbereiche,
– Gute Zeichnungsunterlagen,
– Klarheit über den Verschleißcharakter der Ersatzteile (Verschleißteile oder Sicherheitsreserveteile),
– Umbau- und Erweiterungsmöglichkeiten.

Diese Überlegungen führen zu einer befriedigenden Beurteilung des Ausfallrisikos einer Anlage.

Der Einkauf sollte in der Lage sein, die Kostenwirkung der verschiedenen Strategien zu beurteilen, indem er sich u.a. um folgende Informationen bemüht:

– Standort und Serviceleistungen des Lieferanten,
– Zuverlässigkeit des Lieferanten,
– %-Anteil von DIN- bzw. zeichnungsgebundenen Teilen in der Anlage,
– zeitliche Dimension von Preis- und Nachlieferungsgarantien für Ersatzteile,
– mögliche Beschaffungsalternativen für die auf der Anlage produzierten Teile.

Die Fragen müssen unbedingt vor der endgültigen Bestellentscheidung geklärt werden. Sie haben einen erheblichen Einfluß auf die Wahl und Ausstattung des jeweiligen Investitionsgutes sowie auf den Vertragsinhalt der Bestellung. Eine nachträgliche Korrektur der einmal gewählten Strategie ist häufig nicht möglich oder sehr aufwendig, da nach Vertragabschluß eine enge Bindung an den Hersteller und an die gewählte Anlage besteht.

17.1.6   Der Beitrag des Einkaufs im Projektteam

Die bisherigen Ausführungen machen deutlich, daß nur in einem multipersonalen Entscheidungsprozeß die vielfältigen Aspekte des Investitionsgütereinkaufs zufriedenstellend berücksichtigt werden können. Eine Dominanz der technischen, aber auch der betriebswirtschaftlichen Unternehmensbereiche sollte vermieden werden. Deshalb haben sich in den letzten Jahren Team- und Projektarbeit im Rahmen des Buying-Center-Konzepts mehr und mehr durchgesetzt. Unter einem Buying-Center ist die gedankliche Zusammenfassung aller am Kaufprozeß beteiligten Personen zu verstehen.

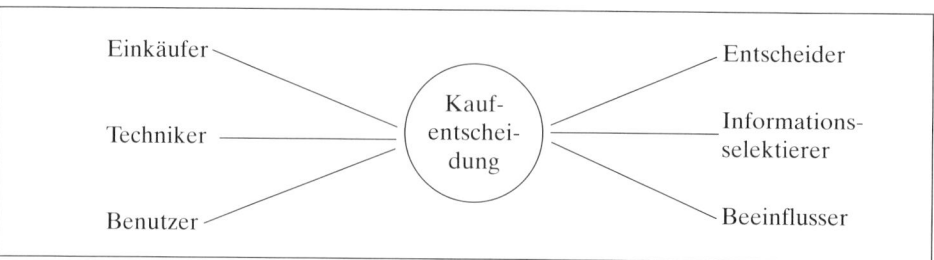

17.1.6.1   Vermeidung von Wettbewerbsbeschränkungen

Die Hersteller von Investitionsgütern versuchen, durch vielfältige Maßnahmen technische Bereiche und Unternehmensleitung zu beeinflussen (back-door-selling). Hierzu zählen Sympathiewerbung in Fachzeitschriften und Managermagazinen, technische Beratung und Projektvorführungen auf Messen sowie die Bereitschaft zu Versuchen bei speziellen Fertigungsproblemen oder örtlichen Besonderheiten. Hierdurch werden die Kontakte zwischen der Technik des eigenen Hauses und dem einzelnen Hersteller häufig dergestalt intensiviert, daß auf der Bedarfsmeldung nur noch eine ganz bestimmte Maschine, wenn nicht sogar der Lieferantenname erscheint. Durch intensive Beschaffungsmarktforschung sollte der Einkäufer verhindern, daß in einem zu frühen Stadium des Entscheidungsprozesses mögliche Alternativen ausgeschaltet bzw. gar nicht in Erwägung gezogen werden. Hierzu können die Einschaltung externer Berater und Anfragen bei möglichen Herstellern dienlich sein, die lediglich eine Funktionsbeschreibung der geplanten Anlage beinhalten. Erst im Verlauf der Beratungen wird es dann zu einer Konkretisierung kommen, an deren Ende die Erarbeitung einer detaillierten Anfrage/Leistungsbeschreibung steht, die aus Beschaffungssicht folgenden Zielen dient:

– Motivation möglicher Lieferanten zur Erarbeitung eines aussagefähigen Angebots, was oft erheblichen Zeitaufwand und Kosten herstellerseits erfordert,

– Möglichkeit, durch geschickte Aufgliederung der Gesamtanlage in Einzelkomponenten Einblick in die Kostenstruktur zu erhalten und mittels Preisstrukturanalyse zu einem Zielpreis bzw. zu einem Argumentationskatalog für mögliche Verhandlungen zu kommen,

– Erhalt vergleichbarer Angebote, um die Bewertungs- und Gewichtungsprobleme bei den Einzelangeboten zu lösen.

17.1.6.2 Durchführung eines qualifizierten Angebotsvergleichs und anschließende Vergabeverhandlungen

Inhalt, Vielfalt und Gegenläufigkeit der Beurteilungskriterien führen dazu, daß der reine Preisvergleich zugunsten von Mehrfaktorenvergleichen ausscheidet. Der Einkauf sollte hierbei auf die Wahl aussagefähiger Vergleichsfaktoren achten, die eine sichere Beurteilung der Anlage und deren Folgekosten unter Berücksichtigung der gewählten Instandhaltungsstrategie ermöglichen. Als Vorgehensweise sollte er Punktungsverfahren (z.B. Kepner, Tregoe) vorschlagen, wie er sie auch bei seiner sonstigen Tätigkeit ständig anwendet. Hierdurch werden Dokumentation und Nachvollzug sichergestellt und die Diskussion der Beteiligten in der Projektgruppe bei Meinungsverschiedenheiten erleichtert. Auch ist der Einkauf besonders befähigt, die Ergebnisse des Angebotsvergleichs in einem Strategiepapier zusammenzustellen, das die Verhandlungsziele und Argumente für die Abschlußverhandlung festhält. Diese Art der Vorgehensweise ist gleichzeitig eine erfolgversprechende Vorbereitung auf die Verhandlungsstrategie der Anbieter, die auch noch Nutzen daraus ziehen könnten, daß die Mitglieder des Buying-Center unterschiedliche Meinungen ihnen gegenüber vertreten.

Ein Sonderproblem bei der Angebotsbearbeitung stellt die Beurteilung von Leasingverträgen dar. Hierbei hat der Einkauf auf folgende Gesichtspunkte zu achten:

– Vergleichbarkeit der Leasingangebote bezüglich Grundmietzeit, Verlängerungsmodalitäten, Gebühren und Höhe der Leasingraten,

– Auswirkungen des Leasingvertrags auf Haftungsbeschränkungen, Instandhaltung, Wartung und Ersatzteile,

– Auswirkung des Leasingvertrags auf möglicherweise notwendig werdende Umrüstungen der Anlage im Zuge von Produktionsumstellungen,

– Kosten-/Nutzenanalyse zwischen den Alternativen Kauf auf Grundlage weitgehender Fremdfinanzierung oder Leasing.

17.1.6.3 Sicherung der Abwicklung von Investitionsvorhaben

Einen wesentlichen Beitrag zur reibungslosen Installierung eines Investitionsgutes stellt zunächst die Durchführung des Angebotsvergleichs dar, in dem alle Informationen zu einer Bestellentscheidung verdichtet wurden. Der Einkauf ist dafür verantwortlich, daß die erzielten Ergebnisse vollständig und eindeutig im Vertrag mit dem Hersteller enthalten sind. Hierbei ist besonders auf eine juristisch einwandfreie Vertragsgestaltung bezüglich

– zugesicherter Eigenschaften,
– Fixtermine,
– Abnahmemodalitäten,
– Gewährleistungsfristen,
– Konventionalstrafen,
– Zahlungs- und Lieferungsbedingungen

zu achten. Der Einkauf hat hierbei die aktuelle Rechtsprechung zu beachten und in Zweifelsfällen juristischen Rat in Anspruch zu nehmen. Auf der Basis derartiger Verträge ist eine Terminsicherung durch Netzplantechnik, Fortschrittskontrollen beim Hersteller und Überwachung der Vorarbeiten im eigenen Haus in Zusammenarbeit mit den Bedarfsträgern möglich.

Gleiches gilt für die Durchführung der Abnahme der gelieferten Anlage, indem der Einkauf durch entsprechende Aktivitäten und Organisationsmittel dafür sorgt, daß

– sachverständige Aufgabenträger die Abnahme vornehmen,
– vereinbarte bzw. vorgeschriebene (VOB) Abnahmefristen beachtet werden,
– mögliche Nachbesserungsarbeiten des Herstellers überwacht werden,
– vor Ende der Gewährleistungs- und Garantiefristen eine letztmalige Überprüfung der Anlage durchgeführt wird.

Zusammenfassend kann festgestellt werden, daß der Einkauf im Buying-Center wertvolle Beiträge im gesamten Entscheidungsprozeß leisten kann, die weit über die früher üblichen Abwicklungsaktivitäten hinausgehen. Diese Mitarbeit setzt jedoch voraus, daß

– er frühzeitig in den Planungs- und Entscheidungsprozeß eingeschaltet wird,

– seine Gleichrangigkeit gegenüber den anderen Teammitgliedern gewährleistet ist,

– er neben einer aktiven Grundeinstellung ein Mindestmaß an technischem Verständnis und ein Höchstmaß an Teamfähigkeit besitzt,

– ihm neben seinen sonstigen Aufgaben im operativen Bereich genügend Zeit für die Projektarbeit zur Verfügung steht.

17.2 Besonderheiten der Versorgungsfunktion in Handelsunternehmen

Im Gegensatz zu Industrieunternehmen entfällt im Handel der Funktionsbereich der Produktion. Vielmehr stehen verschiedenartige Dienstleistungen im Mittelpunkt von Handelsaktivitäten, die sich aus der Mittlerfunktion zwischen den produzierenden und abnehmenden bzw. weiterverarbeitenden Gliedern einer Volkswirtschaft ergeben. Durch die Überwindung zeitlicher, räumlicher, quantitativer und qualitativer Spannungen wird die Sacheignung von Wirtschaftsgütern zur Verwendungsreife geführt. Die wissenschaftliche Untersuchung dieser Zusammenhänge hat sich in einem System der Handelsfunktionen niedergeschlagen, die Handelsunternehmen erfüllen.

Nach Seyffert zählen hierzu:

- **Überbrückungsfunktionen**
  - Raumüberbrückungsfunktion
  - Lagerfunktion
  - Vordispositionsfunktion
  - Preisausgleichsfunktion
  - Kreditfunktion
- **Warenfunktionen**
  - Quantitätsfunktion
  - Qualitätsfunktion
  - Sortimentsfunktion
- **Funktionen des Makleramtes**
  - Markterschließungsfunktion
  - Interessenwahrungs- und Beratungsfunktion

17.2.1 Die Betriebsformen des Handels

Nach ihrem Erscheinungsbild gegenüber der Kundschaft werden Handelsunternehmen häufig wie folgt eingeteilt:

- **Großhandelsbetriebe**
  - Sortimentsgroßhandel
  - Spezialgroßhandel
  - Cash and Carry-Großhandel
  - Rack-Jobber
- **Einzelhandelsbetriebe**
  - Fachgeschäft
  - Supermarkt
  - Warenhaus
  - SB-Warenhaus
  - Boutique
  - Verbrauchermarkt

Die Marktanteile der verschiedenen Betriebsformen unterliegen erheblichen Schwankungen. Auch tauchen immer wieder neue Bezeichnungen auf.

In Ergänzung zu diesen einstufigen Handelsunternehmen haben sich mehrstufige Handelsbetriebe entwickelt. Sie verbinden großhändlerische Merkmale (Absatz an Wiederverkäufer und Weiterverarbeiter) mit solchen des Einzelhandels (Verkauf an jedermann).

Diese mehrstufigen Handelsbetriebe haben ihren Ursprung vielfach in einkäuferischen und logistischen Überlegungen. Als Kooperationsform von Einzelhändlern gleicher Branche haben sich zahlreiche Einkaufsgenossenschaften gebildet (EDEKA, REWE usw.). Ein Beispiel vertikaler Kooperation zwischen Groß- und Einzelhandel sind die freiwilligen Ketten. Aber auch durch Konzentrationsbewegungen, oft mittels Kapitalbeteiligung, sind derartige mehrstufige Betriebe entstanden (METRO). Hierzu zählen Filialunternehmen, Waren- und Versandhäuser. Ein hervorstechendes Merkmal aller mehrstufigen Handelsbetriebe ist eine Zentralisierung der Versorgungsfunktion zwecks Aufbau von Nachfragemacht und Entwicklung leistungsfähiger Warenwirtschaftssysteme, um hierdurch die eigene Wettbewerbsfähigkeit zu stärken.

17.2.2   Die Wettbewerbsinstrumente von Handelsunternehmen

Zwischen den einzelnen Betriebsformen herrscht ein starker Wettbewerb. Im Einzelhandel ist dies bedingt durch relativ niedrige Eintrittsbarrieren neuer Wettbewerber, im Großhandel durch die Vorwärtsintegration finanzstarker Industrieunternehmen. Im Gegensatz zu Industrieunternehmen ergibt sich das absatzpolitische Instrumentarium des einzelnen Handelsunternehmens aus den Faktoren

– Preis,
– Sortiment,
– Service,
– Standort.

Isoliert, häufiger jedoch in einem Mix, dienen sie der Profilierung des einzelnen Handelsunternehmens gegenüber seinen Mitbewerbern.

Auf die Ausgestaltung der Instrumente Standort und Service hat die Versorgungsfunktion geringen Einfluß. Bei der Realisierung niedriger Verkaufspreise und aktueller Sortimente kann sie jedoch wertvolle Beiträge leisten. Hierbei darf nicht übersehen werden, daß der Anteil der Warenkosten etwa 60-70 % der Gesamtkosten ausmacht und die Kosten der Warenbewirtschaftung eine wichtige Größe bei den Betriebs- und Handlingkosten darstellen.

17.2.3 Zentralisierungstendenzen der Versorgungsfunktion

Im gesamten Handelsbereich, speziell bei Handelsunternehmen, die ihre Preis- und Sortimentsgestaltung als kritische Erfolgsfaktoren betrachten, ist eine Tendenz zur Errichtung von Zentraleinheiten im Versorgungsbereich festzustellen. Hierdurch werden folgende Ziele angestrebt:

- Stärkung der Nachfragemacht gegenüber Lieferanten, insbesondere von Markenartikeln, durch Mengenbündelung,

- Ausschöpfung überregionaler Beschaffungsmärkte durch aktives Beschaffungsmanagement,

- Aufbau leistungsfähiger Warenwirtschaftssysteme durch die zentrale Implementierung entsprechender EDV-Systeme,

- Qualifizierte Mitwirkung der Versorgungsfunktion bei wichtigen unternehmenspolitischen Fragen, insbesondere der Preis- und Sortimentspolitik,

- Gestaltung und Durchsetzung beschaffungspolitischer Maßnahmen.

So einleuchtend diese Argumente sind, es gibt auch Schwierigkeiten, die gegen eine zu starke Zentralisierung sprechen:

- Unkenntnis der Zentraleinkäufer bezüglich der Kundenwünsche. Dies trifft besonders für Filialbetriebe mit einem regional weitgefächerten Niederlassungsnetz zu. In jedem Fall besteht die Gefahr, daß von der Kundschaft nicht gefragte Artikel beschafft werden.

- Die Reaktionszeiten auf die sich oft rasch ändernden Kundenwünsche sind zu lang.

- Die Kosten für die Überbrückung von Schnittstellen zwischen den Zentraleinheiten im Versorgungsbereich und den dezentralen Verkaufsstellen sind erheblich.

- Eine eindeutige Zuordnung von Kompetenzen und Verantwortlichkeiten ist kaum möglich.

Diese Schwierigkeiten sind nur durch eine enge Zusammenarbeit zwischen Einkauf und Verkauf zu überwinden. Aufbau- und ablauforganisatorische Maßnahmen zur Absicherung dieser Interaktionen werden bei der Darstellung wichtiger Beschaffungsaktivitäten kurz aufgezeigt.

17.2.4   Wichtige Aufgaben aktiver Handelseinkäufer

17.2.4.1   Beschaffungsmarktforschung

Wenn der aktive Handelseinkäufer nicht der Verkäufer seiner Lieferanten, sondern der Einkäufer seiner Kunden sein will, setzt dies eine genaue Kenntnis der Beschaffungsmärkte voraus. Wichtige Objekte der Beschaffungsmarktforschung sind hierbei:

– das Warenangebot
  Hierbei interessieren Neuigkeiten, Substitutions- und Ergänzungsartikel, Veränderungen der Angebotsmengen und die Marktverfassung wichtiger Vormärkte. Aber auch über die Akzeptanz der eingekauften Artikel seitens der Kundschaft müssen Informationen gesammelt werden, um richtige Entscheidungen bezüglich des Beschaffungsprogramms zu treffen.

– der Lieferant
  Das Verhältnis zu den Lieferanten ist häufig schwieriger als in der Industrie. Durch Sprungwerbung, Produktgestaltung, Logistikkonzepte u.a. versuchen insbesondere Markenartikelhersteller, ihr Marketingkonzept gegenüber dem Handel durchzusetzen. Auch erschweren Rabatt- und Bonusregelungen die Errechnung realistischer Einstandspreise. Außerdem ist es wichtig zu wissen, ob der Lieferant im warenwirtschaftlichen Bereich integrationsfähig ist und eigene Verkaufsförderungsmaßnahmen aktiv zu unterstützen bereit ist.

– Beschaffungsverhalten der Mitbewerber
  Da im Handel eine Festlegung des qualitativen Betriebsbedarfs mittels Stücklistenverfahren nicht möglich ist, versuchen Handelseinkäufer, durch Beobachtung des Beschaffungsverhaltens der Mitbewerber Antwort auf folgende Fragen zu erhalten:
  – Welche Artikel werden im Sortiment geführt?
  – Gibt es Hinweise auf Sondervereinbarungen mit bestimmten Lieferanten (Exklusivverträge, Depot-Verträge usw.)?
  – Können über die Verkaufspreise der Mitbewerber Schlüsse auf die von ihnen gezahlten Einkaufspreise gezogen werden?

Die Informationsquellen der Beschaffungsmarktforschung im Handel unterscheiden sich kaum von denen der Industrie. Die Bedeutung der Messen ist allerdings im Handel höher, und bei den innerbetrieblichen Quellen sind die Kontakte zu Marketing- und Verkaufstellen des eigenen Hauses sehr wichtig.

17.2.4.2 Der Beitrag zur Sortimentserneuerung

Das Sortiment eines Handelsunternehmens umfaßt alle angebotenen Artikel. Es kann untersucht werden unter Aspekten

- der Funktionserfüllung, die sich im Anteil des
  - Kernsortiments,
    Zusatzsortiments,
  - Werbesortiments
  am Gesamtsortiment beurteilen läßt

- der Artikeldynamik, die sich im Anteil der
  - gängigen,
  - müden,
  - Experimentierartikel
  widerspiegelt

- des Sortimentsumfangs, bei dem man die Breite und Tiefe eines Sortiments beurteilt.

Die Sortimentspolitik wird wegen ihrer Bedeutung für das Gesamtunternehmen weitgehend von der Unternehmensleitung und von Marketingüberlegungen bestimmt. Dennoch ist der Einfluß des Einkaufs nicht gering, da er durch ständigen Einbau neuer Artikel „müde" Artikel eliminiert. Auch kann er die Attraktivität des Werbesortiments durch geeignete Zukäufe wesentlich erhöhen. Eine dritte Aufgabe besteht darin, einer übermäßigen Sortimentsausdehnung entgegenzuwirken, da diese negative Auswirkungen auf Rabattvereinbarungen und Umschlagshäufigkeit hat.

In fast allen Handelsbetrieben mit einem Zentraleinkauf hat sich das Musterungsverfahren durchgesetzt, um Informationsdefizite zwischen der Einkaufs- und Absatzseite zu vermeiden. In diesen Gremien werden Entscheidungen über die künftige

- Markenplanung,
- Aktionsplanung,
- Preislagenplanung,
- Importplanung

in kollektiver Verantwortung gefällt. Auf der Basis der Ergebnisse intensiver Beschaffungsmarktforschung und Gängigkeitsanalysen wirkt der Einkauf an den Musterungsverfahren mit, indem er

- die notwendigen Muster und Konditionen neuer Artikel präsentiert,

- schlecht gehende Artikel zur Auslistung vorschlägt und einer Sortimentsausuferung entgegenwirkt,

– seine Beiträge zu Sonderaktionen und Importaktivitäten einbringt,

– die endgültige Sortimentsstruktur in Sortimentslisten festhält.

17.2.4.3 Der Beitrag zum Aufbau eines leistungsfähigen Warenwirtschaftssystems

Warenwirtschaftssysteme dienen dazu, die jederzeitige Verfügbarkeit der Artikel am point of sale ohne den Aufbau hoher Lagerbestände sicherzustellen. Außerdem sollen durch ablauforganisatorische Maßnahmen Bestellabwicklungskosten bei der Bestellung, im Wareneingang, bei Rechnungsprüfung und Regalpflege reduziert werden.

In den letzten Jahren wurden zwei wichtige Voraussetzungen geschaffen, derartige Warenwirtschaftssysteme zu verbessern:

Erstens die einheitliche Artikelnummerierung durch die Europäische Artikelnummerierung EAN. Hierbei handelt es sich mit Ausnahme von Kleingebinden um eine 13stellige Kennziffer, wobei

– die ersten beiden Stellen der Länderkennzeichnung,
– die nächsten fünf Stellen der Lieferantenkennzeichnung,
– die nächsten fünf Stellen der Artikelkennzeichnung,
– die letzte Stelle Prüfzwecken

dienen. Das EAN-System arbeitet als Strichcodierung. Dies ermöglicht zweitens den Einsatz elektronischer Scannerkassen und damit eine sofortige und sichere Verbuchung aller Warenein- und -ausgänge.

Hierdurch wird der Informationsaustausch zwischen Absatz-, Lager-, Finanz- und Einkaufsstellen sowie mit den Lieferanten wesentlich verbessert.

Der Einkauf kann diese Bemühungen durch den Abschluß systemadaequater Abruf-verträge unterstützen. Auch sollte er sich bemühen, logistische Schnittstellen zwischen Lieferant und eigenem Haus besser zu überbrücken, beispielsweise durch den Übergang von Meldebestandsverfahren zu Bestellrhythmusverfahren, durch Streben nach sortenreiner Palettierung und Einsatz von Europool-Paletten u.a. Mit wichtigen Lieferanten ist ein Rechnerverbund anzustreben, um bei kurzfristig auftretenden Bedarfsschwankungen die Lieferbereitschaft auch ohne hohe Sicherheitsbestände zu gewährleisten bzw. bei Nachfragerückgang unverkäufliche Restbestände zu vermeiden. In Zukunft wird der Einkauf die Warenwirtschaftssysteme nutzen können, um die Mengenplanung zu verbessern. Zwar hat der Handel bereits früher durch die Verfahren der exponentiellen Glättung erster und zweiter Ordnung versucht, Bedarfsprognosen zu qualifizieren. Die systembedingte Aktualisierung und Verbreiterung des Datenmaterials läßt jedoch auf bessere Ergebnisse hoffen.

17.2.4.4 Durchführung von Vergabeverhandlungen mit anschließender Bestellentscheidung

Vergabeverhandlungen mit Lieferanten werden im Handel durch erhebliche Zielkonflikte belastet. Diese gegensätzlichen Interessen beziehen sich u.a. auf

— **die Produkt- bzw. Sortimentspolitik**

Lieferant	*Handel*
Produktimage	Firmenimage
Markenimage	Verkaufsstellenimage
Distribution des gesamten Programms	Beschränkung auf gängige Artikel
Risikostreuung durch Diversifikation	Keine Sortimentserweiterung

— **die Vertriebspolitik**

Lieferant	*Handel*
Kontinuierlicher Absatz	Schnelle Belieferung je nach Abverkauf
große Bestellmengen	kleine Bestellmengen
Plazierung der eigenen Produkte am günstigsten Standort	Plazierungskonzept für das Gesamtsortiment

— **Preispolitik**

Lieferant	*Handel*
Preisfestlegung bezogen auf das eigene Herstellersortiment	Preispolitik bezogen auf das Gesamtsortiment, Kalkulatorischer Ausgleich
Eher hohe Einführungspreise zwecks Aufbau eines Produktimages	Eher niedrige Einführungspreise zwecks Spontankauf

Es trifft nicht zu, daß Vergabeverhandlungen und Jahresgespräche ausschließlich Angebotspreise und mögliche Rabatt- und Bonusfragen zum Gegenstand haben. Vielmehr müssen insbesondere bei langfristigen Lieferantenbeziehungen ständig Wege gesucht werden, um die skizzierten Interessengegensätze zu überwinden und eine auf gegenseitigen Nutzen ausgerichtete Kooperation zu schaffen. Derartige Vergabeverhandlungen müssen gut vorbereitet werden, da wichtige Bestimmungsgründe für ein gutes Preis-Leistungs-Verhältnis schwer quantifizierbar sind und sich deshalb einer exakten Zuordnung zum angestrebten Preis entziehen. Auch sollte bedacht werden, daß Lieferantenrepräsentanten verhandlungstechnisch bestens geschult und vom entsendeten Unternehmen in jeder Weise unterstützt werden. Sie besitzen – speziell bei Markenartikeln – eine starke Verhandlungsposition.

Ist die Bestellentscheidung gefallen, muß der Einkauf die getroffenen Vereinbarungen in klaren vertraglichen Abmachungen festhalten, wobei – je nach Artikelgruppe – neben Preisen und Konditionen folgende Punkte geregelt werden: Regalpflege, Regalmiete, Pflege und Behandlung von Verkaufshilfen/Kühltheken, Umtausch überlagerter Artikel (MVD), Serviceleistungen bei Kundenreklamationen, Fragen der Produkthaftung sowie Fragen der Kooperation im Logistik- und Distributionsbereich.

17.2.5 Der Einfluß von Markenartikeln auf die Einkaufsaktivitäten des Handels

Im Gegensatz zu Erzeugnisstoffen in der Industrie versuchen Anbieter von Konsumartikeln und standardisierten Gebrauchsgütern, Markenartikel zu schaffen. Wesentliche Merkmale derartiger Waren sind u.a.

– Markenname,
– eigenständiges Design,
– gleichbleibende Qualität,
– Verbraucherwerbung,
– größeres Absatzgebiet.

Durch die Käufernachfrage schaffen sie einen Nachfragesog beim Handel, der die Stellung des Einkäufers schwächt und ihn je nach Marktanteil und Werbeetat des einzelnen Markenartikels zum reinen Besteller degradiert. Er sieht sich einem Quasi-Monopolisten gegenüber, der viele einkäuferische Aktivitäten an sich zieht (Bedarfsermittlung, Logistik) oder überflüssig macht (Beschaffungsmarktforschung, Qualitätskontrolle, Terminkontrolle). Erschwerend kommt hinzu, daß die eigene Absatzseite die Zusammenarbeit mit Herstellern attraktiver Markenartikel aus folgenden Gründen favorisiert:

– sicherer Abverkauf,
– spezielle Verkaufsförderung,
– erleichterte Warenwirtschaft.

Zwar gelingt es ihr nicht, sich durch die Aufnahme gängiger Markenartikel gegenüber Mitkonkurrenten zu profilieren. Auch ist mit relativ bescheidenen Handelsspannen zu kalkulieren. Insgesamt gesehen bleibt es jedoch bei der positiven Einstellung der Absatzverantwortlichen, was häufig zu Interessenskonflikten mit dem Einkauf führt.

In dieser schwierigen Lage wird versucht, in wichtigen Bereichen des Kernsortiments Nachfragemacht durch Mengenbündelung zu schaffen. Die zahlreichen Einkaufsgenossenschaften und sonstigen Konzentrationstendenzen haben hierin ihren Ursprung. Auch ist es möglich, durch gezielte Förderung kleinerer Konkurrenten die beherrschende Marktstellung großer Marken einzuschränken. In seltenen Fällen gelingt dies auch durch gezielte Einbindung ausländischer Anbieter.

In Zusammenarbeit mit der Absatzseite des eigenen Hauses können für kleine, aber umsatzstarke Sortimentsbereiche Hausmarken/Handelsmarken als Konkurrenz zu Markenartikeln geschaffen werden. Ein derartiger Schritt tangiert jedoch den Gesamtcharakter des Handelsunternehmens und muß deshalb sorgfältig geplant werden. Bei einer derartigen Vorgehensweise ändert sich das Aufgabenfeld des Handelseinkäufers, das sich dem eines Industrieeinkäufes nähert. Die Auswahl leistungsfähiger Lieferanten, Fragen der Qualitätssicherung, Termin-, Mengen- und Logistikprobleme stehen nunmehr im Mittelpunkt der einkäuferischen Aktivitäten.

Im Gegensatz zu dieser aggressiven Verhaltensweise kann in gewissen Fällen eine Kooperation mit starken Markenartikelherstellern angestrebt werden, indem durch den Abschluß von Exklusiv- und Depotverträgen, Gemeinschaftswerbung, gemeinsame Produktentwicklung u.a. die Wettbewerbsfähigkeit des eigenen Hauses gestärkt wird. Dies setzt jedoch voraus, daß das Handelsunternehmen durch vom Einkauf nicht realisierbare Faktoren im akquisitorischen Bereich (wie günstiger Standort, umfangreiche Service- bzw. Beratungsleistungen, Qualität der Geschäftsausstattung u.a.) für den Markenartikelhersteller einen interessanten Abnehmer darstellt.

17.2.6 Zusammenfassung

Die Versorgungsfunktion in Handelsunternehmen kann einen wichtigen Beitrag zum Betriebsergebnis im Handel leisten. Dazu ist der Übergang von einem bestellorientierten „passiven" zu einem marktorientierten „aktiven" Einkauf erforderlich. Hieraus erwachsen dem Handelseinkäufer folgende Hauptaufgaben:

- Beschaffungsmarktforschung zu betreiben,

- das Kern-, Werbe- und Zusatzsortiment bezüglich Sortimentsbreite und Sortimentstiefe zu beeinflussen,

- den Lebenszyklus der Artikel zu beobachten und zur Sortimentsaktualisierung beizutragen,
- saisonale Einflüsse bei der Sortimentsgestaltung zu berücksichtigen,

– bei der Sortimentsgestaltung den kalkulatorischen Ausgleich zu erzielen,

– Eigenmarken zu Konkurrenten von Markenartikeln zu machen,

– in Zusammenarbeit mit der Absatzseite eine ständige Sortimentsbeobachtung durchzuführen und das Verhalten der Kunden zu analysieren, um daraus gegebenenfalls umgehend entsprechende Schlußfolgerungen zu ziehen.

– durch günstige Einstandspreise und leistungsfähige Warenwirtschaftssysteme zum Markt- und Unternehmenserfolg beizutragen.

Übungsfragen und -aufgaben

1. Bei welchen Investitionsgütern ist der Informationsbedarf des Einkäufers besonders hoch, und welcher Informationsquellen sollte er sich vornehmlich bedienen?
2. Nennen Sie Ursachen, warum der Wettbewerb auf Investitionsgütermärkten häufig eingeschränkt ist.
3. Warum müssen Folgekosten bereits beim Angebotsvergleich berücksichtigt werden, und welche Vergleichsfaktoren eignen sich hierzu?
4. Diskutieren Sie die verschiedenen Strategien zur Aufrechterhaltung der Betriebsbereitschaft von Investitionsgütern.
5. Welche Anforderungen muß ein Anbieter von Investitionsgütern erfüllen, wenn der Abnehmer die Break-down-Strategie verfolgt?
6. Warum gewinnt bei der Beschaffung von Investitionsgütern der Team-Gedanke immer mehr an Bedeutung?
7. Machen Sie wichtige Beiträge des Einkaufs in einem Buying-center deutlich.
8. Auf welche Punkte sollte ein Einkäufer achten, wenn der Abschluß eines Leasingvertrags zur Finanzierung einer Investition erwogen wird?
9. Begründen Sie die große Bedeutung des Einkaufs für den Markt- und Unternehmenserfolg von Handelsbetrieben.
10. Wie beurteilen Sie die Zentralisierungsbestrebungen im Einkaufsbereich bei fast allen Betriebsformen des Einzelhandels?
11. Welche Beiträge zur Sortimentsbildung werden vom Einkauf im Rahmen von Musterungsverfahren erwartet?
12. Diskutieren Sie die Auswirkungen starker Markenartikel auf den Einkaufsbereich von Handelsunternehmen.
13. Welche Verhaltensweisen von Handelseinkäufern gegenüber Markenartikeln kennen Sie?
14. Diskutieren Sie die Bedeutung von Warenwirtschaftssystemen für den Einkauf im Handel.
15. Mit welchen Aktivitäten gelingt es dem Handelseinkäufer in erster Linie, den Einkaufserfolg sicherzustellen?

Literaturverzeichnis

ABELS, H.: Prozeßdenken versus Ressortdenken, in: Beschaffung aktuell, 1994, Heft 1, S. 20-23

AHLERT, D.; OLBRICH, R. (HRSG.): Integrierte Warenwirtschaftssysteme und Handelscontrolling, Stuttgart 1994

ARNOLD, U.: Strategische Beschaffungspolitik, Frankfurt a.M., Bern 1982

ARNOLDS, H.: Optimale Bestellmenge ist kostenbewußte Versorgungssicherung, Maschinenmarkt, 83 Jg. (1977), Heft 16, S. 275-277.

ARNOLDS, H.: Die Mitwirkung des Einkaufes bei der Festlegung des qualitativen Materialbedarfs, Zwanzig Jahre Düsseldorfer Einkäufer-Club (Festschrift), 1978, S. 45-49

ARNOLDS, H.: Grundlegende Aspekte der Zusammenarbeit zwischen Lieferant und Abnehmer bei der Qualitätssicherung zugekaufter Produkte, Der Betriebswirt, 22. Jg. (1981), Heft 1, S. 23-28.

ARNOLDS, H.: Die Bedeutung von Vorhersage- und Kontrollmethoden für die Lagerdisposition, Der Betriebswirt, 22. Jg. (1981), Heft 3, S. 22-28.

ARNOLDS, H.: Adaptive Bestellsysteme, 25 Jahre Düsseldorfer Einkäufer-Club (Festschrift), 1983, S. 69-71

ARNOLDS, H.: Das Logistikkonzept Jit/Kanban, in: Die industrielle Beschaffung im Spiegel von Theorie und Praxis (Hrsg. Von der Fachhochschule Niederrhein, FB Wirtschaft), Mönchengladbach 1988, S. 9-12

ARNOLDS, H.: Versorgungs- und Vorratswirtschaft. Logistische und dispositive Aspekte, Wiesbaden 1993

ARNOLDS, H.: Veränderte Aufgaben des Einkaufs im Rahmen von Just-in-Time-Konzepten, in: 35 Jahre Düsseldorfer Einkäufer-Club (Festschrift) 1993, S. 35-39

ARNOLDS, H.: Der Einfluß von Einkaufsentscheidungen auf die Finanzwirtschaft, in: Mönchengladbacher Schriften zur wirtschaftswissenschaftlichen Praxis, Bd. 5, Jahresband 1999, Aachen 2000, S. 11-37

ARNOLDS, H.; HEEGE, F.; TUSSING, W.: Beschaffungsmarketing, in: Marketing (Loseblattsammlung, Hrsg.: L.G. Poth), Teil 8, Neuwied 1995.

ARNOLDS, H.; HEEGE, F.; TUSSING, W: Supply Management, in: Source (Magazine for Business Partners of Loders Croklaan), 1994, Nr. 15, S. 4-8

AUSSCHUß WERTANALYSE (WA) IM DIN DEUTSCHES INSTITUT FÜR NORMUNG E.V.: Wertanalyse, Deutsche Norm, DIN 69910, August 1987

BACKHAUS, K.: Investitionsgüter-Marketing, 4. Auflage, München 1995

BAHLMANN, A.R.: Informationsbedarfsanalyse für das Beschaffungsmanagement, Gelsenkirchen 1982

BAIER, P.: Wertgestaltung – Ein Leitfaden zur organisierten Kostensenkung, München 1968

BARTH, K.: Betriebswirtschaftslehre des Handels, Wiesbaden 1988

BAUR, W.: Neue Wege der betrieblichen Planung, Berlin, Heidelberg, New York 1967

BEA, F.; GÖLTENBOTH, U.: Global Sourcing, in: Der Betriebswirt, 1994, Nr. 4, S. 7-12

BECKER, J.; ROSEMANN M.: Logistik und CIM. Die effiziente Material- und Informationsflußgestaltung im Industrieunternehmen, Berlin u.a. 1993

BERG, C.C.: Beschaffungsmarketing, Würzburg, Wien 1981

BESTERFIELD, D.H.: Quality Control, 3. Auflage, New Jersey 1990

BIERGANS, B.: Zur Entwicklung eines marketingadäquaten Ansatzes und Instrumentariums für die Beschaffung, 2. Aufl., Köln 1986

BLENKHORN, D.L.; LEENDERS, M.R.: Reverse Marketing. Wettbewerbsvorteile durch neue Strategien in der Beschaffung, Frankfurt, New York 1989

BLIESENER, M.; SCHARFF, G.: Marktforschung (Lehrwerk Industrielle Beschaffung, Bd. 11), Frankfurt a.M., o.J., S. 11-48

BLOECH, J.: Rottenbacher, S. (Hrsg.): Materialwirtschaft, Stuttgart 1986

BLOM, F.: Beschaffungsmarktforschung, Wiesbaden 1982

BME (HRSG.): Wertanalyse mit Lieferanten, BME-Schriftenreihe „wissen und beraten", Fankfurt a.M. 1988

BME (HRSG.): Lean Management-Konzepte und Konsequenzen für Materialwirtschaft, Einkauf und Logistik, Frankfurt 1992

BME-ARBEITSKREIS STUTTGART UND MITTLERER NECKAR: Verpackungsverordnung – Konsequenzen für Industrie und Handel, BME-Schriftenreihe „wissen und beraten", Frankfurt a.M. 1993

BMW AG (HRSG.): BMW und seine Liefranten. Der Geist, die Ziele und die Instrumente der Zusammenarbeit, München 1992

BORNEMANN, H.: Controlling im Einkauf, Wiesbaden 1987

BRETZKE, W.-R.: Pro und contra Outsourcing von Logistikleistungen, in: Beschaffung aktuell, 1993, Heft 6, S. 37-39

BURMEISTER, D.: Wertanalyse in Teamarbeit, in: Beschaffung aktuell, 1976, Heft 11, S. 18-20

BURMEISTER, D.: Wertanalyse mit Lieferanten – mehr als ein Lippenbekenntnis, in: Beschaffung aktuell, 1974, Heft 7/8, S. 30-34

BURMEISTER, D.: Möglichkeiten und Probleme bei der Wertanalyse mit Lieferanten, in: Der Betriebswirt, 1981, Heft 2, S. 23-34

BUSCH, H.F.: Materialmanagement in Theorie und Praxis, Lage, Lippe 1984

CAVINATO, J.L.: Outsourcing – What's it all about? in: The Southern Purchasor, September-October 1990, S. 8-12

CHRISTMANN, K.: Gewinnverbesserung durch Wertanalyse, Stuttgart 1973

CORDTS,J.: Beschaffungsmarktforschung, in: Einkaufsleiterhandbuch (Hrsg.: G. Bretschneider), München 1974, S. 147-162

DÄUMLER, K.-D.; GRABE, J.: Kostenrechnung 2, Deckungsbeitragsrechnung, Herne, Berlin 1982

DE ROSE, L.J.: Negotiated Purchasing (Materials Management Institute), Boston 1963

DOBLER, D.W.; BURT, D.N.: Purchasing and Supply Management-Text and Cases, 6. Auflage, New York u.a. 1996

DÖRSCH, W.: Kaufabwicklung und Altmaterialverwertung (Lehrwerk Industrielle Beschaffung, Bd. 3), Frankfurt a.M. 1971

EBISCH, H.; GOTTSCHALK, J.: Preise und Preisprüfungen bei öffentlichen Aufträgen, 4. Auflage, München 1977

EICHNER, W.: Lagerwirtschaft. Gabler Studientexte, Wiesbaden 1990

EICKE, H. v.; FEMERLING, C.: Modular Sourcing – eine neue Beschaffungsstrategie. Die Zulieferkette ändert sich, in: Beschaffung aktuell, 1991, Heft 12, S. 36-39

EICKE, H. v.; FEMERLING, C.: Modular Sourcing – ein Konzept zur Neugestaltung der Beschaffungslogistik. Schriftenreihe der Bundesvereinigung Logistik e.V., München 1991

EICKE, H. v.; FEMERLING, C.: Die Senkung der Fertigungstiefe bei den Großabnehmern bietet große neue Chancen, aber auch gewisse Risiken, in: Handelsblatt, 15.6.92, S. 14

EMMERLING, G.: Wertanalyse mit Geschäftspartnern, in: Beschaffung aktuell, 1986, Heft 4, S. 45-48

ENGELHARDT, W.H.; GÜNTER, B.: Investitionsgütermarketing, Stuttgart 1981

ESCHENBACH, R.: Erfolgspotential Materialwirtschaft, Wien, München 1990

FALK, B.R.: Handelsbetriebslehre, 7. Auflage, Landsberg, Lech 1986

FALZ, E.: Beschaffungspolitik (Lehrwerk Industrielle Beschaffung, Band 1), Frankfurt a.M., o.J.

FIETEN, R.: Integrierte Materialwirtschaft, 3. Auflage, Frankfurt a.M. 1994

FIETEN, R.: Make or Buy – Die Beschaffung wird zur Informationsdrehscheibe im Unternehmen, in: Beschaffung aktuell, 1986, Heft 1, S. 14-16

FIETEN, R.: Der Lieferant muß gedanklich zu einem Teil von Entwicklung und Produktion werden, in: Beschaffung aktuell, 1986, Heft 9, S. 47-51

FIETEN, R.: Materialwirtschaft als Managementaufgabe, in: Beschaffung aktuell, 1979, Heft 10, S. 18-27

FOX, M.J.: Quality Assurance Management, London 1993

FREUND, H.: Der Systemlieferant in Verantwortung für Entwicklung und Qualität, in: Beschaffung aktuell, 1990, Heft 9, S. 72-76

GAELWEILER, A.: Der Boston-Effekt, in: Wirtschaftswissenschaftliches Studium (WiSt), 1975, Heft 4, S. 179-199.

GÄTHGENS, J.: Verkauf und Beseitigung von Alt- und Abfallmaterial sowie von Fertigungsausschuß, in: Einkaufsleiterhandbuch (Hrsg.: G. Bretschneider), München 1974, S. 489-508

GOLLE, H.: So optimieren Sie Ihre Materialwirtschaft. Leitfaden für Praktiker, Köln 1991

GOLLE, H.: Gegengeschäfte – ja oder nein? in: Blick durch die Wirtschaft v. 11.7.1968, S. 5

GOLLE, H.: Industrielles Beschaffungswesen, Würzburg 1979

GROCHLA, E.: Grundlagen der Materialwirtschaft, 3. Auflage, Wiesbaden 1978

GROCHLA, E.; SCHÖNBOHM, P.: Beschaffung in der Unternehmung, Stuttgart 1980

GROSS, H.: Selbermachen oder kaufen, München 1969

GRÜN, O.: Industrielle Materialwirtschaft, in: Industriebetriebslehre (Hrsg. M. Schweitzer), München 1990, S. 439-559

GRUNWALD, H.: Vorteilhafte Verträge im Einkauf, Freiburg 1984

GRUSCHWITZ, A.: Global Sourcing – Konzeption einer internationalen Beschaffungsstrategie, Stuttgart 1993

GÜNTHER, H.-O.; TEMPELMEIER, H.: Produktion und Logistik, Berlin u.a. 1994

GUTSCH, R.W.; WITTHAUER, K.F.: Wie kann die Wertanalyse der Beschaffung dienen? in: Maschinenmarkt, Jg. 80 (1974), Heft 12, S. 184-185

HAIST, F.; FROMM, H.: Qualität im Unternehmen, Prinzipien-Methoden-Techniken, München, Wien 1992

HANKE, K.: Einkaufsdisposition mit Datenverarbeitung, Ehningen 1990

HAMMANN, P.; LOHRBERG, W.: Beschaffungsmarketing, Stuttgart 1986

HANHART, E.W.: Marktgerechte Koordination von Einkauf und Verkauf im Warenhaus, Bern 1967

HANSEN, U.: Absatz- und Beschaffungsmarketing des Einzelhandels, 2. Auflage, Göttingen 1990

HANSMANN, K.-W.: Industrielles Management, 3. Auflage, München, Wien 1992

HARLANDER, N.; PLATZ, G.: Beschaffungsmarketing und Materialwirtschaft, 5. Auflage, Ehingen, Stuttgart 1991

HARTING, D.: Lieferanten-Wertanalyse, 2. Auflage, Stuttgart 1994

HARTMANN, H.: Materialwirtschaft, 6. Auflage, Gernsbach 1993

HEEGE, F.: Modular Sourcing. Auswirkungen auf Abnehmer und Lieferanten, in: 35 Jahre Düsseldorfer Einkäufer Club (Festschrift), S. 21-23

HEEGE, F.: Beschaffungspolitik, in: Gabler Lexikon Materialwirtschaft und Einkauf (Hrsg.: Bundesverband Materialwirtschaft und Einkauf), Wiesbaden 1983, S. 42-46

HEEGE, F.: Die Beeinflussung des Wettbewerbs auf den Beschaffungsmärkten durch den Abnehmer – Möglichkeiten und Grenzen, in: 20 Jahre Düsseldorfer Einkäufer-Club (Festschrift), 1978, S. 25-39

HEEGE, F.: Lieferantenportfolio, Nürnberg 1987

HEEGE, F.: Notwendigkeit und Chancen partnerschaftlicher Zusammenarbeit zwischen Lieferant und Einkauf, in: Beschaffung aktuell, Sonderausgabe „Der Beschaffungsmarkt 1987/88", S. 5-8

HEEGE, F.: Portfolio-Management in der Beschaffung, in: Der Betriebswirt, Jg. 22 (1981), Heft 1, S. 17-23

HEEGE, F.: Wertanalyse, 2. Auflage, Wiesbaden 1991

HEEGE, F.: Die betriebliche Abfallwirtschaft – Begriff, Aufgaben, Bedeutung, in: 25 Jahre Düsseldorfer Einkäufer Club (Festschrift), 1983, S. 77-80

HEEGE, F.; TUSSING, W.: Beschaffungsmarktforschung als Grundlage strategischen Einkaufs, Beschaffung aktuell, Sonderausgabe „Der Beschaffungsmarkt 1983", S. 4-8

HEINEN, E. (HRSG.): Industriebetriebslehre, 9. Auflage, Wiesbaden 1991

HENDERSON, B.D.: Die Erfahrungskurve in der Unternehmensstrategie, Frankfurt a.M., New York 1974

HERING, E. u.a. (Hrsg.): Qualitätssicherung für Ingenieure, Düsseldorf 1993

HESSENBERGER, M.; HAUSOTTER, A.: Logistische Optimierung. Zusammenarbeit mit Zulieferern – Beispiel Mercedes Benz AG, in: Beschaffung aktuell, 1992, Nr. 7, S. 43-46

HOFMAIER, R.: Investitionsgüter- und High-Tech-Marketing, Landsberg, Lech 1992

HUPPERTSBERG, B.; KIRSCH, W.: Beschaffungsentscheidung auf Investitionsgütermärkten, München 1978

IHDE, G.B.: Transport, Verkehr, Logistik. Gesamtwirtschaftliche Aspekte und einzelwirtschaftliche Handhabung, 2. Auflage, München 1991

ISERMANN, H. (HRSG.): Logistik, Beschaffung, Produktion, Distribution, Landsberg, Lech 1992

JAKOBS, TH.: Die industrielle Beschaffung im Spannungsfeld zwischen Local Buying und International Sourcing, in: Die industrielle Beschaffung im Spiegel von Theorie und Praxis (Hrsg.: Fachhochschule Niederrhein, Fachbereich Wirtschaft), Mönchengladbach 1988, S. 23-25

JETTER, O.: Einkaufsmanagement, 2. Auflage, Landsberg, Lech 1992

JORDAN, R.: How to use the learning curve, Boston 1972

JÜNEMANN, R.: Materialfluß und Logistik, Berlin u.a. 1989

KAMISKE, F.; BRAUER, J.-P.: Qualitätsmanagement von A bis Z. Erläuterung moderner Begriffe des Qualitätsmanagements, 2. Auflage, München, Wien 1995

KASTREUZ, G.: Management von Qualität und Zuverlässigkeit im Einkauf, Braunschweig, Wiesbaden 1994

KATZMARZYK, J.: Einkaufs-Controlling in der Industrie, Frankfurt a.M. 1988

KAUFMANN, L.: Planung von Abnehmer-Zulieferer-Kooperationen, Gießen 1993

KEPNER, C.H.; TREGOE, B.B.: Management-Entscheidungen vorbereiten, 3. Auflage, München 1971

KERN, F.: Einkaufsmarketing, Freiburg im Breisgau 1991

KILGER, W.: Industriebetriebslehre, Bd. 1, Wiesbaden 1986

KLAMROTH, S.; ZWILLING, C.: Recht im Einkauf, 3. Auflage, Band 1-3, Lage, Lippe 1992

KLEIN, H.: Preis-Mengen-Strategie mit Hilfe der Deckungsbeitragsrechnung, in: Einkaufsleiter-Handbuch (Hrsg.: G. Bretschneider), München 1974, S. 97-122

KLEINERT, F.: Make or Buy in mittelständischen Produktionsbetrieben, in: Beschaffung aktuell, 1993, Heft 4, S. 34-39

KNÖRFEL, W.: Anwendung des partiellen Preisvergleichs im Einkauf eines Fertigungsunternehmens, RKW-Lehrmaterial aus der betrieblichen Praxis (Fallstudie, als Manuskript vervielfältigt), o.O., o.J.

KOETHER, R.: Technische Logistik, München, Wien 1993

KÖNIG, K.: Abfallwirtschaft, Wiesbaden 1990

KOPPELMANN, U.: Beschaffungsmarketing, Berlin u.a. 1993

KOPPELMANN, U.; LUMBE, H.-J.: Prozeßorientierte Beschaffung, Stuttgart 1993

KOURIM, G.: Wertanalyse – Grundlagen, Methoden, Anwendungen. München, Wien 1968

KRALJIC, P.: Puchasing must become supply management, in: Harvard Business Review, September-October 1983, S. 109-117

KREHL, H.; WITTMANN, H.: Abnehmer und ihre Lieferanten kann Wertanalyse zu guten Partnern machen, in: Maschinenmarkt, Jg. 84 (1987), S. 2140-2141

KREHL & PARTNER (KARLSRUHE): Wertanalyse-Grundseminar, Karlsruhe, o.J.

KUMMER, S.; WEBER, J.: Logistikmanagement. Führungsaufgaben zur Umsetzung des Flußprinzips im Unternehmen, Stuttgart 1994

KUNESCH, H.: Materialwirtschaftlicher Erfolgsnachweis. Ein Controllingkonzept, Wiesbaden 1993

KUTSCHKER, M.; KIRSCH, W.: Investitionsgütermarketing und Einkauf in Europa, München 1979

LARGE, R.; PFOHL, H.-C.: Internationale Beschaffung. Einflußfaktor Logistik, in: Beschaffung aktuell, 1991, Heft 6, S. 22-30

LEENDERS, M.R.: Improving Purchasing Effectiveness through Supplier Development, Boston 1965

LEENDERS, M.R. u.a.: Purchasing and Materials Management, 9. Auflage, Homewood, Boston 1989

LINDNER, TH.: Strategische Entscheidungen im Beschaffungsbereich, München 1983

LOHRBERG, W.: Grundprobleme der Beschaffungsmarktforschung, Bochum 1978

MÄNNEL, W.: Eigenfertigung und Fremdbezug, 2. Auflage, Stuttgart 1981

MÄNNEL, W.: Zulieferleistung – Erfolgspotential für den Einkauf, in: Beschaffung aktuell, 1991, Heft 3, S. 32-42

MASING, W. (HRSG.): Handbuch Qualitätsmanagement, 3. Auflage, München, Wien 1994

MEINS, J.: Die Vertragsverhandlung, 2. Auflage, Stuttgart 1993

MENDELSOHN, K.-H.: Aufgaben und Ausbildung des Einkaufsleiters industrieller Großunternehmen, Berlin 1976

MENZE, T.: Stategisches Internationales Beschaffungsmarketing, Stuttgart 1993

MERTENS, J.: Zur Entwicklung und zum konstellationsadäquaten Einsatz eines Beschaffungsmarketing-Instrumentariums im Einzelhandel, Köln 1986

MEURER, PH.: Verlängerte Werkbank, besser preiswerte Leistung kaufen als selbst teure erzeugen, in: Beschaffung aktuell, 1993, Heft 9, S. 44-46

MILES, L.D.: Value Engineering. Wertanalyse, die praktische Methode zur Kostensenkung, 2. Auflage, München 1967

MINK, E.: Preisbestandteile untersuchen ist Gegenstand laufender Beschaffungstätigkeit, in: Maschinenmarkt, 87 Jg. (1981), S. 1670-1673

MÜLLER, N.: Umweltgerechte Lagerung von Gefahrstoffen, BME-Schriftenreihe „wissen und beraten", Frankfurt a.M. 1994

MÜLLER, W.: Ausschuß und Nacharbeit, in: Management Enzyklopädie, 1. Bd., München 1969, S. 701-712

OELWEIN, R.: Internationale Partnerschaften steigern die Wettbewerbsfähigkeit, in: Beschaffung aktuell, 1993, Heft 10, S. 32-35

PETERMANN, G.: Beschaffungswerbung, in: Handbuch der Werbung (Hrsg.: K.C. Behrens), Wiesbaden 1970, S. 963-968

PFEIFER, T.: Qualitätsmanagement, 2. Auflage, München 1996

PFEIFER, T.: Praxishandbuch Qualitätsmanagement, München 1996

PFOHL, H.-C.: Logistiksysteme. Betriebswirtschaftliche Grundlagen, 4. Auflage, Berlin u.a. 1990

PFOHL, H.C.: Logistikmanagement, Berlin u.a. 1994

PIONTEK, J.: Internationales Beschaffungsmarketing, Stuttgart 1993

POLEY, W.L.: Die Erfahrungskurve als Instrument zur Bestimmung der Einkaufskosten, in: Beschaffung aktuell, 1983, Heft 8, S. 25-26

PRAETORIUS, M.: Kostenstruktur-Analyse. Eine Einführung, in: Beschaffung aktuell, 1975, Heft 1, S. 8-10

RANK XEROX (HRSG.): Dienstleistung rund um das Dokument, o.O., o.J.

RASCH, H.: Die Wahl zwischen Selbstherstellung und Fremdbezug als Einkaufs- und Investierungsproblem in der industriellen Unternehmung, Berlin 1968

REDDEWIG, G.; DUBBERKE, H.-A.: Einkaufsorganisation und Einkaufsplanung, Wiesbaden 1959

REGIER, L.: Gewöhnung an Stammlieferanten kann zu einer Gefahr werden, in: Maschinenmarkt, Jg. 80 (1974), S. 1633-1634

ROST, P.; BRUNCKHORST, H.: Wertanalyse an Kaufteilen, in: Beschaffung aktuell, 1982, Heft 12, S. 16-19

ROTH, P.: Beschaffungs- und Absatzprobleme beim Austausch von Lieferungen und Leistungen zwischen Konzernunternehmungen, Schriftenreihe: wissen und beraten, Heft 4 (Hrsg.: Bundesverband Materialwirtschaft und Einkauf), Frankfurt a.M. 1976

RUDNITZKI, Z.: Gemeinsam in eine Richtung, in: Beschaffung aktuell, 1993, Heft 7, S. 42-45

SANDIG, C.: Vom Markt des Betriebes zur Betriebspolitik, Stuttgart 1971

SCHÄFER, E.: Betriebswirtschaftliche Marktforschung, Essen 1955

SCHNEEWEIß, CH.: Modellierung industrieller Lagerhaltungssysteme. Einführung und Fallstudien, Berlin u.a. 1981

SCHNEIDER, D.: Lernkurven und ihre Bedeutung für die Produktionsplanung und Kostentheorie, in: Zeitschrift für betriebswirtschaftliche Forschung, 17. Jg. (1965), S. 501-515

SCHNEIDER, D.; BAUR, C.; HOPFMANN, L.: Re-Design der Wertkette durch Make or Buy, Wiesbaden 1994

SCHNEIDER, H.: Einkaufspolitik in einer Inflationsphase, in: Beschaffung aktuell, 1974, Heft 6, S. 17-18

SCHNEIDER, H.: Alarm in den Unternehmen, Oursourcing als neue Zauberformel, in: Beschaffung aktuell, 1994, Heft 3, S. 28-31

SCHULTE, CH.: Logistik. Wege zur Optimierung des Material- und Informationsflusses, München 1991

SCHWEITZER, M. (HRSG.): Industriebetriebslehre, München 1990

SEIFFERT, H.: Ein Beitrag zur Systematisierung und Integration der Materialwirtschaft in Unternehmen der Investitionsgüterindustrie, Diss. Aachen 1979

SEYFFERT, R.: Wirtschaftslehre des Handels, 5. Auflage, Opladen 1972

SIEBER, M.: Leergut- und Verpackungsprobleme, in: Beschaffung aktuell, 1980, Heft 6, S. 58-60 und Heft 7, S. 55-57

SIEBER, M.: Nur „wertanalytisches" Denken schafft gute Bedingungen für rechtzeitiges Reagieren, in: Maschinenmarkt, Jg. 87 (1981), Heft 102/103, S. 2203-2204

SIEMENS AG (HRSG.): Methodische Grundlagen der Wertanalyse, Schriftenreihe „Blaue Broschüren", Heft 12, München o.J.

SLOANE, L.: Reciprocity. Where does the P.A. stand? in: Purchasing, 1961, November 20, S. 70-79

SPIEGEL-VERLAG (HRSG.): Recycling in der Materialwirtschaft (Expandierende Märkte, Bd. 5), Hamburg 1975

STAHLMANN, V.: Umweltorientierte Materialwirtschaft, Wiesbaden 1988

STARK, H.: Beschaffungsführung, Stuttgart 1973

STARK, H.: Erfahrungskurven als Hilfsmittel der Beschaffung, in: Beschaffung aktuell, 1981, Heft 6, S. 54-58

STAUDT, E.; SCHULTHEIß, B.: Recycling, in: WiSt 1973, S. 491-493

STEINBRÜCHEL, M.: Die Materialwirtschaft der Unternehmung, Bern, Stuttgart 1971

STEINMANN, CH.: Qualitätssicherungsvereinbarungen zwischen Endproduktherstellern und Zulieferern, Heidelberg 1993

STRACHE, H.: Preis Arbeit, Nürnberg 1981

STRACHE, H.: Preise senken – Gewinne einkaufen, 4. Auflage, Nürnberg 1978

STRACHE, H.: Technische Güter richtig einkaufen, Würzburg 1981

STRACHE, H.: Zielpreise neu berechnen nach Tariferhöhungen im Lohnfertigungsbereich, in: Maschinenmarkt, Jg. 91 (1985), Heft 41, S. 797-798

STRACHE, H.: Analyse und Bewertung von Fremd- und Eigenleistungen, Gabler Studientexte, Wiesbaden 1981

STREBEL, H.: Industriebetriebliche Abfallwirtschaft im Spannungsfeld ökonomischer und ökologischer Ziele, in: ZfbF, Jg. 30 (1978), S. 844-854

SUNDHOFF, E.: Grundlagen und Technik der Beschaffung von Roh-, Hilfs- und Betriebsstoffen, Essen 1958

SZYPERSKI, N.; ROTH, P. (HRSG.): Beschaffung und Unternehmensführung (Bericht der Schmalenbach-Gesellschaft/Arbeitskreis Beschaffung, Vorrats- und Verkehrswirtschaft), Stuttgart 1982

SZYPERSKI, N.; WINAND, U.: Strategisches Portfolio-Management. Konzept und Instrumentarium, in: ZfbF, Kontaktstudium, 1978, S. 123-132

TALAY, R.: Abfallrechtliche Trends im Überblick, BME-Schriftenreihe „wissen und beraten", Frankfurt a.M. 1994

THEUER, G. U.A. (HRSG.): Beschaffung – ein Schwerpunkt der Unternehmensführung, Landsberg, Lech 1986

TRAUTMANN, W.P.: Nachrechnen der Angebote von Lieferanten wehrt überhöhte Preise ab, in: Maschinenmarkt, Jg. 93 (1987), Heft 12, S. 113-115

TRAUTMANN, W.P.: Beschaffungsmarktforschung, in: Marketing Enzyklopädie, Bd. 1, München 1974, S. 161-267

TUSSING, W.: Konsequente Kostensenkung bei sicherer Versorgung im Materialwirtschaftsbereich, in: Maschinenmarkt, 89. Jg. (1983), Heft 40, S. 859-862

TUSSING, W.: Angebote der Lieferanten gezielt analysieren optimiert Einkaufskosten, in: Maschinenmarkt, 92. Jg. (1986), Heft 38, S. 82-85

TUSSING, W.: Die Mitwirkung der Materialwirtschaft bei der Beschaffung von Investitionsgütern und ihr Beitrag zur Anlagenverfügbarkeit, in: Der Betriebswirt, 25. Jg. (1985), Heft 3, S. 8-12

TUSSING, W.: Die Beschaffung als Bindeglied zwischen Markt und Technik, in: Beschaffung aktuell, Sonderausgabe 1984/85: „Der Beschaffungsmarkt", 1984, S. 6-7

TUSSING, W.: Schwachstellen aufdecken mit Controlling in der Materialwirtschaft, in: Maschinenmarkt, 90. Jg. (1984), Heft 103/104, S. 2483-2484

TUSSING, W.: Logistik und Einkauf, in: Technische Rundschau, 80. Jg. (1988), Heft 47, S. 142-145

TUSSING, W.: Der Einfluß von Logistikkonzepten auf die Versorgungsfunktion, in: „Die industrielle Beschaffung im Spiegel von Theorie und Praxis" (20 Jahre Ausbildung im Schwerpunktbereich Beschaffungswesen und Lagerwirtschaft), Hrsg.: Fachhochschule Niederrhein, Fachbereich Wirtschaft, Mönchengladbach 1988, S. 13-16

TUSSING, W.: Besonderheiten der Anlagenbeschaffung, in: Material-Management-Magazin, 3. Jg. (1989), Heft 2, S. 7-9

TUSSING, W.: Der Einfluß moderner Logistikkonzepte auf den industriellen Einkauf, in: Der Einkaufs- und Lagerwirtschaftsberater (Hrsg.: R. Budde und H. Strache), August 1989, S. 17-31

TUSSING, W.: Der Einfluß von Logistikkonzepten auf die Versorgungsfunktion, in: Beschaffung aktuell, 1988, Heft 9, S. 36-38

VAHRENKAMP, R.: Produktions- und Logistikmanagement, München, Wien 1994

VDI ZENTRUM WERTANALYSE (HRSG.): Wertanalyse. Idee-Methode-System, 4. Auflage, Düsseldorf 1991

VENKATESAN, R.: Make or Buy – Die Stärken des Endprodukts schützen, in: Harvard Business Manager, 1993, Nr. 2, S. 98-108

VEREIN DEUTSCHER MASCHINENBAU-ANSTALTEN (HRSG.): Wertanalyse im Maschinenbau, Grundlagen und praktische Beispiele (BwB 17), 2. Auflage, Frankfurt a.M. 1970

WEBER, J.: Praxis des Logistik-Controlling, Stuttgart 1993

WEBER, J.; KUMMER, S.: Logistikmanagement. Führungsaufgaben zur Umsetzung des Flußprinzips im Unternehmen, Stuttgart 1994

WEIS, H.C.: Marketing, 8. Auflage, Ludwigshafen 1993

WELLENREUTHER, H.: Innovation mit Hilfe der Wertanalyse, in: Das Management von Innovationen (Hrsg.: E. Staudt), Frankfurt a.M. 1986, S. 160-170

WESTERMANN, H.: Gewinnorientierter Einkauf, 2. Auflage, Berlin 1972

WIERDEMANN, W.: Innovationspotential Beschaffungsmarkt – Die Mittlerfunktion des Einkaufs, in: Die industrielle Beschaffung im Spiegel von Theorie und Praxis (Festschrift 20 Jahre Ausbildung im Schwerpunktbereich Beschaffungswesen und Lagerwirtschaft), Hrsg.: Fachhochschule Niederrhein, Fachbereich Wirtschaft, Mönchengladbach 1988, S. 47-50

WILDEMANN, H.: Das Just-in-Time-Konzept, 3. Auflage, München, Zürich 1992

WILDEMANN, H.: Produktionssynchrone Beschaffung, München 1988

WILDEMANN, H.: Eigenfertigung oder Fremdbezug? Eine dynamische Entscheidung, in: Beschaffung aktuell, 1992, Heft 3, S. 32-34

WILDEMANN, H.: Prozeßkosten senken ist gemeint und nicht Preisdrücken, in: Beschaffung aktuell, 1994, Heft 4, S. 26-33

WOMACK, J.P. U.A.: Die zweite Revolution in der Automobilindustrie. Konsequenzen aus der weltweiten Studie des Massachusetts Institute of Technology, 6. Auflage, Frankfurt, New York 1992

ZEMKE, W.: Wertanalyse, (Lehrwerk Industrielle Beschaffung, Bd. 12), Frankfurt a.M. 1969

ZIBELL, R.M.: Just-in-Time. Philosophie, Grundlagen, Wirtschaftlichkeit, München 1990

Stichwortverzeichnis

ⓟ MLP REPETITORIUM

REPETITORIUM WIRTSCHAFTSWISSENSCHAFTEN

HERAUSGEBER: VOLKER DROSSE | ULRICH VOSSEBEIN

Das „Repetitorium Wirtschaftswissenschaften" führt theoretisch fundiert und anwendungs-orientiert zugleich in alle wichtigen wirtschaftswissenschaftlichen Fachgebiete ein. Zahlreiche Beispiele, Übersichten und Aufgaben erleichtern die Aufnahme des Prüfungsstoffes und festigen das erworbene Wissen. Lösungstips und ausführliche Musterlösungen ermöglichen eine laufende Kontrolle des Lernfortschrittes und eine gezielte Klausurvorbereitung. Aufgrund des didaktisch überzeugenden Konzeptes eignet sich jeder einzelne Band ausgezeichnet zum Selbststudium.

Volker Drosse
Intensivtraining Kostenrechnung
1998. ISBN 3-409-12616-3

Volker Drosse/Ulrich Vossebein
Intensivtraining
Allgemeine Betriebswirtschaftslehre
2. Aufl. 1998.
ISBN 3-409-22611-7

Gabriele Hildmann
Intensivtraining Mikroökonomie
1998. ISBN 3-409-12620-1

Volker Drosse
Intensivtraining Investition
2. Aufl. 1999.
ISBN 3-409-22613-3

Heinrich Holland, Doris Holland
Intensivtraining
Wirtschaftsmathematik
1999. ISBN 3-409-12622-8

Fritz Unger, Jens-Uwe Stiehr
Intensivtraining Statistik
1999. ISBN 3-409-12621-X

Ulrich Vossebein
Intensivtraining Marketing
2. Aufl. 2000.
ISBN 3-409-22614-1

Volker Drosse, Bernd Stier
Intensivtraining Bilanzen
2001. ISBN 3-409-12619-8

Volker Drosse, Ulrich Vossebein
Intensivtraining Finanzierung
2001. ISBN 3-409-12618-X

Gabriele Hildmann
Intensivtraining Makroökonomie
2. Aufl. 2001. ISBN 3-409-22617-6

Lutz Krauss
Intensivtraining Privatrecht
2001. ISBN 3-409-12623-6

Ulrich Vossebein
Intensivtraining Materialwirtschaft
und Produktionstheorie
2. Aufl. 2001. ISBN 3-409-22612-5

Änderungen vorbehalten Stand: Oktober 2000

Gabler Verlag · Abraham-Lincoln-Str. 46 · 65189 Wiesbaden · www.gabler.de

GABLER

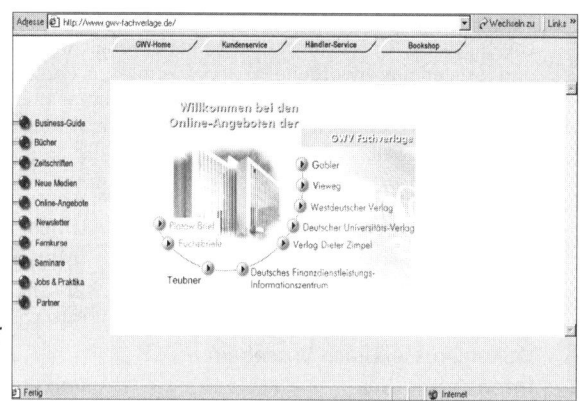